20
24
SEGUNDA
EDIÇÃO

JOSÉ LUIZ
DE MOURA **FALEIROS**
JÚNIOR

ADMINISTRAÇÃO PÚBLICA DIGITAL

PROPOSIÇÕES PARA O
APERFEIÇOAMENTO DO REGIME
JURÍDICO ADMINISTRATIVO NA
SOCIEDADE DA INFORMAÇÃO

ATUALIZADO CONFORME
A LEI 14.129/2021

2024 © Editora Foco
Autor: José Luiz de Moura Faleiros Júnior
Diretor Acadêmico: Leonardo Pereira
Editor: Roberta Densa
Assistente Editorial: Paula Morishita
Revisora Sênior: Georgia Renata Dias
Capa Criação: Leonardo Hermano
Diagramação: Ladislau Lima e Aparecida Lima
Impressão miolo e capa: FORMA CERTA GRÁFICA DIGITAL

Dados Internacionais de Catalogação na Publicação (CIP) (Câmara Brasileira do Livro, SP, Brasil)

F187a Faleiros Júnior, José Luiz de Moura
Administração pública digital: proposições para o aperfeiçoamento do Regime Jurídico Administrativo na sociedade da informação / José Luiz de Moura Faleiros Júnior. - 2. ed. - Indaiatuba, SP : Editora Foco, 2024.

496 p. ; 17cm x 24cm.

Inclui índice e bibliografia.

ISBN: 978-65-5515-908-0

1. Direito. 2. Direito administrativo. 3. Administração pública digital. 4. Regime Jurídico Administrativo. I. Título.

2023-2322   CDD 341.3   CDU 342.9

Elaborado por Vagner Rodolfo da Silva - CRB-8/9410
Índices para Catálogo Sistemático:

1. Direito administrativo 341.3
2. Direito administrativo 342.9

DIREITOS AUTORAIS: É proibida a reprodução parcial ou total desta publicação, por qualquer forma ou meio, sem a prévia autorização da Editora FOCO, com exceção do teor das questões de concursos públicos que, por serem atos oficiais, não são protegidas como Direitos Autorais, na forma do Artigo 8º, IV, da Lei 9.610/1998. Referida vedação se estende às características gráficas da obra e sua editoração. A punição para a violação dos Direitos Autorais é crime previsto no Artigo 184 do Código Penal e as sanções civis às violações dos Direitos Autorais estão previstas nos Artigos 101 a 110 da Lei 9.610/1998. Os comentários das questões são de responsabilidade dos autores.

NOTAS DA EDITORA:

Atualizações e erratas: A presente obra é vendida como está, atualizada até a data do seu fechamento, informação que consta na página II do livro. Havendo a publicação de legislação de suma relevância, a editora, de forma discricionária, se empenhará em disponibilizar atualização futura.

Erratas: A Editora se compromete a disponibilizar no site www.editorafoco.com.br, na seção Atualizações, eventuais erratas por razões de erros técnicos ou de conteúdo. Solicitamos, outrossim, que o leitor faça a gentileza de colaborar com a perfeição da obra, comunicando eventual erro encontrado por meio de mensagem para contato@editorafoco.com.br. O acesso será disponibilizado durante a vigência da edição da obra.

Impresso no Brasil (08.2023) – Data de Fechamento (08.2023)

2024
Todos os direitos reservados à
Editora Foco Jurídico Ltda.
Rua Antonio Brunetti, 593 – Jd. Morada do Sol
CEP 13348-533 – Indaiatuba – SP

E-mail: contato@editorafoco.com.br
www.editorafoco.com.br

À Ana Carolina (*in memoriam*).

AGRADECIMENTOS

A gratidão a Deus é ponto de partida inexorável neste momento e deve ser destacada. No mais, a realização dos estudos que culminaram neste trabalho, que é fruto de minha Dissertação de Mestrado defendida na Universidade Federal de Uberlândia, em 7 de fevereiro de 2020, não seria possível sem o apoio de inúmeras pessoas que estiveram ao meu lado no curso de dois anos de longa pesquisa. Sem dúvidas, o suporte de meus pais, José Luiz e Magda, merece anotação destacada, uma vez que sempre me incentivaram a perseverar na pesquisa acadêmica e a superar meus limites continuamente. À Marcelle, à Maria Inês, ao Sebastião, à minha avó Theresinha (*in memoriam*) e a todos os demais familiares que, de uma forma ou de outra, também estiveram comigo nesta caminhada, apoiando, sendo pacientes e compreensivos, também expresso minha gratidão.

Em seguida, não posso deixar de destacar a relevância da orientação segura do Prof. Luiz Carlos Figueira de Melo, que, desde a graduação, sempre me incentivou na senda acadêmica, com brilhantes aulas, sugestões precisas, grande disponibilidade para a orientação e um conhecimento inigualável, além de ser minha grande referência no Direito Público e de ter me concedido a honra de elaborar a detalhada Apresentação da obra. Igualmente, ressalto minha gratidão aos demais professores que contribuíram para a construção dessa pesquisa: Prof. Fernando Rodrigues Martins e Prof. Alexandre Walmott Borges, que, além das excelentes aulas que ministraram no Mestrado, participaram de minha banca de qualificação e me apresentaram sugestões, indicações bibliográficas e críticas construtivas que permitiram o aprimoramento do trabalho.

Agradeço, ademais, ao Prof. Guilherme Magalhães Martins, que, mesmo de longe, acompanhou toda essa caminhada acadêmica com a disposição de um orientador, instigando-me a refletir sobre difíceis questões desdobradas da interação entre o direito e a tecnologia, apontando soluções, me instigando a ser propositivo e, enfim, contribuindo de forma crucial para a consolidação da dissertação e me agraciando com a elaboração do Prefácio à obra.

Ao amigo João Victor Rozatti Longhi, que conheci graças ao Mestrado, manifesto minha gratidão pelo incentivo constante e pela amizade, que surgiu em razão da idêntica afinidade temática e se consolidou ao longo desses últimos anos. Ainda, agradeço a todos os demais amigos e colegas que estiveram comigo nesse período e a todos os professores do Programa de Pós-Graduação em Direito da Universidade Federal de Uberlândia.

Já para a atualização da obra com vistas à publicação de sua 2ª edição, não posso deixar de registrar agradecimentos efusivos às amigas e aos amigos que, dedicando-se aos estudos do Direito Público, muito colaboraram para que eu pudesse expandir o presente texto. Registro especial agradecimento a José Fernando Ferreira Brega, Felipe Braga Netto, Daniela Copetti Cravo, Eduardo Jobim, Cinara de Araújo Vila, Paulo Emílio Dantas Nazaré, José Sérgio da Silva Cristóvam, Tatiana Meinhart Hahn, Romualdo

Baptista dos Santos, Thiago Marrara, Cristiano Colombo, Juliano Madalena, Bárbara Dayana Brasil e Guilherme Spillari Costa, com quem tive a oportunidade de realizar estudos específicos e de aprofundar diálogos sobre os inúmeros aspectos relacionados à expansão do governo digital no Brasil.

Manifesto reconhecimento e votos de gratidão, ademais, a meus orientadores de Doutorado: Prof. Eduardo Tomasevicius Filho (na Universidade de São Paulo), e Prof. Leonardo Netto Parentoni (na Universidade Federal de Minas Gerais), pela confiança, pelo apoio contínuo e por serem verdadeiras inspirações de vida, de profissionalismo, de seriedade e de dedicação à vida acadêmica.

Anoto efusivos agradecimentos ao amigo Nelson Rosenvald, que sempre me incentiva a perseverar no Direito. Também à Roberta Densa, com quem passei a nutrir amizade verdadeira e que sempre me instiga a prosseguir nos estudos e na pesquisa acadêmica, manifesto minha sincera gratidão!

Aos demais amigos e amigas, coautores e coautoras de pesquisas outras – ainda que não diretamente ligadas ao propósito de atualização desta obra – registro meus agradecimentos efusivos pela contínua parceria acadêmica!

Finalmente, a vocês, leitoras e leitores, que fazem todo o esforço e as noites de dedicação à leitura e à escrita valerem a pena!

E, sempre, à minha Ana Carolina (*in memoriam*), por sempre me irradiar luz.

Belo Horizonte, junho de 2023.

José Luiz de Moura Faleiros Júnior

"Ora invece, con l'applicazione dei metodi giuscibernetici al diritto, si chiede al teorico di contribuire al miglioramento della pratica giuridica non già rinunciando alle proprie concezioni, ma applicandole (e quindi, eventualmente, correggendole e affinandole) in vista dell'elaborazione elettronica del dato giuridico."
— Mario G. Losano

"La mondialisation de l'économie et de la communication suscite l'émergence d'une société civile planétaire qui s'exprime dans un espace public désormais déterritorialisé. L'opposition à la mondialisation, principale force politique dissidente dans le nouvel espace public, utilise toutes les ressources du cyberespace et expérimente de nouvelles formes d'organisation politique souples et décentralisées qui contribuent à l'invention de la cyberdémocratie."
— Pierre Lévy

NOTA DO AUTOR À 2ª EDIÇÃO

A presente obra foi originalmente publicada em meados de 2020, em um contexto em que a digitalização da administração pública já era uma realidade, mas ainda não havia sido regulamentada por uma lei específica no Brasil. Desde então, muito se avançou no debate sobre o chamado "Governo Digital" no país, culminando na promulgação da Lei nº 14.129, de 29 de março de 2021, que estabelece normas e diretrizes para a digitalização da administração pública brasileira.

Um dos principais pontos da Lei do Governo Digital é o reforço da transparência na administração pública. O princípio da publicidade, um dos pilares do Regime Jurídico Administrativo, é contemplado na lei de diversas formas, como na obrigatoriedade de os órgãos e entidades da administração pública disponibilizarem suas informações por meio de canais digitais. Além disso, a lei prevê a publicação de um catálogo nacional de serviços públicos digitais, que deve conter informações sobre os serviços prestados pelo Estado e como acessá-los.

Outro ponto importante da Lei do Governo Digital é a busca pela eficiência na gestão pública. O princípio da eficiência é um dos mais importantes do Regime Jurídico Administrativo, e a lei busca contribuir para a sua efetivação por meio da adoção de tecnologias que simplifiquem os processos e tornem os serviços mais ágeis e eficientes. A lei também estabelece a necessidade de os órgãos públicos implementarem medidas para a melhoria contínua da gestão de processos e serviços digitais.

Por fim, a Lei do Governo Digital também traz importantes dispositivos relacionados à proteção de dados pessoais e à segurança da informação. Esses temas são fundamentais para garantir a legalidade e a moralidade na administração pública, que são outros dois princípios do Regime Jurídico Administrativo. A lei estabelece diretrizes para a proteção de dados pessoais e a segurança da informação, o que é essencial para a realização de serviços públicos digitais de forma segura e transparente.

Em resumo, a Lei do Governo Digital é extremamente relevante para a discussão do chamado "Governo Digital" no Brasil, e traz importantes avanços em relação aos princípios do Regime Jurídico Administrativo. A transparência, a eficiência, a proteção de dados pessoais e a segurança da informação são temas contemplados na lei, que contribui para a modernização e a melhoria da gestão pública no país.

A sociedade da informação se consolida como uma realidade cada vez mais presente, com impactos em todos os âmbitos da vida em sociedade. A Administração Pública, por sua vez, precisa lidar com as consequências do modelo de estruturação social atual, que se intensificou com a popularização da Internet.

Para entender como a Administração Pública pode se adequar a essa nova realidade, é importante revisitar a construção histórico-evolutiva do Estado Democrático de Direito. Esse processo passou por várias eras ou estágios, da criação de uma dogmática jurídica apropriada até a constituição de uma disciplina jurídica autônoma, com base principiológica própria e arcabouço normativo-estruturante capaz de conduzir a figura do Estado no curso da evolução social.

No curso dessa evolução, surgiram o Estado Liberal, com sua ênfase no contratualismo, e o Estado Social, que buscou combinar a liberdade clássica com um modelo de atuação estatal dedicado à formulação de políticas públicas intervencionistas e reguladoras. As Revoluções Industriais também foram elementos marcantes na evolução do Direito, caracterizando profundas mudanças nas sociedades humanas.

Com a popularização da informática e a Terceira Revolução Industrial, surgiu a concepção de governo eletrônico, que perpetuou uma série de novos preceitos e princípios para conduzir a sociedade pós-moderna. Hoje, no período do Estado Pós-Social, os efeitos da Quarta Revolução Industrial, que se caracteriza pela forte presença das Tecnologias da Informação e Comunicação, acarretam uma série de fenômenos políticos, econômicos e sociais para os quais a Ciência Jurídica parece simplesmente não estar preparada.

Nesse contexto, a Administração Pública enfrenta novos dilemas, como a necessidade de lidar com a transformação digital de forma eficiente e eficaz. Os cinco princípios essenciais da Administração Pública – legalidade, impessoalidade, moralidade, publicidade e eficiência – precisam ser adaptados ao ambiente digital, garantindo a proteção dos direitos fundamentais e o cumprimento dos deveres constitucionais. É esse o mérito almejado por esta obra, que, frise-se, foi originalmente publicada antes que a Lei do Governo Digital fosse promulgada. O desafio atual, portanto, se torna mais bem delimitado, embora não menos empolgante para todos os que se dedicam a estudar o tema.

Para atender a esses desafios, a Lei do Governo Digital propõe uma série de medidas para a modernização da Administração Pública, incluindo a criação de um ambiente digital único para a prestação de serviços públicos, a utilização de plataformas digitais para a participação popular e a adoção de soluções tecnológicas para aprimorar a eficiência e a transparência dos processos administrativos.

No entanto, é importante lembrar que a implementação dessas medidas não será simples nem rápida. É preciso enfrentar a complexidade do ambiente digital e garantir que as soluções adotadas sejam efetivas e eficazes, garantindo a proteção dos direitos fundamentais e o cumprimento dos deveres constitucionais.

Muitos doutrinadores têm se dedicado ao estudo da boa governança e à dificuldade enfrentada no tocante à complexidade do fenômeno globalizatório e à colossal quantidade de dados que compõe o chamado Big Data. A tecnologia apresenta perigos que não podem ser ignorados pelo administrador público, sob pena de incorrer em excessos perigosos. A tendência recentemente observada no Brasil é a adoção de freios consequencialistas, citando-se o exemplo da reforma à Lei de Introdução às Normas do Direito Brasileiro, e à proliferação de leis e decretos voltados à criação de programas de integridade nos diversos âmbitos de atuação do Poder Público.

As políticas de compliance na Administração Pública foram apresentadas como possível resposta ao quadro sistêmico de cometimento de ilícitos e às dificuldades de suplantação de suas violações com a atuação repressiva, impondo a sacramentação de parâmetros éticos que fortaleçam a sistematização coordenada do direito público para além da estrita legalidade, atuando como espinha dorsal de um modelo hodierno de Administração Pública que não se limita aos cânones econômico-administrativos do modelo meramente gerencial.

A adoção de políticas de compliance na Administração Pública trouxe ao centro do sistema jurídico um novo conceito de cidadania e de cidadão. O chamado cibercidadão passou a ocupar o contexto administrativo, impondo à Administração Pública grande realce à ética em seu desenvolvimento, reinserindo-a no cotidiano estatal a partir da delimitação de alguns parâmetros específicos para atribuir maior relevância à figura do indivíduo, que titulariza direitos inalienáveis projetados no mundo virtual, com direitos patrimoniais e situações jurídicas existenciais que, embora virtualizados, são dignos de proteção.

O direito público passou a ser irradiado por valores, e a Eticidade é, sem sombra de dúvidas, o valor fundamental para a potencialização da legalidade na Administração Pública da sociedade da informação. Tem-se na governança digital um modelo de robustecimento que cumpre função promocional essencial à mantença do Estado neste novo cenário.

O conceito jurídico de cidadania também foi realçado. Uma transformação ainda mais profunda estaria por vir, e que foi melhor analisada no capítulo subsequente – o terceiro – no qual se sugeriu a reassimilação de outros dois princípios essenciais: a transparência e a participação. A transparência permite que a sociedade possa ter acesso às informações públicas, enquanto a participação permite que a sociedade possa contribuir para a formação das políticas públicas.

O Governo Digital traz novas possibilidades de comunicação e interação entre o Estado e a sociedade. Com a transparência e a participação, a sociedade pode monitorar e avaliar o desempenho do governo, e contribuir para a formulação e implementação das políticas públicas. Quanto a isso, a Lei do Governo Digital implica uma atualização do conceito de cidadania na sociedade da informação, uma vez que as redes permitem a difusão de informações, ampliação da liberdade de expressão e propagação de vozes. Essa impessoalidade se entrelaça aos novos matizes de engajamento popular, desafiando o direito público a se adequar a parâmetros de controle que não são, necessariamente, decorrências do poder regulamentar do Estado. Por isso, a governança surge com o potencial de reforçar a atuação estatal sem coibir por completo a inovação pública.

O terceiro capítulo da Lei indica cinco aprimoramentos plausíveis para os instrumentais de participação direta já contemplados pelo ordenamento brasileiro. No caso dos plebiscitos e referendos, indica-se a viabilidade de sua virtualização, pela implementação de plataformas de votação eletrônica, com controle identitário e de dados. Para as audiências públicas, indica-se o cabimento das webconferências como instrumentos de facilitação de seu uso e de aproximação dos cidadãos das sessões de discussão.

Na mesma linha, propugna-se a utilização da internet para a proliferação de meios de atendimento ao público por sistemas mais simplificados e objetivos de solução de conflitos. Para os casos de cogestão e delegação atípica, indicou-se como as novas tecnologias podem propiciar novas maneiras para a participação colaborativa de particulares nos processos decisionais de Estado, particularmente pelo implemento de mecanismos de segurança alinhados à proteção de dados. Finalmente, quanto aos acordos substitutivos, anotou-se a possibilidade de sua implementação na forma de *smart contracts*, a partir da rede blockchain, o que lhes garantiria maior confiabilidade sem necessariamente violar o sigilo que, por vezes, lhe é característico.

Esses aprimoramentos representam um novo olhar sobre o papel das redes na difusão da informação, na ampliação da liberdade de expressão e na propagação de vozes, e contribuem para que haja maior impessoalidade e respeito aos limites postos pelo ordenamento. Para a efetivação da cibercidadania, é necessário repensar o próprio objeto do princípio democrático no curso da sociedade da informação.

A reforma de 2018 à LINDB tratou do tema da contenção à inovação pública em um único dispositivo, sem, contudo, conferir-lhe a amplitude necessária à concretização da consensualização administrativa. Ao repudiar abstrações em um contexto de desejável segurança para a inovação pública, caminha-se no sentido de um modelo contrastante ao contexto jurídico-normativo vigente e consagrado pela centralidade sistêmica dos direitos humanos e fundamentais. Esses direitos são o cerne dos deveres de proteção do Estado, ao qual não é conferida a opção de se furtar de garanti-los, ainda que diante de eventual lacuna ou omissão regulatória, e mesmo que deva se escorar em parâmetros normativos mais amplos, como os princípios.

Essas mudanças convergem para um modelo gerencial que vai além do governo eletrônico e se preocupa com a operabilidade, ou seja, a facilitação do acesso dos cidadãos às novas tecnologias e a ampliação do escopo da publicidade administrativa. Essa mudança deve resultar em maior eficiência, mas sem cair na armadilha tecnocrata.

A publicidade, transparência e participação popular são princípios importantes no contexto distintivo dos princípios da publicidade e da transparência, na medida em que o segundo se insere no contexto da governança digital e denota a ênfase que se espera ter em um padrão de atuação que esteja alinhado aos postulados normativos e extranormativos que a compõem.

A inovação pública demandou uma apreciação específica e a ressalva dos perigos da adoção de parâmetros abertos a nível de governança. É importante destacar que a intenção regulatória desmedida e amplíssima pode afetar os limites de compreensão do princípio da eficiência, resultando em uma suposta insuficiência do *civil law* para o enfrentamento das conjecturas desse novo modelo social, arraigado na dependência tecnológica.

Em linhas conclusivas, a formatação de um modelo de atuação voltado aos caracteres da Eticidade, Socialidade e Operabilidade, pressupõe a consolidação de um macrossistema de direito público que dê realce a esses novos institutos para, então, viabilizar o tão discutido "novo" direito administrativo, tendo a governança como premissa acoplada à legalidade estrita para voltar olhares à prevenção (e não à repressão) de ilícitos.

Com a rápida evolução das tecnologias na sociedade e na forma como os cidadãos se relacionam com o Estado, o crescimento do interesse popular pelos assuntos de Estado deve ser crescente. Somente assim se terá efetivo controle público e ampliação da legitimidade decisional a partir da descentralização das decisões políticas.

Portanto, a promulgação da Lei do Governo Digital no Brasil trouxe mudanças significativas para a governança, a democracia e a consagração dos direitos fundamentais relacionados à sociedade da informação. Essas mudanças convergem para um modelo gerencial que visa à eficiência e à transparência. O interesse popular pelos assuntos de Estado deve crescer, e a pesquisa originalmente publicada em 2020 revelou-se frutífera ao utilizar um método de abordagem prospectivo que se provou pertinente a partir da promulgação da citada lei.

Dito isso, é com muita alegria que apresento esta segunda edição da obra "Administração Pública Digital: proposições para o aperfeiçoamento do Regime Jurídico Administrativo na sociedade da informação". Desde a publicação da primeira edição, recebi inúmeros comentários positivos de leitores que utilizaram os conceitos e ideias apresentados na obra para melhorar suas práticas administrativas e para aprimorar o relacionamento entre o governo e o cidadão. É com satisfação que afirmo que o objetivo inicial da obra, de contribuir para o debate e reflexão sobre a utilização da tecnologia no setor público, tem sido alcançado.

A partir dos retornos recebidos, pude perceber a relevância do debate proposto na obra, e que ele ainda tem muito a ser explorado e aprimorado. Nesta nova edição, busquei ampliar ainda mais os temas apresentados, com novos tópicos que tratam de questões atuais e que ainda não haviam sido abordadas na primeira edição. Espero que essas novas reflexões e análises contribuam para fomentar o debate e inspirar novas práticas e ideias para a administração pública digital.

Gostaria de registrar também que, para mim, é extremamente gratificante ver que a obra tem sido útil para inspirar futuras pesquisas e estudos na área da administração pública digital. Tenho recebido contato de estudantes e pesquisadores que se debruçaram sobre os temas apresentados na obra e que, a partir dela, encontraram motivação para aprofundar seus estudos. É um sentimento muito positivo saber que esta obra está contribuindo para o desenvolvimento de novos conhecimentos e para a evolução da temática!

Ao reler a primeira edição, percebi a importância do apoio de excelência da Editora Foco e, em especial, da Dra. Roberta Densa, para a consolidação desse projeto. Agradeço imensamente por todo o suporte prestado, que foi fundamental para o sucesso da publicação. A Editora Foco, por sua vez, sempre demonstra seu compromisso com a excelência editorial e a abertura a novas ideias e discussões no campo jurídico. Agradeço à equipe de produção, revisão, diagramação e design pelo trabalho excepcional na produção desta segunda edição!

Por fim, desejo a todos os leitores uma excelente experiência de leitura desta obra. Espero que ela seja uma fonte de inspiração e conhecimento para suas práticas profissionais e acadêmicas. Acredito que a tecnologia pode ser uma ferramenta poderosa para aprimorar a gestão pública e para aproximar o governo do cidadão, e espero que esta obra possa contribuir para essa missão.

Belo Horizonte, junho de 2023.

José Luiz de Moura Faleiros Júnior

PREFÁCIO À 1ª EDIÇÃO

O caráter descentralizado da Internet, baseado no uso de protocolos TCP/IP – enquanto elemento-chave da sociedade da informação, que constitui o conjunto de redes conectadas entre si de tal forma que se faz possível a comunicação instantânea de qualquer ponto, em se tratando de um meio global –, inviabilizando a presença de qualquer organismo diretor central,[1] não obstou, mas, pelo contrário, só fortaleceu a sua evolução, seja no comércio eletrônico, seja nas redes sociais, seja na aperfeiçoamento da gestão pela Administração Pública.

Com muita alegria, recebi o convite para prefaciar a obra Administração Pública Digital, do jovem e brilhante pesquisador José Faleiros Júnior, fruto da sua dissertação de Mestrado, defendida na Universidade Federal de Uberlândia, após ter participado da banca examinadora.

Nas palavras do autor, ao longo de várias eras, a integração computacional e a facilitação do acesso dos cidadãos ao ambiente virtual propiciaram a captação de um volume de informações, de forma estruturada ou não, formando o que se convencionou chamar de *Big Data*.

Porém, a grande preocupação que surge não diz respeito à quantidade de dados, mas ao tratamento dispensado pelas grandes corporações às informações, demandando intervenções estatais para regulamentar determinadas relações jurídicas e proteger direitos fundamentais. Essa é a situação-problema proposta na presente obra: se há grande descompasso entre o avanço tecnológico e a capacidade estatal de legislar para tutelar novas contingências decorrentes da tecnologia, como inovação e regulação poderão coexistir? Com base nessas premissas, e em sólida pesquisa dogmática, indaga o autor sobre os contornos do direito fundamental à boa administração pública na sociedade da informação.

Como já observado por Antonio-Enrique Pérez Luño, nos anos 90,[2] com referência ao que denomina de "Direito público informático", a resposta a ser obtida em face dos problemas suscitados pela informatização administrativa gravita sobre a própria independência nacional, assim como sobre a liberdade das relações sociais.

No primeiro capítulo, intitulado "O Direito Público na História: do Estado Liberal à sociedade da informação", o autor realiza breve estudo histórico-evolutivo acerca da formação do Estado, de sua evolução, de suas bases teóricas fundamentais e dos reflexos da tecnologia em suas inúmeras etapas, passando da irresponsabilidade absoluta, do Estado medieval, além do nascimento e construção do direito administrativo, pelo espírito das leis, de Montesquieu, pelo contrato social, de Rousseau, pelo Estado "orgânico" de Von Gierke e pela superação das teorias civilistas, bem como, dentre outras

---

1. MIGUEL ASENSIO, Pedro Alberto de. *Derecho privado de Internet*. 2. ed. Madrid: Civitas, 2001. p. 27-28.
2. PÉREZ LUÑO, Antonio Enrique. *Manual de informática y derecho*. Barcelona: Ariel, 1996. p.84.

construções, pelas contribuições de Yoneji Masuda, no Japão, popularizando a expressão 情報化社会 (na transliteração, leia-se: *jōhōka shakai*), que se traduz como "sociedade de base informacional" ou "sociedade baseada na informação".

O capítulo destaca ainda a *giuscibernetica,* de Mario Losano, na Itália, termo esse que abrangeria tudo que estiver relacionado à relação dos homens, máquina e direito, na ideia de sistema, baseado na interdisciplinariedade, desde os anos 60, unindo fatores como sistemas, informação, controle, jogos estratégicos e algoritmos.

O ritmo da inovação tecnológica, pontua o autor, caminha em verdadeiro descompasso com a capacidade do Estado de prover soluções jurídicas adequadas, em todos os *fronts* de sua atuação, inclusive no plano econômico, desde a *web 1.0*, concebida sob premissas militares pela Agência de Projetos de Pesquisas Avançadas – ARPA (*Advanced Research Projects Agency*), do Departamento de Defesa dos EUA. Mais tarde, se passaria a uma segunda "etapa", chamada por Tim O'Reilly de *web 2.0,* quando a Internet adquiriu uma dimensão jurídica fundamental devido à intensificação do compartilhamento de dados e à massificação de seu uso para finalidades diversas.

Posteriormente, na transição para o século XXI, inaugurou-se a *web 3.0*, com sua rede operável em tempo real, armazenamento ininterrupto de dados (*always recording*), tecnologia tridimensional e avatares virtuais, dando origem à "web semântica" e à legibilidade da rede por máquinas – e não mais apenas por seres humanos – e à hiperconectividade, ligada às comunicações entre indivíduos (*person-to-person*, P2P), entre indivíduos e máquina (*humanto-machine*, H2M) ou entre máquinas (*machine-to-machine*, M2M), a partir de um vasto aparato técnico que reavivou as discussões em torno dos limites da privacidade, e conduziu as políticas de Estado a um novo paradigma.

Aponta ainda José Faleiros Júnior que se está caminhando para a *web 4.0* ou "web inteligente", marcada pela presença da 'Internet das Coisas', pela rastreabilidade de seus passos e ações no mundo virtual, e pela frequente privação do indivíduo quanto à escolha da técnica de obtenção de dados e quanto às informações que serão colhidas a seu respeito, havendo autores que sustentam a existência de uma *web 5.0*, ou 'web simbiótica', na qual se poderia integrar, em ritmo paulatino, as tecnologias ao próprio ser humano (fenômeno denominado 'trans-humanismo'), contemplando até sentimentos e emoções ou transformando a *web* em um 'cérebro' paralelo.

O capítulo ainda atravessa, como um caleidoscópio, de acordo com a visão do leitor, por concepções como a sociedade em rede, de Jan van Dijk e Manuel Castells, passando, dentre diversos outros autores, por Yuval Noal Harari, em cuja visão organismos se tornarão algoritmos, a partir do dataísmo,[3] e Tim Wu, com referência aos impérios da comunicação, verdadeiros conglomerados informacionais que se tornam capazes de sobrepujar até mesmo ao Estado. Até que ponto é possível a retomada por parte do Estado dos espaços assumidos por tais organismos, indaga-se.

O encerramento do primeiro capítulo se dá com a visão da obra *The Black Box Society,* do professor da Universidade de Maryland, Frank Pasquale, tendo em vista, entre os diversos *markets,* uma corrida pelos algoritmos mais eficazes e capazes de filtrar os

---

3. LOSANO, Mario G. *Curso de informática jurídica*. Madrid: Tecnos: 1987, p. 32-33, 38-39.

mais variados acervos de dados para propiciar vantagens concorrenciais, denominados "*black boxes*" (caixas-pretas), alertando-se para os riscos de uma sociedade regida pelos segredos. O paradigma é de processos econômicos cada mais eficientes lado a lado com um Estado omisso, passivo e indiferente a tal realidade.

O segundo capítulo se intitula "Da legalidade para a governança: impactos do *compliance* na administração pública digital", na busca de novos parâmetros, considerando ainda o seu papel mensurável na detecção e prevenção de violações legais pelos administradores, empregados e outros agentes, de modo a promover verdadeira conduta de ética gerencial.

Dentro do consequencialismo jurídico, teve importante papel a reforma promovida na Lei de Introdução às Normas do Direito Brasileiro pela Lei 13.655, de 25 de abril de 2018 ("Lei de Segurança para a Inovação Pública). No item 2.3, o autor descreve o histórico da evolução dos diplomas normativos de combate à corrupção, a começar em 1977, em meio às repercussões do caso Watergate, e com outros eventos concomitantes, a impor um sentimento geral de clamor por normas de repúdio, levando à edição, nos Estados Unidos da América, do FCPA (*Foreign Corrupt Practices Act*), que inspirou diversas outras legislações mundo afora, destacando-se ainda, no Reino Unido, o *United Kingdom Bribery Act*, propulsionando a preocupação com a governança corporativa.

Mais tarde, em 2002, surgiria, nos Estados Unidos da América, o *Sarbanes-Oxley Act*, também conhecido como Lei *Sarbanes-Oxley*, ou simplesmente "SOx", mais importante marco na delimitação de regras e padrões aplicáveis ao universo corporativo norte-americano desde a Lei de Valores, de 1933, e a Lei de Negociação de Valores, de 1934.

No âmbito da legislação nacional, o autor destaca a importância da Lei de Improbidade Administrativa (Lei 8.429/92), que visa, na esfera civil e administrativa, coibir condutas corruptivas dos gestores públicos, ressaltando ainda, em 1997, a edição da Convenção sobre o Combate da Corrupção de Funcionários Públicos Estrangeiros em Transações Comerciais Internacionais, ratificada pelo Brasil e promulgada internamente pelo Decreto 3.678/2000.

O diploma nacional de maior relevância na matéria é a Lei Anticorrupção, Lei 12.846/2013, que dispôs sobre a responsabilização objetiva administrativa e civil de pessoas jurídicas pela prática de atos contra a administração pública, nacional ou estrangeira, reforçando a ideia de um direito fundamental à boa administração, tendo em vista a implementação de programas de *compliance*.

O *compliance* encontra-se ainda presente no artigo 50 da Lei Geral de Proteção de Dados Pessoais (LGPD), fortemente inspirada no Regulamento Geral de Proteção de Dados Pessoais europeu, tendo a União editado uma norma especificamente voltada à regência de sua política de sua governança de dados, a saber, o Decreto 10.046, de 07 de outubro de 2019, que prevê o compartilhamento de dados entre os órgãos e entidades da administração pública federal direta, autárquica e fundacional e os demais poderes. O Decreto 10.046/19 promove o *Big Data* na administração pública federal, com institutos como o "cadastro base do cidadão" (artigo 16 e seguintes), com uma nova dimensão, baseada em dados fornecidos pelos Cartórios de Registro Civil, bem como extraídos de bases da Receita Federal do Brasil e do Instituto Nacional do Seguro Social.

Dois dias depois, no dia 09 de outubro de 2019, foi editado o Decreto 10.047, que dispõe sobre a governança do Cadastro Nacional de Informações Sociais – CNIS – e institui o programa Observatório de Previdência e Informações, direcionando-se mais em questões relacionadas à Previdência Social.

O autor desenvolve as dimensões política, administrativa, profissional e democrática da *accountability*, compreendida como o processo pelo qual as entidades e os gestores públicos são responsabilizados pelas próprias decisões e ações, contemplando o trato com recursos públicos e todos os aspectos do desempenho que podem ser submetidos a mecanismos de controle interno e externo, como auditorias, prestações de contas etc.

No capítulo 3 ("Novas impostações para a impessoalidade e para a moralidade: cidadania digital e administração pública consensual"), o autor tensiona as relações entre o surgimento dos direitos sociais e dos direitos políticos (enxergando, em Hannah Arendt, a noção de cidadania como "direito a ter direitos"), assim como o seu desenvolvimento, em face da tecnologia, a partir de institutos como plebiscitos e referendos virtuais, audiências públicas e webconferências, mediação e arbitragem na Internet, inclusive para a facilitação de solução de conflitos com o Poder Público, ou ainda a cogestão ou delegação atípica, caso em que haverá a participação de gestores ou entidades privadas em verdadeira colaboração com o Estado, na adoção dos programas de *compliance*.

O autor associa democracia, combate à corrupção e qualidade de vida da população, com referência a estudos que apontam uma relação entre um controle contracorruptivo e melhores resultados em relação àqueles fatores e indica vantagens propiciadas pelas novas tecnologias para a conjugação desses elementos.

No quarto capítulo ("Ultrapassando as periclitâncias da publicidade e da eficiência: procedimentalização, gestão de riscos e transparência na governança digital"), o autor destaca que o surgimento da Internet estimulou um novo interesse entre políticos, administradores e acadêmicos sobre o papel da tecnologia no governo, tendo sido dada, a partir de então, maior atenção ao significado do governo digital para a administração pública que se beneficia de novas tecnologias.

O acesso "universal" à Internet como direito fundamental, na sociedade da informação descrita por Manuel Castells, incorpora-se aos direitos humanos, ainda que distante da realidade concreta brasileira, num viés inclusivo.

Em abordagem bastante ampla, à altura do panorama do livro como um todo, o autor faz importante indagação sobre a evolução dos direitos humanos, desde a adoção da Declaração Universal dos Direitos Humanos, em 1948, e, levando em conta, fato já observado, dentre outros, por Manuel Castells, que a Internet permite a comunicação bidimensional, tornando o usuário final não apenas um destinatário passivo de informações, mas também um editor ativo, além de tornar possível a distribuição barata de qualquer tipo de conteúdo.

Em suas conclusões, José Faleiros Júnior faz referência, dentre diversos outros fatores, à diluição da dicotomia entre os interesses público e privado, do aclaramento dos modais de participação direta e do entrelaçamento do sistema à vontade popular, devendo ser sempre aferidos os métodos e técnicas que empolgam e geram riscos, na passagem do "homem isolado" do passado ao "homem situado" do presente.

A tecnocracia é um perigo real na sociedade da informação, haja vista os riscos de que a hipervalorização (e eventual dependência) da técnica conduza a humanidade a uma burocracia e segregação socioeconômica, afastando-se a humanidade, olimpicamente, da participação popular.

Isso termina por se resumir à relação entre criador e criatura, caso a criatura, no caso a burocracia, que ameaça adquirir vida própria, trazendo de volta um Leviatã monstruoso e opressor.

Rio de Janeiro, julho de 2020

Guilherme Magalhães Martins

Promotor de Justiça titular da 5ª Promotoria de Tutela Coletiva do Consumidor e do Contribuinte – Capital. Professor associado de Direito Civil da Faculdade Nacional de Direito – Universidade Federal do Rio de Janeiro. Professor permanente do Doutorado em Direito, Instituições e Negócios da Universidade Federal Fluminense. Doutor e Mestre em Direito Civil pela Faculdade de Direito da UERJ.

APRESENTAÇÃO

Recebi de José Luiz de Moura Faleiros Júnior, a quem orientei durante o curso de Mestrado em Direito na Universidade Federal de Uberlândia, a incumbência de apresentar a obra que outrora foi seu objeto de pesquisa e que, agora, é apresentada à comunidade jurídica com o título "Administração Pública digital: proposições para o aperfeiçoamento do Regime Jurídico Administrativo na sociedade da informação".

O trabalho vai muito além do que se esperaria de uma pesquisa acadêmica realizada no restrito biênio de um curso de Mestrado, eis que, como não poderia deixar de ser, o espírito incansável do jovem José Faleiros Jr. não apenas o fez se lançar com dedicação extrema à cognição das bases estruturantes do tema que se propôs a investigar, como também o conduziu ao desafio de buscar, inclusive no direito estrangeiro, os substratos necessários para a elaboração de um trabalho que mais se assemelha a uma Tese, tamanho o ineditismo e o caráter propositivo de algumas das diretrizes apresentadas na hipótese de pesquisa.

Quando se fala na 'sociedade da informação', há muito vislumbrada – e o autor deixa claro, já em suas primeiras linhas introdutórias, que se trata de um fenômeno inescapável e de efeitos variados –, fundamental se torna o enfrentamento dos vetustos dilemas da Ciência do Direito à luz de compreensões que, invariavelmente, desafiam o operador do direito a explorar searas do conhecimento não usuais, tamanho o impacto transformador da tecnologia.

A constante (e acelerada) evolução das Tecnologias da Informação e Comunicação (TICs) dá a tônica do processo histórico que culminou na preocupação do autor em investigar seus efeitos sobre o direito público. E isso se apresenta a partir de algo que ele próprio enuncia como um 'descompasso anunciado entre inovação e regulação', que sempre coloca o ritmo de desenvolvimento tecnológico adiante da capacidade do Estado de se adaptar a essas transformações, implicando em 'gap', ou lacuna de tempo, durante a qual certa escassez regulamentar pode implicar riscos e contingências de toda espécie.

De forma inovadora e ambiciosa, o autor enfrenta esse problema desde suas raízes, identificando os principais gargalos que tornam o Regime Jurídico Administrativo, nos moldes tradicionais, incapaz de responder totalmente às necessidades que as novas tecnologias impõem ao Estado, na busca pela pacificação de conflitos.

Ao se lançar nessa empreitada, o autor apresenta as três linhas mestras que compõem, cada qual, o objeto preponderante de um capítulo do trabalho: (i) em primeiro lugar, propõe a implementação de políticas de governança, se debruçando sobre a compreensão do chamado *compliance*, como solução possível para a proliferação de uma cultura de conformidades que previna ilícitos; (ii) em segundo lugar, analisa o fenômeno da consensualização, potencializada pelo uso de aparatos tecnológicos, visando à aproximação do povo (verdadeiro detentor do poder) aos processos decisionais do Estado, com vistas à elevação de sua legitimidade; (iii) em terceiro lugar, analisa a procedimentalização digital, tema difícil, mas que abriria caminhos alternativos para permitir a revisitação da clássica disciplina dos atos e dos processos administrativos com base em postulados que, embora dependentes do implemento de novas tecnologias, preveniriam os riscos da malfadada tecnocracia.

Antes de desbravar cada um desses três grandes temas, porém, o autor narra, com denso detalhamento conceitual e riquíssimo suporte bibliográfico, como se deu a evolução do Estado, tal como o conhecemos. Busca, no desiderato de situar o leitor quanto aos movimentos históricos que culminaram nos fenômenos estudados à luz das tecnologias da contemporaneidade, a identificação da gênese de tudo o que enfrentará nos capítulos subsequentes, iniciando sua exploração nos primórdios da disciplina – do Antigo Regime à ascensão do Estado Liberal – para deixar claro que certas premissas são tão antigas quanto o próprio Estado.

Avança em seu apanhado histórico explorando o nascimento do direito administrativo, em paralelo à evolução do Estado e ao surgimento das bases teóricas da própria Teoria do Estado. Com inspiração na Teoria do Direito, apresenta essa evolução de forma clara, mas igualmente profícua e bem lastreada em referenciais teóricos de grande representatividade. O faz, inclusive, invocando substratos de outras Ciências Humanas e Sociais Aplicadas, o que confere especial riqueza à sedimentação das bases que virá a explorar adiante.

Quando analisa a passagem do Estado Liberal para o Estado Social, o faz de modo a esclarecer ao leitor como as inovações da época – embora estivessem muito longe da sofisticação tecnológica do século XX – foram determinantes para, efetivamente, revolucionar as bases sociais. É então que são analisadas a Primeira e a Segunda Revoluções Industriais, fenômenos históricos fundamentais para a consolidação de novos modelos de Estado que desencadearam o surgimento de novos matizes para o conceito de democracia e de novos papéis governamentais para o controle das liberdades.

Não obstante, é na averiguação da passagem do Estado Social para o Estado Pós-Social que o autor realmente inova. Isso porque, para além de invocar fenômenos jurídicos essenciais à delimitação do *telos* de um novo modelo de sociedade, como os influxos das "descodificações" e os entrelaçamentos do direito público com o direito privado – que desencadearam fenômenos como a constitucionalização das relações privadas e discussões em torno da superação de um modelo meramente gerencial de Administração Pública –, o autor apresenta rica abordagem contextual sobre os impactos das tecnologias desenvolvidas no curso do século XX, consolidando a Terceira Revolução Industrial, marcada pela ascensão da informática e da eletrônica, e da Quarta Revolução Industrial, situada na fronteira do período contemporâneo e que marca toda a base de investigação da problemática descrita em sua introdução.

Naquilo que o autor nomeia como 'dilemas de um descompasso anunciado', tem-se a exploração densa de conceitos que formatam a base axiológica do chamado direito digital, cujos efeitos – hoje inexoráveis para o direito administrativo – produzem inquietações que, ilustrativamente, o autor enuncia: fala-se, dentre outras coisas, na ascensão de verdadeiros 'impérios da comunicação', com potencial de suplantar o próprio *jus imperii* estatal; discute-se a impotência do Estado frente ao que a doutrina denomina de 'sociedade das caixas pretas' (*black box society*); são averiguados os resultados da evolução sociológica, inclusive sob a ótica dos intercâmbios conceituais entre informação e mercado, informação e democracia, informação, reflexividade e vigilância e, enfim, é revelada a necessidade de aprimoramento constante para que o fenômeno até então descrito como 'governo eletrônico' (cuja própria terminologia já está ultrapassada) seja readaptado a um novo momento da sociedade, se transformando, efetivamente, em um modelo de Administração Pública Digital – como deixa claro o título da obra.

É uma obra que, certamente, exigirá fôlego do amigo leitor, cuja avidez por compreender toda essa problemática não lhe permitirá digerir toda a gama de brilhantes apontamentos e proposições com poucas horas de dedicação à leitura ou com verificações superficiais do substrato que se está a apresentar.

Nesse diapasão, reitera-se que é apenas depois de todo esse percurso histórico-evolutivo formidável que o autor, realmente, inicia o enfrentamento da primeira dentre as três linhas-mestras da fascinante pesquisa!

O título do segundo capítulo da obra de José Faleiros Jr. revela a forma criativa de suas formulações: buscando delimitar seu escopo de pesquisa, elegeu os cinco princípios fundamentais descritos no artigo 37 da Constituição da República – Legalidade, Impessoalidade, Moralidade, Publicidade e Eficiência – e os revisitou de modo a catalisá-los com combinações inovadoras à luz de novas tecnologias que, se não pretendem superá-los ou revelá-los obsoletos, têm o propósito de alçá-los a um patamar muito superior.

A divisão temática da exploração se dá com a seguinte estrutura:

- no Capítulo 2, o autor se dedica à análise do princípio da legalidade, identificando algumas das razões pelas quais sua adequação à hodierna sociedade da informação parece ser, por vezes, opaca – e sugere que tal postulado seja catalisado pela governança; com isso, se inspira em modelos desenvolvidos principalmente na Escandinávia para aduzir que o efetivo *compliance* público deve surgir a partir da Eticidade;

- no Capítulo 3, elenca os princípios da impessoalidade e da moralidade e propõe formas de elevá-los a patamar de grande potencial estruturante que, quanto ao primeiro princípio, reaproxime os cidadãos do próprio Estado, e, quanto ao segundo, garanta maior legitimidade às decisões públicas; tudo isso, na análise do autor, a partir de uma reestruturação dos dois postulados em torno das novas tecnologias aplicadas à consensualização, sugerindo uma nova leitura dessas bases fundamentais com sustentáculos na implementação da Socialidade no direito administrativo;

- no Capítulo 4, prossegue com a análise do rol essencial de princípios regentes da Administração Pública e estuda, de forma mais detida, a publicidade e a eficiência, sugerindo o aprimoramento de ambas a partir do incremento da procedimentalização, da adequada gestão de riscos e da ampliação da transparência; tudo isso, em resumo, conduziria à migração do vigente modelo do 'governo eletrônico' para o inovador e propositivo ambiente da 'Administração Pública Digital', dando ensejo à Operabilidade nas relações entre Administração e administrados.

Não deve ter passado despercebida aos olhos do ávido leitor a importação criativa dos postulados que fundamentaram a reforma do direito privado por ocasião da promulgação do Código Civil de 2002. Basicamente, 'Eticidade', 'Socialidade' e 'Operabilidade' foram opções terminológicas escolhidas por Faleiros Júnior como pilares de uma nova sistematização da legislação administrativa que seja plasmada em valores fundantes absolutamente essenciais.

No segundo capítulo da obra, quando se analisa a primeira linha-mestra, o ponto de partida é a decomposição do princípio da legalidade, que torna apuráveis as formas pelas quais a almejada governança pode servir ao principal desiderato dessa ressignificação: com a reinserção da ética nas rotinas e atividades estatais, a densa investigação do autor acerca do novo papel do Estado no século XXI – denominado, então, de 'digital' –, embora ainda apresente fronteiras translúcidas e demande a admissão de parâmetros extranormativos advindos da governança para a alavancagem e ressignificação do usual modelo de legalidade, passa a ensejar novo paradigma, não menos carecedor de efetivo controle. O que muda, para o autor, não é a força cogente da legalidade, mas o rol de instrumentos de que se dispõe para o rápido atendimento às derivações hipercomplexas produzidas pela inovação.

Noutros termos, a se considerar que a legalidade passou a demandar soluções inovadores e mais adequadas a esse novo modelo de sociedade, com vistas à aceleração da responsividade estatal em face das inúmeras contingências sociais desdobradas desse descompasso entre inovação e regulação, são apresentados alguns elementos essenciais da chamada *accountability* pública, agora decomposta em legalidade (*legality*), integridade (*integrity*) e na própria responsividade (*responsiveness*), formando o arcabouço de elementos da verdadeira governança pública.

Aqui, o autor se debruça enfaticamente sobre os escritos e as experiências de países como Suécia e Finlândia, onde a governança floresceu com maior sucesso, e a exploração do tema passa a revelar gargalos extraídos da própria aceleração provocada pela Internet e pelo fenômeno da 'datificação' (o chamado *Big Data*).

Tem-se, de um lado, grande entusiasmo em relação aos usos que a Internet oferece; de outra banda, já se mostra perceptível que a tecnologia também apresenta riscos que não se pode ignorar, sob pena de se incorrer em excessos perigosos.

Nessa linha, o autor buscou explorar a recente tendência de adoção, no Brasil, dos chamados freios consequencialistas, tomando como exemplos a reforma de 2018 à Lei de Introdução às Normas do Direito Brasileiro e a proliferação de leis e decretos voltados à criação de programas de integridade nos diversos âmbitos de atuação do Poder Público.

As reflexões em torno das origens do *compliance* dão a tônica, ainda, de uma averiguação prospectiva do cabimento de seus ditames na estruturação das bases fundamentais do direito administrativo e da própria Administração. Com aportes que remontam à própria gênese do assunto, no Reino Unido e nos Estados Unidos da América da década de 1980, passando pelas influências de legislações desses países como o *UK Bribery Act* britânico e o *Foreign Corrupt Practices Act* e o *Sarbanes-Oxley Act* dos EUA, o autor culmina em uma apuração detalhada dos marcos normativos que, de uma forma ou outra, tratam das práticas de governança no país.

Essa rica abordagem se inicia na base principiológica da Lei de Improbidade Administrativa e nos atos normativos de natureza infralegal editados nas décadas de 1990 e 2000, até chegar na Lei Anticorrupção brasileira e nos documentos que se seguiram a ela, como o Decreto n. 9.203/2017, que estipulou a política de governança da Administração Pública federal, fixou os conceitos de governança pública, valor público, alta administração e gestão de riscos, estabeleceu os princípios e diretrizes da governança pública, além dos mecanismos para o seu exercício, atribuiu à alta administração a incumbência de implementar e manter mecanismos de governança e, ainda, dispôs sobre composição, funcionamento e atribuições de um comitê de governança pública.

- Tudo ilustra a conclusão de que a adoção do *compliance* na Administração Pública pode ser, sim, uma possível resposta ao quadro sistêmico de cometimento de ilícitos e às dificuldades de suplantação de suas violações com a atuação repressiva, a demandar a listagem de parâmetros éticos que fortaleçam a sistematização coordenada do direito público para além da estrita legalidade.

- Com isso, surge um novo paradigma de controle que contribui para a propagação de uma cultura de governança que coloca o cidadão de volta ao centro do sistema jurídico, conectando-o, a partir da Internet e com vistas ao realce ético em seu desenvolvimento, reinserindo-o no cotidiano estatal por parâmetros específicos e aptos a atribuir maior relevância à figura do indivíduo, e garantindo-lhe a titularidade de direitos inalienáveis, projetados no mundo virtual e que são dignos de proteção.

Essa irradiação de valores, colhida do paralelo traçado com o direito privado, é que reflete a Eticidade descrita pelo autor como valor fundamental para a potencialização do princípio da legalidade na Administração Pública digital. A partir dela, mecanismos de governança pública (digital) robustecem a função promocional essencial ao aperfeiçoamento do Estado.

No terceiro capítulo, como já se adiantou, o conceito jurídico de cidadania é tomado como mote para a exploração da transformação, ainda mais profunda, que estaria por vir, e que foi melhor analisada à luz de outros dois princípios essenciais do Regime Jurídico Administrativo: a impessoalidade e a moralidade.

Nesse contexto, a consensualização administrativa, descrita como "fenômeno que conduz a tendência à chamada consensualidade", é invocada pelo autor para a formulação de uma nova proposta que visa a integração do direito público à realidade social, reaproximando Administração e administrados a partir de instrumentos especialmente designados para permitir maior adesão popular aos afazeres e interesses estatais – e nada melhor que a hiperconectividade propiciada pelas TICs para o cumprimento desse propósito, seja pelo exercício direto do poder deliberativo, seja participando de debates e discussões pautados pela lógica do consenso, seja atuando de forma mais direta no controle, por instrumentos próprios.

Ainda no tema-problema explorado no curso dessa segunda linha-mestra da pesquisa, Faleiros Júnior fundamenta sua explicação para a metamorfose pela qual passa a Administração Pública do século XXI alertando para a necessidade de sua readequação aos perigos e desafios da sociedade da informação. Com isso, os princípios de regência do labor administrativo passam a demandar novos substratos, embora revelem novas potencialidades.

Quanto à impessoalidade, o autor ressalta a necessidade de que se dê concretude à ciberdemocracia. Isso seria possível, em sua análise, pela efetiva participação popular, que deve ser a mais ampla possível. Já com relação à moralidade, outrora entrelaçada ao controle dos vícios internos do ato administrativo, o autor elucida suas preocupações quanto ao espaço gerado pelo irrefreável globalismo, que cria riscos quanto às interferências de ordenamentos jurídicos externos e à necessidade de aferição de possível abertura às influências da moral sobre o direito.

Respondendo a essas inquietações, são analisados os impactos das redes transgovernamentais e das superestruturas internacionais em detrimento da democracia local. Sem perder de vista as vantagens que se poderia ter quando se cogita de uma governança puramente nacional, o autor estabelece o modo como o poder formal de tomada de decisões é claramente retido pelos formuladores de políticas nacionais, tornando esses arranjos potencialmente mais aceitáveis, e, pelo fato de a própria legalidade administrativa ser reanalisada à luz da governança, faz o alerta quanto às consequências indesejadas dessa reformulação das bases regulatórias do Estado.

Em essência, quanto à impessoalidade e à moralidade, o que norteia o raciocínio propositivo do autor é a necessidade de retomada dos modais de democracia direta para a consolidação da participação popular, que garante maior legitimidade às decisões estatais e propaga a Socialidade no direito administrativo, fomentando verdadeira 'concertação administrativa', que é importante mecanismo de ruptura do modelo hierarquizado e impositivo, e de propagação de uma nova cultura que permite privilegiar a Administração Pública consensual de qualidade, marcada pela presença de modais participativos aplicáveis a todo e qualquer tipo de ato ou processo administrativo, e, com execução delegada, também ao povo.

Percorrendo a já amplamente discutida questão da superação da clássica dicotomia entre os interesses público e privado, o autor explica que o aclaramento dos modais de participação direta, se imiscuídos aos princípios e regras do sistema jurídico, permitiria a identificação de usos mais profícuos para soluções tecnológicas que, efetivamente, poderiam cumprir tal papel.

São analisadas com profundidade, nesse contexto, cinco possibilidades instrumentais: (i) os plebiscitos e referendos virtuais, pela implementação de plataformas de votação eletrônica, com controle identitário e de dados, desde que observados os parâmetros de governança de dados e segurança da informação, além dos mecanismos de auditoria para controle de resultados e superação do enviesamento decisional; (ii) as audiências públicas realizadas por webconferências, que visam à facilitação de seu uso e à aproximação dos cidadãos das sessões de discussão; (iii) a mediação e a arbitragem realizadas pela Internet, que, na mesma linha, permitiriam a proliferação de meios de atendimento ao público por sistemas mais simplificados e objetivos de solução de controvérsias; (iv) nas hipóteses de cogestão e de delegação atípica, a participação colaborativa de particulares nos processos decisionais da Administração é explorada com olhares voltados ao implemento de mecanismos de segurança que se aliem à proteção de dados; (v) quanto aos acordos substitutivos, o autor anota a possibilidade de sua implementação com lastro na estrutura funcional dos *smart contracts* pela tecnologia *blockchain*, com potencial de gerar confiabilidade e sigilo.

Em arremate, o autor explora o papel das redes na difusão da informação, na ampliação da liberdade de expressão e na propagação de vozes que, "em caráter amplíssimo, apesar de mais pessoas se contabilizarem em termos numéricos, contribui para que haja maior impessoalidade e respeito aos limites postos pelo ordenamento".

Novamente, é retomado o tema da necessidade de ampliação dos caminhos de concretização da consensualização administrativa, que partem do repúdio às abstrações em um contexto de desejável 'segurança para a inovação pública'. Retomando a recente reforma da LINDB, é aferida a possibilidade que seja trilhado novo caminho no sentido de se realçar um modelo contrastante ao contexto jurídico-normativo vigente e já consagrado pela centralidade sistêmica dos direitos humanos e fundamentais, que, para o autor, consolidam o núcleo dos deveres de proteção do Estado, ao qual não é conferida a opção de se furtar de garanti-los, ainda que diante de eventual lacuna ou omissão regulatória, levando-o a concluir pela necessidade de reforço à legitimidade das decisões por meio da consagração de modelos de participação direta não apenas para a promoção da cidadania e para a proteção do princípio democrático, mas também para que o controle popular seja efetivamente propiciado e realizado.

Finalmente, no quarto capítulo da obra, é analisado o aprimoramento dos princípios da publicidade e da eficiência – outras bases fundamentais do Regime Jurídico Administrativo tradicional – como desdobramentos das compreensões que ultrapassam o velho conceito de 'governo eletrônico' e que passam a demandar novos significados, mais coerentes com o momento atual e a adjetivação da almejada configuração administrativa como um modelo eminentemente 'digital'.

Condensando vários dos aspectos explorados nos dois capítulos anteriores, Faleiros Júnior passa a trabalhar com abordagem mais pragmática, mas igualmente densa, na qual indica caminhos virtuosos para a superação dos obstáculos indicados.

A primeira preocupação que enfrenta diz respeito aos riscos da chamada tecnocracia, avançando no sentido da garantia material de acesso a alguns direitos que reputa fundamentais, como o acesso de todo cidadão à Internet e a superação da exclusão digital para que a Internet produza efeitos promocionais em caráter difuso, sacramentando a desejável reaproximação entre Administração e administrados.

Tendo por base a publicidade, o autor apresenta suas considerações sobre o chamado 'governo por redes' e acerca da concertação administrativa, que "aquecem os motores de uma empolgante nova possibilidade de realização do princípio democrático".

Mirando a chamada governança digital, tão bem explorada no segundo capítulo da obra, questões como a proteção de dados e o festejo ao direito fundamental à privacidade foram prontamente apontadas como bases elementares para esse efetivo aprimoramento, embora o modo de sua realização e operacionalização demande grandes influxos técnicos que acarretam – e aqui o conceito de 'tecnocracia' volta a criar ecos – preocupantes riscos quanto à hipervalorização e, até mesmo, eventual dependência da técnica para a condução da sociedade. E, nesse campo, a dependência exagerada quanto aos saberes de tecnocratas, com ações burocratizadas e segregação socioeconômica, representariam o grande contraponto trazido pela inovação desmedida, que se furta do controle estatal – cada vez mais em descompasso com a técnica – e contribui para o enfraquecimento da desejada participação popular.

O autor busca confirmar a hipótese explorada partindo da premissa de que a governança digital tem o potencial de driblar as periclitâncias da tecnocracia, "conduzindo a um Estado realmente capaz de dar concretude normativa aos deveres de proteção que lhe são impostos e, em última instância, à promoção da pacificação social, seu *telos*".

Sem se desatentar à estruturação hipercomplexa da sociedade da informação, enfatiza que, também aos cidadãos, que tomarão parte desse remodelado arquétipo administrativo-participativo, devem ser conferidos meios de inserção social, e, ao fim e ao cabo, de controle da Administração. Nesse diapasão, a proposta de garantia do acesso à Internet como um direito fundamental é defendida de forma associada ao incremento das políticas públicas voltadas à educação digital e à superação da exclusão digital.

Todas as proposições parecem formatar um modelo que ultrapassa a clássica concepção de 'governo eletrônico', também, do ponto de vista da publicidade, da transparência e da eficiência. Mais do que apenas ter governança, o autor indica a imperiosidade da Operabilidade, novamente invocando um princípio estruturante da reforma do direito privado, que apresenta como símbolo de uma reformulação facilitadora do acesso dos cidadãos às novas tecnologias e da ampliação do escopo da publicidade administrativa como mecanismo de controle naquilo que designa como 'publicidade-transparência' e 'publicidade-participação'.

A ideia é que a interatividade popular pode ser aprimorada não apenas com a maior visibilidade da Administração Pública (a partir dos portais de transparência ou mesmo da invocação da Lei de Acesso à Informação), mas também no contexto da governança digital, que impõe um padrão de conformidades do qual se espera atuação alinhada aos postulados normativos e extranormativos que o compõem.

Como corolário, tem-se o princípio da eficiência, que ganha reforço axiológico a partir dessa base não tecnocrata, com viabilidade obtida pelas políticas públicas empreendidas no sentido de se ter uma população mais educada digitalmente e mais preparada para enfrentar os desafios impostos pelas novas tecnologias, cogitando-se do chamado "*e-future*".

Outra vez, a inovação pública vem à tona e denota os perigos que um festejo incalculado à eficiência pode acarretar em função dos perigos da adoção de parâmetros abertos a nível de governança pública. Os limites de compreensão do princípio da eficiência, segundo o autor, são afetados pela intenção regulatória desmedida e amplíssima, resultando em uma suposta, mas não proclamável, insuficiência do *civil law* para o enfrentamento das conjecturas desse novo modelo social, arraigado na dependência tecnológica e no incentivo exacerbado à inovação.

Eticidade, Socialidade e Operabilidade – os três parâmetros ilustrativamente importados pelo autor, para o direito administrativo, a partir das acepções que conduziram à reforma do direito privado – apontam para a consolidação de um macrossistema de direito público capaz de realçar tais institutos para, finalmente, viabilizar o tão discutido "novo" direito administrativo.

Ao se admitir a governança pública como acoplamento estrutural do princípio da legalidade, viabiliza-se o necessário realce à prevenção de ilícitos. Ao se primar pela consensualização como *locus* para a reformulação do princípio democrático, permitindo a reaproximação entre Administração e administrados, tem-se o robustecimento necessário da impessoalidade e da moralidade nos processos decisionais. A procedimentalização, identificada a partir de um princípio da publicidade potencializado pela transparência pública, que muito se beneficia das novas tecnologias para ser, ademais, eficiente, mas sem se prender aos vetustos preceitos de 'governo eletrônico', finalmente, consolida o aprimoramento ao qual o autor dá o nome de "Administração Pública Digital".

Tendo por base essas brevíssimas considerações, o que se pode dizer é que a proposta metodológica adotada pelo autor, quando do desmembramento do tema-problema em três linhas-mestras de investigação, demonstra que o aperfeiçoamento do Regime Jurídico Administrativo é bem mais que uma singela tendência! Trata-se, em verdade, de uma necessidade premente para o enfrentamento dos riscos já vivenciados nesse hodierno modelo de sociedade tecnológica.

Nessa rica obra, a exploração trazida por José Faleiros Jr. possui o cariz inovador que somente as Teses mais bem elaboradas costumam apresentar. Aliada à riqueza bibliográfica, destaca-se a capacidade do autor de condensar temas extremamente complexos em fórmulas claras e bem estruturadas, que certamente contribuirão para dar a tônica das reflexões mais atuais em torno do direito administrativo brasileiro.

Fica o convite ao amigo leitor para que se dedique, com calma, à assimilação do texto que se segue. Este livro é, sem dúvida alguma, largo manancial de substratos teóricos que impõe leitura cautelosa e pormenorizada de conceitos, problematizações e possíveis soluções para uma estrutura de sociedade hipercomplexa, mas que já está presente no cotidiano de cada um de nós.

É obra obrigatória para todo profissional e estudioso do direito, tamanha a pertinência dos aspectos justecnológicos explorados para a trazer luz e compreensão a fenômenos tão complexos.

Uberlândia, junho de 2020.

Luiz Carlos Figueira de Melo
Doutor em Direito Administrativo pela Universidade Federal de Minas Gerais – UFMG. Especialista em Direito Administrativo pela Pontifícia Universidade Católica de São Paulo – PUC/SP. Professor dos cursos de graduação e pós-graduação da Faculdade de Direito da Universidade Federal de Uberlândia – UFU. Advogado.

SUMÁRIO

AGRADECIMENTOS V

NOTA DO AUTOR À 2ª EDIÇÃO IX

PREFÁCIO À 1ª EDIÇÃO XV

APRESENTAÇÃO XXI

INTRODUÇÃO 1

CAPÍTULO 1 – O DIREITO PÚBLICO NA HISTÓRIA: DO ESTADO LIBERAL À SOCIEDADE DA INFORMAÇÃO 9

1.1   O Estado medieval e a irresponsabilidade absoluta 9

1.2   O nascimento do direito administrativo e sua construção nos Séculos XVII e XVIII 12

    1.2.1   A Era das Reformas 13

    1.2.2   O 'espírito das leis', de Montesquieu 14

    1.2.3   O contrato social, de Rousseau 17

    1.2.4   O *Rechtslehre*, de Kant 19

    1.2.5   Os paradoxos da transição 21

1.3   Sobre a liberdade e o Estado Liberal 23

    1.3.1   Autonomia da vontade e a autodeterminação individual 26

    1.3.2   Da liberdade antiga à liberdade moderna frente ao sistema conceptual de Hegel 27

    1.3.3   Notas sobre as influências de Bentham e Mill 29

    1.3.4   O Estado 'orgânico' de von Gierke e a superação das teorias civilistas .. 31

1.4   Novas propensões ideológicas e a formação do Estado Social 35

    1.4.1   Da Primeira Revolução Industrial ao apogeu do Estado social 36

    1.4.2   A Segunda Revolução Industrial e o avanço do socialismo 38

    1.4.3   Democracia e massificação no Estado de direito 41

    1.4.4   O papel do Estado no controle da liberdade econômica 42

1.5   O Estado pós-social e seus impactos 46

	1.5.1	Um direito privado constitucional?..	48
	1.5.2	O período das 'descodificações' e seus influxos	50
	1.5.3	Para além da 'nova' Administração Pública..	52
1.6	\multicolumn{2}{l}{O irrefreável avanço tecnológico do Século XX: do transistor ao *microchip*....}	55
	1.6.1	A Terceira Revolução Industrial e o surgimento da informática	57
	1.6.2	Uma sociedade da informação vislumbrada na década de 1960?........	59
		1.6.2.1 Os contributos de Fritz Machlup, nos Estados Unidos da América	61
		1.6.2.2 Os contributos de Yoneji Masuda, no Japão......................	62
		1.6.2.3 A *giuscibernetica*, de Mario G. Losano.............................	63
1.7	\multicolumn{2}{l}{Dilemas de um descompasso anunciado...}	66
	1.7.1	A nova 'galáxia' da Internet	68
		1.7.1.1 A sociedade pós-industrial de Daniel Bell.........................	68
		1.7.1.2 A sociedade em rede, de Jan van Dijk e Manuel Castells....	69
		1.7.1.3 Informação e o mercado, segundo Herbert Schiller	70
		1.7.1.4 Informação e democracia, segundo Jürgen Habermas	71
		1.7.1.5 Informação, reflexividade e vigilância, de Anthony Giddens a David Lyon..	76
	1.7.2	A Quarta Revolução Industrial na trilha da Internet das Coisas	78
1.8	\multicolumn{2}{l}{O crepúsculo de uma nova era (e de uma 'Administração Pública digital').....}	80
	1.8.1	Como tutelar os interesses do *homo deus*?...	83
	1.8.2	Os 'impérios da comunicação'..	83
	1.8.3	*Black box society*: a impotência estatal frente ao poder algorítmico....	85
	1.8.4	Para além do 'governo eletrônico'	87
1.9	\multicolumn{2}{l}{Conclusões parciais: enfim, o 'governo digital'.......................................}	88

CAPÍTULO 2 – DA LEGALIDADE PARA A GOVERNANÇA: IMPACTOS DO *COMPLIANCE* NA ADMINISTRAÇÃO PÚBLICA DIGITAL 93

2.1	\multicolumn{2}{l}{O princípio da legalidade no contexto da segurança jurídica........................}	95
	2.1.1	O direito administrativo constitucionalizado..	96
	2.1.2	Novos parâmetros para a legalidade na sociedade da informação.......	97
2.2	\multicolumn{2}{l}{Consequencialismo jurídico e o papel da nova reforma à Lei de Introdução às Normas do Direito Brasileiro...}	100
	2.2.1	O rigor metodológico do viés consequencialista.................................	103
	2.2.2	Propensões ao aprimoramento administrativo para além do consequencialismo	106
2.3	\multicolumn{2}{l}{O *compliance* no setor público ....}	108

	2.3.1	Revisitando a *theory of the firm*...	109
	2.3.2	FCPA, SOx e o combate à corrupção...	111
	2.3.3	Governança e tomada de decisões na legislação brasileira.................	116
		2.3.3.1 Lei de Improbidade Administrativa (Lei nº 8.429/1992)....	117
		2.3.3.2 Convenção sobre o Combate da Corrupção de Funcionários Públicos Estrangeiros em Transações Comerciais Internacionais (Decreto nº 3.678/2000)...............................	118
		2.3.3.3 Criminalização da lavagem de capitais e criação do COAF (Lei nº 9.613/1998)...	119
		2.3.3.4 Implementação de controles internos (Resolução nº 2.554/1998 do Banco Central do Brasil)................................	120
		2.3.3.5 A Resolução nº 3.198/2004 do Banco Central do Brasil.....	120
		2.3.3.6 A Circular nº 3.461/2009 do Banco Central do Brasil.........	120
		2.3.3.7 Lei de Defesa da Concorrência (Lei nº 12.529/2011)	121
		2.3.3.8 Lei Anticorrupção brasileira (Lei nº 12.846/2013) e seus regulamentos (Decreto nº 8.420/2015 e Decreto nº 11.129/2022)..	122
		2.3.3.9 A política de governança da Administração Pública federal direta, autárquica e fundacional (Decreto nº 9.203/2017)..	125
		2.3.3.10 A governança de dados no âmbito federal (Decretos nº 10.046/2019 e nº 10.047/2019)	129
		2.3.3.11 Lei do Governo Digital (Lei nº 14.129/2021)	132
		2.3.3.12 Estratégia Nacional de Governo Digital (Decreto nº 11.260/2022)	144
2.4	A reinserção da ética nos afazeres estatais: notas sobre a 'boa' Administração Pública...		147
	2.4.1	Responsabilidade (*Accountability*)...	153
		2.4.1.1 Política..	155
		2.4.1.2 Administrativa...	156
		2.4.1.3 Profissional..	162
		2.4.1.4 Democrática	165
	2.4.2	Legalidade (*Legality*)..	169
	2.4.3	Integridade (*Integrity*)	171
	2.4.4	Responsividade (*Responsiveness*)...	174
2.5	*Big data* e a governança da complexidade...		175
	2.5.1	Controle público e governança na sociedade da informação.............	179
	2.5.2	Portais de transparência e interatividade...	182
	2.5.3	O cibercidadão na centralidade sistêmica...	186

2.6 Conclusões parciais – A legalidade catalisada pela governança: o (efetivo) *compliance* público a partir da Eticidade 189

CAPÍTULO 3 – NOVAS IMPOSTAÇÕES PARA A IMPESSOALIDADE E PARA A MORALIDADE: CIDADANIA DIGITAL E ADMINISTRAÇÃO PÚBLICA CONSENSUAL. 193

3.1 Cidadania no século XXI: impessoalidade e moralidade realçadas 193

3.2 Impessoalidade e consensualização: reaproximando cidadãos e Estado 199

    3.2.1 Tecnologia e os instrumentos essenciais de participação popular 204

        3.2.1.1 Plebiscitos e referendos virtuais 204

        3.2.1.2 Audiências públicas e webconferências 213

        3.2.1.3 Mediação e arbitragem na Internet 221

        3.2.1.4 Cogestão, delegação atípica e as novas tecnologias 227

        3.2.1.5 Acordos substitutivos como smart contracts 229

    3.2.2 Impessoalidade e a participação coletiva: novos matizes de engajamento popular 232

    3.2.3 Redes e cibercidadania ativa 240

3.3 Moralidade, controle popular e a legitimidade das decisões estatais 241

    3.3.1 Moralidade administrativa e a inovação pública 246

    3.3.2 Consensualização, discricionariedade e concertação administrativa .. 250

3.4 Interesse público *vs.* interesse privado e a transição para a consensualidade .. 256

3.5 O necessário reforço à legitimidade das decisões a partir da tecnologia 263

3.6 Consensualização na lei do governo digital 269

3.7 Conclusões parciais – Tecnologia e consensualização: uma nova leitura a partir da Socialidade no direito administrativo 272

CAPÍTULO 4 – ULTRAPASSANDO AS PERICLITÂNCIAS DA PUBLICIDADE E DA EFICIÊNCIA: PROCEDIMENTALIZAÇÃO, GESTÃO DE RISCOS E TRANSPARÊNCIA NA GOVERNANÇA DIGITAL 279

4.1 Governo eletrônico, digital e de performance: breves notas terminológicas ... 282

    4.1.1 Abrangência e controle da governança digital 287

    4.1.2 Percalços para o efetivo implemento das TICs 290

    4.1.3 Perspectivas de aplicação para a Administração Pública digital 292

    4.1.4 Do *e-government* para a *e-governance* 294

    4.1.5 *E-future?* 296

4.2 Os perigos da tecnocracia 299

4.3 Políticas públicas, direitos fundamentais e cibercidadania 303

    4.3.1 Acesso à Internet como direito fundamental 303

		4.3.1.1	Internet, cidadania e políticas públicas	306
		4.3.1.2	O acesso à Internet e a formação da identidade digital	309
		4.3.1.3	Os direitos humanos e o cibercidadão conectado	311
	4.3.2		Educação digital e a difusão do saber tecnológico	315
	4.3.3		Segurança jurídica, regulação e a superação da *digital divide*	321
		4.3.3.1	Liberdade econômica e inovação	323
		4.3.3.2	Análise de Impacto Regulatório (AIR)	326
		4.3.3.3	Liberdade econômica e regulação das novas tecnologias	329
	4.3.4		Vigilância urbana, tecnologias de rastreamento e direito à cidade	335
		4.3.4.1	O direito à cidade na sociedade da informação	339
		4.3.4.2	'Smart cities', proteção de dados pessoais e cibercidadania	342
		4.3.4.3	Controle urbano e sistemas de videomonitoramento	346
		4.3.4.4	Sistemas de rastreamento por localização georreferencial em *'smart cities'*	349
		4.3.4.5	Drones e poder de polícia	354
4.4			Novos sentidos para o princípio da publicidade	357
	4.4.1		*Compliance* e transparência como postulados da governança digital	364
	4.4.2		Publicidade e a tecnologia *blockchain*	368
4.5			Revisitando o princípio da eficiência na Internet das Coisas	370
	4.5.1		Perspectivas e percalços do uso da Inteligência Artificial (IA)	379
	4.5.2		Inovação pública e os limites da técnica	383
	4.5.3		Sistemas de inteligência artificial, o Judiciário e o GPT-4	386
4.6			Conclusões parciais – Uma migração do 'governo eletrônico' para a 'Administração Pública digital': a procedimentalização eficiente a partir da Operabilidade	389

CONSIDERAÇÕES FINAIS 393

REFERÊNCIAS 405

INTRODUÇÃO

A sociedade da informação é um fenômeno inescapável e seus efeitos têm gerado desdobramentos sobre todos os âmbitos da vida em sociedade, alterando o modo como os indivíduos relacionam-se entre si, e, como não poderia deixar de ser, com o Estado. Diante desse cenário, torna-se cada vez mais necessária a adaptação da Administração Pública aos novos tempos. É preciso modernizar as práticas burocráticas que ainda persistem no setor público, tornando o atendimento mais eficiente e transparente para o cidadão.

A tecnologia é uma ferramenta poderosa para alcançar esse objetivo. A implantação de sistemas digitais de gestão pública pode melhorar significativamente a entrega de serviços pelos órgãos governamentais. Além disso, a Administração Pública Digital também é capaz de aumentar a participação democrática dos cidadãos, promovendo maior transparência nas decisões do Estado. Isso requer planejamento adequado para garantir o sucesso do projeto. É necessário levar em conta aspectos como a integração de sistemas, a segurança da informação e a capacitação dos servidores públicos.

Sabe-se que a gênese da Internet, a partir dos incrementos tecnológicos, remonta ao Século XX e ao início do fenômeno globalizatório, no qual as corporações passaram a se integrar dinamicamente em transações internacionais, deflagrando a nova sistemática corporativa vislumbrada até os tempos mais recentes.

Ao longo de várias eras, a integração computacional e a facilitação do acesso dos cidadãos ao ambiente virtual propiciaram a captação de um volume de informações, de forma estruturada ou não, formando o que se convencionou chamar de *big data*. Porém, a grande preocupação que surge não diz respeito à quantidade de dados, mas ao tratamento dispensado pelas grandes corporações às informações, demandando intervenções estatais para regulamentar determinadas relações jurídicas e proteger direitos fundamentais.

Nesse ponto reside o problema que a presente pesquisa se propõe a investigar: sendo certo que há grande descompasso entre o avanço tecnológico e a capacidade estatal de legislar para tutelar novas contingências decorrentes da tecnologia, como inovação e regulação poderão coexistir?

Deve-se ponderar que a maioria dos cidadãos sequer sabe a quantidade de dados pessoais seus que estão disponíveis na *web* e que podem ser utilizados para finalidades ilícitas ou abusivas, em flagrante violação à privacidade. Também não se cogita mais de uma Administração Pública engessada e ineficiente, incapaz de atender às novas demandas sociais com a celeridade necessária. Por tal motivo, a criação de marcos regulatórios tem sido a resposta apresentada com o fito de assegurar a plena liberdade do indivíduo na sociedade da informação, reequilibrando a assimetria informacional causada pelo intenso uso de dados pessoais e, ainda, visando ao favorecimento do fluxo de dados pessoais entre entidades que respeitem as garantias do cidadão sobre seus próprios dados.

Com a crescente digitalização de informações e serviços, os Estados se veem diante de um grande desafio: como regular de forma adequada as novas relações jurídicas que surgem nesse ambiente? A resposta passa necessariamente pela criação de um marco regulatório que garanta a proteção dos direitos dos cidadãos em relação ao uso de seus dados pessoais. A conciliação entre tecnologia e regulação é um tema complexo, mas extremamente relevante. Por um lado, é preciso criar normas que assegurem que o uso de dados pessoais seja feito de forma responsável, transparente e com o consentimento do indivíduo. Por outro lado, é importante permitir a inovação e o desenvolvimento tecnológico, que podem trazer benefícios para a sociedade como um todo.

Nesse contexto, foram editadas importantes regulamentações no Brasil, sendo a primeira delas a Lei nº 12.527, de 18 de novembro de 2011 ("Lei de Acesso à Informação"), seguida da Lei nº 12.965, de 23 de abril de 2014 (o chamado "Marco Civil da *Internet*") e, posteriormente, do Decreto nº 8.771/2016, que a regulamentou. E, mais recentemente, a Lei nº 13.709, de 14 de agosto de 2018 (a chamada "Lei Geral de Proteção de Dados Pessoais"). Noutros contextos, não se pode deixar de mencionar a recente reforma à Lei de Introdução às Normas do Direito Brasileiro, realizada pela Lei nº 13.655, de 25 de abril de 2018 ("Lei de Segurança para a Inovação Pública"), ou mesmo a Medida Provisória nº 881, de 30 de abril de 2019 ("Declaração de Direitos de Liberdade Econômica").

Mais recentemente, foi finalmente promulgada a Lei nº 14.129, de 29 de março de 2021 (Lei do Governo Digital), que corroborou diversas premissas apresentadas na 1ª edição desta obra, publicada em meados de 2020. Trata-se de uma importantíssima inovação legislação brasileira que estabelece regras para a modernização da gestão pública por meio da adoção de tecnologias digitais por diversos mecanismos, entre os quais se destacam: (i) Acesso à informação: A Lei do Governo Digital tem como objetivo garantir o acesso à informação por parte da população, uma vez que determina que todos os órgãos e entidades da administração pública disponibilizem seus serviços e informações por meio de canais digitais. Dessa forma, é possível ampliar a transparência e a eficiência da gestão pública, uma vez que os cidadãos poderão ter acesso às informações de maneira mais ágil e transparente; (ii) Economia de recursos públicos: A adoção de tecnologias digitais pela administração pública pode gerar economia de recursos públicos, uma vez que é possível reduzir custos com papel, impressão, transporte e armazenamento de documentos físicos, por exemplo. Além disso, a digitalização dos processos administrativos pode tornar os serviços mais eficientes, o que reduz o tempo e o custo de atendimento aos cidadãos; (iii) Inovação: A Lei do Governo Digital incentiva a inovação na administração pública, uma vez que determina a adoção de tecnologias que possibilitem a prestação de serviços públicos de maneira mais eficiente e com qualidade. Dessa forma, a lei pode impulsionar a criação de novas soluções e serviços digitais, o que pode trazer benefícios tanto para os cidadãos quanto para o Estado; (iv) Interoperabilidade: A Lei do Governo Digital também estabelece a necessidade de interoperabilidade entre os sistemas e serviços públicos, o que significa que as informações devem ser compartilhadas de forma segura e eficiente entre os diferentes órgãos da administração pública. Isso pode tornar o atendimento aos cidadãos mais ágil e eficiente, uma vez que os dados poderão ser acessados de maneira integrada.

Em resumo, a Lei do Governo Digital é importante porque tem o potencial de modernizar a gestão pública e torná-la mais eficiente, transparente e acessível à população. Com a adoção de tecnologias digitais, é possível otimizar os recursos públicos, incentivar a inovação e garantir a interoperabilidade entre os diferentes sistemas e serviços públicos. Isso porque a relação entre tecnologia e regulação é um tema complexo e relevante, especialmente quando se trata do uso de dados pessoais na sociedade da informação. A criação de marcos regulatórios tem sido a resposta apresentada para assegurar a plena liberdade do indivíduo e reequilibrar a assimetria informacional causada pelo intenso uso de dados pessoais.

Retrocedendo um pouco mais no tempo, é preciso reafirmar que a baliza essencial do *civil law*, consubstanciada na edição de regulamentos capazes de trazer solução efetiva aos conflitos inter-relacionais, perde forças com a instantaneidade proporcionada pelas Tecnologias da Informação e Comunicação.

Assim, não se esgota o tema com a criação de regulamentações preliminares da Internet no país, ou mesmo com a tentativa de criar regras para dissociar o Estado da livre iniciativa, primando pela liberdade econômica, pois não são raros os exemplos de novas contingências e desafios à tutela jurídica de direitos fundamentais, que enfrentam carência de delimitação axiológica quando necessários para dar solução às mais variadas relações virtuais.

Evidentemente, o chamado 'direito digital' reúne uma série de temas dos mais diversos ramos do direito, sendo desafiado à resolução de inúmeros problemas contemporâneos – e muitos deles guardam pertinência com o direito público. Nesse sentido, melhor detalhando o problema objurgado, destaca-se que é flagrante a necessidade de se investigar a suficiência do labor regulatório estatal para a pacificação social a partir da tutela dos mencionados conflitos.

A hipótese de pesquisa encontra justificativa na necessidade de que sejam estabelecidas diretrizes sólidas para a implementação de reformas que viabilizem atuação estatal condizente com a nova sociedade da informação. Para isso, são apresentadas três linhas-mestras: (i) a implementação de políticas de governança (*compliance*) para a proliferação de uma cultura de conformidades que previna ilícitos; (ii) a consensualização lastreada em aparatos tecnológicos, visando à aproximação do povo (verdadeiro detentor do poder) aos processos decisionais para elevar sua legitimidade; (iii) a procedimentalização digital, permitindo uma revisitação da clássica disciplina dos atos e processos administrativos a partir dos primados da transparência e da celeridade, em substituição à tecnocracia.

Em vista desses apontamentos, almeja-se investigar os inúmeros aspectos jurídicos envolvidos na utilização de novas tecnologias relacionadas às atividades administrativas, com vistas a mostrar as diversas questões proporcionadas, com soluções adequadas – sob o ângulo do direito administrativo – às linhas gerais de um novo regime jurídico capaz de unir a função administrativa às novas tecnologias informacionais e comunicacionais. A Lei do Governo Digital tem como objetivo garantir o acesso à informação por parte da população, uma vez que determina que todos os órgãos e entidades da administração pública disponibilizem seus serviços e informações por meio de canais digitais. Dessa forma, é possível ampliar a transparência e a eficiência da gestão pública, uma vez que os cidadãos poderão ter acesso às informações de maneira mais ágil e transparente.

Além disso, a adoção de tecnologias digitais pela administração pública pode gerar economia de recursos públicos, uma vez que é possível reduzir custos com papel, impressão, transporte e armazenamento de documentos físicos. Isso também pode tornar os serviços mais eficientes, reduzindo o tempo e o custo de atendimento aos cidadãos, o que é especialmente importante em momentos de crise, como a pandemia da Covid-19.

A adoção de políticas de *compliance* na Administração Pública é apresentada como possível resposta ao quadro sistêmico de cometimento de ilícitos e às dificuldades de suplantação de suas violações com a atuação repressiva, demandando a inserção de parâmetros éticos que enrijeçam a sistematização do direito público para além da estrita legalidade, atuando como 'espinha dorsal' de um modelo hodierno de Administração Pública que não se limita aos cânones econômico-administrativos do modelo meramente gerencial.

Iniciativas de governança pública já estão sendo implementadas, com destaque para o Decreto nº 9.203, de 22 de novembro de 2017, que fixa conceitos de governança pública, valor público, alta administração e gestão de riscos (artigo 2º); estabelece os princípios e diretrizes da governança pública (artigos 3º e 4º), bem como os mecanismos para o seu exercício (artigo 5º); atribui à alta administração a incumbência de implementar e manter mecanismos de governança (artigo 6º); e dispõe sobre a composição, funcionamento e atribuições do Comitê Interministerial de Governança – CIG (artigo 7º e seguintes).

Aspectos nucleares dessa norma, como a motivação e a responsabilidade são apresentados como caracteres para a garantia do fluxo contínuo da melhoria dos afazeres do Estado, a partir de comprometimento e eficiência do atuar dos agentes públicos. Na mesma medida, a responsividade, que se norteia pela atuação estatal eficiente e sintônica aos anseios da sociedade civil se apresenta atrelada aos parâmetros de transparência e exigência da prestação de contas aos destinatários das políticas públicas (*accountability*).

A formatação de um modelo de atuação voltado aos caracteres da Socialidade, Operabilidade e Eticidade, como ocorreu no direito privado, perpassa pela consolidação de um macrossistema de direito público que dê realce a esses novos institutos para viabilizar o tão discutido "novo" direito administrativo, tendo a governança como premissa acoplada à legalidade estrita para voltar olhares à prevenção (e não à repressão) de ilícitos.

Noutro passo, a segunda linha-mestra da hipótese de pesquisa recorrerá ao fundamento da cidadania, contido no artigo 1º, inciso II, da Constituição da República de 1988, para analisar a expansão da consensualização na Administração Pública como novo paradigma de garantia da participação popular, em substituição ao modelo impositivo e unilateral de tomada de decisões administrativas.

O controle popular da Administração Pública ainda não é uma realidade muito evidente no Brasil. No entanto, com a evolução empreendida na sociedade e na forma pela qual os cidadãos se relacionam com o Estado, seu crescimento mostra-se cada vez mais acentuado, o que denota a relevância também crescente de seu estudo.

Este tema tem sua gênese na descentralização das decisões políticas, que se implementou com o advento da Constituição da República de 1988, aliada a uma nova forma de interpretar o Estado Democrático de Direito, garantindo abertura para esta forma mais democrática de controle do Estado.

Nesse contexto e, invocando a noção de que ao homem se impõe o convívio em sociedade, com seus semelhantes, é possível compreender o quão importante é a tomada de decisões para direcionar os rumos da sociedade como um todo orgânico, cuja ordem entre as partes coordena o convívio social, garantindo a plenitude harmônica e buscando alcançar o objetivo precípuo do interesse público: o bem comum.

O interesse público se revela como fator imprescindível para viabilizar a conservação da vida em comunidade, uma vez que busca, por meio da atuação estatal, propiciar, na máxima medida possível, um convívio harmonioso e organizado entre os seus membros. Desse modo, a Administração Pública, orientada por essa premissa, deve buscar alcançar da melhor forma seu fim último, mesmo que sejam vários os entraves e barreiras que se imponham à sua atuação. É com base nisso que se fala, por exemplo, em um direito fundamental à boa Administração Pública – premissa essencial para o presente trabalho.

Nesse norte, diversos princípios que compõem a base estrutural de funcionamento da Administração Pública serão revisitados e confrontados com as diversas situações reais da contemporaneidade, com preceitos basilares resultantes do sistema constitucional vigente para além dos limites temáticos deste estudo, uma vez que se problematiza a necessidade de desconstrução do modelo de Estado até então vigente.

Inegavelmente, as constantes mudanças que marcam os processos humanos e a gama plural de interesses da sociedade atual densificam os desafios impostos ao Estado que, ao atuar na representação do povo, deve buscar atender aos anseios sociais de forma eficiente, acompanhando as mudanças do contexto social, inclusive modernizando sua estrutura de tomada de decisões com vistas à realização do ideal democrático, sempre em sintonia com os princípios que consagram a Administração Pública democrática.

Destarte, com o surgimento de uma sociedade multifacetada e dos movimentos sociais daí emersos, os cidadãos deixam de ser meros espectadores e passam a participar e influenciar as decisões administrativas relacionadas às políticas públicas. Neste ponto reside a ideia de consensualidade, Administração consensual ou *soft administration*, expressões que refletem um novo paradigma de democracia participativa, no qual o Estado, ao invés de tomar decisões unilateralmente, utilizando-se do ato administrativo de plano, cria incentivos ou atrativos para que os cidadãos se interessem pelo debate de questões de interesse comum.

A terceira linha-mestra da hipótese possui contornos instrumentais que se debruçam sobre a revisitação dos institutos tradicionais da atuação administrativa – atos e processos administrativos –, que constituem o cerne da chamada procedimentalização, com o propósito de indicar como as Tecnologias da Informação e Comunicação irradiam efeitos sobre a sistemática que rege a Administração Pública.

A existência de um vasto conjunto de bases jurídicas que circundam a atividade administrativa gera desdobramentos claros sobre os atos e processos administrativos, dois institutos fundamentais da atividade pública, na medida em que se passa a utilizar o suporte eletrônico para o registro de requerimentos e decisões, rompendo com o clássico uso do papel, observando-se, ainda, a implementação de assinaturas eletrônicas, a automatização e o uso de métodos telemáticos para o relacionamento entre o cidadão e a Administração Pública.

Nesse campo, discorrer-se-á sobre os impactos deste processo, intensificado na hodierna sociedade da informação, a ponto de se poder vislumbrar uma situação social perigosa, na qual a combinação de política administrativa de governo e ideologia tecnocrática levam ao desaparecimento da distinção elementar entre a práxis comunicativa e a ação técnica, impondo uma revisão nuclear das bases jurídicas que permitem o implemento desses modelos técnicos em harmonia com a principiologia que rege o atuar administrativo.

Para além do deslumbramento provocado pela inovação, é preciso ter em conta os riscos do inadvertido implemento de soluções tecnológicas que possam, ao fim e ao cabo, romper as balizas estruturais que sustentam o próprio labor estatal. Sem se precipitar na invocação vazia do princípio da eficiência, impõe-se ao operador do direito um olhar crítico sobre a procedimentalização para que não se prolifere a tecnocracia.

Com base nisso, atos e processos administrativos precisam atuar de forma positiva, harmonizando os resultados alvissareiros da inovação tecnológica às exigências próprias do Estado de Direito, mas de modo a não impor uma desconstrução da importância do atributo da imperatividade, muito menos de negar a existência do poder extroverso do Estado, uma vez que tais elementos, embora se façam necessários na atuação do Poder Público, devem ser compatibilizados com a nova lógica do consenso, que, aliás, marcou as etapas de elaboração e aprovação da Lei do Governo Digital.

A Lei do Governo Digital foi aprovada em 2021, mas sua elaboração teve início anos antes, em um contexto de crescente digitalização da sociedade e da economia. Em 2018, o governo federal lançou o Plano de Transformação Digital do Governo Federal, que estabeleceu diretrizes para a adoção de tecnologias digitais na administração pública. Essas diretrizes foram fundamentais para a elaboração da Lei do Governo Digital.

A elaboração da lei também contou com a participação de diversos atores do setor público e da sociedade civil. O texto da lei foi construído por meio de um processo de consulta pública, que permitiu a participação de cidadãos, empresas e organizações da sociedade civil na definição das diretrizes e normas para a digitalização da administração pública.

Além disso, a elaboração da lei também contou com o envolvimento do Congresso Nacional, que discutiu e aprimorou o texto da lei antes de sua aprovação. A Lei do Governo Digital foi sancionada em 29 de março de 2021 pelo Presidente da República e entrou em vigor em 1º de junho do mesmo ano. Em resumo, a elaboração da Lei do

Governo Digital foi um processo amplo e participativo, que envolveu diversos atores do setor público e da sociedade civil. O texto da lei foi construído com base em diretrizes estabelecidas previamente pelo governo federal, mas também contou com a participação de cidadãos e organizações da sociedade civil. O Congresso Nacional também teve papel fundamental na discussão e aprovação do texto da lei.

O objetivo geral da pesquisa é a revisitação da estrutura de sustentação do direito público, a partir da identificação de três grandes bases fundamentais de seu funcionamento, para contrastá-las com os impactos das novas tecnologias e para identificar sua harmonização na nova sociedade da informação.

Em linhas mais específicas, procurar-se-á delimitar os limites do contexto informacional para a reestruturação social, em análise que se iniciará pela investigação histórico-evolutiva da formatação do Estado, culminando no período atual, em que os reflexos da chamada Quarta Revolução Industrial fizeram florescer as nuances propiciadoras de todas as mudanças indicadas.

Do ponto de vista conceitual, procurar-se-á estabelecer as premissas essenciais para a investigação dos conceitos de governança, consensualidade e procedimentalização, sempre com apontamentos histórico-evolutivos condizentes com a análise propugnada.

Ainda, far-se-á, quanto a cada uma das linhas-mestras da hipótese de pesquisa, densa problematização dos aspectos essenciais da estrutura de Estado que cada qual atinge, revisitando conceitos, contrastando-os às novas aplicações tecnológicas e aferindo sua pertinência ou necessidade de reformulação.

Enfim, analisar-se-á, como objetivo específico desta pesquisa, se a formação de um 'direito público digital' é caminho adequado e profícuo para a ciência do direito, em especial com as profundas alterações institucionais que implica.

A pesquisa utilizará o método de abordagem histórico-sociológico, com análise bibliográfico-doutrinária. Ao final, serão apresentadas as considerações finais, das quais se procurará extrair uma compreensão mais assertiva quanto à problemática explicitada.

No primeiro capítulo, será analisada a evolução social, com abordagem histórico--evolutiva relacionada ao desenvolvimento humano, às relações intersubjetivas – que se tornaram cada vez mais organizadas e regidas por um conjunto de normas próprias – e às etapas de criação do Estado, com o fito de estabelecer uma ordem normativa para cada povo rumo à própria emanação do propósito humano de viver em sociedade, com regramentos específicos criados para a manutenção da paz social e para a preservação do indivíduo e de suas relações. Ainda, serão analisados os impactos que cada grande Revolução Industrial representou, do ponto de vista tecnológico, para a evolução do Estado, do direito público e para a reformulação de institutos jurídicos clássicos.

No segundo capítulo, tomando o princípio da legalidade como premissa de contraste, serão analisados os aspectos fundamentais da implementação de políticas de governança (*compliance*) nas rotinas administrativas estatais, com atenções fortemente voltadas à prevenção de ilícitos e à profusão de boas práticas como cultura institucional.

No terceiro capítulo, a análise se debruçará sobre a legitimidade decisional, com proposições lastreadas na consensualização para reaproximação dos cidadãos aos afazeres estatais – algo que pode ser otimizado pela presença da tecnologia – com vistas ao reforço da confiança depositada em cada processo de tomada de decisão.

No quarto capítulo, far-se-á abordagem específica sobre os efeitos da tecnocracia sobre atos e processos administrativos, indicando-se a viabilidade de um 'governo eletrônico' como proposta de melhoramento procedimental para a garantia do adequado funcionamento da máquina pública. Ao final, sempre tendo por premissa o direito fundamental à boa Administração Pública, serão indicados os resultados da pesquisa, com formulações relacionadas às linhas-mestras desenhadas na hipótese de pesquisa.

Capítulo 1
O DIREITO PÚBLICO NA HISTÓRIA: DO ESTADO LIBERAL À SOCIEDADE DA INFORMAÇÃO

Antes de adentrar à discussão nuclear da pesquisa, impõe-se breve estudo histórico-evolutivo acerca da formação do Estado, de sua evolução, de suas bases teóricas fundamentais e dos reflexos da tecnologia em suas inúmeras etapas.

Nesta breve digressão, não se buscará discernir acerca da construção kelseniana de Estado e de sua precedência à ordem jurídico-social, pois o *Übermensch*, para todos os efeitos que interessam à investigação, expressa um aspecto marcado pela "oscilação"[1] que a Escola de Viena, da qual Hans Kelsen é o maior expoente, avalia do ponto de vista de estruturas espirituais (ou ordenamentos de sentido), impertinentes à proposta de mera revisitação histórica.

Impõe-se, na esteira do que indica Arthur Kaufmann, considerar o direito como a "estrutura das relações nas quais os homens estão uns perante os outros e perante as coisas",[2] a ponto de se justificar uma apreciação da formação do Estado, do ponto de vista ontológico, a partir das relações nele constituídas – e, para o direito público, isto se dá após a derradeira etapa de sobrevida do Antigo Regime.

1.1 O ESTADO MEDIEVAL E A IRRESPONSABILIDADE ABSOLUTA

O surgimento do direito administrativo perpassa pelo estudo do instituto da responsabilidade civil, remontando ao período dos reis, quando não se cogitava de qualquer espécie de responsabilização do soberano.[3] Segundo Guido Zanobini, "o termo responsabilidade serve para indicar a situação toda especial daquele que, por qualquer título, deve arcar com as consequências de um fato danoso".[4] Sendo o soberano uma

---

1. KELSEN, Hans. **O Estado como integração**: um confronto de princípio. Tradução de Plínio Fernandes Toledo. São Paulo: Martins Fontes, 2003, p. 31-35.
2. KAUFMANN, Arthur. Filosofia do direito, teoria do direito, dogmática jurídica. In: KAUFMANN, Arthur; HASSEMER, Winfried (Org.). **Introdução à filosofia do direito e à teoria do direito contemporâneas**. Tradução de Marcos Keel e Manuel Seca de Oliveira. Lisboa: Fundação Calouste Gulbenkian, 2002, p. 42.
3. GOHIN, Olivier. La responsabilité de l'État en tant que législateur. **Revue Internationale de Droit Comparé**, Paris, v. 50, n. 2, pp. 595-610, abr./jun. 1998, p. 595.
4. ZANOBINI, Guido. **Corso di diritto amministrativo**. 6. ed. Milão: Giuffrè, 1950, v. I, p. 296. O autor ainda indica que a primeira teoria criada para explicar a (ausência) de responsabilidade civil do Estado surgiu no século XIX, com os alemães Richelmann, Bluntschli, Rönne, Wohl, os italianos Gabba, Mantellini, Lozzi, Saredo, além de vários outros. Tais doutrinadores eram enfáticos na defesa desta teoria, que partia do pressuposto da irresponsabilidade geral do Estado, que, à época, se concretizava na própria figura do rei.

figura infalível e que materializava o próprio Estado naquele período, inexistia razão para qualquer tipo de formulação dogmática de um 'direito público'.

Segundo Maurice Hauriou, o aspecto fundamental desse período histórico está conectado a uma distinção entre a capacidade de se obrigar e de ser responsável e de uma capacidade de adquirir, que está atrelada à personalidade jurídica, cerne de todas as capacidades.[5] E, em exercício retrospectivo, afigura-se de clareza hialina o caráter hermético da configuração do Estado medieval, que não permitia qualquer tipo de cogitação acerca da responsabilização da figura que personificava o próprio Estado: "*L'État c'est moi*"[6] (o Estado sou eu), dizia o famoso brocardo francês atribuído a Luís XIV, denotando a assunção do poder em gradação que tornava impensável a prática de qualquer ato passível de questionamento ou apto à falibilidade da parte do rei[7] – figura soberana que materializava o Estado – não se sujeitando, ele próprio, às mesmas regras impostas aos súditos.

Sabe-se que o princípio da separação dos poderes norteava os rumos desta concepção, ditando que a sustentação da responsabilidade estatal importaria a censura ou o julgamento dos seus atos – atividade que era totalmente defesa ao Judiciário[8] – e que tornava juridicamente inviável qualquer pretensão deste tipo, contribuindo ainda mais para a prevalência da imagem do Estado supremo e intocável.[9]

Para Zanobini, por vezes, falava-se no caráter ético-jurídico do Estado, o que excluiria ele próprio, porque nunca poderia editar atos que fossem considerados ilícitos; por outras tantas vezes, falava-se na função que é inerente ao Estado e que diz respeito ao dever de criar o direito, missão incompatível com qualquer atividade afrontosa ao direito e à legalidade; sob um terceiro viés, também falava-se no caráter publicístico da personalidade do Estado, que impediria sua sujeição a um princípio de direito privado, como o da responsabilidade por dano – que já vinha sendo desenvolvida no direito privado, mas sequer germinava no âmbito público.[10]

Também no direito inglês, traduzido nas ideias de Thomas Hobbes, desde o período medieval, já se entendia que o Estado tem seu início e seu fim no soberano, que é,

---

5. HAURIOU, Maurice. **Précis de droit administratif et de droit public**. 11. ed. Paris: Librairie du Recueil Sirey, 1927, p. 301.
6. Há outros brocardos que marcaram o período, como "o rei não erra/não pode errar" ("*the King can do no wrong*") e "o que agradou ao príncipe tem força de lei" ("*quod principi placuit habet legis vigorem*"), evidenciando a completa falta de cogitação da responsabilização do soberano. CRETELLA JÚNIOR, José. **O Estado e a obrigação de indenizar**. São Paulo: Saraiva, 1980, p. 61.
7. DUGUIT, Léon. **Las transformaciones del derecho publico y privado**. Tradução do francês para o espanhol de Carlos Posada. Buenos Aires: Heliasa, 1975, p. 136.
8. CAHALI, Yussef Said. **Responsabilidade civil do Estado**. 5. ed. São Paulo: Revista dos Tribunais, 2014, p. 19. E o autor ainda comenta: "Na doutrina, pôs-se em evidência que a teoria da irresponsabilidade representava clamorosa injustiça, resolvendo-se na própria negação do direito: se o Estado se constitui para a tutela do direito, não tinha sentido que ele próprio o violasse impunemente; o Estado, como sujeito dotado de personalidade, é capaz de direitos e obrigações como os demais entes, nada justificando a sua irresponsabilidade."
9. Confira-se, a esse propósito: DUEZ, Paul. **La responsabilité de la puissance publique**: en dehors du contrat. Paris: Dalloz, 1927, p. 7; SEVERO, Sérgio. **Tratado da responsabilidade pública**. São Paulo: Saraiva, 2009, p. 3; DUGUIT, León. **Las transformaciones del derecho publico y privado**, *cit.*, p. 136.
10. ZANOBINI, Guido. **Corso di diritto amministrativo**, *cit.*, p. 271. Confira-se, ademais: CRETELLA JÚNIOR, José. **O Estado e a obrigação de indenizar**, *cit.*, p. 63.

ao mesmo tempo, "legislador e juiz supremo", nele se concentrando todo o poder de criação da norma e também a supremacia de sua aplicação aos súditos.[11-12]

Graças à jurisprudência francesa, que se pronunciou em alguns casos emblemáticos, uma nova teoria se firmou e foi ocupando a lacuna da antiga era de irresponsabilidade estatal.[13] A título de exemplo, importante citar os casos "Rotschild", de 1855, e, principalmente, os casos "Blanco", de 1873 e "Feutry", de 1908. Destes três casos, o que ganhou mais relevância e repercussão doutrinária e jurisprudencial[14] foi o da menina Agnès Blanco,[15] que abriu as portas para a consideração da primeira tese jurídica da autonomia do direito administrativo.[16] É nesse mesmo período que começa a germinar a ideia de independência disciplinar, na Inglaterra, entre o direito administrativo e o constitucional frente ao grande contexto do direito público.[17]

Se a frase de Luís XIV marcou o ponto de partida da irresponsabilidade estatal, foi a frase de "Frederico o Grande, de que o príncipe nada mais é que o primeiro servidor do Estado"[18] o marco final do referido período.

---

11. HOBBES, Thomas. **Do cidadão**. Tradução de Renato Janine Ribeiro. São Paulo: Martins Fontes, 1992, p. 127 et. seq.
12. Importante comentar, ademais, a preponderância da velha premissa do *"bellum justum"* ("guerra justa"), que expressava que, caso houvesse qualquer contrariedade à vontade emanada do soberano, o efeito invariável seria a guerra – daí a irresponsabilidade. Esta mesma ideia foi importada pelo direito norte-americano dos séculos XVIII e XIX, pela noção de imunidade do soberano (*"sovereign immunity"*), e perdurou nos Estados Unidos da América até sua derrogação pelo *Federal Tort Claims Act*, de 1948.
13. JELLINEK, Georg. **Teoría general del Estado**. Tradução do alemão para o espanhol de Fernando de los Ríos. México: Fondo de Cultura Económica, 2000, p. 157. Anota: "*Considerado el Estado en su aspecto exterior se le llama macht, puissance, potenza, power, poder, cuyas expresiones se usan frecuentemente (...).*"
14. LONG, Marceau; WEIL, Prosper; BRAIBANT, Guy et al. **Les grands arrêts de la jurisprudence administrative**. 20. ed. Paris, Dalloz, 2015, p. 1.
15. No ano de 1873, a menina Agnès Blanco, ao cruzar os trilhos que cortavam rua movimentada da cidade francesa de Bordeaux, é colhida pelo vagonete da Companhia Nacional da Manufatura de Fumo, que transportava matéria-prima de um para outro edifício. A acidentada sofre graves lesões que culminam com a amputação das pernas. O pai da menor move, perante os tribunais judiciários, ação civil de indenização por perdas e danos contra o Prefeito do Departamento da Gironda, com o fundamento de que o Estado é civilmente responsável por prejuízos ocasionados a terceiros, em decorrência da ação danosa de seus agentes (Código Civil francês, arts. 1.382, 1.383 e 1.384). Como na França existe o contencioso administrativo, ou seja, justiça especializada que julga litígios entre Administração e administrado, em matéria administrativa, foi suscitado o denominado conflito de atribuição – conflito negativo –, para que se decidisse o problema de competência: o conhecimento e a decisão caberiam ao Tribunal Judiciário comum ou ao Tribunal Administrativo? Em outras palavras, à Corte de Cassação ou ao Conselho de Estado? CRETELLA JÚNIOR, José. **O Estado e a obrigação de indenizar**, cit., p. 29-30.
16. Sobre isso, veja-se: «*Qu'il subsiste, au coeur du droit public français, un môle d'irresponsabilité, voilà qui peut sembler surprenant – pour ne pas dire choquant – et voilà qui est bien souvent occulté dans l'exposition du droit de la responsabilité de la puissance publique.*» GOHIN, Olivier. La responsabilité de l'État en tant que législateur. **Revue Internationale de Droit Comparé**, cit., p. 598. Confira-se, ademais: BEAUD, Olivier. La distinction entre droit public et droit privé: un dualisme qui résiste aux critiques. *In:* FREEDLAND, Mark; AUBY, Jean-Bernard (Ed.). **The public law/private law divide**. Oxford: Hart Publishing, 2006, p. 23-30.
17. FREEDLAND, Mark. The evolving approach to the public/private distinction in English law. *In:* FREEDLAND, Mark; AUBY, Jean-Bernard (Ed.). **The public law/private law divide**. Oxford: Hart Publishing, 2006, p. 94-95.
18. RADBRUCH, Gustav. **Introdução à ciência do direito**. Tradução de Vera Barkow. 2. ed. São Paulo: Martins Fontes, 2010, p. 39. Comenta: "(...) delimitam os pontos de saída e de chegada de um caminho que levou da concepção da coroa como direito à concepção da coroa como ofício, da concepção do soberano como proprietário do Estado à concepção do soberano como órgão do Estado. Uma vez reconhecida esta última, imediatamente uma doutrina individualista do Estado teve que perguntar por que ele conheceria e preservaria melhor os interesses individuais, a cujo serviço se encontrava agora, do que os próprios representantes desses interesses, por que aquilo que

1.2 O NASCIMENTO DO DIREITO ADMINISTRATIVO E SUA CONSTRUÇÃO NOS SÉCULOS XVII E XVIII

As investigações sobre a gênese do direito administrativo remontam à transição do Antigo Regime para a formação do Estado Liberal, se materializando a partir da influência iluminista que culminou na consolidação do 'contrato social' sinalizado por Jean-Jacques Rousseau[19] e que deu origem à dicotomia entre direito público e direito privado – em que pese o segundo tenha sido fonte saudável para a maturação do primeiro.

Com a superação da escolástica e do Antigo Regime, "o poderoso florescimento das ciências naturais e a chegada do capitalismo inicial, no princípio da modernidade, significaram uma ruptura total no panorama intelectual."[20] Foi uma época de migração do vetusto pensamento lastreado no direito natural para nova era baseada na visão positivista, em que "o direito como síntese de normas positivas pressupõe a existência de uma fonte criadora de normas",[21] na qual ganharam proeminência autores que herdaram as bases dogmáticas do período precedente, mas que foram capazes de contribuir fortemente para o alvorecer da nova era, tais como Nicolau Maquiavel (1469-1527), Hugue Doneau (1527-1591), Jacques Cujas (1522-1590), Jean Bodin (1530-1596), Luís de Molina (1535-1600), Francisco Suárez (1548-1617), Hugo Grotius (1583-1645), Thomas Hobbes (1588-1679), Samuel Pufendorf (1632-1694) e Jean Domat (1625-1696).[22]

Segundo Maria Celina Bodin de Moraes,

> [a] característica mais marcante daquele período era a separação do ordenamento a partir de uma *summa divisio*: a dicotomia entre direito público e direito privado. Esta divisão tradicional, que vem acompanhada de outras a ela ligadas, tais como Estado e sociedade, autoridade e liberdade, política e economia, direito e moral, entre outras, justifica-se do ponto de vista de um Estado liberal, não interventor, que serve apenas à proteção do livre jogo econômico.[23]

A cultura europeia, na transição entre os séculos XVII e XVIII foi determinantemente marcada pelo Iluminismo (*Lumières, Illuminismo, Aufklärung*), cuja estrutura cultural

---

aconteceria para o povo não aconteceria melhor ainda pelo povo, e exigiu a participação de representações do povo na formação da vontade do Estado."

19. *Cf.* ROUSSEAU, Jean-Jacques. **O contrato social**. Tradução de Antônio P. Machado. Rio de Janeiro: Nova Fronteira, 2011.
20. KAUFMANN, Arthur. A problemática da filosofia do direito ao longo da história. In: KAUFMANN, Arthur; HASSEMER, Winfried (Org.). **Introdução à filosofia do direito e à teoria do direito contemporâneas**. Tradução de Marcos Keel e Manuel Seca de Oliveira. Lisboa: Fundação Calouste Gulbenkian, 2002, p. 83-84. E o autor ainda anota: "É certo que todos os grandes filósofos do período inicial da modernidade, como Descartes, Hobbes, Grotius, Pufendorf, Espinoza, também Locke e Leibniz (certamente já não Kant), tinham uma formação escolástica, mas, com as circunstâncias alteradas, modificaram-se também os conteúdos dos pensamentos (claro que não com o automatismo mais tarde suposto por Marx)."
21. RADBRUCH, Gustav. **Filosofia do direito**. Tradução de Marlene Holzhausen. 2. ed. São Paulo: Martins Fontes, 2010, p. 184.
22. LOPES, José Reinaldo de Lima. **As palavras e a lei**: direito, ordem e justiça na história do pensamento jurídico moderno. São Paulo: Editora 34, 2004, p. 96 *et seq.*
23. BODIN DE MORAES, Maria Celina. Do juiz boca-da-lei à lei segundo a boca-do-juiz: notas sobre a aplicação-interpretação do direito no início do Século XXI. **Revista de Direito Privado**, São Paulo, v. 56, p. 11-30, out./dez. 2013, p. 4.

poderia ser caracterizada com a máxima simples de Immanuel Kant: "ouse conhecer" (*sapere aude*).[24] Sobre isso se tratará nos tópicos subsequentes.

1.2.1 A Era das Reformas

A segunda metade do século XVIII caracterizou-se por um duplo direcionamento no campo do direito europeu. De um lado, o *ius commune* era marcado pelo rico manancial de fontes e pelo corpo de doutrinas que, embora ainda estivesse vivo, mostrava sinais cada vez mais evidentes de uma crise que alguns autores, como o francês François Hotman, já haviam insinuado há tempos (desde o Século XVI), e para a qual observadores mais recentes, como Muratori, na Itália, já em meados do Século XVIII, também chamaram a atenção.[25]

Por um lado, a crise era de certeza, resultante do grande emaranhado de fontes e doutrinas acumuladas ao longo dos séculos, e, por outro lado, era uma crise de conteúdos,[26] fruto das novas convicções compartilhadas e das novas exigências dos poderes políticos e da sociedade, com seus anseios por liberdade.[27]

Esse foi um período crítico e de intenso conflito religioso, em que o caráter da associação humana coletiva foi colocado em questão. O momento histórico é marcado pela crescente historicização, racionalização e secularização do pensamento político.[28]

Isso propiciou o florescimento de propostas de reformas em uma ampla gama de setores da sociedade: da relação entre a Igreja e o Estado às instituições da aristocracia da época; do sistema penal ao direito civil; do direito da família ao direito econômico. Tudo mudou drasticamente, criando as condicionantes para que se questionasse o papel do direito natural e da visão escolástica na configuração do pensamento jurídico.[29]

Nesse contexto, o desenvolvimento do pensamento científico baseado nas inovações seminais do Século XVII na matemática, na física e na medicina deveria conduzir, no século XVIII, a uma rica troca entre conhecimento puramente científico e novas tecnologias de produção, sem as quais não teria havido uma revolução industrial que,

---

24. KANT, Immanuel. Answering the question: what is enlightenment? **Berlinische Monatsschrift** (Berlin Monthly), dez. 1784. Tradução do alemão para o inglês de Mary C. Smith. Disponível em: http://www.columbia.edu/acis/ets/CCREAD/etscc/kant.html. Acesso em: 20 jun. 2023.
25. PADOA-SCHIOPPA, Antonio. **A history of law in Europe**: from the early Middle Ages to the Twentieth Century. Tradução do italiano para o inglês de Caterina Fitzgerald. Cambridge: Cambridge University Press, 2017, p. 403.
26. O primeiro aspecto fundamental de ruptura foi a formação de uma ordem política destacada de suas origens religiosas. Abandonou-se um contexto de entrelaçamento religioso e político ostensivamente homogêneo para encontrar um objetivo e uma identidade próprios. Para mais detalhes, confira-se: LOUGHLIN, Martin. **Foundations of public law**. Oxford: Oxford University Press, 2010, p. 50.
27. BONAVIDES, Paulo. **Do estado liberal ao estado social**. 10. ed. São Paulo: Malheiros, 2011, p. 40.
28. BÖCKENFÖRDE, Ernst-Wolfgang. The rise of the State as a process of secularization. In: BÖCKENFÖRDE, Ernst-Wolfgang (Ed.). **State, society and liberty**: studies in political theory and constitutional law. Tradução do alemão para o inglês de J. A. Underwood. Nova York: Berg, 1991, p. 27.
29. ELLSCHEID, Günter. O problema do direito natural. Uma orientação sistemática. In: KAUFMANN, Arthur; HASSEMER, Winfried (Org.). **Introdução à filosofia do direito e à teoria do direito contemporâneas**. Tradução de Marcos Keel e Manuel Seca de Oliveira. Lisboa: Fundação Calouste Gulbenkian, 2002, p. 211.

por sua vez, causaria a "grande divergência",[30] no Século XIX, entre a Europa e outras culturas, como a chinesa, cujas raízes históricas são profundamente diversas.[31]

Conforme já se sinalizou nas primeiras linhas deste capítulo, com a Revolução Francesa, a fundação constitucional da soberania foi modificada pela primeira vez na Europa continental, implicando verdadeira ruptura com o chamado Antigo Regime.[32] Uma característica central desta fase histórica foi o declínio definitivo do sistema do *ius commune*, entre o final do Século XVIII e o início do Século XIX, que prescindia de grandes codificações para o direito privado (e até mesmo para o penal e o processual), em virtude da preponderância de grande interação entre costumes e leis locais.

Teve início, nesse período, o processo sistemático de ordenação em um pequeno número de leis claras e abrangentes, códigos verdadeiros, redigidos de forma assertiva, na língua do país respectivo. O aspecto mais significativo era que os códigos substituíam todas as fontes precedentes (diferentemente das ordenações dos soberanos medievais e dos primeiros tempos modernos), ou seja, não podiam mais ser integradas a outras fontes do direito: advogados e juízes teriam que extrair as regras da defesa, da acusação e do julgamento de um caso exclusivamente dos próprios códigos. A lei europeia continental entra então na 'era das codificações',[33] que viria a caracterizá-la por dois séculos, a partir do advento do *Code Civil* francês, de 1804, que materializou a noção de cidadão com o fito de "suprimir desigualdades provenientes da distinção entre a realeza e as classes inferiores".[34]

1.2.2 O 'espírito das leis', de Montesquieu

O ano da primeira edição de uma obra que teria um impacto imenso na Europa poderia ser tomado como o início da nova face do Iluminismo que florescia: *L'Esprit des Lois*, de Charles de Secondat, barão de Montesquieu (1689-1755) foi publicado

---

30. POMERANZ, Kenneth. **The great divergence**: China, Europe, and the making of the modern world economy. Princeton: Princeton University Press, 2000, p. 13. Elucida o autor: "*In both China and Japan population growth after 1750 was heavily concentrated in less-developed regions, which then had smaller surpluses of grain, timber, raw cotton, and other land-intensive products to "vent" through trade with resource-hungry cores; and since part of the increased population of these peripheral areas went into proto-industry, they also had less need to trade with core regions. In Europe, on the other hand, it was largely areas that were already relatively advanced and densely populated that had large population increases between 1750 and 1850. Most of eastern Europe, for instance, only began to experience rapid population growth after 1800 (...).*"
31. JULLIEN, François. **A propensão das coisas**: por uma história da eficácia na China. Tradução de Mariana Echalar. São Paulo: UNESP, 2017, p. 284-285. Diz o autor: "Na China, os elementos mitológicos esparsos que podemos encontrar pelo "folclore" nunca foram articulados pela especulação teórica para servir de resposta a esse atordoamento causado pelo enigma e pelo mistério. Em contrapartida, o importantíssimo desenvolvimento pelo qual passou a prática da adivinhação, no alvorecer da civilização chinesa, mostra, a partir da análise do diagrama divinatório, o embrião de outra lógica (...)."
32. Tinha-se grande dificuldade até mesmo com a delimitação de um conceito de justiça, uma vez que a dicotomia de *ius* e *lex*, dos romanos, ou a delimitação semântica do *directum*, no período medieval, não explicitava com clareza, o que aquele período de transição do pensamento realmente significava. VILLEY, Michel. **A formação do pensamento jurídico moderno**. Tradução de Stéphanes Rial. São Paulo: Martins Fontes, 2003, p. 73.
33. LOPES, José Reinaldo de Lima. **As palavras e a lei**, cit., p. 89.
34. LORENZETTI, Ricardo Luis. **Teoria da decisão judicial**: fundamentos de direito. Tradução de Bruno Miragem; notas de Claudia Lima Marques. 2. ed. São Paulo: Revista dos Tribunais, 2010, p. 53.

pela primeira vez em 1748[35] e teve grande importância para a formação do Estado Moderno.[36] As páginas de Montesquieu sobre a constituição britânica, resultantes da pesquisa do autor durante a permanência em Londres, estão entre as mais importantes do livro, porque pela primeira vez a constituição inglesa não escrita foi descrita por um intelectual continental.[37]

Sobre isso, a doutrina comenta:

> O objetivo do *Esprit des lois* era mostrar que as leis positivas eram dignas de reconhecimento, mas que tinham uma certa lógica por trás delas. Montesquieu investigou, como ele colocou no subtítulo de seu livro, a "relação que as leis deveriam ter com a constituição de cada governo, assim como com os pesquisadores, o clima, a religião, o comércio e assim por diante". Enquanto Montesquieu desenvolveu esse princípio de muitas maneiras diferentes, a primeira parte (composta pelos oito primeiros livros) do *Esprit des lois* foi tomada mais especificamente pelo desenvolvimento de uma tipologia de sistemas políticos e como eles divergiram estruturalmente uns dos outros. Montesquieu distinguiu entre repúblicas, monarquias e despotismos. Todos esses três tipos de governo, ele afirmou, tinham sua própria "natureza" particular e "princípio", o que os tornava diferentes uns dos outros. Assim, o estabelecimento e a preservação de um regime republicano requeriam uma sociedade com certas características que eram diferentes daquelas necessárias para o estabelecimento e preservação de monarquias ou despotismos.[38]

Diferentes orientações teóricas podem ser discernidas no trabalho de Montesquieu. Alguns princípios são por ele considerados de primazia absoluta, como o da liberdade, sublimado no bem-estar do indivíduo e da sociedade e com inspiração extraídas teorias do direito natural e com validade universal,[39] a exemplo de sua teoria constitucional da separação de poderes ou de sua manifesta admiração pelo júri popular ou pelos princípios da legalidade e proporcionalidade no direito penal.

---

35. DE DIJN, Annelien. **French political thought from Montesquieu to Tocqueville**: liberty in a levelled society? Cambridge: Cambridge University Press, 2008, p. 20.
36. MONTESQUIEU, Charles de Secondat, baron de. **O espírito das leis**. Tradução de Cristina Muracho. São Paulo: Martins Fontes, 1996, p. 6.
37. PADOA-SCHIOPPA, Antonio. **A history of law in Europe**, cit., p. 408. Comenta o autor: *"Based on this, Montesquieu expanded Locke's thesis in a new and original direction, developing the theory of three distinct political powers – legislative, executive and judicial – to be exercised by separate authorities and bodies. This would become the cornerstone of modern constitutionalism, and not only in Europe. In it he defended the virtues of a representative regime which entrusted legislative power both to an elective House, coupled with a second House of Lords representing the nation's nobility and élite; though devoid of polemical undertones, he declared the English model of the separation of powers to be preferable as it was best suited to guarantee individual freedom."*
38. DE DIJN, Annelien. **French political thought from Montesquieu to Tocqueville**, cit., p. 21, tradução livre. No original: *"The goal of the Esprit des lois was to show that positive laws were not arbitrary, but that they had a certain logic behind them. Montesquieu investigated, as he put it in the subtitle to his book, the 'relationship which the laws should have with the constitution of each government, as well as with the moeurs, the climate, religion, commerce, and so forth'. While Montesquieu developed this principle in many different ways, the first part (consisting of the first eight books) of the Esprit des lois was taken up more specifically by developing a typology of political systems and how they diverged structurally from one another. Montesquieu distinguished between republics, monarchies and despotisms. All three of these types of government, he claimed, had their own particular 'nature' and 'principle', which made them dissimilar from one another. Thus, the establishment and preservation of a republican regime required a society with certain characteristics which were unlike those required for the establishment and preservation of monarchies or despotisms."*
39. MONTESQUIEU, Charles de Secondat, baron de. **O espírito das leis**, cit., p. 6. O autor comenta: "Não é indiferente que o povo esteja esclarecido. Os preconceitos dos magistrados começam por ser os preconceitos da nação. Numa época de ignorância, não existem dúvidas, mesmo quando se fazem os maiores males; numa época de luzes, teme-se ainda quando se fazem os maiores bens."

O autor defende a busca da paz, por ele considerada "a primeira lei natural, dado que os homens se sentem fracos, frágeis, inferiores, donde provém o desejo de preservação, segunda lei natural, e por isso evitam a guerra."[40]

Nesse aspecto, as conexões entre o pensamento de Montesquieu aos escritos de Tocqueville e Beccaria são evidentes. O primeiro autor acentua suas ponderações sobre os reflexos da democracia francesa para a geração da igualdade, aspecto preponderante em sua visão quanto à formação do Estado – analisado à luz de suas condições sociais.[41] O segundo, a seu turno, inicia sua obra afirmando a necessidade de divisão equânime das vantagens de uma sociedade dentre todos os seus membros; entretanto, alerta para a dificuldade, inerente à condição humana, de equalização do poder,[42] de modo que, "somente através de "leis boas" é que se consegue obstar tais abusos e, mais uma vez, a natureza humana tende a seguir o caminho contrário, pois tal raciocínio (das leis boas) findam por estar nas mentes de poucos (paixões da minoria)."[43]

Montesquieu não acreditava que a distinção entre uma monarquia e um despotismo dependesse da personalidade do regente, do respeito dele ou da falta de respeito pela lei, como a ciência política aristotélica tradicional ensinava.[44] Todos esses elementos em Montesquieu coexistiram com a consciência da natureza histórica do direito, que se manifesta de diferentes maneiras, em diferentes momentos, em diferentes países. Para o autor, até mesmo a lei das nações (*ius gentium*) não teria condições uniformes e universais, na medida em que cada país teria suas próprias leis, normas e costumes, ainda que houvesse uma relação forte e essencial entre os regimes político e legal.[45] Nessa linha, o autor pontua que teria sido precisamente através de um levantamento da experiência histórica que se tornou possível reconstruir, empiricamente, mas com uma intenção científica, a relação entre as formas de governo e as normas de direito público e privado – e, retomando o pensamento de Tocqueville[46] com apoio nos escritos de Hannah Arendt, nota-se que é isto que torna tão evidente a influência

---

40. BRAATZ, Tatiani Heckert; BÚRIGO, Vandré Augusto. A origem do estado moderno – a concepção de Estado, de governo e de controle penal nas obras "O espírito das leis" e "dos delitos e das penas": breves percepções. **Revista Eletrônica Direito e Política**, Itajaí, v. 2, n. 3, p. 760-773, set./dez. 2007, p. 763.
41. TOCQUEVILLE, Alexis de. **Democracy in America**: book one. Tradução do francês para o inglês de Henry Reeve. Campinas: Livre, 2016, p. 51. Destaca o autor: "*A Social condition is commonly the result of circumstances, sometimes of laws, oftener still these two causes united; but wherever it exists, it may justly be considered as the source of almost all the laws, the usages, and the ideas which regulate the conduct of nations; whatever it does not produce it modifies. It is therefore necessary, if we would become acquainted with the legislation and the manners of a nation, to begin by the study of its social condition.*"
42. BECCARIA, Cesare. **Dos delitos e das penas**. Tradução de José Cretella Júnior e Agnes Cretella. 3. ed. São Paulo: Revista dos Tribunais, 2006, p. 23.
43. BRAATZ, Tatiani Heckert; BÚRIGO, Vandré Augusto. A origem do estado moderno, cit., p. 765.
44. Sobre isso, confira-se: "O homem é classificado, na zoologia de Aristóteles, como um animal social por natureza (*Política*, 1253ª, Livro I, Capítulo I, § 9), que desenvolve suas potencialidades na vida em sociedade, organizada adequadamente para seu bem-estar. A meta da política é descobrir primeiro a maneira de viver que leva à felicidade humana e, depois, à forma de governo e às instituições sociais capazes de garantir aquele modo de viver." MATIAS-PEREIRA, José. **Administração Pública**: foco nas instituições e ações governamentais. 5. ed. São Paulo: Atlas, 2018, p. 12.
45. Para maiores detalhes, confira-se: DE DIJN, Annelien. Aristocratic liberalism in post-revolutionary France. **The Historical Journal**, Cambridge, v. 48, n. 3, p. 661–681, 2005.
46. TOCQUEVILLE, Alexis de. **Democracy in America**, cit., p. 58-93.

de Montesquieu na formação do pensamento (e dos eventos) que culminaram nas Revoluções Francesa[47] e Americana.[48]

1.2.3 O contrato social, de Rousseau

Uma fase significativa da nova cultura do Iluminismo foi marcada pelo grande projeto da *Encyclopédie*.[49] Sob a direção de dois intelectuais de origens diferentes – Denis Diderot e Jean-Baptiste d'Alembert – a obra foi publicada ao longo de quinze anos, com início no ano de 1750, e envolveria vários dos proeminentes intelectuais franceses do período, no intuito de ampliar novos horizontes culturais. No campo do direito, as inscrições editadas por Louis de Jaucourt refletem muitos pontos de vista do direito natural e dos escritos de Montesquieu; já o *Droit de la nature*, escrito por Diderot, constitui uma interessante síntese do pensamento antigo e do início da modernidade sobre o assunto.[50]

Bertrand Russell diz que "a *Enciclopédia* é o símbolo do iluminismo do século XVIII. A ênfase é posta na discussão fria e racional, e o objetivo é trabalhar para que a humanidade alcance novas e mais felizes perspectivas."[51]

Além dos franceses, um autor originalmente de Genebra contribuiu substancialmente para a *Encyclopédie*: Jean-Jacques Rousseau (1712-1778).[52] A partir de seus escritos, foram vislumbradas as linhas preliminares do direito público moderno,[53] cujo foco foi direcionado à disciplina entre o público e o privado, partindo da formação de uma "vontade geral" (*volonté générale*) delineada pela unidade de fins,[54] na medida

---

47. Arendt analisa este tema quando sugere que a questão toda é tão fácil e frequentemente confundida em razão da parte importante que a Declaração dos Direitos do Homem e do Cidadão veio a desempenhar no curso da Revolução Francesa, em que esses direitos eram, de fato, assumidos – não para indicar as limitações em todo o governo, mas, ao revés, para ser sua própria fundação. ARENDT, Hannah. **On Revolution**. Harmondsworth: Penguin, 1973, p. 148. *E-book*.
48. Já com relação à experiência norte-americana, Arendt indica ter sido a "febre de constituição que tomou conta do país imediatamente após a Declaração de Independência", o que impediu "o desenvolvimento de um vácuo de poder" e permitiu que a autoridade governamental fosse estabelecida com lastro em uma carta de direitos (*bill of rights*) diversa. ARENDT, Hannah. **On Revolution**, cit., p. 148. *E-book*.
49. A *Encyclopédie* francesa, ou *dictionnaire raisonné des sciences des arts et des métiers* (que se traduz como "Enciclopédia ou dicionário sistemático das ciências, artes e ofícios"), foi uma enciclopédia ampla de temas publicada na França, entre 1751 e 1772, com suplementos posteriores, edições revisadas e traduções. Seu conteúdo foi produzido por muitos escritores, conhecidos como os *Encyclopédistes*, com destaque para Denis Diderot e, até 1759, Jean le Rond d'Alembert. Sua principal meta era propagar o conhecimento geral a partir da secularização do aprendizado longe dos jesuítas. Para maior aprofundamento, veja-se: DARNTON, Robert. The Encyclopédie Wars of prerevolutionary France. **The American Historical Review**, Nova York/Oxford, v. 78, n. 5, p. 1331-1352, dez. 1973; ROE, Glenn; GLADSTONE, Clovis; MORRISSEY, Robert. Discourses and disciplines in the Enlightenment: topic modeling the French Encyclopédie. **Frontiers in Digital Humanities**, Lausanne, v. 2, n. 1, p. 1-13, jan. 2016.
50. PADOA-SCHIOPPA, Antonio. **A history of law in Europe**, cit., p. 410.
51. RUSSELL, Bertrand. **História do pensamento ocidental**: a aventura dos pré-socráticos a Wittgenstein. 21. ed. Tradução de Laura Alves e Aurélio Rebello. Rio de Janeiro: Nova Fronteira, 2017, p. 306.
52. O autor era um dos principais representantes do movimento romantista, tendo dedicado vários de seus escritos à literatura, embora sua proeminência na teoria política tenha advindo de duas obras que acabaram condenadas em seu tempo: *Émile*, um tratado sobre educação, e o *Contrat Social*, de nítido conteúdo político e com densas linhas destinadas ao estudo da democracia.
53. BRINTON, Crane. Review on "Rousseau and the Modern State", by Alfred Cobban. **The American Historical Review**, Nova York/Oxford, v. 41, n. 3, p. 538-539, abr. 1936, p. 538.
54. ROUSSEAU, Jean-Jacques. **O contrato social**, cit., p. 44.

em que o Direito é um imperativo público que se constitui a partir da sociedade, que precisa agir para garantir a organização política necessária à delimitação de freios ao poder governamental.[55]

A principal obra de Rousseau marcou uma mudança significativa no pensamento político e na organização do poder.[56] O *Contrat Social* foi concebido como parte de um trabalho maior nunca concluído pelo autor. Sua publicação ocorreu em 1762 e as ideias expressadas nas poucas páginas do ensaio ganharam proeminência após a Revolução Francesa,[57] sendo amplamente contrastadas ao pensamento de Thomas Hobbes (1588-1679),[58] para quem a liberdade do homem ("lobo" do próprio homem) em seu estado natural prejudica sua própria vida e as vidas dos demais membros da sociedade, sendo necessária a presença de um Estado absoluto para a manutenção da ordem e do controle contra a guerra.[59-60]

Sobre isso, diz a doutrina:

> Rousseau discorda fundamentalmente de Hobbes sobre as circunstâncias da fundação. Imediatamente antes que o pacto para estabelecer o governo fosse elaborado, a humanidade não vivia em um estado de natureza, como Hobbes alegara, mas numa forma primitiva de sociedade na qual, alimentada por disputas por terra, existia conflito.[61]

Mister a menção, ademais, do contraste quanto aos escritos de John Locke (1632-1704), que entende que a soberania já nasce da formação do Estado, na medida em que o Direito natural originário não é completamente suplantado pelo novo Direito estatal.

---

55. PASQUINO, Pasquale. The constitutional republicanism of Emmanuel Sieyès. *In:* FONTANA, Biancamaria (Ed.). **The invention of modern republic**. Cambridge: Cambridge University Press, 1994, p. 109. Comenta o autor, se reportando a Jacques-Guillaume Thouret, um dos principais arquitetos do texto que seria inserido na Constituição francesa de 1791: "*When after a long period of despotism, a nation wakes up and gives itself a new constitution, its chief enemy in such circumstances is the executive power, since it is the executive which is corrupted and the agent of oppression… But when the revolution is over and it is time to establish true government, the constitution is not merely a set of written clauses, but the living mechanism of the political organisation. We believe that it is a serious mistake to continue to treat the executive as the enemy of the commonwealth and national liberty. Is not the executive power a power of the nation, emanating from it like the legislative one?*"
56. PADOA-SCHIOPPA, Antonio. **A history of law in Europe**, cit., p. 411-412.
57. LOUGHLIN, Martin. **Foundations of public law**, cit., p. 391, nota 90.
58. STEINBERGER, Peter J. Hobbes, Rousseau and the modern conception of the State. **The Journal of Politics**, Chicago, v. 70, n. 3, p. 595-611, jul. 2008, p. 595. Comenta: "*It is a commonplace of political theory that Hobbes and Rousseau represent, respectively, two utterly different, even diametrically opposed traditions of thinking about the state. (…) If Hobbes's great triumph is to have unearthed and delineated a conception of the state that is implicit in and underwritten by modern notions of individualism, I will argue that Rousseau – another modern individualist – embraced a conception of the state that is, at the most basic structural level, deeply and decisively similar.*"
59. HOBBES, Thomas. **De cive**: elementos filosóficos a respeito do cidadão. Tradução de Ingeborg Soler. Petrópolis: Vozes, 1993, p. 11. Comenta: "Vemos como todas as cidades, embora em paz com as vizinhas, preservam seus limites como deveres e guarnições militares, e sua população com muralhas, portões e sentinelas. Para que isso, se nada temessem dos vizinhos? Vemos também como nas próprias cidades, onde há leis e penas estabelecidas contra os maus, os cidadãos não andam sem alguma arma para sua defesa, nem vão dormir sem antes trancar as portas contra os concidadãos ou sem fechar portas e gavetas contra os domésticos."
60. OSTRENSKI, Eunice. Soberania e representação: Hobbes, parlamentaristas e levellers. **Lua Nova**, São Paulo, n. 80, p. 151-179, 2010, p. 151-153.
61. LOUGHLIN, Martin. **Foundations of public law**, cit., p. 134, tradução livre. No original: "*Rousseau disagrees fundamentally with Hobbes on the circumstances of the founding. Immediately before the pact to establish government was drawn up, mankind did not live in a state of nature, as Hobbes had claimed, but in a primitive form of society in which, fuelled by disputes over land, conflict existed.*"

Segundo Locke, o que se almeja é "unir-se em sociedade com outros que já se encontram reunidos ou projetam unir-se para a mútua conservação de suas vidas, liberdades e bens";[62] dessa concepção se extrai o conceito lockeano de propriedade e uma das balizas conducentes à formação do Estado enquanto "ato de liberdade de decisão e princípio de sobrevivência e preservação".[63]

Não é por outra razão que os três autores analisados neste tópico são chamados de contratualistas.[64] A premissa do "Contrato Social" é uma proclamação anunciando o ponto de vista do livro, pois, para Rousseau, a vida em sociedade e a submissão do indivíduo aos ditames do contrato social não são escolhas livres feitas em algum momento do passado, mas uma necessidade objetiva, pois a soberania pertence a quem deu vida ao contrato: o "povo" como um todo, não o rei.[65]

1.2.4 O *Rechtslehre*, de Kant

Immanuel Kant (1724-1804) é um dos pensadores mais relevantes para a compreensão das bases fundamentais da formação estatal no período sob estudo. A filosofia moral e política do autor está inserida no idealismo alemão, apoiado na premissa de liberdade. Por essa razão, em sua visão, atribui-se papel fundamental ao observador, que passa a estabelecer, por meio da razão e de suas impressões sensoriais, o conhecimento revelado pela natureza aos sentidos, de modo que o estado de natureza é, portanto, um estado de ausência de direito (*status justitia vacuus*).[66]

---

62. LOCKE, John. **Dois tratados sobre o governo**. Tradução de Júlio Fischer. São Paulo: Martins Fontes, 1998, p. 495.
63. MATIAS-PEREIRA, José. **Administração Pública**, cit., p. 25-26. Ao que o autor acrescenta: "A existência do Estado resulta também de um contrato que permitiria superar o estado de natureza que se caracterizava por uma completa liberdade e igualdade entre todos os homens, fonte de conflitos quando tivessem que cumprir a lei natural. Sendo todos iguais, tenderiam a interpretar e aplicar a lei natural segundo as suas conveniências. Por meio do contrato, cada indivíduo transferia para o Estado o poder de aplicar a lei e o direito natural, punindo as infrações e tendo como observância o maior respeito pela liberdade individual. É nesse cenário que Locke surge como precursor do liberalismo e da doutrina da limitação do poder para salvaguardar os direitos individuais do homem."
64. O termo é pertinente, na medida em que, para os ditos 'contratualistas', o ser humano viveria, em estágio precedente ao Estado Moderno, em arquétipos sociais nos quais apenas os instintos e as qualidades intrínsecas do lhes serviam de mediadores às ações que tomavam; por isso, tais autores acreditavam que o Estado civil deveria ser 'fabricado' e implementado de forma gradual e espontânea. Indica-se a leitura de: LOCKE, John. **Segundo tratado sobre o governo**. Tradução de Alex Martins. São Paulo: Martin Claret, 2005; LOCKE, John. **Ensaio acerca do entendimento humano**. Tradução de Anoar Aiex e. Jacy Monteiro. São Paulo: Nova Cultural, 1983; LOCKE, John. **Carta acerca da tolerância**. Tradução de Anoar Aiex e. Jacy Monteiro. 2. ed. São Paulo: Abril Cultural, 1978; HOBBES, Thomas. **Do cidadão**, cit.; HOBBES, Thomas. **Leviatã**: matéria, forma e poder de um Estado eclesiástico e civil. Tradução de João Paulo Monteiro e Maria Beatriz Nizza da Silva. São Paulo: Martins Fontes, 2003.
65. Nesse contexto: "*It is not difficult to recognise how such a view of sovereignty, the state and the law contrasted not only with the institutional reality of the time, but also with the ideas of Locke, Montesquieu and other exponents of political thinking of the time. In the history of European political and legal thinking, Rousseau's Contract was to introduce a concept of political power based on the principle of direct democracy and universal suffrage, and so the sovereignty of the people in its fullest and most rigorous sense, with arguments as concise as they were effective. In the course of the succeeding two centuries this principle was to make its way in and outside Europe.*" PADOA-SCHIOPPA, Antonio. **A history of law in Europe**, cit., p. 412.
66. *Cf.* KANT, Immanuel. **La metafísica de las costumbres**. Tradução do alemão para o espanhol de Adela Cortina Orts e Jesus Conill Sancho. 3.ed. Madrid: Tecnos, 1999.

Dessa forma, se as leis sobre o que é de cada um prescrevem no Estado a mesma coisa que na sociedade, apenas no Estado as leis têm condições de serem realizadas, pois "o imperativo categórico, que está na base da ética de Kant, é um princípio formal. Como tal, não pode pertencer à esfera da razão teórica, uma vez que esta se ocupa dos fenômenos."[67]

Para Kant, a distinção entre lei e moralidade[68] baseava-se nas duas naturezas diferentes da obrigação: o dever moral era vinculativo em si mesmo, na medida em que derivava de uma ideia de razão que gerou o próprio impulso para cumprir, enquanto o imperativo decorrente da lei tinha elementos de constrição: o direito tinha uma natureza intersubjetiva e era inseparável de seu poder de coerção. Para Kant, nesse sentido, o Estado seria apenas uma esfera de liberdade individual baseada em direitos; em razão disso, os objetivos de bem-estar e felicidade promovidos pela ciência da polícia não fariam parte das ciências do estado. Por isso, Kant reconheceu a necessidade prática de o governo atender a certos aspectos básicos voltados a garantir segurança pública, conveniência e decência, com justificativas baseadas na manutenção da paz e na manutenção da lei.[69]

A despeito disso, postulações que revolvem a um pretenso "Estado de Polícia" eram intrinsecamente incompatíveis com o período de transição da época.[70] Nessa linha, indicando a sujeição do homem às leis naturais enquanto submetido ao mundo dos fenômenos, mas dela desconectado enquanto agente moral, Kant analisa, de seu ponto de vista crítico, a imprescindibilidade da experiência para a ética:

> O que marca e distingue o criticismo kantista é a determinação *a priori* das condições lógicas das ciências. Declara, em primeiro lugar, que o conhecimento não pode prescindir da experiência, a qual fornece o material cognoscível, e nesse ponto coincide com o empirismo (não há conhecimento da realidade sem intuição sensível); por outro lado, sustenta que o conhecimento de base empírica não pode prescindir de elementos racionais, tanto assim que só adquire validade universal quando os dados sensoriais são ordenados pela razão; — "os conceitos, diz Kant, sem as intuições (sensíveis), são vazios; as intuições sem os conceitos são cegas".[71]

No idealismo subjetivo de Kant, tem-se uma identificação entre 'ser' e 'dever ser' que não se realiza, pois se tratam de ordens de realidade distintas, cuja abordagem aponta para a liberdade humana como o fundamento ético verdadeiro e único do direito, expli-

---
67. RUSSELL, Bertrand. **História do pensamento ocidental**, cit., p. 316.
68. Pertinente o alerta da doutrina para o "surgimento do Direito como uma disciplina pertencente à parte metafísica da filosofia moral de Kant, e, relacionado a isso, o acolhimento da legalidade <*Legalität*>, em oposição à moralidade <*Moralität*>, como um conceito legítimo do sistema metafísico prático kantiano, passível de ser aplicado mesmo àqueles deveres que exigem a adoção de fins que são ao mesmo tempo deveres (...)." TREVISAN, Diego Kosbiau. O "sistema" da moral? Uma investigação sobre a sistematicidade interna da metafísica dos costumes de Kant. **Kriterion: Revista de Filosofia**, Belo Horizonte, v. 57, n. 134, p. 401-419, maio/ago. 2016, p. 403.
69. LOUGHLIN, Martin. **Foundations of public law**, cit., p. 430.
70. GORDILLO, Agustín. **Princípios gerais de direito público**. Tradução de Marco Aurélio Greco. São Paulo: Revista dos Tribunais, 1977, p. 28. O autor comenta: "No Estado de Polícia, em consequência, ao reconhecer-se ao soberano um poder ilimitado quanto aos fins que poderia perseguir e quanto aos meios que poderia empregar, mal poderia desenvolver-se uma consideração científica desse poder. Não cremos que se possa afirmar, pura e simplesmente, que não existia um Direito Público, como por exemplo disse Mayer, pois inclusive este princípio do poder ilimitado e as normas que dele emanaram constituem um certo ordenamento positivo; porém, ao menos pode-se sustentar que não existia, em absoluto, um ramo do conhecimento jurídico em torno do mesmo."
71. REALE, Miguel. **Filosofia do direito**. 19. ed. São Paulo: Saraiva, 1999, p. 100.

cando a distância entre o pensamento de Kant e o dos demais autores de proeminência do iluminismo, cujo propósito era construir um corpo coerente de lei natural no qual cada componente da estrutura legal fosse concebido em nome da razão e tendo em vista sua utilidade pública (e privada).

1.2.5 Os paradoxos da transição

O argumento preponderante a justificar as barreiras para o exercício do poder político nesta etapa germinal do período moderno tem sido que, durante o século XVII, um grupo de estudiosos se baseou nas inovações metodológicas e substantivas dos pioneiros autores franceses do século anterior para produzir um novo conceito de soberania (conceito que remonta à obra clássica "*Six Livres de la République*", de 1576, de Jean Bodin), dando sustentação ao conceito moderno de direito público.[72]

Nesse contexto, a soberania não deve mais ser equiparada a alguma figura transcendente que represente a exterioridade do governo, mas, sim, toda a entidade política constituída por meio de um conjunto de arranjos institucionais, cuja entidade expressa um modo autônomo de ser consubstanciado na fusão de autoridade e poder que incorpora seus próprios critérios de conduta correta:

> Tentando sintetizar as normas que então disciplinavam o exercício do poder político, podemos indicar as seguintes:
>
> *a)* O Estado, sendo o criador da ordem jurídica (isto é, sendo incumbido de fazer as normas), não se submetia a ela, dirigida apenas aos súditos. O Poder Público pairava sobre a ordem jurídica.
>
> *b)* O soberano, e, portanto, o Estado, era indemandável pelo indivíduo, não podendo este questionar, ante um tribunal, a validade ou não dos atos daquele. Parecia ilógico que o Estado julgasse a si mesmo ou que, sendo soberano, fosse submetido a algum controle externo.
>
> *c)* O Estado era irresponsável juridicamente: *ler roi ne peut mal faire, the king can do no wrong*. Destarte, impossível seria exigir ressarcimento por algum dano causado por autoridade pública.
>
> *d)* O Estado exercia, em relação aos indivíduos, um poder de polícia. Daí referirem-se os autores, para identificar o Estado da época, ao *Estado-Polícia*, que impunha, de modo ilimitado, quaisquer obrigações ou restrições às atividades dos particulares. Em consequência, inexistiam direitos individuais contra o Estado (o indivíduo não podia exigir do Estado o respeito às normas regulando o exercício do poder político), mas apenas direitos dos indivíduos nas suas recíprocas relações (o indivíduo podia exigir do outro indivíduo a observância das normas reguladoras de suas relações recíprocas).
>
> *e)* Dentro do Estado, todos os poderes estavam centralizados nas mãos do soberano, a quem cabia editar as leis, julgar os conflitos e administrar os negócios públicos. Os funcionários só exerciam poder por delegação do soberano, que jamais o alienava.[73]

A lógica da soberania moderna, nesse período de transição paradoxal, deve-se enfatizar, era muito diferente da noção medieval de governo, uma vez que, enquanto o governo medieval estava ancorado pelo princípio da hierarquia, o conceito moderno de soberania, erigido sobre o fundamento do direito natural, apresentava natureza

---

72. MATIAS-PEREIRA, José. **Administração Pública**, cit., p. 24.
73. SUNDFELD, Carlos Ari. **Fundamentos de direito público**. 5. ed. São Paulo: Malheiros, 2015, p. 34-35.

eminentemente igualitária.[74] Com isso, o governo medieval recebeu sua autoridade de fontes transcendentes, ou seja, enquanto a autoridade do governo moderno estava ocupada de solucionar necessidades imanentes à unidade política do estado, o direito divino (e o natural) era suplantado pela vontade geral – emanada, como se viu, do contratualismo social.

Jean-Claude Ricci comenta alguns paradoxos desse período de transição, retomando tudo o que se desenhou nos tópicos anteriores deste trabalho:

> Do século VIII ao século XVIII, o direito administrativo foi criado, forjado e desenvolvido ao lado do direito privado, mas como um direito substancialmente diferente do segundo. A maioria das regras atuais do direito administrativo e suas construções intelectuais datam desse período. Revolução, Consulado, Império, Era Liberal trouxeram suas "pedras" para um "edifício" que permaneceu praticamente idêntico a si mesmo no decorrer do tempo. Do Estado-*gendarme* ao Estado de Bem-Estar Social, a administração aparece como um "serviço" que encontra sua expressão legal decisiva com a noção de interesse geral. Tradição canônica, o surgimento dos juristas do reino, diretores de Império e estudantes atuais da ENA seguiram a mesma tradição do Estado, na França, o órgão por excelência dedicado à promoção de uma ordem social justa e equilibrada entre as forças antinômicas do indivíduo e da sociedade. Desde os primórdios da monarquia *capétienne*, tem havido a ideia de que as relações entre pessoas públicas e privadas devem ser governadas por regras muito diferentes daquelas que regem as relações das pessoas privadas umas com as outras, porque as pessoas públicas satisfazem o interesse geral.[75]

O fato de a transição para a modernidade ter sido empreendida por juristas que se valeram das ideias gerais do direito natural, muitas vezes concebido como uma doutrina metafísica que opera de acordo com um princípio fundamental, todas as ocorrências naturais estão sujeitas a uma ordem universal subjacente que fornece uma ordenação ao mundo.[76] Nessa concepção metafísica, os seres humanos, por meio da faculdade da razão, passam a exercer o papel outrora desempenhado pela moderna doutrina da lei natural, que não apenas removeu o elemento 'divino' do funcionamento do mundo, como também abandonou a ideia do governo civil como expressão de uma ordenação natural e também moral – criavam-se as estruturas piramidais do que viria a ser o positivismo jurídico.

---

74. LOUGHLIN, Martin. **Foundations of public law**, cit., p. 84. Diz o autor: "*This basic shift in orientation was achieved by jurists invoking an argument whose basis was destroyed in the process of its realization. That is, although the transition to a modern concept of sovereignty was set in train by historically orientated jurists seeking to anchor constitutional ordering in the 'fundamental laws' of the ancient constitution, the immanent logic of modern sovereignty could have no place for the concept of fundamental law. The idea of fundamental law makes sense only when the regime is determined by an external higher authority; only in this manner are we able to appeal to an authoritative past.*"

75. RICCI, Jean-Claude. **Droit administratif**. 4. ed. Paris: Hachette, 2004, p. 7. No original: "*Dès le XIe siècle et jusqu'au XVIIIe siècle, le droit administratif s'est créé, forgé et développé à côté du droit privé mais comme droit substantiellement différent de ce dernier. La plupart des règles actuelles du droit administratif et de ses constructions intellectuelles datent de cette période. Révolution, Consulat, Empire, ère libérale apporteront leur pierre à un édifice demeuré largement identique à lui-même au cours des temps. De l'État-gendarme à l'État-providence, l'administration apparaît comme un « service » qui trouve son expression juridique décisive avec la notion d'intérêt général. Tradition canonique, conception des légistes royaux, administrateurs d'Empire et élèves actuels de l'ENA poursuivent une identique tradition qui fait de l'État, en France, l'organe par excellence préposé à la promotion d'un ordre social juste et équilibré entre les forces antinomiques de l'individu et de la société. Depuis les premiers temps de la monarchie capétienne, se rencontre cette idée que les rapports entre les personnes publiques et les personnes privées doivent être régis par des règles très différentes de celles qui gouvernent les relations des personnes privées entre elles, car les personnes publiques satisfont l'intérêt général.*"

76. Com efeito: "Nesse sentido, a Ciência Jurídica assenta sobre uma larga base de experiência axiológica, valendo-se de dados que só a intuição pode apreender, para a elaboração e a verificação racionais." REALE, Miguel. **Filosofia do direito**, cit., p. 150.

Invocando ideias modernas sobre a liberdade natural e a igualdade de indivíduos, juristas como Samuel Pufendorf transformaram a lei natural a partir de dentro.[77-78] Também sob a influência de Hugo Grotius, o direito natural tornou-se uma câmara de compensação no campo da ciência, do direito e da filosofia a ser reunida em um novo tipo de filosofia civil:[79] a lei natural tornou-se o meio através do qual os instrumentos do moderno regime político foram criados.

As teorias do direito natural tendem a se nortear em diferentes direções; e, para que seja concebido um campo autônomo dedicado aos afazeres de Estado, certos arranjos que sustentam o moderno conceito imanente de soberania precisaram ser revisitados. Nesse ponto reside o entrelaçamento do contratualismo rousseauniano com a essência naturalista do pensamento de Pufendorf, base para proclamações do que viria a ocorrer no Estado Liberal.[80]

1.3 SOBRE A LIBERDADE E O ESTADO LIBERAL

O Estado Liberal se funda na propulsão do liberalismo econômico descrito por Adam Smith (1723-1790) e David Ricardo (1772-1823), com repercussões jurídicas profundas obtidas dos trabalhos de Jeremy Bentham (1748-1832) e de seu discípulo John Stuart Mill (1806-1873), especialmente em suas investigações sobre o conceito jurídico de liberdade. Seu marco preponderante foi, sem dúvidas, o dogma da separação de poderes de Montesquieu,[81] somado à mudança das estruturas e relações de poder.[82]

---

77. PUFENDORF, Samuel. **Two books of the elements of universal jurisprudence**. Tradução do alemão para o inglês de William Abbott Oldfather. Indianapolis: Liberty Fund, 2009, p. 19. Veja-se: "*We call voluntary actions those actions placed within the power of man, which depend upon the will, as upon a free cause, in such wise that, without its decision setting forth from the same man's actions as elicited by previous cognition of the intellect, they would not come to pass; and, indeed, according as they are regarded not in their natural condition, but in so far as they come to pass from a decision of the will.*"
78. CARR, Craig L.; SEIDLER, Michael J. Pufendorf, sociality and the Modern State. *In:* HAAKONSSEN, Knud (Ed.). **Grotius, Pufendorf and modern natural law**. Brookfield: Dartmouth/Ashgate, 1999, p. 133 *et seq.*
79. Comenta a doutrina: "*Grotius's most important contribution to modern thought was his theory of rights, for, although this had precursors, it was in his formulation that it gained currency-although this has been obscured from scholarship until recently. The central point is that Grotius, in extension of and undoubtedly inspired by various scholastic thinkers, particularly the Spanish neo-Thomists, transformed the concept of ius as it is found in Roman law and in Aquinas.*" HAAKONSSEN, Knud. Hugo Grotius and the History of Political Thought. *In:* HAAKONSSEN, Knud (Ed.). **Grotius, Pufendorf and modern natural law**. Brookfield: Dartmouth/Ashgate, 1999, p. 36.
80. WOKLER, Robert. Rousseau's Pufendorf: Natural Law and the Foundations of Commercial Society. *In:* HAAKONSSEN, Knud (Ed.). **Grotius, Pufendorf and modern natural law**. Brookfield: Dartmouth/Ashgate, 1999, p. 457. Eis o comentário do autor: "*In this concluding section I turn to Book III, chapter xv of the Contrat social, entitled 'Of deputies or representatives', which, to my mind, occupies a central place in that work and forms probably the most important point of departure for locating it in the context of Rousseau's other writings. He there puts forward two theses about the corruption of modern society. The first is that finance is a slavish term, unknown to the citizens of free states in the ancient world. Through the hustle of commerce and the arts, he writes, through the greedy self-interest of profit, personal services are replaced by money payments.*"
81. BONAVIDES, Paulo. **Do estado liberal ao estado social**, cit., p. 63. Comenta: "O célebre art. 16 da *Declaração dos Direitos do Homem*, contida na Constituição francesa de 3 de setembro de 1791, assim rezava: 'Toda sociedade que não assegura a garantia dos direitos nem a separação de poderes não possui constituição'."
82. ACKERMAN, Bruce A. **Social justice in the Liberal State**. New Haven: Yale University Press, 1980, p. 3. Descreve o autor: "*So long as we live, there can be no escape from the struggle for power. Each of us must control his body and the world around it. However modest these personal claims, they are forever at risk in a world of scarce resources. Someone, somewhere, will—if given the chance—take the food that sustains or the heart that beats within. Nor need such acts be attempted for frivolous reasons—perhaps my heart is the only thing that will save a great woman's life, my food sufficient*

O Estado Liberal foi marcado por avanços significativos em relação ao período anterior – o *Ancien Régime* –, conforme anota Hauriou: (i) notou-se um aumento de poder, que deixou de se concentrar nas mãos de alguns poucos soberanos; (ii) houve uma redução do número de disputas pelo poder, propiciando melhor atingimento da almejada justiça; (iii) foi possível o incremento da liberdade, com a separação de poderes.[83] Com lastro no lema revolucionário francês (Liberdade, Igualdade e Fraternidade), consolidou-se um novo paradigma, explicitado com clareza nas obras de John Stuart Mill[84] e Benjamin Constant,[85] dentre outros.

Confira-se a descrição de Luciano Timm:

> Baseado, portanto, na autodeterminação individual (1. Autonomia da vontade), ou seja, na liberdade de contratar, esse modelo jurídico de contrato funda-se nos postulados de que todos são livres (2. Igualdade formal) para contratar-se, com quem (3. Liberdade de contratar), como e da forma (4. Liberdade contratual) que quiserem. Assim, uma vez declarada a vontade, havendo o encontro em proposta e aceitação, *tout court* (ou seja, independentemente de qualquer formalidade na manifestação das vontades) (5. Consensualismo), não poderia mais a parte contratante se abster do cumprimento do contrato (pacta sunt servanda) (6. Força obrigatória dos contratos), salvo as hipóteses de vícios de consentimento ou sociais, sob pena de rescisão e/ou de responsabilidade civil contratual. Mais, o contrato teria efeitos relativos apenas entre as partes contratantes (7. Relatividade dos efeitos contratuais), porque somente elas consentiam com as obrigações criadas.[86]

O que se viu *a posteriori*, contudo, foi uma mudança do *telos* original do movimento revolucionário, com a ascensão da burguesia ao poder e a relegação dos ideais de igualdade e fraternidade ao segundo plano.[87] A despeito disso, o novo conceito de estado que se materializou a partir daquele momento histórico encontrou lastro em postulados completamente novos e direcionados à reformulação do *modus* pelo qual a relação entre estado e súdito (ou Administração e administrado) se realiza.

Bruce Ackerman indica a racionalidade como uma das primeiras balizas desse novo modelo: "Sempre que alguém questiona a legitimidade do poder alheio, o detentor do poder deve responder fazendo a pergunta."[88] O que se conclui é que esta nova fórmula

---

to feed five starving men. No one can afford to remain passive while competitors stake their claims. Nothing will be left to reward such self-restraint. Only death can purchase immunity from hostile claims to the power I seek to exercise."

83. HAURIOU, Maurice. **Principios de derecho público y constitucional**. Tradução do francês para o espanhol de Carlos Ruiz del Castillo. Granada: Comares, 2003, p. 45-48. Aduz o autor: *"Pero llega un día en que el Estado, habiendo hecho tabla rasa de las instituciones y de las creencias primitivas, se yergue orgullosamente sobre su joven soberanía y se considera el centro del mundo. Entonces es cuando se exteriorizan los inconvenientes. La tendencia propia del Estado, organización coercitiva perfeccionada, le conduce a pensar que la fuerza material, racionalmente dispuesta y jurisdiccionalmente empleada, es suficiente para mantener el orden en la sociedad."*
84. *Cf.* MILL, John Stuart. **Sobre a liberdade**. Tradução de Denise Bottmann. São Paulo: L&PM, 2016.
85. *Cf.* CONSTANT, Benjamin. **A liberdade dos antigos comparada à dos modernos**. Tradução de Emerson Garcia. São Paulo: Atlas, 2015.
86. TIMM, Luciano Benetti. **O novo direito contratual brasileiro**. Rio de Janeiro: Forense, 2008, p. 87-88.
87. WOLKMER, Antonio Carlos. **Ideologia, estado e direito**. 3. ed. São Paulo: Revista dos Tribunais, 2003, p. 121-122. Nesse contexto, o autor ainda comenta que o aspecto econômico – de função nuclear para o fenômeno descrito – "relaciona-se, sobretudo, aos direitos econômicos, à propriedade privada, ao sistema da livre empresa e à economia de mercado livre do controle estatal."
88. ACKERMAN, Bruce A. **Social justice in the Liberal State**, cit., p. 4, tradução livre. No original: *"Whenever anybody questions the legitimacy of another's power, the power holder must respond not by suppressing the questioner but by giving a reason that explains why he is more entitled to the resource than the questioner is."*

é marcada por evidente generalidade, isto é, pela inserção da racionalidade nos meandros do poder, afasta-se qualquer sorte de imunidade estatal à questão da legitimidade.

Com isso, a ideia de diálogo emanava em um novo paradigma formal – mas sob ótica individualista e baseada nos postulados liberais que impunham ao Estado o papel de devedor em relação ao indivíduo credor de certas obrigações.[89] Assim, pode-se afirmar que a racionalidade é simplesmente a característica distintiva do liberalismo:

> Embora isso seja parte de um contrato social, isto é entendido apenas em termos instrumentais. Não constitui o fundamento dos direitos que emergem do processo de negociação, mas serve simplesmente como meio de induzir as partes a dar seu consentimento aos termos do contrato. De fato, as versões mais convincentes do mito do contrato tentam romper a tagarelice da negociação pré-contratual ao projetar uma situação de barganha na qual nenhum ator racional tem qualquer escolha sensata a não ser assinar na linha pontilhada. Discussão prolongada sobre termos contratuais na convenção fundadora é muitas vezes positivamente prejudicial – ela pode revelar possibilidades estratégicas para blefes e formação de coalizões que podem tornar os termos do contrato indeterminados. E é apenas a promessa de cada parte de cumprir o contrato que constitui a base de seus direitos e deveres sociais –não a conversa que precede ou segue o momento mágico da promessa.[90]

Ackerman ainda aponta a necessidade de consistência como um segundo postulado essencial para a consolidação do Estado Liberal. A razão norteadora do detentor do poder em dada ocasião deve estar racional e consistentemente atrelada às razões que o levaram a tomar outras ações para buscar o poder.[91]

Esse raciocínio, transportado para a noção contratualista que delimita a base fundamental do Estado Liberal se consolida com a visualização das figuras da sociedade e do estado como "dois mundos separados e estanques, cada um governado por uma lógica de interesses própria e obedecendo, por isso, respectivamente, ao direito privado

---

89. ZIPPELIUS, Reinhold. **Teoria geral do estado**. Tradução de Karin Praefke-Aires Coutinho. 3. ed. Lisboa: Fundação Calouste Gulbenkian, 1997, p. 446. Comenta o autor: "A ideia fundamental do conceito liberal da liberdade é que (em especial) o poder do Estado não deve intervir numa determinada esfera da liberdade individual, incumbindo-lhe garantir a maior liberdade possível de actuação individual. O individualismo liberal e a ideia de intangibilidade de determinados direitos estão subjacentes à protecção dos direitos fundamentais contra intervenções na esfera individual, e, em especial, aos direitos fundamentais à vida, à integridade física, à liberdade da pessoa, à liberdade de residência, à inviolabilidade do domicílio, da propriedade e do direito das sucessões."
90. ACKERMAN, Bruce A. **Social justice in the Liberal State**, cit., p. 6, tradução livre. No original: *"Although the parties to a social contract must speak to one another while negotiating its terms, this conversation is understood in instrumental terms only. It does not constitute the ground of the rights that emerge from the bargaining process but simply serves as a means to induce the parties to give their consent to the contract terms. Indeed, the most compelling versions of the contract myth try to cut through the chatter of precontractual negotiation by designing a bargaining situation in which no rational actor has any sensible choice but to sign on the dotted line. Protracted discussion about contract terms at the founding convention is often positively harmful—it can reveal strategic possibilities for bluffing and coalition formation that may make the terms of the contract indeterminate. And it is only each party's promise to abide by the contract that constitutes the basis of his social rights and duties—not the talk that precedes or follows the magic moment of promising."*
91. Com efeito: *"Throughout the book, I shall remain content with an unanalyzed understanding of this second principle. The critical thing is that a power holder cannot justify his claim to X by saying, "Because Aryans are better than Jews" and then turn around and justify his claim to Y by announcing, "All men are created equal." Of course, Consistency simply requires the power wielder to resolve this tension in one way or another; it does not demand that he give up his nazism. Thus, when standing alone, Consistency hardly has an obvious claim to its preeminence—a state that killed all Jews is more illegitimate than one that muddled its way to saving some. But Consistency does not stand alone. Its function is to safeguard the intelligibility of the dialogue demanded by Rationality."* ACKERMAN, Bruce A. **Social justice in the Liberal State**, cit., p. 7.

ou ao direito público."[92] Com tamanha ânsia por liberdade econômica, o mercado reage à presença estatal com imperativos de segregação: floresce a ideia de que é da atividade individual que decorrem as explicações para os fatos sociais; tem-se o "individualismo epistemológico".[93]

Tratou-se de um período marcado pela alta ebulição social, política e econômica, em meio ao qual surgiu a figura do Estado atrelada à ascensão burguesa, à predominância do mercado e à progressiva internacionalização da economia e das relações comerciais.[94]

1.3.1 Autonomia da vontade e a autodeterminação individual

Se a força-motriz do Estado Liberal é o indivíduo, a máxima busca pelo atingimento de seus interesses pessoais, e até mesmo egoístas, seria a razão essencial para a separação estatal das relações privadas.[95] A economia estaria sujeita a leis naturais capazes de prover equilíbrio aos agentes do mercado, e disso, diziam, seriam extraídos frutos positivos para toda a sociedade, que seria rica se seus integrantes o fossem. Disso se obtém um distanciamento agudo da economia em relação à política, mas também em relação à moral.[96]

O direito da época foi posto à disposição da economia e diversos institutos foram delineados para propiciar campo e condições férteis à proliferação de institutos legitimadores desse novo modelo de organização social. No contexto das grandes codificações, assistiu-se ao nascimento de institutos como o negócio jurídico e o contrato, e à consequente elevação da liberdade contratual ao posto de axioma central do ordenamento.[97]

Segundo Paulo Bonavides,

> Com a construção do Estado jurídico, cuidavam os pensadores do direito natural, principalmente os de sua variante racionalista, haver encontrado formulação teórica capaz de salvar, em parte, a liberdade ilimitada de que o homem desfrutava na sociedade pré-estatal, ou dar a essa liberdade função preponderante, fazendo do Estado o acanhado servo do indivíduo. (...) A sociedade, por sua vez, na teoria do liberalismo, se reduz à chamada poeira atômica de indivíduos. A cláusula kantista, do respeito mútuo da liberdade de cada um, converte-se e, domínio onde as aptidões individuais se concretizam, à margem de todo esboço de coação estatal. (...) Esse primeiro Estado de Direito, com seu formalismo

---

92. ANDRADE, José Carlos Vieira de. Os direitos, liberdades e garantias no âmbito das relações entre particulares. In: SARLET, Ingo Wolfgang (Org.). **Constituição, direitos fundamentais e direito privado**. 3. ed. Porto Alegre, Livraria do Advogado, 2010, p. 242.
93. KOLM, Serge Christophe. **Le liberalisme moderne**. Paris: PUF, 1984, p. 185.
94. DALE, Gareth. **Karl Polanyi**: the limits of the market. Cambridge: Polity Press, 2010, p. 137 *et seq*.
95. MORAES, Ricardo Quartim de. A evolução histórica do Estado Liberal ao Estado Democrático de Direito e sua relação com o constitucionalismo dirigente. **Revista de Informação Legislativa**, Brasília, ano 51, n. 204, p. 269-285, out./dez. 2014, p. 272. Destaca o autor: "O mercado natural se caracteriza pela ampla abstenção do Direito (no plano ideal, pelo menos) em regular a economia. É claro que o Direito regulava os contratos e a propriedade, mas não enquanto institutos econômicos. A propriedade e o contrato são os institutos jurídicos básicos da nova sociedade e refletem sua ordem natural. Categorias econômicas como "empresário", "empregado", "concorrência" e "trabalho" são desconhecidas do Direito. As disposições do Direito Civil a respeito dos contratos valem para quaisquer ajustes, independentemente de sua natureza."
96. DUMONT, Louis. **O individualismo**. Uma perspectiva antropológica da ideologia moderna. Tradução de A. Cabral. Rio de Janeiro: Rocco, 2000, p. 99.
97. GOMES, Orlando. **Contratos**. 21. ed. Rio de Janeiro: Forense, 2000, p. 6.

supremo, que despira o Estado de substantividade ou conteúdo, sem força criadora, reflete a pugna da liberdade contra o despotismo na área continental europeia.[98]

Norberto Bobbio ressalta a interação orgânica entre indivíduos e Estado, anotando que, "o liberalismo é uma doutrina do Estado limitado tanto com respeito aos seus poderes quanto às suas funções. A noção corrente que serve para representar o primeiro é Estado de direito; a noção corrente para representar o segundo é Estado mínimo."[99]

Se o indivíduo é anterior ao Estado, impondo-se a necessidade de sua proteção, mas com estrita observância de seus direitos de liberdade e propriedade, tem-se a formulação de um direito fundamental, embora individual, de defesa.[100] Segundo Matteucci, há três níveis essenciais para a compreensão desse momento histórico: jurídico, político e sociológico; cada qual exerce, respectivamente, uma função essencial, que é de soberania, de concentração do poder ou de administração.[101]

1.3.2 Da liberdade antiga à liberdade moderna frente ao sistema conceptual de Hegel

Nesse âmbito, se Rousseau defendia a importância da *volonté générale* para o conceito de democracia, fundamental é a compreensão detida do conceito de liberdade para a formulação dessa compreensão. Nesse campo, os estudos de Pierre Manent são de importância destacada, na medida em que evidenciam a construção histórica do conceito de liberdade individual nos escritos dos já mencionados Hobbes, Locke e Montesquieu para avançar às concepções de liberalismo pós-revolucionário, com análise das proposições de Constant, Guizot e Tocqueville.[102]

Benjamin Constant (1767-1830), com sua renomada obra "A liberdade dos antigos comparada à dos modernos"[103] se debruça a analisar traços modernos que compõem a ideia antiga de liberdade em conjunção à perspectiva nascente do individualismo nos tumultuados anos da Revolução Francesa e, embora muitos autores sustentem que Constant tentou "em vão, conciliar a intenção com a realização, a teoria com a prática e o

---

98. BONAVIDES, Paulo. **Do estado liberal ao estado social**, cit., p. 40-41.
99. BOBBIO, Norberto. **Liberalismo e democracia**. Tradução de Marco Aurélio Nogueira. São Paulo: Edipro, 2017, p. 46. E o autor complementa: "Embora o liberalismo conceba o Estado tanto como Estado de direito quanto como Estado mínimo, pode ocorrer um Estado de direito que não seja mínimo (por exemplo, o Estado social contemporâneo) e pode-se também conceber um Estado mínimo que não seja um Estado de direito (tal como, com respeito à esfera econômica, o Leviatã hobbesiano, que é ao mesmo tempo absoluto no mais pleno sentido da palavra e liberal em economia)."
100. HESPANHA, António Manuel. **Cultura jurídica europeia**: síntese de um milênio. Coimbra: Almedina, 2012, p. 293 *et seq.*
101. MATTEUCCI, Nicola. Liberalismo. *In*: BOBBIO, Norberto; MATTEUCCI, Nicola; PASQUINO, Gianfranco. **Dicionário de política**. 11. ed. Tradução de Carmen Varriale *et al.* Brasília: UnB, 1998, v.1, p. 698.
102. MANENT, Pierre. **História intelectual do liberalismo**: dez lições. Tradução de Vera Ribeiro. Rio de Janeiro: Imago, 1990, *passim*.
103. Confira-se: CONSTANT, Benjamin. **Escritos de política**. Tradução de Eduardo Brandão. São Paulo: Martins Fontes, 2005; CONSTANT, Benjamin. **Princípios de política aplicáveis a todos os governos**. Tradução de Joubert de Oliveira Brízida. Rio de Janeiro: Topbooks, 2007; CONSTANT, Benjamin. **A liberdade dos antigos comparada à dos modernos**, cit., 2015.

pensamento com a experiência" (a ponto de chamarem-no de 'Constant, l'inconstant'),[104] não se nega que suas anotações foram cruciais para simbolizar tal momento de transição.

Se, na acepção dos antigos, a concretização da liberdade estava atrelada à distribuição do poder político de forma universal (a todos os cidadãos), com sustentação na ideia de que o exercício coletivo lhe traria maior solidez, se revela fortemente contrastante a liberdade dos modernos, vista sob ângulo oposto e que encontra seu embasamento na garantia da fruição dos privilégios privados.[105]

Noutros dizeres, a liberdade dos modernos "está no direito de se submeter apenas à lei e nunca à vontade arbitrária de um ou mais indivíduos; de expressar sua própria opinião, exercer seu trabalho, dispor de seu trabalho etc.",[106] sendo, em última análise, o direito do cidadão de influenciar a gestão governamental, o que revela a preocupação do autor com a separação entre Estado e sociedade civil.

Tudo isso se contrasta e ganha contornos relevantes quando se avança aos estudos de liberdade propostos por Georg Wilhelm Friedrich Hegel (1770-1831),[107] que antagoniza a posição eminentemente individual do conceito de liberdade, contrastando o papel da sociedade civil no cotejo analítico com o papel do Estado e o fundamento da soberania, pois, para o autor, é o Estado que "funda" o conceito de povo, e não o oposto:

> Se o Estado fosse considerado permutável com a sociedade civil e suas características decisivas fossem consideradas como a segurança e a proteção da propriedade e da liberdade pessoal, o interesse do indivíduo como tal seria o objetivo final da união social. Seria então a opção de ser um membro do estado. – Mas o estado tem uma relação totalmente diferente com o indivíduo. É o espírito objetivo, e ele tem sua verdade, existência real e status ético apenas em ser um membro dele. A união, como tal, é ela mesma o verdadeiro conteúdo e fim, já que o indivíduo tem a intenção de passar uma vida universal. Suas satisfações, atividades e modo de vida particulares têm nesse princípio substantivo autenticado sua origem e resultado.[108]

---

104. HOFMANN, Étienne. **Les principes de politique de Benjamin Constant**: la genèse d'une œuvre et l'évolution de la pensée de leur auteur. Genebra: Droz, 1980, p. 100.
105. CONSTANT, Benjamin. **A liberdade dos antigos comparada à dos modernos**, cit., p. 15-16. Comenta o autor: "O objetivo dos antigos era a partilha do poder social entre todos os cidadãos de uma mesma pátria. Era isso o que eles denominavam liberdade. O objetivo dos modernos é a segurança dos privilégios privados: e eles chamam liberdade as garantias concedidas pelas instituições a esses privilégios."
106. MATIAS-PEREIRA, José. **Administração Pública**, cit., p. 28.
107. O autor estuda o tema da liberdade sob prisma conceptual, sendo leitura essencial para a compreensão aprofundada do tema, na medida em que Hegel coloca o Estado como fundamento da sociedade civil; portanto, em seu pensamento, o Estado funda o povo e a soberania é do Estado, que incorpora a sociedade civil, eminentemente antagônica e formada por um universo de indivíduos independentes e movidos pelo princípio da utilidade e dos interesses econômicos. MATIAS-PEREIRA, José. **Administração Pública**, cit., p. 29.
108. HEGEL, Georg Wilhelm Friedrich. **Philosophy of right**. Tradução do alemão para o inglês de S. W. Dyde. Kitchener: Batoche Books, 2001, p. 195, tradução livre. No original: "*Were the state to be considered as exchangeable with the civic society, and were its decisive features to be regarded as the security and protection of property and personal freedom, the interest of the individual as such would be the ultimate purpose of the social union. It would then be at one's option to be a member of the state. – But the state has a totally different relation to the individual. It is the objective spirit, and he has his truth, real existence, and ethical status only in being a member of it. Union, as such, is itself the true content and end, since the individual is intended to pass a universal life. His particular satisfactions, activities, and way of life have in this authenticated substantive principle their origin and result.*"

O pensamento hegeliano foi profundamente estudado e criticado por autores que o sucederam, como Martin Heidegger,[109] e Karl Marx,[110] e vários outros. Apesar disso, é inegável a influência do referido autor para a consolidação de uma teoria unificadora capaz de conjugar uma racionalidade que ultrapassa a conflitualidade existente na sociedade civil, que surge a partir de antagonismos apontados por Hegel ao dizer que o Estado corporifica a concreta noção de liberdade.[111]

1.3.3 Notas sobre as influências de Bentham e Mill

Chega-se ao utilitarismo jurídico, materializado dos escritos de Jeremy Bentham (1748-1832) e de seu mais proeminente discípulo, John Stuart Mill (1806-1873). Destaca-se, desde logo, que Bentham não se deteve somente à análise teórica das ideias sobre o homem como ser social e moral, na medida em que toda a sua estrutura doutrinária procurou a aplicabilidade prática, dedicando-se à concepção da legislação de acordo com princípios naturais inerentes ao comportamento do ser humano ('panóptico'), e buscando a codificação das leis com o intuito de tornar o Direito acessível a qualquer pessoa.

Antonio Padoa-Schioppa indica algumas das preocupações de Bentham quanto aos marcos essenciais do *common law*,[112]" deixando evidenciada a natureza preponderante desta vertente teórica, que a doutrina assim explica:

> Essencialmente o utilitarismo articula, numa mesma concepção, um elemento formal, o consequencialismo, e um elemento substantivo, uma teoria do valor baseada numa concepção de bem-estar. Nas muitas variantes do utilitarismo ético-normativo a ideia geral da teoria do valor proposta é a de que todas as ações afetam em última instância, inevitavelmente e de diferentes formas, o bem-estar das pessoas sujeitas à ação. Isso implica que tudo o mais que julgamos "bom" não é algo bom em si mesmo, mas representa apenas um meio para a promoção de um único fim: o bem-estar (ou felicidade) de todos. Para um utilitarista o bem-estar (ou felicidade) é a única coisa que se revela intrinsecamente boa, na medida em que representa a "causa final" das ações. Na cadeia causal das ações o ponto de chegada é o bem-estar geral.[113]

---

109. Veja-se: "*As Heidegger writes, "His [Hegel's] philosophy gained a highly remarkable influence on the ethos of the state." Obviously, Heidegger is referring to two letters Hegel wrote on one day in April 1818 to the University of Heidelberg and to the Department of the Interior. In neither of the two letters do we find any word on a completed "philosophy of the state." Hegel only expresses his hope that he could be "delivered to and needed for a different employment."* (HEIDEGGER, Martin. **On Hegel's Philosophy of Right**: The 1934-35 Seminar and Interpretive Essays. Tradução do alemão para o inglês de Andrew J. Mitchell. Nova York: Bloomsbury, 2014, p. 4).
110. *Cf.* MARX, Karl. **Crítica da filosofia do direito de Hegel**. Tradução de Rubens Enderle. São Paulo: Boitempo, 2005.
111. Diz o autor: "*The state is the embodiment of concrete freedom. In this concrete freedom, personal individuality and its particular interests, as found in the family and civic community, have their complete development. In this concrete freedom, too, the rights of personal individuality receive adequate recognition. These interests and rights pass partly of their own accord into the interest of the universal.*" HEGEL, Georg Wilhelm Friedrich. **Philosophy of right**, cit., p. 198-199.
112. Veja-se: "*Bentham felt that the entire framework of common law was questionable: he condemned the 'judge-made law', the absence of systematic codes, the device of legal fictions, the criminal system, the jury itself; he also defended (to no avail, in England at least) the idea of a codification, devising in brief an entire systematic legal system to substitute the existing rules, not just in England, but everywhere.*" PADOA-SCHIOPPA, Antonio. **A history of law in Europe**, cit., p. 421.
113. PICOLI, Rogério Antonio. Utilitarismos, Bentham e a história da tradição. **Existência e Arte: Revista Eletrônica do Grupo de Ciências Humanas, Estética e Artes da Universidade Federal de São João del-Rei**, São João Del-Rei, ano 5, n. 5, p. 1-20, jan./dez. 2010, p. 5.

Os textos de Bentham e Mill não são adotados apenas como referenciais clássicos, mas constituem, quase que obrigatoriamente, o manancial básico para todo tipo de estudo do pensamento utilitarista – cuja relevância para a compreensão do papel do Estado é inegável – e que parte do pressuposto de que se deve prover maior felicidade para o maior número de cidadãos. E, para compreender adequadamente as linhas preliminares da visão utilitarista, pertinente a reflexão de David Lyons: "Por que devemos nos limitar a pensar sobre o conteúdo substantivo da lei em termos de suas palavras autoritárias e suas implicações literais? A explicação óbvia é que o direito é um artefato humano, moldado com palavras como as dos textos oficiais."[114]

O entendimento da teoria proferida por Bentham e sustentada por seus seguidores era de que, para a interpretação da norma, deveriam ser levados em consideração os efeitos reais produzidos por ela.[115] O princípio que aprova ou repudia toda ação de acordo com a tendência que ela parece ter no sentido de aumentar ou diminuir a felicidade da parte cujo interesse está em questão, ou, que é a mesma coisa, em outras palavras, a tendência a promover ou opor-se a tal felicidade e, portanto, não apenas toda ação de um indivíduo privado, mas também toda ação de Estado.[116] A qualificação dos efeitos teria como base a utilidade, sendo "bom" aquilo que traz prazer e "mau" o que causa dor. Complementando esta frase, sob o prisma social bom e justo é tudo aquilo que tende a aumentar a felicidade geral.

Acreditou-se que, com uma melhoria gradual do nível de instrução da sociedade, os povos seriam mais corretos acerca da decisão em escolher a base do cálculo racional para seu próprio benefício a longo prazo, e consequentemente tomar a decisão mais justa que tendesse cada vez mais a promover a felicidade geral.[117]

Todavia, tanto no âmbito da ética, quanto no âmbito do direito, as finalidades e as consequências das ações constituem o substrato essencial, capaz de gerar prazeres (e dores), da teoria utilitarista – e do consequencialismo que se estudará mais adiante.[118] Portanto, para os utilitaristas, o comportamento moral manifesta-se na forma de hábitos e costumes. O objetivo do estudo foi a influência deste fato na confecção da legislação,

---

114. LYONS, David. **Moral aspects of legal theory**: essays on law, justice, and political responsibility. Cambridge: Cambridge University Press, 1993, p. 53, tradução livre. No original: *"Why must we limit ourselves to thinking about the substantive content of the law in terms of its authoritative words and their literal implications? The obvious explanation is that law is a human artifact, fashioned with words like those in the authoritative texts."*
115. BENTHAM, Jeremy. **An introduction to the principles of morals and legislation**. Reimpr. Buffalo: Prometheus Books, 1988, p. 12.
116. Consulte-se, para análise crítica relacionada ao tema: ROSEN, Frederick. Jeremy Bentham: recent interpretations. **Political Studies**, Londres, v. 30, n. 4, p. 575-581, dez. 1982.
117. Segundo Alexandre Bonna: "O direito natural concebe o fenômeno jurídico a partir não apenas do plano institucional legislativo e jurisprudencial, mas também sob a ótica de uma dimensão ética, calcada na busca pela realização dos bens humanos básicos, que são valores que se relevam como razões para o agir humano de qualquer um, valores básicos estes que se forem respeitados ensejam a plena realização ou felicidade do ser humano, chamada de *eudaimonia* por Aristóteles, *felicitas* por Tomas de Aquino e realização humana integral por John Finnis." BONNA, Alexandre Pereira. A crise ética da responsabilidade civil: desafios e perspectivas. **Quaestio Iuris**, Rio de Janeiro, v. 11, n. 1, p. 365-382, jan./jun. 2018, p. 366.
118. SINGER, Marcus G. Actual consequences of utilitarianism. **Mind**, Oxford, v. 86, n. 341, p. 67-77, jan. 1977, p. 67. E o autor acrescenta: *"The general principle underlying this doctrine, as defined by Bentham and Mill, is that if the consequences are good the act is right and if the consequences are bad the act is wrong."*

desde a motivação, sua vigência e eficácia (efetividade). Insistindo que os indivíduos são os melhores juízes de sua própria felicidade,[119] Bentham teve uma tendência automática em optar pelo ideal da não interferência por parte do Estado. Entretanto, reconheceu que as ações individuais de um indivíduo implicaram frequentemente na felicidade de outro e que os indivíduos não podem ter o incentivo ou a habilidade de coordenar as ações que melhoram a utilidade agregada.

Já a noção de justiça deve ser obtida a partir da verificação do enfoque dado ao tema pela questão de prova ou pelo examinador. Se for utilizada uma visão tradicional, será possível associar a ideia de Justiça às leis, ao Direito. Se for utilizada uma visão ligada ao positivismo jurídico, a ideia de Justiça estará totalmente desassociada das leis, uma vez que impera para esta visão a ideia de Direito atrelado às leis.

1.3.4 O Estado 'orgânico' de von Gierke e a superação das teorias civilistas

Críticos da teoria da irresponsabilidade absoluta passaram a repudiar os conceitos incipientes que vigoravam na época. A dificuldade de enxergar a figura do Estado enquanto pessoa demandou a importação de conceitos típicos do direito privado para o direito público. E, iniciando-se, em seguida, a segunda fase da matéria, em que a questão passou a ser discutida com forte embasamento nas teorias da responsabilidade civil do direito privado, que regulamentava as relações jurídicas de danos entre particulares, buscou-se uma nova forma de encarar a questão.

Fato é que, durante longo interstício, se sustentou que as pessoas jurídicas exteriorizavam seus atos pela ação de seus mandatários ou representantes: é o fenômeno ao qual a doutrina atribuiu o nome de 'teoria do mandato'.[120] Ocorre que esta teoria foi totalmente superada porque, para outorgar um mandato, é imperiosa a preexistência de uma vontade capaz de produzi-lo, e isto era impossível para a pessoa jurídica.

Para solucionar isso, um novo fundamento jurídico surgiu: a teoria da representação', pela qual a pessoa jurídica seria representada por alguém, um terceiro, que deveria zelar por seus interesses de modo semelhante ao que ocorre, no direito civil, com a tutela do incapaz.[121] Certo é que a representação vem imposta *externa corporis*, por lei que determina quem será o representante da pessoa jurídica ou da pessoa natural incapaz de expressar sua vontade; mas, em se tratando do Estado, isto não ocorre, pois não há outro poder superior a ele, capaz de determinar esta representação.

Logo, buscou-se a diferenciação dos atos de império (*jure imperii*) e dos atos de gestão (*jure gestionis*), tendo como certas as duas classes de funções desempenhadas pelo Estado: as funções ditas essenciais ou necessárias, que tendem a assegurar a existência

---

119. Veja-se: GOLDWORTH, Amnon. Bentham's concept of pleasure: its relation to fictitious terms. **Ethics**, Chicago, v. 82, n. 4, p. 334-343, out./dez. 1972.
120. ARAÚJO, Edmir Netto de. **Curso de direito administrativo**. 7. ed. São Paulo: Saraiva, 2015, p. 162. Comenta: "A primeira das teorias, mais antiga, é a Teoria do Mandato, transposição do direito privado, segundo a qual os atos dos agentes são atos da pessoa jurídica estatal que delegou poderes gerais ou especiais para que o indivíduo atue em seu nome ou administre seus interesses."
121. ARAÚJO, Edmir Netto de. **Curso de direito administrativo**, cit., p. 163.

do próprio Estado, e as facultativas ou contingentes, que, embora não sejam essenciais para a existência do Estado, este as realiza para satisfazer necessidades sociais, de progresso, bem-estar e cultura, agindo com total soberania, ao passo que, na realização das funções contingentes, atua apenas como gestor de interesses coletivos.[122]

Segundo Cretella Júnior:

> Ato de governo ou ato político é toda manifestação de vontade do poder público que, por sua condição toda especial, escapa à revisão do Poder Judiciário, constituindo esse tipo de ação não uma exceção ao princípio da legalidade, mas à competência do juiz, o qual não tem possibilidades de fiscalizá-lo, se a isso for provocado. Certas circunstâncias de crise – as circunstâncias excepcionais – facultam à Administração tomar medidas enérgicas e imediatas, as quais seriam totalmente tardias e ineficientes, se o Governo obedecesse, de modo estrito, ao princípio da legalidade, submetendo-se a fórmulas complexas, que lhe impediriam a ação precisa, no momento oportuno.[123]

Nessas condições, os atos praticados pelo Estado em decorrência de sua soberania seriam taxados de *jure imperii*, e, portanto, ostentariam a qualidade de atos supraindividuais, consignados em uma relação entre Estados soberanos,[124] incólumes de julgamentos, eis que jamais gerariam direitos e/ou obrigações perante os administrados, independentemente de danos causados.[125-126] Por outro lado, os atos *jure gestionis* equipariam o Estado ao particular, tornando-o responsável por danos que viesse a causar, da mesma forma como ocorreria com a pessoa jurídica de direito privado, quando responsabilizada pelos atos culposos de seus representantes ou prepostos, que viessem a lesar terceiros.

Noutros termos, os atos de império são, por exemplo, as requisições e atos relativos à segurança da nação e à sua defesa, ou seja, atos de soberania, ao passo que os atos de gestão são todos aqueles que o Estado pratica como se fosse um particular administrando seu patrimônio, tais como alienações, contratos, trocas, aquisições, dentre outros.

E esta divisão é crucial na determinação do regramento jurídico aplicável a cada caso. No *jure imperii*, a matéria escaparia ao domínio do direito privado, e o Estado ficaria isento de qualquer responsabilidade por danos causados; já no *jure gestionis*, todos os casos seriam regidos pelo direito comum, sendo objeto de responsabilidade estatal quando ferissem bens ou direitos dos administrados.

---

122. CAHALI, Yussef Said. **Responsabilidade civil do Estado**, cit., p. 21. E o autor ainda acrescenta: "Assim, afirma-se que 'só se poder tachar de arbitrária a distinção entre ato praticado *jure imperii* ou *jure gestionis*. Realizando um ou outro, o Estado é sempre o Estado. Mesmo quando pratica simples ato de gestão o Poder Público age não como mero particular, mas para a consecução de seus fins. Portanto, não se pode dizer que o Estado é responsável quando pratica atos de gestão e não o é, quando realiza atos de império. Negar indenização neste caso é subtrair-se o Poder Público à sua função específica, qual seja, a tutela dos direitos.' (...) Por outro lado, a aplicação analógica de princípios privatísticos da relação patrão/empregado, mandante/mandatário, preponente/preposto, representado/representante não se coadunaria com a vinculação estatutária do servidor ao órgão público."
123. CRETELLA JÚNIOR, José. Teoria do ato de governo. **Revista de Informação Legislativa**, Brasília, ano 24, n. 95, p. 73-84, jul./set. 1987, p. 73.
124. PEDREIRA, Pinho. A concepção relativista das imunidades de jurisdição e execução do Estado estrangeiro. **Revista de Informação Legislativa**, Brasília, ano 35, n. 140, p. 227-236, out./dez. 1998, p. 229.
125. Celso Albuquerque de Mello enumera alguns exemplos de atos de império: "(a) atos legislativos; (b) atos concernentes à atividade diplomática; (c) os relativos às forças armadas; (d) atos da administração interna dos Estados; (e) empréstimos públicos contraídos no estrangeiro." MELLO, Celso Renato Duvivier de Albuquerque. **Direito constitucional internacional**. Rio de Janeiro: Renovar, 1994, p. 333.
126. CRETELLA JÚNIOR, José. **O Estado e a obrigação de indenizar**, cit., p. 69.

Pedro Lessa era quem aduzia a existência de uma distinção entre os dois tipos de atos, quando dizia que "será reparado o dano pela pessoa moral, se emanou de um *ato de gestão*; se, porém, proveio de um 'ato de autoridade', a indenização não é devida, porquanto o Poder Público é irresponsável".[127] Para o autor, a União, o Estado, a Província e o Município só podem praticar duas modalidades de atos: (i) ou agem como agiria um particular na gestão de seu patrimônio, (ii) ou agem como Entes soberanos, fazendo uso de sua autoridade. Na primeira situação, existe a pessoa moral da União, do Estado, da Província ou do Município. Já no segundo caso, existe o Poder Público, soberano, de cada uma das circunscrições administrativas e políticas.

Otto Friedrich von Gierke prestou sonoros contributos para o desenvolvimento do direito público,[128] sendo o principal responsável por extrair concepções típicas do direito privado, no afã de desenvolver uma fórmula estrutural desta nova figura despersonalizada (o Estado) em seu volumoso trabalho intitulado *Das Deutsche Genossenschaftsrecht*, publicado em quatro volumes entre 1868 e 1913,[129] e por propor um modo para seu adequado funcionamento: um modelo orgânico, cuja base fundamental reside na função social que deveria ter o direito privado.[130]

É o que descreve Martin Petrin:

> Em resposta à teoria da ficção, particularmente ao modelo definido por Savigny, outro grupo de estudiosos alemães – sob a liderança do historiador e acadêmico jurídico Otto von Gierke – desenvolveu, ao final do século XIX, a "teoria da entidade real" ou "teoria orgânica". Segundo sua premissa, as pessoas jurídicas não eram ficções. Pelo contrário, elas eram reais e capazes de possuir suas próprias 'mente' e vontade. Além disso, as pessoas jurídicas desfrutavam de quaisquer direitos e deveres que pudessem exercer. Enquanto a teoria da entidade real reconheceu que as pessoas jurídicas ganharam sua personalidade através da lei e de um ato do Estado, seus proponentes ainda alegaram que a pessoa jurídica não era algo criado pela lei, mas sim uma realidade preexistente que era apenas "encontrada" e reconhecida pela lei.[131]

Nessa linha, a 'teoria do órgão' foi desenvolvida como uma solução adequada à compreensão do Estado como um ente formado, figurativa (e também quase literalmente)

---

127. LESSA, Pedro. **Do Poder Judiciário**. Rio de Janeiro: Francisco Alves, 1915, p. 162-163, *apud* CAHALI, Yussef Said. **Responsabilidade civil do Estado**, cit., p. 69.
128. Para maiores detalhamentos, confira-se: BANDEIRA DE MELLO, Celso Antônio. **Apontamentos sobre os agentes e órgãos públicos**. São Paulo: Revista dos Tribunais, 1987, p. 70-71; GASPARINI, Diógenes. **Direito administrativo**. 17. ed. São Paulo: Saraiva, 2012, p. 101; MEIRELLES, Hely Lopes. **Direito administrativo brasileiro**. 28. ed. São Paulo: Malheiros, 2003, p. 69.
129. TORREGGIANI, Valerio. Corporatism and the British constitutional heritage: evidences from the history of ideas. **Estudos Históricos**, Rio de Janeiro, v. 31, n. 64, p. 151-172, maio/ago. 2018, p. 159.
130. *Cf.* McGAUGHEY, Ewan. The social role of private law (Otto von Gierke, 1889). **German Law Journal**, Lexington, v. 19, n. 4, p. 1-46, out./dez. 2018.
131. PETRIN, Martin. Reconceptualizing the Theory of the Firm – from nature to function. **Penn State Law Review**, Pensilvânia, v. 118, n. 1, p. 1-53, 2013, p. 7, tradução livre. No original: *"In response to the fiction theory, particularly as promulgated by Savigny, another group of German scholars – under the leadership of historian and legal academic Otto von Gierke – developed the late nineteenth century "real entity theory" or "organic theory." According to this premise, legal entities were not fictions. Rather, they were real and capable of possessing their own mind and will. In addition, legal entities enjoyed any rights and duties that they could exercise. While the real entity theory recognized that legal entities gained their personality through the law and an act of the State, its proponents still contended that the legal person was not something created by the law, but rather a pre-existing reality that was solely "found" and recognized by the law."*

por órgãos, como um corpo. Disso defluiu toda uma nova compreensão da figura estatal, propiciando novos horizontes para a formatação do direito internacional público,[132] mas, para as relações do novo ente com seus administrados, tudo mudou.

A partir disso, propiciou-se uma nova compreensão: de que "órgãos são, portanto, centros abstratos e hierarquizados de competências do Estado, instituídos para o desempenho de funções estatais, através de seus agentes, cuja atuação é imputada à pessoa jurídica a que pertencem."[133] São, essencialmente, várias unidades independentes que atuam de maneira organizada nos diferentes setores em que a atuação estatal é demandada.

Vivenciou-se, a partir de então, um novo momento, com o desenvolvimento de inúmeras teorias dedicadas à fundamentação do agir estatal – inclusive a partir da noção de serviço público[134] – o que desencadeou inúmeros questionamentos acerca dos limites da intervenção estatal e de sua responsabilização. É importante ressaltar, neste ponto, a formação de uma tendência oportuna à estruturação de um regime jurídico específico para o Poder Público, com amparo dogmático em estudos próprios.

Segundo Hartmut Maurer,

> A assunção da responsabilidade pelo estado foi, por sua vez, exigida e introduzida de dois fundamentos: por um lado, deveria o cidadão prejudicado receber em forma do estado um devedor capaz de produzir. Por outro, deveria – no interesse da capacidade funcional da administração – ser impedido um prejuízo da iniciativa e da disposição para a ação do funcionário pelo risco de uma responsabilidade pessoal ilimitada perante o prejudicado. O fundamento apoiador para a responsabilidade do estado forma, contudo, o princípio do estado de direito. (...) Por isso, também em perspectiva teórico-jurídica e dogmático-jurídica não existem mais objeções de atribuir ao estado a conduta antijurídica de seus funcionários e de deixá-los responder por isso. As objeções que iam outrora nessa direção estão superadas.[135]

Paulatinamente, foram reescritos os fundamentos dos inúmeros institutos importados do direito privado para adaptá-los ao direito público.[136] A noção de culpa, por exemplo, passou a ser encarada do ponto de vista administrativo. Em simples linhas, "ao falar em culpa administrativa, (...) não se tem em vista a culpa civil. Ela ocorre quando há acidente imputável à Administração"[137] – ente construído a partir de dedicada releitura dos elementos históricos que contribuíram para a formação do pensamento

---

132. *Cf.* HOLLAND, Ben. Natural law and the theory of international society: Otto von Gierke and the three traditions of international theory. **Journal of International Political Theory**, Londres, v. 8, n. 1-2, p. 48-73, abr. 2012.
133. ARAÚJO, Edmir Netto de. **Curso de direito administrativo**, cit., p. 163-164. Complementa: "Mas suas atribuições são delimitadas, em razão da repartição de tarefas e competências típica das estruturações hierarquizadas, pois a competência genérica da qual suas atribuições (de cada órgão) decorrem, é da pessoa jurídica à qual o órgão se acha integrado. (...) Para explicar a natureza dos órgãos, também três correntes doutrinárias se formaram: a teoria subjetiva, que entende ser o órgão o funcionário, o agente público que atua pelo Estado; a teoria objetiva, que identifica o órgão como o complexo de atribuições (que alguns denominam cargo público) que a lei individualiza; e a teoria eclética, que conjuga os dois elementos citados: o órgão seria formado por dois elementos, o agente público (declaração de vontade) e o complexo de atribuições (competência)."
134. SEVERO, Sérgio. **Tratado da responsabilidade pública**, cit., p. 83-85.
135. MAURER, Hartmut. **Direito administrativo geral**. Tradução de Luís Afonso Heck. 14. ed. Barueri: Manole, 2006, p. 733-734.
136. VEDEL, Georges; DEVOLVÉ, Pierre. **Droit administratif**. Paris: PUF, 1992, p. 332 *et seq.*
137. DIAS, José de Aguiar. **Da responsabilidade civil**. 11. ed. Rio de Janeiro: Renovar, 2006, p. 240.

publicista, na esteira do que propugnou von Gierke, o que reforça a noção de que "os fatores históricos, econômicos, morais e políticos refletem-se no Estado, ora predominando uns, ora outros."[138]

1.4 NOVAS PROPENSÕES IDEOLÓGICAS E A FORMAÇÃO DO ESTADO SOCIAL

Conforme se anotou, novos elementos passaram a balizar a organização do Estado e o modelo liberal, até então hegemônico, começou a ser permeado pelo desenvolvimento de estruturas funcionais de intervenção estatal em inúmeros segmentos não apenas de mercado, mas de todo o arquétipo social inaugurado a partir de Rousseau. Migrava-se, pois, ao período do chamado Estado Social e à tendência de limitação do poder.[139]

Segundo Jorge Reis Novais:

> Para que o qualificativo 'social' aposto ao Estado não seja mero 'afã retórico' não basta a intervenção organizada e sistemática do Estado na economia, a procura do bem-estar, a institucionalização dos grupos de interesses ou mesmo o reconhecimento jurídico e a consagração constitucional dos direitos sociais; é ainda imprescindível a manutenção ou aprofundamento de um quadro político de via democrática que reconheça ao cidadão um estatuto de participante e não apenas, como diz Garcia-Pelayo, de mero recipiente da intervenção 'social' do Estado.[140]

A "vontade geral" (*volonté générale*), principal base da teoria democrática de Jean-Jacques Rousseau, foi a iniciativa mais significativa para a compreensão social da liberdade na transição secular que irradiou efeitos sobre o direito em diversas frentes. Passou a surgir, no alvorecer do Estado social, enorme gama de incursões jurídico-teóricas sobre o tema, agora encarado de forma conceitual, com distinção quanto às formas de governo, às teorias de poder, aos elementos constitutivos do Estado, dentre outros.[141]

As decorrências da relação entre capital e trabalho propulsionaram esse novo paradigma, abrindo espaço a reivindicações que consubstanciaram ideais disruptivos e proposições completamente novas. Karl Polanyi ilustra esse pensamento da seguinte forma:

> De uma forma geral, só a fome pode incentivar e incitar (os pobres) ao trabalho; mas as nossas leis já estabeleceram que eles não devem passar fome. As leis, é preciso confessar, também estipulam que eles devem ser compelidos a trabalhar. Mas o constrangimento legal é sempre atendido com muito aborrecimento, violência e barulho; cria má-vontade e nunca pode produzir um serviço bom e aceitável. Enquanto isso, a fome não é apenas uma pressão pacífica, silenciosa e incessante mas, como a motivação mais natural para a diligência e o trabalho, ela se constitui no mais poderoso dos incentivos. Quando satisfeita pela livre generosidade de outrem, ela cria os fundamentos mais seguros e duradouros

---

138. AZAMBUJA, Darcy. **Teoria geral do estado.** 44. ed. São Paulo: Globo, 2005, p. 16.
139. BONAVIDES, Paulo. **Do estado liberal ao estado social,** cit., p. 164. Comenta: "No entanto, a morte do Estado liberal é fato que já teve repercussões profundas na estrutura política dos povos ocidentais. Sua substituição pelo Estado social na Idade Contemporânea indica uma crise de proporções agudas e gigantescas no embate de sobrevivência que os ideais da civilização democrática ora travam."
140. NOVAIS, Jorge Reis. **Contributo para uma teoria do Estado de Direito.** Coimbra: Almedina, 2006, p. 191.
141. BOBBIO, Norberto. **Estado, governo e sociedade.** Tradução de Marco Aurélio Nogueira. Rio de Janeiro: Paz e Terra, 1987, p. 94 *et seq.*

para a boa vontade e a gratidão. O escravo deve ser compelido a trabalhar, mas o homem livre deve ter seu próprio julgamento e critério; deve ser protegido no pleno gozo do que tem, seja muito ou pouco, e punido quando invade a propriedade de seu vizinho.[142]

Segundo Leopoldo Waizbort, "administrar os conflitos da sociedade significa conservar a sociedade (se se quiser: um sistema altamente complexo), evitando que ela se desintegre ou, em outras palavras: garantir sua reprodução."[143] Dessa forma, em um contexto permeado pelo modelo de exploração do trabalho implantado pelo livre mercado – alvo das severas críticas de Claus Offe –,[144] a despeito das reflexões concernentes à subjetivação decorrente do individualismo essencial, apontado por Hayek,[145] ganhou contornos importantes a célebre frase de Hannah Arendt: "A *raison d'être* da política é a liberdade, e seu domínio de experiência é a ação".[146]

E o que se viu, no período, foi ação. Uma quebra de paradigma que se opôs com veemência ao pensamento hegeliano até então predominante. Karl Marx, com seu ideário, concebeu e propagou uma nova concepção de Estado, apoiada, ainda, por Engels e Lenin.[147]

1.4.1 Da Primeira Revolução Industrial ao apogeu do Estado social

A Grã-Bretanha forneceu as bases legais e culturais que permitiram que os empreendedores fossem pioneiros na Revolução Industrial, entre 1760 e a primeira metade do século XIX, com resultados de grande impacto.[148] Os principais fatores que favoreceram esse ambiente foram: (i) o período de paz e estabilidade que se seguiu à unificação da Inglaterra e da Escócia; (ii) a inexistência de barreiras comerciais internas, inclusive entre a Inglaterra e a Escócia, ou portagens e tarifas feudais, fazendo da Grã-Bretanha o

---

142. POLANYI, Karl. **A grande transformação**: as origens de nossa época. Tradução de Fanny Wrobel. 2. ed. São Paulo: Campus, 2000, p. 140.
143. WAIZBORT, Leopoldo. Classe social, Estado e ideologia. **Tempo Social: Revista de Sociologia da Universidade de São Paulo**, São Paulo, v. 10, n. 1, p. 65-81, maio 1998, p. 67.
144. OFFE, Claus. **Capitalismo desorganizado**: transformações contemporâneas do trabalho e da política. Tradução de Wanda Caldeira Brant. São Paulo: Brasiliense, 1989, p. 168. Destaca: "(...) é importante deixar claro o papel específico que o trabalho, a divisão de trabalho, as classes trabalhadoras, as normas de trabalho, a organização do trabalho e seu correspondente conceito de racionalidade desempenham na sociologia clássica."
145. HAYEK, Friedrich August von. **O caminho da servidão**. Tradução de Anna Maria Capovilla, José Ítalo Stelle e Liane de Morais Ribeiro. 6. ed. São Paulo: Instituto Ludwig von Mises Brasil, 2010, p. 39-40. Comenta: "A tendência moderna ao socialismo não implica apenas um rompimento definitivo com o passado recente, mas com toda a evolução da civilização ocidental, e isto se torna claro quando o consideramos não só em relação ao século XIX, mas numa perspectiva histórica mais ampla. Estamos rapidamente abandonando não só as ideias de Cobden e Bright, de Adam Smith e Hume, ou mesmo de Locke e Milton, mas também uma das características mais importantes da civilização ocidental (...). Renunciamos progressivamente não só ao liberalismo dos séculos XVIII e XIX, mas ao individualismo essencial que herdamos de Erasmo e Montagne, de Cícero e Tácito, de Péricles e Tucídides. (...) 'Liberdade' é agora uma palavra tão desgastada que devemos hesitar em empregá-la para expressar os ideais por ela representados durante aquele período."
146. ARENDT. Hannah. **Entre o passado e o futuro**. Tradução de Mauro W. Barbosa. São Paulo: Perspectiva, 2007, p. 192.
147. FERREIRA, Luís Pinto. **Teoria geral do estado**. 3 ed. São Paulo: Saraiva, 1975, p. 143.
148. *Cf.* HOPPIT, Julian. The nation, the State, and the First Industrial Revolution. **Journal of British Studies**, Cambridge, v. 50, n. 2, p. 307-331, abr. 2011.

maior mercado coerente da Europa; (iii) o Estado de direito;[149-150] (iv) Um sistema legal direto que permitiu a formação de sociedades anônimas (corporações); (v) mercado livre (capitalismo); (vi) As vantagens geográficas e dos recursos naturais da Grã-Bretanha eram o fato de que ela possuía extensas linhas costeiras e muitos rios navegáveis em uma época em que a água era o meio de transporte mais fácil e a Grã-Bretanha possuía o carvão da mais alta qualidade na Europa.[151]

Findou-se o período das manufaturas e do trabalho artesão pelo implemento de novos mecanismos de otimização de recursos e de substituição do trabalho braçal pela máquina, propulsionado pela ampla liberdade concedida pelo Estado.

Em face disso, o *Manifesto Comunista* de Karl Marx (1818-1883)[152] desencadeou verdadeira conflagração nos primeiros anos do século XX, trazendo aparente analogia às concepções de Rousseau[153] (no âmbito político, com a *volonté générale*) ao campo econômico, delineando verdadeira teoria do Estado alicerçada nos alegados malefícios do capital.[154]

Segundo John Kelly,

(...) para Marx, o direito tal como existia nas sociedades burguesas à sua volta, em meados do século XIX, era meramente um mecanismo pelo qual a classe dominante perpetuava seu domínio dos meios de produção e fontes de riqueza, e que conferia aparente legitimidade à exploração das massas operárias que, além de receber por seu trabalho somente a recompensa mínima que as forças livres do mercado obrigavam seus empregadores (em competição com outros empregadores) a pagar, eram roubadas do valor excedente, superior a esse salário, que seu trabalho fornecia.[155]

As premissas do chamado socialismo científico marcaram o modelo de estado redefinido à luz do pensamento marxista. Para além disso, as críticas tecidas pelo autor

---

149. A expressão é utilizada em diversas Constituições: a Espanhola, de 1978, consagra expressamente o "Estado social e democrático de direito", em seu art. 1º, §1º. (AGESTA, Luis Sanchez. O Estado de direito na Constituição Espanhola de 1978. **Boletim da Faculdade de Direito da Universidade de Coimbra**, Coimbra, v. LVI, fev. 1982, p. 27; 34.); por seu turno, a Lei Fundamental alemã prevê que Estado é "federal democrático e social", em seu art. 20, I (HESSE, Konrad. **Elementos de direito constitucional da República Federal da Alemanha**. Tradução de Luís Afonso Heck. Porto Alegre: Sérgio Antonio Fabris Editor, 1998, p. 157 *et seq*). No Brasil, embora a Constituição de 1988 empregue a expressão "Estado democrático de direito" em seu art. 1º, há passagem específica na qual se consagra o valor social do trabalho como princípio fundamental, reconhecendo uma série de direitos sociais (art. 6º e 7º), além de haver seção (Título VII) dedicada à ordem social. (SILVA, José Afonso da. **Curso de direito constitucional positivo**. 33. ed. São Paulo: Malheiros, 2010, p. 285).
150. Para maiores detalhes, consulte-se: FERREIRA FILHO, Manoel Gonçalves. As origens do Estado de direito. **Revista de Direito Administrativo**, Rio de Janeiro, v. 168, n. 1, p. 11-17, abr./jun. 1987.
151. HOBSBAWN, Eric J. **A era das revoluções**: Europa 1789-1848. Tradução de Maria Tereza Lopes Teixeira e Marcos Penchel. 33. ed. São Paulo: Paz e Terra, 2015, *passim*.
152. *Cf*. MARX, Karl; ENGELS, Friedrich. **Manifesto do Partido Comunista**. Coleção a obra-prima de cada autor. Tradução de Pietro Nasseti. São Paulo: Martin Claret, 2000.
153. Convém recordar o que dizia o autor: "O liberalismo – convém hoje recordar isto – é a suprema generosidade: é o direito que a maioria outorga à minoria e é, portanto, o mais nobre grito que soou no planeta. Proclama a decisão de conviver com o inimigo; mais ainda, com o inimigo débil. Era inverossímil que a espécie humana houvesse chegado a uma coisa tão bonita, tão paradoxal, tão elegante, tão acrobática, tão antinatural. Por isso, não deve surpreender que tão rapidamente pareça essa mesma espécie decidida a abandoná-la." ROUSSEAU, Jean-Jacques. **O contrato social**, cit., p. 44.
154. BONAVIDES, Paulo. **Do estado liberal ao estado social**, cit., p. 173.
155. KELLY, John M. **Uma breve história da teoria do direito ocidental**. Tradução de Marylene Pinto Michael. São Paulo: Martins Fontes, 2010, p. 433.

ao modo de produção capitalista, em seu 'Capital', deixavam clara a sua posição: para o autor, onde quer que o Estado surgisse, com a proteção conferida à propriedade privada e com a divisão de classes, a atuação estatal voltaria seus esforços à manutenção do domínio de uma classe sobre outra para manter a ordem e coibir a anarquia.[156]

As interações entre Estado e capital passaram a ser norteadas pela oposição ao individualismo exacerbado e à chamada "mais valia" decorrente da exploração do capital sobre o trabalho e da mencionada luta de classes. Tais conceitos desempenharam um papel relevante para o nascimento dos direitos do trabalhador, da igualdade material e da intervenção Estatal na economia, rompendo com o paradigma liberal a ponto de o próprio direito sofrer mutações essenciais.

A noção marxista de trabalho explicita tais concepções:

> O trabalhador se torna tanto mais pobre quanto mais riqueza produz, quanto mais a sua produção aumenta em poder e extensão. O trabalhador se torna uma mercadoria tão mais barata quanto mais mercadorias cria. Com a valorização do mundo das coisas (*Sachenwelt*) aumenta em proporção direta a *desvalorização* do mundo dos homens (*Menschenwelt*). O trabalho não produz somente mercadorias; ele produz a si mesmo e ao trabalhador como uma *mercadoria*, e isto na medida em que produz, de fato, mercadorias em geral.[157]

Todas essas nuances críticas ao modo de funcionamento do Estado irradiaram efeitos na consolidação de um pensamento que, para Marx e Engels, somente aconteceria mediante uma revolução do proletariado.[158-159] Este pensamento se desdobrou em revisitações teóricas durante todo o século XX, com grande proeminência histórica em países que aderiram ao movimento revolucionário.

1.4.2 A Segunda Revolução Industrial e o avanço do socialismo

Em 1848, revoltas sequenciais tomaram conta do continente europeu, desencadeando uma ruptura que ficou marcada na história com alcunhas como 'Primavera dos Povos', 'Revolução de 1848' ou 'Segunda Revolução Industrial'.

Segundo Eric J. Hobsbawn, o período de 1848-1857 foi a 'era do capital', sendo marcado pelo repúdio aos excessos do modelo laboral implantado na época, com condições sociais precárias e aviltamento da exploração da força de trabalho, desencadeando um movimento bem sucedido e de efeitos parcialmente globais, com impactos paradigmáticos em diversos locais do globo:

---

156. BOBBIO, Norberto. **Estado, governo e sociedade**, cit., p. 74.
157. MARX, Karl. **Manuscritos econômico-filosóficos**. Tradução de Jesus Ranieri. São Paulo: Boitempo, 2007, p. 80 *et seq*. Prossegue: "O trabalho não é, por isso, a satisfação de uma carência, mas somente um meio para satisfazer necessidades fora dele. Sua estranheza (*Fremdheit*) evidencia-se aqui tão pura que, tão logo inexista coerção física ou outra qualquer, foge-se do trabalho como de uma peste."
158. Segundo Dallari: "Quando a União soviética se qualificou como ditadura do proletariado, não estava admitindo que era antidemocrática. Ao contrário disso, afirmava que, sendo o proletariado a classe mais numerosa em qualquer estado, só quando ela tivesse o poder político é que o Estado poderia ser considerado democrático". DALLARI, Dalmo de Abreu. **Elementos de teoria geral do estado**. 24 ed. São Paulo: Saraiva, 2003, p. 287.
159. *Cf.* HUBERMAN, Leo. **A história da riqueza do homem**. Tradução de Waltensir Dutra. Rio de Janeiro: Zahar, 1977.

Na França, o centro natural e detonador das revoluções europeias (...) a república foi proclamada em 24 de fevereiro. Em 2 de março, a revolução havia ganhado o sudoeste alemão; em 6 de março, a Baváriá; em 11 de março, Berlim; em 13 de março, Viena e, quase imediatamente, a Hungria; em 18 de março, Milão e, portanto, a Itália (onde uma revolta independente havia tomado a Sicília). Nessa época, o mais rápido serviço de informação acessível a *qualquer pessoa* (os serviços do Banco Rothschild) não podia trazer as notícias de Paris a Viena em menos de cinco dias. Em poucas semanas, nenhum governo ficou de pé em uma área da Europa que hoje é ocupada completa ou parcialmente por dez Estados, sem contar as repercussões menores em um bom número de outros. Além disso, 1848 foi a primeira revolução potencialmente global, cuja influência pode ser detectada na insurreição de 1848 em Pernambuco (Brasil) e, poucos anos depois, na remota Colômbia. Em certo sentido, foi o paradigma de um tipo de "revolução mundial" com o qual, dali em diante, os rebeldes poderiam sonhar (...).[160]

A época foi de grandes mudanças para o direito, que passou a se defrontar com uma profusão de desafios e problemas, especialmente no campo laboral – inclusive no Brasil[161] –, sacramentando-se direitos sociais para permitir intervenção estatal regulatória da atividade econômica para a criação de "um espaço-tempo humanamente suportável."[162] No campo econômico, o regime dos contratos foi profundamente atingido, tendo sofrido flexibilizações para frear o ímpeto da exploração dos bens de produção.[163] No direito público, para não deixar de citá-lo, foram repensados os modelos de assunção de riscos na prestação de serviços públicos, a ponto de se cogitar da responsabilização pelo risco integral.[164]

E estes são apenas alguns singelos exemplos.

O chamado constitucionalismo social que surgiu com maior ênfase nos anos iniciais do século XX é apontado pela doutrina como tendo seus marcos fundamentais na Constituição do México, de 1917, e na Constituição de Weimar, de 1919 – as primeiras a conterem previsões expressas de direitos sociais em conjugação às liberdades sacramentadas nos períodos anteriores.[165-166]

---

160. HOBSBAWN, Eric J. **A era do capital:** 1848-1857. Tradução de Luciano Costa Neto. 15. ed. São Paulo: Paz e Terra, 2012, p. 32-33.
161. *Cf.* IANNI, Octavio. **Estado e capitalismo:** estrutura social e industrialização no Brasil. Rio de Janeiro: Civilização Brasileira, 1965.
162. SUPIOT, Alain. **Homo juridicus:** ensaio sobre a função antropológica do direito. Tradução de Maria Ermantina de Almeida Prado Galvão. São Paulo: Martins Fontes, 2007, p. 164.
163. GRAU, Eros Roberto. **A ordem econômica na Constituição de 1988.** 14. ed. São Paulo: Malheiros, 2010, p. 92. Anota: "A atuação estatal no campo da atividade econômica em sentido estrito acarretou uma série de transformações no direito. Um dos flancos mais atingidos foi justamente o do regime dos contratos. Tem-se afirmado, sistematicamente, que os dois valores fundamentais juridicamente protegidos nas economias do tipo capitalista são, simetricamente, o da propriedade dos bens de produção – leia-se *propriedade privada dos bens de produção* – e o da liberdade de contratar (ainda que se entenda que tais valores são preservados não em regime absoluto, mas relativo) (...) Em outros termos: o princípio da liberdade de contratar é instrumental do princípio da propriedade privada dos bens de produção. A atuação do Estado *sobre* o domínio econômico, por isso mesmo, impacta de modo extremamente sensível sobre o regime jurídico dos contratos."
164. ZANOBINI, Guido. **Corso di diritto amministrativo,** cit., v. I, p. 272.
165. SOARES, Mário Lúcio Quintão. **Teoria do estado:** novos paradigmas em face da globalização. 3. ed. São Paulo: Atlas, 2008, p. 205.
166. SARMENTO, Daniel. **Direitos fundamentais nas relações privadas.** 2. ed. Rio de Janeiro: Lumen Juris, 2010, p. 16-17. Diz o autor: "Para o marxismo, os direitos humanos do liberalismo compunham a superestrutura ligada à dominação econômica exercida pela burguesia sobre o proletariado. Eram uma fachada, que visava conferir um verniz de legitimidade a uma relação de exploração, que só teria fim com a implantação do comunismo e o

Comenta Antonio Padoa-Schioppa:

> No século entre a queda do regime napoleônico e a Primeira Guerra Mundial – na maior parte, um século de paz na Europa, embora interrompido pela guerra de 1870 entre a França e a Alemanha, sintomático de uma crise que explodiria com consequências devastadoras em 1914 – os países europeus consolidaram os sistemas legais que criaram no final do século XVIII e início do século XIX com o propósito de substituir as ordens que existiam há séculos. Apesar das aspirações e da nostalgia dos anos da Restauração, apesar do acordo político e constitucional do Congresso de Viena de 1815 sobre a Santa Aliança, levado e implementado pelas cabeças coroadas da Europa nos vinte anos subsequentes, o *status* privilegiado da nobreza, a divisão da sociedade em ordens e classes, a distinção entre a cidade e as áreas rurais, o emaranhado de normas locais e gerais e de jurisdições especiais tinham deixado de existir.[167]

Nesta etapa histórica, tudo é modificado, e a humanidade passa a vislumbrar novos horizontes, conforme proclama Michel Foucault: "A partir do século XIX, começa algo novo e, creio eu, fundamental. A história e a filosofia vão formular esta questão em comum: o que, no presente, traz consigo o universal? O que, no presente, é a verdade do universal? Essa é a questão da história, essa é igualmente questão da filosofia. Nasceu a dialética."[168]

Para além da concepção do 'universal', fortemente explorada por François Jullien,[169] cumpre entender que a aproximação da história e da filosofia conduz à dialética destacada por Foucault sob um prisma interdisciplinar marcado pelo imperativo da comunicabilidade, na medida em que "a dificuldade do pensamento complexo é que ele tem que enfrentar a desordem (o jogo infinito de inter-realimentações), a solidariedade dos fenômenos entre eles, a neblina, a incerteza, a contradição."[170]

---

fim das classes sociais. (...) Para o marxismo, a liberdade privada, postulada pelo ideário da burguesia, supunha uma 'realidade imaginária – a de indivíduos senhores de suas vontades, negociando paritariamente – totalmente contraditória com a realidade efectiva, que era antes de indivíduos condicionados por constrangimentos econômico-sociais e negociando em posições desequilibradas'. (...) O socialismo utópico (...) também questionava o liberalismo, considerando-o incapaz de resolver a questão social, mas não propunha, como solução, que os proletários tomassem o poder pela força, parecendo acreditar na possibilidade de convencimento da burguesia da necessidade de promoção de reformas sociais. (...) Já a doutrina social da Igreja, embora discordando radicalmente da ideia marxista de luta de classes, abria-se para a questão operária, defendendo a instituição de direitos mínimos para o trabalhador, a partir da Encíclica *Rerum Novarum*, do Papa Leão XIII, editada em 1891."

167. PADOA-SCHIOPPA, Antonio. **A history of law in Europe**, cit., p. 491, tradução livre. No original: "*In the century between the fall of the Napoleonic regime and World War I – for the most part, a century of peace in Europe, though interrupted by the 1870 war between France and Germany, symptomatic of a crisis that would explode with devastating consequences in 1914 – European countries consolidated the legal systems they had created in the late eighteenth and early nineteenth centuries for the purpose of replacing orders that had existed for centuries. Despite the aspirations and the nostalgia of the Restoration years, despite the political and constitutional settlement of the 1815 Vienna Congress on the Holy Alliance, taken and implemented by the crowned heads of Europe in the subsequent twenty years, the privileged status of the nobility, the division of society into orders and classes, the distinction between city and rural areas, the tangle of local and general norms and of special jurisdictions had all ceased to exist.*"
168. FOUCAULT, Michel. **Em defesa da sociedade**: curso no Collège de France (1975-1976). Tradução de Maria Ermantina Galvão. São Paulo: Martins Fontes, 2005, p. 284.
169. JULLIEN, François. **De l'universel, de l'uniforme, du commun et du dialogue entre les cultures**. Paris: Fayard, 2008, cap. XIII.
170. MORIN, Edgar. **Introduction à la pensée complexe**. Paris: Seuil, 2005, p. 22, tradução livre. No original: "*La difficulté de la pensée complexe est qu'elle doit affronter le fouillis (le jeu infini des inter-rétroactions), la solidarité des phénomènes entre eux, le brouillard, l'incertitude, la contradiction.*"

Na exata medida em que o direito é um sistema aberto e incompleto, a comunicabilidade e a interação com outros ramos do saber abre margem a novas perspectivas para a atuação do Estado, conforme anota Marcelo Schenk Duque:

> 1. O Estado não podia mais ser remetido à categoria fixa de "inimigo público", tendo em vista que, no quadro ora delineado, os bens jurídicos fundamentais passaram a ser ameaçados não apenas pelo Estado, mas também na esfera da vida privada, sobretudo pelos detentores do poder social; 2. Emergiram problemas jurídicos, cuja solução não era proporcionada pelo direito da época, sendo do mesmo modo desconhecida pelos legisladores e juízes em geral.[171]

Se o socialismo não prosperou, também não se pode dizer que não deixou sua marca em relação aos efeitos desse processo revolucionário. O chamado 'solidarismo' que se inaugurou a partir de então influenciou fortemente novas tendências para o percurso da chamada 'modernidade'.

1.4.3 Democracia e massificação no Estado de direito

Ao descrever a civilização ocidental, Ortega y Gasset apresenta seu conceito de 'homem-massa' e ilustra como todo o progresso que ocorreu no Século XIX passou a ser visto como natural pelas massas, transformando-se em um direito inalienável[172] graças à alavancagem do consumo massificado e a reorganização social em torno do chamado *Welfare State*, que marcou fortemente o modelo de Estado então vigente, lastreado na visão econômica de John Maynard Keynes.[173]

Nos dizeres de Eric Hobsbawn, trata-se de período histórico no qual se atingiu altíssimas taxas de crescimento.[174] É durante o Século XX que se aceleram as relações entre Estado e direito, conduzindo a uma reformulação do modelo até então vigente a um novo arquétipo: o Estado Democrático de Direito.

A configuração do Estado de Direito se dá a partir da fixação de limites ao exercício do poder estatal e da criação de garantias aos cidadãos, em uma Constituição. Nos dizeres de Karl Larenz, o propósito primordial desse novo modelo é evitar que "aqueles a quem eventualmente é confiado o exercício do poder estatal o utilizem de um modo distinto do sentido que impõe o Direito".[175]

---

171. DUQUE, Marcelo Schenk. **Curso de direitos fundamentais**: teoria e prática. São Paulo: Revista dos Tribunais, 2014, p. 39.
172. ORTEGA Y GASSET, José. **A rebelião das massas**. Tradução de Felipe Denardi. Campinas: Vide Editorial, 2016, p. 149.
173. KEYNES, John Maynard. **The general theory of employment, interest, and money**. Londres: Palgrave Macmillan, 2018, p. 85. Diz o autor: "*We are left therefore, with the conclusion that in a given situation the propensity to consume may be considered a fairly stable function, provided that we have eliminated changes in the wage-unit in terms of money. (...) The fact that, given the general economic situation, the expenditure on consumption in terms of the wageunit depends in the main, on the volume of output and employment is the justification for summing up the other factors in the portmanteau function 'propensity to consume'. For whilst the other factors are capable of varying (and this must not be forgotten), the aggregate income measured in terms of the wageunit is, as a rule, the principal variable upon which the consumption-constituent of the aggregate demand function will depend.*"
174. HOBSBAWN, Eric. **Era dos extremos**: o breve Século XX (1914-1991). Tradução de Marcos Santarrita. 2. ed. São Paulo: Cia. das Letras, 2000, p. 257.
175. LARENZ, Karl. **Derecho justo**: fundamentos de ética jurídica. Tradução de Luis Díez-Picazo. Madri: Civitas, 1985, p. 151.

Em linhas essenciais, pode-se anotar que as raízes desta concepção advêm do princípio democrático,[176] corolário da separação e interdependência dos poderes e que se conduz a partir da emanação de dois postulados essenciais, quais sejam: a soberania popular e a participação (direta ou indireta) do povo na formação das decisões estatais.[177]

Rubens Beçak destaca que o modelo de participação direta tem origens que remontam à Grécia Antiga e aos cantões suíços, sendo uma forma de governo democrático em que a população tem o direito de participar francamente das decisões do Estado.[178] Difere, portanto, do modelo de democracia representativa, em que o exercício do poder político se dá pela eleição de representantes dos interesses do povo, através do voto, com legitimação dos eleitos para a emanação das vontades coletivas.[179] Tem-se, finalmente, a chamada democracia semidireta ou semirrepresentativa, concebida a partir da conjugação "da democracia representativa com institutos que permitissem a intervenção direta da população em algumas situações."[180]

É nesse contexto que se nota uma evolução dos modelos democráticos para dar lugar a um Estado mais flexível, regido por parâmetros interativos e de maior envolvimento dos cidadãos. Trata-se do "exame do direito administrativo e das relações entre a Administração Pública e os administrados no contexto de um regime democrático, visando à ampliação da participação dos cidadãos na formação da vontade da Administração."[181] Este tema será melhor analisado adiante, em capítulo próprio.

Importa saber, nesta análise perfunctória e histórica, os impactos dessa reformulação do papel do Estado no curso do século XX, com fenômenos detalhadamente descritos pela doutrina do ponto de vista da ascensão populista e do desencadeamento das desigualdades nas sociedades massificadas.[182]

1.4.4 O papel do Estado no controle da liberdade econômica

O controle estatal sempre foi repudiado na tradição liberal, sendo alvo de críticas de pensadores como Hans-Hermann Hoppe, que analisa o domínio estatal do ponto de vista

---

176. Para Canotilho, o princípio democrático foi erigido ao patamar de princípio informador do Estado e da sociedade, propiciando a 'democratização da democracia, que passa a ser propalada para além das fronteiras políticas. (CANOTILHO, José Joaquim Gomes. **Direito constitucional**. 5. ed. Coimbra: Almedina, 1992, p. 421).
177. Para maiores detalhes quanto aos modelos democráticos e às conceituações essenciais acerca da representação política e de seus desdobramentos jurídicos, confira-se: FERREIRA FILHO, Manoel Gonçalves. **Curso de direito constitucional**. 28. ed. São Paulo: Saraiva, 2002.
178. BEÇAK, Rubens. **Democracia**: hegemonia e aperfeiçoamento. São Paulo: Saraiva, 2014, p. 16.
179. COSTA, Marta Nunes da. **Modelos democráticos**. Belo Horizonte: Arraes, 2013, p. 6 *et seq*.
180. BEÇAK, Rubens. **Democracia**, cit., p. 31.
181. MIRAGEM, Bruno. **Direito administrativo aplicado**: a nova Administração Pública e o direito administrativo. 3. ed. São Paulo: Revista dos Tribunais, 2019, p. 36.
182. GOTTFRIED, Paul Edward. **After liberalism**: mass democracy in the managerial State. Princeton: Princeton University Press, 1999, p. 34-35. Para o autor: "*Mass democratic politics also advocates material equality, as opposed to the exclusively formal or legal equality preached by nineteenth-century liberals. (...) It was the failure of liberalism, from the standpoint of mass democracy, to move decisively enough toward material equality and individual selfexpressiveness that led to its undoing. The defenders of bourgeois liberalism temporized when faced by the sociological evidence of inequality in their own society. They claimed to be more interested in freedom than in the further pursuit of equality but were also more committed to family cohesion and gender distinctions than to individual freedom.*"

de o Estado poder determinar, unilateralmente, "se subsidia ou não, em qual medida e durante qual período, as suas próprias operações produtivas."[183-184] Transcendendo esta questão, porém, importa destacar que a liberdade econômica, revisitada sob o manto do Estado de direito, no curso do século XX, enfrentou verdadeiro processo mutacional, dando origem ao neoliberalismo que Eros Roberto Grau assim descreve:

> O crescimento populacional implica a ocupação dos espaços do mundo. Mas essa ocupação é fragmentada, na medida em que a intercomunicação entre os indivíduos é comprometida. Embora os homens estejam mais próximos uns dos outros, não se comunicam entre si: a competição em que estão envolvidos os aparta. É a morte da *Gemeinschaft*, pelo predomínio da *Gesellschaft*. A energia que vem da densidade populacional, estranhamente, afasta os homens uns dos outros, não os fraterniza.
>
> E assim – o que é mais importante para a integridade do capitalismo – essa fragmentação, além de comprometer a autenticidade da representação política, impede a superação da "ordem capitalista", que apenas se autotransforma – isto é, se aperfeiçoa. Não se torna possível, destarte, a *mudança* dessa ordem senão desde perspectivas coartáveis pela repressão.
>
> Sucede que o *novo papel* do Estado passou a ser vigorosamente questionado desde os anos oitenta do século passado, na afirmação dos discursos da *desregulação* e do *neoliberalismo*. Tratei desses dois temas também em meu O di*reito posto e o direito pressuposto*, que já me permiti tomar como texto introdutório a esta minha análise da ordem econômica na Constituição de 1988.[185]

Se este novo modelo de atuação estatal sofre alterações organizacionais que tornam o ente público mais estruturado para responder às necessidades conciliatórias do poder econômico no plano das doutrinas legitimadoras da promoção haurida pelas normas de proteção constitucional, surge uma necessidade de adaptação do aparato decisional do Estado para dar conta de problemas ligados à legitimidade de suas ações.[186] Isto se coaduna com os propósitos de perpetuação da liberdade do *homo economicus*, para além da mera ideia de divisão do trabalho descrita por Polanyi,[187] porquanto adentra as lindes do 'lucro temporal' que, "propiciado pelas máquinas, resulta em uma maior produtividade de bens materiais, (...) para o indivíduo moderno, o qual vai revertê-la, paulatinamente, a uma atividade que, além de lucrativa – em termos de tempo –, será rentável monetariamente."[188]

---

183. HOPPE, Hans-Hermann. **Uma teoria do socialismo e do capitalismo**. Tradução de Bruno Garschagen. 2. ed. São Paulo: Instituto Ludwig von Mises Brasil, 2013, p. 165. Acrescenta: "Isso significa essencialmente que o estado está livre das considerações sobre custo-lucro. Mas se não for mais obrigado a testar continuamente qualquer de seus vários usos de recursos à luz desse critério, ou seja, se não mais precisar adequar com sucesso as suas alocações de recursos para as mudanças na demanda dos consumidores a fim de sobreviver como um produtor, então a sequência das decisões alocacionais como um todo tem que ser considerada como um processo arbitrário e irracional de tomada de decisão."
184. Nessa minha linha, confira-se: ROTHBARD, Murray N. **Governo e mercado**: a economia da intervenção estatal. Tradução de Márcia Xavier de Brito e Alessandra Lass. São Paulo: Instituto Ludwig von Mises Brasil, 2012, p. 220.
185. GRAU, Eros Roberto. **A ordem econômica na Constituição de 1988**, cit., p. 44.
186. HABERMAS, Jürgen. **Para a reconstrução do materialismo histórico**. Tradução de Rúrion Melo. São Paulo: UNESP, 2016, p. 219 *et seq*.
187. POLANYI, Karl. **A grande transformação**, cit., p. 63.
188. MARCANTONIO, Jonathan Hernandes. **Direito e controle social na modernidade**. São Paulo: Saraiva, 2013, p. 125. Prossegue: "O que estava em jogo aqui, ao contrário daquilo expresso por Karl Polanyi, não era a divisão do trabalho *lato sensu*, mas sua divisão a partir do advento do maquinário industrial. Daí a necessidade de se atentar ao fator tempo na divisão moderna de trabalho, já que a Revolução Industrial não inaugurou a divisão de trabalho, como bem frisa Polanyi, mas consegue fazer com que haja uma aceleração muito considerável no processo de produção."

O grande problema regulatório, em pleno século XX, vai além do controle estatal sobre os termos essenciais de uma economia de mercado nos moldes do que existia no auge do Estado liberal. Não se trata mais de uma preocupação com o cercamento dos campos, os fatores de produção, o lucro ou a monetização: o cenário enfrentado é um no qual o Estado começa a perder o domínio sobre os mecanismos que constituem o próprio amálgama das relações e dos padrões sociais.[189] A tecnologia que surge e se desenvolve em ritmo acelerado passa a ocupar o espaço antes pertencente ao homem, e o próprio nível de envolvimento e alienação do indivíduo passa a demandar controles que – no contexto da liberdade econômica – podem vir a tornar o poder de império estatal completamente obsoleto.

Em análise dos padrões de autorregulação individual, cujos reflexos são de importância fundamental para o tema sob análise, Norbert Elias destaca o seguinte:

> Se se abordam níveis de envolvimento e alienação, referem-se a características e à situação dos seres humanos que formam a sociedade considerada. Referem-se a seres humanos, incluindo seus movimentos, seus gestos, e suas ações, não menos do que seus pensamentos, seus sentimentos, seus impulsos e o controle deles. Basicamente, os dois conceitos fazem referência aos diferentes modos segundo os quais os seres humanos se regulam, no que podem, aliás, ser mais alienados ou mais envolvidos. Os padrões sociais de autorregulação individual podem representar maior alienação ou maior envolvimento, bem como seu conhecimento ou sua arte. Todas as afirmativas referentes a envolvimento e alienação são relativas.[190]

O cerne deste trabalho, ao se avançar no percurso histórico-evolutivo que se propõe como tema-problema, apresentará inquietações que a acelerada propulsão da informática desafia o direito a suplantar. Sobre isso, melhores detalhes serão abordados adiante, mas importa comentar desde logo, para o que guarda pertinência com a intervenção do Estado na economia, que as distopias de outrora não são realidades intangíveis, conforme anota Yuval Noah Harari:

> Conhecemos hoje uma tecnologia muito mais sofisticada – o computador – e assim explicamos a psique humana como se fosse um computador processando dados, e não um motor a vapor regulando pressões. Mas essa analogia pode revelar-se tão ingênua quanto a anterior. Afinal, computadores não têm mente. Eles não anseiam por nada, nem quando têm um bug, e a internet não sofre nem quando regimes autoritários cortam países inteiros da rede. Então por que usar computadores como modelo para compreender a mente? Bem, será que temos mesmo certeza de que computadores não têm sensação nem desejos? E, ainda que não tenham nada disso no presente, será que um dia podem tornar-se complexos o bastante para desenvolver consciência? Se isso acontecer, como vamos nos certificar? Quando computadores substituírem o motorista de ônibus, o professor e o psicólogo, como vamos determinar se têm sentimentos ou se são apenas um conjunto de algoritmos irracionais?[191]

Retomando a análise histórica, se o contexto neoliberal foi marcado pela presença de uma Administração Pública gerencial, cujo principal objetivo era a superação do

---

189. HEILBRONER, Peter. **A formação da sociedade econômica**. Tradução de Álvaro Cabral. Rio de Janeiro: Guanabara, 1987, p. 99
190. ELIAS, Norbert. **Envolvimento e alienação**. Tradução de Álvaro de Sá. Rio de Janeiro: Bertrand Brasil, 1998, p. 351.
191. HARARI, Yuval Noah. **Homo deus**: uma breve história do amanhã. Tradução de Paulo Geiger. São Paulo: Cia. das Letras, 2016, p. 125.

modelo burocrático descrito por Max Weber,[192] que marcava uma Administração Pública "lenta, cara, autorreferida, pouco ou nada orientada para o atendimento das demandas do cidadão",[193] pode-se dizer que o ápice desse modelo foi atingido com a consolidação da proteção constitucional conferida aos direitos humanos:

> À medida que esses direitos foram determinados por contrato de direito internacional público, eles valem, pelo menos, nos estados que ratificaram o contrato. Mais além, deixa, como resultado do desenvolvimento exposto, tirar-se a conclusão que hoje há uma existência mínima em direitos do homem elementares que, independente de lugar e tempo e reconhecimento estatal, podem requerer validez. Faz parte disso, de uma parte, os direitos que concernem à existência externa, ou seja, vida, saúde, liberdade pessoal e asseguramento econômico, e de outra parte, os direitos que dizem respeito ao desenvolvimento espiritual, especialmente a liberdade de religião, a liberdade de opinião e a liberdade de informação. Eles incluem o direito de não ser discriminado e perseguido por fundamentos racistas, éticos ou religiosos.[194]

Sendo o direito um sistema aberto[195] e de segunda grandeza,[196] uma vez que composto de verdadeira rede hierarquizada de princípios e regras que orbitam a Constituição,[197] é insofismável a importância do tema para fixar algumas premissas essenciais do problema sob investigação, uma vez que, "por trás da missão de sensibilizar e ensinar direitos humanos está o direito, em grande parte não reconhecido, de moldar e remodelar a vida das pessoas",[198] tarefa árdua e que reclama "um núcleo de constante fixidez (cláusulas pétreas), capaz de governar os rumos legislativos e hermenêuticos não apenas dos poderes constituídos, mas da própria sociedade como um todo".[199]

Muito além das reformas administrativas realizadas no curso do século XX, com efeitos no mundo todo,[200] importa saber quais serão os impactos que as reformas neoliberais trarão, atreladas ao fenômeno da globalização e às consequências econômicas do período.

---

192. *Cf.* WEBER, Max. **Economía y sociedade**. Tradução do alemão para o espanhol de José Medina Echavarría *et al.* 11. ed. México: Fondo de Cultura Económica, 1997.
193. BRESSER PEREIRA, Luiz Carlos. Da Administração Pública burocrática à gerencial. *In:* BRESSER PEREIRA, Luiz Carlos; SPINK, Peter (Org.). **Reforma do Estado e Administração Pública gerencial**. 7. ed. Rio de Janeiro: FGV, 2006, p. 241.
194. MAURER, Hartmut. **Contributos para o direito do estado**. Tradução de Luís Afonso Heck. Porto Alegre: Livraria do Advogado, 2007, p. 29.
195. PÉREZ LUÑO, Antonio Enrique. **Los derechos fundamentales**. Temas clave de la Constitución Española. 10. ed. Madrid: Tecnos, 2011, p. 151.
196. AZEVEDO, Antonio Junqueira de. O direito como sistema complexo e de 2ª ordem; sua autonomia. Ato nulo e ato ilícito. Diferença de espírito entre responsabilidade civil e penal. Necessidade de prejuízo para haver direito de indenização na responsabilidade civil. **Civilistica.com**, Rio de Janeiro, ano 2, n. 3, jul./set. 2013.
197. ÁVILA, Humberto. **Teoria dos princípios**: da definição à aplicação dos princípios jurídicos. 5. ed. São Paulo: Malheiros, 2005, p. 167.
198. GOTTFRIED, Paul Edward. **After liberalism**, cit., p. 141, tradução livre. No original: *"Behind the mission to sensitize and teach "human rights" lies the largely unacknowledged right to shape and reshape people's lives. Any serious appraisal of the managerial regime must consider first and foremost the extent of its control—and the relative powerlessness of its critics."*
199. PASQUALINI, Alexandre. **Hermenêutica e sistema jurídico**: uma introdução à interpretação sistemática do direito. Porto Alegre: Livraria do Advogado, 2000, p. 80.
200. Para análise comparativa quanto às reformas britânica e neozelandesa, sugere-se as leituras: JENKINS, Kate. A reforma do serviço público no Reino Unido. Tradução de Carolina Andrade. *In:* BRESSER PEREIRA, Luiz Carlos; SPINK, Peter (Org.). **Reforma do Estado e Administração Pública gerencial**. 7. ed. Rio de Janeiro: FGV, 2006, p. 201-214; RICHARDSON, Ruth. As reformas no setor público da Nova Zelândia. Tradução de Carolina Andrade. *In:* BRESSER PEREIRA, Luiz Carlos; SPINK, Peter (Org.). **Reforma do Estado e Administração Pública gerencial**. 7. ed. Rio de Janeiro: FGV, 2006, p. 215-236.

1.5 O ESTADO PÓS-SOCIAL E SEUS IMPACTOS

A transição para o chamado Estado pós-social é marcada pela derrocada de um período "dourado" da economia global.[201] Diversos eventos propulsionaram a ruptura do cenário socioeconômico mundial, propiciando uma reformulação do perfil intervencionista do Estado para dar espaço à desregulamentação e à busca pelo 'Estado mínimo',[202] a ponto de despertar o alerta de Bauman quanto aos impactos do liberalismo e do comunitarismo para a liberdade:

> Os valores dos direitos e da liberdade, caros ao coração liberal, são invocados para promover o rebaixamento dos direitos individuais e a negação da liberdade. As "minorias" são produtos das práticas iliberais do estado, mas estas são demasiado convenientes para serem utilizadas a serviço das práticas iliberais dos "líderes da comunidade".
>
> O comunitarismo não é um remédio para as falhas inerentes do liberalismo. A contradição entre eles é genuína e não há ginástica filosófica que possa saná-la. Tanto o comunitarismo quanto o liberalismo são projeções de sonhos nascidos da contradição real inerente à difícil situação dos indivíduos autônomos. (...) Passar ao largo da tentação de sacrificar a liberdade em nome da condição livre de riscos é toda a possibilidade de vida significativa e dignificada que os indivíduos humanos podem sensatamente esperar, por mais que os filósofos façam para impedi-los de encarar essa verdade.[203]

Manuel Castells vem anunciando a ocorrência de uma ruptura democrática que "não é uma questão de opções políticas, de direita ou de esquerda. A ruptura é mais profunda, tanto em nível emocional quanto cognitivo."[204] Para suplantar qualquer desdobramento capaz de acarretar regresso – notadamente quanto à já reafirmada posição de guarida jurídica conferida aos direitos humanos no patamar global – caminhos devem ser mapeados.

O atingimento desse desiderato, na esteira do que defende Gustavo Zagrebelsky, somente ocorrerá se determinadas condicionantes estruturais se fizerem presentes, das quais a "*ductibilidade*" (maleabilidade) dos ordenamentos jurídicos constitucionais é a mais relevante, pois afasta a política de 'amigo/inimigo' que imperou no mundo durante a segunda metade do século XX, para dar lugar ao pacifismo e à integração democrática "através da rede de valores e procedimentos comunicativos que é, ademais, a única visão possível e não catastrófica da política em nosso tempo."[205]

---

201. BITTAR, Eduardo C. B. **O direito na pós-modernidade**. 3. ed. São Paulo: Atlas, 2014, p. 141. O autor descreve que "[o] período progressista, de enriquecimento e estabilidade do capitalismo, logo deu sinais de exaustão, provocando as primeiras desordens. (...) Isso porque, juntamente com a crise econômica, adveio a crise do próprio Estado, tais os comprometimentos entre as duas instâncias."
202. Sobre o tema, confira-se: GRAU, Eros Roberto. **A ordem econômica na Constituição de 1988**, cit., p. 44 *et seq*; SARMENTO, Daniel. **Direitos fundamentais e relações privadas**, cit., p. 28; ABRUCIO, Fernando Luiz. Os avanços e os dilemas do modelo pós-burocrático: a reforma da Administração Pública à luz da experiência internacional recente. In: BRESSER PEREIRA, Luiz Carlos; SPINK, Peter (Org.). **Reforma do Estado e Administração Pública gerencial**. 7. ed. Rio de Janeiro: FGV, 2006, p. 193-196.
203. BAUMAN, Zygmunt. **O mal-estar da pós-modernidade**. Tradução de Mauro Gama e Cláudia Martinelli Gama. Rio de Janeiro: Zahar, 1998, p. 244-245.
204. CASTELLS, Manuel. **Ruptura**: a crise da democracia liberal. Tradução de Joana Angélica d'Ávila Melo. Rio de Janeiro: Zahar, 2018, p. 8.
205. ZAGREBELSKY, Gustavo. **El derecho dúctil**. Ley, derechos y justicia. Tradução do italiano para o espanhol de Marina Gascón. Madri: Trotta, 1995, p. 15, tradução livre. No original: "*a través de la red de valores y procedimientos comunicativos que es además la única visión no catastrófica de la política posible en nuestro tiempo.*"

Para viabilizar essa interação, é essencial que se tenha um Estado Democrático de Direito despido do legado positivista e apto a cumprir a função promocional dos direitos humanos[206] em sintonia, conforme escreve Fernando Martins, com a "forte passagem ao pluralismo jurídico global, de modo a autorizar amplo diálogo de todas as ordens jurídicas – internas e internacionais – e das interpretações judiciais – decisões de supremos tribunais ou cortes –, especialmente quando das graves violações aos direitos humanos."[207]

A questão fundamental é o imperativo de transcendência estatal, em seus processos de tomada de decisão, para que intérprete postado na condição de *longa manus* do ente consiga exteriorizar atos jurídicos desconectados de especulações e do mero silogismo formal.[208] Aqui se insere o conceito de Luis Recaséns Siches quanto ao *logos* do razoável, concernente à imposição da ponderação, ainda que fulcrada em aspectos hipotéticos ponderados à luz dos valores fundamentais do ordenamento.[209]

José de Oliveira Ascensão aduz que os direitos do homem (direitos humanos, em sentido amplo), quando positivados em documentos internacionais de proteção e promoção da pessoa humana são considerados direitos humanos; quando positivados nas Cartas Constitucionais são considerados direitos fundamentais; e quando positivados na legislação civil são direitos de personalidade.[210] A partir desta enumeração, viabilizou-se a ressignificação história do acervo de direitos inaugurado no pós-guerra,[211] criando largo espaço para sua expansão internacional[212] – ou transconstitucional.[213]

---

206. Sobre o tema, confira-se: RECASÉNS SICHES, Luis. **Filosofia del derecho**. México: Porrúa, 2008, p. 1-19; SARLET, Ingo Wolfgang. **A eficácia dos direitos fundamentais**: uma teoria geral dos direitos fundamentais na perspectiva constitucional. 10. ed. Porto Alegre: Livraria do Advogado, 2010, p. 79; COMPARATO, Fábio Konder. **A afirmação histórica dos direitos humanos**. 7. ed. São Paulo: Saraiva, 2010, p. 91-92; HUNT, Lynn. **A invenção dos direitos humanos**: uma história. Tradução de Rosaura Eichenberg. São Paulo: Cia. das Letras, 2009, p. 113-145.
207. MARTINS, Fernando Rodrigues. Os deveres fundamentais como causa subjacente-valorativa da tutela da pessoa consumidora: contributo transverso e suplementar à hermenêutica consumerista da afirmação. **MPMG Jurídico**, Belo Horizonte, p. 57-76, 2014, p. 59.
208. NOHARA, Irene Patrícia. **Fundamentos de direito público**. São Paulo: Atlas, 2016, p. 115-115.
209. RECASÉNS SICHES, Luis. El logos de "lo razonable" como base para la interpretación jurídica, **Dianoia: The Undergraduate Philosophy Journal of Boston College**, Boston, v. 2, n. 1, p. 24-54, 1956, *passim*.
210. ASCENSÃO, José de Oliveira. A dignidade da pessoa e o fundamento dos direitos humanos. **Revista da Faculdade de Direito da Universidade de São Paulo**, São Paulo, v. 103, p. 277-299, jan./dez., 2008, p. 278.
211. DIMOULIS, Dimitri; MARTINS, Leonardo. **Teoria geral dos direitos fundamentais**. 3.ed. São Paulo: Revista dos Tribunais, 2011, p. 25.
212. PIOVESAN, Flávia. **Direitos humanos e o direito constitucional internacional**. 13.ed. São Paulo: Saraiva, 2012, p. 184. Comenta: "(...) o momento em que os seres humanos se tornam supérfluos e descartáveis, no momento em que vige a lógica da destruição, em que cruelmente se abole o valor da pessoa humana, torna-se necessária a reconstrução dos direitos humanos, como paradigma ético capaz de restaurar a lógica do razoável. A barbárie do totalitarismo significou a ruptura do paradigma dos direitos humanos, por meio da negação do valor da pessoa humana como valor fonte do direito. Diante dessa ruptura, emerge a necessidade de reconstruir os direitos humanos, como referencial e paradigma ético que aproxime o direito da moral. Nesse cenário, o maior direito passa a ser, adotando a terminologia de Hannah Arendt, o direito a ter direitos, ou seja, o direito a ser sujeito de direitos".
213. A expressão foi cunhada por Marcelo Neves, que salienta que "[a] questão dos direitos humanos, que surgiu como um problema jurídico-constitucional no âmbito dos Estados, perpassa hoje todos os tipos de ordens jurídicas no sistema jurídico mundial de níveis múltiplos: ordens estatais, internacionais, supranacionais, transnacionais e locais. Constitui uma questão central do transconstitucionalismo. (...) As interpretações de um texto normativo podem levar a soluções diversas de casos. A invocação a uma espécie de direitos humanos pode implicar colisão com a pretensão de fazer valer um outro tipo. Mas a situação se agrava se considerarmos que as diversas ordens

Embora não se possa deixar de considerar os impactos que as peculiaridades culturais acarretam para qualquer coletividade, a ponto de ser precipitada uma análise conjectural baseada na ideia de uma sociedade (ou "aldeia"[214]) global, do ponto de vista dos direitos humanos, posições identitárias e individuais, como o esporte e a moda, não podem ser analisadas para a construção de sentidos políticos, econômicos normativos e outros assemelhados que são frutos importantes da criação humana e decorrências de lutas históricas contextuais e potencialmente universalizáveis.[215]

Para melhor compreender as nuances desse hodierno contexto jurídico, algumas ponderações devem ser feitas, notadamente para que sejam fixadas firmemente as bases do entrelaçamento de direito público e direito privado no esteio da consolidação de uma "nova" Administração Pública.

1.5.1 Um direito privado constitucional?

De curial menção para o objetivo geral desta pesquisa, o fenômeno da constitucionalização do direito privado surge como elemento determinante da conjuntura jurídica cognoscível, uma vez que irradia efeitos para todo o direito e altera elementos estruturantes da sociedade.

Em sua célebre frase, Pierre Bourdieu asseverou que "a igualdade formal dentro da desigualdade real é favorável aos dominantes."[216] Situada como premissa para o fenômeno da despatrimonialização do direito civil na pós-modernidade, esta passagem revela muito mais em suas entrelinhas do que faz parecer sua breve literalidade: em releitura que propõe a substituição do *homo economicus* pela "homem existencial",[217] Pietro Perlingieri propugnou com pioneirismo uma reformulação do pensamento jurídico na transição para um direito civil-constitucional,[218] com aptidão para viabilizar o

---

normativas do sistema jurídico mundial de níveis múltiplos têm compreensões sensivelmente diversas das questões dos direitos humanos, muitas delas sendo, inclusive, avessas à ideia de direitos humanos como direitos que pretendem valer pata toda e qualquer pessoa. É nesse contexto que toma significado especial o transconstitucionalismo pluridimensional dos direitos humanos, que corta transversalmente ordens jurídicas dos mais diversos tipos, instigando, ao mesmo tempo, cooperação e colisões". NEVES, Marcelo. **Transconstitucionalismo**. São Paulo: Martins Fontes, 2009, p. 256.

214. *Cf.* McLUHAN, H. Marshall; FIORE, Quentin. **Guerra e paz na aldeia global**. Tradução de Ivan Pedro de Martins. Rio de Janeiro: Record, 1971.
215. HERRERA FLORES, Joaquín. **Teoria crítica dos direitos humanos**: os direitos humanos como produtos culturais. Tradução de Luciana Caplan. Rio de Janeiro: Lumen Juris, 2009, p. 97-98.
216. BOURDIEU, Pierre. **Contrafogos 2**: por um movimento social europeu. Tradução de André Telles. Rio de Janeiro: Jorge Zahar, 2001, p. 102.
217. NALIN, Paulo Roberto Ribeiro. **Do contrato**: conceito pós-moderno (em busca de sua formulação na perspectiva civil-constitucional). 2. ed. Curitiba: Juruá, 2008, p. 244. Comenta o autor: "Note-se que se está diante de um suposto paradoxo, pois, ao mesmo tempo em que a constitucionalização do Direito Civil aniquila o individualismo inserido no Código Civil, coloca o homem no centro de suas atenções. Ocorre que resgatar o homem (antropocentrismo) não se identifica com a renovação daqueles valores egoísticos contidos no Código Civil, ou seja, não é o homem econômico que figura no vértice constitucional, em que pese ser este, também, tutelado pela Carta, todavia de forma casual, mas sim, o homem existencial, recepcionada a relação jurídica desde que tais experiências individuais tenham uma projeção útil (existencial) para o titular em si e para o coletivo."
218. *Cf.* PERLINGIERI, Pietro. **O direito civil na legalidade constitucional**. Tradução de Maria Cristina De Cicco. Rio de Janeiro: Renovar, 2008.

desenvolvimento da pessoa humana a partir da perspectiva dos direitos fundamentais e da realização do mínimo existencial, conforme comenta Marcos Catalan:

> Excluído do raciocínio o princípio da liberdade das formas, tendência observada em todo o direito privado, os demais princípios são como faces de um mesmo dado. A autonomia da vontade, fonte suprema da autonomia privada se encontra localizada no verso da boa-fé; a força obrigatória dos contratos encontra sustentação na equivalência material e o princípio da relatividade dos efeitos ainda vive, mas deve ser lido à luz da função social; e vice-versa.
>
> Não há como se pensar na incidência da boa-fé objetiva, se a vontade não puder ser livremente manifestada. Não há segurança jurídica se a força obrigatória for ignorada e por consequência, não se pode sustentar equilíbrio se inexistir segurança jurídica. Também não há necessidade de tutela da sociedade se antes não se resguardar o interesse dos contratantes, impondo-lhes os efeitos nascidos da palavra empenhada.[219]

Com a vontade – enquanto elemento jurídico – sendo remodelada, novas fronteiras passaram a granjear largo espaço nesse panorama de ruptura com a base patrimonialista típica do positivismo jurídico.[220] Inegavelmente, este novo compasso da história da disciplina do direito privado trouxe desdobramentos (naturalmente esperados) para a esfera privada e, em verdadeiro ricochete, na medida em que conferiu aos princípios novo caráter pluridimensional,[221-222] inserindo a Constituição no vértice central do ordenamento, ressignificou também o direito público, com nuances inovadoras como a tecnologia.[223]

O pensamento de Pietro Perlingieri[224] e de tantos outros pesquisadores do direito privado, reavivou a doutrina constitucional para uma nova hermenêutica dos direitos

---

219. CATALAN, Marcos Jorge. **Descumprimento contratual**: modalidades, consequências e hipóteses de exclusão do dever de indenizar. Curitiba: Juruá, 2012, p. 90.
220. Sobre o tema, confira-se: NORONHA, Fernando. **O direito dos contratos e seus princípios fundamentais**: autonomia privada, boa-fé, justiça contratual. São Paulo: Saraiva, 1994, p. 28; MARTINS-COSTA, Judith. Crise e modificação da idéia de contrato no direito brasileiro. **Revista de Direito do Consumidor**, São Paulo: Revista dos Tribunais, v. 3, p. 127-154, set./dez., 1992, p. 141; MARTINS, Fernando Rodrigues; PACHECO, Keila Ferreira. Contratos existenciais e intangibilidade da pessoa humana na órbita privada – homenagem ao pensamento vivo e imortal de Antonio Junqueira de Azevedo. **Revista de Direito do Consumidor**, São Paulo, v. 79, p. 265-308, jul.-set. 2011, p. 277-285; MARTINS, Fernando Rodrigues. **Princípio da justiça contratual**. 2. ed. São Paulo: Saraiva, 2011, p. 340-341; COUTO E SILVA, Clóvis V. do. **A obrigação como processo**. Rio de Janeiro: FGV, 2006, p. 33; LÔBO, Paulo Luiz Netto. Princípios sociais dos contratos no Código de Defesa do Consumidor e no novo Código Civil. **Doutrinas Essenciais – Obrigações e Contratos**, v. 3, p. 829-840, jun. 2011, p. 835.
221. CANARIS, Claus-Wilhelm. **Pensamento sistemático e conceito de sistema na ciência do direito**. Tradução do alemão para o português de António Menezes Cordeiro. 5. ed. Lisboa: Fundação Calouste Gulbenkian, 2012, p. 202. Diz o autor, explicitando os fundamentos essenciais do tema: "(...) também são de excluir os limites imanentes de um princípio, pois estes não contrariam, verdadeiramente, o princípio, mas apenas tornam claro o seu verdadeiro significado. Assim, por exemplo, seria incorreto falar de uma 'contradição' entre o princípio da autonomia privada e a regra do respeito pelos bons costumes, nos termos do § 138 do BGB. Pois como qualquer liberdade, a verdadeira liberdade inclui uma ligação ética e não é arbítrio; assim também os limites dos bons costumes existem, de antemão, dentro da autonomia privada; falar aqui de uma 'contradição' conduz a uma absolutização da ideia de autonomia privada que confunde o seu conteúdo ético-jurídico e desnaturaria, assim, o próprio princípio."
222. DUQUE, Marcelo Schenk. **Curso de direitos fundamentais**, cit., p. 40.
223. WERTHEIN, Jorge. A sociedade da informação e seus desafios. **Ciência da Informação**, Brasília, v. 29, n. 2, p. 71-77, maio/ago. 2000, p. 76. Comenta: "A perda do sentimento de controle sobre a própria vida e a perda da identidade são temas que continuam preocupantes e que estão ainda por merecer estratégias eficientes de intervenção."
224. PERLINGIERI, Pietro. **O direito civil na legalidade constitucional**, cit., *passim*.

fundamentais,[225] com análise preponderante de sua eficácia no campo das relações privadas (horizontalidade ou verticalidade),[226] à proibição de que sofram limitações, mesmo em escorço constitucional,[227] dentre outros.

Com estes breves prolegômenos, sem se ter a pretensão de tecer grandes aprofundamentos aos diversos impactos trazidos para o direito privado, anotou-se que, agora, o patrimônio "deixa de ser o eixo da estrutura social, para se tornar instrumento da realização das pessoas humanas".[228] Para a concretização deste novo modelo, o Estado desempenha uma função essencial, e sua regência – dada a carência de uma convergência normativo-aglutinadora do direito público de tradição romano-germânica – ainda carece de respostas capazes de propiciar sua almejada efetividade.

1.5.2 O período das 'descodificações' e seus influxos

Se o direito civil floresceu e se fortaleceu no período dos "grandes códigos", como o *Code Civil* francês de 1804 e, mais tarde, o *Bürgerliches Gesetzbuch* (BGB) alemão de 1900, caminho diverso trilhou a dogmática publicista,[229] conforme já se anotou em tópicos anteriores, implicando problemas oriundos da porosidade da legislação de regência do direito público, com efeitos sobre todo o ordenamento no contexto do que se convencionou "chamar de 'a outra face das lacunas', ou seja, a questão da plenitude".[230] Segundo Renan Lotufo:

> O Código francês, que deveria refletir os princípios da Revolução (Liberdade, Fraternidade e Igualdade), focaliza dois outros valores fundamentais: *propriedade* e *contrato*. Admite que a propriedade deve ser para todos e que deve existir liberdade contratual para todos. Essa liberdade é entendida como algo inato a todo ser humano, sendo que todo o ser humano é livre para contratar como e com quem quiser.
>
> Sabemos que essa estrutura de Código vai ser extremamente criticada no curso do tempo, pois é exatamente essa liberdade dada ao contratante que levou o fraco a ser submetido ao forte, de onde pudemos chegar à célebre frase de Lacordaire: "entre o fraco e o forte a liberdade escraviza e a lei liberta".
>
> Daí surgiram novos Códigos: na Alemanha, o grande BGB vem com toda sua força, visando à unificação do povo e da nação, mas em outro estilo e construção, pois enquanto o Código Civil francês é composto

---

225. Veja-se: JUÁREZ, Mercedes. La interpretación de los derechos fundamentales por parte del Tribunal Constitucional: una argumentación en términos de razonabilidad. **Isegoría: Revista de Filosofía Moral y Política**, Madri, v. 35, n. 1, p. 33-55, 2006; JIMÉNEZ, Carla Crazut. Interpretación constitucional e interpretación de la Constitución. **Apuntes Filosóficos**, Caracas, v. 19, n. 37, p. 27-64, 2010.
226. ALEXY, Robert. **Teoria dos direitos fundamentais**. Tradução de Virgílio Afonso da Silva. São Paulo: Malheiros, 2008, p. 85-120; DUQUE, Marcelo Schenk. **Direito privado e constituição**: *drittwirkung* dos direitos fundamentais, construção de um modelo de convergência à luz dos contratos de consumo. São Paulo: Revista dos Tribunais, 2013, p. 50.
227. DIMOULIS, Dimitri; MARTINS, Leonardo. **Teoria geral dos direitos fundamentais**, cit., p. 65.
228. BARBOZA, Heloísa Helena. Perspectivas do direito civil brasileiro para o próximo século. **Revista da Faculdade de Direito da Universidade do Estado do Rio de Janeiro**, Rio de Janeiro, n. 6-7, 1998-1999, p. 33.
229. LORENZETTI, Ricardo Luis. **Teoria da decisão judicial**, cit., p. 59. Anota: "O pensamento codificado se baseia no silogismo: o Código é uma lei geral; a lei especial e a sentença são uma especificação para casos concretos. A relação entre a lei geral e a especial se baseia em que ambas dividem um mesmo pressuposto de fato, mas este é recortado na segunda. O gênero e a espécie são o modelo hermenêutico."
230. DANTAS, Aldemiro. A plenitude do ordenamento jurídico: o problema da lacuna, analogia, princípios gerais do direito. *In*: LOTUFO, Renan (Coord.). **Lacunas do ordenamento jurídico**. Barueri: Manole, 2005, p. 2.

por livros autônomos entre si, sem parte geral, o Código Civil alemão aparece com um sentido orgânico, ou seja, com uma parte geral e livros especiais. Neste sentido, Thiabault venceu Savigny, defendendo que a legislação civil deveria servir de fator de unidade nacional.[231]

Para José de Oliveira Ascensão, "[a] dogmática tende a reduzir à unidade o sistema jurídico: ou melhor, procura apresentar o que há de relevante no dado jurídico numa unidade, que corresponde à unidade existente na própria ordem normativa da sociedade."[232] E, nesse exato contexto, adquire ainda maior relevância a compreensão da dicotomia entre os interesses público e privado para a aferição da nova dinâmica entrelaçada adquirida por ambos devido ao fenômeno constitucional.[233] Nos dizeres de Fernando Martins,

> a codificação (re)conhece direitos humanos e os insere nos direitos da personalidade, ou quando a Constituição (re)conhece e faz viger a dignidade da pessoa humana, na realidade está conhecendo novamente (re+conhecer), porque são direitos existentes mesmo antes de sua positivação, como estratégia de tutela da própria civilização (direitos *a priori*).[234]

Emblemática que é a lição contida no excerto acima, pairam dúvidas sobre se uma tendência à codificação do direito público seria a solução para retificar os motores da máquina estatal. Não há clareza, mas é evidente que o viés civil-constitucional inaugura tendência inversa, materializada na formação de microssistemas[235] voltados à salvaguarda e à tutela específica de interesses sobrelevados a nichos específicos que demandam – note-se – ainda mais empenho do Estado! No anverso dos direitos fundamentais, são criados deveres fundamentais que posicionam a Administração Pública na polaridade obrigacional que determina sua realização: a pessoa é o fundamento determinante.

Panorama inédito para a disciplina dos afazeres do Estado revela sua multifuncionalidade e conduz o direito público a um novo *telos*: atribui-se grande ênfase à necessidade de reaproximação do Estado à comunidade, principalmente nas sociedades onde se demanda maior interação entre o poder central, federal, e os poderes periféricos, estaduais e municipais, que estão no *front* das demandas por políticas públicas capazes de realizar tamanha pretensão. Para isso, há que se considerar o seguinte:

---

231. LOTUFO, Renan. Da oportunidade da codificação civil e a Constituição. *In:* SARLET, Ingo Wolfgang (Org.). **O novo Código Civil e a Constituição**. 2. ed. Porto Alegre: Livraria do Advogado, 2006, p. 20.
232. ASCENSÃO, José de Oliveira. **O direito, introdução e teoria geral**: uma perspectiva luso-brasileira. Rio de Janeiro: Renovar, 1994, p. 331.
233. BINENBOJM, Gustavo. Da supremacia do interesse público ao dever de proporcionalidade: um novo paradigma para o direito administrativo. **Revista de Direito Administrativo**, Rio de Janeiro, n. 239, p. 1-31, jan./mar. 2005, p. 30. Para o autor: "Assim, o melhor interesse público só pode ser obtido a partir de um procedimento racional que envolve a disciplina constitucional de interesses individuais e coletivos específicos, bem como um juízo de ponderação que permita a realização de todos eles na maior extensão possível. O instrumento deste raciocínio ponderativo é o postulado da proporcionalidade."
234. MARTINS, Fernando Rodrigues. Direito civil, ideologia e pobreza. *In:* LOTUFO, Renan; NANNI, Giovanni Ettore; MARTINS, Fernando Rodrigues (Coord.). **Temas relevantes de direito civil contemporâneo**: reflexões sobre os 10 anos do Código Civil. São Paulo: Atlas, 2012, p. 21.
235. *Cf.* MARQUES, Claudia Lima. **Contratos no Código de Defesa do Consumidor**: o novo regime das relações contratuais. 7. ed. São Paulo: Revista dos Tribunais, 2014.

I. Para cada pessoa, há um modo de vida que objetivamente é o melhor para ela.

a. As pessoas são bastante parecidas, de forma que há um modo de vida que objetivamente é o melhor para todas elas.

b. As pessoas são diferentes, de forma que não há um modo de vida que seja objetivamente melhor para todos, e

1. Os diferentes modos de vida são suficientemente semelhantes, de forma que há um tipo de comunidade (satisfazendo certas limitações) que objetivamente é melhor para todos.

2. Os diferentes modos de vida são tão desiguais, que não há um tipo de comunidade (satisfazendo certas limitações) que objetivamente seja melhor para todos (não importando qual dessas diferentes vidas é melhor para eles).

II. Para cada pessoa, na medida em que critérios objetivos do bem podem esclarecer (na medida em que eles existem), há uma ampla faixa de modos muito diferentes de vida que se igualam como os melhores. Nenhum outro é objetivamente melhor para que ele do que qualquer um nessa faixa e nenhum dentro da faixa é melhor do que qualquer outro. E não há nenhuma comunidade que objetivamente seja melhor para a vida de cada conjunto selecionado da família de conjuntos de vida não objetivamente inferiores.[236]

Se o objetivo é uma reformulação do papel do Estado, almejando encontrar alternativas das minorias às maiorias nos diversos segmentos da sociedade, é de fácil conclusão que a alternância típica do processo democrático se potencializa com as novas possibilidades trazidas pela perspectiva público-privada (ou civil-constitucional), e, juntos, tais fenômenos encontram suas principais demandas na necessidade de um "sistema formal de distribuição orgânica das funções, mas também na interpenetração de leitura coordenada dos conceitos de função, estrutura e processo, por meio de conclusões, sugestões e práticas renovadas."[237]

Para Juarez Freitas, "nas relações administrativas, doravante, o império necessário é o das prioridades constitucionais, algo que acarreta aprofundamento sem precedentes (mais do que ampliação) do escrutínio das decisões administrativas, à base das prioridades cogentes da Constituição".[238] Sem dúvidas, isto transcende a mera reforma administrativa.

1.5.3 Para além da 'nova' Administração Pública

Sugestionar a existência de uma "nova" Administração Pública "é pretensão que parte da revisão de vários dogmas da matéria, desconstruídos nuclearmente pela transição de uma viciosa relação de supremacia para uma valorosa relação de ponderação, que passará a marcar o estágio evolutivo da interação entre a sociedade e o Estado."[239]

---

[236]. NOZICK, Robert. **Anarquia, Estado e utopia**. Tradução de Ruy Jungmann. Rio de Janeiro: Jorge Zahar Editor, 1991, p. 335-336.

[237]. BARACHO, José Alfredo de Oliveira. O princípio de subsidiariedade: conceito e revolução. **Revista de Direito Administrativo**, Rio de Janeiro, v. 200, n. 1, p. 21-54, abr./jun. 1995, p. 25. O autor ainda acrescenta: "É, com preocupações que se colocam dentro dessa perspectiva, que aparecem temas como Reforma do Estado, modernização e privatização. Elas vêm acompanhadas de descrições sobre a presença do Estado em matérias econômicas, pelo que é descrito como sobredimensionado."

[238]. FREITAS, Juarez. As políticas públicas e o direito fundamental à boa administração. **Nomos: Revista do Programa de Pós-Graduação em Direito da UFC**, Fortaleza, v. 35, n. 1, pp. 195-217, jan./jun. 2015, p. 217.

[239]. FALEIROS JÚNIOR, José Luiz de Moura. Administração Pública consensual: novo paradigma de participação dos cidadãos na formação das decisões estatais. **Revista Digital de Direito Administrativo**, Ribeirão Preto, v. 4, n. 2, p. 69-90, jul./dez. 2017, p. 85.

Segundo Bruno Miragem, esse percurso é marcado por acentuados desafios:

> O direito administrativo, neste particular, defronta-se ao mesmo tempo com a busca de legitimação – eis o recurso à Constituição como fundamento das normas integrantes do direito da Administração – e com o desafio de adequação das normas (de seu conteúdo) na intervenção do domínio econômico e social. A intervenção do Estado no domínio privado (especialmente no domínio econômico), reclama-se que seja dotada de racionalidade econômica, ou seja, que em última análise resulte de uma atuação útil à comunidade. Daí falar-se de um dever de planejamento estatal: dever de planejar do agente público enquanto presentante do órgão da Administração, e como pressuposto de atuação deste mesmo órgão. Contudo, é sabido que o planejamento estatal como condição e modo de ação administrativa conflita com fatores insuscetíveis de controle pelo Estado. A atuação do Estado-Administração no mercado, estimulando ou dirigindo setores e condutas dos agentes econômicos ou participando diretamente mediante o estabelecimento de dada definição jurídico-normativa de serviço público, por si, não assegura os resultados pretendidos. Tampouco pode exigir do particular condicionamentos absolutos da sua liberdade em favor do interesse comum. Isto impõe o desafio da eficiência da ação administrativa, mais do que mera proposição ideal, mas como condição pressuposta da efetividade das suas normas.[240]

Longo tempo já se passou desde que a doutrina passou a se desafiar na busca por uma nova formatação para o atuar administrativo, sempre se revolvendo às reformas de Estado do passado e propugnando algum modelo inovador. Carlos Ari Sundfeld propõe a formulação de um direito "mais que administrativo", instigando renovações que, em seu ponto de vista, devem se voltar para o futuro, em especial para a construção do interesse público e para a diagnose das eventuais insuficiências da legislação no afã de se localizar um ponto de equilíbrio.[241] Sua proposta, formulada em conjunto com Floriano de Azevedo Marques Neto,[242] culminou na inserção de novos dispositivos à Lei de Introdução às Normas do Direito Brasileiro (LINDB), a partir de reforma realizada

---

240. MIRAGEM, Bruno. **Direito administrativo aplicado**, cit., p. 324.
241. SUNDFELD, Carlos Ari. Um direito mais que administrativo. *In*: MARRARA, Thiago (Org.). **Direito administrativo: transformações e tendências**. São Paulo: Almedina, 2014, p. 67-68. Acrescenta: "De qualquer modo, como conclusão, registro cinco impressões que, a meu ver, devem ser levadas em conta na discussão sobre a necessidade de renovação teórica ou de melhoria legislativa: a) estão em crise, porque leis de alto impacto parecem tê-las abandonado, as ideias elaboradas historicamente, a partir do princípio de Separação dos Poderes (Legislativo, Executivo, Judiciário), para determinar o modo e limite da atuação judicial nas questões públicas; b) em virtude dessas tendências legislativas, o direito do interesse público não pode mais ser entendido como o direito apenas da Administração Pública (direito administrativo), devendo ser objeto de disciplina mais ampla, que aborde a construção do interesse público também na esfera judicial (um direito mais que administrativo, um amplo direito público); c) do mesmo modo que o direito administrativo histórico procurou impedir a ineficiência e o arbítrio administrativos, o novo direito público teria de ser capaz de regular consistentemente a construção do interesse público nos processos judiciais, impedindo o arbítrio e a ineficiência dos órgãos e agentes judiciais; d) do mesmo modo que, para coibir possíveis abusos (contra os direitos individuais e as coisas públicas), as leis fazem os agentes administrativos ser tratados na Justiça sem qualquer majestade – e mesmo com desconfiança –, o novo direito público teria de possuir elementos suficientes para coibir os abusos de iniciativa das pessoas e órgãos que, por serem legitimados a provocar o Judiciário (ex.: Ministério Público), se tornaram agentes da construção do interesse público; e) todavia, as leis que fizeram dos processos judiciais um novo foro da construção do interesse público não mostraram especial cuidado em criar sistema capaz de, em relação às questões públicas, coibir o arbítrio e a ineficiência judiciais e o abuso de iniciativa dos autores das ações. É hora de melhorar isso."
242. MARQUES NETO, Floriano de Azevedo; FREITAS, Rafael Véras. A nova LINDB e o consequencialismo jurídico como mínimo essencial. **Consultor Jurídico**, 18 de maio de 2018. Disponível em: https://www.conjur.com.br/2018-mai-18/opiniao-lindb-quadrantes-consequencialismo-juridico. Acesso em: 20 jun. 2023.

pela Lei nº 13.655, de 25 de abril de 2018,[243] fortemente enraizada no consequencialismo jurídico – sobre isso, maiores detalhes serão trazidos no Capítulo 2 deste trabalho.

Fundamental citação deve ser feita, ademais, à proposta formulada por Gustavo Binenbojm, que analisa com profundidade o estado de "crise" da lei formal, com especiais impactos para o direito administrativo – o ramo jurídico que mais sofreu transformações, segundo o autor[244] –, demandando releitura multidisciplinar à luz da constitucionalização (que, conforme se analisou anteriormente, já atingiu o direito privado) do direito público. Para o autor, no delineamento desta proposta, várias mudanças estruturais são necessárias, inclusive a revisitação do enfrentamento judicial de atos administrativos baseados em conceitos jurídicos indeterminados.[245]

É evidente que tudo o que os autores apresentam se soma a uma tendência inexorável de mudança paradigmática, mas as propostas parecem carecer de substratos adequados ao enfrentamento do elemento comum ao atual panorama global (com impactos locais) e que já modificou, sob todos os ângulos, a vida em sociedade: a presença das Tecnologias da Informação e Comunicação (TICs) nas inter-relações entre indivíduos e nas relações destes com o próprio Estado.

Nesse compasso, quando se fala em uma "nova" Administração Pública, em essência, é preciso reinventar o Estado, reajustando as linhas fundamentais que fornecem racionalidade ao Regime Jurídico Administrativo para que o mesmo se amolde a esta nova realidade global. Nesse contexto, os capítulos subsequentes procurarão demonstrar algumas reformulações que ultrapassam as proposições listadas, revisitam o conceito habermasiano de "pensamento pós-metafísico" (*Nachmetaphysisches Denken*)[246] em releitura do agir comunicativo no contexto tecnológico contemporâneo, que é desafiador, mas desvela perspectivas para a otimização da atuação estatal.[247]

---

243. BRASIL. Lei nº 13.655, de 25 de abril de 2018. Inclui no Decreto-Lei nº 4.657, de 4 de setembro de 1942 (Lei de Introdução às Normas do Direito Brasileiro), disposições sobre segurança jurídica e eficiência na criação e na aplicação do direito público. *In*: **Diário Oficial da República Federativa do Brasil**, Brasília, DF, 26 abr. 2018. Disponível em: http://www.planalto.gov.br/ccivil_03/_Ato2015-2018/2018/Lei/L13655.htm. Acesso em: 20 jun. 2023.
244. BINENBOJM, Gustavo. **Uma teoria do direito administrativo**: direitos fundamentais, democracia e constitucionalização. 3. ed., Rio de Janeiro: Renovar, 2014, p. 327.
245. BINENBOJM, Gustavo. **Uma teoria do direito administrativo**, cit., p. 330-336. E, em linhas conclusivas, Binenbojm lista suas proposições: "Como agente condutor básico da superação de tais categorias jurídicas, o trabalho apresenta a ideia de constitucionalização do direito administrativo e a adoção do sistema de (...) vetores axiológicos – traduzidos em princípios e regras constitucionais – a pautar a atuação da Administração Pública. Esses vetores convergem no princípio maior da dignidade da pessoa humana e, (i) ao se situarem acima e para além da lei, (ii) vincularem juridicamente o conceito de interesse público, (iii) estabelecerem balizas principiológicas para o exercício legítimo da discricionariedade administrativa e (iv) admitirem um espaço próprio para as autoridades administrativas independentes no esquema de separação de poderes e na lógica do regime democrático, fazem ruir o arcabouço dogmático do velho direito administrativo brasileiro."
246. *Cf.* HABERMAS, Jürgen. **Pensamento pós-metafísico**: estudos filosóficos. Tradução de Flávio B. Siebeneichler. Rio de Janeiro: Tempo Brasileiro, 1990.
247. Sobre isso, Charles Larmore comenta: "*According to his earlier book, Post-Metaphysical Thought (Nachmetaphysisches Denken), our epoch requires that, in place of metaphysical modes of thought, we regard reason as finite, fallible, oriented toward achieving intersubjective agreement, and tied to procedural rationality. Habermas's most recent book defends basically the same conception. Concepts of justice, and the legal systems corresponding to them, are constructed in a postmetaphysical fashion, he claims, when they aim to remain neutral with respect to religious and metaphysically conceived forms of life that have themselves become problematic and disputed. The normative foundations of the modern*

Ainda nesse contexto, é preciso frisar que a existência de uma norma fundamental "sobre a qual repousará a validade do novo ordenamento"[248] cria, em sintonia com os dizeres de Peter Häberle, uma força protetiva pluridimensional contra os perigos que eventualmente a ameaçarem,[249] algo facilmente visualizável em um período de ativismo virtual, *fake news* e descontrole ou confusão estatal sobre agendas e manifestações levadas a efeito na Internet.[250]

Se a geopolítica caminha para repaginações no cenário mundial, em decorrência do fenômeno globalizatório – podendo conduzir o mundo, como diz Danilo Zolo, a um "governo global" (*cosmopolis*)[251] –, é fundamental que se estabeleça a pacificação democrática no âmbito interno de cada nação, algo que somente se poderá realizar com um Estado de atuação refinada, eficiente, pontual, preventiva, consensual e tecnológica.

Antes de adentrar a esses meandros, eis que finalmente se deduz a necessidade de compreensão dos desdobramentos da tecnologia sobre o Estado, impõe-se breve revisitação de alguns conceitos essenciais que dão azo ao chamado direito digital.

1.6 O IRREFREÁVEL AVANÇO TECNOLÓGICO DO SÉCULO XX: DO TRANSISTOR AO *MICROCHIP*

Não há precedentes para o ritmo exponencial da evolução tecnológica que marcou o Século XX, acelerando processos de transformação social em todas as áreas, propiciando mudanças no modo de condução da economia, da cultura, das interações sociais, do trabalho, dos negócios jurídicos, dentre vários outros e, inclusive, do funcionamento do aparato estatal.

Para Harari, "[a] ciência moderna não tem dogma. Mas tem um conjunto de métodos de pesquisa em comum, todos baseados em coletar observações empíricas (...) e reuni-las

---

liberal-democratic state must consist in procedural principles of justice that do not presuppose the validity of controversial ideas of the good life. Here the right, as he says, must be prior to the good. Societies such as our own, which are functionally differentiated and culturally heterogeneous, have no common good other than a legal system that treats free citizens equally and deals with their conflicts according to standards of procedural justice." (LARMORE, Charles. **The morals of modernity**. Cambridge: Cambridge University Press, 1996, p. 210-211.)

248. JORI, Mario; PINTORE, Anna. **Manuale di teoria generale del diritto**. 2. ed. Turim: Giappichelli, 1995, p. 291, tradução livre. No original: "(...) *su cui riposerà la validità del nuovo ordinamento*".
249. HÄBERLE, Peter. A dignidade humana como fundamento da comunidade estatal. *In:* SARLET, Ingo Wolfgang (Org.). **Dimensões da dignidade**. Porto Alegre: Livraria do Advogado, 2005, p. 128.
250. GERBAUDO, Paolo. **Tweets and the streets**: social media and contemporary activism. Londres: Pluto Press, 2012, p. 166. Comenta: *"At the heart of the culture of contemporary social movements there lies a third fundamental tension: that between evanescence and fixity. On the one hand, contemporary popular movements are characterized by 'liquid' forms of organizing; in which the use of social media by social networking sites is geared towards superseding the authoritarian tendencies of 'solid' organizations like parties and trade unions, in the effort of avoiding the 'iron law of oligarchy'. On the other hand, these movements require the invocation of a sense of locality or 'net locality', which involves bestowing them with some degree of fixity, a 'nodal point' in their texture of participation."*
251. ZOLO, Danilo. **Cosmopolis**: prospects for world government. Tradução do italiano para o inglês de David McKie. Cambridge: Polity Press, 1997, p. 169. Diz o autor: *"(...) within individual countries, protection of the basic rights of democratic citizenship will depend much more on the 'struggle for law' conducted by the citizens themselves than on the protective or repressive intervention of regional or international jurisdictional bodies. Given the relations of growing interdependence and even, it may be said, of recurrent causality between internal democracy and international order, it is difficult to conceive of a more ordered and pacific world if democracy is not above all first realized within nation states."*

com a ajuda de ferramentas matemáticas."[252] Nessa linha, segundo João Carlos Kanaan, em face do surgimento de novas pesquisas e do desenvolvimento de novas aplicações, cada vez mais a tecnologia passou a exercer influência no aumento da produtividade, culminando no surgimento da informática a partir do desenvolvimento dos primeiros microcomputadores.[253]

Rapidamente, pavimentou-se o caminho para uma nova revolução da indústria, a terceira no curso da história, sendo marcada pela nêmese da criatividade humana, como diz McLuhan,[254] que propiciou o desenvolvimento de tecnologias (especialmente no ramo das comunicações, como o rádio e o telégrafo) capazes de mudar drasticamente a sociedade já nos primeiros cinquenta anos do século. Logo se chegou à eletrônica.

David Sax esclarece que:

> Digital é a linguagem dos computadores, códigos binários de zeros e uns que, em combinações infinitas, permitem que os *hardwares* e *softwares* possam se comunicar e calcular. Se algo está conectado à Internet, se funciona com o auxílio de um *software* ou é acessado por um computador, é digital. O analógico é o *yin* do *yang* digital, o dia daquela noite. O analógico não precisa de um computador para funcionar e quase sempre existe no mundo físico (em oposição ao mundo virtual).[255]

Todo tipo de novo aparato desenvolvido a partir da eletrônica contribuiu para a transformação da sociedade a partir da ciência, do tempo e da difusão de novas culturas, o que ampliou o leque de possibilidades para a reformulação de diversas bases da estrutura social do novo século,[256] com início nas investigações de Thomas Edison que levaram aos experimentos com fios metálicos colocados no topo da lâmpada, ligado a um potencial positivo, gerando uma corrente cujo fluxo dependia do quão quente estava o filamento incandescente.[257-258]

Posteriormente, John Ambrose Fleming aprimorou os estudos de Edison ao identificar o efeito de díodo, que demandava alta potência, mas causava uma curta vida útil do aparato. Somente com o tríodo, desenvolvido por Lee D. Forest e Edwin H. Arms-

---

252. HARARI, Yuval Noah. **Sapiens**: uma breve história da humanidade. Tradução de Janaína Marcoantonio. 38. ed. Porto Alegre: L&PM, 2018, p. 264.
253. KANAAN, João Carlos. **Informática global**. 2. ed. São Paulo: Pioneira, 1998, p. 23 *et seq*.
254. McLUHAN, H. Marshall. **Os meios de comunicação como extensões do homem**. Tradução de Décio Pignatari. São Paulo: Cultrix, 2007, p. 84. Com efeito: "Os novos meios e tecnologias pelos quais nos ampliamos e prolongamos constituem vastas cirurgias coletivas levadas a efeito no corpo social com o mais completo desdém pelos anestésicos. Se as intervenções se impõem, a inevitabilidade de contaminar todo o sistema tem de ser levada em conta. Ao se operar uma sociedade com uma nova tecnologia, a área que sofre a incisão não é a mais afetada. A área da incisão e do impacto fica entorpecida. O sistema inteiro é que muda. O efeito do rádio é auditivo, o efeito da fotografia é visual. Qualquer impacto altera as *ratios* de todos os sentidos. O que procuramos hoje é controlar esses deslocamentos das proporções sensoriais da visão social e psíquica (...)."
255. SAX, David. **A vingança dos analógicos**: por que os objetos de verdade ainda são importantes. Tradução de Alexandre Matias. Rio de Janeiro: Anfiteatro, 2017, p. 14.
256. Para maiores detalhes, ver: SERRES, Michel; LATOUR, Bruno. **Conversations on Science, culture, and time**. Tradução do francês para o inglês de Roxanne Lapidus. Ann Arbor: University of Michigan Press, 1995; BURNS, Elmer Ellsworth. **The story of great inventions**. Nova Deli: Prabhat Prakashan, 2017.
257. A notícia original da descoberta de Edison, intitulada "*Edison's electric light*" e publicada pelo jornal *The New York Times*, pode ser lida integralmente em: https://nyti.ms/2JyunKI. Acesso em: 20 jun. 2023.
258. ROCKMAN, Howard B. **Intellectual property law for engineers and scientists**. Nova Jersey: John Wiley & Sons, 2004, p. 131.

trong, chegou-se à base do estudo sobre circuitos regenerativos e circuitos heteródinos, definindo a base das comunicações oscilantes e do sistema FM completo.[259]

Mas tudo começa a mudar, realmente, com a invenção do transistor, em 1947, nas instalações da *Bell Labs* da empresa de telecomunicações norte-americana AT&T, a partir de estudos e experimentos realizados por John Bardeen, William Shockley e Walter Brattain – que lhes rendeu um Prêmio Nobel em Física.[260] Em 1952, Geoffrey Dummer publica o conceito de circuito integrado, mas não consegue fabricar o componente, até que, em 1954, a *Texas Instruments* anuncia um transístor comercial de junção e fabricado em silício, um material mais barato e mais resistente ao calor.[261] Iniciava-se uma nova era dos semicondutores: com contributos de Robert Noyce, estava criado o *microchip*,[262-263] que viria a ser aprimorado e aplicado pela *Intel* nos primeiros processadores (*central processing units*) que inaugurariam a informática.

1.6.1 A Terceira Revolução Industrial e o surgimento da informática

Que a eletrônica ampliou os horizontes da ciência, propiciando o surgimento da informática e desencadeando profundas mudanças sociais, não há nenhuma dúvida. O que não se tinha como dimensionar era o impacto que a era dos *microchips* traria para a formação, de uma sociedade "pós-industrial",[264] marcando o início de uma Terceira Revolução Industrial: a revolução da informática.[265]

Fato é que os impactos disso para o Estado foram enormes. Segundo José Fernando Brega:

> Assim, os sistemas informáticos eram utilizados essencialmente para a prática de atos internos de recompilação de dados massificados, para seu processamento e arquivamento magnético. É a época dos grandes arquivos e do início da automatização da Administração Pública, assim chamada por analogia à automatização industrial. No correr dos anos, houve um aprofundamento da utilização da tecnologia, por meio de sistemas cada vez mais flexíveis, adaptados à realidade administrativa existente, e com atividades mais complexas de processamento de dados. O computador passou a substituir, ainda que

---

259. ARMSTRONG, Edwin H. Operating field of the audion. **Electrical World**, Nova York, v. 54, n. 1, p. 1149-1152, jul./dez. 1914, p. 1152. Disponível em: https://bit.ly/2NLe0Qf. Acesso em: 20 jun. 2023.
260. GUARNIERI, Massimo. Seventy years of getting transistorized. **IEEE Industrial Electronics Magazine**, Delft, v. 11, n. 4, p. 33-37, dez. 2017, p. 34.
261. RIORDAN, Michael. The lost history of the transistor: how, 50 years ago, Texas Instruments and Bell Labs pushed electronics into the silicon age. **IEEE Spectrum**. 30 abr. 2004. Disponível em: https://spectrum.ieee.org/tech-history/silicon-revolution/the-lost-history-of-the-transistor. Acesso em: 20 jun. 2023.
262. Para uma análise detalhada dos recursos propiciados pelo *microchip*, consulte-se: FAGGIN, Federico. The making of the first microprocessor. **IEEE Solid-State Circuits Magazine**. 2009. Disponível em: https://ieeexplore.ieee.org/stamp/stamp.jsp?arnumber=4776530. Acesso em: 20 jun. 2023; RUEDIGER, Kuehr; VELASQUEZ, German T.; WILLIAMS, Eric. Computers and the environment: an introduction to understanding and managing their impacts. *In*: RUEDIGER, Kuehr; WILLIAMS, Eric (Ed.). **Computers and the environment**: understanding and managing their impacts. Dordrecht: Kluwer Academic, 2003, p. 1-16.
263. BERLIN, Leslie. **The man behind the microchip**: Robert Noyce and the invention of Silicon Valley. Oxford: Oxford University Press, 2005, p. 137-138.
264. BELL, Daniel. **The coming of the post-industrial society**: a venture in social forecasting. Nova York: Basic Books, 1976, *passim*.
265. VENERIS, Yannis. Modelling the transition from the industrial to the informational revolution. **Environment and Planning A: Economy and Space**, Londres, v. 22, n. 3, p. 399-416, mar. 1990, p. 310.

parcialmente, o elemento humano, ao efetuar diretamente os cálculos e as comparações exigidos por um ato administrativo, o qual assim se tornou possível de ser produzido por via informática.[266]

Antonio Enrique Pérez Luño aventa a existência de uma "informática jurídica" e faz algumas distinções conceituais, citando os seguintes modelos: (i) a 'informática jurídica documental' (ou 'teledocumentação jurídica'), relativa ao tratamento automatizado das fontes de conhecimento jurídico (legislação, doutrina e jurisprudência); (ii) a 'informática jurídica decisional' (ou 'sistemas de expertise jurídica'), que se refere às fontes de produção jurídica por meio da elaboração informática de fatores lógico-formais que confluem ao processo legislativo e às formação das decisões judiciais; (iii) a 'informática jurídica de gestão' (também 'ofimática' ou 'burótica'), que diz respeito aos processos de organização da infraestrutura ou dos meios instrumentais pelos quais se gerencia o direito.[267]

A mudança de paradigma vislumbrada desde o início deste novo período tem um substrato essencial: a informação. Dessa forma, se a informática marcou um novo estágio de poder computacional e desenvolvimento de *hardware*, o acúmulo informacional foi o responsável por abastecer este novo mecanismo. Era previsível, a partir dos modernos *microchips* e da capacidade técnica de se multiplicar o número de transistores – aumentando o poder dos processadores – em ritmo acelerado, que a coleta e o tratamento de dados por esses equipamentos viria a experimentar notáveis incrementos.

Este fenômeno foi analisado por Gordon Moore, que vislumbrou uma evolução da capacidade computacional dos microprocessadores a cada dois anos, dando origem à hoje intitulada 'Lei de Moore',[268] que se tornou, por exemplo, mecanismo de regulação econômica e controle do ritmo da evolução tecnológica[269] e o fundamento precípuo de teorias fundamentais da disciplina consumerista hodierna, como a obsolescência programada. Erik Jayme, por exemplo, destaca a extinção das fronteiras na sociedade da informação, na medida em que "qualquer um pode facilmente se libertar das amarras de sua existência limitada: velocidade, ubiquidade, liberdade; o espaço, para a comunicação, não existe mais."[270]

Friedrich Kittler, se reportando aos clássicos estudos de Alan Turing[271] sobre o poder da informação, destaca o seguinte:

---

266. BREGA, José Fernando Ferreira. **Governo eletrônico e direito administrativo**. Brasília: Gazeta Jurídica, 2015, p. 34-35. O autor ainda acrescenta: "No entanto, nas primeiras décadas, os sistemas informáticos eram fechados, sem qualquer forma de coordenação institucional. Nesse contexto, pois, era incomum a ideia de usar computadores para comunicação, sendo o documento em papel essencial para realizar a integração entre órgãos administrativos e entre o usuário e a Administração. Acabava por haver sempre uma duplicação: os atos eram formalizados em papel e depois inseridos em um computador, a fim de que pudessem ser matéria-prima para a informação automática, ou o ato era elaborado no computador, mas, para ter validade, devia ser impresso em papel e depois assinado."
267. PÉREZ LUÑO, Antonio Enrique. **Manual de informática y derecho**. Barcelona: Ariel, 1996, p. 22.
268. MOORE, Gordon E. Cramming more components onto integrated circuits. **Electronics**, Nova York, v. 38, n. 8, p. 1-4, abr. 1965.
269. KEEN, Andrew. **How to fix the future**. Nova York: Atlantic, 2018, p. 11.
270. JAYME, Erik. O direito internacional privado do novo milênio: a proteção da pessoa humana face à globalização. **Cadernos do Programa de Pós-Graduação em Direito – PPGDir./UFRGS**, Porto Alegre, v. 1, n. 1, p. 133-146, mar. 2003, p. 134.
271. Os estudos de Turing sobre o *Entscheidungsproblem* (dilema da tomada de decisão) foram publicados em um artigo, intitulado "*On computable numbers, with an application to the Entscheidungsproblem*", de 1937, no qual se demonstrou que uma "máquina computacional universal" seria capaz de realizar qualquer operação matemática concebível e fosse

"Somente no artigo de Turing sobre números computáveis com uma aplicação para o *Entscheidungsproblem* existia uma máquina com recursos ilimitados no espaço e no tempo, com infinito suprimento de papel bruto e sem restrições na velocidade de computação. Todas as máquinas fisicamente viáveis, ao contrário, são limitadas por esses parâmetros em seu próprio código. A incapacidade do Microsoft DOS de dizer mais do que as oito primeiras letras de um nome de arquivo como o *WordPerfect* fornecem apenas uma ilustração trivial ou obsoleta de um problema que provocou não apenas as crescentes incompatibilidades entre as diferentes gerações de oito *bits*, dezesseis *bits* e trinta e dois *bits*, mas também quase impossíveis de digitalizar o corpo de números reais antes conhecidos como naturais.[272]

Nesse contexto, todas as condicionantes que viriam a alterar o funcionamento estrutural da sociedade já eram teoricamente visíveis na década de 1960, o que despertou a atenção de inúmeros estudiosos que, já na época, vislumbraram a necessidade de maiores elucubrações sobre esta temática.

1.6.2 Uma sociedade da informação vislumbrada na década de 1960?

Os primeiros estudos em torno da conceituação de um novo modelo de sociedade remontam à década de 1960. Se as revoluções da comunicação e da tecnologia sempre despertaram curiosidade e incutiram em notáveis cientistas a inquietude em torno das modificações sociais do porvir, a ponto de propulsionarem a popularização de expressões como "terceira onda", de Alvin Toffler,[273] "aldeia global", de Marshall McLuhan,[274] ou a "bomba das telecomunicações", de Albert Einstein,[275] não se pode negar que os desdobramentos dessas metáforas adquiriram novas proporções a partir do século XXI.[276]

---

representável como um algoritmo. Ele passou a provar que não havia solução para o problema de decisão concernente à interrupção da atuação de uma máquina. Confira-se: TURING, Alan M. On computable numbers, with an application to the Entscheidungsproblem. **Proceedings of the London Mathematical Society**, Londres, v. 42, n. 1, p. 230-265, nov. 1936; TURING, Alan M. On computable numbers, with an application to the Entscheidungsproblem; a correction. **Proceedings of the London Mathematical Society**, Londres, v. 43, n. 6, p. 544-546, nov. 1938.

272. KITTLER, Friedrich. There is no software. **CTHEORY.net**. 18 out. 1995. Disponível em: http://www.ctheory.net/articles.aspx?id=74. Acesso em: 20 jun. 2023, tradução livre. No original: *"Only in Turing's paper On Computable Numbers with an Application to the Entscheidungsproblem there existed a machine with unbounded resources in space and time, with infinite supply of raw paper and no constraints on computation speed. All physically feasible machines, in contrast, are limited by these parameters in their very code. The inability of Microsoft DOS to tell more than the first eight letters of a file name such as WordPerfect gives just a trivial or obsolete illustration of a problem that has provoked not only the ever-growing incompatibilities between the different generations of eight-bit, sixteen-bit and thirty-two-bit microprocessors, but also a near impossibility of digitizing the body of real numbers formerly known as nature."*
273. *Cf.* TOFFLER, Alvin. **The third wave**. New York: Banthan Books, 1980.
274. *Cf.* McLUHAN, H. Marshall; POWERS, Bruce R. **The global village**: transformations in world life and media in the 21st Century (communication and society). Oxford: Oxford University Press, 1989.
275. Segundo Pierre Lévy, a expressão teria sido cunhada por Einstein ao se referir às três grandes transformações que modificariam sobremaneira a vida em sociedade no curso do século XX: a bomba das telecomunicações, a bomba demográfica e a bomba atômica. (LÉVY, Pierre. **Cibercultura**. Tradução de Carlos Irineu da Costa. 3. ed. São Paulo: Editora 34, 2010, p. 13).
276. DUFF, Alistair S. **Information society studies**. Londres: Routledge, 2000, p. 98. Anota o autor: *"This is not merely a matter of semantics or academic territorialism. It is to do with whether the whole idea of the information society is a genuine innovation or in essence little more than Marshall McLuhan's 'global village' revisited; it is about whether we are indeed witnessing a new social formation, or a variant of an older, much more familiar, social formation."*

Seria um truísmo dizer que se está a viver em uma "era da informação" ou "sociedade da informação",[277] mas, ainda assim, é impossível negar que a informação (juntamente com dados e conhecimento) é agora central para o funcionamento de todas as sociedades desenvolvidas.[278] Por esta razão, se tornou convencional sugerir que essa situação foi desencadeada por uma série de "revoluções de informação" – das quais já se iniciou breve abordagem nos tópicos precedentes –, pelas quais uma nova tecnologia (usando-se, aqui, a palavra em seu sentido mais amplo) mudou drasticamente o modo com que a informação é registrada e comunicada. O número e a natureza dessas revoluções variam entre os comentaristas, mas geralmente incluem a introdução de escrita, impressão, comunicação em massa, o computador digital e a Internet, sendo imperioso analisar brevemente esta evolução para que seja possível compreender o papel do Estado neste amplo contexto.

Michael Buckland argumenta que se trata de um período de "hiper-história", no qual o bem-estar dos indivíduos e das sociedades passou a depender inteiramente das Tecnologias de Informação e Comunicação (TICs).[279] Para Luciano Floridi, o período hodierno seria marcado por uma transição, ou uma "virada informacional", ou, ainda, uma "quarta revolução"[280] (expressão que será melhor apreciada adiante, à luz da doutrina de Schwab), seguindo as revoluções científicas de Copérnico, Darwin e Freud.

Segundo Floridi, os seres humanos deverão ser considerados, ao fim desta etapa transitória, como organismos incorporados informacionalmente ("*inforgs*"), inseridos em um ambiente informacional, a "infosfera", na qual os limites entre os ambientes *online* e *offline* efetivamente se fundem, dando ensejo a uma verdadeira "ontologia digital"[281] que propicia a reinvenção de modelos democráticos e da própria noção de "vida" em sociedade.[282]

Muitos autores identificaram como "sociedades da informação" os Estados Unidos da América, a Grã-Bretanha, o Japão, a Alemanha e outras nações com um estilo de

---

277. *Cf.* FLORIDI, Luciano. **Information**: a very short introduction. Oxford: Oxford University Press, 2010.
278. WEBSTER, Frank. **Theories of the information society**. 3. ed. Londres: Routledge, 2006, p. 2. Diz o autor: "*Amidst this divergent opinion, what is striking is that, oppositional though they are, all scholars acknowledge that there is something special about 'information'.*"
279. BUCKLAND, Michael. **Information and society**. Cambridge: The MIT Press, 2017, p. 51. Comenta: "*Sensing significant developments in one's environment and seeking to influence others—becoming informed and informing others—are basic to survival. In human societies, these interactions are largely and increasingly achieved through documents. When we speak of a community knowing something, it commonly means that some of the individuals in a community know something. The ability to influence what is known within a group can have important political, economic, and practical consequences. What people know is a constituent part of their culture and knowing, believing, and understanding always occurs within a cultural context. In this way, information always has physical, mental, and social aspects that can never be fully separated.*"
280. FLORIDI, Luciano. **The 4th Revolution**: how the infosphere is reshaping human reality. Oxford: Oxford University Press, 2014, p. 1-24; 87 *et seq.*
281. FLORIDI, Luciano. **The philosophy of information**. Oxford: Oxford University Press, 2011, p. 320. O autor comenta: "*When discussing digital ontology, two separate questions arise: a. Whether the physical universe might be adequately modelled digitally and computationally, independently of whether it is actually digital and computational in itself; and b. Whether the ultimate nature of the physical universe might be actually digital and computational in itself, independently of how it can be effectively or adequately modelled.*"
282. LAOURIS, Yiannis. Reengineering and reinventing both democracy and the concept of life in the digital era. *In*: FLORIDI, Luciano (Ed.). **The online manifesto**: being human in a hyperconnected era. Cham/Londres: Springer OpenAccess, 2015, p. 125 *et seq.*

vida semelhante, a ponto de políticos, líderes empresariais e formuladores de políticas tomarem a ideia a ponto de difundirem-na de forma profícua na alavancagem da inovação e do desenvolvimento de novas tecnologias.[283] Contudo, a gênese desses estudos remonta aos meados do século XX, sendo de curial relevância tecer breves notas sobre seus conceitos preliminares e seus entrelaçamentos com o direito público.

1.6.2.1 Os contributos de Fritz Machlup, nos Estados Unidos da América

Alistair Duff, tratando da controvérsia em torno de quem teria sido o pioneiro a trabalhar com um conceito de "sociedade da informação", menciona os contributos de Fritz Machlup para o tema, já em 1962, por ocasião da publicação de *"The production and distribution of knowledge in the United States"*,[284] tendo como ponto central a análise quanto ao caminho que estariam os Estados Unidos da América a trilhar em relação ao desenvolvimento de uma nova forma de organização industrial[285] para a formatação da economia a partir da valorização da informação.[286]

Mas o que impressiona na literatura sobre a sociedade da informação propugnada por Machlup é que o autor trabalha com enorme riqueza de detalhes em suas apreciações do tema, a despeito da vagueza situacional da época quanto aos desdobramentos econômicos do implemento informacional, conforme comenta Duff:

> Dada uma matriz tão calorosa, talvez não surpreenda que 'Machlup 1962' seja considerado, hoje, por expoentes da tese da sociedade da informação como fonte de autoridade quase inatacável, ou como o que os cientistas da informação chamam de 'texto de referência' ou, no jargão da crítica literária moderna, um 'trabalho canônico' (...) em que as evidências foram apresentadas para 'mostrar a crescente importância das indústrias do conhecimento'.[287]

Insofismavelmente, o Estado tem sido, e continua a ser, o maior colecionador, usuário, detentor e produtor de informações.[288] Segundo a doutrina, "[n]a busca por

---

283. WEBSTER, Frank. **Theories of the information society**, cit., p. 2.
284. DUFF, Alistair S. **Information society studies**, cit., p. 21.
285. WEBSTER, Frank. **Theories of the information society**, cit., p. 13. Anota: "*In principle straightforward, but in practice an extraordinarily complex exercise, much of the pioneering work was done by the late Fritz Machlup (1902–83) of Princeton University (Machlup, 1962). His identification of information industries such as education, law, publishing, media and computer manufacture, and his attempt to estimate their changing economic worth (...) [distinguishes] the major arenas of economic activity are the information goods and service producers, and the public and private secondary information sector) bureaucracies'. (...) In the round it may be possible to say that growth in the economic worth of advertising and television is indicative of an information society, but one is left with an urge to distinguish between informational activities on qualitative grounds. The enthusiasm of the information economists to put a price tag on everything has the unfortunate consequence of failing to let us know the really valuable dimensions of the information sector.*"
286. MACHLUP, Fritz. **The production and distribution of knowledge in the United States**. Princeton: Princeton University Press, 1962, p. 15.
287. DUFF, Alistair S. **Information society studies**, cit., p. 86, tradução livre. No original: "*Given such a warm matrix, it is perhaps not surprising that 'Machlup 1962' is regarded today by exponents of the information society thesis as being a source of almost unassailable authority, as what information scientists call a 'benchmark text', or, in the argot of modern literary criticism, a 'canonical work' (...) in which evidence had been adduced to 'show the increasing importance of the knowledge industries'.*"
288. HEEKS, Richard. Reinventing government in the information age. In: HEEKS, Richard (Ed.). **Reinventing government in the information age**: international practice in IT-enabled public sector reform. Londres: Routledge, 1999, p. 16.

processos democráticos/políticos, na gestão de recursos, na execução de funções, na medição de desempenho e na prestação de serviços, a informação é o ingrediente básico".[289]

Dessa forma, os estudos de Machlup surgem com o pioneirismo inerente a uma economia pujante e que se destacou na busca pela reformulação de estruturas essenciais para o progresso da vida sociedade sob novo ponto de vista.[290] Todas as estruturas sociais foram revisitadas nas décadas que se seguiram, culminando na remodelagem da interação entre política e Estado, com consequências para as interações humanas.[291]

1.6.2.2 Os contributos de Yoneji Masuda, no Japão

Em paralelo aos estudos de Machlup no ocidente, floresciam diversas concepções acerca do papel da informação para a reformulação social no Japão do pós-guerra, marcado pela busca incessante pela recuperação econômica e pelo desenvolvimento de novos modelos de interação social com as relações de trabalho marcadas pelo movimento toyotista de produção, que primava pela eliminação do desperdício e pela flexibilização produtiva, que o tornava mais flexível que seus predecessores (taylorismo e fordismo) e, consequentemente, mais apto a lastrear os modais econômicos da segunda metade do século XX.[292]

Foi nesse ambiente que importantes pensadores orientais começaram a se dedicar à busca por respostas para o fenômeno que passaram a vivenciar, cujo substrato, desde logo, lhes permitiu uma diagnose concreta acerca da transição para o reavivamento econômico à luz da presença da informação. Alguns nomes apresentaram seus contributos, como Kisho Kurokawa,[293] Youichi Ito e Tudao Umesao,[294] na década de 1960, mas a efetiva conceituação se deu a partir dos trabalhos de Yujiro Hayashi[295] e Yoneji Masuda, sendo

---
289. ISAAC-HENRY, Kester. Management of information technology in the public sector. *In:* ISAAC-HENRY, Kester; PAINTER, Chris; BARNES, Chris (Ed.). **Management in the public sector**: challenge and change. Londres: International Thomson Business Press, 1997, p. 132, tradução livre. No original: *"In pursuing the democratic/political processes, in managing resources, executing functions, measuring performance and in service delivery, information is the basic ingredient'."*
290. Para uma interpretação aprofundada das visões de Fritz Machlup, confira-se: PORAT, Marc Uri. The information economy: definition and measurement. **Office of Telecommunications Special Publication**, Washington, D.C.: US Department of Commerce, Office of Telecommunications, v. 77, n. 12, maio 1977. Disponível em: https://eric.ed.gov/?id=ED142205. Acesso em: 20 jun. 2023.
291. HILDEBRANDT, Mireille. The public(s) onlife. *In:* FLORIDI, Luciano (Ed.). **The online manifesto**: being human in a hyperconnected era. Cham/Londres: Springer OpenAccess, 2015, p. 181 *et seq.*
292. OHNO, Taiichi. **Gestão dos postos de trabalho**. Tradução de Heloisa Corrêa da Fontoura. Porto Alegre: Bookman, 2015, p. 28.
293. KARVALICS, Laszló Z. **Information society dimensions**. Szeged: JATE Press, 2010, p. 14. E-book. Anota o autor: *"The collection "information society as it is now used first emerged in Japanese social sciences in the early 1960s. The Japanese version of the expression ('joho shakai', 'johoka shakai') was born during a conversation in 1961 between Kisho Kurokawa, the famous architect, and Tadao Umesao, the renowed historian and anthropologist."*
294. DUFF, Alistair S. **Information society studies**, cit., p. 4. Anota: *"A different, and rather more nuanced, account of Japanese literary origins can be found in the writings of Youichi Ito. Like Cawkell and others, he links the origination of the term 'information society' to 'information industries'. According to Ito, the latter term was first used by Tadao Umesao in an article intitled 'Joho Sangyo Ron' ('On Information Industries'), published in the January 1963 issue of the media periodical 'Hoso Asahi' (Rising Sun Broadcasting). Ito argues that, while Umesao did not actually use the terms 'Joho Shakai' ot 'Johoka Shakai', his article 'caused the 'joho shakai' (information society) boom."*
295. DUFF, Alistair S. **Information society studies**, cit., p. 3-4. Anota: *"(...) Yujiro Hayashi did the actual coining in 1969, i.e. a year before the ASIS conference. In that year two Japanese government reports on the theme of the information society were published, on both of which Hayashi had acted as a leading advisor: his book Johoka Shakai: Hado no*

este último o autor da obra que popularizou a expressão 情報化社会 (na transliteração, lê-se: *jōhōka shakai*), que se traduz como "sociedade de base informacional" ou "sociedade baseada na informação":

> Uma das ações mais interessantes ocorreu no Japão, onde, em 1972, uma organização sem fins lucrativos chamada Japan Computer Usage Development Institute apresentou ao governo "O Plano para a Sociedade da Informação – Uma meta nacional para o ano 2000". Este plano foi desenvolvido para apresentação como um plano modelo para a realização da sociedade da informação no Japão. Dá uma imagem de uma sociedade da informação que é desejável e pode ser realizada em 1985. Também inclui um plano integrado envolvendo vários projetos para a construção da sociedade da informação impressa em azul. Estou muito honrado e me considero feliz por ter sido nomeado gerente de projeto deste ambicioso plano nacional. O objetivo do plano é a realização de uma sociedade que produza um estado geral de florescimento da criatividade intelectual humana, em vez do consumo material afluente.

Os contributos do autor, narrados nas primeiras linhas de sua obra, revelam uma visão à frente de seu tempo, que projetava o nascimento de uma nova sociedade japonesa antes mesmo da virada do milênio. Também é de Masuda a primeira utilização da expressão ("*information society*") em língua inglesa.[296] Sem dúvidas, a influência do autor para a popularização do significado amplo de um novo modelo de sociedade baseado na informação voltado à ressignificação da economia em sintonia com a reaproximação dos cidadãos ao Estado em verdadeiro "chamado à participação democrática",[297] sugestionando a adoção do eixo central que viria a se tornar o fenômeno da consensualização na Administração Pública – tema que será profundamente analisado mais adiante.

1.6.2.3 A giuscibernetica, de Mario G. Losano

Em paralelo à formulação de um conceito para a sociedade da informação, não se pode deixar de comentar o papel de Mario G. Losano para a delimitação da interferência da tecnologia sobre o direito. É do autor italiano a concepção e cunhagem do termo *giuscibernetica*[298] (traduzido para o português como juscibernética), que estaria relacionado a "tudo que estiver relacionado à relação dos homens, máquina e direito".[299] Na interação entre humanos e máquinas, o autor faz um estudo compreensivo quanto à

Shakai Kara Sofuto no Shakai (The Information Society: From Hard to Soft Society), which reportedly sold 100,000 copies, appeared simultaneously."
296. MASUDA, Yoneji. **The information society as post-industrial society**. Tóquio: Institute for the Information Society, 1980, p. 13, tradução livre. No original: "*One of the most interesting actions has occurred in Japan, where in 1972 a non-profit organization called the Japan Computer Usage Development Institute presented to the government 'The Plan for Information Society – A national goal toward the year 2000'. This plan had been developed for presentation as a model plan for the realization of Japan's information society. It gives a picture of an information society that is desirable and can be realized by 1985. It also includes an integrated plan involving various projects for the construction of the blue-printed information society. I am very honored and consider myself fortunate to have been appointed project manager of this ambitious national plan. The goal of the plan is the realization of a society that brings about a general flourishing state of human intellectual creativity, instead of affluent material consumption.*"
297. DUFF, Alistair S. **Information society studies**, cit., p. 4.
298. MASUDA, Yoneji. **The information society as post-industrial society**, cit., p. 101 *et seq.*
299. A palavra é uma junção do prefixo latino *ius* (direito), adaptado para o italiano, e do substantivo 'cibernética' (do grego κυβερνητική [lê-se: '*kybernētikē*'], a "arte de governar"), denotando uma junção das aptidões humanas e das máquinas para o aperfeiçoamento de institutos jurídicos.

inserção tecnológica no direito, e aponta quatro 'razões primordiais' para essa diagnose: (i) a razão técnica; (ii) a razão econômica; (iii) a razão prática; (iv) a razão social.[300]

A primeira razão é aferida sob o prisma técnico, partindo-se de uma proposta de reestruturação do aparato estatal às novas tecnologias – algo que se pode vislumbrar para a salvaguarda jurídica, uma vez que, "se o fenômeno informático é recente, a problemática dos direitos fundamentais é pensada há muito tempo"[301] – para aportar em um novo modelo funcional baseado em efetiva gestão pública:

> A primeira razão é técnica. Quando empresas introduziram individualmente processadores eletrônicos em sua gestão de negócios, os órgãos de controle estatais foram forçados a se adaptar às novas técnicas: se não o tivessem feito, logo seriam incapazes de realizar suas tarefas de controle porque, tentando verificar com os meios tradicionais os cálculos feitos por uma empresa com computadores, a perda de tempo teria sido tal que eles teriam descoberto possíveis crimes [tributários] quando estivessem prescritos e, portanto, não mais passíveis de execução. (...) Um período de tempo muito longo entre a estipulação do acordo e o pronunciamento da nulidade pela autoridade poderia resultar na paralisação da atividade das duas empresas, ou na estipulação de atos que podem então ser declarados inválidos, com o consequente desconforto não só das duas empresas em questão, mas também de todos os operadores econômicos que estabeleceram relações comerciais com eles.[302]

Já quanto à segunda razão, importa destacar seu cariz econômico, que se materializa da necessidade de aferição de custos para o implemento de novas tecnologias para o fim de propulsionar a atividade estatal e garantir maior efetividade ao direito a partir disso: "A segunda razão é econômica. A instalação e operação de um equipamento eletrônico requer investimentos de tal porte que, necessariamente, se concentram em projetos que possam gerar uma certa renda (mesmo que não diretamente em dinheiro)."[303]

Prosseguindo, salienta-se que a aplicabilidade prática da tecnologia para as esferas geral e individual possui contornos específicos do ponto de vista informacional.[304]

---

300. LÓSSIO, Claudio Joel Brito. Juscibernética e o direito das máquinas. In: CAMARGO, Coriolano Almeida; SANTOS, Cleórbete (Org.). **Direito digital**: novas teses jurídicas. Rio de Janeiro: Lumen Juris, 2018, p. 73.
301. LOSANO, Mario G. **Giuscibernetica**: macchine e modelli cibernetici nel diritto. Turim: Einaudi, 1969, p. 19. Destaca o autor: "*La cibernetica suscita discussioni sui problemi di fondo di tutte le discipline soprattutto perché mostra come sia possibile individuare e controllare i meccanismi che regolano certi fenomeni, anche là dove un tempo si riteneva che le forze della natura agissero in modo spontaneo. La cibernetica offre così all'uomo la possibilità di divenire soggetto agente in eventi, di cui fino ad oggi fu soltanto spettatore passivo.*"
302. LIMBERGER, Têmis. Direito e informática: o desafio de proteger os direitos do cidadão. In: SARLET, Ingo Wolfgang (Org.). **Direitos fundamentais, informática e comunicação**: algumas aproximações. Porto Alegre: Livraria do Advogado, 2007, p. 197.
303. LOSANO, Mario G. **Giuscibernetica**, cit., p. 40-41, tradução livre. No original: "*Il primo motivo è tecnico. Quando le singole imprese introdussero gli elaboratori elettronici nella propria gestione aziendale, gli organi statali di controllo si videro costretti ad adeguarsi alle nuove tecniche: se non l'avessero fatto, in breve tempo si sarebbero trovati nell'impossibilità di svolgere il proprio compito di controllo, perché, cercando di verificare con i mezzi tradizionali i calcoli compiuti dall'impresa con gli elaboratori elettronici, la perdita di tempo sarebbe stata tale, che essi avrebbero scoperto gli eventuali reati quando questi sarebbero già stati prescritti e, pertanto, non più perseguibili. (...) Un lasso di tempo troppo lungo fra la stipulazione dell'accordo e la pronuncia di nullità da parte dell'autorità potrebbe avere come conseguenza la paralisi dell'attività delle due imprese, ovvero la stipulazione di atti che potranno poi essere dichiarati nulli, con il conseguente disagio non solo delle due imprese in questione, ma anche di tutti gli operatori economici che con esse sono entrati in rapporti d'affari.*"
304. LOSANO, Mario G. **Giuscibernetica**, cit., p. 41, tradução livre. No original: "*Il secondo motivo è economico. L'impianto e l'esercizio di un elaboratore elettronico rende necessari investimenti di tali dimensioni, che necessariamente l'attenzione si rivolge a progetti suscettibili di dare un certo reddito (anche se non direttamente in numerario).*"

Segundo Losano, o direito passa a ser fortemente influenciado por essa modificação na base estrutural do trato da informação, a partir do processamento eletrônico, que possui esquemas operacionais próprios:

> A terceira razão é prática. Em todas as atividades, tentamos sempre partir do ponto de menor resistência; nos escritórios responsáveis pelo processamento eletrônico de dados, em particular, já havia projetos para o processamento de vários tipos de informação. Agora, no campo da atividade legal prática, a norma geral ou individual pode ser tratada como qualquer outra informação (por exemplo, a data de nascimento de uma pessoa ou o arquivo bibliográfico de um livro) e, portanto, se pode aplicar ao direito esquemas operacionais já testados.[305]

Há tempos, a doutrina sinaliza a necessidade de um "ecossistema no qual partes como governos, empresas, programadores, cientistas de dados, partes interessadas, advogados e usuários possam trabalhar melhor em boas aplicações de *big data*".[306] Este desejo já era sinalizado por Losano, ao pontuar a importância da influência obtida no *common law* e na dinâmica de valorização dos precedentes para a formulação de uma racionalidade 'social' voltada à minimização da desorganização (e, aqui, se reporta ao conceito de 'entropia' delineado por Norbert Wiener[307]) provocada pelo descompasso entre Estado e tecnologia, cujos efeitos são irradiados aos sistemas jurídicos d'outras tradições com a marca do ordenamento onde mais fortemente se propulsiona essa doutrina: o norte americano.

Com efeito: "A quarta razão poderia ser chamada social e, aqui, é a que mais interessa ao jurista. A aplicação de computadores ao direito tem surgido e se desenvolvido sobretudo nos Estados Unidos e é, portanto, influenciada pela concepção jurisprudencial do direito."[308] Percebe-se, nessa toada, a importância de se vislumbrar, como fez Losano, as dificuldades que a aceleração tecnológica e a Globalização fariam repercutir sobre as nuances que diferenciam as principais tradições jurídica – aspecto central para a reformulação do papel do Estado (independentemente de sua filiação a um ou outro modelo) no século XXI.

---

305. BUCKLAND, Michael. **Information and society**, cit., p. 51. Destaca: "*Sensing significant developments in one's environment and seeking to influence others—becoming informed and informing others—are basic to survival. In human societies, these interactions are largely and increasingly achieved through documents. When we speak of a community knowing something, it commonly means that some of the individuals in a community know something. The ability to influence what is known within a group can have important political, economic, and practical consequences. What people know is a constituent part of their culture and knowing, believing, and understanding always occurs within a cultural context. In this way, information always has physical, mental, and social aspects that can never be fully separated.*"
306. LOSANO, Mario G. **Giuscibernetica**, cit., p. 42, tradução livre. No original: "*Il terzo motivo è pratico. In ogni attività si cerca sempre di iniziare dal punto di minor resistenza; negli uffici competenti per l'elaborazione elettronica dei dati, in particolare, esistevano già progetti per l'elaborazione di informazioni di vario genere. Ora, nel settore dell'attività giuridica pratica, la singola norma generale o individuale può essere trattata come una qualsiasi altra informazione (per esempio, la data di nascita d'una persona o la scheda bibliografica d'un libro) e, pertanto, si possono applicare al diritto schemi operativi già collaudati.*"
307. KLOUS, Sander; WIELAARD, Nart. **We are big data**: the future of the information society. Amsterdã: Atlantis Press, 2016, p. 158, tradução livre. No original: "*What we need is an ecosystem in which parties such as governments, companies, programmers, data scientists, stakeholders, lawyers and users can best work together on good Big Data applications.*"
308. WIENER, Norbert. **Cibernética e sociedade**: o uso humano de seres humanos. Tradução de José Paulo Paes. 5. ed. São Paulo: Cultrix, 1978, p. 21. Anota: "Assim como a entropia é uma medida de desorganização, a informação conduzida por um grupo de mensagens é uma medida de organização."

1.7 DILEMAS DE UM DESCOMPASSO ANUNCIADO

Não é novidade dizer que o ritmo da inovação tecnológica caminha em verdadeiro descompasso com a capacidade do Estado de prover soluções jurídicas adequadas, em todos os *fronts* de sua atuação, inclusive no plano econômico. Eis a pontuação de Jan van Dijk:

> A lei e a justiça ficaram atrás das novas tecnologias em quase todos os períodos da história. Isso é compreensível, uma vez que uma nova tecnologia deve se estabelecer na sociedade antes que a legislação possa ser aplicada a ela. Além disso, as consequências da nova tecnologia nem sempre são claras imediatamente. É por isso que a resposta legal geralmente tem o caráter de uma reação ou um ajuste dos princípios existentes. Na sociedade civil, esse caráter é reforçado pelo princípio do direito civil, no qual os indivíduos inicialmente agem livremente e a lei faz correções subsequentemente.[309]

Fato é que esse descompasso foi propulsionado a partir da década de 1990, com o advento da Internet, à qual Bill Gates, Nathan Myhrvold e Peter Rinearson, em sua renomada obra "A estrada do futuro", já imputavam o destacado papel de revolucionar as comunicações no Século XXI,[310] ainda que, naquela época, fossem bastante contidos os fluxos de dados, com trocas marcadas por imagens simples (de baixa resolução), textos e gráficos intercambiados em um sistema ainda rudimentar e pouco interligado chamado de *web 1.0* e concebido sob premissas militares pela Agência de Projetos de Pesquisas Avançadas – ARPA (*Advanced Research Projects Agency*) do Departamento de Defesa dos EUA.[311]

Avançou-se para a segunda "etapa", chamada por Tim O'Reilly de *web 2.0*,[312] e a Internet adquiriu uma dimensão jurídica fundamental devido à intensificação do compartilhamento de dados e à massificação de seu uso para finalidades diversas, em uma problemática marcada pelo incremento, em progressão geométrica, do poder computacional[313] e da capacidade de operacionalização, a curto e médio prazo, de sua influência no cotidiano informacional, suscitando visões de uma era "pós-territorial" (sem fronteiras).[314]

---

309. LOSANO, Mario G. **Giuscibernetica**, cit., p. 44, tradução livre. No original: "*Il quarto motivo potrebbe esser detto sociale e, in questa sede, è quello che più interessa il giurista. L'applicazione di elaboratori elettronici al diritto è sorta e si è sviluppata soprattutto negli Stati Uniti ed è quindi influenzata dalla concezione giurisprudenziale del diritto.*"
310. VAN DIJK, Jan. **The network society**. 2. ed. Londres: Sage Publications, 2006, p. 128, tradução livre. No original: "*The law and justice have lagged behind new technology in almost every period in history. This is understandable, as new technology must become established in society before legislation can be applied to it. Furthermore, the consequences of new technology are not always clear right away. That is why the legal answer usually has the character of a reaction or an adjustment of existing principles. In civil society, this character is enhanced by the principle of civil law, in which individuals initially act freely and the law subsequently makes corrections.*"
311. GATES, Bill; MYHRVOLD, Nathan; RINEARSON, Peter. **A estrada do futuro**. Tradução de Beth Vieira, Pedro Maia Soares, José Rubens Siqueira e Ricardo Rangel. São Paulo: Cia. das Letras, 1995, p. 145-173.
312. KANAAN, João Carlos. **Informática global**, cit., p. 30-31.
313. O'REILLY, Tim. Web 2.0: compact definition? **Radar: Insight, Analysis, and Research About Emerging Technologies**, 01 out. 2005. Disponível em: http://radar.oreilly.com/2005/10/web-20-compact-definition.html. Acesso em: 20 jun. 2023.
314. Neste aspecto, teve grande proeminência a já analisada "Lei de Moore", tendo os microcomputadores, processadores, discos rígidos e toda outra espécie de equipamento informático evoluído a passos largos em termos de capacidade.

Na transição para o século XXI, inaugurou-se a *web 3.0*, com sua rede operável em tempo real, armazenamento ininterrupto de dados (*always recording*),[315] tecnologia tridimensional e avatares virtuais, dando origem à "web semântica" e à legibilidade da rede por máquinas – e não mais apenas por seres humanos – e à hiperconectividade, ligada às comunicações entre indivíduos (*person-to-person*, P2P), entre indivíduos e máquina (*human-to-machine*, H2M) ou entre máquinas (*machine-to-machine*, M2M), a partir de um vasto aparato técnico[316] que reavivou as discussões em torno dos limites da privacidade,[317] e conduziu as políticas de Estado a um novo paradigma, assim descrito por Ian Lloyd:

> Há quase sessenta anos, o mundo estava se recuperando do trauma do conflito global. A negociação da Declaração Universal e da Convenção Europeia dos Direitos Humanos foi considerada como um importante componente legislativo do caminho para a recuperação. O aumento dos direitos individuais foi visto como a melhor resposta ao trauma do terror global. Hoje, a visão parece ser que os direitos precisam ser restringidos para derrotar o terror. Embora se possa argumentar, evidentemente, que um paralelo mais próximo é com a promulgação da legislação de emergência em tempo de guerra, a situação atual é talvez mais parecida com a imagem retratada no romance '1984', de George Orwell, em que uma condição de guerra perpétua e não declarada existia entre três blocos de poder, com alianças e batalhas de mudança geralmente travadas longe de casa, mas usadas como justificativas para políticas domésticas repressivas.[318]

Não bastasse considerar que "a vitalidade e a continuidade da Constituição dependem da sua capacidade de se adaptar às novas transformações sociais e históricas, possibilitando uma proteção dos cidadãos contra novas formas de poder que surgem na sociedade",[319] estando o Estado no limite da emanação de seu *jus imperii*, surgem ferramentas de extrema sofisticação – os chamados algoritmos – capazes de conceder a quem os opera grandes quantidades de dados perfilados e interpretados para otimizar resultados.

Nesta era revolucionária, diversos autores já indicam que se está caminhando para a *web 4.0* ou "*web* inteligente", marcada pela presença da 'Internet das Coisas',[320] marcada

---

315. GOLDSMITH, Jack; WU, Tim. **Who controls the Internet?** Illusions of a borderless world. Oxford: Oxford University Press, 2006, p. 13.
316. FREDETTE, John *et al.* The promise and peril of hyperconnectivity for organizations and societies. *In:* DUTTA, Soumitra; BILBAO-OSORIO, Beñat (Ed.). **The global information technology report 2012**: living in a hyperconnected world. Genebra: Insead; World Economic Forum, 2012, p. 113.
317. QUAN-HAASE, Anabel; WELLMAN, Barry. Hyperconnected network: computer-mediated community in a high-tech organization. *In:* ADLER, Paul S.; HECKSCHER, Charles (Ed.). **The firm as a collaborative community**. Nova York/Oxford: Oxford University Press, 2006, p. 285.
318. RODOTÀ, Stefano. **Intervista su privacy e libertà**. Roma/Bari: Laterza, 2005, p. 120.
319. LLOYD, Ian J. **Information technology law**. 6. ed. Oxford: Oxford University Press, 2011, p. 19, tradução livre. No original: "*Almost sixty years ago, the world was recovering from the trauma of global conflict. The negotiation of the Universal Declaration and the European Convention on Human Rights was regarded as a major legislative component of the road to recovery. The enhancement of individual rights was seen as the best response to the trauma of global terror. Today, the view appears to be that rights need to be restricted in order to defeat terror. Whilst it may, of course, be argued that a closer parallel is with the enactment of emergency legislation in time of war, the present situation is perhaps more akin to the image portrayed in George Orwell's novel 1984, where a condition of perpetual and undeclared war existed between three power blocks, with shifting alliances and battles generally fought far from home but used as justification for repressive domestic policies.*"
320. MENDES, Laura Schertel. **Privacidade, proteção de dados e defesa do consumidor**: linhas gerais de um novo direito fundamental. São Paulo: Saraiva, 2014, p. 169.

pela rastreabilidade de seus passos e ações no mundo virtual, sendo frequentemente privados da escolha quanto à técnica de obtenção de dados e quanto às informações que serão colhidas a seu respeito.[321] Nessa linha, autores como Karan Patel já sustentam a gênese de uma *web 5.0*, ou 'web simbiótica',[322] na qual se poderia integrar, em ritmo paulatino, as tecnologias ao próprio ser humano (fenômeno denominado 'trans-humanismo'[323]), contemplando até sentimentos e emoções ou transformando a *web* em um 'cérebro' paralelo.[324]

Inquestionavelmente, tecnologia e sociedade se interconectam, e a presença da Internet modifica essa dinâmica, propulsionando a inovação, mas incapacitando o poder de reação do Estado às novas contingências daí advindas.

1.7.1 A nova 'galáxia' da Internet

Quando se pensa em um novo modelo de sociedade, ou, como diz Manuel Castells, em uma nova 'galáxia da Internet',[325] inúmeros conceitos surgem para delimitar a nova fronteira inaugurada pela hipercomunicação. Se, antes, a presença da informática representou um terceiro estágio da revolução industrial, tem-se, com o fluxo comunicacional do século XXI, uma dinâmica completamente nova.

1.7.1.1 A sociedade pós-industrial de Daniel Bell

Daniel Bell informa que as expressões sociedade industrial, pré-industrial e pós-industrial são sequências conceituais ao longo do eixo da produção e dos tipos de conhecimento utilizados.[326] Sobre este conceito, Frank Webster assim se pronuncia:

> Bell sustenta que estamos entrando em um novo sistema, uma sociedade pós-industrial, que, embora tenha várias características distintivas, é caracterizada por uma presença intensificada e com maior significação da informação. Como veremos, Daniel Bell argumenta que a informação e o conhecimento são cruciais para a *post-industrial society* (PIS), quantitativa e qualitativamente. Por um lado, características do pós-industrialismo levam a maiores quantidades de informação em uso. Por outro lado, Bell afirma que, na sociedade pós-industrial, há uma mudança qualitativa evidente, especialmente na ascensão à proeminência do que ele chama de "conhecimento teórico". No mundo do PIS, em outras palavras, não há apenas mais informações; há também um tipo diferente de informação/conhecimento em jogo. Com tais características, será prontamente apreciado porquê de a teoria de

---

321. GREENGARD, Samuel. **The internet of things**. Cambridge: The MIT Press, 2015, p. 188-189.
322. ROUTIER, Richard. Traçabilité ou anonymat des conexions? *In:* PEDROT, Philippe (Org.). **Traçabilité et responsabilité**. Paris: Economica, 2003, p. 154.
323. PALUMA, Thiago; FALEIROS JÚNIOR, José Luiz de Moura. Aspectos regulatorios de la protección jurídica de la privacidad y de los datos personales en Brasil. **Justicia y Derecho**, Santiago, v. 2, n. 1, p. 69-84, jan./jun. 2019, p. 73.
324. A gênese do trans-humanismo é atribuída usualmente ao biólogo Julian Huxley, desde a década de 1950; porém, o termo em si deriva de um artigo publicado na década de 1940 por W.D. Lighthall.
325. PATEL, Karan. Incremental journey for world wide web: introduced with web 1.0 to recent web 5.0: a survey paper. **International Journal of Advanced Research in Computer Science and Software Engineering**, Jaunpur, v. 3, n. 10, p. 410-417, out. 2013, p. 416.
326. *Cf.* CASTELLS, Manuel. **The Internet galaxy**: reflections on the Internet, business, and society. Oxford: Oxford University Press, 2001.

Bell sobre o "pós-industrialismo" apelar àqueles que querem explicar o surgimento de uma "sociedade da informação".[327]

A partir de sua visão sociológica sobre o papel do período pós-industrial, Daniel Bell oferece uma tipologia de diferentes sociedades que variam conforme seja diverso o modo predominante das relações laborais, em qualquer estágio. Em sua opinião, embora nas sociedades pré-industriais o trabalho agrícola seja bastante onipresente, e nas sociedades industriais o trabalho fabril seja a norma, nas sociedades pós-industriais é o emprego de serviços que predomina – e isto tende a sofrer interferências profundas com a presença da informática e a ressignificação do valor do trabalho intelectual na derrocada das capacidades humanas em face do poder computacional.[328]

1.7.1.2   A sociedade em rede, de Jan van Dijk e Manuel Castells

Vários conceitos já foram propostos para a definição do que seria uma "sociedade em rede", porém, o sociólogo holandês Jan van Dijk foi proeminente ao sugestionar a expressão *"the network society"*,[329] traduzida para o inglês a partir do título de sua obra homônima, publicada originalmente em holandês, no ano de 1991, sob o título *"De Netwerkmaatschappij"*. Este conceito viria a ser revisitado em 1996 pelo sociólogo espanhol Manuel Castells, em sua obra *"The Rise of the Network Society"*, a primeira parte de uma trilogia denominada *"The Information Age"*.[330]

Os conceitos propostos por Manuel Castells, em 1996, partem da consideração das redes como substratos de uma nova morfologia das sociedades, de modo que seu conceito de "sociedade em rede" vai além do conceito de "sociedade da informação", porquanto a mera informação depende de sustentáculos que lhe são trazidos, por exemplo, pela religião, pela elevação cultural, pela organização política e por diversos outros fatores que moldam a sociedade de várias formas:

---

327. BELL, Daniel. **The coming of the post-industrial society**, cit., p. 25.
328. WEBSTER, Frank. **Theories of the information society**, cit., p. 35, tradução livre. No original: *"Bell contends that we are entering a new system, a post-industrial society, which, while it has several distinguishing features, is characterised throughout by a heightened presence and significance of information. As we shall see, Daniel Bell argues that information and knowledge are crucial for PIS both quantitatively and qualitatively. On the one hand, features of post-industrialism lead to greater amounts of information being in use. On the other hand, Bell claims that in the post-industrial society there is a qualitative shift evident especially in the rise to prominence of what he calls 'theoretical knowledge'. In the world of PIS, in other words, there is not just more information; there is also a different kind of information/knowledge in play. With such features, it will be readily appreciated why Bell's theory of 'post-industrialism' appeals to those who want to explain the emergence of an 'information society'."*
329. Esta inquietação também é manifestada por Yuval Noah Harari: "Quando a autoridade passa de humanos para algoritmos, não podemos mais ver o mundo como o campo de ação de indivíduos autônomos esforçando-se por fazer as escolhas certas. Em vez disso, vamos perceber o universo inteiro como um fluxo de dados, considerar organismos pouco mais que algoritmos bioquímicos e acreditar que a vocação cósmica da humanidade é criar um sistema universal de processamento de dados – e depois fundir-se a ele. Já estamos nos tornando, hoje em dia, minúsculos *chips* dentro de um gigantesco sistema de processamento de dados que ninguém compreende a fundo. Todo dia eu absorvo incontáveis *bits* de dados através de *e-mails*, tuítes e artigos. Na verdade, não sei onde me encaixo nesse grande esquema de coisas, e como meus *bits* de dados se conectam com os *bits* produzidos por bilhões de outros humanos e computadores. Não tenho tempo para descobrir, porque eu também estou ocupado, respondendo a *e-mails*" (HARARI, Yuval Noah. **21 lições para o século 21**. Tradução de Paulo Geiger. São Paulo: Cia. das Letras, 2018, p. 83).
330. VAN DIJK, Jan. **The network society**, cit., p. 6.

Nossa exploração das estruturas sociais emergentes nos domínios da atividade e da experiência humanas leva a uma conclusão abrangente: como uma tendência histórica, funções e processos dominantes na Era da Informação estão cada vez mais organizados em torno de redes. As redes constituem a nova morfologia social de nossas sociedades, e a difusão da lógica de rede modifica substancialmente a operação e os resultados nos processos de produção, experiência, poder e cultura.[331]

Para van Dijk, ao revés, a informação constitui a substância da sociedade contemporânea, que adquire forma a partir das estruturas organizacionais, podendo irradiar efeitos e gerar perigos na esfera jurídica.[332] Não se deixa de ter em conta, porém, que para contrapor o fenômeno globalizatório e as dificuldades de se ter controle sobre a sociedade em rede, "[s]omente um contrato social global (reduzindo a brecha, sem necessariamente igualar as condições sociais e de trabalho), vinculado aos acordos tarifários internacionais, poderia evitar o desaparecimento dos estados de bem-estar mais generosos."[333]

A superação dos desafios informacionais passa, na visão de Castells, por uma reformulação do papel da mente humana frente aos desafios tecnológicos, com a propulsão de um novo repensar que, para o autor, permitirá ao ser humano atingir seus desideratos.[334]

1.7.1.3 Informação e o mercado, segundo Herbert Schiller

Herbert I. Schiller (1919-2000) foi um proeminente autor dentre os teóricos críticos das tendências no domínio da informação durante o final do século XX. Suas principais observações eram voltadas para as características estruturais, que estão por trás da atuação da mídia no mercado de veiculação informacional. Normalmente, essas

---

331. A trilogia "*The Information Age*" descreve o papel da informação na sociedade contemporânea, a partir da mudança de uma sociedade industrial para uma sociedade informacional, que começou na década de 1970 e culminou na formação de uma sociedade estruturada em torno de redes, em vez de atores individuais, e que trabalha com fluxo constante de informações através da tecnologia. Castells enfatiza a inter-relação das características sociais, econômicas e políticas da sociedade, e argumenta que a 'rede' é a característica que marca a época atual. Sobre a obra, tem-se os comentários de Frank Webster: "*The culmination of twenty-five years of research, The Information Age is a magnum opus. Reprinted many times over, with revised editions quickly following the original, the trilogy has been translated into over twenty languages. Castells has become recognised as the leading living thinker on the character of contemporary society, appearing on television to outline his views and being profiled in newspapers*" (WEBSTER, Frank. **Theories of the information society**, cit., p. 98).
332. CASTELLS, Manuel. **The rise of the network society**. 2. ed. Oxford/West Sussex: Wiley-Blackwell, 2010. (The information age: economy, society, and culture, v. 1), p. 500, tradução livre. No original: "*Our exploration of emergent social structures across domains of human activity and experience leads to an over-arching conclusion: as an historical trend, dominant functions and processes in the Information Age are increasingly organized around networks. Networks constitute the new social morphology of our societies, and the diffusion of networking logic substantially modifies the operation and outcomes in processes of production, experience, power, and culture.*"
333. VAN DIJK, Jan. **The network society**, cit., p. 138. Anota: "*First, in the legal sphere, international networks can be instruments to evade national legislation. They enable not only extremely fast file transfers from one country to another, but also a division of the parts of information processing between the most advantageous countries – which means the cheapest and least regulated countries. Data are gathered in one country, edited and stored in another, and distributed and used as information in yet another country, thus avoiding taxes, rights of ownership and privacy legislation. Some countries are already known as data paradises or data-free havens. One just picks a country where there is little or no sanction against a particular wrongful act, or even a crime, and makes sure one has access to an international network.*"
334. CASTELLS, Manuel. **The power of identity**. 2. ed. Oxford/West Sussex: Wiley-Blackwell, 2010. (The information age: economy, society, and culture, v. 2), p. 314, tradução livre. No original: "*Only a global social contract (reducing the gap, without necessarily equalizing social and working conditions), linked to international tariff agreements, could avoid the demise of the most generous welfare states.*"

são características econômicas, como padrões de propriedade, fontes de receita de publicidade e capacidade de gasto do público.[335]

Ele era amplamente conhecido por argumentar que a mídia norte-americana é controlada por algumas corporações que criam, processam, refinam e presidem a circulação de imagens e informações que determinam crenças, atitudes e comportamentos. À época, tais afirmações eram canalizadas às grandes redes de televisão a cabo e jornais. Em seus dizeres:

> Não há dúvida de que informações estão sendo geradas agora, mais do que nunca. Não há dúvida também de que o mecanismo para gerar essas informações, armazená-las, recuperá-las, processá-las e divulgá-las é de qualidade e caráter nunca antes disponíveis. A infraestrutura real de criação, armazenamento e disseminação de informações é notável.[336]

Certos elementos estruturais restringem, na visão de Schiller, o conteúdo dos noticiários, gerando controle sobre as mudanças nas áreas de informação e comunicação como um dos aspectos centrais do capitalismo corporativo. Noutros dizeres, o capitalismo contemporâneo, desde a ascensão das grandes empresas de mídia, já seria dominado por corporações que possuem características particulares. Hodiernamente, por outro lado, tem-se organizações altamente concentradas e até mesmo oligopolistas, porém, em nova frente: transcende-se os meios de comunicação tradicionais e adentra-se à era da Internet.

1.7.1.4 Informação e democracia, segundo Jürgen Habermas

O conceito de informação adquire contornos cada vez mais relevantes para a conformação da democracia no século XXI, se robustecendo a partir do implemento de técnicas distintivamente bem elaboradas e voltadas para o reforço do processo deliberativo, especialmente em momentos eleitorais.[337] É nesse contexto que ganha proeminência a preocupação indicada por Frank Webster: "Quando tantos cidadãos são tão terrivelmente ignorantes, certamente perguntas devem ser feitas sobre o calibre de suas fontes de informação."[338]

---

335. Diz o autor: "*The promise of the Information Age is the unleashing of unprecedented productive capacity by the power of the mind. I think, therefore I produce. In so doing, we will have the leisure to experiment with spirituality, and the opportunity of reconciliation with nature, without sacrificing the material well-being of our children. The dream of the Enlightenment, that reason and science would solve the problems of humankind, is within reach.*" (CASTELLS, Manuel. **End of millennium**. 2. ed. Oxford/West Sussex: Wiley-Blackwell, 2010 (The information age: economy, society, and culture, v. 3), p. 395.
336. WEBSTER, Frank. **Theories of the information society**, cit., p. 126.
337. SCHILLER, Herbert I. The communications revolution: who benefits? **Media Development**, Nova York, v. 30, n. 4, p. 18-20, 1983, tradução livre. No original: "*There is no doubt that more information is being generated now than ever before. There is no doubt also that the machinery to generate this information, to store, retrieve, process and disseminate it, is of a quality and character never before available. The actual infrastructure of information creating, storage and dissemination is remarkable.*"
338. ACKERMAN, Bruce A.; FISHKIN, James S. **Deliberation day**. New Haven: Yale University Press, 2004, p. 5. Os autores anotam o seguinte: "*But why can't people simply organize themselves, without the assistance of a new civic holiday and its associated social engineering? After all, we don't live in a civic vacuum. Sustained conversations do take place in countless settings—from the breakfast table to the coffee break at the office to the meeting at the neighborhood church or union hall. And their intensity and frequency do increase during election campaigns. But the social context that motivates public deliberation is usually lacking, and the resulting levels of public information are disappointing.*"

Em um período no qual as mídias sociais passam a ostentar papel de destaque na configuração democrática,[339] seus efeitos empolgantes não podem ofuscar os deletérios. Isso porque, na toada em que se manifestam tendências à manipulação pelo descompasso informacional, cada vez mais se observará a ascensão de campanhas e propagandas virtuais que não podem ser ignoradas, tamanho seu potencial de ressignificação do Estado.

Como Herbert Schiller, com quem compartilha certas propensões em determinados temas, Habermas recusa qualquer ideia de que exista uma "nova" sociedade da informação, embora reconheça o significado aumentado da informação no mundo atual quando examina, em abordagem crítica, o pressuposto de que mais informações necessariamente levam a uma sociedade mais bem informada.[340]

No que concerne à insistência de que as questões informacionais estão no centro da compreensão de como o conceito de "povo" permite a consolidação social em torno da harmonia social, a assimilação dos conceitos de Habermas tem valor inestimável, pois é ele quem lança questionamentos sobre o tipo de informação necessária para que uma sociedade seja, efetivamente, democrática. Nesse sentido, a teoria da esfera pública[341] do autor adquire grande valor para a compreensão dos desenvolvimentos informacionais em áreas-chave.

Se Herbert Marcuse já indicava a existência de aspectos totalitários latentes nas sociedades industriais mais avançadas, até mesmo sinalizando uma racionalidade tecnológica de dominação e de opressão em massa que se relacionava ao controle da consciência humana,[342] não há dúvidas de que o advento de uma pretensa pós-modernidade acaba sendo marcado pela incredulidade frente ao metadiscurso filosófico.[343-344]

É Habermas quem analisa esse fenômeno com acuidade elucidativa:

> A província privada de interioridade foi esvaziada pelos meios de comunicação de massa; uma esfera pseudopública de um público não literário foi remendada para criar uma espécie de zona superfamilial de familiaridade.
>
> Desde meados do século XIX, as instituições que até então haviam assegurado a coerência do público como uma entidade criticamente debatida foram enfraquecidas. A família perdeu a função de um 'círculo de propaganda literária'; o *Gartenlaube* já era a forma idílica transfigurada pela qual a família de cidade pequena de classe média absorveu e, no geral, apenas imitou a próspera tradição educacional

---

339. WEBSTER, Frank. **Theories of the information society**, cit., p. 161, tradução livre. No original: "*When so many citizens are so woefully ignorant, questions surely must be asked about the calibre of their information sources.*"
340. Sobre o tema, confira-se: BENKLER, Yochai; FARIS, Robert; ROBERTS, Hal. **Network propaganda**: manipulation, disinformation and radicalization in American politics. Oxford: Oxford University Press, 2018; VAIDHYANATHAN, Siva. **Anti-social media**: how Facebook disconnect us and undermines democracy. Oxford: Oxford University Press, 2018.
341. HABERMAS, Jürgen; BEN-HABIB, Seyla. Modernity versus postmodernity. **New German Critique**, Ithaca, v. 22, n. 1, p. 3–14, 1981, p. 5 *et seq*.
342. Sobre o referido conceito, veja-se: "*The idea of a public sphere has a powerful appeal both to democrats and to those influenced by Enlightenment thought. To democrats the ideal of a public sphere may be perceived as a model of the role of information in a democratic society: the appeal of reliable information being made available to all without conditions is obviously that of more open and accessible processes*" (WEBSTER, Frank. **Theories of the information society**, cit., p. 164).
343. MARCUSE, Herbert. **A ideologia da sociedade industrial**. Tradução de Giasone Rebuá. 5. ed. Rio de Janeiro: Jorge Zahar, 1979, p. 31-32.
344. LYOTARD, Jean-François. **O pós-moderno**. Tradução de Ricardo Corrêa. 3. ed. Rio de Janeiro: José Olympio, 1988, p. viii.

da família literária da alta burguesia das gerações anteriores. Os almanaques das Musas e os periódicos de poesia, cuja tradição na Alemanha começou em 1770 com os de Leipzig e Göttingen e continuaram no século seguinte com os de Schiller, Chamisso e Schwab, foram deslocados por volta de 1850 por um tipo de periódico familiar literário que—por meio de empreendimentos editoriais bem-sucedidos, como *Westermanns Monatshefte* e *Gartenlaube*—estabilizou comercialmente uma cultura de leitura que já havia quase se tornado uma ideologia. (...) Hoje, seu lugar é ocupado pelas populares revistas ilustradas financiadas por anunciantes e distribuídas pelos serviços de assinantes—elas testemunham uma cultura que não confia mais no poder da palavra impressa, a despeito de seu objetivo oficial de aumentar o nível de vendas de livros.[345]

Na mesma medida em que tais anotações revelam uma mudança paradigmática no contexto do fluxo informacional, o que se tem hodiernamente é uma avalanche informacional que, curiosamente, acarreta desinteresse. Vive-se o auge da chamada 'sociedade do cansaço'[346] descrita por Byung-Chul Han, que festeja valores como produtividade e competitividade e ceifa ideais interativos e comunitários para dar lugar à individualidade capaz de promover profundas transformações na esfera pública:

> A mesa foi virada, por assim dizer: a tarefa da teoria crítica foi invertida. Essa tarefa costumava ser a defesa da autonomia privada contra as tropas avançadas da esfera pública, soçobrando sob o domínio ofensivo do Estado onipotente e impessoal e de seus muitos tentáculos burocráticos ou réplicas em escala menor. Hoje a tarefa é defender o evanescente domínio público, ou, antes, reequipar e repovoar o espaço público que se esvazia rapidamente devido à deserção de ambos os lados: a retirada do "cidadão interessado" e a fuga do poder real.[347]

Bauman ainda constata a proeminência da modernidade líquida, e, nesse contexto, "sendo a exequibilidade da ação medida pela potência das ferramentas, pouca ação é esperada pelas pessoas mais razoáveis de sua *ecclesia* local".[348] Nesse contexto, embora a esfera pública abranja um certo conjunto de estruturas e instituições informais/formais, nem Bauman nem Habermas reduzem o projeto de resgatá-la a uma defesa de formas concretas, políticas ou sociais específicas das democracias liberais.

---

345. BAUMAN, Zygmunt. **Modernidade líquida**. Tradução de Plínio Dentzien. Rio de Janeiro: Zahar, 2001, p. 38-40.
346. HABERMAS, Jürgen. **The structural transformation of the public sphere**: an inquiry into a category of bourgeois society. Tradução do alemão para o inglês de Thomas Burger e Frederick Lawrence. Cambridge: The MIT Press, 1991, p. 162-163, tradução livre. No original: "*The deprivatized province of interiority was hollowed out by the mass media; a pseudo-public sphere of a no longer literary public was patched together to create a sort of superfamilial zone of familiarity. Since the middle of the nineteenth century, the institutions that until then had ensured the coherence of the public as a critically debating entity have been weakened. The family lost the function of a 'circle of literary propaganda'; already the Gartenlaube was the idyllically transfigured form in which the middle-class, small-town family absorbed and on the whole merely imitated the thriving educational tradition of the literary high bourgeois family of the preceding generations. The almanacs of the Muses and poetry journals, whose tradition in Germany started in 1770 with those of Leipzig and Göttingen and continued into the following century with those of Schiller, Chamisso, and Schwab, were displaced around 1850 by a type of literary family periodical that – through successful publishing ventures such as Westermanns Monatshefte and the Gartenlaube – commercially stabilized a reading culture that had already almost become an ideology. (...) Today their place is taken by the popular advertiser-financed illustrated magazines distributed by subscriber services – themselves witness to a culture that no longer trusts the power of the printed word, their official goal of raising the level of book sales notwithstanding.*"
347. HAN, Byung-Chul. **The burnout society**. Tradução do alemão para o inglês de Erik Butler. Stanford: Stanford University Press, 2015, p. 8, tradução livre. Com efeito, o autor descreve o seguinte: "*Twenty-first-century society is no longer a disciplinary society, but rather an achievement society [Leistungsgesellschaft]. Also, its inhabitants are no longer "obedience-subjects" but "achievement-subjects." They are entrepreneurs of themselves.*"
348. BAUMAN, Zygmunt. **Modernidade líquida**, cit., p. 49.

Cass Sunstein assevera sua preocupação com esse movimento tendente à individualização, em detrimento da coesão necessária para que se obtenha a almejada consensualização:

> Com essas ideias em mente, enfatizei os sérios problemas para indivíduos e sociedades que provavelmente serão criados pela prática do auto-isolamento – por uma situação em que muitos de nós nos isolamos das preocupações e opiniões de nossos companheiros cidadãos.[349]

Em verdade, as expectativas idealizadas no contexto da esfera pública remetem ao anseio de que indivíduos particulares possam chegar a um consenso racional sobre a justiça de reivindicações relacionada ao compartilhamento de recursos. Assim, a figura do Estado, no século XXI, não permite a redução a muitas das realizações práticas e arranjos institucionalizados das modernas culturas democráticas.[350]

Os estados constitucionais e de bem-estar, a ação civil direcionada à reforma institucional e a sociabilidade humanizadora das sociedades multiculturais que buscam tanto a expansão do entendimento entre os indivíduos, quanto a autocompreensão, ao se colocarem no centro de normatividade da esfera pública, fazem surgir uma sociologia crítica posicionada para interrogar o caráter às vezes limitado e distorcido de tentativas concretas de perceber os potenciais desse recurso cultural em andamento.

Com isso, fenômenos tendentes à ressignificação do papel do Estado nesta nova frente que prima pela consensualização perdem forças frente à individualização fomentada, em grande parte, pelas novas tecnologias. E, nesse contexto, Habermas destaca seus seguintes posicionamentos:

- Que ele negligencia a importância do desenvolvimento contemporâneo de uma esfera pública plebeia, ao lado e em oposição à esfera pública burguesa, uma esfera construída sobre diferentes formas institucionais, por exemplo, sindicatos e com valores diferentes; por exemplo, solidariedade em vez de individualismo competitivo.
- Que seu modelo racionalista de discurso público o deixa incapaz de teorizar uma esfera pública pluralista e o leva a negligenciar a necessidade contínua de compromisso entre posições políticas amargamente divisivas e irreconciliáveis. Por sua vez, isso o leva a lamentar a entrada de partidos políticos na esfera pública.
- Que a última parte do livro permanece muito dependente do modelo de indústrias culturais de Adorno, com suas tendências culturais elitistas, seu exagero dos poderes manipuladores dos controladores dessas indústrias e sua negligência quanto às possibilidades de modelos de Estado que intervenham na esfera informacional.
- O modelo de ação comunicativa de Habermas, desenvolvido como norma para o discurso público, negligencia, quando confrontadas com a comunicação distorcida, todas as outras formas de ação comunicativa não direcionadas ao consenso.

---

349. BAUMAN, Zygmunt. **A sociedade individualizada**: vidas contadas e histórias vividas. Tradução de José Gradel. Rio de Janeiro: Zahar, 2008, p. 255-257. Comenta: "O 'privado' invadiu a cena-destinada-a-ser-pública, mas não para interagir com o 'público'. Mesmo quando está sendo enxovalhado na frente do público, o 'privado' não adquire uma nova qualidade; quando muito, é reforçado em sua privacidade".

350. SUNSTEIN, Cass R. **#Republic**: divided democracy in the age of social media. Princeton: Princeton University Press, 2017, p. 252, tradução livre. No original; "*With these ideas in view, I have stressed the serious problems for individuals and societies alike that are likely to be created by the practice of self-insulation – by a situation in which many of us wall ourselves off from the concerns and opinions of our fellow citizens*".

- Que, portanto, ele negligencia os aspectos retóricos e lúdicos da ação comunicativa, o que leva a uma distinção muito nítida entre informação e entretenimento e a uma negligência do vínculo; por exemplo, a noção de Rousseau de festivais públicos, entre cidadania e teatralidade. Este último ponto é de particular importância ao pensar sobre o papel da mídia de massa nas democracias contemporâneas.[351]

Diante das críticas pós-modernistas de toda essa tradição de pensamento e da rejeição da racionalidade por parte de críticos, em uma busca utópica e romântica pela diferença, Habermas considera necessário e possível "buscar justificativas universais para valores que sustentam a teoria crítica e, ao mesmo tempo, representar a teoria como um esclarecimento de necessidades culturais não atendidas que buscam articulação como demandas concretas".[352]

De fato, é preciso considerar que os serviços de informação do Estado sempre foram os mais poderosos meios de aferição do contexto informacional sobre o qual repousa a sociedade que o rege. Certamente, a maior parte desse acervo de dados chega até a população através de fontes secundárias, como a imprensa (e até ocasionalmente por escritos acadêmicos que se baseiam em estatísticas oficiais), mas isso de forma alguma nega o ponto em que essas informações se originam de agências governamentais. Isso ocorre porque o governo é a única instituição capaz de coletar e processar sistemática e rotineiramente informações sobre tudo, desde padrões de divórcio a morbidade infantil, de mudanças ocupacionais a tendências criminológicas; porque essa tarefa assustadora requer enormes somas de dinheiro e, o que é importante, a legitimidade do governo constitucional.[353]

Considere-se, por exemplo, as informações detalhadas e íntimas que se tornam disponíveis a partir do censo a cada dez anos e se aprecia o ponto com bastante facilidade. Reflita ainda mais sobre o governo ser a única instituição capaz de coletar informações sistemáticas sobre questões delicadas, como padrões de imigração ou distribuição de renda e riqueza, e então sua importância como recurso informativo se torna especialmente clara.

Ocorre que a ascensão da Internet e o domínio informacional exercido por grandes corporações (da iniciativa privada) que detêm o controle sobre os novos fluxos informacionais – que se convencionou denominar *big data*[354] – gera grande preocupação quanto ao poder estatal de retomada do poder de fiscalização e controle desses 'impérios da comunicação'.[355]

---

351. JOHNSON, Pauline. **Habermas**: rescuing the public sphere. Londres: Routledge, 2006, p. 11.
352. HABERMAS, Jürgen. **The structural transformation of the public sphere**, cit., *passim*.
353. JOHNSON, Pauline. **Habermas**, cit., p. 11, tradução livre. No original: "(...) *to seek universal justification for the values that underpin critical theory while at the same time representing the theory as a clarification of unmet cultural needs that seek articulation as concrete demands.*"
354. WEBSTER, Frank. **Theories of the information society**, cit., p. 186.
355. A expressão tem sua origem atribuída a John Mashey, que, desde a década de 1990, popularizou seu uso ao utilizá-la para se referir ao conjunto de dados com tamanhos além da capacidade de ferramentas de *software* usuais da época, englobando dados não estruturados, semiestruturados e estruturados, cujo "tamanho" é concebido como uma meta em constante movimento, variando de algumas dezenas de *terabytes* a muitos *zettabytes* de dados. (LOHR, Steve. The origins of 'big data': an etymological detective story. **The New York Times**. 01 fev. 2013. Disponível em: https://nyti.ms/2RG06NM. Acesso em: 20 jun. 2023).

Sobre o tema, Viktor Mayer-Schönberger e Kenneth Cukier anotam o seguinte:

> Em muitos campos, da tecnologia nuclear à bioengenharia, primeiro construímos ferramentas que descobrimos que podem nos prejudicar e só depois nos propomos a criar os mecanismos de segurança para nos proteger dessas novas ferramentas. Nesse sentido, o *big data* toma seu lugar ao lado de outras áreas da sociedade que apresentam desafios sem soluções absolutas, apenas perguntas em andamento sobre como ordenamos nosso mundo. Toda geração deve abordar essas questões novamente. Nossa tarefa é apreciar os riscos dessa poderosa tecnologia, apoiar seu desenvolvimento – e aproveitar suas recompensas. Assim como a imprensa levou a mudanças na forma como a sociedade se governa, o mesmo acontece com o *big data*. Nos obriga a enfrentar novos desafios com novas soluções. Para garantir que as pessoas sejam protegidas ao mesmo tempo em que a tecnologia é promovida, não devemos deixar que o *big data* se desenvolva além do alcance da capacidade humana de moldar a tecnologia.[356]

O jogo de poder perpassa pelas políticas governamentais, que devem ser eficazes. Vive-se, no entanto, no limiar da capacidade dos cidadãos de receber, avaliar, assimilar e participar significativamente da vida de sua sociedade, pois, para isso, devem confiar nas informações que são fundamentais para esses processos. Noutros dizeres, a legitimidade estatal passa a depender fundamentalmente do fluxo informacional inaugurado por essa nova etapa da sociedade da informação.

1.7.1.5 *Informação, reflexividade e vigilância, de Anthony Giddens a David Lyon*

Anthony Giddens não escreve muito, ao menos diretamente, sobre a sociedade da informação, mas o autor descreve uma época de 'modernidade radicalizada', marcada pelo desenvolvimento acelerado de traços característicos da própria modernidade.[357] Nesse sentido, a premissa de que a vida hodierna é administrada de maneira mais rotineira e sistemática, nos dizeres do autor, seria uma decorrência das capacidades modernas de limitar as constrições da natureza.[358]

A capacidade humana de auto-organização revela uma detida potencialidade ao domínio da informação, o que adquire grande relevância em tempos de *big data*. E, nesse campo, surge a discussão em torno da reflexividade da informação,[359] conceito que foi lapidado por Giddens a partir de fortes influências advindas do pensamento de Ulrich

---

356. WU, Tim. **The master switch**: the rise and fall of information empires. Nova York: Vintage, 2010, p. 300. O autor descreve o seguinte: "*Nowadays, we sometimes like to think we have progressed past the cyclical rise and fall of centralized power, but in truth, even in the absence of na actual Caesar or Khan, the human ambition to build and overthrow empires lives on, however adapted to new forms and contexts. It has been the aim of this book to show that our information industries – the defining business ventures of our time – have from their inception been subject to the same cycle of rise and fall, imperial consolidation and dispersion, and that the time has come when we must pay attention.*"
357. MAYER-SCHÖNBERGER, Viktor; CUKIER, Kenneth. **Big data**: a revolution that will transform how we live, work, and think. Nova York: Houghton Mifflin Harcourt, 2014, p. 184, tradução livre. No original: "*In many fields, from nuclear technology to bioengineering, we first build tools that we discover can harm us and only later set out to devise the safety mechanisms to protect us from those new tools. In this regard, big data takes its place alongside other areas of society that present challenges with no absolute solutions, just ongoing questions about how we order our world. Every generation must address these issues anew. Our task is to appreciate the hazards of this powerful technology, support its development – and seize its rewards. Just as the printing press led to changes in the way society governs itself, so too does big data. It forces us to confront new challenges with new solutions. To ensure that people are protected at the same time as the technology is promoted, we must not let big data develop beyond the reach of human ability to shape the technology.*"
358. GIDDENS, Anthony. **Social theory and modern sociology**. Cambridge: Polity Press, 1987, p. 27.
359. *Cf.* GIDDENS, Anthony. **Modernity and self-identity**: self and society in the late modern age. Cambridge: Polity Press, 1991.

Beck[360] para a moldagem de um novo arquétipo de modernidade,[361] no qual se tem maior vigilância (coleta de informações) para que se possa desenvolver conhecimento sobre o qual possam ser feitas escolhas sobre todos e sobre o tipo de sociedade que se almeja constituir.

Nesse contexto, assevera Frank Webster:

> Uma consequência disso (...) é que, para organizar a vida, as informações devem ser sistematicamente coletadas sobre as pessoas e suas atividades. Precisamos saber das pessoas se queremos organizar a vida social: o que elas compram, quando e onde; quanta energia eles precisam, onde e a que horas; quantas pessoas existem em uma determinada área, de que gênero, idade e estado de saúde; que gostos, estilos de vida e capacidades de gasto, de acordo com os setores da população. Sem rodeios, a vigilância de rotina é um pré-requisito para uma organização social eficaz. Não é de surpreender, portanto, que seja fácil rastrear a expansão de maneiras de observar as pessoas (desde o censo até as caixas dos caixas, dos registros médicos às contas telefônicas, dos extratos bancários aos registros das escolas) caminhando em sintonia com o aumento da organização, que é tanto uma característica da vida hoje. Organização e observação são gêmeos siameses, que cresceram juntos com o desenvolvimento do mundo moderno.[362]

Ganha especial relevância a discussão em torno da existência de uma sociedade da vigilância,[363] propugnada por David Lyon, que pudesse conduzir a um 'Estado de vigilância'[364] empoderado e tendente ao totalitarismo em viés – como diz o autor – muito mais severo do que a tendência orwelliana[365] extraída da noção de vigilância.

---

360. FUCHS, Christian. **Internet and society**: social theory in the information age. Londres: Routledge, 2008, p. 13. Destaca: "*Information is a relationship between specific organizational units of matter. Reflection (widerpiegelung) means reaction to influences from the outside of a system in the form of innersystemic structural changes. There is a causal relationship between the result of reflection and the reflected.*"
361. BECK, Ulrich. **Risk society**: towards a new modernity. Tradução do alemão para o inglês de Mark Ritter. Londres: Sage Publications, 1992, p. 153. Comenta o autor: "*The process of individualization is conceptualized theoretically as the product of reflexivity, in which the process of modernization as protected by the welfare state detraditionalizes the ways of living built into industrial society. The 'tradition' of industrial society itself replaces pre-modernity. Just as the forms of living and working in feudal agrarian society were dissolved at the turn of the nineteenth century, the same thing is happening today to those of developed industrial society: social classes and stratification, the nuclear family with the embedded 'standard biographies' of men and women, the standardizations of labor, and so on. Thus a nineteenth century myth is demystified, one that has continued to dominate thought and action in science, politics and everyday life to this day – the legend that . industrial society is a modern society in its plan of work and life. On the contrary, it is becoming clear that the project of modernity, which first achieved recognition in the form of industrial society, was also truncated institutionally in that form. In essential principles – the 'normality' of making a living through the mediation of the labor market, for instance – the perfection of industrial society also means its sublation.*"
362. Segundo Giddens, "*[all] modern societies have been . . . 'information societies' since their inception. There is a fundamental sense in which all states have been 'information societies', since the generation of state power presumes reflexively gathering, storage, and control of information, applied to administrative ends. But in the nation state, with its peculiarly high degree of administrative unity, this is brought to a much higher pitch than ever before*" (GIDDENS, Anthony. **The nation state and violence**. A contemporary critique of historical materialism. Cambridge: Polity Press, 1985, v. 2, p. 178).
363. WEBSTER, Frank. **Theories of the information society**, cit., p. 205-206, tradução livre. No original: "*A consequence of this (...) is that to organise life information must be systematically gathered on people and their activities. We must know about people if we are to arrange social life: what they buy, and when and where; how much energy they require, where and at what times; how many people there are in a given area, of what gender, age and state of health; what tastes, lifestyles and spending capacities given sectors of the populations enjoy. Bluntly, routine surveillance is a prerequisite of effective social organisation. Not surprisingly, therefore, it is easy to trace the expansion of ways of observing people (from the census to checkout tills, from medical records to telephone accounts, from bank statements to school records) moving in tandem with the increased organisation which is so much a feature of life today. Organisation and observation are conjoined twins, ones that have grown together with the development of the modern world.*"
364. *Cf.* LYON, David. **Surveillance society**: monitoring everyday life. Buckingham: Open University Press, 2001.
365. LYON, David. **The electronic eye**: the rise of surveillance society. Minneapolis: University of Minnesota Press, 1994, p. 86-87. O autor comenta: "*The state represents, of course, the classical locus of Orwellian anxieties. For many*

O objetivo desse plexo organizacional é a garantia de segurança, isto é, almeja-se a pacificação social e, para isso, esse grande fluxo de informações coletadas e tratadas parece ter o potencial de romper as fronteiras da soberania, fomentando o fenômeno globalizatório "com base em novas tecnologias, criação de novos produtos, recriação da divisão internacional do trabalho e mundialização dos mercados"[366] para, ao fim e ao cabo, propiciar integração não apenas econômica, mas também política e jurídica.[367] Zygmunt Bauman e David Lyon destacam que:

> Os principais meios de obter segurança, ao que parece, são as novas técnicas e tecnologias de vigilância, que supostamente nos protegem, não de perigos distintos, mas de riscos nebulosos e informes. As coisas mudaram tanto para os vigilantes quanto para os vigiados. Se antes você podia dormir tranquilo sabendo que o vigia noturno estava no portão da cidade, o mesmo não pode ser dito da "segurança" atual. Ironicamente, parece que a segurança de hoje gera como subproduto – ou talvez, em alguns casos, como política deliberada? – certas formas de *in*segurança, uma insegurança fortemente sentida pelas pessoas muito pobres que as medidas de segurança deveriam proteger.[368]

Pensadores como Herbert Schiller e Jürgen Habermas, já mencionados anteriormente, reconhecem prontamente o crescimento explosivo da significação, mas insistem em que, se usado com habilidade, poderia servir para melhorar as condições de existência. É nesse contexto que dita pós-modernidade se alça a patamar capaz de revisitar as propensões do Estado no tocante aos arranjos sociais lastreados, a partir de então, no fluxo massivo da informação.

Se antes o cidadão era cindido pela fruição da cidadania, de um lado, e, de outro, pela defesa de seus interesses privados nos campos laboral e econômico, é a tecnologia o fator preponderantemente capaz de promover transformações profundas na maneira com que a relação entre Estado e cidadão se materializa.

1.7.2 A Quarta Revolução Industrial na trilha da Internet das Coisas

Segundo Eduardo Magrani, o advento da chamada *web 3.0*, que marcaria o atual estágio da sociedade da informação, avança a passos largos ao contexto da Internet das Coisas (*Internet of Things*, ou *IoT*), que também se situa na fronteira da chamada *web 4.0* ou Internet de Todas as Coisas (*Internet of Everything*, ou *IoE*). O autor indica que a vida em sociedade sofreria amplas mudanças pela presença da tecnologia, uma vez que

---

people, connecting computer power with surveillance in the realm of the state is a sure way to activate the hairs on the back of the neck! While there do turn out to be somewhat chilling aspects of contemporary surveillance by the state, it should be stressed that the emerging picture is far uniformly totalitarian. To detect totalitarian tendencies in specific practices is a far cry from declaring that the 'total surveillance society' has finally arrived. It also assumes that the fear of political domination is the most appropriate concern of those considering this new surveillance."

366. A referência é extraída da clássica obra '1984', de George Orwell: "There was of course no way of knowing whether you were being watched at any given moment. How often, or on what system, the Thought Police plugged in on any individual wire was guesswork. It was even conceivable that they watched everybody all the time, but at any rate they could plug in your wire whenever they wanted to. You have to live – did live, from habit that became instinct – in the assumption that every sound you made was overheard, and, except in darkness, every movement scrutinized" (ORWELL, George. **1984**. Nova York: Penguin Classics, 1961, e-book, p. 3).

367. IANNI, Octavio. **A era do globalismo**. Rio de Janeiro: Civilização Brasileira, 1996, p. 14.

368. Para maiores detalhamentos, confira-se: SUNDFELD, Carlos Ari; VIEIRA, Oscar Vilhena. **Direito global**. São Paulo: Max Limonad, 1999, p. 16.

os *gadgets* e equipamentos eletrônicos – e até mesmo automóveis e eletrodomésticos estarão, por si mesmos, em conexão com a grande rede, sendo capazes de praticar atos jurídicos a partir da inteligência artificial e de gerar inclusão social.[369] Eis os dizeres de Pierre Lévy:

> As empresas inovadoras de Silicon Valley fizeram entrar em cena na história da informática outros atores sociais que não o Estado, a ciência e as grandes empresas. Em 1976, IBM não deu o mesmo sentido ao microprocessador que a Apple, não o alistou na mesma rede de alianças. Vemos aqui que os projetos divergentes dos atores sociais podem conferir significados diferentes às mesmas técnicas. Em nosso exemplo, um dos projetos consistiria em fazer do computador um meio de comunicação de massa, enquanto o outro desejava conservar o uso dos computadores que prevalecia até então.[370]

A Internet representaria, nesse contexto, uma Quarta Revolução Industrial, propiciando densas modificações sociais, assim descritas por Klaus Schwab:

> Na quarta revolução industrial, a conectividade digital possibilitada por tecnologias de *software* está mudando profundamente a sociedade. A escala do impacto e a velocidade das mudanças fazem que a transformação seja diferente de qualquer outra revolução industrial da história da humanidade.
>
> O Conselho da Agenda Global do Fórum Econômico Mundial sobre o futuro do *Software* e da Sociedade realizou uma pesquisa com 800 executivos para avaliar quando os líderes empresariais acreditariam que essas tecnologias revolucionárias poderiam chegar ao domínio público em grau significativo e para compreender plenamente as implicações dessas mudanças para indivíduos, organizações, governo e sociedade.
>
> O relatório de pesquisa *Mudança Profunda – Pontos de Inflexão Tecnológicos e Impactos Sociais* foi publicado em setembro de 2015.[371]

Com o fluxo incessante de dados, preocupações emergem quanto aos riscos dessa hiperconectividade,[372] uma vez que "a IoT pode ser vista em diferentes dimensões pelos diferentes setores da academia e da indústria; qualquer que seja o ponto de vista, a IoT ainda não atingiu a maturidade e é vulnerável a todos os tipos de ameaças e ataques."[373] São preocupações perenes e com as quais o Estado se defrontará. Por outro lado, Schwab enumera as seguintes mudanças e inovações tecnológicas com empolgante potencial disruptivo: (i) tecnologias implantáveis; (ii) presença digital; (iii) a visão como uma nova interface; (iv) tecnologias vestíveis; (v) computação ubíqua; (vi) supercomputadores que cabem no bolso; (vii) armazenamento para todos; (viii) A Internet das coisas e para as coisas; (ix) casas conectadas; (x) cidades inteligentes; (xi) *big data* e tomadas de decisão; (xii) carros autoguiados; (xiii) a Inteligência Artificial aplicada às tomadas de decisão; (xiv) a Inteligência Artificial aplicada às funções administrativas; (xv) a

---

369. BAUMAN, Zygmunt; LYON, David. **Vigilância líquida**. Tradução de Carlos Alberto Medeiros. Rio de Janeiro: Zahar, 2013, p. 95-96.
370. MAGRANI, Eduardo. **A internet das coisas**. Rio de Janeiro: FGV, 2018, p. 72-73.
371. LÉVY, Pierre. **As tecnologias da inteligência**: o futuro do pensamento na era da informática. Tradução de Carlos Irineu da Costa. 2. ed. São Paulo: Editora 34, 2010, p. 150.
372. SCHWAB, Klaus. **A quarta revolução industrial**. Tradução de Daniel Moreira Miranda. São Paulo: Edipro, 2016, p. 115.
373. GREENGARD, Samuel. **The Internet of Things**, cit., p. 58. Destaca o autor: "*Within this emerging IoT framework, a dizzying array of issues, questions, and challenges arise. One of the biggest questions revolves around living in a world where almost everything is monitored, recorded, and analyzed. While this has huge privacy implications, it also influences politics, social structures, and laws.*"

relação entre robótica e serviços; (xvi) a ascensão das criptomoedas; (xvii) a economia compartilhada; (xviii) a relação entre governos e *blockchain*; (xix) impressão 3D e fabricação; (xx) impressão 3D e a saúde humana; (xxi) impressão 3D e os produtos de consumo; (xxii) seres projetados; (xxiii) neurotecnologias.[374]

Nesse contexto, malgrado a empolgação natural advinda da inovação, deve-se alertar para alguns pontos preocupantes desse ritmo acelerado da pós-modernidade:

> Quanto mais a sociedade se moderniza, mais conhecimento gera sobre seus fundamentos, estruturas, dinâmicas e conflitos;
>
> Quanto mais conhecimento sobre possuir e quanto mais o aplicar, mais expressamente será a ação guiada pela tradição substituída por uma reconstrução global das estruturas e instituições sociais, dependente de conhecimento e mediada cientificamente;
>
> O conhecimento compele decisões e cria novos contextos de ação. Os indivíduos são libertados das estruturas e devem redefinir sua situação de ação sob condições de insegurança fabricada em formas e estratégias de modernização 'refletida'.[375]

Se antes a preocupação organizacional se revolvia ao papel do Estado frente às possibilidades que a informática inaugurou, com a viabilização de novos processos e fluxos a partir do uso de ferramentas eletrônicas, hoje, a Internet transcendeu fronteiras, consolidando um arquétipo estrutural descentralizado, autogerenciado e empoderador, capaz de reorientar diferentes projetos culturais e políticos.[376]

Vivencia-se o crepúsculo de uma nova era, que vai além da inserção da tecnologia nas rotinas da Administração Pública. Muito além da noção de governo eletrônico, é preciso (re)pensar o Estado na era digital, transpondo as barreiras materiais do mundo real para se inserir no universo *cyber* que a Internet trouxe à tona.

1.8 O CREPÚSCULO DE UMA NOVA ERA (E DE UMA 'ADMINISTRAÇÃO PÚBLICA DIGITAL')

Se o Estado passa por densa reformulação na nova era comunicacional inaugurada pela efetiva presença da tecnologia na sociedade da informação, não se pode olvidar das diversas reformas estruturais que se deve implementar para que se avance *pari passu* aos deveres de proteção impostos constitucionalmente, e especialmente direcionados à

---

374. JEYANTHI, Nagamalai. Internet of Things (IoT) as Interconnection of Threats (IoT). In: HU, Fei (Ed.). **Security and privacy in Internet of Things (IoTs)**: models, algorithms, and implementations. Boca Raton: CRC Press, 2016, p. 7, tradução livre. No original: "*The IoT can be viewed in different dimensions by the different sections of academia and industry; whatever the viewpoint, the IoT has not yet reached maturity and is vulnerable to all sorts of threats and attacks.*"
375. SCHWAB, Klaus. **A quarta revolução industrial**, cit., p. 10.
376. BECK, Ulrich. **World at risk**. Tradução do alemão para o inglês de Ciaran Cronin. Cambridge: Polity Press, 2009, p. 120, tradução livre. No original: "*(i) The more society modernizes, the more knowledge it generates concerning its foundations, structures, dynamics and conflicts; (ii) The more knowledge about itself it possesses and the more it applies it, the more expressly is tradition-guided action replaced by a knowledgedependent, scientifically mediated global reconstruction of social structures and institutions; (iii) Knowledge compels decisions and creates new contexts of action. Individuals are liberated from structures and they must redefine their situation of action under conditions of manufactured insecurity in forms and strategies of 'reflected' modernization.*"

vedação da proteção insuficiente[377] – cenário desafiador em uma sociedade marcada pela coleta e pelo fluxo massivo de dados e pela interoperabilidade sistêmica em tempo real.

Sem dúvidas, "o desenvolvimento da tecnologia no campo da informática traz reflexos na Administração e no Direito Administrativo",[378] sendo imperiosa sua consideração até mesmo do ponto de vista terminológico. E, nesse aspecto, José Fernando Brega elucida que "o prefixo 'e' está cada vez mais ligado a aspectos do governo, levando ao emprego de vocábulos estrangeiros como *e-government*, *e-governance* e *e-democracy*, bem como de formas aportuguesadas, tais como e-administração, e-governo, e-governança e e-democracia".[379] Há, ainda, diversas outras expressões que vêm sendo consagradas pela doutrina especializada, tais como governo eletrônico, administração eletrônica e democracia eletrônica, e todas elas ostentam um adjetivo como: 'eletrônico(a)'.

Sabe-se, contudo, que o vocábulo 'eletrônico' é muito ambíguo e foi costumeiramente utilizado por qualquer pessoa que, historicamente, se referisse a algo alimentado por eletricidade, mas mais frequentemente em baixas tensões com baterias; um termo equivalente ambíguo para dispositivos ou aparelhos de voltagem principal seria 'elétrico', e mesmo este já era amplamente utilizado. É termo, portanto, que remete à informática da Terceira Revolução Industrial.

O vocábulo 'digital', a seu turno, remete a tudo aquilo que esteja

> Na literatura arquivística internacional, ainda é corrente o uso do termo "documento eletrônico" como sinônimo de "documento digital". Entretanto, do ponto de vista tecnológico, existe uma diferença entre os termos "eletrônico" e "digital". Um documento eletrônico é acessível e interpretável por meio de um equipamento eletrônico (aparelho de videocassete, filmadora, computador), podendo ser registrado e codificado em forma analógica ou em dígitos binários. Já um documento digital é um documento eletrônico caracterizado pela codificação em dígitos binários e acessado por meio de sistema computacional. Assim, todo documento digital é eletrônico, mas nem todo documento eletrônico é digital. Acrescenta-se, ainda: Apesar de ter seu foco atualmente direcionado para os documentos digitais, a CTDE (Câmara Técnica de Documentos Eletrônicos) mantém seu nome, uma vez que este escopo pode ser expandido ao longo do desenvolvimento de seus trabalhos. Exemplos: 1) documento eletrônico: filme em VHS, música em fita cassete. 2) documento digital: texto em PDF, planilha de cálculo em Microsoft Excel, áudio em MP3, filme em AVI.[380]

A disciplina jurídica relacionada às aplicações tecnológicas já foi denominada por diversos autores como 'direito eletrônico',[381] mas esta designação está superada, na medida em que o adjetivo 'digital' reflete com muito maior acuidade os impactos do fator prepon-

---

377. ESCOBAR, Arturo. Welcome to Cyberia. Notes on the anthropology of cyberculture. **Current Anthropology**, Chicago, v. 35, n. 3, p. 211-231, 1994, p. 223. Anota o autor: *"Perhaps the language of complexity signals that it is possible for technoscience(s) to contribute to the design of forms of living that avoid the most deadening mechanisms for structuring life and the world introduced by the project of modernity. It is not a question of bringing about a technosocial utopia – decentralized, selfmanaged, empowering – but one of thinking imaginatively whether technoscience cannot be partially reoriented to serve different cultural and political projects."*
378. SILVA, Jorge Pereira da. **Deveres do Estado de protecção de direitos fundamentais**: fundamentação e estrutura das relações jusfundamentais triangulares. 3. ed. Lisboa: Universidade Católica Editora, 2015, p. 585.
379. MEDAUAR, Odete. **O direito administrativo em evolução**. 3. ed. Brasília: Gazeta Jurídica, 2017, p. 362.
380. BREGA, José Fernando Ferreira. **Governo eletrônico e direito administrativo**, cit., p. 40.
381. BRASIL. Ministério da Justiça e Segurança Pública. Conselho Nacional de Arquivos. **Perguntas mais frequentes**. Disponível em: http://conarq.gov.br/index.php/documentos-eletronicos-ctde/perguntas-mais-frequentes. Acesso em: 20 jun. 2023.

derante desta nova realidade: a presença da Internet e dos inúmeros aspectos inovadores por ela inaugurados. Este novo universo já deixou para trás a eletrônica e a informática e, consigo, trouxe grandes desafios cuja compreensão extrapola questões de ordem técnica e que se imiscuem à mera incorporação das Tecnologias da Informação e Comunicação (TICs) nas atividades administrativas. É por essa razão que o Ministério da Educação denominou de 'direito digital' a nova disciplina optativa que cursos de graduação em direito brasileiros podem inserir em suas grades curriculares a partir de 2019.[382]

Essa transição do eletrônico para o digital açambarca uma nova luz sobre a cognição que se pretende fazer da presença da tecnologia nos afazeres do Estado. Com isso, sinalizações como a de Marie José Garot[383] quanto à transição para uma 'democracia digital' estão a revelar uma maior adequação terminológica do adjetivo em questão para a denominação de uma possível nova configuração estatal.[384]

Alan Westin, já no início da década de 1970, apontava para a terminologia pertinente ao período, sinalizando o início de uma 'era eletrônica':

> Agora entramos na era eletrônica. Entre 1950 e 1970, os computadores revolucionaram o processamento de dados, cálculos matemáticos e sistemas de controle físico. A partir dessa base da conquista real, vozes surgiram novamente para sugerir que computadores e sistemas de comunicação podem servir como agentes para levar a sociedade a uma fase totalmente nova. As informações sobre a realidade social agora podiam ser tão ricas e detalhadas, as opções políticas podiam ser definidas com tanta clareza, os prováveis resultados de medidas alternativas poderiam ser previstos com tanta precisão, e os mecanismos de feedback da sociedade seriam tão eficazes que o homem poderia finalmente trazer sua inteligência total para resolver os problemas centrais da sociedade.[385]

Ocorre que a revolução da informática já se consolidou, elevando as Tecnologias da Informação e Comunicação ao patamar da constância no cotidiano das sociedades do século XXI. A preocupação decorrente é outra: precisa o Estado se ocupar dos impactos da (hiper)conectividade para a consolidação democrática e até mesmo para a sua manutença. Isso porque os modelos da Administração Pública no período pós-social, todos eles instrumentos propulsores do *telos* inerente ao papel do Estado, aproximam-se mais do modelo constitucional cooperativo, que impõe pesquisas e investigações muito além dos conteúdos eternizados na manualística do direito administrativo.

François Ost já se propôs a "mostrar como o direito representa um campo privilegiado de aplicação do paradigma da tradução".[386] Com isso, a precisão terminológica

---

382. *Cf.* TEIXEIRA, Tarcísio. **Direito eletrônico**. São Paulo: Juarez de Oliveira, 2007.
383. BRASIL. Ministério da Educação. Conselho Nacional de Educação. **Portaria nº 1.351, de 17 de dezembro de 2018**. Disponível em: http://bit.ly/2nFP8gx. Acesso em: 20 jun. 2023.
384. GAROT, Marie José. De la administración electrónica a una democracia digital. **Revista Direito GV**, São Paulo, v. 2, n. 1, p. 89-110, jan./jun. 2006, p. 96.
385. WILENSKY, Harold L. The road from information to knowledge. *In*: WESTIN, Alan F. (Ed.). **Information technology in a democracy**. Cambridge: Harvard University Press, 1971, p. 285. Comenta: "*To read the history of modern intelligence failures is to get the nagging feeling that men at the top are often out of touch, that good intelligence is difficult to come by and enormously difficult to listen to; that big decisions are very delicate but not necessarily deliberative; that sustained good judgement is rare.*"
386. WESTIN, Alan F. Prologue: of technological visions and democratic politics. *In*: WESTIN, Alan F. (Ed.). **Information technology in a democracy**. Cambridge: Harvard University Press, 1971, p. 1, tradução livre. No original: "*Now we have entered the electronic age. Between 1950 and 1970, computers revolutionized data processing, mathematical*

ultrapassa qualquer sorte de preciosismo, sendo imprescindível para o aprimoramento de institutos jurídicos (mormente os mais inovadores) na esteira do avanço tecnológico.

Conteúdos esses até hoje explorados e reiterados abordando as prerrogativas contratuais do Poder Público, como a organização administrativa, a jurisdição administrativa, a prestação de serviços públicos, o exercício do poder de polícia, o regime de bens públicos e a exclusividade legislativa não deixam de ostentar posição relevante na disciplina jurídica do direito público, mas passam a demandar reestruturação e verdadeira 'refuncionalização', conforme as modificações valorativas e exigências sociais.

1.8.1 Como tutelar os interesses do *homo deus*?

Yuval Noah Harari defende que organismos se tornarão algoritmos, e, como tal, o conceito tradicional de *homo sapiens* pode não ser mais dominante em um universo onde o dataísmo torna-se o paradigma. Disso, o autor extrai a nomenclatura que denomina de *homo deus*, explicitando preocupações prementes:

> Para políticos, homens de negócio e consumidores comuns, o dataísmo oferece tecnologias inovadoras e poderes inéditos e imensos. Para estudiosos e intelectuais, ele também promete o Santo Graal científico, que há séculos tem nos iludido: uma teoria única e abrangente capaz de unificar todas as disciplinas científicas, da literatura e musicologia à economia e à biologia.[387]

Esse novo perfil de indivíduo, dependente da acumulação e do fornecimento de dados para a realização de todo tipo de atividade – das mais comezinhas e corriqueiras tarefas do cotidiano até as mais complexas e valorosas transações e negócios jurídicos – dependerá de um Estado muito mais aparelhado e responsivo, capaz de sinalizar, à altura e no ritmo acelerado que a inovação apresenta, soluções jurídicas adequadas a um sem número de contingências outrora vistas como distopias, mas hodiernamente conjecturadas em sintonia com o ritmo acelerado da alavancagem da técnica.

1.8.2 Os 'impérios da comunicação'

Os "impérios da comunicação" apontados por Tim Wu[388] – e já referidos em passagens anteriores deste estudo – são verdadeiros conglomerados informacionais alçados ao patamar em que se tornam capazes de se sobrepujar ao Estado. A proteção de dados

---

calculations, and physical control systems. From this foundation of real achievement, voices rose again to suggest that computers and communication systems might serve as the agents to bring society into an entirely new phase. Information about social reality could now be made so rich and detailed, policy options could be so clearly defined, the probable outcomes of alternative measures could be so accurately predicted, and the feedback mechanisms from society would be so effective that man could at last bring his full intelligence to bear on resolving the central problems of society."

387. OST, François. **Le droit comme traduction**. Québec: Les Presses de l'Université Laval, 2009, p. 95, tradução livre. No original: "(...) *de montrer combien le droit représente un champ d'application privilégié du paradigme traductif.*"

388. HARARI, Yuval Noah. **Homo deus**, cit., p. 370-371. E acrescenta: "Os dataístas, contudo, acreditam que os humanos não são mais capazes de lidar com os enormes fluxos de dados, ou seja, não conseguem mais refiná-los para obter informação, muito menos para obter conhecimento ou sabedoria. O trabalho de processamento de dados deveria, portanto, ser confiado a algoritmos eletrônicos, cuja capacidade excede muito a do cérebro humano. Na prática, os dataístas são céticos no que diz respeito ao conhecimento e à sabedoria humanos e preferem depositar sua confiança em megadados e em algoritmos computacionais."

pessoais dá contornos peculiares ao papel do Estado neste novo plano 'digitalizado' das interações humanas, demandando intervenção substancial para a proteção de direitos.

A proteção de dados pessoais passa a ser vista como novo 'chanfro' do direito fundamental à privacidade, desvelando a necessidade de que sejam salvaguardados parâmetros de proteção e defesa contra infrações eventualmente cometidas em detrimento deste elemento da personalidade humana:

> O argumento construído por Warren e Brandeis era simples e direto. Primeiro deduziram de causas existentes de ação em uma demanda judicial para salvaguardar sentimentos humanos de interferência indevida por parte de outros. Então, buscando estabelecer uma base factual para apoiar a necessidade de proteção legal adicional, eles descreveram as novas maneiras pelas quais uma mídia de massa agressivamente intrusiva poderia infringir esses sentimentos, publicando informações precisas, mas pessoalmente sensíveis, contra os desejos de seus súditos. A partir disso, chegaram à conclusão de que o direito comum poderia e deveria proteger sentimentos feridos por essas novas invasões, moldando uma nova forma de responsabilidade extracontratual que proporcionaria compensação às vítimas e, assim, impediria uma conduta excessivamente intrusiva no futuro. Concluindo seu *tour de force*, eles delinearam cuidadosamente os parâmetros da nova causa de ação, principalmente listando as defesas que poderiam ser levantadas contra ela e outras limitações à responsabilidade.[389]

O tema parece revelar grande urgência, a ponto de tramitar perante o Congresso Nacional brasileiro a Proposta de Emenda à Constituição nº 17/2019, que visa incluir a proteção de dados pessoais entre os direitos e garantias fundamentais do cidadão. A PEC ainda define como de competência exclusiva da União o poder para legislar sobre o assunto. No entanto, é sabido que o assunto não é novo e que a proteção haurida pelo Texto Constitucional já abarca situações desdobradas da proteção à privacidade.

Também não é nova a discussão em torno da tutela da proteção de dados pessoais, uma vez que há estudos de décadas atrás[390] com profundas discussões e proposições concernentes à nova dinâmica inaugurada pela coleta massiva de informações. Não é diferente no Brasil, onde grande parte da doutrina já se debruçou neste estudo, trabalhando-o à luz do sistema jurídico posterior à Carta de 1988.[391]

O desconhecimento dos cidadãos quanto às operações de coleta, tratamento e armazenagem desses dados conduz à necessidade de que sejam criados marcos regulatórios como mecanismos necessários para assegurar a plena liberdade do indivíduo na sociedade da informação. Nesse contexto, merecem destaque a iniciativa europeia

---

389. WU, Tim. **The master switch**, cit., *passim*.
390. PAGE, Joseph A. American tort law and the right to privacy. *In*: BRÜGGEMEIER, Gert; CIACCHI, Aurelia Colombi; O'CALLAGHAN, Patrick (Ed.). **Personality rights in European tort law**. Cambridge: Cambridge University Press, 2010, p. 41, tradução livre. No original: "*The argument constructed by Warren and Brandeis was simple and straightforward. They first deduced from existing causes of action in tort a judicial willingness to safeguard human feelings from undue interference on the part of others. Then, seeking to establish a factual basis to support the need for additional legal protection, they described the new ways by which an aggressively intrusive mass media could infringe upon these feelings by publishing accurate but personally sensitive information against the wishes of their subjects. From this they drew the conclusion that the common law could and should protect feelings bruised by these novel invasions by fashioning a novel form of tort liability that would provide compensation to victims and thereby deter excessively intrusive conduct in the future. Concluding their tour de force, they carefully delineated the parameters of the new cause of action, mainly by listing defences that might be raised against it and other limitations on liability.*"
391. CATALÀ, Pierre. Ebauche d'une théorie juridique de l'information. **Informatica e Diritto**, Nápoles, ano IX, jan./apr. 1983, p. 20.

denominada *General Data Protection Regulation* (GDPR), editada em 27 de abril de 2016 e implementada em 25 de maio de 2018, e, no Brasil, a Lei nº 13.709, de 14 de agosto de 2018 (a Lei Geral de Proteção de Dados, ou LGPD).

> Com largo período de *vacatio legis*, a LGPD sequer entrou em vigor e já sofreu densas alterações por força da Medida Provisória nº 869, de 27 de dezembro de 2018,[392] que, seguindo seu curso regular perante o Congresso Nacional brasileiro, foi convertida na Lei nº 13.853, de 08 de julho de 2019, reformatando a redação definitiva da lei anteriormente promulgada.

Segundo Aurelia Tamò-Larrieux:

> O processamento de dados pessoais tornou-se um aspecto integrante da atividade social e econômica na esfera digital. Através do desenvolvimento de novos produtos e serviços, os mercados estimulam a demanda e respondem à demanda social por eficiência e conveniência. Esses serviços antecipam o que os clientes querem e fornecem opções. (...) Além disso, as empresas podem classificar as preferências do consumidor por meio do uso de algoritmos de criação de perfil. Esses algoritmos extraem conjuntos de dados grandes e distintos para padrões e correlações e classificam os assuntos em grupos e categorias. Essas bases de dados digitais permitem a construção de registros inclusivos e persistentes de hábitos individuais, informações demográficas, crenças, preferências ou comportamento psicológico.[393]

A baliza essencial do *civil law*, consubstanciada na edição de regulamentos capazes de trazer solução efetiva aos conflitos inter-relacionais, perde forças com a instantaneidade proporcionada pelas Tecnologias da Informação e Comunicação. Assim, não se esgota o tema com a criação de regulamentações preliminares para o uso da Internet no país, ou mesmo com a tentativa de criar regras para dissociar o Estado da livre iniciativa, primando pela liberdade econômica, pois não são raros os exemplos de novas contingências e desafios à tutela jurídica de direitos fundamentais, que enfrentam carência de delimitação axiológica, quando necessário para dar solução às mais variadas relações virtuais.

1.8.3 *Black box society*: a impotência estatal frente ao poder algorítmico

Evidentemente, o chamado 'direito digital' reúne uma série de temas dos mais diversos ramos do direito, sendo desafiado à resolução de inúmeros problemas contemporâneos – e muitos deles guardam pertinência com o direito econômico. Nesse sentido, destaca-se que é flagrante a necessidade de se investigar a suficiência do labor regulatório estatal para a pacificação social a partir da tutela dos mencionados conflitos no que diz respeito aos 'mercados de múltiplos lados', delimitados primeiramente por Jean-Charles Rochet e Jean Tirole,[394] em pesquisa que rendeu a este último o Prêmio Nobel de Economia em 2014.

---

392. Confira-se, por todos: DONEDA, Danilo. O direito fundamental à proteção de dados pessoais. *In:* MARTINS, Guilherme Magalhães; LONGHI, João Victor Rozatti (Coord.). **Direito digital**: direito privado e Internet. 2. ed. Indaiatuba: Foco, 2019, p. 36; DONEDA, Danilo. **Da privacidade à proteção de dados pessoais**. Rio de Janeiro: Renovar, 2006, p. 407.
393. Para maiores detalhes, confira-se: MARTINS, Guilherme Magalhães; LONGHI, João Victor Rozatti; FALEIROS JÚNIOR, José Luiz de Moura. Primeiras impressões sobre as alterações da Medida Provisória 869/2018 na LGPD. **Jota**. 14 jan. 2019. Disponível em: http://www.jota.info/opiniao-e-analise/artigos/lgpd-mp-autoridade-dados--pessoais-14012019. Acesso em: 20 jun. 2023.
394. TAMÒ-LARRIEUX, Aurelia. **Designing for privacy and its legal framework**: data protection by design and default for the Internet of Things. Basileia: Springer, 2018, p. 3, tradução livre. No original: "*The processing of personal*

Na expressão em inglês, os *two-sided* (no caso, *multi-sided*) *markets* operam os interesses de grupos distintos, cujos interesses são harmonizados por uma plataforma, gerando rentabilidade a partir do volume massivo de participantes interconectados para viabilizar os desideratos econômicos de uns em alinhamento aos interesses usualmente de consumo dos demais. Na Internet, isto ocorre com enorme frequência e com precisão cada vez maior devido ao implemento de algoritmos, formando os *data-rich markets*, descritos por Viktor Mayer-Schönberger e Thomas Range.[395]

Surge, então, uma 'corrida' pelos algoritmos mais eficazes e capazes de filtrar os mais variados acervos de dados para propiciar vantagens concorrenciais. Aparentemente, a regulação de ilícitos econômicos e das relações de consumo – vistas como um primeiro percalço desse novo modo de se operacionalizar atividades econômicas na Internet – seriam facilmente tuteláveis e fiscalizáveis. Entra em cena, porém, uma dificultosa compreensão dos complexos algoritmos utilizados para a realização de tais atividades.

Frank Pasquale, o renomado professor da Universidade de Maryland, atribuiu a tais algoritmos o nome de '*black boxes*' (caixas-pretas), e alertou para os perigos de uma sociedade regida pelos segredos.[396] Ainda que o próprio autor reconheça que empresas de economias capitalistas democráticas se utilizem de processos de aferição de riscos e oportunidades cada vez mais dinâmicos e complexos,[397] um Estado indiferente a essa realidade será uma figura omissa e passiva à realidade inescapável de que abusos sistemáticos desses algoritmos possuem o condão de gerar danos variados.

Para suplantar o cenário indesejável de um Estado fraco e impotente frente ao poderio técnico-informacional de grandes corporações, também o direito público precisa se reinventar. Nesse contexto, é preciso ir além da noção de 'governo eletrônico'.

---

data has become an integral aspect of social and economic activity in the digital sphere. Through development of new products and services, markets spur the demand for and respond to the societal call for efficiency and convenience. Such services anticipate what customers want in advance and provide them with those options. (...). Additionally, companies can classify consumer preferences through the use of profiling algorithms. These algorithms mine large, disparate datasets for patterns and correlations and sort subjects into groups and categories. Such digital databases allow for the construction of inclusive and persistent records of individual habits, demographic information, beliefs, preferences, or psychological behavior."

395. *Cf.* TIROLE, Jean. **Competition in telecommunications**. Cambridge: The MIT Press, 1999.
396. MAYER-SCHÖNBERGER, Viktor; RAMGE, Thomas. **Reinventing capitalism in the age of big data**. Nova York: Basic Books, 2018, p. 7. Comentam: *"The key difference between conventional markets and data-rich ones is the role of information flowing through them, and how it gets translated into decisions. In data-rich markets, we no longer have to condense our preferences into price and can abandon the oversimplification that was necessary because of communicative and cognitive limits."*
397. PASQUALE, Frank. **The black box society**: the secret algorithms that control money and information. Cambridge: Harvard University Press, 2015, p. 6-7. Anota: *"Real secrecy establishes a barrier between hidden content and unauthorized access to it. We use real secrecy daily when we look our doors or protect our e-mail with passwords. Legal secrecy obliges those privy to certain information to keep it secret; a bank employee is obliged both by statutory authority and by terms of employment not to reveal customers' balances to his buddies. Obfuscation involves deliberate attempts at concealment when secrecy has been compromised. For example, a firm might respond to a request for information by delivering 30 million pages of documents, forcing its investigator to wate time looking for a needle in a haystack. And the end result of both types of secrecy, and obfuscation, is opacity, my blanket term for remediable incomprehensibility."*

1.8.4 Para além do 'governo eletrônico'

A evolução do Estado demanda frescor na leitura que se faz do entrelaçamento entre as esferas pública e privada, conforme aduz Alessandro Hirata:

> No mundo moderno, a afirmação de que uma determinada norma jurídica é de interesse do Estado, não exprime aquela imediata destinação de utilidade coletiva. Afinal, o interesse do Estado, em muitos casos, é o mesmo de industriais e comerciantes, interesses estes tipicamente particulares. Desse modo, o fato de o Estado ser um dos polos de uma relação jurídica não exclui a possibilidade de esta ser de direito privado.[398]

Quando se cogita de um 'governo eletrônico', portanto, as conclusões de José Fernando Brega quanto ao desenvolvimento de uma visão jurídica a respeito da incorporação das novas tecnologias nas atividades e rotinas administrativas do Poder Público ecoam sinalizações que devem transcender a mera proposta de se transladar atos e processos administrativos do papel para o suporte digital. Sem dúvidas, as hipóteses investigadas pelo autor em sua pioneira tese merecem transcrição específica:

> No curso desta tese, foram investigadas as três hipóteses lançadas em sua introdução: 1) o governo eletrônico é uma realidade jurídica, que pode ser compreendida também sob a perspectiva do direito administrativo; 2) na condição de realidade jurídica, o governo eletrônico está sujeito a um conjunto de fundamentos, decorrentes do ordenamento vigente, em especial de seus preceitos constitucionais; 3) a utilização de meios eletrônicos provoca consequências substanciais em relação a institutos clássicos do direito administrativo, tornando necessário que estes e suas respectivas bases sejam reavaliados pela ciência do direito a partir da realidade tecnológica atual e dos fundamentos jurídicos sistemáticos referidos na hipótese anterior.[399]

Sem dúvidas, diversos institutos do direito administrativo hodierno demandam revisitação e estudo cuidadoso de seus pormenores para que, à luz dos impactos trazidos pelas novas tecnologias, possam ser aperfeiçoados. É neste ponto que reside a proposta deste estudo, cujo cerne de discussão, após esta singela apresentação histórica e conceitual, se dedicará à apresentação de proposições para o aperfeiçoamento do Regime Jurídico Administrativo sob a ótica de seus cinco princípios fundamentais: legalidade, impessoalidade, moralidade, publicidade e eficiência.

A incidência de modais tecnológicos sobre diversas atividades estatais relacionadas a esse rol essencial de princípios permite um repensar da estrutura do Estado para além da mera noção de um governo que se vale da eletrônica e da informática para o desempenho de suas tarefas. Muito mais que os benefícios da celeridade, da segurança e da eficiência, a tecnologia tem o condão de, ao mesmo tempo, fortalecer e ruir o Estado,

---

398. PASQUALE, Frank. **The black box society**, cit., p. 216.
399. HIRATA, Alessandro. O público e o privado no direito de intimidade perante os novos desafios do direito. *In:* LIMA, Cíntia Rosa Pereira de; NUNES, Lydia Neves Bastos Telles (Coord.). **Estudos avançados de direito digital**. Rio de Janeiro: Elsevier, 2014, p. 30. O próprio autor complementa: "O direito público trata do modo de se do Estado romano, já o privado, sobre o interesse dos particulares. Assim, algumas coisas são úteis publicamente, outras privadamente. Trata-se, assim, de uma distinção fundamentada na *utilitas* (interesse): as normas que atendessem ao interesse imediato do Estado e apenas, mediatamente, aos cidadãos enquadram-se no direito público e as de interesse imediato dos particulares, no direito privado."

sendo esta alarmante segunda hipótese decorrência indesejada de sua inércia e carência de adaptações estruturais às demandas do porvir.

Com isso, as reflexões trazidas nos três capítulos seguintes, ainda que não pretendam 'reinventar o Estado', certamente contribuirão para que se produza uma releitura crítica de seu papel e de seus institutos primordiais para a otimização de sua 'espinha-dorsal' sob bases estruturantes mais sólidas e, seguramente, mais alinhadas aos avanços da inovação incessante que marca o século XXI.

1.9 CONCLUSÕES PARCIAIS: ENFIM, O 'GOVERNO DIGITAL'

Neste capítulo introdutório, discorreu-se sobre a evolução do Estado e sua relação com o Direito ao longo das eras. Foi mencionada a passagem de um direito público incipiente e não totalmente desconectado do direito privado para uma disciplina jurídica autônoma, composta de base principiológica própria e de arcabouço normativo-estruturante capaz de conduzir a figura do Estado no curso da evolução social.

No período do Estado Liberal, marcado pelo viés contratualista, houve destaque para os diversos pensadores que marcaram esse período de transição, além dos paradoxos que o caracterizaram. No contraponto, o texto abordou o Estado Social e a conjugação da clássica liberdade a um novo modelo de atuação estatal, dedicado à formulação de políticas públicas intervencionistas e reguladoras que influenciaram toda uma geração de pensadores das Ciências Sociais e marcaram fortemente a primeira metade do século XX.

O texto mencionou, ainda, as Revoluções Industriais, que caracterizaram mudanças profundas nas sociedades humanas. A Terceira e a Quarta revoluções foram detalhadamente analisadas do ponto de vista do aprimoramento tecnológico e de seus reflexos sobre a configuração do Estado. No entanto, o Estado da época não se blindou contra as interferências que o uso dessas novidades teria sobre suas rotinas administrativas, o que perpetuou uma série de novos preceitos e princípios que conduziriam a sociedade pós-moderna.

Concluiu-se que o período da 'eletrônica' está superado desde meados do século XX, e que o objeto de estudo das ciências, nos campos político, econômico, social e jurídico, passa a ser composto pelos desdobramentos desta nova figura essencial da sociedade, que traz novas potencialidades, mas também novos percalços. É importante destacar que os deveres de proteção que são impostos ao Estado a nível constitucional não abrem margem ao descumprimento por completa incapacidade de tutela e regulação.

Com a presença cada vez mais efetiva da tecnologia na sociedade da informação, o Estado enfrenta um grande desafio para se adaptar aos deveres de proteção impostos constitucionalmente, especialmente em relação à proteção insuficiente de dados em uma sociedade em que a coleta e o fluxo massivo de informações ocorrem em tempo real e com interoperabilidade sistêmica. Nesse contexto, é necessário implementar diversas reformas estruturais para acompanhar essa nova era comunicacional.

O desenvolvimento da tecnologia no campo da informática traz reflexos significativos na Administração e no Direito Administrativo, o que torna imperativa a consideração de termos terminológicos adequados.[400] Como se viu, o prefixo "e" está cada vez mais relacionado a aspectos do governo, resultando no emprego de termos estrangeiros como *e-government, e-governance* e *e-democracy*, bem como de termos em português como e-administração, e-governo, e-governança e e-democracia. Outras expressões consagradas pela doutrina especializada incluem governo eletrônico, administração eletrônica e democracia eletrônica, todas as quais possuem o adjetivo "eletrônico".[401]

Nesse sentido, é essencial que o Estado se adapte a essas mudanças e utilize a tecnologia para aprimorar suas estratégias de proteção de dados. A Lei Geral de Proteção de Dados Pessoais (LGPD), por exemplo, se torna ainda mais relevante nesse contexto, visto que estabelece os conceitos e as regras necessárias para a proteção de informações pessoais. Isso é particularmente importante para o Governo Digital, que lida com uma grande quantidade de informações sensíveis e privadas.

A LGPD é uma ferramenta fundamental para o Poder Público, pois ajuda a garantir a transparência e a responsabilidade em relação à coleta e ao tratamento de dados. A implementação de políticas de proteção de dados e privacidade é essencial para que o Governo Digital possa cumprir seu papel de promover a eficiência e a modernização da administração pública.

A recente promulgação da Lei nº 14.129, no dia 29 de março de 2021, consagrou importante plêiade de normas jurídicas – princípios e regras – de inegável relevância para a compreensão e reestruturação de determinadas bases do Direito Público e da própria Administração Pública do século XXI. De fato, o marco regulatório em questão define a opção pela nomenclatura "governo digital" ao se reportar aos influxos da transformação digital sobre os afazeres estatais e momento peculiar, abandonando a terminologia anteriormente consolidada ("governo eletrônico") para refletir melhor os desafios hodiernos, enfrentados na transição entre épocas marcadas por obstáculos próprios.[402]

Não há dúvidas de que o primado da eficiência – da qual emana o intuito de desburocratizar a atuação estatal – é de grande importância para a ressignificação do papel do Estado no novo século. Contudo, a própria lei é permeada por elementos que

---

400. SANTANNA, Gustavo da Silva. **Administração Pública eletrônica**: o caminho para a implementação de serviços públicos 4.0. Londrina: Thoth, 2022, p. 140. Anota: "Uma administração pública horizontal (como é a e-Administração) busca, exatamente, superar a ideia de que o Estado/Administração está acima do cidadão, impondo suas vontades políticas (ainda que supostamente pautadas no "interesse público"), para colocar-se ao lado dele, tendo as políticas públicas originadas a partir da sociedade".
401. FALEIROS JÚNIOR, José Luiz de Moura. Governo eletrônico, de performance e digital: qual é o melhor arquétipo conceitual para a Administração Pública do século XXI? **Revista da Procuradoria-Geral do Município de Porto Alegre**, Porto Alegre, v. 34, n. 35, p. 38-57, 2022, *passim*.
402. VIANA, Ana Cristina Aguilar. Transformação digital na administração pública: do governo eletrônico ao governo digital. **Revista Eurolatinoamericana de Derecho Administrativo**, Santa Fé, v. 8, n. 1, p. 115-136, jan./jun. 2021, p. 131-132. Comenta: Os impactos das tecnologias como Big Data e inteligência artificial são incluídos na concepção do governo digital. O digital decorre dessas tecnologias e também da perspectiva de modificar a relação do Estado com a sociedade, da busca pela criação de valor público, e em conjunto. O governo digital, portanto, reflete um amadurecimento no tratamento das tecnologias da informação no âmbito da administração pública. Pode-se, portanto, aludir ao digital como um sistema mais evoluído. Por outro lado, considerando o escorço teórico e o emprego já consolidado do termo governo eletrônico, percebe-se que o governo digital também pode ser acomodado como mais uma etapa dentro do gênero "governo eletrônico". Mais relevante, contudo, é ter conhecimento da razão pela qual se faz distinção entre os termos.

permitem distinguir o assim chamado "governo digital" de arquétipos mais antigos, como o já citado "governo eletrônico" e, no que interessa à busca abstrusa por números e indicadores, "governo de performance".

Apesar disso, na própria ementa da lei, nota-se a ênfase conferida ao princípio constitucional da eficiência como mote da inovação legislativa, o que dá azo a questionamentos que convergem no tema-problema deste ensaio: afinal, quando se fala em "governo digital", a partir da Lei nº 14.129/2021, a busca por eficiência é o único elemento propulsor da transformação digital no Poder Público? Sendo evidentemente negativa a resposta, resta destacar a importância da clarificação dessas nomenclaturas. E este será exatamente um dos tópicos explorados mais adiante, quando a pesquisa passar a se ocupar dos desdobramentos relativos ao princípio constitucional da eficiência.

As iniciativas de governo digital têm se tornado cada vez mais importantes no século XXI, uma vez que a sociedade está cada vez mais conectada e dependentes das tecnologias da informação e comunicação. O uso de tecnologias digitais no governo permite que serviços públicos sejam entregues de forma mais eficiente e ágil, além de permitir uma maior transparência e participação cidadã.

O governo digital permite que as pessoas possam ter acesso a serviços públicos de forma mais fácil e rápida, sem a necessidade de enfrentar filas e burocracias desnecessárias. Além disso, a digitalização de processos também reduz custos e tempo de espera, o que pode resultar em uma economia significativa para o Estado e para os cidadãos. Porém, muitas vezes, essas iniciativas acabam revelando uma "fuga para o direito privado", o que significa que o governo acaba adotando soluções e tecnologias desenvolvidas e controladas pelo setor privado, em detrimento da adoção de soluções e tecnologias desenvolvidas pelo próprio governo ou em parceria com a sociedade civil.

A frase equivale justamente ao título da famosa obra de Maria João Estorninho, que assim descreve o fenômeno:

> Torna-se, hoje, absolutamente imprescindível «reinventar» as formas de garantia dos particulares, em face de uma Administração Pública que já não corresponde de todo aos quadros liberais tradicionais. Assim, parece-me indiscutível que a fórmula tradicional da reserva da lei não é hoje suficiente para abranger e evitar as novas situações de risco para o particular, em face da moderna Administração Pública.[403]

Essa "fuga para o direito privado" pode ter consequências negativas para a efetividade e a transparência das iniciativas de governo digital, já que as empresas privadas podem ter interesses comerciais que não necessariamente estão alinhados com os interesses públicos.[404] Além disso, a adoção de tecnologias privadas pode gerar problemas

---

403. ESTORNINHO, Maria João. **A fuga para o direito privado**: contributo para o estudo da actividade de direito privado da Administração Pública. 2ª reimpr. Coimbra: Almedina, 2009, p. 364.
404. Esse fenômeno pode ser observado em diversas iniciativas de governo digital, como a terceirização de serviços de tecnologia da informação, a adoção de plataformas digitais desenvolvidas por empresas privadas para a prestação de serviços públicos, entre outros. A "fuga para o direito privado" pode ter como consequência a perda de controle do Estado sobre a prestação de serviços públicos, o enfraquecimento da capacidade de regulação e controle do Estado e a submissão a interesses privados em detrimento do interesse público.

de privacidade e segurança dos dados dos cidadãos, uma vez que essas empresas podem não estar sujeitas às mesmas regulamentações e obrigações legais que o governo.

Outro aspecto relevante é que, ao adotar soluções desenvolvidas pelo setor privado, o governo pode acabar gerando um oligopólio ou mesmo um monopólio de mercado, o que pode ser prejudicial à concorrência e à inovação no setor de tecnologia. Além disso, o governo pode perder o controle sobre o desenvolvimento e a evolução dessas tecnologias, o que pode limitar sua capacidade de adaptar e inovar em suas iniciativas de governo digital.

Ainda, o governo digital pode promover uma maior transparência e participação cidadã, permitindo que os cidadãos tenham acesso a informações públicas e possam participar ativamente do processo de tomada de decisão do governo. Isso pode aumentar a confiança da população nas instituições governamentais e fortalecer a democracia.

Outra importância do governo digital é a possibilidade de coleta e análise de dados em tempo real, o que pode ajudar no planejamento e implementação de políticas públicas mais eficientes e eficazes. O uso de tecnologias digitais também permite que o governo possa se adaptar mais rapidamente a mudanças e crises, como foi visto durante a pandemia de Covid-19, em que muitos governos tiveram que rapidamente adotar soluções digitais para garantir a continuidade dos serviços públicos.

Enfim, o governo digital também pode ajudar a reduzir a corrupção e aumentar a eficiência no setor público, uma vez que muitas das práticas corruptas envolvem processos manuais e burocráticos que podem ser eliminados com a digitalização dos processos. Além disso, o uso de tecnologias digitais pode permitir que o governo monitore e controle melhor o uso dos recursos públicos, reduzindo desperdícios e fraudes.

O regime jurídico administrativo, entendido como um conjunto de normas e princípios que regem a atuação da administração pública e a relação desta com os administrados, parece desfalecer, ou demandar reestruturação. Isso porque o mundo mudou muito e a administração pública precisou se adaptar a novos desafios e demandas da sociedade. Nesse contexto, alguns questionam se o regime jurídico administrativo é suficiente para lidar com as complexidades do século XXI.

Por um lado, é indiscutível que muitos dos princípios e normas do regime jurídico administrativo continuam relevantes e necessários, como a legalidade, impessoalidade, moralidade, publicidade e eficiência. Esses princípios são essenciais para garantir a transparência e a boa gestão dos recursos públicos, e para proteger os direitos dos cidadãos frente ao Estado. No entanto, há também uma série de desafios que o regime jurídico administrativo não foi capaz de enfrentar de forma adequada. Outro desafio é a crescente complexidade dos problemas que a administração pública precisa enfrentar, como a digitalização da sociedade e a necessidade de proteção de dados pessoais. Nesses casos, pode ser necessário adaptar ou criar novas normas para garantir a efetividade da proteção dos direitos dos cidadãos.

Portanto, embora o regime jurídico administrativo ainda seja importante e necessário, é preciso repensá-lo e adaptá-lo aos novos desafios do século XXI, garantindo a transparência, eficiência e efetividade da administração pública. A Lei de Governo Digital é um exemplo de como novas normas estão sendo criadas para garantir a proteção dos direitos dos cidadãos na era digital.

No Estado Pós-Social, que marca o período atual, em que a Quarta Revolução Industrial, caracterizada pela forte presença das Tecnologias da Informação e Comunicação, acarreta uma série de fenômenos políticos, econômicos e sociais, a Administração Pública parece se retrair cada vez mais, carecendo de aptidão para responder rapidamente a essas novidades. Por isso, o texto passará a se debruçar sobre as propostas do trabalho: os cinco princípios essenciais da Administração Pública – legalidade, impessoalidade, moralidade, publicidade e eficiência –que serão decompostos e revisados para que, sendo aperfeiçoados, passem a compor uma 'nova' Administração Pública, doravante descrita como 'Administração Pública digital', em função dos desdobramentos da Quarta Revolução Industrial.

Capítulo 2
DA LEGALIDADE PARA A GOVERNANÇA: IMPACTOS DO *COMPLIANCE* NA ADMINISTRAÇÃO PÚBLICA DIGITAL

Nunca antes se aventou com tamanha ênfase a necessidade do *compliance*[1] para o setor público. Sem pretender abordar com amplitude temática todas as peculiaridades que orbitam o tema, buscar-se-á averiguar o contexto no qual esse clamor toma corpo e, de forma propositiva, revisitar o princípio da legalidade, indicando nuances de sua confrontação com o fechamento hermético do ordenamento em torno da segurança jurídica para indicar parâmetros que viabilizem saudável reconfiguração institucional para a reinserção e revalorização da ética.

Desde logo, sinaliza-se que a temática da 'governança pública' – e aqui não se faz distinção entre os vocábulos 'governança' e '*compliance*' para fins de simplificação – não é nova, tampouco inédita. Já aventando o necessário entrelaçamento do tema à sistemática da hodierna sociedade da informação, Viktor Mayer-Schönberger e David Lazer, em 2007, coordenaram estudos voltados à transição 'do governo eletrônico ao governo informacional',[2] sinalizando uma imperiosa contemplação do assunto no contexto das atividades estatais.

Fala-se do potencial de alavancagem global que a tecnologia implica em termos de governança, mas é certo que "usar a governança não implica ignorar questões de domínio e poder; ao contrário, deveria significar identificar quem propicia afetação às regras sobre acesso ao poder e como".[3]

Nesse exato contexto, André-Jean Arnaud enumera alguns aspectos da mudança paradigmática que denominou de 'governança corporativa para governança global': (i) anseio pelo equilíbrio e pelo controle na gestão da empresa através da

---

1. O termo é originário do verbo inglês "*to comply*", ou seja, cumprir, agir de acordo com as regras, leis, marcos regulatórios e normativas internas e externas do mercado.
2. MAYER-SCHÖNBERGER, Viktor; LAZER, David. The governing of government information. *In*: MAYER-SCHÖNBERGER, Viktor; LAZER, David (Ed.). **Governance and information technology**: from electronic government to information government. Cambridge: The MIT Press, 2007, p. 281. Em síntese, os autores concluem o seguinte: "*We conclude with a more normatively oriented discussion, focusing, in particular, on three overarching issues: the capacity of government institutions to adapt to the informational flows that are now technically possible; the balance between individual interests in the informational capacity of government; and the role of potential new information flows in transforming (or not) the deliberative space.*"
3. KJÆR, Anne Mette. **Governance**. Cambridge: Polity Press, 2004, p. 122, tradução livre. No original: "*Using governance should not entail ignoring questions of rule and power; rather, it should mean identifying who affects the rules about access to power, and how.*"

lógica sistêmica; (ii) a implementação da transparência, assim entendida como o princípio orientador da boa governança; (iii) a eficiência prestacional, a partir de uma ressignificação da gestão para melhorar o desempenho da empresa com base na estrutura de propriedade com a equação de custo-qualidade-serviço, que o autor denomina 'reengenharia'; (iv) o acolhimento de um modelo de gestão complexo através de "racionalização de poderes, pesquisa sobre transparência, equilíbrio e eficiência, num contexto de mercado competitivo" permeado por *soft law* e *hard law* e complementado por questões sobre o equilíbrio alcançado, os limites e o poder decorrente do excesso de regulamentação.[4]

Novamente, quando se retoma o fenômeno globalizatório, surgem alguns questionamentos sobre o alcance global da governança no contraponto ao aspecto regulatório, que, segundo Isabela Ferrari, "deslocou o poder de uma orientação nacional e local para a esfera global, a partir da influência progressivamente crescente de organizações supranacionais (como a União Europeia), internacionais (como a Organização Mundial do Comércio), e transestatais (como a Federação Internacional de Futebol),[5] a revelar uma configuração institucional que rompe barreiras e fronteiras e cria largo campo para a ascensão de atores privados – embora a doutrina vocifere a importância fundamental do Estado.[6]

A despeito de tendências e preocupações, são eloquentes os argumentos que sinalizam a necessariedade da transição do modelo hodierno de funcionamento do Estado para um paradigma que consolide a governança em suas raízes institucionais, abrindo espaço para novos substratos teóricos que suplantem a lógica hoje vigente da estrita legalidade.

O que se almeja, essencialmente, é "(i) evitar distorções no processo de interpretação; (ii) evitar importações irrefletidas de conceitos; e (iii) evitar a generalização de argumentos contrários ou favoráveis ao *compliance*."[7] Para isso, iniciar-se-á com a revisão detida dos limites da legalidade para, em breves linhas ulteriores, proceder-se a uma averiguação mais específica sobre os aspectos fundamentais que circundam a análise propugnada em seu cerne.

---

4. ARNAUD, André-Jean. La gouvernance: un outil de participation. Paris: LGDJ, 2014, p. 214-223.
5. FERRARI, Isabela. Nova governança: insights para o aprimoramento da regulação estatal. *In:* BECKER, Daniel; FERRARI, Isabela (Coord.). **Regulação 4.0**: novas tecnologias sob a perspectiva regulatória. São Paulo: Revista dos Tribunais, 2019, p. 112. A autora ainda acrescenta: "O que atualmente vem sendo chamado de "Nova Governança" corresponde às novas organizações das relações de poder, em suas diversas formas. Essa expressão não se refere, portanto, a um arranjo predeterminado, mas engloba, como conceito guarda-chuva que é, fenômenos distintos, identificados nos mais diversos países e instituições. A expressão vem sendo empregada especialmente para fazer referência a novas soluções, adotadas no campo do Direito Regulatório, para combater alguns dos problemas da tradicional regulação estatal. A regulação tradicional implica a imposição de condutas sob ameaça de sanção (por isso é chamada, em inglês, de regulação *command and control*)."
6. SLAUGHTER, Anne-Marie. The real new world order. **Foreign Affairs**, Nova York, v. 76, n. 5, set./out. 1997, p. 195.
7. ALMEIDA, Luiz Eduardo de. Compliance público e compliance privado: semelhanças e diferenças. *In:* NOHARA, Irene Patrícia; PEREIRA, Flávio de Leão Bastos (Coord.). **Governança, compliance e cidadania**. São Paulo: Revista dos Tribunais, 2018, p. 115.

2.1 O PRINCÍPIO DA LEGALIDADE NO CONTEXTO DA SEGURANÇA JURÍDICA

Legalidade, nos dizeres de Ruy Cirne Lima, implica considerar que "nenhum ato administrativo pode violar a lei e que nenhum ato administrativo que imponha encargos pode ser praticado sem fundamento legal".[8] Nesse contexto, importa destacar que o contraponto entre legalidade e segurança jurídica sempre norteou a delimitação de institutos jurídicos fundamentais para o funcionamento do Estado. Conforme se anotou no brevíssimo apanhado histórico deste trabalho, no curso da evolução dos modelos estatais, sempre se notou uma pertinência da legalidade para a compreensão da própria existência do Estado, a se iniciar pela vinculação absoluta da vontade pública à figura do monarca.

Com a evolução já averiguada no capítulo anterior, caminhou-se para a modelagem liberal do princípio em questão, assim indicada por Maria Sylvia Zanella di Pietro:

> O princípio da legalidade fundou-se em duas ideias principais: (a) a de que o único poder legítimo é o que resulta da vontade geral do povo, manifestada pela lei; acima da vontade geral do povo não se coloca qualquer outra vontade, nem mesmo a do monarca; (b) a de que, a partir do princípio da separação de poderes, dá-se a primazia ao Poder Legislativo; o Executivo e o Judiciário apenas seriam os executores das normas postas pelo Legislativo. Paralelamente ao princípio da legalidade, passou a Administração Pública a submeter-se ao controle judicial e ao princípio da isonomia, pelo qual as leis devem ser iguais para todos.[9]

Na evolução do Estado Social, por outro lado, a legalidade estrita se aprimora e dá espaço a um novo modelo, fortemente influenciado pelo positivismo jurídico e pela atribuição de função normativa ao Executivo, que passou a editar normas com força de lei (designadamente os decretos-lei e as medidas provisórias, para listar alguns exemplos), gerando instabilidade e queda da legitimidade decisional.

O principal aspecto desse novo momento decorre da perda do "caráter de generalidade, abstração, impessoalidade [da lei], porque passou a ter caráter individual, na medida em que atende a interesses parciais da sociedade ou de grupos".[10] Com a evolução ao Estado de Direito, porém, nota-se a inserção de um novo elemento essencial:

---

8. LIMA, Ruy Cirne. **Princípios de direito administrativo**. Revista por Paulo Alberto Pasqualini. 7. ed. São Paulo: Malheiros, 2007, p. 46. E acrescenta: "Segundo Walter Jellinek, esse princípio [*Gesetzmäßigkeit der Verwaltung*] já havia sido definido com indubitável clareza por Montesquieu, quando disse que ninguém pode ser obrigado a fazer alguma coisa que a lei não o obriga (*Verwaltungsrecht*, 1929, Berlin, § 5, III, n. 2, p. 83).''
9. DI PIETRO, Maria Sylvia Zanella. O princípio da segurança jurídica diante do princípio da legalidade. In: MARRARA, Thiago (Org.). **Princípios de direito administrativo**: legalidade, segurança jurídica, impessoalidade, publicidade, motivação, eficiência, moralidade, razoabilidade, interesse público. São Paulo: Atlas, 2012, p. 5. E a autora ainda acrescenta: "Desse modo, o princípio da legalidade, na fase inicial, correspondente ao período do Estado de Direito liberal, assim se caracterizava: (a) o único poder legítimo é o que resulta da *vontade geral* do povo, manifestada por meio do Parlamento, razão pela qual o princípio da separação de poderes tinha uma interpretação bem restrita, porque a lei é aquela baixada pelo Parlamento, cabendo ao Judiciário e ao Executivo apenas a sua aplicação aos casos concretos; (b) as leis devem ser iguais para todos; (c) as leis têm um conteúdo substancial, representado pela ideia de direito natural, decorrente da natureza do homem e descoberto pela razão; daí a conclusão de que o Poder é limitado por um direito superior, que está fora de seu alcance mudar; (d) o princípio da legalidade era entendido no sentido da *vinculação negativa*, significando que a Administração pode fazer tudo o que a lei não proíbe."
10. DI PIETRO, Maria Sylvia Zanella. O princípio da segurança jurídica diante do princípio da legalidade, cit., p. 6-7.

o controle judicial dos atos administrativos ganha contornos próprios e, nessa nova fase, criam-se as condicionantes para a evolução da legalidade, que, então, passa a ser considerada em sentido amplíssimo, açambarcando valores e princípios.[11]

2.1.1 O direito administrativo constitucionalizado

Desde 1988 e do advento da Constituição cidadã, novas nuances passaram a permear o Estado de Direito brasileiro.[12] A partir de então, nota-se uma evidente inserção de aspectos de cariz constitucional na compreensão do direito administrativo, particularmente a partir da segunda metade do século XX, o que coincide com o aceleradíssimo ritmo dos fenômenos hoje visualizados no contexto do realce a direitos fundamentais e à sua proteção.[13] Segundo Gustavo Binenbojm:

> O constitucionalismo moderno surge quando da separação dos regimes absolutistas, advindo da necessidade de contenção do poder do Estado. Tal escopo instrumentalizou-se a partir da proteção de um conjunto de direitos que, positivados na Constituição, foram erigidos a um nível hierárquico superior. (...) A grande inovação das Constituições na modernidade consiste em que, permeadas pelos ideais humanistas, posicionam o homem no epicentro do ordenamento jurídico, verdadeiro fim em si mesmo, a partir do qual se irradia um farto elenco de direitos fundamentais. Tais direitos têm assento, sobretudo, nas ideias de dignidade da pessoa humana e de Estado Democrático de Direito, servindo, concomitantemente, à legitimação e à limitação do poder estatal.[14]

---

11. ÁVILA, Humberto. **Teoria dos princípios**, cit., p. 122. E o autor ainda cuida da distinção entre normas e metanormas, registrando que "o qualificativo de *normas de segundo grau*, porém, não deve levar à conclusão de que os postulados normativos funcionam como qualquer norma que fundamenta a aplicação de outras normas, a exemplo do que ocorre no caso de sobreprincípios como o princípio do Estado de Direito ou do devido processo legal. Isso porque esses sobreprincípios situam-se no próprio nível das normas que são objeto de aplicação, e não no nível das normas que estruturam a aplicação de outras."
12. LIMA, Ruy Cirne. **Princípios de direito administrativo**, cit., p. 67-68. Comenta: "A nova Constituição Federal de 1988 trouxe novidades para a vida republicana. Pela primeira vez a Constituição fala de um "Estado Democrático de Direito" (art. 1º), que significa, em primeiro lugar, um Estado que se opõe ao Estado autoritário (*Rechtstaat bedeutet den Gesensatz zum Machtstaat* – Carl Schmitt, *Verfassunglehre*, Berlin, 1957, §12, II, n. 2, p. 130). Depois de definir os Princípios fundamentais da nova República (Título I), a Constituição, no Título II, inicia pela declaração dos Direitos e Garantias Fundamentais. Seguindo os passos da Lei Fundamental de Bonn, em seu art. 5º, §1º, estabeleceu que "As normas definidoras dos direitos e garantias fundamentais têm aplicação imediata". A Lei Fundamental de Bonn diz, de forma análoga, que "Os Direitos fundamentais a seguir discriminados constituem direito diretamente aplicável para os Poderes Legislativo, Executivo e Judiciário (art. 1º., n. 3). Foi abolida a censura (art. 5º, inciso IX), à semelhança da Lei Fundamental alemã (art. 5º, n. 1). O art. 5º, inciso VIII, estabeleceu, pela primeira vez, a proteção às crenças religiosas, políticas ou filosóficas, reconhecendo o imperativo de consciência como motivo para se eximir do serviço militar obrigatório, (...). Finalmente, para não alongar as comparações, há uma disposição fundamental, semelhante à Lei Fundamental de Bonn, que atribui a guarda da Constituição ao Supremo Tribunal Federal (art. 102, I, "a", da CF de 1988); a Lei Fundamental de Bonn atribui a garantia e a guarda da Constituição ao *Bundesverfassungsgerichts*. O Tribunal Constitucional Federal se constitui na mais importante garantia do respeito do Direito Constitucional pelos demais órgãos do Estado (*Handbuch des Verfassungsrechts der Bundesrepublik Deutschland*, editado por Ernst Benda, Werner Maihofer, Hans-Johen Vogel, Berlin-New York, Walter de Gruyter, 1983, IV Parte, *Verfassungsgerichtsbarkeit* – Helmut Simon, p. 1.253)."
13. Sobre o assunto, anota Marçal Justen Filho: "O direito administrativo se vincula à realização dos direitos fundamentais, definidos a partir da dignidade da pessoa humana (...), disciplinando um setor de atividades e um conjunto de organizações estatais e não estatais para produzir a limitação dos poderes que são gerados por sua existência. O direito administrativo visa evitar que a concentração de poderes políticos e econômicos, relacionados com as atividades de satisfação de interesses coletivos, produza o sacrifício da liberdade e de outros valores fundamentais." JUSTEN FILHO, Marçal. **Curso de direito administrativo**. 4. ed. São Paulo: Revista dos Tribunais, 2009, p. 3.
14. BINENBOJM, Gustavo. **Uma teoria do direito administrativo**, cit., p. 105-106. Ao que acrescenta: "É essa a justificativa para o constituinte, em um número significativo de casos, ter reconhecido direitos de natureza tran-

Não se deixa de considerar, a despeito dessa tendência à constitucionalização, que "a fidelidade à lei permanece sendo um lugar comum importante no discurso do direito de uma sociedade orientada pela escrita",[15] o que demonstra o papel de destaque da lei formal para a consolidação dos valores elencados pelo ordenamento, mesmo em um período de alegada 'crise da legalidade', em decorrência da abertura a novos tipos normativos (além da lei em sentido estrito).[16]

A tendência à abertura (e às novas leituras), não obstante, se manifestou na mesma toada em que antigas máximas da estruturação do Regime Jurídico Administrativo passaram a ser flexibilizadas, na esteira do que anota Egon Bockmann Moreira:

> Enfim, antes o Direito Administrativo vivia sob o primado de três máximas: *desigualdade* (um Estado detentor de prerrogativas extraordinárias, unilateral e com presunção de legitimidade *iuris tantum*); *hierarquia* (superioridade inquestionável do Estado, formal e substancial) e *exclusão recíproca* (*ou* Estado *ou* sociedade civil). Agora, chegou-se ao momento que exige novos esforços, para que se possa esboçar o que se passa na essência do Direito Administrativo contemporâneo, na lógica da cooperação e convivência, a suprimir a dissociação absoluta entre o Estado, os particulares e respectivos direitos. Trata-se da constatação de que as mutações do Direito Público permitem flexibilizar o modelo clássico de desigualdade, hierarquia e exclusão recíproca do relacionamento das pessoas privadas com o Estado. Autorizam, portanto, novas leituras do princípio da legalidade.[17]

Sem dúvidas, a possibilidade de que sejam realizadas novas leituras sobre o referido princípio abre margem à contemplação da governança e de sua interpenetração neste novo direito administrativo que está em (rápida) evolução, simbolizada pela pós-modernidade que, hodiernamente, já transita por meandros poucos conhecidos e ressignificados por fenômenos como o avanço tecnológico e a reinauguração de temas que ultrapassam a lei estrita para formar verdadeira estrutura ética.

2.1.2 Novos parâmetros para a legalidade na sociedade da informação

Não se cogita de uma compreensão completa da legalidade na sociedade da informação sem que se busque respostas à parametrização do *compliance* para o setor público em substratos extraídos do setor privado, mais fomentado e com aptidão para responder

---

sindividual e permitir a limitação de interesses individuais em prol da tutela de anseios difusos. Citem-se, nesse sentido, o direito ao meio ambiente e a função social da propriedade; o instituto da desapropriação e a cobrança de tributos, todos avessos a aspirações puramente particulares. Depreende-se, assim, que as dimensões individual e coletiva convivem, lado a lado, no texto constitucional, impondo-se como paradigmas normativos a vincular a atuação do intérprete da Constituição."

15. CASTRO JÚNIOR, Torquato. Metáforas de letras em culturas jurídicas da escrita: como se é fiel à vontade da lei? *In:* BRANDÃO, Cláudio; CAVALCANTI, Francisco; ADEODATO, João Maurício (Org.). **Princípio da legalidade**: da dogmática jurídica à teoria do direito. Rio de Janeiro: Forense, 2009, p. 149.

16. SUNDFELD, Carlos Ari. **Direito administrativo para céticos**. 2. ed. São Paulo: Malheiros, 2014, p. 176. O autor anota que: "Era uma tese que acreditava na máxima unificação e fechamento do regime jurídico de toda a Administração (novidades, variações legislativas, experiências e também soluções vindas do mundo privado eram normalmente malvistas), defendia o maximalismo legal (a lei não deveria deixar muitos espaços de opção e autonomia para o gestor) e também pretendia reduzir ao mínimo possível toda discricionariedade administrativa (mesmo quando a lei a tivesse concedido, a interpretação deveria limitá-la e, de preferência, eliminá-la)."

17. MOREIRA, Egon Bockmann. O princípio da legalidade, a lei e o direito. *In:* MARRARA, Thiago (Org.). **Princípios de direito administrativo**: legalidade, segurança jurídica, impessoalidade, publicidade, motivação, eficiência, moralidade, razoabilidade, interesse público. São Paulo: Atlas, 2012, p. 55.

aos problemas que o Estado, ainda em estágios mais inaugurais da implementação de programas desta estirpe, ainda reluta em admitir. Para Carneiro da Frada, "na realidade, a chamada *corporate governance* tem no tema dos deveres e da responsabilidade dos administradores, porventura, o seu núcleo mais relevante; um cerne modelar, além de paradigmático para outros problemas que ela abrange."[18]

E, assim como o tema floresce na iniciativa privada a partir da disciplina dos deveres e das responsabilidades dos gestores das grandes corporações, não se pode deixar ao largo da regulamentação ainda incipiente da matéria no direito público a possibilidade de responsabilização do administrador público.

Isso porque o compliance, nada mais é que o grau mensurável da conformidade para com as obrigações legais,[19] exercendo papel fundamental na detecção e na prevenção de violações legais pelos administradores, empregados e outros agentes, e, enfim, sendo ferramenta primordial para promover verdadeira cultura de ética gerencial.[20]

Observa-se, assim, um amadurecimento do papel da autorregulação, que ultrapassa barreiras e passa a exercer importante papel para "a construção de uma cultura de respeito à legalidade e à ética, uma vez que os incentivos para o cumprimento da lei passam a ser internos e desenvolvidos pela sociedade em lugar de serem externos e impostos pelo Estado".[21]

Nesse diapasão, uma das propostas mais sólidas para a implementação da governança no controle de sociedades complexas partiu dos estudos de Jon Pierre e B. Guy Peters:

> É quase desnecessário dizer que a natureza precisa do processo através do qual essas funções de governança do Estado evoluem não pode ser postulado com muitos detalhes. Para poder dizer algo sobre o processo, precisamos considerar diferentes modelos analíticos de troca entre Estado e sociedade. Argumentamos que existem cinco modelos fundamentais de interações entre Estado e sociedade na governança, que agora estão operando entre os sistemas democráticos contemporâneos. Todos esses modelos exigem atores do setor social e do setor público para desempenhar suas tarefas, mas veem os atores empregados de maneiras diferentes e com força variável.[22]

E os cinco modelos indicados nesta proposta são os seguintes: (i) *Étatiste*, considerado por ambos o modelo básico contra o qual os defensores da "governança sem

---

18. FRADA, Manuel A. Carneiro da. **Forjar o direito**. 2. ed. Coimbra: Almedina, 2019, p. 368.
19. FRAZÃO, Ana; MEDEIROS, Ana Rafaela Martinez. Desafios para a efetividade dos programas de *compliance*. In: CUEVA, Ricardo Villas Bôas; FRAZÃO, Ana (Coord.). **Compliance**: perspectivas e desafios dos programas de conformidade. Belo Horizonte: Fórum, 2018, p. 72.
20. SILVEIRA, Renato de Mello Jorge; SAAD-DINIZ, Eduardo. **Compliance, direito penal e lei anticorrupção**. São Paulo: Saraiva, 2015, *passim*.
21. FRAZÃO, Ana. Programas de compliance e critérios de responsabilização de pessoas jurídicas por ilícitos administrativos. In: ROSSETI, Maristela Abla; PITTA, Andre Grunspun (Coord.). **Governança corporativa**: avanços e retrocessos. São Paulo: Quartier Latin, 2017, p. 43-44.
22. PIERRE, Jon; PETERS, B. Guy. **Governing complex societies**: trajectories and scenarios. Nova York: Palgrave Macmillan, 2005, p. 10, tradução livre. No original: "*It almost goes without saying that the precise nature of the process through which these governance roles of the state evolve cannot be postulated in very much detail. In order to be able to say something about the process, we need to consider different analytical models of exchange between state and society. We argue that there are five fundamental models of state and society interactions in governance that are now operating among contemporary democratic systems. These models all require both social and public sector actors in order to perform their tasks, but see those actors employed in different ways and with varying strength.*"

governo" estão reagindo na suposição de que o governo é o principal ator de todos os aspectos da governança e pode controlar a maneira pela qual os atores sociais podem se envolver; (ii) *Liberal-democrático*, que aceita o papel do Estado como principal ator na governança, ao passo que outros atores competem para influenciar o Estado, mas o Estado tem a oportunidade de escolher os grupos de interesse ou outros atores sociais que ele permitirá influenciar; (iii) *Centrado no Estado*, no qual o referido ente permanece no centro do processo, mas institucionaliza suas relações com os atores sociais, de modo que várias formas de corporativismo e relações formalizadas entre sociedade e Estado se encaixam nesse modelo; (iv) *A escola de governança holandesa*, modelo que depende muito do papel das redes sociais no governo, com o Estado sendo apenas um entre muitos atores envolvidos no processo, de modo que a sociedade pode ser de fato o ator mais poderoso, dada a sua capacidade de se organizar para fugir do poder do Estado e de suas tentativas de regulamentação; (v) *Governança sem governo*, modelo segundo o qual, para seus adeptos, o Estado perdeu sua capacidade de governar e é, na melhor das hipóteses, uma arena na qual os atores privados exercem seus próprios interesses para criar arranjos de governança mais ou menos autodirecionados, o que, devido ao fato de o Estado estar perdendo sua legitimidade na sociedade, faz com que esses atores realmente tenham maior legitimidade do que o próprio Estado e, portanto, os atores do setor público podem ser considerados menos relevantes para o processo do que os atores sociais.[23]

A intenção precípua de todos os modelos da proposta é a captura de uma realidade complexa e repleta de nuances, cujo potencial de alterar a estruturação social do Estado ressignifica os meandros da legalidade com um novo repensar de seu engessamento axiológico a partir de uma releitura da segurança jurídica, sobre a qual a doutrina assim se pronuncia:

> O Estado de Direito segue a linha do direito, se autolimitando, protegendo as liberdades individuais, contrapondo-se ao estado de poder, ou totalitário, sendo constitucionalmente organizado. Os dois fundamentos do Estado de Direito são a segurança e a certeza jurídica. A segurança e a certeza do direito são indispensáveis para que haja justiça, porque é óbvio que na desordem não é possível reconhecer direitos ou exigir o cumprimento de obrigações.[24]

Não há dúvidas de que o conceito de segurança jurídica é considerado conquista especial do Estado de Direito, sendo "princípio essencial na [sua] Constituição material, imprescindível como é, aos particulares, para a necessária estabilidade, autonomia e segurança na organização dos seus próprios planos de vida",[25] tendo a função primordial de proteção do indivíduo em face de arbitrariedades estatais; traduz-se, por isso, em deveres de proteção voltados a um ideal de estabilidade e confiabilidade.[26]

Para que se possa atingir tal desiderato, é inegável o papel que a participação de determinados atores sociais exerce sobre as atividades estatais. Nesse contexto, a ideia

---

23. PIERRE, Jon; PETERS, B. Guy. **Governing complex societies**, cit., p. 10-12.
24. MARTINS, Eliezer Pereira. Segurança jurídica e certeza do direito em matéria disciplinar — aspectos atuais. **Revista de Direito Administrativo**, Rio de Janeiro, v. 230, n. 4, p. 141-152, out./dez. 2002, p. 142.
25. NOVAIS, Jorge Reis. **Os princípios constitucionais estruturantes da República Portuguesa**. Coimbra: Coimbra Editora, 2011, p. 261.
26. Para mais detalhes, confira-se: VALIM, Rafael. **O princípio da segurança jurídica no direito administrativo brasileiro**. São Paulo: Malheiros, 2010.

de governança, lastreada no controle direto, tende a romper o liame essencial das estruturas do poder estatal.

Muito recorrente na Escandinávia, essa discussão acaba por se retroalimentar de exemplos dos países que a compõem, especialmente no tocante à alavancagem tecnológica e à presença de intermediários entre Estado e cidadãos na configuração de modelos de 'governo eletrônico'.[27] Tais relações são muito comuns no que diz respeito à tentativa de padronização de modelos gerenciais a partir do implemento de *software* não conflitante, que garante a delimitação de *standards* operacionais que aumentam a eficiência da máquina pública.

Tudo se imiscui à formulação de políticas estruturais que alteram o paradigma central sobre o qual os parâmetros de atuação dos gestores públicos repousam. Supera-se o modelo impositivo e são criados instrumentos de aproximação. A superação da vetusta dicotomia entre os interesses público e privado dá a tônica desse novo modelo, perpassando pela incapacidade do Estado de empreender esforço no sentido de sua completa codificação.

Sem dúvidas, do advento de uma nova tendência voltada à função sistematizadora dos princípios de regência do direito público, desdobrada dessa incapacidade de propulsão da codificação do direito público, desborda a conclusão inexorável quanto à necessidade de recalibragem dos parâmetros de controle de atos e processos administrativos. Essa tendência à sistematização é, na linha do que aduz Alberto Ramón Real, decorrência do crônico caráter conjuntural do direito administrativo.[28]

Disso se observa o nascimento de novas propostas, especificamente direcionadas ao direito público e à sua reestruturação, todas elas imbuídas do intuito de romper com o legalismo estrito e revisitar vetustos institutos para reinserir o Estado no esteio do desenvolvimento.

2.2 CONSEQUENCIALISMO JURÍDICO E O PAPEL DA NOVA REFORMA À LEI DE INTRODUÇÃO ÀS NORMAS DO DIREITO BRASILEIRO

Uma das mais recentes propostas de modernização do direito administrativo brasileiro adveio do propósito de aumentar a qualidade das decisões e, simultaneamente, de elevar o nível de segurança jurídica do ordenamento: trata-se da recente reforma promovida na Lei de Introdução às Normas do Direito Brasileiro pela Lei nº 13.655, de 25 de abril de 2018 ("Lei de Segurança para a Inovação Pública").[29]

---

27. GRÖNLUND, Åke. Electronic government: efficiency, service quality and democracy. In: GRÖNLUND, Åke (Ed.). **Electronic government**: design, applications and management. Hershey: Idea Publishing, 2002, p. 31. O autor anota: "*Most of all in the service field, but also in the field of democratic processes, a number of private actors has emerged to work in the intersection between citizens and governments, not only as software provides, but as intermediaries.*"
28. RAMÓN REAL, Alberto. Los principios generales de derecho en el derecho administrativo. **Revista de Derecho Público**, Santiago, n. 19/20, v. 1, p. 231-262, 2014, p. 232.
29. SUNDFELD, Carlos Ari; MARQUES NETO, Floriano de Azevedo. Uma nova lei para aumentar a qualidade jurídica as decisões públicas e de seu controle. In: SUNDFELD, Carlos Ari (Org.) **Contratações públicas e seu controle**. São Paulo: Malheiros, 2013, p. 277 *et seq*.

A norma é fruto dos estudos empreendidos pela Sociedade Brasileira de Direito Público e pelo Grupo Público da Fundação Getúlio Vargas, em São Paulo, a partir de propostas de Carlos Ari Sundfeld e Floriano de Azevedo Marques Neto, que acabaram por conduzir à "apresentação do PLS 349/2015 até a ampla discussão a propósito da aprovação do PL 7.448/2017", que gerou a Lei nº 13.655, de 25 de abril de 2018, após a realização de audiências públicas e debates a propósito de seus termos.[30]

A despeito de alguns vetos, foram inseridos 11 artigos ao texto da Lei de Introdução às Normas do Direito Brasileiro. Numerados sequencialmente, os artigos 20 a 30 da 'nova LINDB' trataram de inserir critérios de unificação e coordenação voltados à regência do direito público, agregando novas nuances a uma legislação que, desde muito antes da mudança de nomenclatura[31] propiciada pela Lei nº 12.376/2010, já irradiava seus efeitos a todas as demais legislações, ocupando posto de verdadeira metanorma, na medida em que fixa conceitos gerais, como os de vigência, vacância e revogação, apresenta critérios para a solução de antinomias e lacunas entre normas; fixa regras de interpretação e integração e apresenta critérios de solução de conflitos normativos concernentes ao direito internacional privado. E, agora, passa a contar com arcabouço de dispositivos voltados ao campo do direito público, com proposições inovadoras, mas, não obstante, insuficientes.

Com aplicação aos processos de tomada de decisão nas esferas administrativa, judicial e de controle, essa renovada LINDB parece ostentar a propensão necessária ao reforço das diretrizes de regência do Poder Público. Entretanto, na medida em que "cada decisão judicial não se tratava apenas da aplicação de uma norma já pronta, mas também uma atividade criadora de direito",[32] o 'poder criador'[33] do decisor (seja o administrador público, seja o juiz) passou a ter em conta uma interpretação restrita dos conceitos de discricionariedade, equidade e prudência para, então, poder proferir uma decisão adequada e realmente fidedigna aos parâmetros norteadores do processo de tomada de decisão, ainda que o legislador não tenha antevisto, em abstrato, determinada situação concreta.

A gênese da reforma decorreu da preocupação do legislador com o caráter essencial das decisões administrativas, judiciais e de controle. Pretendeu-se refrear a utilização de parâmetros puramente discricionários e lastreados em inovações não reguladas para a expressão das razões de decidir, impondo-se, ato contínuo, a delimitação de um dever inexorável de previsibilidade e indicação, sempre que possível, das consequências antevistas pelo decisor. Assim, tais decisões seriam baseadas na aplicação de princípios

---

30. MARQUES NETO, Floriano de Azevedo; FREITAS, Rafael Véras. A nova LINDB e o consequencialismo jurídico como mínimo essencial. **Consultor Jurídico**, 18 de maio de 2018. Disponível em: https://www.conjur.com.br/2018-mai-18/opiniao-lindb-quadrantes-consequencialismo-juridico. Acesso em: 20 jun. 2023.
31. Até 2010, a referida norma recebia, em sua ementa, a designação de "Lei de Introdução ao Código Civil", denotando sua incidência somente sobre as normas de direito privado, a revelar equivocado caráter unidimensional. Com a alteração – que se limitou a modificar a designação da ementa – consolidou-se, pela Lei nº 12.376/2010, uma certeza que doutrina e jurisprudência já apontavam quanto à incidência da Lei de Introdução sobre todos os quadrantes normativos.
32. LARENZ, Karl. **Metodologia da ciência do direito**. 3. ed. Lisboa: Fundação Calouste Gulbenkian, 1997, p. 78.
33. NALINI, José Renato. **Ética geral e profissional**. 2. ed. São Paulo: Revista dos Tribunais, 1999, p. 275.

controláveis pela análise dos impactos de cada decisão frente a ato, contrato, ajuste, processo ou norma administrativa – eis o consequencialismo jurídico em realce.

Não há dúvidas de que se trata de importante avanço, mas também é certo que se deixou de exercer importante papel para a ressignificação do direito público, que sempre careceu de uma codificação aglutinadora de seus preceitos e capaz de conferir verdadeira higidez ao direito administrativo e confiabilidade aos interesses e assuntos do Estado, reforçando o princípio democrático salvaguardado pelo ordenamento pátrio.

Nesse contexto, implementações mais profundas do que as concretizadas pela Lei de Segurança para a Inovação Pública passam a demandar do operador do direito uma releitura muito mais densa quanto à função estruturante da segurança jurídica nos contornos da legalidade administrativa. Desde longa data se clama por uma sistematização da legislação administrativa que seja plasmada em valores fundantes, tal como ocorre no direito privado, com o Código Civil,[34] com o realce à socialidade, à operabilidade e à eticidade:

> (...) o Código Civil de 2002 fixou clara preocupação em preservar acertos da codificação anterior, no entanto, debruçou-se igualmente sobre novos institutos, observando: a legitimação dos efeitos das relações jurídicas privadas no âmbito comunitário (função social); a efetividade dos institutos jurídicos mediante a abertura sistêmica e mobilidade do julgador (concretude); a exigência inarredável dos valores éticos (boa-fé, bons costumes e equidade).[35]

Conforme se anotou na breve digressão histórica que compõe o capítulo inicial deste estudo, vivencia-se o alvorecer da sociedade da informação, marcada por incessantes fluxos informacionais e transformações aceleradas nos paradigmas sociais.

Com isso, não há dúvidas de que a meta de sistematizar e codificar o direito público pode se revelar deveras ambiciosa, mas é inegável que fazê-lo em concomitância ao acolhimento de parâmetros que permitam a revalidação estrutural do direito público conduz ao almejado amadurecimento da disciplina jusadministrativista.

A ideia, quanto à reinserção da ética, conforme já se anotou, demanda a revisitação da legalidade para viabilizar a adoção da governança (*compliance*) no afã de propiciar avanços rumo à superação da hoje impensável sobreposição do interesse público sobre o particular e ao festejo da vontade consorciada como dever universalizável, livre, jurídico e racional,[36] para a aproximação entre gestor, Administração Pública e os próprios cidadãos, abrindo caminho, ainda, para que se cogite de um 'direito administrativo

---

34. Em que pese não ser este o foco do presente trabalho, o estudo da constitucionalização do direito privado é ambiente rico às investigações, pelo que se recomenda, no tocante à importância da Constituição para a interpretação e para o desenvolvimento do direito civil, a leitura, dentre outros, de: FRANÇA, Rubens Limongi. O direito civil como direito constitucional. **Revista de Direito Civil**, ano 14, v. 54, pp. 189-194, São Paulo, out./dez. 1990; BODIN DE MORAES, Maria Celina. A caminho de um direito civil constitucional. **Revista de Direito Civil**, ano 17, v. 65, pp. 21-32, São Paulo, jul./set. 1993.
35. MARTINS, Fernando Rodrigues. As alterações da LINDB e os desvios normativos na Teoria do Direito. **Consultor Jurídico**. 04 out. 2018. Disponível em: https://www.conjur.com.br/2018-out-04/fernando-martins-lindb-desvios-normativos-teoria-direito. Acesso em: 20 jun. 2023.
36. ÁVILA, Humberto. **Fundamentos do Estado de Direito**: estudos em homenagem ao Professor Almiro do Couto e Silva. São Paulo: Malheiros, 2005, p. 126.

econômico'[37] de viés consequencialista que, conforme se registrou, embora tenha seus méritos, não sacramenta solução definitiva para a problemática.

Diante desse quadro, obtempera-se a permanência do estado lacunoso e desordenado das normas de direito público que, para se alçarem a patamar de unidade e coerência, ainda dependem de verdadeira reformulação pautada em postulados fundantes que transcendem o louvável papel de coordenação normativa exercido pela LINDB.

2.2.1 O rigor metodológico do viés consequencialista

As raízes do consequencialismo jurídico remontam ao *common law* e à Análise Econômica do Direito, desenvolvida, em seus primórdios, por Ronald Coase (que estatuiu o chamado 'Teorema de Coase')[38-39] e Guido Calabresi,[40] e se baseando nas interações entre Direito e Economia quanto à análise de custo e benefício transacional na formação dos processos de tomada de decisão.[41]

Nesse contexto, Richard Posner, maior expoente da chamada Escola de Chicago, constrói uma teoria desconectada e indiferente ao valor da igualdade ou justiça (*fairness*), pois, "ao tratar das desigualdades de renda e da distribuição de justiça, por exemplo, o autor não descarta redistribuir a riqueza em favor dos mais ricos, caso essa medida se revele apta a maximizar a riqueza global da sociedade".[42]

Determinados preceitos da macroeconomia passaram a ser estudados, à luz de institutos jurídicos, com o intuito de consolidar abordagens imantadas por parâmetros econômicos, se revestindo de uma metodologia consequencialista na exata medida em que a aferição do custo/benefício de determinada medida seria viável pela possibilidade (remota ou não) de se antever as consequências aplicáveis quando certas pré-condições são atendidas.

O tema é distintivamente marcante em um período marcado por algoritmos, inteligência artificial e fervor quanto às perspectivas da adoção de processos decisionais automatizados e cada vez mais matemáticos. Certas nuances comportamentais passam a ser aferidas para praticamente qualquer espécie de atividade passível de otimização, e, dessa forma, o sentir humano decorrente da intuição deixa de ter sua clássica proeminência na formulação da vontade.

---

37. *Cf.* STOBER, Rolf. **Direito administrativo econômico geral**. Tradução de António Francisco de Sousa. São Paulo: Saraiva, 2012.
38. Para o autor, quando os custos de determinada transação equivalem a zero, a alocação de recursos para a formação decisional deixa de levar em conta, com eficiência, aspectos importantes para atingir resultados eficientes.
39. COASE, Ronald H. The problem of social cost. **The Journal of Law & Economics**, Chicago, v. III, n. 1, p. 1-44, out. 1960.
40. CALABRESI, Guido. Some thoughts on risk distribution and the law of torts. **The Yale Law Journal**, New Haven, v. 70, n. 4, p. 499-553, mar. 1961.
41. Para maiores informações, consulte-se: COOTER, Robert; ULEN, Thomas. **Law & Economics**. 6. ed. Boston: Addison-Wesley, 2011; POSNER, Richard. **Economic analysis of law**. 7. ed. Nova York: Wolters Kluwer, 2007.
42. DERZI, Misabel de Abreu Machado; BUSTAMANTE, Thomas da Rosa. A análise econômica de Posner e a ideia de Estado de Direito em Luhmann: breves considerações críticas. **Revista da Faculdade de Direito da Universidade Federal de Minas Gerais**, Belo Horizonte, número especial em Memória do Prof. Washington Peluso Albino de Souza, p. 327-352, 2017, p. 330.

António Castanheira Neves é quem mais adequadamente explica a metodologia consequencialista:

> O esquema metódico até aqui esboçado postula uma racionalidade normativa de fundamentação e não uma racionalidade político-social de índole consequencial: o concreto juízo decisório deverá encontrar a sua validade nos fundamentos normativo-jurídicos que convoque e assimile, não a sua justificação nos efeitos político-sociais que se proponha ou realize. O que não significa que, afastada nestes termos a submissão da racionalidade metodológico-jurídica a um estrito *Zweckprogramm*, se aceite a redução dessa racionalidade ao modelo de um formal *Konditionalprogramm* (...).[43]

Para muito além do aspecto psicológico[44] de todo processo decisional, o consequencialismo tem lastro em parâmetros de eficiência, sendo o raciocínio lógico-dedutivo a baliza central das análises retrospectivas e prospectivas que partem do chamado "individualismo metodológico", assim sintetizado por Ricardo Luis Lorenzetti:

> As condutas individuais estão orientadas a fins, e dentro disso a análise econômica considera um aspecto: "Os indivíduos tratam racionalmente de maximizar o seu bem-estar". Ao perseguir esse propósito, cada sujeito ordena as suas preferências, deixa algumas de lado, porque compara os custos da decisão tomada (custos de transação), e atua. Cada indivíduo está condenado a escolher, porque os bens são escassos, e não há possibilidade de satisfazer todas as preferências. Cada decisão pode ser ou não ser consciente, mas a análise econômica constrói um modelo sobre essa premissa.[45]

Frente a essas premissas, a 'nova LINDB' parece ter sido formatada para acomodar exatamente a leitura consequencialista, na medida em que, nos dizeres de Floriano de Azevedo Marques Neto e Rafael Véras Freitas, "em vez de ser fruto de abstrações como os princípios da 'supremacia do interesse público', da 'dignidade da pessoa humana' ou do 'princípio da licitação', resultou do trespasse de uma ampla fundamentação empírica para um diploma normativo",[46] o que se defronta diretamente com a proposta de codificação do direito público para além da superação das abstrações não desejadas nas razões decisionais que eventualmente motivaram a prática do ato administrativo.

Se as ideias de Posner revelam ou não um utilitarismo jurídico de cariz pragmático,[47] fato é que Niklas Luhmann é apontado como a principal voz a indagar se é "possível controlar normativamente o futuro em sua conexão com o passado e o presente"[48] e a indicar preocupação com a problemática inerente aos parâmetros que norteiam a análise econômica do direito,[49] que acaba sendo pensada em sua dependência quanto a modelos

---

43. CASTANHEIRA NEVES, António. **Metodologia jurídica**: problemas fundamentais. Coimbra: Coimbra Editora, 2013, p. 196.
44. *Cf.* TONETTO, Leandro Miletto; KALIL, Lisiane Lindenmeyer; MELO, Wilson Vieira; SCHNEIDER, Daniela Di Giorgio; STEIN, Lilian Milnitsky. O papel das heurísticas no julgamento e na tomada de decisão sob incerteza. **Estudos de Psicologia**, Campinas, v. 23, n. 2, p. 181-189, abr./jun. 2006.
45. LORENZETTI, Ricardo Luis. **Teoria da decisão judicial**, cit., p. 194.
46. MARQUES NETO, Floriano de Azevedo; FREITAS, Rafael Véras. **A nova LINDB e o consequencialismo jurídico como mínimo essencial**, cit.
47. BIX, Brian. **Jurisprudence**: theory and context. 5. ed. Londres: Sweet & Maxwell, 2009, p. 215.
48. LUHMANN, Niklas. **Sistema jurídico y dogmática jurídica**. Tradução do alemão para o espanhol de Ignacio de Otto Pardo. Madri: Centro de Estudios Constitucionales, 1983, p. 73.
49. MATHIS, Klaus. Consequentialism in law. *In:* MATHIS, Klaus (Ed.). **Efficiency, Sustainability, and Justice for Future Generations**. Nova York: Springer, 2011, p. 7. Nas exatas palavras de Mathis: "*If certain conditions are fulfilled (facts amounting to breach of a legal provision) then a certain judgement has to be reached (the "if-then*

analíticos e níveis de otimização típicos das ciências econômicas, e que dependem de uma aferição de 'custos transacionais' para que haja uma solução eficiente.

Nesse campo, seguindo a linha indicada por Castanheira Neves, não há dúvidas da atualidade da discussão, que recebe várias denominações, tais como: "'discussão dos efeitos' (M. Kriele, R. Zippelius), 'orientação pelos efeitos' (T. W. Wälde, H. Rottleuthner), 'consideração dos efeitos' (Teubner, Koch/Rüssmann), 'argumentos consequencialistas' (N. MacCormick), 'legitimação pelos efeitos' (Podlech) etc.",[50] embora o próprio autor faça enfática referência a Luhmann e às suas críticas quanto ao modelo consequencialista, propugnando uma observância, por exemplo, dos "'fins sociais' da lei que o art. 5º da Lei de Introdução do Código Civil brasileiro [hoje, Lei de Introdução às Normas do Direito Brasileiro, ou LINDB] prescreve como elemento a atender pelo juiz na sua aplicação".[51]

Embora a doutrina sugira enfaticamente o acautelamento quanto à adoção de parâmetros consequencialistas, fato é que a reforma da LINDB teve sua razão de ser:

> Não só florescem descontroladamente as decisões baseadas diretamente em princípios constitucionais e em atribuições opacas de pesos a valores e interesses supostamente em conflito; além disso, não é visível uma reação proporcional dos juristas no sentido da contenção, pela dogmática jurídica, deste movimento expansionista.[52]

Não se olvida de que "a diminuição expressiva da atuação empreendedora do Estado transferiu sua responsabilidade principal para o campo da regulação e fiscalização dos serviços delegados à iniciativa privada e das atividades econômicas que exigem regime especial",[53] e disso se extrai a conclusão inexorável de que "incumbirá ao administrador público percorrer as etapas de adequação, necessidade e proporcionalidade em sentido estrito para encontrar o ponto arquimediano de justa ponderação entre direitos individuais e metas coletivas".[54] Entretanto, a questão que ainda paira é: isso basta?

---

form"). In this way, highly complex matters can be resolved into congruently predictable judgements (stabilization of expectations). Luhmann thus draws a line between programmed judgements (application of law) and programme-defining decisions (legislation). The apparent one-sidedness of conditional programmes can be corrected at higher decision-making levels by passing statutes and by modifying conditional programmes as a result of policy decisions made with particular goals in mind. Luhmann therefore rejects consequentialism in the application of law, reasoning that foisting socio-political consequentialism on a legal system runs the risk of compromising its dogmatic autonomy and disorientating it completely, turning it away from criteria that transcend the decision-making programme, indeed from any criteria except the consequences themselves".

50. CASTANHEIRA NEVES, António. **Metodologia jurídica**, cit., p. 197-199. E, avançando no tema para ponderar sobre as funções do consequencialismo, o autor ainda esclarece que: "(...) o reconhecimento de efeitos ou consequências manifestamente indesejáveis ou gravemente negativos desempenharia uma 'função de sinal' ou de 'alarme' quanto à correção ou justeza da decisão que os provoque. (...) Assim como concorreria para a indispensável consideração da relevância social das decisões jurídicas e não menos para a sua indispensável lucidez e correto esclarecimento ('a ofuscação das consequências é a cegueira judicial') (...) ao mesmo tempo que seria fator de anulação do tradicional e falso *alibi* da irresponsabilidade do julgador na concreta aplicação do direito, chamando-o antes à consciente e assumida responsabilidade do seu poder constitutivo socialmente intervenor".
51. CASTANHEIRA NEVES, António. **Metodologia jurídica**, cit., p. 198.
52. SCHUARTZ, Luis Fernando. Consequencialismo jurídico, racionalidade decisória e malandragem. **Revista de Direito Administrativo**, Rio de Janeiro, v. 248, p. 130-158, 2008, p. 155.
53. BARROSO, Luis Roberto. A constitucionalização do direito e suas repercussões no âmbito administrativo. *In:* ARAGÃO, Alexandre Santos de; MARQUES NETO, Floriano de Azevedo (Coord.). **Direito administrativo e seus novos paradigmas**. Belo Horizonte: Fórum, 2012, p. 48.
54. BINENBOJM, Gustavo. Da supremacia do interesse público ao dever de proporcionalidade: um novo paradigma para o direito administrativo. **Revista de Direito Administrativo**, cit., p. 31.

Para contextualizar esse raciocínio, anota-se que o artigo 21 da LINDB, em seu parágrafo único, passou a prever que a decisão tomada deverá "(...) indicar as condições para que a regularização ocorra de modo proporcional e equânime e sem prejuízo aos interesses gerais, não se podendo impor aos sujeitos atingidos ônus ou perdas que, em função das peculiaridades do caso, sejam anormais ou excessivos",[55] revelando a consagração de um salutar 'devido processo legal decisório' a ser percorrido pelo decisor.

Segundo Marques Neto, o que se tem é a imposição de uma motivação extra para a *ratio decidendi*, além daquela já contida no artigo 50 da Lei nº 9.784/1999, mas o mesmo autor ainda afirma que "[n]ão se trata de um dever de utilização de uma 'retórica das consequências', como já se cogitou, nem, tampouco, tem o propósito de tornar o controle mais lasso; (...) trata-se de dispositivo que visa estabilizar e a conferir exequibilidade às decisões do controlador".[56]

Em que pese tal ressalva, a dúvida que ainda paira nesse contexto guarda relação com a real abrangência da reforma realizada, que parece ter voltado olhares, em verdade, para o aspecto gerencial entre a figura do gestor, a Administração Pública e a própria gestão exercida. O que se obtempera, contudo, é a existência de um caminho que, embora se mostre mais amplo, é igualmente capaz de propiciar não apenas a coordenação integrativa do direito público (lado este realmente louvável na reforma à LINDB), mas, para além disso, também a oferta de maior segurança jurídica no atuar decisório.

2.2.2 Propensões ao aprimoramento administrativo para além do consequencialismo

A reestruturação da legalidade a partir da governança demanda anotações específicas quanto à atuação administrativa juridicamente segura – a denotar verdadeira efetivação da noção de "boa" Administração Pública.[57] Para tanto, além da centralidade da pessoa em relação ao ordenamento[58] – já referenciada no capítulo introdutório –, busca-se a abertura da Administração Pública para a realidade, no sentido desenvolvido pela

---

55. BRASIL. Lei nº 13.655, de 25 de abril de 2018. Inclui no Decreto-Lei nº 4.657, de 4 de setembro de 1942 (Lei de Introdução às Normas do Direito Brasileiro), disposições sobre segurança jurídica e eficiência na criação e na aplicação do direito público. In: **Diário Oficial da República Federativa do Brasil**, Brasília, DF, 26 abr. 2018. Disponível http://www.planalto.gov.br/ccivil_03/_Ato2015-2018/2018/Lei/L13655.htm >. Acesso em: 20 jun. 2023.
56. MARQUES NETO, Floriano de Azevedo; FREITAS, Rafael Véras. **A nova LINDB e o consequencialismo jurídico como mínimo essencial**, cit.
57. RODRÍGUEZ-ARANA MUÑOZ, Jaime. La buena administración como principio y como derecho fundamental en Europa. **Misión Jurídica: Revista de Derecho y Ciencias Sociales**, Bogotá, n. 6, p. 23-56, jan./dez. 2013, p. 28. Ainda segundo o autor: *"La Administración pública, bajo las directrices del Gobierno, precisa de un razonable margen de autonomía para implementar las políticas públicas necesarias para la mejora de las condiciones de vida de los ciudadanos. En cambio, si, por el contrario, el Gobierno sucumbiera a la tentación de apoderarse de la Administración pública, sería imposible metafísicamente la existencia de una buena Administración. Por otra parte, una Administración pública al margen del principio de juridicidad, que actuara sin normas de cobertura, en función de los caprichos y deseos de sus dirigentes, sería una mala Administración pública. El sometimiento de la Administración a la Ley y al Derecho es una de las mejores garantías para que la ciudadanía sepa que toda la actuación del complejo Gobierno Administración: actos, silencios, omisiones, vías de hecho o inactividades, todo, puede ser controlada jurídicamente por los Jueces y Tribunales."*
58. BOBBIO, Norberto. **Estado, governo, sociedade**, cit., p. 13-14.

doutrina quanto à flexibilização de determinados parâmetros engessantes, bem como a propulsão da participação popular, inovação tecnológica e o realce à eticidade pela implementação da governança.[59]

Em termos gerais, algumas das principais características que distinguem uma boa Administração Pública em um Estado de Direito social e democrático são a centralidade da pessoa, a abertura à realidade, a metodologia de compreensão, a promoção da participação, a modernização tecnológica ao serviço do cidadão, a vinculação ética e a sensibilidade social. O primeiro desses citados aspectos, se não existisse, não permitiria falar de uma Administração democrática porque o que caracteriza o Estado de Direito é precisamente o serviço aos cidadãos com tendência a melhorar as condições gerais de vida. Os demais, cujos detalhamentos compõem o cerne deste trabalho, vão muito além da mera perspectiva gerencial[60] e revelam dimensão revigorada da atuação administrativa.

Em síntese, "[o] comodismo inicial da atividade pública é substituído por gestão pública fundamentada em critérios de eficiência, eficácia e efetividade, constitucionalmente vinculada e compartilhada na interação entre atores públicos e privados."[61] Para tanto, o que se almeja deste novo atuar é a formulação de verdadeira concertação administrativa, conforme aduz Jaime Rodríguez-Arana Muñoz:

> Com efeito, o cidadão é agora, não um sujeito passivo, um receptor mecânico de serviços e bens públicos, mas um sujeito ativo, um protagonista, uma pessoa em sua expressão mais completa e, portanto, deve ter uma participação destacada na configuração de interesses geral porque são definidas, no Estado de Direito social e democrático, a partir de uma concertação adequada e integrada entre as autoridades públicas e a sociedade articulada.[62]

Se a liberdade em sentido positivo, conforme indicada por Isaiah Berlin, representa o desejo do indivíduo de ser o seu próprio senhor, a representar sua autonomia, não se pode deixar de ter em conta que inexiste governo democrático sem o controle das ações individuais, compondo a dimensão essencial de sua heteronomia, por mais paradoxal que seja esta constatação.[63] E, neste exato contexto, a ausência de um corpo de normas capaz de estruturar as relações sociais conduziria à barbárie dos tempos imemoráveis da civilização.

---

59. FERNÁNDEZ FARRERES, Germán. Los códigos de buen gobierno de las administraciones públicas. **Fórum Administrativo: Direito Público**, Belo Horizonte, v. 7, n. 81, p. 17-29, nov. 2007.
60. *Cf.* PRATS I CATALÁ, Joan. Derecho y management en las Administraciones Públicas. **Ekonomiaz: Revista Vasca de Economía**, Vitoria-Gasteiz, n. 26, p. 130-143, 1993.
61. MESSA, Ana Flávia. **Transparência, compliance e práticas anticorrupção na Administração Pública.** São Paulo: Almedina, 2019, p. 187.
62. RODRÍGUEZ-ARANA MUÑOZ, Jaime. El derecho fundamental a la buena administración en la constitución española y en la Unión Europea. **Revista Eurolatinoamericana de Derecho Administrativo**, Santa Fe, v. I, n. 2, jul./dez. 2014, p. 77, tradução livre. No original: "*En efecto, el ciudadano es ahora, no sujeto pasivo, receptor mecánico de servicios y bienes públicos, sino sujeto activo, protagonista, persona en su más cabal expresión, y, por ello, debe poner tener una participación destacada en la configuración de los intereses generales porque éstos se definen, en el Estado social y democrático de Derecho, a partir de una adecuada e integrada concertación entre nos poderes públicos y la sociedad articulada.*"
63. BERLIN, Isaiah. **Cuatro ensayos sobre la libertad.** Tradução do inglês para o espanhol de Ángel Rivero Rodríguez *et al.* Madri: Alianza, 1998, p. 231.

Evitar esse cenário é um desafio complexo e, inegavelmente, contar com a desaceleração do processo de codificação do direito não é nenhuma solução imediata e inexorável para o atingimento de tal propósito. É de se levar em conta, sem qualquer dúvida, a imperiosidade de que sejam delimitados novos conceitos estruturantes para a proposta em questão, e o *compliance*, aqui mencionado em linhas conceituais amplas como a efetivação da eticidade que compõe a tríade de reformas propugnadas, exsurge como mecanismo de curial apreensão e experimentação.

2.3 O *COMPLIANCE* NO SETOR PÚBLICO

Como se disse outrora, a noção de eticidade como parâmetro de reestruturação estatal perpassa pelo inexorável caminho da reinserção da ética nos afazeres de Estado e, para esse fim, o chamado *compliance* se materializa em exata sintonia com a proposta de recrudescimento da eficiência pública a partir de instrumentos de gestão que assegurem o desenvolvimento institucional com o devido respeito aos valores constitucionais.

Sem dúvidas, o desempenho administrativo já é objeto de estudos reiterados, que propugnam nova articulação,[64] ainda que não isenta de influências internacionais decorrentes do próprio fenômeno globalizatório.[65] A justificativa para isso se desdobra do contexto da interação entre governo, sociedade e o setor privado, com amplo domínio das redes em políticas públicas nas quais o próprio Estado passa a atuar com aptidão de influenciar e ser influenciado por outros atores, rompendo-se a ação unilateral e vertical para que se possa abrir maior espaço à adoção de medidas coordenadas e adequadamente planejadas.[66]

Não se trata, portanto, de uma 'governança sem governo',[67] mas, bem ao contrário, de uma associação do Estado com diversos outros atores:

> Sob a ótica da ciência política, a governança pública está associada a uma mudança na gestão política. Trata-se de uma tendência para se recorrer cada vez mais à autogestão nos campos social, econômico e político, e a uma nova composição de formas de gestão daí decorrentes. Paralelamente à hierarquia e ao mercado, com suas formas de gestão à base de "poder e dinheiro", ao novo modelo somam-se a negociação, a comunicação e a confiança. Aqui a governança é entendida como uma alternativa para a gestão baseada na hierarquia. Em relação à esfera local, ela significa que as cidades fortalecem cada vez mais a cooperação com os cidadãos, as empresas e as entidades sem fins lucrativos na condução de suas ações. A cooperação engloba tanto o trabalho conjunto de atores públicos, comunitários e privados, quanto também novas formas de transferência de serviços para grupos privados e comunitários. A governança local, como configuração regional da governança pública, é, assim, "uma forma autônoma (*self-organizing*) de coordenação e cooperação, por meio de redes interorganizacionais,

---

64. BENTO, Leonardo Valles. **Governança e governabilidade na reforma do estado**: entre a eficiência e a democratização. Barueri: Manole, 2003, p. 85.
65. MESSA, Ana Flávia. **Transparência, compliance e práticas anticorrupção na Administração Pública**, cit., p. 191.
66. Confira-se: MARKOFF, John. Globalization and the future of democracy. **Journal of World-Systems Research**, Pittsburgh, v. 5, n. 2, p. 277-309, jul./dez. 1999; FINKELSTEIN, Lawrence S. What is global governance? **Global Governance**, Boulder, v. 1, n. 3, p. 367-372, set./dez. 1995.
67. PETERS, B. Guy; PIERRE, Jon. Governance without government? Rethinking public administration. **Journal of Public Administration Research Theory**, Oxford, v. 8, n. 2, p. 223-243, abr. 1998, *passim*.

que podem ser formadas por representantes de organizações políticas e administrativas, associações, empresas e sociedades civis, com ou sem a participação estatal".[68]

Nessa interação, a doutrina aponta a transformação estatal sob os seguintes vieses:

– de um Estado de serviço, produtor do bem público, em um Estado que serve de garantia à produção do bem público;

– de um Estado ativo, provedor solitário do bem público, em um Estado ativador, que aciona e coordena outros atores a produzir com ele;

– de um Estado dirigente ou gestor em um Estado cooperativo, que produz o bem público em conjunto com outros atores.[69]

Naturalmente, esse contexto específico depende do enfrentamento de problemas específicos, como a dificuldade de enfrentamento e superação das divisões e discordâncias inerentes a todo processo cooperativo, mas é certo que a parametrização de mecanismos de atuação mais amplos – daí a eticidade – depende de revisitação específica que seja, em essência, capaz de fazer proliferar uma cultura virtuosa, baseada não apenas na atuação coletiva dos atores envolvidos, mas, ainda, na prevenção de práticas desconformes.[70]

Nesse caminhar, a completa compreensão do tema demanda algumas anotações específicas sobre o conteúdo desse acervo extranormativo que compõe o denominado *compliance*, cujas origens – ainda que não se pretenda revisitá-las em todos os seus detalhes neste breve escorço – fornecem importante clarificação quanto ao escopo propugnado.

2.3.1 Revisitando a *theory of the firm*

Partindo da ideia de que a cúpula estratégica da corporação está sujeita a erros, Michael Jensen e William Meckling escreveram seu emblemático artigo "*Theory of the firm*" ("Teoria da firma", no português), publicado em 1976, no qual declararam a inexistência do "agente perfeito" em qualquer organização.[71] Esta constatação ficou conhecida na doutrina especializada como o "Axioma de Jensen-Meckling".

---

68. KISSLER, Leo; HEIDEMANN, Francisco G. Governança pública: novo modelo regulatório para as relações entre Estado, mercado e sociedade? **Revista de Administração Pública**, Rio de Janeiro, v. 40, n. 3, p. 479-499, maio/jun. 2006, p. 482.
69. KISSLER, Leo; HEIDEMANN, Francisco G. Governança pública, p. 483.
70. PIERRE, Jon; PETERS, B. Guy. **Governing complex societies**, cit., p. 14. Anotam: "*Again, we return to the theme of complexity, indicating that there is substantial social and policy complexity, and that this is to some extent mirrored structurally within government. The governance task, therefore, is to create some capacity for action in the midst of all the barriers and the divisions, and in the presence of uncertainty. The capacity to interpret prior actions and to respond effectively to them therefore becomes central to governance capacity. This is all the more relevant as both state and society become more complex, the problems become perhaps less clearly defined, and hence uncertainty is greater. As one simple example, much of the literature about the relationship between state and society is focused on societal actors based primarily on economic interests and, while those interests certainly persist, they have been joined by a host of other ethnic, regional, gender, and lifestyle considerations that make predictions of outcomes and the politics leading up to those outcomes more difficult.*"
71. JENSEN, Michael; MECKLING, William H. Theory of the firm: managerial behavior, agency costs and ownership structure. **Journal of Financial Economics**, Nova York, v. 3, n. 4, p. 305-360, out. 1976, p. 308. Explicam os autores: "*While the literature of economics is replete with references to the "theory of the firm," the material generally subsumed under that heading is not actually a theory of the firm but rather a theory of markets in which firms are im-*

A partir do conceito traçado pelos autores, às condições contingenciais que tornam tecnicamente impossível a definição prévia de contratos completos, somaram-se as condições que definem os comportamentos dos agentes. No campo empresarial, e perante todo o direito privado, surgiram inúmeras digressões em razão da evidenciação de uma das razões das dificuldades de alinhamento dos interesses dos gestores com os dos acionistas: a força do interesse próprio, que se sobrepõe aos interesses de terceiros, mesmo quando estão presentes as condições hierárquicas para a tomada de decisões. A suposição é de que a cooperação desinteressada dificilmente prevalece em relação ao jogo de interesses, pois, na economia do bem-estar, a empresa é um reator imaginário com conhecimento preciso de suas oportunidades e que, a depender da proposição em questão, todas as combinações são novamente possíveis, mas em qualquer caso é introduzido um novo requisito: conhecimento preciso das condições por parte de todos os reatores e iniciadores.[72] Consequentemente, o agente executor estará propenso à tomada de decisões que fortaleçam a sua posição e que beneficiem os seus propósitos.

A hipótese explorada pelos autores é a de que a natureza humana, utilitarista e racional, conduz os indivíduos a maximizarem sua "função-utilidade", voltada muito mais para as suas próprias preferências e os seus próprios objetivos, do que aos da corporação, eis que dificilmente objetivos alheios movem as pessoas a serem tão eficazes quanto o são para a consecução de seus próprios interesses. O axioma daí decorrente é a inexistência do agente perfeito, que seria indiferente ao buscar maximizar seus próprios objetivos e os de terceiros.

Por sua vez, Benjamin Klein, em publicação de 1983, destacou a inexistência de um "contrato completo", o que acabou sendo nomeado pela doutrina como "Axioma de Klein".[73] Os fundamentos desta proposta justificam-se pelas próprias características dos ambientes de negócios, crescentemente imprevisíveis, sujeitos a turbulências e a efeitos-contágio, que podem ser fortemente comprometedores de resultados.

A era da previsibilidade extrapolável, com baixos níveis de turbulência, praticamente encerrou-se na década de 1970. Os riscos e oportunidades eram, até aquele período, previsíveis, pois elaboravam-se planos de longo prazo em ambientes estáveis

---

portant actors. The firm is a "black box" operated so as to meet the relevant marginal conditions with respect to inputs and outputs, thereby maximizing profits, or more accurately, present value. Except for a few recent and tentative steps, however, we have no theory which explains how the conflicting objectives of the individual participants are brought into equilibrium so as to yield this result. The limitations of this black box view of the firm have been cited by Adam Smith and Alfred Marshall, among others. More recently, popular and professional debates over the "social responsibility" of corporations, the separation of ownership and control, and the rash of reviews of the literature on the "theory of the firm" have evidenced continuing concern with these issues."

72. MACHLUP, Fritz. Theories of the firm: marginalist, behavioral, managerial. **American Economic Review**, Pittsburgh, v. 57, n. 1, p. 1-33, mar. 1967, p. 27. Com efeito: *"In welfare economics, the firm is an imaginary or a typical reactor or initiator with accurate knowledge of his opportunities. Depending on the proposition in question, all combinations are again possible, but in any case a new requirement is introduced: accurate knowledge of the environmental conditions on the part of all reactors and initiators. For, in contrast to the theory of price and allocation, the welfare theorist wants to ascertain, not only in which direction price, input, and output will move in response to a change, but also whether this move will increase or reduce welfare. For such an exercise it is no longer irrelevant whether the subjective information of the firms is correct or false."*
73. KLEIN, Benjamin. Contracting costs and residual profits: the separation of ownership and control. **Journal of Law & Economics**, Chicago, v. 26, n. 2, p. 367-374, jul./dez. 1983.

e definiam-se projeções confiáveis de resultados. Mas essas condições deixaram de se observar na quase totalidade dos negócios.

A década de 1980 marcou a transição para uma nova era, caracterizada por descontinuidades e incertezas no mercado, que afetaram as corporações. E, nas três décadas que se seguiram, ocorreram mudanças radicais em todos os aspectos da vida corporativa e nos ambientes externos nos quais as empresas operam. Das condições globais, passando pela revisão das estratégias nacionais e chegando às reestruturações setoriais, nada mais permaneceu como antes. Transformações intensas alcançaram também o comportamento social; os padrões tecnológicos de materiais, processos e produtos; os mercados; a estrutura da produção e da demanda; a competição e a forma de fazer negócios.

A própria proposta de Jensen e Meckling ganhou novos contornos, sendo estudada, por exemplo, à luz da disciplina comportamental aplicada à análise econômica do direito.[74] Delineou-se, nesse compasso, a investigação em torno de políticas públicas relacionadas ao estudo da governança corporativa – sempre com olhares voltados ao direito privado.[75] Diante das descontinuidades, a gestão corporativa passou a exigir respostas flexíveis e rápidas aos sinais de mudança. Da administração por objetivos previsíveis, a gestão teve de se adaptar à administração de surpresas. Consequentemente, os contratos perfeitos e completos, abrangendo todas as contingências e as respostas às mudanças e aos desafios do ambiente de negócios, simplesmente deixaram de existir, se é que algum dia existiram realmente. E as três razões essenciais são: (i) o grande número de contingências possíveis; (ii) a multiplicidade de reações às contingências; (iii) a crescente frequência com que as contingências imprevisíveis passaram a ocorrer.[76]

Uma vez que todas estas realidades deságuam na impossibilidade de se definirem contratos completos, outorgam-se aos gestores, consequentemente, mais do que a execução de ações previsíveis: o direito residual de controle da empresa, resultante do livre arbítrio para a tomada de decisões em resposta a eventos não previstos. Esta condição outorgada é definida como juízo gerencial, que pode estar mais a serviço dos objetivos dos gestores do que dos acionistas, gerando conflitos de agência.

2.3.2 FCPA, SOx e o combate à corrupção

O Estado é inegavelmente complexo. Sua existência é justificada pela necessidade de realização de fins que condicionam funções, direitos, deveres e limites representativos

---

74. *Cf.* CYERT, Richard M.; MARCH, James G. **A behavioral theory of the firm**. Nova Jersey: Prentice Hall, 1963.
75. MÄNTYSAARI, Petri. **Organising the firm**: theories of commercial law, corporate governance and corporate law. Berlin/Heidelberg: Springer-Verlag, 2012, p. 152-153. O autor anota o seguinte: *"Corporate law can contain various norms that reflect the state's particular public policy preferences. These norms do not have to be designed to foster "economic efficiency" or the "joint welfare of all stakeholders". The state can use corporate law as a means to achieve a wide range of social goals. Depending on the state, they could include: equality (prohibition of discrimination, gender-based board quotas, other quotas); discrimination (on the basis of gender, race, religion, ethnic origin, nationality, or political views); rent-seeking by the ruling class (business activities, share ownership, or board membership totally or partly reserved for members of a certain class); national security (restrictions on who may control companies in certain sectors); governance of risk in general; management of systemic risk (financial industry); or other goals."*
76. ANDRADE, Adriana de; ROSSETTI, José Paschoal. **Governança corporativa**: fundamentos, desenvolvimento e tendências. São Paulo: Atlas, 2009, p. 140.

das necessidades gerais do cidadão,[77] com vasta diversidade de atividades voltadas a isso. E, nesse campo, o Estado se estrutura para a realização dessa vasta gama de atividades, se valendo de instrumentos cujo manejo se direciona à satisfação das necessidades públicas, em conformidade com as finalidades objetivadas no ordenamento.

Ocorre que, no exercício dessas atividades, a prática de atos administrativos nem sempre se dá de forma isenta e adequada. O atuar eivado de vicissitudes, arbitrariedades, abusos e comportamentos desconformes conduz à ilegitimidade e consequente ilegalidade de tais atos. Fala-se, então, em corrupção e na necessidade de seu veemente combate como aspecto inerente à compreensão da noção de governança. É nesse espírito que certas normatizações se ergueram e viabilizaram a delimitação de aspectos centrais para a disciplina jurídica contida em leis anticorrupção no mundo todo.

No ano de 1977, em meio às repercussões geradas pelo "caso Watergate"[78] e por outros eventos concomitantes que impunham um sentimento geral de clamor por normas de repúdio à corrupção, foi criado, nos Estados Unidos da América, o *Foreign Corrupt Practices Act* (FCPA), que representou um passo importante para reprimir a corrupção nos Estados Unidos, e inspirou diversas outras legislações mundo afora. Também a lei anticorrupção do Reino Unido (*United Kingdom Bribery Act*) ganhou relevância na época, propulsionando a preocupação com a governança corporativa.[79]

A partir disso, "(...) os órgãos regulamentadores americanos começaram a dar significativa atenção aos controles internos das empresas".[80] Os modelos de monitora-

---

77. Segundo Alexandre Groppali, destaca-se o fim essencial desse propósito, que se constitui da necessidade de tutela da ordem interior para o pacífico desenvolvimento da ordem social, sempre com imperiosa garantia de segurança para os que nela convivem. GROPPALI, Alexandre. **Doutrina do Estado**. São Paulo: Saraiva, 1968, p. 141.
78. Eis um breve histórico do caso: "*During the middle of Nixon's first term, some members of the White House staff had begun to use their power to pursue partisan vendettas. Nixon's assistants, most of them conservative young lawyers and former advertising men lacking political experience, ignored the traditional rules of Washington politics. By 1972 many of the President's men, claiming that the national interest required Nixon's re-election, justified crimes as necessary for national security. (...) The Committee to Re-Elect the President (CREEP) organized the burglary in June of Democratic Party offices at the Watergate Building in Washington. (...) Government officials had approved the Watergate burglary, McCord claimed, and conspired also to cover up their own involvement. McCord's letter prompted the Watergate grand jury and the Senate's special Watergate committee, chaired by Sam Ervin of North Carolina, to probe further these mysterious White House activities. (...) Pressed by public skepticism and a growing pile of subpoenas and court orders for more and more tapes, in late April 1974 Nixon released edited transcripts, not the actual recordings, of meetings concerning Watergate. Even Nixon's version – he had deleted a number of items that damaged his claims of innocence – showed a dubious morality. The new evidence implicated him in the cover-up and openly told of schemes for political revenge against "enemies." Already at work on articles of impeachment was a judiciary committee of the House of Representatives, 24 Democrats and 14 Republicans. (...) On July 24 the Supreme Court ordered the White House to turn over 64 additional tapes. That same day the Judiciary Committee began its televised debate on impeachment. In compliance with the Supreme Court order, Nixon released additional tapes on Monday, August 5. (...) On August 9, 1974, Nixon resigned.*" KUTLER, Stanley I. **Watergate**: a brief history with documents. 2. ed. Oxford/West Sussex: Wiley-Blackwell, 2010, p. 5-8.
79. É importante registrar que, a partir da década de 1960, a fundação da *Securities and Exchange Commission* (SEC), nos Estados Unidos da América, norteou um movimento de orientação à contratação de *compliance officers* para a criação de procedimentos internos de controle, treinamento de pessoas e o monitoramento e supervisão de atividades suspeitas. A SEC norte-americana exerce um papel semelhante ao da Comissão de Valores Mobiliários (CVM) no Brasil, agindo com o objetivo de avaliar e mitigar riscos que possam impactar nas demonstrações financeiras das corporações. Basicamente, a estrutura de controles internos que são avaliados e reportados ao Comitê de Auditoria da SEC é regulada de acordo com os princípios e certificações anuais dos auditores externos, em atendimento ao *Sarbanes-Oxley Act* (SOx), que será tratado mais adiante.
80. D'ÁVILA, Marcos Zähler; OLIVEIRA, Marcelo Aparecido Martins de. **Conceitos e técnicas de controles internos de organizações**. São Paulo: Nobel, 2002, p. 32.

mento e *compliance* foram questionados e houve a necessidade de maior regulação e de estabelecimento de novas teorias e modelos de gestão. De modo geral, a existência de normas instituidoras de regras com severas punições para infratores passou a exigir que as empresas apresentassem um programa geral de adequação de suas políticas internas e práticas a determinados marcos legais comuns ao setor em que atuavam na economia, e o termo *compliance* popularizou-se e ganhou significado próprio. Passou a corresponder "conformidade com as regras", sejam leis, valores morais ou éticos, razão pela qual passou a ser um conceito de comportamento moral e de honestidade.[81]

A FCPA, dentre outras inovações, passou a exigir das empresas que operam na Bolsa de Valores de Nova Iorque que adotassem um conjunto de regras que buscavam evitar e punir fraudes de toda espécie, essencialmente aquelas ligadas a atos de corrupção.

Além disso, definiu-se a aplicabilidade de suas disposições a empresas com valores mobiliários registrados na Bolsa de Valores ou perante a SEC, e a qualquer entidade ou pessoa, cujo principal lugar de negócios seja os Estados Unidos da América, ou que esteja organizada sob as leis americanas. Ainda, cidadãos estrangeiros e entidades realizadoras de transações financeiras no país passaram a se sujeitar à referida norma.

Dentre suas inúmeras punições, podem ser comentadas as elevadas multas, por exemplo, para pessoas físicas que violem as disposições antissuborno, as quais poderão estar sujeitas a multa penal de US$250.000,00 por violação (ou, caso o valor do suborno seja superior a US$250.000,00, a multa poderá ser equivalente ao dobro da vantagem ou perda ocasionada pela ofensa), multa civil de US$10.000,00 por violação e até 5 anos de prisão. Noutra passagem, a FCPA estipula que pessoas físicas que violarem as disposições referentes aos livros e registros poderão estar sujeitas a multas penais de até US$5 milhões e multas civis de até US$100.000,00, por violação.[82]

Por sua vez, pessoas jurídicas que violarem as disposições antissuborno poderão estar sujeitas a multa penal de US$2 milhões (ou, caso o valor do suborno seja superior a US$2 milhões, a multa poderá ser equivalente ao dobro da vantagem ou perda ocasionada pela ofensa) e multa civil de US$10.000,00, por violação; e, ainda, pessoas jurídicas que violarem as disposições referentes aos livros e registros poderão estar sujeitas a multas penais de até US$25 milhões e multas civis de até US$500.000,00, por violação, bem como a penalidades adicionais referentes à devolução do lucro obtido com a prática ilegal.[83]

---

81. RAZ, Joseph. **Ethics in the public domain**: essays in the morality of law and politics. Oxford: Clarendon Press, 1996, p. 195 *et seq.*
82. BIEGELMAN, Martin T.; BIEGELMAN, Daniel R. **Foreign Corrupt Practices Act compliance guidebook**: protecting your organization from bribery and corruption. Nova Jersey: John Wiley & Sons, 2010, p. 37-39.
83. BIEGELMAN, Martin T.; BIEGELMAN, Daniel R. **Foreign Corrupt Practices Act compliance guidebook**, cit., p. 37. Os autores ainda acrescentam: "*Violations of the FCPA can lead to major criminal and civil penalties and fines. Individuals can face jail time, while the company can be forced to pay millions, if not billions. Furthermore, a company can be forced to install costly new internal controls and business practices or even bring in an outside monitor as per agreement with the government. Monitors in particular can be very costly and intrusive to a company. A company also runs the risk of lawsuits from shareholders when FCPA violations are made public. The FCPA itself provides no private cause of action, but shareholders can use the underlying illegal activities as the basis for a derivative suit against the company.*"

A leitura dos dispositivos da referida norma denota o rigor com que o tema passou a ser tratado, desde a década de 1970, para realmente coibir práticas de corrupção que, devido aos eventos históricos que culminaram em sua edição, passaram a ser repudiadas com pesadas sanções. No rasto do FCPA, novas normas surgiram em todo o mundo.

Nos Estados Unidos da América, o advento da *Sarbanes-Oxley Act*,[84] também conhecida como Lei *Sarbanes-Oxley*, ou simplesmente "SOx", foi o mais importante marco na delimitação de regras e padrões aplicáveis ao universo corporativo norte-americano desde a adoção da Lei de Valores (*Securities Act*), de 1933, e da Lei de Negociação de Valores (*Securities Exchange Act*), de 1934.

Batizada em homenagem aos congressistas que cuidaram de sua elaboração (Paul Sarbanes e Michael Oxley), referida norma foi sancionada em 30 de julho de 2002 pelo então Presidente George W. Bush, com o intuito de restabelecer a confiança nas empresas e enfatizar a relevância dos comportamentos éticos e dos controles internos para a implementação de regras de governança corporativa, aplicando-se, inclusive, à atuação dessas empresas no mercado de capitais.

Em outras palavras, o objetivo da SOx, desde seu surgimento, é identificar, combater e prevenir fraudes que afetem o desempenho financeiro das organizações, notadamente quanto a escriturações contábeis, visando aprimorar a governança corporativa e a prestação de contas (informações sobre receitas, despesas, balanço patrimonial e total de ativos e passivos), garantindo o *compliance*.

Segundo Cláudio Marcelo Cordeiro:

> A *Sarbanes-Oxley Act* é bem ampla e aumenta o grau de responsabilidade desde o presidente e diretoria da empresa até as auditorias e advogados contratados. Referida lei introduz regras bastante rígidas de governança corporativa, procurando dar maior transparência e confiabilidade aos resultados das empresas, instituindo severas punições contra fraudes empresariais e dando maior independência aos órgãos de auditoria. Com relação à lei norte-americana contra fraude empresarial, pode-se dizer que ela possui duas vertentes: a primeira visando maior controle das atividades de auditoria e a segunda a punição de fraudes praticadas por administradores das empresas.[85]

O ponto de maior destaque da SOx é sua abrangência de aplicação, com previsões relativas à responsabilização que vão "desde o presidente e a diretoria da empresa, até as auditorias e advogados contratados".[86] Todas as empresas, sejam elas norte-americanas ou não, que operem ações na SEC (*Securities and Exchange Commission*) devem seguir as definições da SOx, que não são um conjunto de práticas de negócios ou um comando normativo para que uma empresa armazene registros, mas, sim, um marco definidor de quais registros devem ser armazenados e por quanto tempo.

---

84. Sobre a lei, confira-se: MOELLER, Robert. **Sarbanes-Oxley and the new internal auditing rules**. Nova Jersey: John Wiley & Sons, 2004.
85. CORDEIRO, Cláudio Marcelo Rodrigues. **Auditoria e governança corporativa**. Curitiba: IESDE Brasil, 2011, p. 160-161.
86. CANDELORO, Ana Paula P.; RIZZO, Maria Balbina Martins de; PINHO, Vinícius. **Compliance 360°**: riscos, estratégias, conflitos e vaidades no mundo corporativo. São Paulo: Trevisan, 2012, p. 296-297.

Por essa razão, não é apenas o departamento financeiro das empresas que é afetado, mas também os seus diversos departamentos, inclusive o de TI, que é encarregado de armazenar os registros eletrônicos. De acordo com a SOx, todos os registros comerciais, incluindo registros eletrônicos e mensagens eletrônicas, devem ser salvos por não menos de cinco anos, sendo que as punições para o não cumprimento podem variar desde multas até a prisão.

A SOx está subdividida em onze títulos com um total de 1.107 artigos, que, de um modo geral, cuidam de definir diversas medidas de boas práticas já consideradas em diversos países para a instituição de processos internos que aumentem controles, transparência e segurança na condução dos negócios, na administração financeira, nas escriturações contábeis e na gestão e divulgação das informações.

Cada seção aborda um tema específico, sendo que cada título é composto por seis seções, em média. O primeiro título versa acerca da auditoria, tratando da formação do comitê e de seus deveres. O Comitê de Auditoria é o representante dos interesses dos acionistas e de todas as demais pessoas atingidas pelas decisões da empresa. As regras são rígidas e exigem padrões propostos por profissionais de contabilidade, sendo que as normas do comitê devem ser anteriormente aprovadas pela SEC. Ademais, as empresas de auditoria estrangeira também estão sujeitas a estes procedimentos.

O comportamento do auditor é matéria descrita no segundo título da *Sarbanes Oxley Act*, proibindo certos serviços e estabelecendo suas responsabilidades e funções. Tal título sofreu algumas alterações práticas posteriormente, com as novas regras instituídas pela SEC. Os artigos que geram maior discussão pela *Sarbanes Oxley Act* estão entre os relacionados no terceiro e no quarto títulos, que tratam da responsabilidade corporativa e da divulgação de informações financeiras, respectivamente.

A seção 301 versa sobre a criação de um comitê de auditoria apenas para fiscalizar todos os passos de elaboração e divulgação das demonstrações financeiras. A seção 302 da referida lei normatiza a exigência da declaração pessoal dos diretores executivos e financeiros das empresas, se responsabilizando pelos procedimentos e controles de divulgação, de maneira que trimestralmente deve estar certificado que tais responsáveis avaliaram e divulgaram as deficiências dos controles detectados pela auditoria, evitando influências fraudulentas (seção 303).

Em casos de fraudes, o presidente e diretor da companhia devem devolver os valores recebidos como bônus, durante os 12 meses após a publicação dos relatórios financeiros (seção 304). E os advogados, ao descobrirem qualquer tipo de ação fraudulenta ou irregularidade, devem informá-la ao diretor do departamento jurídico (seção 307).

As questões de controles internos são tratadas no quarto título, ficando estabelecido que a SEC faça a avaliação dos relatórios contábeis, que devem ser elaborados pelas empresas de acordo com os princípios contábeis determinados pela própria SEC (seção 401). A seção seguinte, ao seguir princípios éticos, discorre sobre a proibição de empréstimos pessoais para os executivos das companhias.

Na seção 404, a lei exige uma avaliação anual dos procedimentos e controles para que os relatórios financeiros sejam emitidos, ressaltando que deve ser atestada pelo administrador a asserção sobre a eficácia de seus controles. Tal normativo impede que o gestor da companhia alegue desconhecimento de alguma informação, já que estará ciente de todo controle interno.

Neste aspecto, os executivos passam a ser responsáveis pela avaliação e monitoramento dos controles internos e pelos relatórios divulgados pela empresa, a fim de evitar o chamado "crime do colarinho branco". Assim, os diretores ficam obrigados a certificar e assinar os relatórios financeiros, como sinônimo de responsabilidade corporativa.

O gestor passa a ter maiores responsabilidades, podendo ser punido com pagamento de multas e inclusive sofrer pena de reclusão, como ocorre nas situações de fraudes contábeis, falsificação e alterações documentais (Título VII).

Nesse sentido, anota Zabihollah Rezaee:

> Assim, a cultura da ética organizacional é descrita como crenças, comportamento ético e práticas compartilhadas pelos membros de um grupo na busca de seus objetivos e no cumprimento de suas responsabilidades. O comportamento ético e a criação de valor podem produzir as mesmas consequências em muitas decisões no mundo real. A administração tem a responsabilidade fiduciária de criar valor para os acionistas a longo prazo e de agir dentro dos limites dos padrões éticos comumente aceitos.[87]

Observa-se, enfim, que as regras da *Sarbanes-Oxley Act* são direcionadas para os executivos, como presidentes e diretores das empresas, todavia, estendem-se também para os analistas de mercado, auditores e até advogados envolvidos nas atividades de gestão. Nota-se que a rigidez da lei busca gerar um controle rigoroso acerca dos processos internos das empresas, evitando fraudes e atitudes antiéticas, buscando a obrigatoriedade da boa governança corporativa e de *compliance*.

2.3.3 Governança e tomada de decisões na legislação brasileira

A proliferação de uma cultura de governança e efetivo combate aos atos de corrupção é aspecto essencial para o fortalecimento de uma democracia, razão pela qual a adoção desta enquanto modelo ideal demanda efetivo respeito à confiança depositada nos processos de escolha dos governantes. Se a autoridade governamental é derivada do consentimento dos governados, os agentes públicos que a exercem devem ser responsáveis perante os cidadãos, na medida em que a confiança por eles depositada é fator crucial para a consolidação de um governo democrático.

Nessa linha, segundo Manoel Gonçalves Ferreira Filho:

> Enquanto modelo ideal, a democracia pressupõe que o povo escolha pelo voto os seus representantes, que irão governá-lo. Pretende que nessa escolha o eleitor não leve em conta senão as qualidades do candidato e seu programa de atuação. Reclama que o eleito aja em vista exclusivamente do interesse

---

87. REZAEE, Zabihollah. **Corporate governance post–Sarbanes-Oxley**: regulations, requirements, and integrated processes. Nova Jersey: John Wiley & Sons, 2007, p. 441, tradução livre. No original: "*Thus, organizational ethical culture is described as beliefs, ethical behavior, and practices shared by members of a group in pursuing their goals and fulfilling their responsibilities. Ethical behavior and value creation may produce the same consequences in many decisions in the real world. Management has a fiduciary responsibility to create long-term shareholder value and to act within the boundaries of commonly accepted ethical standards.*"

geral, doa o que doer, custe o que custar. E tanto povo, como governante, nada devem esperar em troca de sua participação, exceto a satisfação do dever cumprido.[88]

A preocupação com a governança corporativa a nível legislativo aportou no Brasil de forma marcante no final do Século XX, influenciada pelos seguintes eventos: em 1992, foi editada a Lei de Improbidade Administrativa brasileira (Lei nº 8.429/1992); em 1995, foi publicada a "Basileia I", que definiu regras para o mercado financeiro.

Já em 1997, foi editada a OCDE, ou Convenção sobre o Combate da Corrupção de Funcionários Públicos Estrangeiros em Transações Comerciais Internacionais,[89] ratificada pelo Brasil e promulgada internamente pelo Decreto nº 3.678/2000; em 1998, foi publicada no Brasil a Lei nº 9.613, que definiu os crimes de lavagem e ocultação de bens e criou o COAF; ainda em 1998, foi publicada a Resolução nº 2.554, dispondo sobre a implementação de sistemas de controles internos nas corporações.

Uma década depois, em 2009,[90] o Banco Central do Brasil publicou a Circular nº 3.461, que consolidou todos os normativos relativos às atividades de prevenção à lavagem de dinheiro. Por sua vez, foi promulgada, no ano de 2012, a Lei nº 12.683, com importantes mudanças na lei de lavagem. No mesmo ano, foi editada a Lei Anticorrupção russa.

Também é importante destacar o advento da Lei de Defesa da Concorrência (Lei nº 12.529/2011) e da Lei Anticorrupção brasileira (Lei nº 12.846/2013) e de seu Decreto regulamentador (Decreto nº 8.420/2015).

Cada um desses marcos regulatórios será brevemente analisado nos tópicos seguintes, destacando-se o campo de aplicabilidade de cada um e seu respectivo escopo.

2.3.3.1 Lei de Improbidade Administrativa (Lei nº 8.429/1992)

O advento da Lei de Improbidade Administrativa (Lei nº 8.429/1992) veio preencher uma lacuna legislativa, na esfera civil e administrativa, visando coibir condutas corruptivas dos gestores públicos.[91] Referida lei conceitua como improbidade admi-

---

88. FERREIRA FILHO, Manoel Gonçalves. Corrupção e democracia. **Revista de Direito Administrativo**, Rio de Janeiro, v. 226, n. 4, p. 213-218, out./dez. 2001, p. 214.
89. A cartilha de princípios da OCDE, agregada aos demais axiomas citados, despertou os valores que dão sustentação ao modelo de Governança Corporativa que se desenhou desde então. Para Andrade e Rossetti, os seguintes pilares deram origem à nova teoria: (i) *fairness*, compreendido como o senso de justiça e a equidade no tratamento dos acionistas; (ii) *disclosure* ou a transparência nas informações; (iii) *accountability*, a prestação de contas; (iv) *compliance*, o atuar em conformidade, cujo consagrado conceito foi sendo aprimorado pela doutrina especializada, tornando-se o paradigma almejado.
90. Comentando os eventos que motivaram essa retomada da edição de marcos normativos específicos, à época, Ana Flávia Messa aduz que "[o]s abusos representativos da má conduta dos servidores contra o interesse público identificados com a obtenção de vantagens econômico-financeiras ilegais por parte dos agentes envolvidos, como no caso do "petrolão", ou pela busca de poder e melhor acomodação política, como no caso do "mensalão", demonstram que os administradores públicos em sua atuação não estão apresentando resultados esperados de uma gestão concreta dos assuntos da sociedade." MESSA, Ana Flávia. **Transparência, compliance e práticas anticorrupção na Administração Pública**, cit., p. 285.
91. PAZZAGLINI FILHO, Marino. **Lei de Improbidade Administrativa comentada**. 4. ed. São Paulo: Atlas, 2009, p. 4, nota 11. Comenta: "É cediço que a má-fé é premissa do ato ilegal e ímprobo. Consectariamente, a ilegalidade só adquire o status de improbidade quando a conduta antijurídica fere os princípios constitucionais da Administração Pública coadjuvados pela má-fé do administrador. A improbidade administrativa, mais que um ato ilegal, deve traduzir, necessariamente, a falta de boa-fé, a desonestidade, o que não restou comprovado nos autos pelas

nistrativa o ato ilegal ou contrário aos princípios básicos da Administração Pública, cometido por agentes públicos durante o exercício de função pública ou decorrente desta. Com efeito:

> O fenômeno que designamos como improbidade administrativa, no direito administrativo brasileiro, desenhado no artigo 37, parágrafo 4º da CF, no marco da Lei n. 8.429/92, define-se como a má gestão pública gravemente desonesta ou gravemente ineficiente, por ações ou omissões, dolosas ou culposas, de agentes públicos no exercício de suas funções ou em razão delas, com ou sem participação dos particulares, observados os pressupostos gerais de configuração típica e de imputação. A improbidade é espécie do gênero má gestão pública. A corrupção é espécie do gênero improbidade. A compreensão desses fenômenos a partir dessas relações é fundamental para perceber suas características e peculiaridades. A abordagem com o foco na ineficiência, quando sinalizada com nota de gravidade, também pode aproximar-se da própria corrupção, na medida em que ambas traduzem níveis distintos de má gestão pública e ambas constituem espécie de improbidade administrativa. O próprio histórico da improbidade administrativa com elementos dos crimes de responsabilidade denuncia sua funcionalidade repressiva em relação a atos culposos. Daí por que resulta admissível, constitucionalmente, a improbidade culposa, dando-se densidade ao princípio da eficiência.[92]

Os atos de improbidade administrativa encontram-se descritos em três seções que compõem o capítulo II da Lei nº 8.429/1992, sendo que estão aglutinados em três grupos distintos, conforme o ato importe em enriquecimento ilícito (art. 9º), cause prejuízo ao erário (art. 10) ou tão somente atente contra princípios da administração pública (art. 11).[93]

Trata-se de norma essencial ao estudo do *compliance* no Brasil, uma vez que suas disposições representam a base fundante do controle das atividades de Estado no país, com importantes mecanismos pelos quais se pode responsabilizar o agente público que atue em desconformidade aos interesses que norteiam o agir administrativo.

2.3.3.2 Convenção sobre o Combate da Corrupção de Funcionários Públicos Estrangeiros em Transações Comerciais Internacionais (Decreto nº 3.678/2000)

A Convenção sobre o Combate da Corrupção de Funcionários Públicos Estrangeiros em Transações Comerciais Internacionais é um tratado que foi incorporado ao ordenamento jurídico interno, após ratificação, pelo Decreto nº 3.678/2000, embora o Brasil não seja um país-membro da OCDE.

Com isso, o Brasil comprometeu-se a executá-la e cumpri-la. Como consequência à convenção, a Lei nº 10.467/2002 alterou o Código Penal e passou a considerar crime a corrupção ativa e o tráfico de influência em negócios internacionais. A Lei nº 10.467/2002 também alterou a Lei de Lavagem de Dinheiro (Lei n.º 9.613/1998), para

---

informações disponíveis no acórdão recorrido, calcadas, inclusive, nas conclusões da Comissão de Inquérito (Recurso Especial n. 480.387/SP – 1ª Turma – Rel. Min. Luiz Fux – DJU 16-3-2004)."
92. OSÓRIO, Fábio Medina. **Teoria da improbidade administrativa**. São Paulo: Revista dos Tribunais, 2007, p. 464.
93. Maiores detalhamentos em: MARQUES, Sílvio Antônio. **Improbidade administrativa**. São Paulo: Saraiva, 2010; FIGUEIREDO, Marcelo. **Probidade administrativa**: comentários à lei n º 8.429/92 e legislação complementar. São Paulo: Malheiros, 2004; PRADO, Francisco Octávio de Almeida. **Improbidade administrativa**. São Paulo: Malheiros, 2001.

prever a corrupção de autoridades estrangeiras como crime que pode gerar lavagem de bens.[94]

Conforme estabelece a convenção, todos os países que assinaram o documento são submetidos a avaliações periódicas. Acompanhar o cumprimento da convenção é competência do Grupo de Trabalho sobre Corrupção em Transações Comerciais Internacionais da OCDE, que realiza reuniões trimestrais com essa finalidade.

2.3.3.3 Criminalização da lavagem de capitais e criação do COAF (Lei nº 9.613/1998)

O crime de lavagem de dinheiro, inserido no ordenamento jurídico brasileiro pela Lei nº 9.613/1998, consiste em ocultar ou dissimular a origem ilícita dos ganhos e proveitos obtidos pela prática de um delito, com o objetivo de negá-lo, tornando, assim, possível a sua utilização. Tratando-se de tipo penal extremamente comum em situações de corrupção, o combate aos crimes de lavagem revelou-se imprescindível para o aprimoramento das políticas de Governança Corporativa e de *compliance*.

No contexto do combate aos crimes dessa espécie, a referida lei ainda cuidou de criar o Conselho de Controle de Atividades Financeiras (COAF), que integra o Grupo de Ação Financeira Sobre Lavagem de Dinheiro (GAFI) ou *Financial Action Task Force*, organismo intergovernamental estabelecido em 1989 pelos Ministros das jurisdições e países membros, cuja função precípua consiste em estabelecer normas e promover a implementação efetiva de medidas legais, regulamentares e operacionais para o combate ao branqueamento de capitais, ao financiamento do terrorismo, ao financiamento da proliferação, bem como a outras ameaças à integridade do sistema financeiro internacional.

As Quarenta Recomendações originais da *Financial Action Task Force* surgiram em 1990 com o propósito de combater a utilização indevida dos sistemas financeiros para fins de branqueamento de fundos provenientes do tráfico de estupefacientes. As Recomendações foram revistas pela primeira vez em 1996, de modo a refletir a evolução das tendências e técnicas de branqueamento de capitais, bem como para alargar o seu âmbito muito para além do branqueamento de capitais provenientes do tráfico de estupefacientes.

Em outubro de 2001, a organização alargou o seu campo de atuação para tratar da luta contra o financiamento de atos terroristas e de organizações terroristas e deu um passo importante ao adotar as Oito (posteriormente alargadas para Nove) Recomendações Especiais sobre o Financiamento do Terrorismo.

Os países-membros dispõem de diferentes quadros jurídicos, administrativos e operacionais e, desse modo, não podem todos eles tomar medidas idênticas para con-

---

94. Sobre o tema específico, confira-se: LIMA, Vinicius de Melo; GULARTE, Caroline de Melo Lima. Compliance e prevenção ao crime de lavagem de dinheiro. **Revista do Ministério Público do Rio Grande do Sul**, Porto Alegre, v. 82, n. 1, jan./abr. 2017; AMBOS, Kai. **Lavagem de dinheiro e direito penal**. Tradução de Pablo Rodrigo Alflen da Silva. Porto Alegre: Sérgio Antonio Fabris Editor, 2007.

trariar essas ameaças. Assim, as Recomendações constituem padrões internacionais que os países deveriam implementar através de medidas adaptadas às suas circunstâncias específicas, no sentido de: (i) identificar os riscos e desenvolver políticas e uma coordenação a nível nacional; (ii) atuar contra o branqueamento de capitais, o financiamento do terrorismo e o financiamento da proliferação; (iii) aplicar medidas preventivas para o setor financeiro e outros setores designados; (iv) dotar as autoridades competentes (por exemplo, de investigação, de aplicação da lei e de supervisão) dos poderes e responsabilidades necessários e implementar outras medidas institucionais; (v) reforçar a transparência e a disponibilidade de informação sobre os beneficiários efetivos das pessoas coletivas e das entidades sem personalidade jurídica; (vi) e facilitar a cooperação internacional.

2.3.3.4 *Implementação de controles internos (Resolução nº 2.554/1998 do Banco Central do Brasil)*

Atuando em sintonia com os ditames de *compliance* que amadureceram no decorrer da década de 1990, o Banco Central do Brasil editou sua Resolução nº 2.554/1998, visando implementar controles internos para fins de melhor se adequar às novas realidades.

A edição deste marco regulatório representou o início de uma política de fiscalização do Banco Central do Brasil perante as instituições financeiras em operação no país, o que contribuiu para o crescimento da política de *compliance* no segmento financeiro.

2.3.3.5 *A Resolução nº 3.198/2004 do Banco Central do Brasil*

A Resolução nº 3.198/2004 do Banco Central do Brasil cuidou de alterar e consolidar a regulamentação relativa à prestação de serviços de auditoria independente para as instituições financeiras, demais instituições autorizadas a funcionar pelo Banco Central do Brasil e para as câmaras e prestadores de serviços de compensação e de liquidação. Tratou-se de outro importante marco regulatório no avanço do compliance no Brasil.

2.3.3.6 *A Circular nº 3.461/2009 do Banco Central do Brasil*

Em 2009, avançando ainda mais na compreensão do tema, o Banco Central do Brasil editou a sua Circular nº 3.461/2009, que consolidou as regras sobre os procedimentos a serem adotados na prevenção e combate às atividades relacionadas com os crimes previstos na Lei nº 9.613, de 3 de março de 1998 (Lavagem de Capitais).

A referida normativa tem como base legal e regulamentar a Lei nº 4.595/1964, em seus arts. 10 e 11; a Lei nº 9.613/1998, em seus arts. 10, 11 e 12; o Decreto nº 5.640/2005; o Decreto nº 2.799/1998, a Resolução CMN 2.025/1993, em seu art. 1º; a Resolução CMN 2.747/2000; a Circular BCB nº 2.852/1998; 3.339/2006; 3.422/2008. Além disso, alterou a Circular BCB nº 3.290/2005, revogando seus arts. 1º e 2º.

2.3.3.7 Lei de Defesa da Concorrência (Lei nº 12.529/2011)

O direito concorrencial é campo fértil ao estudo do *compliance* e das boas práticas anticorrupção, já tendo fomentado diversos estudos específicos.[95] O ponto fulcral do tema, do ponto de vista concorrencial, diz respeito à regulamentação responsiva, com escalonamento das reações adequadamente previstas para cada tipo de situação. O tema é assim analisado por Ayres e Braithwaite:

> A estrutura ideal da regulamentação responsiva terá dois componentes: (1) escolha da forma apropriada de delegação e (2) escolha do tipo certo de regulamentação escalonada (não delegada). A escolha da forma apropriada de delegação se concentra em qual deve ser a base da pirâmide. A escolha de formas específicas de respostas escalonadas contingentemente é o problema no *design* de uma pirâmide de aplicação apropriada. A delegação só é credível se for apoiada por várias formas de decreto regulamentar mais tradicional. Nos casos em que a delegação for bem-sucedida, os níveis mais altos das intervenções crescentes raramente serão ativados. No entanto, o grande sucesso da delegação reguladora ativará a existência de uma resposta credível do governo se a delegação falhar em gerar conformidade e solução de problemas.[96]

A Constituição da República de 1988 trouxe um novo momento para a livre concorrência, agora sobre a égide do equilíbrio entre os sujeitos de Direito Econômico no mercado. Com base neste ideal, foi editada a Lei nº 12.529/2011, que, a partir de uma interpretação sistematizada, pretende-se apontar quais foram as principais alterações implementadas pela referida norma em relação à Lei nº 8.884, de 11 de junho de 1994, que dispunha sobre a transformação do Conselho Administrativo de Defesa Econômica (CADE) em autarquia e dispôs sobre a prevenção e a repressão às infrações contra a ordem econômica.

A lei ainda estruturou o Sistema Brasileiro de Defesa da Concorrência, dispõe sobre a prevenção e repressão às infrações contra a ordem econômica, altera a Lei nº 8.137, de 27 de dezembro de 1990, o Decreto-Lei nº 3.689, de 3 de outubro de 1941 (Código de Processo Penal), e a Lei nº 7.347, de 24 de julho de 1985, revoga dispositivos da Lei nº 8.884, de 11 de junho de 1994, e a Lei nº 9.781, de 19 de janeiro de 1999 e dá outras providências.

Esta lei se aplica a todos os agentes econômicos: públicos, privados, nacionais, estrangeiros, pessoas jurídicas e também pessoas físicas. Os agentes econômicos estrangeiros serão notificados e processados no Brasil, entendendo-se como domicílio o

---

95. Confira-se: TRUBEK, David. M.; TRUBEK, Louise. G. New governance and legal regulation: complementarity, rivalry or transformation. **University of Wisconsin Legal Studies Research Paper**, Madison, n. 1022, 2006; SOKOL, Daniel D. Cartels, corporate compliance, and what practitioners really think about enforcement. **Antitrust Law Journal**, Gainesville, v. 78, n. 201, p. 201-240, 2012.
96. AYRES, Ian; BRAITHWAITE, John. **Responsive regulation**: transcending the deregulation debate. Oxford: Oxford University Press, 1992, p. 161, tradução livre. No original: "*The optimal structuring of responsive regulation will have two components: (1) choosing the appropriate form of delegation, and (2) choosing the right kind of escalating (nondelegated) regulation. Choosing the appropriate form of delegation focuses on what the base of the pyramid should be. The choice of specific forms of contingently escalating responses is the issue in the design of an appropriate enforcement pyramid. Delegation is only credible if it is backed up with various forms of more traditional regulatory fiat. Where delegation is successful, the upper reaches of the escalating interventions will seldom if ever be activated. However, the very success of the regulatory delegation will turn on the existence of a credible government response if the delegation fails to engender compliance and problem solving.*"

local de sua filial, agência, agente, representante ou estabelecimento ou sucursal. Não depende de procuração, nem de poderes especiais ao gerente, agente ou administrador. As pessoas jurídicas responderão quando regularmente constituídas ou ainda que sejam apenas sociedades de fato. O Conselho Administrativo de Defesa Econômica (CADE) foi alterado e hoje é uma autarquia de regime especial, independente e autônoma, porém, vinculada ao Ministério da Justiça, com sede e foro no Distrito Federal, exercendo jurisdição em todo o território nacional.

O CADE é formado por um presidente e 6 (seis) conselheiros, selecionados dentre cidadãos (brasileiros natos, naturalizados ou portugueses equiparados) com 30 anos ou mais, ilibada reputação e notório saber jurídico ou econômico.

O mandato do conselheiro é de quatro anos, sendo vedada a recondução; o Presidente da República aponta o nome, o Senado aprova, e o Presidente, então, nomeia o indicado. Se houver a morte, o afastamento ou o desligamento por qualquer motivo do Presidente do CADE, o conselheiro mais antigo assume a presidência até que haja nova nomeação. Se houver morte, afastamento ou desligamento de conselheiro, outro será nomeado para completar o mandato.

As decisões do CADE fazem "coisa julgada administrativa", pois não podem ser revistas por qualquer outra instância ou poder do Executivo. Estarão sujeitas a revisão judicial apenas quanto à legalidade.

2.3.3.8 Lei Anticorrupção brasileira (Lei nº 12.846/2013) e seus regulamentos (Decreto nº 8.420/2015 e Decreto nº 11.129/2022)

A Lei nº 12.846/2013, denominada Lei Anticorrupção, dispôs sobre a responsabilização objetiva administrativa e civil de pessoas jurídicas pela prática de atos contra a administração pública, nacional ou estrangeira.

O Decreto Federal nº 8.420, de 18 de março de 2015, foi sancionado com o objetivo de regulamentar, no âmbito federal, a responsabilização objetiva administrativa de pessoas jurídicas pela prática de atos contra a administração pública, nacional ou estrangeira tratada pela Lei nº 12.846/2013. Em 2022, todavia, referido decreto foi revogado, sendo substituído pelo Decreto nº 11.129, de 11 de julho de 2022.

O Decreto 11.129/2022 é uma regulamentação da Lei nº 12.846/2013, que trata sobre a responsabilização administrativa e civil de pessoas jurídicas por atos contra a administração pública, tanto nacional quanto estrangeira. O Decreto foi emitido pelo Presidente da República com base na atribuição que lhe é conferida pelo art. 84, inciso IV, da Constituição.

O Capítulo I do Decreto estabelece disposições preliminares, esclarecendo que ele regulamenta a responsabilização objetiva administrativa e civil de pessoas jurídicas por atos contra a administração pública, conforme previsto na Lei nº 12.846/2013. A Lei se aplica a atos lesivos praticados por pessoas jurídicas brasileiras contra a administração pública estrangeira, mesmo que ocorram no exterior; a atos praticados no território nacional ou que produzam efeitos nele; e a atos praticados no exterior contra a administração pública nacional. O § 2º do Art. 1º estabelece que as pessoas jurídicas passíveis de responsabilização são aquelas que têm sede, filial ou representação no território brasileiro, independentemente de serem constituídas de fato ou de direito.

O Capítulo II trata da responsabilização administrativa das pessoas jurídicas e está dividido em duas seções. A Seção I aborda a investigação preliminar e estabelece que a corregedoria da entidade ou unidade competente, ao tomar conhecimento de possível ato lesivo à administração pública federal, decidirá pela abertura de investigação preliminar, pela recomendação de instauração do Processo Administrativo de Responsabilização (PAR) ou pelo arquivamento do caso. A investigação preliminar é sigilosa e não punitiva, destinada a apurar indícios de autoria e materialidade de atos lesivos. Diversas diligências podem ser realizadas durante a investigação, como a suspensão cautelar do ato ou processo objeto da investigação, solicitação de atuação de especialistas, solicitação de informações bancárias, entre outras.

A Seção II trata do Processo Administrativo de Responsabilização e estabelece que a competência para instauração e julgamento do PAR é da autoridade máxima da entidade em que ocorreu o ato lesivo, podendo ser delegada, mas não subdelegada. O PAR é instaurado por meio da designação de uma comissão composta por servidores estáveis ou empregados permanentes. A comissão conduzirá as atividades com imparcialidade e observará a legislação e as orientações técnicas vigentes. Durante o processo, a pessoa jurídica processada tem o direito de apresentar defesa escrita e especificar as provas que pretende produzir. O PAR conta com diversos prazos para a conclusão das etapas, a intimação das partes, a avaliação das provas e a elaboração do relatório final.

A fim de conferir maior celeridade e eficácia nos processos de apuração de sanções, o novo regramento, em seu art. 12, prevê a apuração e julgamento conjuntos dos atos que configurem infrações tanto na Lei nº 8.666/1993 e demais normas afetas a licitações e contratos quanto na Lei nº 12.846/13.

No que se refere às sanções, o art. 15, incisos I e II do Decreto preveem a aplicação de multa e publicação extraordinária da decisão sancionadora. Quando as condutas lesivas à Lei nº 12.846/2013 configurarem também infração à Lei nº 8.666/1993, e tendo ocorrido a apuração conjunta, a pessoa jurídica ficará sujeita, além das sanções do art. 15, incisos I e II, à sanção de restrição de participação em licitações e celebração de contratos administrativos, nos termos do art. 16:

> Art. 16. Caso os atos lesivos apurados envolvam infrações administrativas à Lei nº 8.666, de 1993, ou a outras normas de licitações e contratos da administração pública e tenha ocorrido a apuração conjunta prevista no art. 12, a pessoa jurídica também estará sujeita a sanções administrativas que tenham como efeito restrição ao direito de participar em licitações ou de celebrar contratos com a administração pública, a serem aplicadas no PAR.

Os acordos de leniência, uma vez cumpridos, poderão resultar na isenção ou atenuação das sanções previstas nos arts. 86 a 88 da Lei nº 8.666/1993 ou outras sanções previstas em regramentos de licitações e contratos, consoante dispõe o inciso IV do art. 40 do Decreto nº 8.420/2015, que, em seu artigo 42, definiu os pilares essenciais dos programas de *compliance* para a Administração Pública: (i) suporte da alta administração; (ii) mapeamento e gestão de riscos; (iii) código de conduta, política e procedimentos internos; (iv) controles internos; (v) comunicação e treinamento; (vi) canais de denúncias; (vii) investigações internas e medidas de remediação; (viii) *due diligence*; (ix) monitoramento e auditoria. Há, evidentemente, sintonia entre os parâmetros apontados pela doutrina e pela norma. Outras normas, nesse compasso, foram editadas posteriormente e merecem análise específica.

O Decreto nº 9.203, de 22 de novembro de 2017, que será melhor detalhado no tópico seguinte, cuidou de delimitar alguns importantes conceitos inerentes à ideia de *compliance* na Administração Pública, tais como governança pública, valor público, alta administração e gestão de riscos, todos listados em seu artigo 2º.

Iniciativas similares já haviam sido promulgadas, a exemplo da Lei nº 7.753, de outubro de 2017, do Estado do Rio de Janeiro, que passou a exigir a implementação de programas de *compliance* das empresas com as quais o referido Ente Político celebre contratos ou convênios em valores superiores a R$ 1,5 milhões para obras e serviços de engenharia e R$ 650 mil para compras e demais serviços, sob pena de multa 0,02% por dia de inadimplemento, limitado a 10% do valor do contrato.

Além disso, apenas três meses depois do advento do decreto federal, observou-se uma iniciativa importante no âmbito distrital: promulgou-se a Lei nº 6.112, de fevereiro de 2018, do Distrito Federal, que dispõe sobre a obrigatoriedade da implantação de programas de *compliance* para as empresas que contratarem com a Administração Pública do Distrito Federal, em todas as suas esferas.

Também merece menção a iniciativa do Tribunal de Justiça do Estado de Minas Gerais, que publicou sua Resolução nº 880, em 03 de agosto de 2018, implementando o Processo Administrativo de Responsabilização, norteado por parâmetros de governança e boa administração em seu âmbito.

A ideia de um direito fundamental à boa administração, conforme analisado por Juarez Freitas, também ganha realces importantes à luz de iniciativas como as que se apresentou alhures, na medida em que, nesse caminhar, a importação de mecanismos de eficiência estará lastreada por um sistema dotado de racionalidade.[97]

O tema *compliance* pode ser visto por muitos como incipiente. Todavia, é cediça a preocupação de alguns Estados com a regulamentação das normas de responsabilização administrativa de pessoas jurídicas. Essa proteção é de extrema valia para ambas as esferas, visto que, mesmo de forma intrínseca, o *compliance* está presente, atuando de forma protetiva e blindando as práticas irregulares.

Nesse contexto, tem-se os seguintes marcos: (i) no Distrito Federal, o Decreto nº 37.296/2016; (ii) no Estado de Alagoas, o Decreto nº 52.555/2017; (iii) no Estado do Espírito Santo, o Decreto nº 3971-R/2015; (iv) no Estado do Maranhão, o Decreto nº 31.251/2015; (v) no Estado de Mato Grosso, o Decreto nº 522/2016; (vi) no Estado de Mato Grosso do Sul, o Decreto nº 14.890/2017; (vii) no Estado de Santa Catarina, o Decreto nº 1.106/2017; (viii) no Estado de São Paulo, o Decreto nº 60.106/2014.

---

97. FREITAS, Juarez. As políticas públicas e o direito fundamental à boa administração, **Revista do Programa de Pós-Graduação em Direito da UFC**, cit., p. 198-199.

A par desses exemplos, o que se denota é uma inegável tendência, e o decreto federal, por trazer maiores detalhes, se apresenta como o principal manancial de parâmetros para a implementação de políticas de integridade no âmbito administrativo. Seus principais conceitos e inovações serão analisados a seguir.

2.3.3.9   A política de governança da Administração Pública federal direta, autárquica e fundacional (Decreto nº 9.203/2017)

Dentre as diversas metas do Decreto nº 9.203/2017, a delimitação de conceitos fundamentais, objetivos e parametrizados para a governança pública certamente foi a mais valiosa. Em termos conceituais, a governança pública (artigo 2º, inc. I) destacada pelo decreto é definida como o conjunto de mecanismos de liderança, estratégia e controle postos em prática para avaliar, direcionar e monitorar a gestão, com vistas à condução das políticas públicas e à prestação de serviços de interesse da sociedade.

Por sua vez, denomina-se valor público (artigo 2º, inc. II) todo produto ou resultado gerado, preservado ou entregue pelas atividades de uma organização e que representem respostas efetivas e úteis às necessidades ou às demandas de interesse público, modificando aspectos do conjunto da sociedade ou de grupos específicos reconhecidos como destinatários legítimos de bens e serviços públicos.

Ainda, compõem a alta administração (artigo 2º, inc. III) os Ministros de Estado, os ocupantes de cargos de natureza especial, os ocupantes de cargo de nível 6 do Grupo--Direção e Assessoramento Superiores – DAS e os presidentes e diretores de autarquias, inclusive as especiais, e de fundações públicas ou autoridades de hierarquia equivalente.

Sobre este aspecto, Thiago Marrara acentua que:

> O primeiro desses elementos se expressa no *comprometimento da alta administração*. Dele se extrai, como condição de sucesso de instrumentos de controle, a necessidade de se superar o modelo de legalidade dúplice, diferenciada ou assimétrica que perdura na Administração Pública brasileira, pela qual o ordenamento externo e a ordem interna da entidade valem em sua inteireza somente para os agentes de menor escalão, enquanto os agentes de maior hierarquia são submetidos a um sistema normativo privilegiado, diferenciado, marcado pela menor efetividade e maior brandura. Sem que a alta administração se envolva e também se proponha a observar as normas internas com, no mínimo, o mesmo comprometimento dos servidores de menor escalão, certamente o programa não decolará, nem sequer obterá apoio necessário, inclusive financeiro. Ademais, a falta de compromisso das lideranças ocasionará a perda de sua legitimidade entre os demais agentes públicos.[98]

Finalmente, conceitua-se a gestão de riscos (artigo 2º, inc. IV) o processo de natureza permanente, estabelecido, direcionado e monitorado pela alta administração, que contempla as atividades de identificar, avaliar e gerenciar potenciais eventos que possam afetar a organização, destinado a fornecer segurança razoável quanto à realização de seus objetivos.

A esse respeito, Amaru Maximiano e Irene Patrícia Nohara destacam o seguinte:

---

98. MARRARA, Thiago. Quem precisa de programas de integridade (compliance)? *In:* CUEVA, Ricardo Villas Bôas; FRAZÃO, Ana (Coord.). **Compliance**: perspectivas e desafios dos programas de conformidade. Belo Horizonte: Fórum, 2018, p. 291.

(...) as atividades de nível estratégico relacionam-se com a viabilização continuada de operações da organização. Nesse nível, a gestão de pessoas olha para o futuro e para o ambiente, estudando as tendências sociais, competitivas, tecnológicas etc., procurando determinar quais as competências serão necessárias para fazer face às ameaças e oportunidades, de quantas pessoas a organização precisará e que programas deverão ser colocados em prática para atraí-las, desenvolvê-las e mantê-las. O mais importante das atividades de nível estratégico é participar do processo de definir a estratégia corporativa e definir políticas de gestão de pessoas para toda a organização, realizar programas de desenvolvimento organizacional, desenhar carreiras e planos de competências e implementar programas e projetos inovadores.[99]

O que se percebe, a partir desse rol de conceitos, é uma tendência à parametrização, o que se revela salutar do ponto de vista da finalidade de qualquer programa de *compliance*, na medida em que, segundo Ricardo Villas Bôas Cueva, "[u]m programa de fachada, que não preencha os requisitos mínimos ou que os preencha apenas formalmente, pode de fato resultar em penalidades maiores do que aquelas que seriam aplicáveis em sua ausência".[100]

Em seu artigo 3º, o Decreto nº 9.203/2017 elenca alguns princípios de regência das políticas de integridade, sendo eles: capacidade de resposta; integridade; confiabilidade; melhoria regulatória; prestação de contas e responsabilidade; e transparência.

O principal destaque é sem nenhuma dúvida, o paradigma de motivação e responsividade que se espera de um arcabouço hígido de políticas de *compliance*, principalmente para que não se propicie a criação de programas que, ao invés de consubstanciar uma 'autorregulação regulada'.

Não há dúvidas de que a motivação é um importante elemento para a gestão de pessoas de qualquer organização, especialmente quando se deseja implementar uma adequada gestão de riscos, uma vez que é a motivação o elemento essencial para a garantia do contínuo desenvolvimento de competências, para a melhoria do desempenho e para formatar o comprometimento dos servidores com a instituição e com os objetivos delineados.

O foco, nesse sentido, está atrelado ao papel das lideranças, exercidas pelos ocupantes de cargos da alta administração – e, em certa medida, também dos chamados *compliance officers* –, notadamente por se esperar o exemplo, requisito "intitulado normalmente como '*tone from the top*'",[101] afastando a complacência e a leniência quanto a comportamentos antiéticos que, se admitidos em detrimento das regulações existentes, colocarão em descrédito todo o programa de governança.

Fernando Rodrigues Martins acentua que "um Estado sem controle navega contra a ideia de democracia, porquanto não há transparência para a aferição de sua atuação,

---

99. MAXIMIANO, Antonio Cesar Amaru; NOHARA, Irene Patrícia. **Gestão pública**: abordagem integrada da administração e do direito administrativo. São Paulo: Atlas, 2017, p. 330.
100. CUEVA, Ricardo Villas Bôas. Funções e finalidades dos programas de compliance. In: CUEVA, Ricardo Villas Bôas; FRAZÃO, Ana (Coord.). **Compliance**: perspectivas e desafios dos programas de conformidade. Belo Horizonte: Fórum, 2018, p. 61.
101. FRAZÃO, Ana; MEDEIROS, Ana Rafaela Martinez. Desafios para a efetividade dos programas de compliance. In: CUEVA, Ricardo Villas Bôas; FRAZÃO, Ana (Coord.). **Compliance**: perspectivas e desafios dos programas de conformidade. Belo Horizonte: Fórum, 2018, p. 98.

vigorando a completa submissão de seus governados".[102] Nesse campo, em sintonia com os dizeres de Ricardo Simonsen, "[é] necessário que os funcionários e executivos percebam que o programa é uma prioridade da alta direção".[103]

Noutro norte, a responsabilidade também surge como uma importante prática inerente ao papel de liderança, não devendo ser entendida como mera divisão de tarefas ou competências, mas como uma característica intrínseca ao servidor eficiente, ético e transparente que ocupa determinado cargo de liderança, pois a norma é clara ao se referir a padrões de comportamento e práticas humanas (artigo 5º, inc. I), e não a institutos jurídicos.

Ainda, é importante destacar o conceito de interdependência estrutural que implica uma reinvenção da própria política, impondo a aceitação da autoridade e do poder de decisão, além de uma nova delimitação de funções e responsabilidades de governantes de forma que o Estado tenha outro papel e não seja amplamente dominante.[104] Outrossim, merece destaque o princípio da responsividade, insculpido no artigo 3º, inciso I, do Decreto nº 9.203/2017, que corresponde à capacidade de resposta da Administração Pública, o que reforça a eficiência do servidor público incumbido do exercício de determinada atividade, com vistas ao atendimento dos anseios da sociedade, o que se relaciona estritamente com a efetiva prestação de contas aos destinatários das políticas públicas, que se denomina *accountability*.

O Decreto nº 9.203/2017 previu a criação do Comitê Interministerial de Governança – CIG, conforme dicção de seu artigo 7º, "com a finalidade de assessorar o Presidente da República na condução da política de governança da administração pública federal".

Desde que foi implantado, o Comitê realizou algumas Reuniões Ordinárias, sendo a primeira delas no dia 19 de fevereiro de 2018, ocasião que se iniciaram os trabalhos junto ao Ministério da Transparência e Controladoria-Geral da União (CGU). Durante a terceira reunião ordinária do Comitê, foram lançadas as diretrizes gerais e o guia orientativo para a elaboração de Análise de Impacto Regulatório (AIR).

Nota-se evidente papel regulatório, na medida em que o objetivo é traçar parâmetros objetivos para que se decida situações em que o papel regulatório é salutar ou, até mesmo, casos em que a omissão regulatória se mostra mais adequada à finalidade almejada. E, como não poderia deixar de ser, o relatório não possui caráter vinculante, revelando-se como documento complementar e de caráter informativo voltado ao processo decisional com vistas a torná-lo mais confiável e, por conseguinte, legítimo.

A implementação de um Comitê técnico voltado a asserções desse jaez revela uma necessidade de corroboração fiscalizatória *ex ante* para muito além do papel já exercido

---

102. MARTINS, Fernando Rodrigues. **Controle do patrimônio público**. 5. ed. São Paulo: Revista dos Tribunais, 2013, p. 292.
103. SIMONSEN, Ricardo. Os requisitos de um bom programa de compliance. In: CUEVA, Ricardo Villas Bôas; FRAZÃO, Ana (Coord.). **Compliance**: perspectivas e desafios dos programas de conformidade. Belo Horizonte: Fórum, 2018, p. 118.
104. ARNAUD, André-Jean. **La gouvernance**, cit., p. 181-185.

pelos controles internos, o que denota suposta ineficiência destes. Sobre isso, Thiago Marrara aponta que:

> Em apertada síntese, retomando alguns aspectos que desenvolvi em outro estudo sobre o tema, os fatores que dificultam a eficiência do controle podem ser resumidos a:
>
> i) *Falta de especialização técnica*: Controlar pressupõe conhecer uma situação ou objeto e entendê-lo. Sem isso, não se controla ou, na melhor das hipóteses, controla-se muito mal.
>
> (...)
>
> ii) *Proximidade entre controlador e controlado*: A Administração Pública, seja em suas tarefas executórias, seja nas funções de controle que lhe cabem, sofre forte influência, ora lícita, ora ilícita, de uma série de fatores, incluindo os de ordem política e econômica, assim como as influências pessoais derivadas de sentimentos, relações de amizade, coleguismo, inimizade ou parentesco. (...) Essas pressões derivam de eventuais articulações políticas manejadas contra o controlador, de seu medo frente a retaliações presentes ou futuras, de ameaças expressas e, não é de se descartar a hipótese, de reais danos físicos, morais ou profissionais.
>
> (...)
>
> iii) *Corporativismo e clientelismo*: o corporativismo pode ser simplificadamente definido como um movimento de autoproteção dos interesses de classes profissionais que também sucede dentro da Administração Pública e, em estágio mais avançado, busca a imunização recíproca de grupos de agentes públicos contra fatores desestabilizadores externos e a manutenção de privilégios e benefícios; (...). No clientelismo, os controladores, sobretudo os que dependem de eleição pelos pares, trocam seu apoio a situações irregulares ou ilícitas por votos e apoio político. (...)
>
> iv) *Impunidade ou insuficiência punitiva*: A impunidade reinante na Administração Pública brasileira e as insuficiências punitivas por deformações institucionais e procedimentais ou falhas de gestão configuram outro inimigo do controle interno. (...) Não se trata de um problema derivado da insuficiência de mecanismos jurídicos de controle, mas sim da falta de vontade e de condições políticas para se aplicá-los com efetividade. (...)
>
> v) Custos elevados: o direito não é movido sem custos! As normas não saltam do texto legal e transformam-se em realidade sem intervenções naturais. (...) Por esses outros fatores, a efetividade do controle pressupõe a superação das dificuldades financeiras e orçamentárias de cada entidade estatal, além de luta contra as restrições culturais a investimentos fundamentais em atividades do gênero.[105]

Nessa linha, nota-se positividade nas competências do CIG, conforme arroladas no artigo 15 do decreto, porquanto têm caráter executivo, o que contribui para a garantia de um nível de uniformização das políticas de governança e assegura a segregação de tarefas criativas e executivas sob viés consultivo.

Por outro lado, o papel do Comitê é meramente complementar, e não pode se tornar efetivamente decisório, sob pena de se atribuir ao mesmo um direcionamento indesejado que acabe por impedir os órgãos de desenvolverem suas políticas de acordo com suas peculiaridades, interferindo na independência dessas entidades, o que reforça a necessidade de se desenvolver uma cultura de concertação administrativa, pautada pela lógica da comunicação, pela colaboração e pela predominância do consenso em detrimento da lógica meramente hierárquica entre os diversos atores envolvidos no processo decisional.[106]

---

105. MARRARA, Thiago. Quem precisa de programas de integridade (compliance)?, cit., p. 287-288.
106. CASTRO, Rodrigo Pironti Aguirre de. **Ensaio avançado de controle interno**: profissionalização e responsabilidade. Belo Horizonte: Fórum, 2016, p. 20.

A presença de um Comitê se traduz em confiabilidade, o que reforça a legitimação do processo decisional e, por conseguinte, reflete a almejada boa administração que se espera dos atores estatais. Nesse sentido, em que pese a ainda embrionária atuação do CIG, observa-se razões essenciais de sua existência que, a depender da forma pela qual sua atuação se conduzir, contribuirão para o incremento das políticas de governança pública.

2.3.3.10 A governança de dados no âmbito federal (Decretos nº 10.046/2019 e nº 10.047/2019)

A tendência à governança ganhou novos contornos com o advento da Lei nº 13.709, de 14 de agosto de 2018 (a Lei Geral de Proteção de Dados Pessoais, ou LGPD). Na esteira do Regulamento Geral de Proteção de Dados (RGPD, ou GDPR, na sigla em inglês) europeu,[107] uma das peculiaridades mais notáveis desta lei diz respeito ao seu artigo 46,[108] que prevê o dever geral de segurança da informação e pavimenta o caminho para o detalhamento ulteriormente trazido pelo artigo 50 e para a imposição do *compliance* no tratamento de dados.

Paulatinamente, várias mudanças sociais passaram a afetar o ritmo de inovação e propiciaram o surgimento de novas tecnologias, acirrando riscos já existentes e produzindo outros. Nessa linha, a mera existência da norma não será suficiente para garantir proteção e contingenciamento a todas as particularidades envolvidas na efetiva proteção à privacidade.

Segundo M. Stuart Madden, "ao mesmo tempo, e pelos mesmos meios que a responsabilidade civil desencoraja a elevação extracontratual do risco, regras de responsabilização encorajam comportamentos mais seguros",[109] e, com toda razão, este deve ser o espírito da referida norma: o estímulo constante à prevenção de riscos, à mitigação de danos e à propagação de uma cultura de boas práticas.[110]

Nesse compasso, ressalta-se a aplicabilidade da lei ao Poder Público, com o Capítulo IV especialmente dedicado a isso e composto dos artigos 23 a 32, que contemplam diversas nuances relacionadas às atividades de coleta e tratamento de dados no âmbito público, a demandar compreensão específica de uma série de institutos correlatos, especialmente no que concerne à proteção da privacidade.

---

107. VOIGT, Paul; VON DEM BUSSCHE, Axel. **The EU General Data Protection Regulation (GDPR)**: a practical guide. Basileia: Springer, 2017, 38-40.
108. "Art. 46. Os agentes de tratamento devem adotar medidas de segurança, técnicas e administrativas aptas a proteger os dados pessoais de acessos não autorizados e de situações acidentais ou ilícitas de destruição, perda, alteração, comunicação ou qualquer forma de tratamento inadequado ou ilícito."
109. MADDEN, M. Stuart. Tort law through time and culture: themes of economic efficiency. *In*: MADDEN, M. Stuart (Ed.). **Exploring tort law**. Cambridge: Cambridge University Press, 2005, p. 48, tradução livre. No original: "(...) at the same time, and by the same means as tort law discourages extracontractual elevation of risk, tort rules encourage safer behavior."
110. FALEIROS JÚNIOR, José Luiz de Moura. O Estado entre dados e danos: uma releitura da teoria do risco administrativo na sociedade da informação. In: FALEIROS JÚNIOR, José Luiz de Moura; LONGHI, João Victor Rozatti; GUGLIARA, Rodrigo (Coord.). **Proteção de dados pessoais na sociedade da informação**: entre dados e danos. Indaiatuba: Foco, 2021, p. 21-48.

Outro não poderia ser o desfecho desta tendência, senão a edição, pela União, de uma normativa especificamente voltada à regência de sua política de governança de dados, que passa a se apresentar em sintonia exata com os propósitos da LGPD. Trata-se do Decreto nº 10.046, de 07 de outubro de 2019, que assim prevê, em seu artigo 1º:

> Art. 1º. Este Decreto estabelece as normas e as diretrizes para o compartilhamento de dados entre os órgãos e as entidades da administração pública federal direta, autárquica e fundacional e os demais Poderes da União, com a finalidade de:
>
> I – simplificar a oferta de serviços públicos;
>
> II – orientar e otimizar a formulação, a implementação, a avaliação e o monitoramento de políticas públicas;
>
> III – possibilitar a análise das condições de acesso e manutenção de benefícios sociais e fiscais;
>
> IV – promover a melhoria da qualidade e da fidedignidade dos dados custodiados pela administração pública federal; e
>
> V – aumentar a qualidade e a eficiência das operações internas da administração pública federal.

Importante mencionar que o Decreto nº 10.046/2019 foi alvo de uma Ação Direta de Inconstitucionalidade proposta pelo Conselho Federal da Ordem dos Advogados do Brasil (OAB). Trata-se da ADI 6649, na qual se alegou que o decreto estaria a criar relevante aparato de vigilantismo estatal. A decisão proferida pelo Supremo Tribunal Federal (STF) acolheu a ADI e reconheceu que o compartilhamento amplo de dados pessoais entre os órgãos públicos conflita com os direitos constitucionais à proteção de dados e à privacidade. O Tribunal destacou a necessidade de promover uma leitura do regulamento administrativo alinhada com o regime constitucional de tutela da privacidade e ressaltou a importância de respeitar o direito à privacidade, conforme estabelecido na Constituição e na Lei Geral de Proteção de Dados Pessoais.[111]

Denotando uma dimensão peculiar do sistema *government-to-business*,[112] a despeito da decisão, o compartilhamento de dados entre órgãos e entidades da Administração Pública federal já estava previsto, em caráter programático, no artigo 27 da LGPD, que traz três exceções em seus incisos.[113] O objetivo precípuo, sem dúvida alguma, é a deli-

---

111. BRASIL. Supremo Tribunal Federal. **Julgamento de ações sobre compartilhamento de dados continua nesta quinta-feira (15)**. Disponível em: https://portal.stf.jus.br/noticias/verNoticiaDetalhe.asp?idConteudo=494130&ori=1 Acesso em: 20 jun. 2023.

112. COUTINHO, Luiza Leite Cabral Loureiro. Um sistema *government-to-business* de compartilhamento de dados: os riscos e limites de incidência do artigo 26 da Lei Geral de Proteção de Dados. In: CRAVO, Daniela Copetti; JOBIM, Eduardo; FALEIROS JÚNIOR, José Luiz de Moura (Coord.). **Direito público e tecnologia**. Indaiatuba: Foco, 2022, p. 324. Anota: "O desenvolvimento das tecnologias da informação e comunicação (TICs) na administração pública transformou a forma como os serviços públicos são prestados aos cidadãos, trazendo grandes benefícios para a sociedade e para o bem comum, mas também sérios riscos. O uso de TICs permitiu que a coleta de mais e mais dados detalhados sobre seus cidadãos. Atualmente, esses dados são coletados por vários agentes governamentais diferentes, como autoridades fiscais, agências de segurança social e secretarias de saúde. Cada agente de tratamento visualiza, originariamente, um fragmento da quantidade total de dados coletados sobre cada cidadão. Entretanto, se todos esses dados fossem compartilhados e fundidos, um quadro muito mais detalhado sobre seu titular emergiria. Por isso agrava-se a pressão por leis e regulamentos que versem sobre o uso compartilhado de dados pelo Poder Público. Os governos desejam fazer uso inteligente dos dados que coletam, alegando a busca por maior eficiência na prestação de serviços públicos".

113. "Art. 27. A comunicação ou o uso compartilhado de dados pessoais de pessoa jurídica de direito público a pessoa de direito privado será informado à autoridade nacional e dependerá de consentimento do titular, exceto: I – nas

mitação de políticas institucionais adequadas aos propósitos elencados pelo legislador no que concerne à proteção de dados pessoais.

O artigo 2º, inciso XV, do decreto conceitua como 'governança de dados' o "exercício de autoridade e controle que permite o gerenciamento de dados sob as perspectivas do compartilhamento, da arquitetura, da segurança, da qualidade, da operação e de outros aspectos tecnológicos". No cotejo do compartilhamento, por sua vez, o artigo 4º define três níveis essenciais: (i) amplo; (ii) restrito; (iii) específico.[114]

Sendo certo que o *Big Data* público já é uma realidade, o controle de dados exercido pelo Poder Público passa a ostentar nova dimensão com a possibilidade de compartilhamento interorgânico. Nesse aspecto, a criação do 'Cadastro Base do Cidadão' (artigo 16 e seguintes), por exemplo, revela a possibilidade de cognição ampla sobre aspectos relacionados a todas as esferas da vida do cidadão. A integração a partir do fornecimento de informações pelos Cartórios de Registro Civil, bem como o cruzamento de dados extraídos de bases como a da Receita Federal do Brasil e do Instituto Nacional do Seguro Social propiciam a consolidação de verdadeira 'vigilância de dados' estatal.[115]

O projeto de regulamentação de uma política de governança de dados específica para o Poder Público, a ser fiscalizada por um Comitê também definido pelo decreto (artigos 21 e seguintes) se alinha à premência de que sejam iniciadas as atividades da Agência Nacional de Proteção de Dados – ANPD, o órgão criado pela LGPD (artigos 55-A e seguintes) para atuar na fiscalização e gestão do atendimento às disposições específicas contidas na lei, que, embora formalmente criada, ainda não está em operação.

---

hipóteses de dispensa de consentimento previstas nesta Lei; II – nos casos de uso compartilhado de dados, em que será dada publicidade nos termos do inciso I do caput do art. 23 desta Lei; ou III – nas exceções constantes do § 1º do art. 26 desta Lei."

114. "Art. 4º O compartilhamento de dados entre os órgãos e as entidades de que trata o art. 1º é categorizado em três níveis, de acordo com sua confidencialidade: I – compartilhamento amplo, quando se tratar de dados públicos que não estão sujeitos a nenhuma restrição de acesso, cuja divulgação deve ser pública e garantida a qualquer interessado, na forma da legislação; II – compartilhamento restrito, quando se tratar de dados protegidos por sigilo, nos termos da legislação, com concessão de acesso a todos os órgãos e entidades de que trata o art. 1º para a execução de políticas públicas, cujo mecanismo de compartilhamento e regras sejam simplificados e estabelecidos pelo Comitê Central de Governança de Dados; e III – compartilhamento específico, quando se tratar de dados protegidos por sigilo, nos termos da legislação, com concessão de acesso a órgãos e entidades específicos, nas hipóteses e para os fins previstos em lei, cujo compartilhamento e regras sejam definidos pelo gestor de dados. § 1º A categorização do nível de compartilhamento será feita pelo gestor de dados, com base na legislação. § 2º A categorização do nível de compartilhamento será detalhada de forma a tornar clara a situação de cada item de informação. § 3º A categorização do nível de compartilhamento como restrito ou específico será publicada pelo respectivo gestor de dados no prazo de noventa dias, contado da data de publicação das regras de compartilhamento de que trata o art. 31. § 4º A categorização do nível de compartilhamento como restrito e específico especificará o conjunto de bases de dados por ele administrado com restrições de acesso e as respectivas motivações. § 5º A categorização do nível de compartilhamento, na hipótese de ainda não ter sido feita, será realizada pelo gestor de dados quando responder a solicitação de permissão de acesso ao dado. § 6º A categorização do nível de compartilhamento será revista a cada cinco anos, contados da data de publicação deste Decreto ou sempre que identificadas alterações nas diretrizes que ensejaram a sua categorização. § 7º Os órgãos e entidades de que trata o art. 1º priorizarão a categoria de compartilhamento de dados de maior abertura, em compatibilidade com as diretrizes de acesso à informação previstas na legislação."

115. *Cf.* CLARKE, Roger A. Information technology and dataveillance. **Communications of the ACM**, Nova York, v. 31, n. 5, p. 498-512, maio 1988; WESTIN, Alan F. **Information technology in a democracy**. Cambridge: Harvard University Press, 1971.

Além disso, dois dias depois, foi editado o Decreto nº 10.047, que dispõe sobre a governança do Cadastro Nacional de Informações Sociais – CNIS[116] e institui o programa Observatório de Previdência e Informações. Com maior foco em dados relacionados à Previdência, o foco deste segundo decreto se alinha aos propósitos da governança estabelecida, em linhas mais amplas, no primeiro.

Não obstante, preocupações surgem no contexto dos dois decretos, pois abre-se largo espaço ao acirramento de alguns riscos se esse compartilhamento de dados se der de forma inadvertida. Maior compartilhamento significa maior risco de vazamentos, o que incrementa ainda mais a necessidade de uma atuação forte da ANPD e do Comitê específico para a prevenção de tais situações.

Exatamente pela vastidão dos bancos de dados entrelaçados a partir do CNIS e pela quantidade avassaladora de informações que passarão a ser compartilhadas entre órgãos e entidades do Governo Federal, impõe-se, ainda com maior rigor, a observância a mecanismos de segurança da informação.

2.3.3.11 Lei do Governo Digital (Lei nº 14.129/2021)

A Lei do Governo Digital, oficializada como Lei nº 14.129, é uma legislação recente que entrou em vigor neste ano e abrange não apenas o Poder Público federal, mas também estados, municípios e demais órgãos públicos. Em sintonia com uma tendência global,[117]

---

116. O CNIS passa a ser composto e operacionalizado por 51 sistemas e bases de dados distintos, listados no Anexo único do decreto, a saber: 1. Cadastro Nacional da Pessoa Jurídica – CNPJ; 2. Cadastro Nacional de Imóveis Rurais – Cnir; 3. Cadastro Nacional de Obras – CNO; 4. Cadastro de Atividade Econômica da Pessoa Física – CAEPF; 5. Cadastro de Imóveis Rurais – Cafir; 6. Cadastro de Pessoas Físicas – CPF; 7. Sistema Nacional de Cadastro Rural – SNCR; 8. Sistema Integrado de Administração de Recursos Humanos – Siape; 9. Fundo de Garantia do Tempo de Serviço – FGTS; 10. Sistema Integrado de Administração Financeira do Governo Federal – Siafi; 11. Registro Nacional de Veículos Automotores – Renavam; 12. Registro Nacional de Carteira de Habilitação – Renach; 13. Programa Nacional de Acesso ao Ensino Técnico e Emprego – Pronatec; 14. Programa Universidade para Todos – ProUni; 15. Sistema de Seleção Unificada – Sisu; 16. Monitoramento da frequência escolar do Programa Bolsa Família – Presença; 17. Financiamento Estudantil – Fies; 18. Programa Nacional de Fortalecimento da Agricultura Familiar – Pronaf; 19. Base de dados do sistema GTA; 20. Sistema de Informações de Projetos de Reforma Agrária – Sipra; 21. Cadastro Nacional de Estabelecimentos de Saúde – Cnes; 22. Prontuário Eletrônico do Paciente – PEP; 23. Programa de Volta para Casa – PVC; 24. Sistema de Acompanhamento da Gestante – SisPreNatal; 25. Sistema de Informações do Programa Nacional de Imunizações – SIPNI; 26. Sistema de Informações sobre Mortalidade – SIM; 27. Sistema de Cadastro de usuários do SUS – Cadsus; 28. Sistema de Informação sobre Nascidos Vivos – Sinasc; 29. Folha de Pagamento do Programa Bolsa Família; 30. Cadastro Único – CadÚnico; 31. Sistema de Registro Nacional Migratório – Sismigra; 32. Sistema de Informação do câncer do colo do útero – Siscolo; 33. Sistema de Informação do câncer de mama – Sismama; 34. Sistema Nacional de Passaportes – Sinpa; 35. Sistema Nacional de Informações de Segurança Pública – Sinesp; 36. Registro Administrativo de Nascimento e Óbito de Indígenas – Rani; 37. Sistema ProVB – Programa de Vendas em Balcão; 38. Sistema de Cadastro Nacional de Produtores Rurais, Público do PAA, Cooperativas, Associações e demais Agências – Sican; 39. Observatório da Despesa Pública; 40. Sistema de Gerenciamento de Embarcações da Marinha do Brasil – Sisgemb; 41. Sistema da Declaração de Aptidão ao Pronaf – Sistemas DAP; 42. Cadastro da Agricultura Familiar – CAF; 43. Cadastro Ambiental Rural – CAR; 44. Sistema de Cadastramento Unificado de Fornecedores – Sicaf; 45. Cadastro Nacional de Empresas – CNE; 46. Folha de Pagamento do Seguro-Desemprego; 47. Folha de Pagamento do Programa Garantia Safra; 48. Base de Beneficiários do Plano Safra; 49. Folha de Pagamento do Bolsa Estiagem; 50. Auxílio econômico a produtores independentes de cana-de-açúcar; 51. Sistema Aguia.

117. WEST, Darrell M. **Digital government**: technology and public sector performance. Princeton: Princeton University Press, 2005, p. 1-21.

seu objetivo é aprimorar a prestação de serviços públicos aos cidadãos, estabelecendo regras e ferramentas para tal finalidade.

A Lei 14.129/2021 adota uma concepção ampla de "governo digital"[118] e estabelece princípios, regras e instrumentos para aumentar a eficiência da administração pública por meio da desburocratização, inovação, transformação digital e participação do cidadão. A lei se aplica aos órgãos da administração pública direta federal, incluindo os Poderes Executivo, Judiciário e Legislativo, o Tribunal de Contas da União e o Ministério Público da União, bem como às entidades da administração pública indireta federal, autarquias, fundações públicas, empresas públicas, sociedades de economia mista, subsidiárias e controladas que prestem serviço público.[119] Além disso, as administrações diretas e indiretas de outros entes federados também devem adotar os comandos da lei por meio de atos normativos próprios, desde que observem as leis aplicáveis mencionadas no parágrafo único do artigo 1º. Entre as diretrizes da Lei do Governo Digital está a exigência de acessibilidade e disponibilidade dos serviços por meio de dispositivos móveis, como celulares. Além disso, a lei busca incentivar a troca ágil de informações entre diferentes repartições da administração pública.[120]

A ruptura do paradigma burocrático ("desburocratização") preconizada pelo fomento à eficiência na Lei do Governo Digital (Lei nº 14.129/2021), particularmente em seu artigo 1º, é, talvez, a medida mais imediata para a viabilização da implementação de estruturas de tecnologia da informação e comunicação (TICs) em modelos democráticos,[121] o que certamente conduziu o legislador brasileiro a descrever, em seção designada como "Do Governo Digital", no Capítulo II da lei, que a "prestação digital dos serviços públicos deverá ocorrer por meio de tecnologias de amplo acesso pela população, inclu-

---

118. VALLE, Vivian Cristina Lima López. Tutela jurídica autônoma do cidadão na prestação de serviços públicos a partir da Lei nº 14.129/21. In: MOTTA, Fabrício; VALLE, Vanice Regina Lírio do (Coord.). **Governo digital e a busca por inovação na Administração Pública**. Belo Horizonte: Fórum, 2022, p. 46-48.
119. BREGA, José Fernando Ferreira. Perspectivas sobre a Lei do Governo Digital no Brasil. In: CRAVO, Daniela Copetti; JOBIM, Eduardo; FALEIROS JÚNIOR, José Luiz de Moura (Coord.). **Direito público e tecnologia**. Indaiatuba: Foco, 2022, p. 223.
120. BREGA, José Fernando Ferreira. Perspectivas sobre a Lei do Governo Digital no Brasil, cit., p. 223. Comenta: "Com a promulgação da LGD, prossegue-se no preenchimento daquilo que constituía um espaço normativo praticamente vazio há alguns anos: a regulação, em lei federal, de temas relacionados à atuação da Administração Pública com utilização de meios eletrônicos. Esse preenchimento já havia sido iniciado, por exemplo, com a edição da Lei n. 12.527/11 (Lei de Acesso à Informação – LAI), da Lei n. 12.965/14 (Marco Civil da Internet), da Lei n. 13.709/18 (Lei Geral de Proteção de Dados Pessoais – LGPD) e da Lei n. 14.063/20, que trata do uso de assinaturas eletrônicas em interações com entes públicos, todos diplomas normativos com reflexos significativos em relação à temática do governo eletrônico, agora sucedidos por uma lei que trata especificamente do assunto".
121. Valioso o comentário, a esse respeito e no exato contexto da Lei nº 14.129/2021, de José Fernando Ferreira Brega: "Algumas das exigências estabelecidas pela LGD não podem ser compreendidas como próprias do cenário da tecnologia da informação, muito menos se aplicam apenas aos serviços disponibilizados eletronicamente. É o caso, por exemplo, do monitoramento e implementação de ações de melhoria dos serviços públicos prestados, com base nos resultados da avaliação de satisfação dos usuários dos serviços (art. 24, II), ou da realização de testes e pesquisas com os usuários para subsidiar a oferta de serviços simples, intuitivos, acessíveis e personalizados (art. 24, VIII). De igual forma, a manutenção de informações atualizadas (art. 24, I) já era um decorrer decorrente da LAI (art. 7º, IV e 8º, § 8º, IV)". BREGA, José Fernando Ferreira. Perspectivas sobre a Lei do Governo Digital no Brasil. In: CRAVO, Daniela Copetti; JOBIM, Eduardo; FALEIROS JÚNIOR, José Luiz de Moura (Coord.). **Direito público e tecnologia**. Indaiatuba: Foco, 2022, p. 233.

sive pela de baixa renda ou residente em áreas rurais e isoladas, sem prejuízo do direito do cidadão a atendimento presencial" (artigo 14, *caput*).

O próprio termo "desburocratização", citado entre aspas, denota a sua falta de clareza semântica na Lei do Governo Digital, pois o conceito é polissêmico e, como destaca Juliana Bonacorsi de Palma, "as soluções simplistas, supostamente pragmáticas, não são, no mais das hipóteses, as mais éticas do ponto de vista do controle e da evolução das instâncias organizacionais rumo a uma cultura de impessoalidade, moralidade e respeito aos princípios republicano e democrático".[122-123]

A lei se aplica aos órgãos da administração pública direta federal, incluindo os Poderes Executivo, Judiciário e Legislativo, o Tribunal de Contas da União e o Ministério Público da União. Também se aplica às entidades da administração pública indireta federal, como empresas públicas, sociedades de economia mista, autarquias e fundações públicas, desde que prestem serviço público. Além disso, os demais entes federados podem adotar os comandos da lei por meio de atos normativos próprios.

A lei estabelece uma série de princípios e diretrizes para o Governo Digital e a eficiência pública. Esses princípios incluem a desburocratização, modernização e simplificação da relação entre o poder público e a sociedade por meio de serviços digitais acessíveis, a disponibilização de informações e serviços públicos em uma plataforma única, o acesso digital aos serviços públicos sem a necessidade de solicitação presencial, transparência na execução dos serviços públicos, incentivo à participação social no controle e fiscalização da administração pública, prestação de contas direta à população, uso de linguagem clara e compreensível, utilização da tecnologia para otimizar processos de trabalho, atuação integrada entre os órgãos e entidades envolvidos na prestação e controle dos serviços públicos, simplificação dos procedimentos de solicitação e acompanhamento dos serviços públicos, eliminação de formalidades e exigências custosas em relação ao risco envolvido, entre outros.[124]

---

122. PALMA, Juliana Bonacorsi de. **Sanção e acordo na administração pública**. São Paulo: Malheiros, 2015, p. 357.
123. Ainda Segundo a autora: "A expressão "desburocratização" é um conceito polissêmico, que pode traduzir propostas bastante diversificadas sobre o mesmo termo. Por isso, sempre que se menciona desburocratização é necessário que o emissor da fala especifique o que quer significar quando propugna um discurso favorável ou desfavorável, para evitar compreensões equivocadas. Rigorosamente falando, deve-se deixar claro que pretender "modernizar a partir de uma proposta de desburocratização" acaba sendo, do ponto de vista científico, um contrassenso, pois a Modernidade firma-se com a Revolução Industrial, sendo este o pano de fundo weberiano de construção das formulações burocráticas, para que o capitalismo se modifique a partir de estruturas organizacionais mais eficientes e controláveis". PALMA, Juliana Bonacorsi de. **Sanção e acordo na administração pública**, cit., p. 358). Ainda sobre o tema, valioso o comentário de Irene Nohara: "é necessário arejar a burocracia, que foi teorizada originalmente para um cenário modernizante e industrial, com uma proposta que responda aos desafios da pós-modernidade; (...) *desburocratização*, conforme demonstrado, é conceito ambíguo que possui sentidos progressistas ou retrógrados, a depender do contexto utilizado; (...) imprescindível diferenciar *burocracia* de *burocratização*, sendo esta última decorrente de deturpações no uso das técnicas burocráticas para fins personalistas ou patrimoniais". NOHARA, Irene Patrícia. Burocracia reflexiva. In: MARRARA, Thiago (org.). **Direito administrativo**: transformações e tendências. São Paulo: Almedina, 2014, p. 371.
124. BREGA, José Fernando Ferreira. Perspectivas sobre a Lei do Governo Digital no Brasil, cit., p. 226. Comenta: "Com isso, o art. 1º estabelece uma categoria superior, ocupada um fim – eficiência administrativa – e alguns meios principais – desburocratização, da inovação, da transformação digital e da participação do cidadão –, ao passo que o art. 3º apresenta um rol indistinto de desdobramentos, incluindo mandamentos de otimização, que poderiam ser entendidos propriamente como princípios – tais como a desburocratização, a modernização e a

A lei também define uma série de termos e conceitos importantes, como autosserviço[125] (acesso a serviços públicos por meio digital sem mediação humana), base nacional de serviços públicos (base de dados com informações sobre a oferta de serviços públicos), dados abertos (dados acessíveis ao público em formato digital, processáveis por máquina e disponibilizados sob licença aberta), formato aberto (formato de arquivo não proprietário, de livre conhecimento e implementação), governo como plataforma (infraestrutura tecnológica que facilita o uso de dados públicos e promove a interação entre agentes), laboratório de inovação (espaço aberto para o desenvolvimento de ideias inovadoras na gestão pública e prestação de serviços), plataformas de governo digital (ferramentas digitais comuns aos órgãos para oferta digital de serviços e políticas públicas), registros de referência (informações fundamentais para a prestação de serviços e gestão de políticas públicas), entre outros.

A lei também trata da digitalização da administração pública e da prestação digital de serviços públicos. Ela estabelece que a administração pública deve utilizar soluções digitais para a gestão de suas políticas e processos administrativos.[126] Os atos processuais devem ser realizados em meio eletrônico, exceto em situações específicas em que isso não seja viável ou represente risco à celeridade do processo.[127]

---

simplificação –, bem como indicações relativas aos atributos dos meios e procedimentos envolvidos – tais como plataforma única de acesso, desnecessidade de solicitação presencial de serviços, linguagem clara e compreensível, uso da tecnologia, atuação integrada, prestação de contas, eliminação de formalidades cujo custo supere o risco envolvido, minimização das exigências ao usuário, interoperabilidade de sistemas, presunção de boa-fé, convivência circunstancial com o atendimento presencial, proteção de dados pessoais, cumprimento das cartas de serviço, acessibilidade, qualificação de servidores públicos, apoio técnico aos entes federados, estímulo ao uso de assinaturas eletrônicas, tratamento adequado a idosos, adoção preferencial de tecnologias, padrões e formatos abertos e livres – e fins específicos a serem atingidos – transparência, participação social, implantação do chamado governo como plataforma e promoção do uso de dados e promoção do desenvolvimento tecnológico e da inovação do setor público".

125. Segundo José Fernando Brega, "(...) embora não haja como negar a tendência contemporânea ao incremento dos serviços automatizados, sem intermediação humana, a mudança nos processos de trabalho deve ser acompanhada de uma nova configuração jurídica segundo a qual as decisões das autoridades administrativas ocorrem a priori, por ocasião da programação de sistemas informáticos, inclusive no tocante a aspectos discricionários que, no passado, eram analisados somente no confronto com o caso concreto. Sem a inclusão de previsão alguma a respeito, a LGD não se colocou na vanguarda do assunto, limitando-se a uma preferência superficial e preconceituosa que se volta contra os serviços prestados com intermediação humana, e não em favor da qualificação daqueles que são oferecidos com base em sistemas automatizados". BREGA, José Fernando Ferreira. Perspectivas sobre a Lei do Governo Digital no Brasil, cit., p. 229-230.

126. Sobre métricas e o *benchmarking* de políticas públicas em estratégias de governo digital, conferir RONAGHAN, Stephen A. **Benchmarking e-government**: a global perspective. Nova York: United Nations Division for Public Economics and Public Administration, 2001.

127. BREGA, José Fernando Ferreira. Perspectivas sobre a Lei do Governo Digital no Brasil, cit., p. 228. Comenta: "Embora se estabeleça que a administração pública utilizará soluções digitais para a gestão de suas políticas finalísticas e administrativas e para o trâmite de processos administrativos eletrônicos (art. 5º, *caput*), nenhuma sanção está associada à não utilização, nem se exige que essa utilização seja plena. Em verdade, há até mesmo uma previsão de expedição de documentos com validade legal, mas em caráter facultativo (art. 5º, parágrafo único), o que indica que a LGD não impôs a utilização de meios digitais pela administração federal. Apenas quando o processo já for eletrônico está previsto que os atos processuais tenham também essa forma, com a ressalva das hipóteses em que o usuário solicitar de forma diversa, nas situações em que esse procedimento for inviável, nos casos de indisponibilidade do meio eletrônico ou diante de risco de dano relevante à celeridade do processo (art. 6º, *caput*)".

A Seção V da lei aborda especificamente a prestação digital dos serviços públicos e estabelece diversas obrigações para os órgãos e entidades responsáveis. Essas obrigações incluem a manutenção atualizada das Cartas de Serviços ao Usuário, da Base Nacional de Serviços Públicos e das Plataformas de Governo Digital.[128-129]

Sobre o tema, explica Tatiana Meinhart Hahn:

> O termo plataforma, vocábulo francês *plate-forme*, desdobra-se em "plano" (*plate*) e "forma" (*forme*) de modo a abranger tanto concepções físicas, na qualidade de uma disposição em superfície plana, horizontal que serve de suporte, como de planejamento, de uma construção programática a um determinado fim. Em sua concepção anterior ao uso massivo da internet pela coletividade, as plataformas atuavam apenas no setor produtivo, como evoluções maquinarias, nas quais se formavam um ambiente de trabalho a milhares de profissionais na produção, armazenamento e transferência de insumos como petróleo, gás, grãos, cereais. Então, teria a internet e os dados reformulado esse ambiente antes somente físico de produção em um revolucionário espaço virtual de trabalho e serviços?[130]

Além disso, os prestadores devem monitorar e implementar ações de melhoria com base na avaliação de satisfação dos usuários, integrar os serviços às ferramentas de notificação, assinatura eletrônica e meios de pagamento digitais, eliminar exigências desnecessárias para os usuários, eliminar replicação de registros de dados, tornar os dados interoperáveis, aplicar inteligência de dados em plataforma digital, realizar testes e pesquisas com os usuários e oferecer serviços simples, intuitivos, acessíveis e personalizados.

A lei também destaca a importância da proteção de dados pessoais na prestação digital dos serviços públicos. As Plataformas de Governo Digital devem dispor de ferramentas de transparência e controle do tratamento de dados pessoais, permitindo que os cidadãos exerçam seus direitos de acordo com a Lei Geral de Proteção de Dados Pessoais (Lei nº 13.709/2018). A Autoridade Nacional de Proteção de Dados (ANPD) tem a competência de editar normas complementares para regulamentar essas disposições.

Na Seção VI, são garantidos aos usuários da prestação digital de serviços públicos direitos adicionais, além daqueles previstos em outras leis, como a gratuidade no acesso às Plataformas de Governo Digital, atendimento conforme a Carta de Serviços ao Usuário, padronização de procedimentos, recebimento de protocolo das solicitações e indicação de canal preferencial de comunicação.[131]

---

128. BREGA, José Fernando Ferreira. Perspectivas sobre a Lei do Governo Digital no Brasil, cit., p. 229-230.
129. Sobre a experiência mexicana de governos como plataforma, consultar: RAMIREZ-ALUJAS, Álvaro V. Laboratorios de gobierno como plataformas para la innovación pública. In: CEJUDO, Guillermo; LAGUNA, Mauricio; MICHEL, Cynthia (Orgs.). **La innovación en el sector público**: tendencias internacionales y experiencias mexicanas. Ciudad de México: Instituto Nacional de Administración Pública (INAP) e Centro de Investigación y Docencia Económicas (CIDE), 2016, p. 163-206.
130. HAHN, Tatiana Meinhart. Os conceitos de 'governo como plataforma' e 'laboratórios de inovação' na Lei do Governo Digital: desafios e potencialidades. In: CRAVO, Daniela Copetti; JOBIM, Eduardo; FALEIROS JÚNIOR, José Luiz de Moura (Coord.). **Direito público e tecnologia**. Indaiatuba: Foco, 2022, p. 421.
131. Sobre o tema e, analisando a experiência escandinava acerca da participação dos cidadãos nas esferas de controle, conferir, por todos, TORFING, Jacob; SØRENSEN, Eva; RØISELAND, Asbjørn. Transforming the public sector into an arena for co-creation barriers, drivers, benefits, and ways forward. **Administration & Society**, Londres, v. 51, n.5, p. 795-825, 2016.

O Capítulo III trata do número suficiente para identificação do cidadão ou da pessoa jurídica nos bancos de dados de serviços públicos. Estabelece-se que o número de inscrição no Cadastro de Pessoas Físicas (CPF) ou no Cadastro Nacional da Pessoa Jurídica (CNPJ) é suficiente para essa identificação, garantindo a gratuidade da inscrição e das alterações nesses cadastros.[132] O CPF deve constar em diversos cadastros e documentos, e a inclusão ocorrerá quando a instituição responsável tiver acesso a documento comprobatório ou à base de dados administrada pela Secretaria Especial da Receita Federal do Brasil.

No que diz respeito à transparência ativa dos dados, o poder público deve seguir certos requisitos. Primeiramente, é necessário que as bases de dados não pessoais sejam publicizadas, com exceção das informações sigilosas. Além disso, os dados devem ser de acesso irrestrito, legíveis por máquina e disponibilizados em formato aberto, respeitando as leis de acesso à informação e de proteção de dados pessoais.

É fundamental que as bases de dados sejam descritas de forma clara, contendo informações suficientes sobre sua estrutura e semântica, incluindo dados sobre sua qualidade e integridade. Também é essencial permitir o uso irrestrito dessas bases de dados publicadas em formato aberto. A completude das bases de dados é outro aspecto importante, devendo ser disponibilizadas em sua forma primária, com o máximo de detalhamento possível, ou referenciar bases primárias quando disponibilizadas de forma agregada. Além disso, é necessário garantir a atualização periódica das bases de dados, mantendo o histórico e padronizando as estruturas de informação, de modo a assegurar a perenidade dos dados e atender às necessidades dos usuários.

No que se refere à privacidade dos dados pessoais e sensíveis, é preciso respeitar as disposições da Lei Geral de Proteção de Dados Pessoais, sem prejuízo dos demais requisitos mencionados na lei. Também é previsto o intercâmbio de dados entre órgãos e entidades dos diferentes poderes e esferas da Federação, respeitando as disposições legais.[133]

---

132. O tema é interessantíssimo e permite comparação com a importante tendência à digitalização das atividades notariais e registrais no Brasil, que se robusteceu após a edição do Provimento n. 100, de maio de 2020, pelo Conselho Nacional de Justiça, o qual criou o sistema "e-Notariado", sobre o qual se recomenda a leitura de: PERROTTA, Maria Gabriela Venturoti. Impactos jurídicos do sistema e-notariado para as atividades notariais no Brasil. In: CRAVO, Daniela Copetti; JOBIM, Eduardo; FALEIROS JÚNIOR, José Luiz de Moura (Coord.). **Direito público e tecnologia**. Indaiatuba: Foco, 2022, p. 327-340. Ainda no mencionado contexto, importa destacar que tabelionatos e cartórios passam por importante processo de adequação aos rigores da LGPD, o que também é importante para fins de total contextualização do tema ora explorado, pelo que se recomenda a leitura de: FALEIROS JÚNIOR, José Luiz de Moura; PERROTTA, Maria Gabriela Venturoti. O Provimento 134/22 do CNJ e a aplicação da LGPD aos serviços notariais e de registro. **Migalhas de Proteção de Dados**, 16 set. 2022. Disponível em: https://s.migalhas.com.br/S/C1E8EB. Acesso em: 20 jun. 2023.
133. BREGA, José Fernando Ferreira. Perspectivas sobre a Lei do Governo Digital no Brasil, cit., p. 235. Comenta: "A propósito, convém ressaltar que a previsão de normas de proteção aos dados pessoais na lei relativa ao governo digital não restringe essa proteção à atuação da Administração por meio eletrônico. Qualquer tratamento de dados pessoais está sob a égide da LGPD, independentemente do suporte ou da tecnologia utilizados. Dessa sorte, a existência de normas sobre proteção de dados na LGD não deve ser entendida como uma diminuição do âmbito de proteção da LGPD, mas apenas como mera ratificação das normas preexistentes".

A lei incentiva o desenvolvimento de novas tecnologias voltadas para a construção de um ambiente de gestão pública participativa e democrática,[134] bem como para a melhoria na oferta de serviços públicos.[135]

A legislação estabelece que os órgãos e entidades públicas devem divulgar na internet diversas informações, como o orçamento anual, a execução das despesas e receitas públicas, os repasses de recursos federais, as licitações e contratações realizadas, entre outras. Essas informações devem estar disponíveis em bases de dados abertas para consulta livre.

Qualquer interessado pode solicitar a abertura de bases de dados da administração pública, fornecendo seus dados de contato e especificando a base de dados desejada. O requerente pode solicitar a preservação de sua identidade, caso sua divulgação prejudique o princípio da impessoalidade. Os procedimentos e prazos estabelecidos na Lei de Acesso à Informação são aplicáveis às solicitações de abertura de bases de dados.[136]

As bases de dados de interesse público devem ser automaticamente abertas, a menos que contenham informações protegidas por lei.[137] Cabe a cada ente federado monitorar a aplicação e o cumprimento dos prazos e procedimentos para a abertura dos dados sob seu controle.[138]

A existência de inconsistências na base de dados não pode ser utilizada como motivo para negar o atendimento da solicitação de abertura. A solicitação é considerada atendida quando o requerente é notificado sobre a disponibilização e catalogação da base de dados no site oficial do órgão ou entidade na internet. O requerente tem o direito de obter o inteiro teor da decisão que nega a abertura da base de dados. Caso a decisão seja negativa devido a custos desproporcionais ou não previstos, ela deve ser acompanhada de uma análise técnica que justifique a inviabilidade orçamentária da solicitação. Em caso de indeferimento da abertura da base de dados, o interessado pode interpor um recurso contra a decisão no prazo de 10 dias. O recurso deve ser dirigido à autoridade

---

134. CRISTÓVAM, José Sérgio da Silva; SOUSA, Thanderson Pereira de. Democracia, participação e consensualização no Marco do Governo Digital no Brasil. In: CRAVO, Daniela Copetti; JOBIM, Eduardo; FALEIROS JÚNIOR, José Luiz de Moura (Coord.). **Direito público e tecnologia**. Indaiatuba: Foco, 2022, p. 283. Os autores assim se posicionam: "A participação social, no marco do governo digital, é valoroso caminho para a consensualização administrativa – tanto no sentido amplo quanto em sentido restrito. A Lei 14.129/2021 tem a capacidade de aproximar Administração Pública digital dos cidadãos e, igualmente, ainda que não faça a previsão clara acerca da concertação administrativa, prevê procedimento de prestação de serviços públicos, recebimento de solicitações e demandas, estando o administrador autorizado pelo art. 26 da LINDB a selar compromisso, no espectro digital, que viabilize a persecução eficiente dos objetivos constitucionais, proteção da dignidade humana e desenvolvimento. Ora, se as tecnologias de informação e comunicação permitem, ao fim e ao cabo, uma nova modalidade de prestação de serviços públicos e participação, por certo, também devem ser admitidas na perspectiva de buscas consensuais para a eficiência da atuação administrativa".
135. TATAGIBA, Luciana. A questão dos atores, seus repertórios de ação e implicações para o processo participativo. In: PIRES, Roberto Rocha Coelho (Org.). **Efetividade das instituições participativas no Brasil**: estratégias de avaliação. Brasília: Ipea, 2011, v. 7, p. 171-186.
136. BREGA, José Fernando Ferreira. Perspectivas sobre a Lei do Governo Digital no Brasil, cit., p. 237-238.
137. CRUZ-RUBIO, César Nicandro. **Hacia el Gobierno Abierto**: una caja de herramientas. Washington, DC: Organização dos Estados Americanos (OEA), 2014.
138. Conferir o estudo da CGU, de 2016, sobre a implementação de "governo aberto" no Brasil: BRASIL. Controladoria-Geral da União (CGU). **Governo Aberto no Brasil (2016)**. Disponível em: http://www.governoaberto.cgu.gov.br/no-brasil/governo-aberto-no-brasil Acesso em: 20 jun. 2023.

hierarquicamente superior àquela que tomou a decisão, e essa autoridade tem o prazo de 5 dias para se manifestar.[139]

Os órgãos gestores de dados podem disponibilizar dados de pessoas físicas e jurídicas para fins de pesquisa acadêmica e monitoramento e avaliação de políticas públicas, desde que os dados sejam anonimizados, ou seja, desprovidos de informações que possam identificar indivíduos ou empresas. Nesse sentido, a Lei de Acesso à Informação é aplicável subsidiariamente ao procedimento previsto nesse capítulo.

Além disso, as disposições da Lei nº 9.784/1999, que estabelece normas sobre o processo administrativo no âmbito da Administração Pública Federal, são aplicáveis de forma subsidiária ao procedimento previsto nesse capítulo.

A plataforma gov.br é o canal centralizado que reúne os serviços públicos disponibilizados pela Lei do Governo Digital. Até o momento, mais de 2.855 serviços de diferentes repartições públicas foram disponibilizados aos cidadãos por meio dessa plataforma. No entanto, é importante ressaltar que ainda há a necessidade de maior integração entre os níveis federal, estadual e municipal.

Embora a transformação digital dos serviços públicos traga benefícios para a sociedade, é uma questão sensível, pois implica no acesso do poder público às informações pessoais dos cidadãos. A Lei do Governo Digital prevê o compartilhamento de informações entre os órgãos públicos, o que inclui os dados pessoais dos cidadãos. Entretanto, os critérios para a solicitação e compartilhamento desses dados entre as administrações públicas não estão claramente estabelecidos na legislação.

O uso do CPF e CNPJ foi determinado pela Lei do Governo Digital como credenciais de acesso aos serviços na plataforma gov.br, garantindo a identificação dos cidadãos e das empresas. Além disso, a lei prevê a utilização de assinaturas digitais como medida adicional de segurança nos processos. Essas assinaturas podem ser classificadas como simples, avançadas ou qualificadas, dependendo do tipo de serviço.

A Lei do Governo Digital é aplicável em âmbito federal, estadual e municipal. No entanto, cabe aos estados e municípios a responsabilidade de aplicar plataformas digitais que estejam em conformidade com os princípios estabelecidos na Lei nº 14.129.

Algumas prefeituras já adotaram medidas para tramitar seus serviços públicos de forma totalmente digital, eliminando a necessidade de documentos físicos e assinaturas

---

139. Ao Estado não é dada a possibilidade de inovar sem se responsabilizar, o que demanda atenção específica aos desdobramentos que se pode ter em matéria de responsabilidade civil: "Cumpre ao poder público, na sociedade de vigilância, a tarefa de regular as atividades privadas no sentido de assegurar maior transparência e inteligibilidade no que diz respeito à coleta, ao armazenamento e à utilização de dados pessoais, bem como viabilizar e modernizar os sistemas de tratamento de dados no âmbito da própria Administração Pública, sempre com o sentido de aprimorar a prestação dos serviços públicos e das políticas públicas. Nessas duas frentes de atuação estatal, deve-se fazer presente o sentido de preservação dos direitos fundamentais e dos direitos da personalidade, especialmente aqueles relacionados com a privacidade e com a autodeterminação individual". SANTOS, Romualdo Baptista dos. Responsabilidade civil do Estado na sociedade de vigilância: análise à luz da Lei Geral de Proteção de Dados – LGPD. In: CRAVO, Daniela Copetti; JOBIM, Eduardo; FALEIROS JÚNIOR, José Luiz de Moura (Coord.). **Direito público e tecnologia**. Indaiatuba: Foco, 2022, p. 415.

em papel. Essas gestões municipais[140] utilizam a validação de serviços de acordo com a Lei do Governo Digital, incorporando também os parâmetros da Lei de Proteção de Dados, com o uso de assinaturas eletrônicas,[141] visando garantir segurança e agilidade na prestação dos serviços à sociedade, ou mesmo a portabilidade de dados.[142] Esses exemplos municipais demonstram a implementação de sistemas especializados que não apenas digitalizam os serviços públicos de um único departamento, mas também promovem integrações com outros órgãos públicos. Isso resulta em uma redução do tempo necessário para cumprir trâmites burocráticos e, em algumas situações, permite respostas instantâneas aos cidadãos.

De acordo com o artigo 38, os órgãos e entidades responsáveis pela prestação digital de serviços públicos devem gerir suas ferramentas digitais considerando a interoperabilidade de informações e dados sob sua gestão. Isso significa que eles devem garantir a capacidade de compartilhar e trocar dados de forma eficiente entre si, levando em conta restrições legais, requisitos de segurança da informação, limitações tecnológicas e a relação custo-benefício da interoperabilidade.[143] Além disso, devem observar a proteção de dados pessoais, conforme estabelecido pela Lei Geral de Proteção de Dados Pessoais (LGPD).

O artigo 39 prevê a instituição de mecanismos de interoperabilidade com o objetivo de aprimorar a gestão de políticas públicas, aumentar a confiabilidade dos cadastros de cidadãos, criar meios unificados de identificação do cidadão, facilitar a interoperabilidade de dados entre órgãos de governo e tratar informações a partir do número de inscrição do cidadão no CPF. Esses mecanismos devem respeitar as disposições da LGPD no tratamento de dados pessoais.[144]

---

140. No caso dos municípios, é sempre válido lembrar que o controle orçamentário já é realizado no Brasil, com algum pioneirismo, de modo a permitir a interlocução com os cidadãos e algum grau de consensualização administrativa. Para maiores detalhes, consultar FALEIROS JÚNIOR, José Luiz de Moura. Governo digital e controle social dos orçamentos municipais. **Revista da Escola Superior de Direito Municipal**, Porto Alegre, v. 8, n. 15, p. 45-68, 2022.
141. Consultar, por todos, MENKE, Fabiano. Assinaturas digitais, certificados digitais, infraestrutura de chaves públicas brasileiras e a ICP alemã. **Revista de Direito do Consumidor**, São Paulo, v. 48, p. 132-148, out./dez. 2003.
142. Conferir o importante e detalhado estudo comparado de Daniela Copetti Cravo sobre o direito à portabilidade no RGPD europeu e na LGPD brasileira: CRAVO, Daniela Copetti. The right to data portability in EU's GDPR and Brazil's LGPD. **Brazilian Journal of Law, Technology and Innovation**, Belo Horizonte, v. 1, n. 1, p. 110-140, jan./jun. 2023.
143. Na visão de José Fernando Brega "(...) está prevista a instituição de mecanismo de interoperabilidade, com finalidades pouco inovadoras, tais como o aperfeiçoamento da gestão de políticas públicas; o aumento da confiabilidade dos cadastros de cidadãos existentes na administração pública, por meio de mecanismos de manutenção da integridade e da segurança da informação no tratamento das bases de dados, tornando-as devidamente qualificadas e consistentes; a viabilização da criação de meios unificados de identificação do cidadão para a prestação de serviços públicos; e a facilitação da interoperabilidade de dados entre os órgãos de governo. Por fim, é prevista a realização o tratamento de informações das bases de dados a partir do número de inscrição do cidadão no CPF (art. 39)". BREGA, José Fernando Ferreira. Perspectivas sobre a Lei do Governo Digital no Brasil, cit., p. 239.
144. Para maior aprofundamento sobre o tema da interoperabilidade, recomenda-se a leitura da obra de Cristiane Rodrigues Iwakura sobre o correlato princípio: IWAKURA, Cristiane Rodrigues. **Princípio da interoperabilidade**: acesso à justiça e processo eletrônico. São Paulo: Dialética, 2020; ainda a partir das pesquisas da autora, mas com ênfase na viabilidade de utilização da rede blockchain na Administração Pública, sugere-se o capítulo escrito por ela em coautoria com Flávio Cabral e Leandro Sarai: IWAKURA, Cristiane Rodrigues; CABRAL, Flávio Garcia; SARAI, Leandro. Blockchain na Administração Pública e sua implementação tendo como pressuposto o quadrinômio segurança cibernética, integridade, interoperabilidade e transparência. In: CRAVO, Daniela Copetti; JOBIM, Eduardo; FALEIROS JÚNIOR, José Luiz de Moura (Coord.). **Direito público e tecnologia**. Indaiatuba:

A responsabilidade pela publicidade dos registros de referência e pelos mecanismos de interoperabilidade é atribuída aos órgãos abrangidos pela lei, conforme o artigo 40. Além disso, pessoas físicas e jurídicas têm o direito de verificar a exatidão, correção e completude de seus dados nos registros de referência, assim como monitorar o acesso a esses dados. A criação de novas bases de dados só deve ocorrer quando todas as possibilidades de utilização dos registros de referência existentes forem esgotadas.

No que diz respeito ao domicílio eletrônico, abordado no Capítulo V, os órgãos e entidades mencionados na lei podem realizar comunicações, notificações e intimações por meio eletrônico, desde que disponibilizem os meios necessários para isso. Os usuários têm a opção de escolher essa forma de comunicação, mas não possuem direito subjetivo à opção caso os meios não estejam disponíveis. Eles também têm o direito de, a qualquer momento e sem necessidade de justificativa, optar pelo fim das comunicações eletrônicas. As ferramentas utilizadas para essas comunicações devem possuir meios de comprovar a autoria, emissão e recebimento, ser passíveis de auditoria e conservar os dados de envio e recebimento por pelo menos cinco anos.

O Capítulo VI trata dos laboratórios de inovação, que podem ser instituídos pelos entes públicos com a participação e colaboração da sociedade.[145] Esses laboratórios têm como diretrizes a colaboração interinstitucional e com a sociedade, a promoção e experimentação de tecnologias abertas e livres, o uso de práticas ágeis para formulação e implementação de políticas públicas, o foco na sociedade e no cidadão, o estímulo à participação social e à transparência pública, entre outros princípios.[146]

No Capítulo VII, a lei aborda a governança, gestão de riscos, controle e auditoria. Os órgãos e entidades mencionados na lei devem implementar mecanismos, instâncias e práticas de governança em conformidade com os princípios e diretrizes estabelecidos na lei. Isso inclui formas de acompanhamento de resultados, soluções para melhoria do desempenho das organizações e instrumentos de promoção do processo decisório baseado em evidências.

Foco, 2022, p. 119-144. Finalmente, considerando o direito à portabilidade de dados pessoais (que consta textualmente da LGPD), sugere-se a leitura de: CRAVO, Daniela Copetti. Padrões de interoperabilidade para fins de portabilidade. In: CRAVO, Daniela Copetti; JOBIM, Eduardo; FALEIROS JÚNIOR, José Luiz de Moura (Coord.). **Direito público e tecnologia**. Indaiatuba: Foco, 2022, p. 167-176.

145. HAHN, Tatiana Meinhart. Os conceitos de 'governo como plataforma' e 'laboratórios de inovação' na Lei do Governo Digital: desafios e potencialidades, cit., p. 434-435. Comenta: "a LGD ao apresentar uma definição normativa de laboratório de inovação pode ter oferecido uma solução a outro desafio até então enfrentado pelo poder público na implementação desses laboratórios: a ausência de uma uniformidade conceitual e de suas repercussões metodológicas e funcionais. Isso porque, até o século XIX, os laboratórios no setor público eram espaços controlados em seus experimentos e focados em áreas das ciências naturais, tecnológicas e sociais, postergando ao século XXI tanto uma expansão mais representativa dos *i-labs*, como também interpretações autênticas como a do já referido do art. 4º, inciso VIII. Ocorre que os laboratórios de inovação ofertam à Administração Pública potencialidades experimentais capazes de enfrentar os obstáculos (financeiros, logísticos e humanos) de execução do governo em plataformas, seja por meio de novos produtos, pela idealização de serviços ou pela reformulação de procedimentos já existentes, só repaginadas às melhorias disruptivas".

146. QUIRINO, Carina de Castro; CUNHA, Marcella Brandão Flores da. Laboratórios de inovação e a promoção de um governo digital. In: MOTTA, Fabrício; VALLE, Vanice Regina Lírio do (Coord.). **Governo digital e a busca por inovação na Administração Pública**. Belo Horizonte: Fórum, 2022, p. 185-199.

Esses órgãos também devem estabelecer, monitorar e aprimorar sistemas de gestão de riscos e controle interno para identificar, avaliar, tratar, monitorar e analisar riscos relacionados à prestação digital de serviços públicos. Os princípios a serem observados incluem a integração da gestão de riscos ao planejamento estratégico, o estabelecimento de controles proporcionais aos riscos, a utilização dos resultados da gestão de riscos para melhoria contínua e a proteção das liberdades civis e direitos fundamentais.

Por fim, a auditoria interna governamental desempenha um papel importante na avaliação e melhoria dos processos de governança, gestão de riscos e controle das organizações. Ela realiza trabalhos de avaliação e consultoria de forma independente, adota abordagem baseada em risco para planejamento e realiza a prevenção, detecção e investigação de fraudes relacionadas ao uso de recursos públicos.

A Lei do Governo Digital desempenha um papel fundamental na melhoria da governança pública ao estabelecer diretrizes e ferramentas que visam aprimorar a prestação de serviços pelos órgãos públicos aos cidadãos.

Em primeiro lugar, a lei promove a desburocratização e a modernização dos processos, eliminando a necessidade de papelada e assinaturas físicas, o que simplifica e agiliza os trâmites burocráticos. Isso resulta em uma maior eficiência na entrega dos serviços públicos, reduzindo a espera e os entraves para os cidadãos.

Em segundo lugar, a lei incentiva a utilização da tecnologia para otimizar a entrega dos serviços, promovendo a digitalização dos processos e a disponibilidade dos serviços por meio de dispositivos móveis. Isso amplia o acesso e a conveniência para os cidadãos, que podem solicitar e receber serviços a qualquer momento e de qualquer lugar, aumentando a transparência e a acessibilidade dos serviços públicos.

Além disso, a Lei do Governo Digital fomenta o fortalecimento e a simplificação do relacionamento entre o poder público e a sociedade civil. Ao estabelecer uma plataforma única de serviços, a lei busca integrar diferentes órgãos públicos, permitindo a troca ágil de informações e evitando duplicações de esforços. Isso resulta em uma maior coordenação e colaboração entre os diversos setores da administração pública, melhorando a governança e a eficácia na prestação de serviços.[147]

Por fim, a lei prevê o compartilhamento dos dados pessoais nos termos da Lei Geral de Proteção de Dados Pessoais, o que possibilita uma maior integração e interconexão entre os órgãos públicos. Isso contribui para uma governança mais eficiente, permitindo a utilização de informações relevantes de forma segura e responsável, auxiliando na tomada de decisões e na oferta de serviços mais personalizados aos cidadãos.

---

147. BOVENS, Mark; HART, Paul; PETERS, B. Guy. The state of public governance. In: BOVENS, Mark; HART, Paul; PETERS, B. Guy (Ed.). **Success and failure in public governance**: a comparative analysis. Cheltenham: Edward Elgar, 2001. p. 7. Destacam: "Modern governance should not go all out on comprehensive planning and risk prevention, because these are illusory and likely to produce serious disaffection in people such as yourself. Instead, it should go for risk management and what I would call "flexible response": creating institutions and styles of governance where unforeseen problems are not seen as occasions for political defensiveness and blaming, but as challenges for rapid learning".

Além disso, há dispositivos da Lei do Governo Digital que são especificamente dedicados aos temas da governança, da gestão de riscos, do controle e da auditoria.[148] Tais dispositivos estabelecem diretrizes que visam garantir a transparência, a eficiência, a tomada de decisões fundamentadas em evidências, a gestão de riscos adequada e o aprimoramento dos processos de governança, gestão e controle das organizações governamentais, mas suas previsões são rasas.

Segundo José Fernando Brega:

> O texto e decepcionante, por seu caráter genérico e praticamente vazio, que nada acrescenta aquilo que se espera do exercício de uma competência de gestão qualquer, não trazendo disposição alguma acerca das peculiaridades da atuação por meios eletrônicos. De fato, há varias temáticas que poderiam exigir formas mais definidas ou até mesmo sofisticadas de governança, tais como as decisões relativas as opções em matéria de tecnologia, o desenvolvimento, adoção e abandono de ferramentas informáticas e as responsabilidades pela definição e revisão de critérios de programação, assim como para processamento de provocações advindas dos usuários. E de se esperar, claro, que a pratica da Administração apresente qualidade superior àquela exigida pela lei, que perdeu nesse ponto a oportunidade de estabelecer normas que realmente pudessem impulsionar aperfeiçoamentos na atuação governamental em meio digital.[149]

Concordamos com as críticas do autor em relação aos dispositivos, uma vez que as previsões pouco (ou mesmo nada) acrescentam ao valioso tema da governança pública. Sem dúvidas, é uma oportunidade perdida, mas, de todo modo, convém apresentar com alguma minúcia o que descrevem os artigos em questão.

O artigo 47 da lei estabelece que os órgãos e entidades governamentais devem implementar e manter mecanismos, instâncias e práticas de governança, alinhados aos princípios e diretrizes estabelecidos na própria lei. Esses mecanismos devem incluir, no mínimo, formas de acompanhamento de resultados, soluções para a melhoria do desempenho das organizações e instrumentos que promovam o processo decisório baseado em evidências. Essas diretrizes são essenciais para garantir que as organizações públicas estejam comprometidas com a eficiência, a transparência e a prestação de serviços de qualidade.

O artigo 48 destaca a importância da gestão de riscos e do controle interno na prestação digital de serviços públicos.[150] Os órgãos e entidades governamentais devem estabelecer, manter, monitorar e aprimorar sistemas de gestão de riscos e controle interno. Isso implica identificar, avaliar, tratar, monitorar e analisar criticamente os riscos associados à prestação de serviços públicos digitais, levando em consideração a

---

148. LIPS, Miriam. **Digital government**: managing public sector reform in the Digital Era. Londres: Routledge, 2020, p. 248.
149. BREGA, José Fernando Ferreira. Perspectivas sobre a Lei do Governo Digital no Brasil, cit., p. 241.
150. LIPS, Miriam. **Digital government**, cit., p. 257-258. Comenta: "If we look through a technology lens to consider the domain of governance in the digital government context, we will likely see a more-or-less exclusive focus of government officials on digital technology or IT governance in government organizations. Similarly, if we utilise a data lens, we will find government officials predominantly occupied with data governance in a digital government initiative. Moreover, if we consider the domain of governance for a digital government project, we will likely find a dedicated governance board that has been set up to oversee that project and the benefits it aims to realise for the duration of the project".

consecução dos objetivos da organização e a proteção dos usuários.[151] Os princípios a serem observados incluem a integração da gestão de riscos ao planejamento estratégico, o estabelecimento de controles proporcionais aos riscos, a utilização dos resultados da gestão de riscos para melhoria contínua e a proteção das liberdades civis e direitos fundamentais.

Por fim, o artigo 49 ressalta a importância da auditoria interna governamental como uma ferramenta essencial para aprimorar a eficácia dos processos de governança, gestão de riscos e controle. A auditoria interna deve adicionar valor e melhorar as operações das organizações, por meio de uma abordagem sistemática e disciplinada.[152] Isso envolve a realização de trabalhos de avaliação e consultoria de forma independente, a adoção de uma abordagem baseada em risco para o planejamento das atividades de auditoria e a promoção da prevenção, detecção e investigação de fraudes.[153]

Em resumo, a Lei do Governo Digital desempenha um papel central na governança pública, promovendo a desburocratização, a modernização, a integração de órgãos públicos e o compartilhamento de dados. Isso resulta em uma maior eficiência, transparência e acessibilidade na entrega dos serviços públicos, melhorando a governança e fortalecendo o relacionamento entre o poder público e a sociedade civil. Há temas de inegável relevância no texto da lei e sua promulgação representa avanço,[154] mas também não se pode deixar de considerar a oportunidade valiosíssima que perdeu o legislador de avançar em algumas matérias, destacadamente no tratamento jurídico conferido ao tema da governança pública, que ainda está a demandar colmatação.

2.3.3.12 *Estratégia Nacional de Governo Digital (Decreto nº 11.260/2022)*

Bem no final de seu mandato, o ex-Presidente da República Jair Bolsonaro promulgou o Decreto nº 11.260, de 22 de novembro de 2022, o qual foi publicado em 23 de novembro, estabelecendo o processo de elaboração da Estratégia Nacional de Governo

---

151. PFEIFFER, Roberto Augusto Castellanos. Proteção dos usuários de serviços públicos: reflexões sobre a Lei 13.460/2017. **Revista de Direito do Consumidor**, São Paulo, v. 120, p. 19-40, 2018, *passim*.
152. FALEIROS JÚNIOR, José Luiz de Moura. Governança pública na Administração Pública Digital e a superação da parametrização consequencial das decisões. **Revista Eletrônica da Procuradoria Geral do Estado do Rio de Janeiro**, Rio de Janeiro, v. 3, n. 3, p. 1-34, set./dez. 2020, p. 28. Com efeito: "(...) ao se caminhar no sentido de uma Administração Pública consensual, marcada pelo primado da governança e pela conjugação dos aspectos centrais da *accountability* dela advindos, o foco deixa de ser essencialmente responsivo e retrospectivo e passa a ser direcionado à prevenção. Com isso, a proposta de uma sistematização do direito público parte da formatação do sobredito macrossistema, ao passo que a parametrização, por meio de políticas de compliance elencadas a patamar epicêntrico desse sistema, se voltaria ao controle decisional e à superação dos limites de juridicidade".
153. DAL POZZO, Augusto Neves. Governo digital: correlações e impactos da nova legislação em relação aos serviços públicos - prestadores e titulares. In: MOTTA, Fabrício; VALLE, Vanice Regina Lírio do (Coord.). **Governo digital e a busca por inovação na Administração Pública**. Belo Horizonte: Fórum, 2022, p. 131-138.
154. No mesmo sentido, é a conclusão de José Fernando Braga: "A expectativa de potencializar as vantagens decorrentes da utilização da tecnologia torna sedutora a opção pela adoção de um marco normativo federal que remova obstáculos e ofereça base sólida para a concretização de um governo verdadeiramente digital. Contudo, o conteúdo da LGD não permite afirmar que ela tenha mostrado a que veio; ao contrário, uma análise singela dos dispositivos da lei mostra avanços tímidos. De outra parte, não se pode menosprezar a relevância de emprestar fundamentos legais expressos que, embora nem sempre necessários segundo uma visão mais contemporânea, muitas vezes são demandados para a tomada de novas iniciativas". BREGA, José Fernando Ferreira. Perspectivas sobre a Lei do Governo Digital no Brasil, cit., p. 242.

Digital (ENGD) conforme previsto na Lei de Governo Digital. A iniciativa foi motivada pela necessidade de articular o Poder Executivo federal com estados, Distrito Federal, municípios e outros Poderes para a integração, racionalização, disponibilização e simplificação dos serviços públicos para os cidadãos. A norma também prorrogou o prazo de vigência da Estratégia de Governo Digital (EGD) até 2023.

O órgão responsável pela articulação e elaboração preliminar da Estratégia Nacional de Governo Digital é a Secretaria de Governo Digital, em parceria com a Secretaria Especial de Modernização do Estado da Secretaria-Geral da Presidência da República. Essas entidades serão responsáveis por coordenar o processo de elaboração da estratégia, observando o que é estabelecido na Lei nº 14.129/2021.

Estados, Distrito Federal e municípios serão convidados a participar das discussões relacionadas à proposta da Estratégia Nacional de Governo Digital, visando a integração das ações entre os entes federados.

No processo de elaboração da Estratégia Nacional, serão considerados diversos elementos, como as disposições da Lei nº 14.129/2021, os instrumentos de planejamento e políticas nacionais existentes relacionadas ao governo digital, a Estratégia Brasileira para a Transformação Digital (E-Digital), a Política de Dados Abertos, as disposições de governança no compartilhamento de dados, a Política Nacional de Modernização do Estado, a Estratégia Federal de Desenvolvimento para o Brasil e os resultados obtidos da avaliação da execução da Estratégia de Governo Digital vigente.

A Estratégia Nacional de Governo Digital terá um período de vigência de quatro anos, coincidindo com o período de vigência do Plano Plurianual. A proposta de decreto sobre a Estratégia Nacional de Governo Digital será submetida à aprovação do Presidente da República até 15 de novembro do último ano de vigência do Plano Plurianual. O Decreto também promove alterações no Decreto nº 10.332/2020, que instituiu a Estratégia de Governo Digital para o período de 2020 a 2023. As alterações se referem ao período de vigência da estratégia, que passa a ser de quatro anos, alinhado com o Plano Plurianual, e também modificam alguns princípios, objetivos e iniciativas presentes no Anexo do referido decreto.

Por fim, o Decreto revoga o artigo 2º do Decreto nº 10.996/2022, que alterava as disposições da Estratégia de Governo Digital, mais especificamente as Iniciativas 1.1[155] e 5.2.[156] Em resumo, o Decreto 11.260/2022 estabelece as diretrizes para a elaboração da Estratégia Nacional de Governo Digital, envolvendo a participação de diversos entes federados e considerando a legislação e políticas relacionadas ao governo digital. O objetivo é promover a integração e o aprimoramento dos serviços públicos digitais, estabelecendo metas e diretrizes para o período de vigência da estratégia, em consonância com o Plano Plurianual.

De acordo com o Decreto 11.260/2022, a proposta do instrumento da ENGD deverá ser encaminhada para a aprovação do presidente da República até 15 de novembro de

---
155. "Iniciativa 1.1. Transformar cem por cento dos serviços públicos digitalizáveis até 2023".
156. "Iniciativa 5.2. Disponibilizar caixa postal do cidadão, que contemplará os requisitos do domicílio eletrônico, nos termos do disposto na Lei nº 14.129, de 29 de março de 2021, até 2023".

2023, a fim de que seja publicada até dezembro do próximo ano. Durante o processo de elaboração da Estratégia, serão definidos o formato, a forma de execução e a integração dos demais entes federativos. Após a publicação, a ENGD será implementada no período de 2024 a 2027, alinhada ao Plano Plurianual.

A consolidação da ENGD, estipulada pela Lei de Governo Digital, representa uma grande oportunidade para integrar de forma mais profunda as ações de governo digital entre os entes federados, destacando a natureza colaborativa e cooperativa com a qual será construída. A maturidade adquirida na execução da EGD atual, especialmente com a implantação da Rede GOV.BR, que já conta com a adesão de quase todos os estados e mais de 150 municípios, será importante para manter a efetividade das ações no desenvolvimento do novo instrumento.

A Secretaria de Governo Digital do Ministério da Economia será responsável por coordenar o processo de elaboração da Estratégia em parceria com a Secretaria Especial de Modernização do Estado da Presidência da República (SEME/PR), envolvendo a articulação com órgãos e entidades da administração pública federal e com os entes federativos.

A Estratégia de Governo Digital (EGD), iniciada em 2020 com o Decreto nº 10.332, de 28 de abril daquele ano, consolidou o caminho para o governo digital centrado no cidadão, onde os dados e a tecnologia promovem a efetividade das políticas e serviços públicos. Essa estratégia também introduziu o princípio da "integração", possibilitando a integração digital com estados e municípios por meio da rede "gov.br".[157] O prolongamento da EGD decorre da intenção de difundir a cultura do Governo Digital como política de Estado e de alinhar sua vigência com o Plano Plurianual para fortalecer o Governo Digital e garantir sua continuidade.

A Estratégia Nacional de Governo Digital, conforme estabelecido no Decreto 11.260/2022, está intrinsecamente relacionada ao tema da governança pública. A governança pública refere-se ao conjunto de mecanismos, estruturas e processos pelos quais as decisões são tomadas e implementadas no setor público, buscando promover a eficiência, a transparência, a participação cidadã, a prestação de contas e a responsabilidade.

A estratégia de governo digital tem como objetivo principal a transformação do governo por meio do uso de tecnologias digitais, visando à efetividade das políticas pú-

---

157. O sistema "gov.br" é uma plataforma digital desenvolvida pelo Governo Federal do Brasil para oferecer serviços e informações de forma integrada e centralizada para os cidadãos. O objetivo principal do "gov.br" é simplificar o acesso aos serviços públicos, facilitando a vida dos cidadãos e promovendo a transformação digital do governo. O sistema consiste em um portal único (www.gov.br) que reúne diversos serviços e informações de diferentes órgãos e entidades governamentais. Através desse portal, os cidadãos podem encontrar uma ampla variedade de serviços públicos, como solicitação de documentos, agendamento de atendimentos, consulta a informações e benefícios, entre outros. Além disso, também disponibiliza informações sobre programas do governo, notícias, orientações sobre direitos e deveres dos cidadãos, e outros conteúdos relevantes. A plataforma visa fornecer uma experiência mais simples e intuitiva, com uma linguagem clara e acessível, tornando mais fácil para os usuários encontrar o que precisam. O sistema busca promover a integração entre os diferentes órgãos e entidades governamentais, unificando a identidade visual e a forma de acesso aos serviços públicos. Isso permite uma maior eficiência na prestação dos serviços, reduzindo a burocracia e os entraves que muitas vezes dificultam o acesso do cidadão aos serviços governamentais. Em resumo, o sistema é uma plataforma digital que centraliza serviços e informações do governo federal, buscando simplificar o acesso dos cidadãos aos serviços públicos e promover a transformação digital do governo.

blicas e à melhoria da qualidade dos serviços prestados aos cidadãos. Nesse sentido, a governança pública é fundamental para garantir que a implementação da estratégia seja conduzida de forma adequada e alinhada aos princípios de transparência, participação, prestação de contas e responsabilidade.

O Decreto 11.260/2022 estabelece que na elaboração da Estratégia Nacional de Governo Digital devem ser observados diversos instrumentos de planejamento e políticas nacionais existentes, bem como as disposições de governança no compartilhamento de dados. Isso significa que a estratégia deve estar em conformidade com as diretrizes e normas estabelecidas no âmbito da governança pública.

Além disso, o decreto prevê a participação dos Estados, do Distrito Federal e dos Municípios na discussão da proposta da Estratégia Nacional de Governo Digital. Essa participação é importante para promover a cooperação e a integração entre os diferentes níveis de governo, fortalecendo a governança e evitando a fragmentação de ações.

A governança pública também é abordada nos objetivos e iniciativas presentes no Anexo do Decreto 11.260/2022, que trata da Estratégia de Governo Digital. Por exemplo, a iniciativa 2.3[158] busca aprimorar a percepção de utilidade das informações dos serviços no portal único gov.br, visando atingir avaliações positivas. Essa iniciativa está relacionada à transparência e ao atendimento das demandas dos cidadãos, aspectos importantes da governança pública.

Outra iniciativa relevante é a 8.5,[159] que propõe a implantação de um laboratório de experimentação de dados com tecnologias emergentes. Essa iniciativa está relacionada à inovação e ao uso de novas tecnologias para aprimorar os serviços públicos, o que é um aspecto fundamental da governança pública no contexto da transformação digital.

Em suma, a Estratégia Nacional de Governo Digital está intimamente ligada ao tema da governança pública, uma vez que busca promover a efetividade, a transparência e a qualidade dos serviços públicos por meio do uso de tecnologias digitais. A governança pública é fundamental para assegurar a implementação adequada da estratégia, bem como para garantir a participação, a prestação de contas e a responsabilidade dos órgãos e entidades envolvidos.

2.4 A REINSERÇÃO DA ÉTICA NOS AFAZERES ESTATAIS: NOTAS SOBRE A 'BOA' ADMINISTRAÇÃO PÚBLICA

Conforme se anotou nos tópicos anteriores, o avanço do combate à corrupção, especialmente com o advento da Lei nº 12.846/2013, no Brasil, "reforça a importância do tema e estabelece a relevância de regras de governança corporativa e práticas de *compliance* nas atividades de empresas, que refletirão não apenas em seus processos in-

---

158. "Iniciativa 2.3. Aprimorar a percepção de utilidade das informações dos serviços no portal único gov.br e atingir, no mínimo, sessenta e cinco por cento de avaliações positivas até 2023".
159. "Iniciativa 8.5. Implantar um laboratório de experimentação de dados com tecnologias emergentes até 2023".

ternos, mas, também, em suas contratações e relacionamento com o público externo."[160] Desde a referida lei, como seu viu, várias outras normas passaram a tratar do assunto.

É uma nova etapa do tema, que se escora na necessidade de reinserção da ética nas práticas empresariais a partir da delimitação de programas voltados à difusão de boas práticas (programas de integridade[161]), via de regra destinados à prevenção de ilícitos praticados contra a Administração Pública, mas com notáveis possibilidades de aplicação no âmbito desta, com viés preventivo e direcionado à propagação de uma cultura de desestímulo.

O documento, *"Towards a Sound Integrity Framework: Instruments, Processes, Structures and Conditions for Implementation"*, elaborado pelo *Public Governance Committee*, da Organização para Cooperação e Desenvolvimento Econômico – OCDE, traz a seguinte definição:

> O termo "integridade" é derivado do latim e significa literalmente não (in)tocar (tangere). Trata-se de algo ou alguém que não está contaminado, não danificado. No contexto deste texto, "integridade" irá se referir à aplicação de valores geralmente aceitos e as normas na prática diária. "Integridade pública" refere-se à aplicação de normas e valores públicos geralmente aceitos na prática diária de organizações do setor público.
>
> Integridade de gestão refere-se às atividades desenvolvidas para estimular e reforçar a integridade e prevenir a corrupção e outras violações de integridade dentro de uma organização particular. A estrutura de uma organização de gerenciamento de integridade, então se refere ao conjunto desses instrumentos dessa organização, levando em consideração a sua interdependência, bem como os processos e as estruturas que trazem esses instrumentos para a vida. O contexto de integridade de uma organização refere-se a todos os fatores, além da estrutura de gerenciamento de integridade, que podem ter um impacto sobre a integridade dos membros em organizações do setor público. Isso inclui fatores e instrumentos, tanto no interior (o contexto interno) e fora (o contexto externo) da organização. A estrutura de gerenciamento de integridade e do contexto integridade, juntos, constituem o quadro de integridade: todos os instrumentos, fatores e atores que influenciam a integridade dos membros de uma organização.[162]

A doutrina ressalta que, "por um lado, o sistema regulatório atual avança na busca de responsabilização dos atos lesivos à Administração Pública e, agora, dedica-se, também, a responsabilizar as pessoas jurídicas de forma objetiva".[163] Transplantando essa lógica para as estruturas do direito público, quando se fala em uma 'boa' Administração Pública, importa destacar que a suposta 'desconexão' com a legalidade não se confunde

---

160. CASTRO, Rodrigo Pironti Aguirre de; GONÇALVES, Francine Silva Pacheco. **Compliance e gestão de riscos nas empresas estatais**. 2. ed. Belo Horizonte: Fórum, 2019, p. 123.
161. O conceito está no artigo 41 do Decreto nº 8.420/2015: "Art. 41. Para fins do disposto neste Decreto, programa de integridade consiste, no âmbito de uma pessoa jurídica, no conjunto de mecanismos e procedimentos internos de integridade, auditoria e incentivo à denúncia de irregularidades e na aplicação efetiva de códigos de ética e de conduta, políticas e diretrizes com objetivo de detectar e sanar desvios, fraudes, irregularidades e atos ilícitos praticados contra a administração pública, nacional ou estrangeira."
162. ORGANIZAÇÃO PARA COOPERAÇÃO E DESENVOLVIMENTO ECONÔMICO. **Towards a sound integrity framework**: instruments, processes, structures and conditions for implementation OECD – Public Governance Committee, 2009. Disponível em: http://www.oecd.org. Acesso em: 20 jun. 2023, p. 9.
163. FRANÇA, Phillip Gil. **Ato administrativo, consequencialismo e compliance**: gestão de riscos, proteção de dados e soluções para o controle judicial na era da IA. 4. ed. São Paulo: Revista dos Tribunais, 2019, p. 352.

com as 'leis-quadro'[164] ao ultrapassar os meandros da produção normativa descrita no artigo 84, inciso IV, da Constituição da República, que cabe ao Presidente da República.

De fato, o poder regulamentar já é alvo de sonoras críticas da doutrina, em razão da explosão normativa gerada como desdobramento desse fenômeno, a demandar uma verdadeira mudança de paradigma.[165] Por esse motivo, não há que se cogitar, efetivamente, do total abandono da legalidade. Não se trata de suplantar o modelo tradicional de formação de leis e atos normativos para a regência da atuação administrativa, pois

[a] Administração não age apenas de acordo com a lei; subordina-se ao que se pode chamar de *bloco de legalidade*. Não basta a existência de autorização legal: necessário atentar à moralidade administrativa, à boa-fé, à igualdade, à boa administração, à razoabilidade, à proporcionalidade – enfim, aos princípios que adensam o conteúdo das imposições legais.[166]

Segundo Jacques Chevallier:

A disciplina jurídica sofreu intensos abalos em razão da proliferação anárquica de regras, o que tornou mais indeterminados os contornos da ordem jurídica, comprometeu a sua coesão e perturbou a sua estrutura: a existência de 'hierarquias entrelaçadas, de 'objetos jurídicos não identificados', de competências concorrentes testemunham uma nova desordem. Enquanto a hierarquia clássica das normas foi colocada em dúvida em virtude do fato do declínio da lei, da explosão de regulamentos, transformados na era do Estado-providência na fonte essencial de obrigações e coerções para os administrados, tal como pela ampliação do poderio do poder jurisdicional, notadamente no nível constitucional, algumas novas normas, de origem exterior, vieram se integrar à ordem jurídica estatal, em condições que permanecem complexas; a produção do direito, a partir de então, parece menos regida por uma lógica dedutiva, atuante por via de crescente concretização, do que resultar de iniciativas desordenadas, adotadas por múltiplos atores e cuja harmonização é problemática.[167]

Se o direito público é conclamado à formulação de um novo modelo regulatório, é inegável que novos instrumentos devem ser disponibilizados pelo ordenamento jurídico, e os programas de integridade, na esteira do chamado *compliance*, são um desses modais. Nota-se, porém, que a recente reforma à LINDB, particularmente por seu novo artigo 23,[168] visou atacar os aspectos centrais da (in)segurança jurídica, refreando a

---

164. GRAU, Eros Roberto. **O direito posto e o direito pressuposto**. 8. ed. São Paulo: Malheiros, 2011, p. 247. O autor anota o seguinte: "O Executivo fica sujeito, ao editar esses *regulamentos autorizados*, exclusivamente às limitações definidas na *atribuição explícita* do exercício da sua função normativa. Logo, esses mesmos *regulamentos autorizados* podem impor obrigação de fazer ou deixar de fazer alguma coisa (essa obrigação terá sido imposta *em virtude da lei*)."
165. MARQUES NETO, Floriano de Azevedo. Pensando o controle da atividade de regulação estatal. *In*: GUERRA, Sérgio (Coord.). **Temas de direito regulatório**. Rio de Janeiro: Freitas Bastos, 2005, p. 202. Comenta: "A atividade regulatória é espécie do gênero atividade administrativa. Mas trata-se de uma espécie bastante peculiar. Como já pude afirmar em outra oportunidade, é na moderna atividade regulatória estatal que melhor se manifesta o novo paradigma de direito administrativo, de caráter menos autoritário e mais consensual, aberto à interlocução com a sociedade e permeado pela participação do administrado."
166. SUNDFELD, Carlos Ari. **Direito administrativo ordenador**. São Paulo: Malheiros, 2003, p. 32.
167. CHEVALLIER, Jacques. **O Estado pós-moderno**. Tradução de Marçal Justen Filho. Belo Horizonte: Fórum, 2009, p. 121-122.
168. "Art. 23. A decisão administrativa, controladora ou judicial que estabelecer interpretação ou orientação nova sobre norma de conteúdo indeterminado, impondo novo dever ou novo condicionamento de direito, deverá prever regime de transição quando indispensável para que o novo dever ou condicionamento de direito seja cumprido de modo proporcional, equânime e eficiente e sem prejuízo aos interesses gerais."

atuação administrativa, controladora e judicial a partir do soerguimento de três pilares: (i) estabilidade; (ii) ponderabilidade/razoabilidade; (iii) previsibilidade).[169]

Contudo, o louvável propósito não passou incólume, gerando críticas exatamente porque "[a] Lei 13.655/18, muito embora trate de interpretação (consequencial, especialmente), o faz de forma fragmentada com vistas a tutelar unicamente interesses da gestão, gestor e administração pública, setorizando indevidamente a lei e o sentido das disposições introdutórias".[170]

De fato, uma reinserção da ética nos assuntos de Estado não é tarefa fácil, uma vez que perpassa por uma inexorável releitura da legalidade e da segurança jurídica[171] para a revisitação dos deveres de proteção que passam a nortear as atividades públicas.

Segundo Paulo Otero, a legalidade se escora em três postulados essenciais: (i) sua compreensão como emanação de uma vontade geral; (ii) o enquadramento da lei como

---

169. MARQUES NETO, Floriano de Azevedo. Art. 23 da LINDB: o equilíbrio entre mudança e previsibilidade na hermenêutica jurídica. **Revista de Direito Administrativo**, Rio de Janeiro, Edição Especial: Direito Público na Lei de Introdução às Normas de Direito Brasileiro – LINDB (Lei nº 13.655/2018), p. 93-112, nov. 2018, p. 99. Destaca o autor: "E ninguém nega a importância da proteção ao ato jurídico perfeito e ao direito adquirido para a segurança jurídica. E aí chegamos às três dimensões da segurança jurídica. A segurança jurídica tem uma dimensão de estabilidade, na medida em que dá perenidade aos atos jurídicos e aos efeitos deles decorrentes, mesmo quando houver câmbios nas normas ou no entendimento que se faz delas. Tem uma segunda dimensão, de ponderabilidade e razoabilidade, na medida em que a aplicação do Direito não pode nem ser irracional, nem desproporcional. Por fim, a segurança jurídica confere previsibilidade ao Direito, protraindo mudanças bruscas, surpresas, armadilhas. Exatamente nestes três sentidos que a Lei nº 13.655/18 veio reforçar a segurança jurídica. E o novo artigo 23 inserido na LINDB é um bom exemplo disso."
170. MARTINS, Fernando Rodrigues. As alterações da LINDB e os desvios normativos na Teoria do Direito. **Consultor Jurídico**. 04 out. 2018. Disponível em: https://www.conjur.com.br/2018-out-04/fernando-martins-lindb-desvios--normativos-teoria-direito. Acesso em: 20 jun. 2023. O autor ainda acrescenta: "O Direito não é ciência meramente especulativa: é ciência problemática. O Anteprojeto de Lei 7.448-A de 2017 que antecedeu a Lei Federal 13.655/18 embasou a edição de novos dispositivos na Lindb na percepção de problemas (controvérsias) na ambiência da administração pública. Destacam-se entre os pontos de irritação: a) ausência de compartilhamento e diálogo na composição do interesse público entre os Poderes; b) intensa responsabilização das autoridades administrativas pelo ordenamento e instituições; c) choque de funções dos Poderes do Estado e dos órgãos constitucionais autônomos (Ministério Público, Defensoria Pública, entre outros). Contudo, imersão cuidadosa à legislação em comento revela que atenção maior do legislador foi salvaguardar o "gestor" e "administrador" das consequências das respectivas ações e inações. Nesse sentido, vale o exemplo de que a inovadora legislação descuidou de oportunidade ímpar: dispor integralmente sobre boa governança. Dentre os princípios que norteiam a boa governança, a legislação em comento deu ênfase apenas aquele que respeita aos processos de decisão fundamentados e claros. A bem da democracia, a legitimidade e grandeza da gestão pública é alcançada quando se abandonam pretensos paradoxos (governo/oposição; maioria/minoria), adotando-se as melhores soluções legiferantes e éticas, independentemente da versão partidária ou institucional interna predominante. Insere-se no centro das decisões o princípio da condução responsável dos assuntos do Estado, nele incluído a ampla participação do cidadão e as seguintes diretrizes: incessante respeito aos direitos humanos; aos princípios democráticos e ao Estado de Direito; respeito ao desenvolvimento sustentável e equitativo; gestões transparentes e responsáveis (*accountability*) com os recursos naturais, humanos, econômicos e financeiros; primado do Direito na gestão orçamentária; combate constante à corrupção. A assunção e reconhecimento dos direitos humanos no âmbito da globalidade e a consequente positivação interna de referidos direitos em diversas Constituições, assim como a investigação do Direito a partir da perspectiva do julgador e não do legislador naqueles sistemas que podem ser considerados legitimados (Estado Democrático de Direito), acarretaram sobressalto valorativo na ciência jurídica."
171. Confira-se, acerca da eficácia do direito fundamental à segurança jurídica: SARLET, Ingo Wolfgang. A eficácia do direito fundamental à segurança jurídica: dignidade da pessoa humana, direitos fundamentais e proibição de retrocesso social no direito constitucional brasileiro. In: ROCHA, Cármen Lúcia Antunes (Org.). **Constituição e segurança jurídica**. Belo Horizonte: Fórum, 2004, p. 96.

critério decisional; (iii) sua função garantidora das liberdades.[172] Nesse compasso, ganha sobressalto valorativo a proteção da confiança, sobre a qual, "em sentido amplo, pode-se dizer que se trata de um dos princípios constitucionais de que mais carece o país para obter a estabilidade em termos duradouros, atraindo investimentos produtivos e viabilizando sadias parcerias público-privadas de longo prazo"[173] e cujo escopo primordial é "a conservação de condutas administrativas ou de seus efeitos, mesmo quando decorrentes de atuações contrárias à ordem jurídica e, com maior razão ainda, quando perpetradas validamente".[174]

Para Carneiro da Frada:

> Não existe nenhuma definição legal de confiança a que possa socorrer-se e escasseiam referências normativas explícitas a propósito. O seu conceito apresenta-se fortemente indeterminado pela pluralidade ou vaguidade de empregos comuns que alberga, tornando difícil traçar com ele as fronteiras de uma investigação jurídica. Tanto mais que transporta uma certa ambiguidade de princípio por se poder referir, tanto à causa, como aos efeitos de uma regulação jurídica. É a falta de consciência desta realidade que está na raiz de uma certa evanescência da confiança no discurso jurídico e se apresenta – antecipe-se – responsável pelas dificuldades de que se não logrou desembaraçar-se a reflexão dogmática a seu respeito.[175]

Nesse sentido, revigora-se a necessidade de reaproximação entre o público e o privado, em verdadeira releitura do conceito de interesse público e de sua sobrepujança aos intuitos e aspirações de particulares. É nesse campo que Jorge Pereira da Silva elenca os múltiplos sentidos da vinculação dos privados, apontando os seguintes: (i) a tese da formulação constitucional expressa; (ii) a tese da eficácia irradiante; (iii) a tese da eficácia mediata (em sentido estrito); (iv) a tese da eficácia relativamente a terceiros (*Drittwirkung*); (v) a tese da vinculação do legislador de direito privado; (vi) a tese dos deveres estaduais de proteção; (vii) a tese da vinculação (supletiva ou excepcional) dos tribunais); (viii) a tese da vinculação dos poderes privados; (ix) a tese da vinculação (ao conteúdo essencial dos direitos ou) à dignidade da pessoa humana; e (x) a tese da vinculação intersubjetiva plena (ou da eficácia imediata em sentido estrito).[176]

Para além dos referidos conceitos – que poderiam abarcar investigação própria e sobre os quais a obra do professor português já traz valiosos e densos substratos –, importa considerar que, em meio a diversas teorizações em torno da vinculação de particulares ao interesse público, em diagramação transversal do próprio sentido da eficácia dos direitos fundamentais sobre todos, o que se almeja é conciliar segurança jurídica e eticidade.

---

172. OTERO, Paulo. **Legalidade e Administração Pública**: o sentido da vinculação administrativa à juridicidade. Coimbra: Almedina, 2011, p. 153. Anota, ainda: "A lei traduzia, segundo os postulados liberais, um produto da razão, revelação de uma verdade absoluta pelos mais idôneos representantes da sociedade, encontrando-se apta a regular todas as matérias sobre as quais um Estado mínimo sentia necessidade de intervir, assumindo a natureza de instrumento de garantia do cidadão perante o poder e possuindo ainda, nos termos de uma concepção positivista-legalista do Direito, o estatuto de primeira e mais importante fonte de Direito."
173. FREITAS, Juarez. **O controle dos atos administrativos e os princípios fundamentais**. 3. ed. São Paulo: Malheiros, 2004, p. 60.
174. MAFFINI, Rafael da Cás. **Princípio da proteção substancial da confiança no direito administrativo brasileiro**. 2005. 253 f. Tese (Doutorado em Direito) – Faculdade de Direito, Universidade Federal do Rio Grande do Sul, Porto Alegre, 2005, p. 233.
175. FRADA, Manuel A. Carneiro da. **Teoria da confiança e responsabilidade civil**. Coimbra: Almedina, 2004, p. 17.
176. SILVA, Jorge Pereira da. **Deveres do Estado de protecção de direitos fundamentais**, cit., p. 87 *et seq.*

A operacionalização desses valores a partir de preceitos que ultrapassam a estrita legalidade e avançam no sentido da racionalização dos programas de integridade, internalizando-os, não como metanormas, mas como complementos dotados de densidade suficiente a ancorar uma legalidade catalisada e verdadeiramente reforçada.

Nos dizeres de Julia Black:

> Por si mesmas, [regras precisas] não representam a qualidade geral, são simplesmente *proxies* mensuráveis para ela e podem realmente prejudicá-la: promovendo ou facilitando a conformidade mecânica e impensada de que possa ter sido o objetivo da regra intencional substituir. Essa tensão entre alcançar uma alta qualidade de conduta e permitir a aplicação talvez apresente tensão entre formalismo e substantividade sob uma aparência diferente, não de racionalidade burocrática, mas de eficácia regulatória.[177]

Essa leitura está situada em paralelo ao problema que a aplicação burocrática do conhecimento jurídico coloca para o máximo cumprimento do direito administrativo, na medida em que a doutrina sinaliza para a existência de um grau inevitável de tensão entre o modo burocrático de aplicação do conhecimento jurídico e o pleno cumprimento do direito administrativo. Os padrões de boa administração existem em um nível alto de generalidade e são mais bem considerados como princípios gerais de aplicação geral. O modo de operação burocrático, no entanto, é formalmente racional. Ele arrasta os princípios do direito administrativo de um alto nível de generalidade e os fixa ao específico em termos de regras precisas que podem ser seguidas pelos burocratas. É assim que o objetivo burocrático de eficiência é alcançado. A resposta burocrática legalmente conscienciosa à revisão judicial, portanto, é traduzir o conhecimento jurídico em regras detalhadas. No entanto, isso perde a natureza geral intencional do direito administrativo.[178]

Para contrastar os gargalos inerentes à gestão pública, a doutrina internacional propõe a ressignificação da governança ética a partir de quatro critérios: (i) *accountability*; (ii) *legality*; (iii) *integrity*; (iv) *responsiveness*. Partindo de sua conjugação, denota-se a viabilidade de racionalização dos programas de *compliance* a partir de uma 'boa' administração pública. Fala-se, aliás, em uma formulação pela junção das letras iniciais dos quatro parâmetros para a configuração da sigla 'ALIR', em proposição semelhante à dos 'universais evolutivos' de Talcott Parsons.[179-180]

---

177. BLACK, Julia. **Rules and regulators**. Oxford: Clarendon Press, 1997, p. 222, tradução livre. No original: "*Of themselves [precise rules] do not represent overall quality, they are simply measurable proxies for it, and may indeed serve to undermine it: promoting or facilitating the mechanical and unthinking compliance that it may have been the aim of the purposive rule to override. This tension between achieving a high quality of conduct and enabling enforcement perhaps presents the tension between formalism and substantiveness in a different guise, one not of bureaucratic rationality, but of regulatory effectiveness.*"
178. HALLIDAY, Simon. **Judicial review and compliance with administrative law**. Oxford: Hard Publishing, 2004, p. 74.
179. *Cf.* PARSONS, Talcott. Evolutionary universals in society. **American Sociological Review**, Chicago, v. 29, n. 3, p. 339-357, jun. 1964.
180. Sobre o tema, a doutrina indica que "(...) os universais evolutivos são estruturas e processos que, ao se desenvolverem, expandem a capacidade adaptativa do sistema no longo prazo. Alguns deles apresentam-se como pré-requisitos da evolução da sociedade e da cultura, especificamente, a religião, ao estabelecer padrões culturais; a linguagem, ao oferecer mecanismo de comunicação; a organização social, originalmente em termos de estruturas de parentesco; e uma base tecnológica." DOMINGUES, José Mauricio. **A sociologia de Talcott Parsons**. 2. ed. São Paulo: Annablume, 2009, p. 89.

2.4.1 Responsabilidade (*Accountability*)

Em breves linhas, pode-se dizer que *accountability* – a despeito da inegável polissemia do termo, que o torna de difícil tradução[181] – nada mais é que o processo pelo qual as entidades e os gestores públicos são responsabilizados pelas próprias decisões e ações, contemplando o trato com recursos públicos e todos os aspectos de desempenho que podem ser submetidos a mecanismos de controle interno e externo, como auditorias, prestações de contas etc.

Patricia Day e Rudolf Klein definem *accountability* como a relação social pela qual um agente se sente obrigado a explicar e justificar suas ações a alguém que lhe seja importante;[182] já Mark Bovens define o termo a partir de uma conotação polissêmica derivada de governança e equidade, para além da noção rasa de "prestação de contas" que eventualmente assume.[183]

A tradução mais usual para o termo *accountability* é 'responsabilidade',[184-185] em sentido amplo. Mas, em linhas mais específicas, é possível destrinchar o termo sob os seguintes vieses:

- Responsabilidade como "capacidade" (*capacity*): refere-se à capacidade ou autoridade do servidor público para agir. A responsabilidade, nesse sentido, implica a existência de um conjunto de leis e regulamentos que definem a capacidade ou a autoridade do funcionário público de desempenhar suas funções. Um conjunto de regras e regulamentos que funcionam como uma obrigação de agir (funções; deveres) e como um limite para essa ação. De uma maneira mais específica, a responsabilidade é frequentemente usada nesse sentido para significar uma 'tarefa' específica, ou a 'autoridade' do servidor público.

- Responsabilidade como "prestação de contas" (*accountability*): refere-se à obrigação que servidores públicos têm de fornecer informações, explicações e/ou justificativas a uma autoridade superior – interna ou externa – por seus atos no desempenho de suas funções. Nesse sentido, pode-se dizer que a Administração Pública é sempre "responsável", pois – mesmo em sistemas não democráticos – sempre há o dever de os servidores públicos darem conta de suas atividades

---

181. PINHO, José Antonio Gomes de; SACRAMENTO, Ana Rita Silva. *Accountability*: já podemos traduzi-la para o português? **Revista de Administração Pública**, Rio de Janeiro, v. 43, n. 6, p. 1343-1368, 2009.
182. Com efeito: "Accountability can be defined as a social relationship in which an actor feels an obligation to explain and to justify his or her conduct to some significant other". DAY, Patricia; KLEIN, Rudolf. **Accountabilities**: five public services. Londres: Tavistock, 1987, p. 5.
183. Diz o autor: "In modern political discourse, "accountability" and "accountable" no longer convey a stuffy image of bookkeeping and financial administration, but they hold strong promises of fair and equitable governance". BOVENS, Mark. Public accountability. In: FERLIE, Ewan *et al* (Ed.). **The Oxford Handbook of Public Management**. Oxford: Oxford University Press, 2007, p. 3.
184. CAIDEN, Gerald E. The problem of ensuring the public accountability of public official. *In:* JABBRA, Joseph G.; DWIVEDI, Onkar Prasad (Ed.). **Public service accountability**: a comparative perspective. West Hartford: Kumarian, 1989, p. 17-38.
185. HOGWOOD, Brian W. Autonomía burocrática y responsabilidad. **Gestión y Análisis de Políticas Públicas**, Madri, v. 15, p. 19-37, maio/ago. 1999, p. 20. Diz o autor: "*Las palabras accountability y responsibility se usan frecuentemente intercambiándolas, y cuando hay intentos para diferenciarlas, al hacer la pareja y contrastarla puede tener significados opuestos dados por diferentes autores. Las definiciones del dicionario, a menudo, definen uno según términos del otro. Chambers tiene como uno de sus significados de account: 'responder como único responsable: tener la responsabilidad o crédito'; responsible tiene como una de sus definiciones: 'poder ser llamado a responder por estar al mando y el control'. La distinción o falta de ella no es simplesmente una cuestión de semántica, ua que se trata de decidir si ellos, en el centro del debate en Inglaterra, encuentran diferencias en las relaciones entre ministerios, empleados civiles y el Parlamento.*"

e, portanto, estarem sujeitos a julgamentos ou avaliações de uma autoridade superior. A diferença está, com certeza, na maneira pela qual essa prestação de contas ocorre – processos, critérios, diante de quem, consequências etc.

- Responsabilidade em sentido estrito (*liability*): refere-se à suposição das consequências dos próprios atos e, às vezes, também de atos praticados por terceiros, quando esses atos ocorrem dentro do campo de autoridade do administrador responsável final. As consequências dessa dimensão de responsabilidade são normalmente fixadas por lei e podem variar muito, dependendo da ordem jurídica de cada país. Em termos gerais, essas consequências podem implicar a imposição de uma sanção (renúncia, demissão, penalidade disciplinar etc.) e a compensação pelos danos causados, mas também podem ter implicações positivas para o funcionário que agiu corretamente ou de maneira exemplar.[186]

A distinção entre política e administração, que forma uma das doutrinas mais clássicas da ciência política moderna e da administração pública, conota não apenas sua divisão de função e sua separação estrutural, mas também a subordinação desta última à primeira.[187] Assim, a primazia da política no nexo político-administrativo explica o controle político final, ou melhor, o governo da maquinaria administrativa do estado em uma democracia. Com isso, a efetivação de uma reforma administrativa perpassa pela averiguação das potencialidades que os mecanismos de controle podem exercer nesse contexto.

David Osborne e Ted Gaebler sugerem, por exemplo, um 'governo catalítico' para a reformulação do arquétipo estatal.[188] Seria, por assim dizer, uma modelagem dinâmica de gestão, pela qual gestores públicos seriam catalisadores de atividades privadas,[189-190] se responsabilizando pela propulsão dessa atuação dissociada da própria máquina pública. É, sem dúvidas, um modelo de estado mínimo que mais se aproxima das proposições

---

186. O termo 'responsabilidade' não é um termo de significado único. Seu escopo é ainda mais amplo em idiomas como o francês ou o espanhol, nos quais a 'responsabilidade' é usada em relação a um campo muito amplo de relações jurídicas, políticas e econômicas e, dentro delas, às suas respectivas dimensões diferentes. Em inglês, a existência de termos diferentes para se referir às várias dimensões da responsabilidade – *responsibility, accountability, liability* – permite uma aplicação mais precisa do conceito. No entanto, isso não impede totalmente a confusão e o debate sobre a aplicação de um ou outro termo às diferentes relações de responsabilidade continua ocorrendo no campo do direito público.
187. *Cf.* JØRGENSEN, Torben Beck; SØRENSEN, Ditte-Lene. Codes of good governance. **Public Administration**, Nova Jersey, v. 12, n. 1, p. 71-96, dez. 2012.
188. OSBORNE, David; GAEBLER, Ted. **Reinventing government**: how the entrepreneurial spirit is transforming the public sector. Reading: Addison-Wesley, 1992, p. 27. Anotam os autores: "(...) *city government will have to make some adjustments and in some ways redefine its traditional role. I believe the city will more often define its role as a catalyst and facilitator. The city will more often find itself in the role of defining problems and then assembling resources for others to use in addressing those problems (...). City government will have to become even more willing to interweave scarce public and private resources in order to achieve our community goals.*"
189. PETERS, Tom J.; WATERMAN JR., Robert H. **In search of excellence**: lessons from America's best-run companies. Nova York: Harper & Row, 1982, p. 3-28.
190. WEIDENBAUM, Murray L. The government-oriented corporation. *In*: SMITH, Bruce L. R.; HAGUE, Douglas C. (Ed.). **Dilemma of accountability in modern government**: independence versus control. Nova York: Palgrave Macmillan, 1971, p. 146. Destaca: "*On the positive side, governmental procurement of goods and services from the private sector might well emphasise the end results desired by governmental decision-makers, rather than the detailed manner in which industry designs and manufactures the final product. In its essence, this is the difference between detailed design specifications prepared by the governmental buyer v. clear statements of performance desired by the government. The latter approach, of course, gives maximum opportunity for private initiative and inventiveness to come to bear on the problems of the public sector.*"

que vigoraram no curso do século XX em todo do globo,[191] e bem menos uma sugestão alinhada aos ditames de governança que regem a atuação responsável.[192]

Não obstante, quando se cogita em termos de *accountability* não é um distanciamento completo entre Estado e cidadãos, mas uma aproximação essencial, baseada em transparência e boa conduta:

> Os valores de independência e responsabilidade (*accountability*), no entanto, não devem ser vistos como totalmente opostos. Em certo sentido, satisfazer a necessidade de prestação de contas serve para proteger a independência. Por exemplo, se uma instituição privada operada fora de qualquer controle ou direção efetiva pelo ministro ou departamento responsável em uma área política sensível e começou a afetar políticas, são grandes as chances de que pressões políticas acabem forçando a imposição de regulamentos que limitam a autonomia da instituição. Da mesma forma, uma instituição forte e independente com a qual o governo pode contratar contribui de maneira importante para o objetivo da prestação de contas. O governo pode então ter certeza de que poderá identificar a responsabilidade pelo trabalho realizado e estabelecer linhas de comando claras. Em uma situação em que o contratado é fraco e as linhas de autoridade são borradas, há maior dificuldade em identificar, gerenciar e responsabilizar os funcionários que executam um programa complexo.[193]

No contexto do direito público, tomam corpo quatro espécies de responsabilidade em seu sentido popularizado como *accountability*: (a) política, (b) administrativa, (c) profissional (dentro da estrutura da vertente administrativa); (d) democrática.

2.4.1.1 Política

A *accountability* política se manifesta em duas dimensões: vertical e horizontal. Na sua dimensão vertical, revela uma relação que liga aqueles que ocupam altos cargos na estrutura administrativa, isto é, os servidores públicos nomeados e destituídos livremente (*ad nutum*), por razões políticas. São os indivíduos que ocupam cargos comissionados e funções de confiança, além dos agentes políticos. Na sua dimensão horizontal, a *accountability* política é um relacionamento que vincula o governo ao Parlamento.[194] Isso, novamente, depende das disposições legais e constitucionais de cada país. No entanto, é cada vez mais frequente que agentes administrativos de alto nível prestem contas di-

---

191. GORE, Al. **Creating a government that works better and costs less**. Nova York: Penguin, 1993, *passim*.
192. WALDEGRAVE, William. **The reality of reform and accountability in today's public service**. Londres: CIPFA, 1993, p. 33-35.
193. SMITH, Bruce L. R. Accountability and independence in the Contract State. *In*: SMITH, Bruce L. R.; HAGUE, Douglas C. (Ed.). **Dilemma of accountability in modern government**: independence versus control. Nova York: Palgrave Macmillan, 1971, p. 4, tradução livre. No original: "*The values of independence and of accountability, however, should not be seen as wholly in opposition. In one sense to satisfy the need for accountability serves to protect independence. For example, if a private institution operated outside of any effective control or direction by the responsible minister or department in a sensitive policy area and began itself to affect policy, the chances are great that political pressures would eventually force the imposition of regulations limiting the institution's autonomy. Similarly, a strong and independent institution with which the government can contract contributes importantly to the goal of accountability. The government can then be confident it will be able to pinpoint responsibility for work performed and establish clear lines of command. In a situation where the contractor is weak, and the lines of authority are blurred, there is greater difficulty in identifying, managing and holding accountable those officials carrying out a complex programme.*"
194. Confira-se: STONE, Bruce. Administrative accountability in the 'Westminster' democracies: towards a new conceptual framework. **Governance: International Journal of Policy, Administration, and Institutions**, Nova Jersey, v. 8, n. 4, p. 505-526, out./dez. 1995.

retamente ao Parlamento por seu desempenho individual ou pelas de suas respectivas unidades administrativas, especialmente em países europeus.[195]

A realização dessa forma de atuação se baseia em um conjunto muito amplo de critérios, incluindo considerações técnicas e objetivas, mas mais do que em qualquer outro critério – principalmente na relação Governo/Parlamento – a dimensão horizontal da *accountability* política é lastreada em considerações políticas e em julgamentos de valor de uma natureza ideológica ou partidária. Na dimensão vertical, as posições inferiores são responsáveis pelas superiores, e as últimas podem supervisionar e controlar o desempenho das primeiras. Na dimensão vertical, porém, a realização da *accountability* política reside em considerações de caráter técnico ou objetivo, embora sempre carregadas de uma certa perspectiva política. Nas duas dimensões, vertical e horizontal, as consequências da responsabilidade política podem acabar com a demissão ou exoneração do servidor público implicado.[196]

O principal problema que as novas linhas de reforma administrativa causam para a *accountability* política é o nível de autonomia que é procurado pelas unidades e agências administrativas. As questões aqui levantadas são, portanto: (i) até que ponto a autoridade política é responsável ou responsabilizada pelo desempenho de agentes autônomos? (ii) Até que ponto os arranjos formais que podem ser estabelecidos para esse tipo de prestação de contas podem afetar o desempenho das unidades e agências autônomas?[197]

2.4.1.2 Administrativa

A *accountability* administrativa, como a política, ocorre em dupla dimensão: vertical e horizontal. Em sua dimensão vertical, revela um relacionamento que vincula posições administrativas inferiores às superiores – políticas ou administrativas. E, em sua dimensão horizontal, vincula o administrador individual e a Administração Pública como um todo: (i) ao cidadão, sujeito concreto ou usuário do serviço; (ii) a outros ór-

---

195. Analisando algumas das particularidades do caso específico do Reino Unido, tem-se os comentários de David Howell: "*It must be recognised, of course, that in most of these cases, and certainly in the case of the major nationalised industries, the independent management status, in as far as it in practice exists, has been achieved more through historical and political accident than as the result of a determined strategy of government structural reform. Moreover, as other papers prepared for the conference show in far greater detail, the 'independent' position of nationalised undertakings has given rise to many complex and disturbing problems. Of these perhaps the most notable and noticed have been the inadequacy of accountability to Parliament and the public on the one hand, and the excessive degree of ministerial interference and control on the other, thus giving these great independent bodies the worst of both worlds, neither management freedom nor positive and constructive public control*" (HOWELL, David. Public accountability: trends and parliamentary implications. *In*: SMITH, Bruce L. R.; HAGUE, Douglas C. (Ed.). **Dilemma of accountability in modern government**: independence versus control. Nova York: Palgrave Macmillan, 1971, p. 235).
196. THOMPSON, Dennis F. Responsibility for failures of government: the problem of many hands. **American Review of Public Administration**, Nova York, v. 44, n. 3, p. 259-273, 2014, *passim*.
197. HOGWOOD, Brian W. Autonomía burocrática y responsabilidad. **Gestión y Análisis de Políticas Públicas**, cit., p. 23. Destaca o autor: "*El problema de la responsabilidad 'por quién' es al menos tan importante como el problema de responsabilidad 'para quién'. El debate tradicional en Inglaterra sobre responsabilidad ministerial tiene que ver en parte con la responsabilidad de los servicios civiles por los ministerios al Parlamento. Para las agencias los problemas surgen de saber qué extensión debe tener su responsabilidad y en qué dirección debe ser encaminada, por ejemplo, las agencias de pensiones por servicios civiles (tanto agencia con vínculo oficial y secretarías permanentes) o por ministerios; o si, en efecto, la responsabilidad en la práctica debe estar en el punto intermedio antes que en el oficial, ya que es el máximo beneficiario de los informes de actividades.*"

gãos externos de supervisão e controle estabelecidos para esse fim, tais como órgãos de auditoria, controladores, "*ombudsmen*"[198] etc.[199] O conteúdo dessa relação de prestação de contas, tanto na dimensão vertical quanto na horizontal, pode variar, dependendo das disposições legais e constitucionais em vigor em cada país.

No entanto, diferentemente da *accountability* política, aqui se apresenta uma grande homogeneidade entre os diferentes sistemas administrativos nacionais em relação aos critérios utilizados para sua realização. Assim, tanto a dimensão vertical da *accountability* administrativa, quanto a horizontal, são baseadas em critérios estritos e objetivos de caráter legal e funcional, que assumem a forma de obrigações de fazer ou não fazer que vinculam o funcionalismo público. Por exemplo, o dever de cumprir todas as obrigações vinculadas ao cargo; o dever de obediência e lealdade para com os superiores; o dever de neutralidade ou imparcialidade; o dever de integridade, o dever de discrição; o dever de usar adequadamente os recursos públicos; o dever de tratar os cidadãos, tanto quanto os superiores, colegas e subordinados, com atenção e respeito; e o dever de cumprir a Constituição e o restante da ordem jurídica, ao qual deve ser adicionado o dever correspondente de abster-se de executar qualquer ação que viole esses princípios.

O cumprimento desses deveres e obrigações é garantido, na dimensão vertical da responsabilidade administrativa, por meio de um amplo conjunto de mecanismos internos de controle e supervisão – representantes, controladores, auditorias etc. O objetivo desses mecanismos é, de fato, garantir a estrita conformidade do desempenho administrativo com as regras e procedimentos estabelecidos, e o uso correto dos recursos públicos. Nesse sentido, é muito comum que os mecanismos de controle financeiro adquiram uma relevância especial entre os diferentes instrumentos de controle, por meio do controle *ex ante* das despesas. Isso lhes permite condicionar a programação e o desempenho administrativos a tal ponto que – principalmente quando isso inclui um poder de veto do gestor – eles se tornam, na prática, os verdadeiros formuladores de políticas públicas, invertendo a lógica da direção e administração política e administrativa. Com efeito:

> As contas financeiras devem, portanto, ser acompanhadas de explicações; mas um relatório dos funcionários responsáveis por si só não constitui prestação de contas, mesmo que esse relatório possa ser objeto de discussão e questionamento por uma comissão parlamentar. Isso ocorre porque o relatório, sendo o trabalho das pessoas envolvidas para se justificar, não pode ser imparcial. Qualquer pessoa que já tenha observado a redação de tal documento sabe que uma das principais preocupações é apresentar os assuntos da melhor maneira possível, e não há quebra de confiança implícita nesse processo. Além disso, é impossível que até os chefes saibam absolutamente tudo sobre o que acontece nas grandes organizações; eles podem ter dúvidas e suspeitas sobre, por exemplo, excesso de pessoal ou uso indevido de fundos de investimento, mas isso exigiria pesquisas caras e talvez causasse tensões internas, para descobrir e apresentar as histórias completas. Parece haver muito pouco incentivo para que eles façam

---

198. O termo *ombudsman* é de origem nórdica (*umboðsmaðr*) e, assim como seus desdobramentos *ombudsperson* e *ombud*, identifica, em linhas essenciais, um cargo profissional contratado por um órgão, instituição ou empresa com a função de receber críticas, sugestões e reclamações de usuários e consumidores, com o dever agir de forma imparcial para mediar conflitos entre as partes envolvidas e propagar o interesse público.
199. LÖFFLER, Elke. **Managing accountability in intergovernmental partnerships**. Relatório apresentado à OECD-PUMA, Paris: OECD, 1999, *passim*.

qualquer divulgação pública. Os autores dos relatórios anuais podem, assim, escolher seus assuntos e evitar perguntas que lhes causaram dificuldades e constrangimentos – embora muitas vezes sejam precisamente essas questões que devam ser a preocupação da *accountability* pública. Assim, a causa e a agenda do debate sobre um relatório anual podem ser definidas por seus autores. É a própria essência da *accountability*, no entanto, que essa iniciativa deva ser realizada pelos questionadores. Portanto, eles precisam de uma fonte independente de informação, para garantir que nenhum problema vital permaneça não mencionado ou não investigado. Somente quando todos os fatos são assim acessíveis, podemos esperar alcançar um equilíbrio de responsabilidade pública.[200]

Em sua dimensão vertical, a *accountability* administrativa é fixada pela ordem jurídica e ocorre através de um conjunto de procedimentos internos. Nos casos em que há uma violação à lei, pode assumir a forma de procedimentos disciplinares e pode, em casos mais graves, gerar a demissão do servidor público em questão. Entretanto, as consequências da realização dessa dimensão da *accountability* administrativa também podem ser positivas quando os mecanismos de controle ou supervisão reconhecerem o desempenho ou comportamento correto de servidores públicos e unidades administrativas. Nesses casos, a realização da responsabilidade administrativa também pode implicar um prêmio ou reconhecimento público para aqueles que se distinguiram no exercício das funções.

Em sua dimensão horizontal, a *accountability* administrativa – além de sujeita aos princípios legais descritos nas páginas anteriores – também se baseará em outros critérios formais, legalmente estabelecidos, que enquadram os termos essenciais da relação entre a Administração Pública e os cidadãos; ainda, entre a Administração Pública e os órgãos externos de controle e supervisão. Essa relação é, aqui, uma relação concreta estabelecida por ocasião da prática de um ato administrativo específico. O cidadão, portanto, é tido como um indivíduo concreto e identificado – o usuário do serviço ou, em termos gerenciais, o cliente –, não o cidadão em termos globais ou abstratos.

Nessa relação entre a Administração e o cidadão, a lei corrige os direitos e possíveis expectativas do último e as funções e deveres da primeira, tanto os que correspondem a cada unidade administrativa, quanto os que correspondem a cada servidor público.[201]

---

200. NORMANTON, E. Leslie. Public accountability and audit: a reconnaissance. *In*: SMITH, Bruce L. R.; HAGUE, Douglas C. (Ed.). **Dilemma of accountability in modern government**: independence versus control. Nova York: Palgrave Macmillan, 1971, p. 314-315, tradução livre. No original: "*Financial accounts must therefore be accompanied by explanations; but a report by the responsible officials does not by itself constitute accountability, even though that report may be the subject of discussion and questioning by a parliamentary committee. This is because the report, being the work of persons concerned to justify themselves, cannot be impartial. Anyone who has ever observed the drafting of such a document knows that a principal concern is to present matters in the best possible light, and there is no breach of trust implied by so doing. It is, moreover, impossible for even the heads to know absolutely everything about what goes on within large organisations; they may have doubts and suspicions about, for example, overstaffing or the misuse of investment funds, but it would call for costly research and perhaps cause internal tensions, to uncover and present the full stories. There would seem to be very little incentive for them to make any public disclosure. The authors of annual reports may thus choose their subjects and avoid questions which have caused them difficulties and embarrassments – although it is often precisely these issues which should be the concern of public accountability. Thus the cause and agenda of debate on an annual report may be set by its writers. It is the very essence of accountability, however, that this initiative must be held by the questioners. They therefore need an independent source of information, to ensure that no vital problem remains unmentioned or uninvestigated. Only when all the facts are thus made accessible can we hope to reach a balance of public accountability.*"
201. RHODES, Roderick A. W. The new governance: governing without government. **Political Studies**, University of Newcastle, Newcastle, n. XLIV, p. 652-667, 1996, p. 657.

De fato, pode-se dizer que, interpretada dessa maneira, a *accountability* administrativa fornece ao cidadão a mais alta garantia de atenção e igualdade de tratamento, além de total certeza, pelo menos no que diz respeito às formas de relacionamento com a Administração (órgãos, procedimentos) e seus possíveis resultados: é uma faceta da governança pública, materializada a partir de balizas desveladas pela Eticidade.[202]

Entretanto, esse tipo de relação de responsabilidade administrativa, formal e legalmente estabelecida, não exclui a existência de outro tipo de responsabilidade horizontal perante os cidadãos ou grupos sociais, como a *accountability* democrática, que será analisada adiante. Não obstante, desde logo se esclarece que, apesar das semelhanças com a *accountability* administrativa horizontal, a *accountability* democrática dela difere por não ter sido formalizada, mas realizada perante os cidadãos ou grupos sociais em geral e por se basear apenas na obtenção de determinados resultados por meio de ação administrativa. Por outro lado, a dimensão horizontal da *accountability* administrativa implica também a existência de órgãos externos de controle e supervisão, aos quais a Administração Pública deve prestar contas de seu desempenho: a ideia é tornar os gestores 'responsivos', para além de já serem 'responsáveis'.[203] No entanto, esse tipo de órgão, embora frequente, não existe em muitos países. Onde existem, sua estrutura e suas funções variam consideravelmente de país para país e, de qualquer forma, estão sujeitas a um conjunto de regras específicas. Isso inclui órgãos como comissões independentes de supervisão, comissões parlamentares, órgãos estaduais de controle, auditorias contábeis ou financeiras, tribunais de contas etc.[204]

O comumente chamado *"ombudsman"* – de origem nórdica, já mencionado alhures – merece menção separada. Essa última espécie de instituição é geralmente caracterizada pela amplitude e flexibilidade de seus procedimentos, por sua acessibilidade e pela falta de coerção de suas decisões e recomendações.[205] Trata-se, precisamente, da característica

---

202. PIERRE, Jon; PETERS, B. Guy. **Governing complex societies**, cit., p. 126. Destacam os autores: *"Accountability has become a key problem in contemporary governance, primarily for three reasons. First, unlike statecraft within the liberal-democratic state, governance is primarily about processes and dynamics; while political institutions are an important aspect of governance, the emphasis in governance is clearly on processes rather than institutions. Governance today frequently includes a wide variety of actors such as public–private partnerships, voluntary associations, private businesses, political institutions existing at different levels of government, and so on. Governance is about developing processes through which those actors can cooperate in order to govern the society and do so in a more democratic and inclusive manner than might be possible in conventional state-centric conceptualizations (and practices) of governing."*
203. BEVIR, Mark. **Democratic governance**. Princeton: Princeton University Press, 2010, p. 109.
204. O termo controle externo é utilizado para tratar de dois temas distintos, um com o conteúdo de fiscalização contábil, financeira, patrimonial, administrativa, a cargo do Poder Legislativo com o auxílio de órgãos especializados de contas. O controle externo se caracteriza pela atuação de um Poder ou órgão constitucional independente sobre a atuação administrativa de outros poderes que são agentes do ato controlado. Por sua vez, o controle interno materializa-se em ação de vigilância voltada às práticas do Poder ou Administração a que pertence. MEIRELLES, Hely Lopes. **Direito administrativo brasileiro**, cit., p. 673-674.
205. GUALAZZI, Eduardo Lobo Botelho. Controle administrativo e 'Ombudsman'. **Revista da Faculdade de Direito da Universidade de São Paulo**, São Paulo, v. 86, n. 2, p. 144-163, ago./dez. 1991, p. 156. Anota: "A Nova Zelândia foi o primeiro país da *Commonwealth* a implantar um *Ombudsman*, em 1962. O *Ombudsman* neozelandês é designado pelo Governador Geral mediante recomendação da Câmara de Representantes. O mandato do *Ombudsman* é de três anos. O *Ombudsman* neozelandês não dispõe de competência direta para fiscalizar atos dos Ministros de Estado. A função do *Ombudsman* neozelandês limita-se a recomendar ao Departamento providências administrativas. Se não houver alteração, o *Ombudsman* pode cientificar o Parlamento a respeito da não observância de seu informe. O *Ombudsman* neozelandês não poderá controlar atos dos tribunais e de seus funcionários. O

mais relevante, pois, diferentemente da maioria dos outros órgãos externos de controle e supervisão, os *"ombudsmen"* geralmente não têm o poder de resolver ou impor suas próprias decisões, que geralmente têm apenas a forma de recomendações e, às vezes, denúncias dos atos da administração. Seria, no Brasil, um 'ouvidor-geral'.[206] É exatamente em função disso que "a governança emergiu como uma perspectiva importante porque se concentra no desempenho, tanto em termos de serviços públicos, quanto em busca de formas alternativas e recursos políticos para o Estado manter alguma capacidade de direção."[207]

O efeito dessas recomendações ou denúncias públicas, porém, depende muito do prestígio e da aceitação dessa instituição em cada sistema administrativo para propiciar "melhoria da transparência dos custos do portfólio de processos, projetos e serviços; esclarecimento das responsabilidades relacionadas à tomada de decisão; construção de relações claras e envolventes entre fornecedores e usuários de serviços."[208] Enfim, as consequências da realização da *accountability* administrativa em sua dimensão horizontal são igualmente fixadas por lei e são trazidas através de processos administrativos internos, procedimentos e mecanismos de controle externo.

Por fim, recursos e atos de controle contra a Administração Pública podem acabar sendo submetidos à decisão de um tribunal de justiça por meio dos procedimentos judiciais relevantes. Em alguns países, os assuntos administrativos são da competência dos tribunais de justiça comuns, enquanto, em outros, são atribuídos aos tribunais em questões administrativas não especializadas. A resolução desses procedimentos pode significar a aceitação ou rejeição da solicitação apresentada pelo cidadão em exercício, mas também pode revisar um ato administrativo incorreto e implicar uma sanção para o servidor responsável.

De um ponto de vista prático, no entanto, o quadro descrito acima deve ser qualificado, uma vez que alguns de seus elementos operam, de fato, de uma maneira diferente da habitualmente usada para descrevê-los em termos abstratos. Por exemplo, no que diz respeito ao dever de neutralidade ou imparcialidade que deve governar o desempenho dos servidores públicos e o da Administração Pública em geral, ele não opera – nem deve – operar em termos absolutos, pois isso seria contrário à própria ideia de governo

---

Ombudsman neozelandês também não pode investigar os atos das Forças Armadas, da Administração local e da Igreja. De acordo com a lei, o *Ombudsman* neozelandês pode atuar em relação a qualquer decisão, recomendação, ato ou omissão, sempre que o considere: a) contrário à lei; b) pouco razoável, injusto ou opressivo, ou indevidamente discricionário, ou em desacordo com a lei; c) baseado em erro legal ou de fato; d) resultado de equívoco; e) decorrente do exercício da faculdade discricionária para fim indevido, por razões inexplicáveis, levando em consideração fatos irrelevantes, ou sem dar as razões da decisão."

206. AMARAL FILHO, Marcos Jordão Teixeira do. Ouvidor-geral – o *Ombudsman* brasileiro. In: ALMEIDA, Fernando Dias Menezes de; MARQUES NETO, Floriano de Azevedo; MIGUEL, Luiz Felipe Hadlich; SCHIRATO, Vitor Rhein (Coord.). **Direito público em evolução**: estudos em homenagem à Professora Odete Medauar. Belo Horizonte: Fórum, 2013, p. 281-284.

207. PIERRE, Jon; PETERS, B. Guy. **Governing complex societies**, cit., p. 127, tradução livre. No original: "(...) *governance has emerged as an important perspective because it concentrates on performance, both in terms of public services and in terms of finding alternative ways and political resources for the state to maintain some steering capacity.*"

208. LEIGNEL, Jean-Louis; UNGARO, Thierry; STAAR, Adrien. **Digital transformation**: information system governance. Nova Jersey: John Wiley & Sons, 2016, p. 27, tradução livre. No original: "(...) *improvement of the transparency of the costs of the process, projects and services portfolio; clarification of the responsibilities regarding decisionmaking; building of clear and engaging relationships between suppliers and service users.*"

democrático, ou seja, o dever de neutralidade ou imparcialidade dos servidores públicos não pode impedi-los de executar comandos ou instruções emitidas por seus superiores na implementação do programa político do governo em exercício: um programa que é, por definição, um programa partidário e, portanto, não é neutro.

A não execução desses comandos implicaria uma violação dos deveres de obediência ou lealdade que vinculam todo o funcionalismo público. Assim, a neutralidade da Administração Pública significa, nesse sentido, a disposição dos funcionários de trabalhar com os diferentes governos e de executar seus diferentes programas políticos com total fidelidade.

Segundo Ana Flávia Messa,

[n]o conceito atual (...) mais abrangente de boa governança, a *accountability* não é apenas uma prestação de contas em termos quantitativos, mas qualitativos, no sentido de buscar reduzir a assimetria informacional entre o gestor público e os cidadãos, e aumentar o controle social sobre a eficácia, eficiência e efetividade das estruturas administrativas. 'Nas verdadeiras democracias, a regra fundamental é: quanto mais elevadas e relevantes as funções assumidas pelo agente público, maior há de ser o grau de sua responsabilidade.'[209]

Por outro lado, a dimensão horizontal da *accountability* administrativa adquire uma dimensão maior nos sistemas descentralizados, uma vez que abrange também as relações entre as diferentes áreas e níveis da administração pública, onde se torna complexa ou plural.

Noutros termos, a dimensão horizontal também se manifesta nas relações entre a Administração central e a periférica, tanto quanto entre as da Administração central com as organizações das unidades autônomas e entre as unidades e agências descentralizadas e autônomas com cada uma delas. Nesse campo, mais uma vez, as relações entre os diferentes níveis de governo são fixadas por lei ou pela Constituição e, portanto, também o são as relações propulsionadas pela *accountability* administrativa.[210]

As principais características da concepção clássica de *accountability* administrativa são, portanto, as seguintes: (i) sujeição total de servidores públicos e unidades administrativas a um amplo conjunto de regras e procedimentos constitucionais, legais e administrativos que governam firmemente seu desempenho; (ii) sujeição total de servidores públicos e unidades administrativas a instruções e comandos emitidos por autoridades e órgãos superiores na adição hierárquica; (iii) realização da *accountability*, em sua dimensão vertical, por meio de órgãos e servidores hierarquicamente superiores e de acordo com inúmeros mecanismos internos de supervisão e controle, dentre os quais estão os mecanismos de controle financeiro; (iv) realização da *accountability*, na sua dimensão horizontal, por meio de órgãos externos de supervisão ou controle e tri-

---

209. MESSA, Ana Flávia. **Transparência, compliance e práticas anticorrupção na Administração Pública**, cit., p. 366.
210. Para maior aprofundamento, confira-se: QUIRK, Barry. Accountable to everyone: postmodern pressures on public managers. **Public Administration**, Nova Jersey, v. 75, n. 3, p. 569-586, out./dez. 1997; GOETZ, Anne Marie; JENKINS, Rob. Hybrid forms of accountability: citizen engagement in institutions of public-sector oversight in India. **Public Management Review**, Oxfordshire, v. 3, n. 3, p. 363-383, jul./set. 2001; PAPADOPOULOS, Yannis. Cooperative forms of governance: Problems of democratic accountability in complex environments. **European Journal of Political Research**, Oxford, v. 42, n. 4, p. 473-501, jun. 2003.

bunais de justiça, por solicitação do cidadão ou oficiosamente; (v) avaliação com base no cumprimento, por servidores públicos e unidades administrativas, das disposições e procedimentos estabelecidos por regras e regulamentos formais e também quanto ao uso correto dos recursos públicos: (vi) estabelecimento, por lei, de possíveis consequências da *accountability*, sendo diferentes de país para país. As consequências da responsabilização administrativa podem incluir uma revisão do ato administrativo, compensação e sanção ou recompensa ao servidor público envolvido.[211]

2.4.1.3 Profissional

Dentro da estrutura geral de ação administrativa, um problema especial é colocado pela chamada "*accountability* profissional", conceito que se refere a um tipo especial de relação de prestação de contas, perfeitamente identificável e que ocorre principalmente no mundo profissional. O tema foi originalmente proposto por Barbara Romzek e Melvin Dubnick, por ocasião de estudo realizado em relação às responsabilidades tomadas pela *National Aeronautics and Space Administration – NASA* e pelo governo norte-americano no caso do acidente com o ônibus espacial Challenger:

> A responsabilidade profissional (...) ocorre com maior frequência à medida que o governo lida cada vez mais com problemas tecnicamente difíceis e complexos. Nessas circunstâncias, os servidores públicos devem contar com funcionários qualificados e especializados para fornecer soluções apropriadas. Esses funcionários esperam ser responsabilizados por suas ações e insistem que os líderes das agências confiem neles para fazer o melhor trabalho possível. Se eles não atenderem às expectativas de desempenho no trabalho, presume-se que eles possam ser repreendidos ou demitidos. Caso contrário, eles esperam ter discrição suficiente para realizar o trabalho. Assim, a responsabilidade profissional é caracterizada pela colocação do controle sobre as atividades organizacionais nas mãos do funcionário, com a experiência ou habilidades especiais para sua realização. A chave do sistema de responsabilização profissional, portanto, é a deferência à experiência dentro da agência. Embora associações profissionais externas possam influenciar indiretamente a tomada de decisão do especialista interno (por meio de padrões educacionais e profissionais), a fonte de autoridade é essencialmente interna à agência.[212]

No entanto, a responsabilidade profissional também pode ocorrer – e ocorre – dentro da estrutura geral da ação administrativa e da responsabilidade. Isso se deve ao aumento estrutural da Administração Pública e ao aumento da complexidade e especialização técnica de suas tarefas, o que significou a entrada na estrutura administrativa de um

---

211. BAR CENDÓN, Antonio. **Accountability and public administration**: concepts, dimensions, developments. Maastricht: NISPAcee European Institute of Public Administration, 1999, p. 37-38.
212. ROMZEK, Barbara S.; DUBNICK, Melvin J. Accountability in the public sector: lessons from the Challenger tragedy. **Public Administration Review**, Nova Jersey, v. 47, n. 3, p. 227-238, maio/jun. 1987, p. 229, tradução livre. No original: "*Professional accountability (...) occurs with greater frequency as government deal increasingly with technically difficult and complex problems. Under those circumstances, public officials must rely on skilled and expert employees to provide appropriate solutions. Those employees expect to be held fully accountable for their actions and insist that agency leaders trust them to do the best job possible. If they fail to meet job performance expectations, it is assumed they can be reprimanded or fired. Otherwise they expect to be given sufficient discretion to get the job done. Thus, professional accountability is characterized by placement of control over organizational activities in the hands of the employee with the expertise or special skills to get the job done. The key to professional accountability system, therefore, is deference to expertise within the agency. While outside professional associations may indirectly influence the decision making of the in-house expert (through education and professional standards), the source of authority is essentially internal to the agency.*"

grande número de profissionais de alta qualificação e, portanto, ao desenvolvimento de inúmeras atividades administrativas de um profissional.

A responsabilidade profissional é caracterizada pela existência de um conjunto de normas e práticas de natureza técnica ou profissional que regem o comportamento e o desempenho dos membros de uma determinada profissão. Essas tempestades e práticas, desde que suas respectivas profissões estejam integradas na estrutura orgânica da Administração Pública, também se tornam parte do conjunto de regras, regulamentos e princípios que regem a operação nas áreas em que a profissão é exercida.

Os membros da profissão, portanto, estão sujeitos a esse conjunto normativo, mas movem-se com plena autonomia ao realizar atividades profissionais, atuando apenas de acordo com seus próprios critérios e conhecimentos profissionais.

De qualquer forma, além do quadro jurídico geral da Administração Pública, espera-se uma lealdade especial às regras e princípios técnicos e éticos que regem a profissão, os quais, por outro lado, são fixados por órgãos de controle (no Brasil, pelos Conselhos Profissionais) da própria profissão. Essas regras e princípios profissionais têm, portanto, uma dimensão técnica e ética.[213] De fato, é frequente que as profissões organizadas tenham seus próprios códigos de comportamento e de ética profissional e estabeleçam mecanismos especiais para sua aplicação e controle.[214] Esses controles profissionais, onde existem, tendem a se concentrar no cumprimento pelos membros da profissão das disposições dessas regras e princípios profissionais, bem como nos resultados técnicos de seu desempenho, e são realizados apenas por membros da mesma profissão.[215]

O problema é, portanto, como combinar os critérios clássicos que regem as atividades profissionais no âmbito privado[216] e a operação e a *accountability* da Adminis-

---

213. MAURIQUE, Jorge Antonio. Conselhos: controle profissional, processo administrativo e judicial. *In:* FREITAS, Vladimir Passos de (Coord.). **Conselhos de fiscalização profissional**: doutrina e jurisprudência. 3. ed. São Paulo: Revista dos Tribunais, 2013, p. 259-260. Anota: "Portanto, para o exercício de algumas profissões regulamentadas, há necessidade de inscrição do profissional nos conselhos respectivos, sem que isso implique violação do preceito constitucional que garante a liberdade de trabalho ou profissão. Afinal, o objetivo dos conselhos é defender a sociedade também do ponto de vista ético."
214. Confira-se: CARVALHO, Vinicius Marques de; MATTIUZZO, Marcela; SOUZA, Bruno Silva e. Programas de compliance: desafios da multiplicidade institucional para o setor privado. *In:* CUEVA, Ricardo Villas Bôas; FRAZÃO, Ana (Coord.). **Compliance**: perspectivas e desafios dos programas de conformidade. Belo Horizonte: Fórum, 2018, p. 365-378.
215. FARIA JÚNIOR, João Leão de. Ordens e Conselhos profissionais: noções (excertos de um parecer). **Revista dos Tribunais**, São Paulo, ano 64, v. 475, p. 217-219, maio 1975, p. 219. Comenta o autor: "Compete aos Conselhos e Ordens defender a sociedade, pelo ordenamento da profissão, tendo, por função, o controle das atividades profissionais respectivas, zelando o privilégio e controlando a ética. Valorizando a profissão ao impedir que pessoas inabilitadas exercitem as atividades profissionais e, ainda, combatendo a falta de ética profissional, atingem os Conselhos e Ordens o seu *desideratum*."
216. SAAD-DINIZ, Eduardo. **Ética negocial e compliance**: entre a educação executiva e a interpretação judicial. São Paulo: Revista dos Tribunais, 2019, p. 198. Comenta: "A especulação filosófica é essencial na realização prática dos fatores individuais e organizacionais que colocam a ética negocial em movimento. A atribuição de deveres deve ser seguida da devida capacitação (estrutural, funcional e pessoal) para seu cumprimento. O desenvolvimento responsável dos programas de *compliance* deve poder delimitar o domínio da determinação subjetiva da liberdade de ação empresarial e sua regulação. A filosofia econômica, tomada em uma dimensão um tanto mais realista, pode ser mais sugestiva para a regulação de comportamentos sociais indesejáveis. Para além da mera percepção moral dos conflitos éticos, é mais importante encontrar as bases do comportamento que possam servir de referência para a elaboração de métricas consistentes e evidências científicas."

tração Pública com os aspectos que governam a operação e a prestação de contas das profissões integradas.[217] Esse problema, no entanto, não é novo, pois em muitos países setores profissionais altamente qualificados, como educação universitária, pesquisa científica, serviços médicos etc. foram incluídos na Administração Pública por muitos anos.[218] Nesses casos, como nos novos que podem ocorrer com o mesmo caráter, a solução do problema está na atribuição de autonomia a esses setores profissionalizados da Administração Pública para a realização das tarefas técnicas ou profissionais relevantes. Entretanto, ao mesmo tempo, deve-se manter os elementos necessários para a existência de vínculo ou relacionamento administrativo, como a sujeição à gerência geral da Administração Pública, o *status* administrativo do pessoal envolvido nessas atividades etc., alavancando verdadeira atuação conforme que enaltece os programas de integridade e o *compliance* trabalhista.[219-220]

Assim, a atividade profissional na Administração Pública requer um modelo especial de responsabilidade que deve ser integrado à estrutura geral da *accountability* administrativa.

Desse modo, as principais características da *accountability* profissional – em esfera mais restrita de cognição – serão as seguintes: (i) sujeição de funcionários profissionais a um conjunto de regras e práticas de caráter profissional (técnico e ético) distintivo da profissão e que são estabelecidos por Conselhos e Ordens; (ii) autonomia dos membros da profissão no exercício de suas funções, com atuação segundo critérios próprios e conhecimentos profissionais especializados; (iii) realização da *accountability* profissional, em sua dimensão técnica, por meio de órgãos (Conselhos e Ordens) de caráter técnico-profissional, formados por membros da mesma profissão; (iv) realização da *accountability* profissional, em sua dimensão administrativa, através dos órgãos ordinários de supervisão e controle da Administração Pública; (v) avaliação baseada tanto no cumprimento pelo desempenho das regras e princípios técnicos estabelecidos pela profissão, como pelo desempenho a partir dos resultados técnicos; (vi) definição, país a país, das consequências desse processo de *accountability*.

---

217. BAR CENDÓN, Antonio. **Accountability and public administration**, cit., p. 40.
218. LORENZETTI, Ricardo Luis. **A arte de fazer justiça**: a intimidade dos casos mais difíceis da Corte Suprema da Argentina. Tradução de María Laura Delaloye. São Paulo: Revista dos Tribunais, 2015, p. 186. Diz: "Estão também incluídas neste padrão as regras de transparência da informação, a existência de órgãos de controle independente, a limitação das delegações abertas para que cada ramo possa exercer seu papel constitucional, a descentralização institucional, o sistema federal (...). Precisamos nos esforçar para torná-lo uma prática constitucional estabelecida."
219. MORO, Luís Carlos. Compliance trabalhista. In: CUEVA, Ricardo Villas Bôas; FRAZÃO, Ana (Coord.). **Compliance**: perspectivas e desafios dos programas de conformidade. Belo Horizonte: Fórum, 2018, p. 434-435.
220. JOBIM, Rosana Kim. **Compliance e trabalho**: entre o poder diretivo do empregador e os direitos inespecíficos do empregado. Florianópolis: Tirant Lo Blanch, 2018, p. 109. Para a autora: "(...) a despeito de o *compliance* ser amplamente utilizado pelas sociedades empresárias, há uma carência de regulamentação, na esfera privada, acerca de um limite específico (...). Constatou-se, outrossim, uma relativização ou permeabilidade entre o princípio da legalidade ampla, que diz respeito a uma autorização para fazer tudo o que não está vedado por lei, e o da legalidade estrita, fazer apenas o que está previsto em lei, uma vez que o *compliance* fomenta que as empresas intensifiquem a regulamentação das atitudes e relações dos integrantes (...) de forma que o pensamento paradigmático passa a seguir a orientação da legalidade estrita ao invés da legalidade ampla também para as pessoas jurídicas privadas e aos empregados a ela vinculados."

2.4.1.4 Democrática

Além das formas de *accountability* já analisadas nos tópicos anteriores, caracterizadas preponderantemente pela definição clara de seus princípios de operação e dos mecanismos estabelecidos para sua realização, existe outra forma de *accountability*, menos definida e que pode ser denominada "*accountability* democrática", uma vez que é expressa diretamente no que diz respeito aos cidadãos ou à sociedade como um todo.[221]

Verdadeiro vetor de uma proposta de consensualização, a *accountability* democrática implica, nesse diapasão, a existência de uma relação direta entre a Administração Pública e a sociedade civil.[222] Trata-se de uma relação na qual esta não é apenas um objeto passivo da ação daquela, mas, ao contrário, adota um papel ativo, tanto em relação ao acatamento de atos administrativos, quanto em relação à solicitação de prestação de contas daqueles que os praticam.[223]

Segundo Diogo de Figueiredo Moreira Neto:

> O advento da democracia muda radicalmente o rumo da política e passa a exigir um Direito Público bem mais definido e rigoroso em termos de detenção, exercício e controle do poder, ou seja: a construção de um direito democrático especificamente dirigido a reger relações assimétricas entre centros institucionais de poder e os seus respectivos destinatários.
>
> Todavia, como já exposto, em sua primeira manifestação, sua instituição foi preponderantemente instrumental – uma democracia formal – que, substancialmente, apenas exigia o consentimento legitimatório de quem deve governar, para tanto munida de seus institutos clássicos, regedores de processos eletivos e dos partidos políticos, desenvolvidos durante a modernidade; mas, aos poucos, a partir dela, tornou-se viável torná-la também equilibradamente material – uma democracia substantiva – que demanda, em acréscimo, o consentimento legitimatório do como se deve governar, pendente de sofisticados processos de aperfeiçoamento de Direito Público pós-moderno, aliás, uma característica dinâmica deste regime ainda em construção.[224]

De fato, o crescimento da Administração Pública e a profusão de políticas públicas e ações administrativas a todos os aspectos possíveis da vida em sociedade são fatores que propiciaram o surgimento de um processo de participação no qual duas necessidades

---

221. MIGLINO, Arnaldo. **As cores da democracia**. Tradução de Fauzi Hassan Choukr. 2. ed. Florianópolis: Empório do Direito, 2016, p. 140-141. Destaca: "Por último, resumimos os princípios essenciais da democracia atual: 1) Os valores fundamentais que a inspiram são liberdade, a igualdade e solidariedade. 2) Estes valores são obtidos através da prevenção da concentração do poder na sociedade, nomeadamente econômicos, políticos e de informação, e promovendo-se a difusão desse mesmo poder; organizando a comunidade não por ordens ditadas pelo capricho de certas pessoas, mas por regras estabelecidas nos interesses dos indivíduos que compõem a comunidade; promovendo a participação direta e indireta de todos os cidadãos na vida pública, proporcionando benefícios que satisfaçam as necessidades da comunidade e atenuem as desigualdades da vida política, econômica, social e cultural das relações entre os indivíduos."
222. MOREIRA NETO, Diogo de Figueiredo. Novos institutos consensuais da ação administrativa. **Revista de Direito Administrativo**, Rio de Janeiro, v. 231, n. 1, p. 123-156, jan./mar. 2003, p. 133.
223. FALEIROS JÚNIOR, José Luiz de Moura. Administração Pública consensual: novo paradigma de participação dos cidadãos na formação das decisões estatais. **Revista Digital de Direito Administrativo**, cit., p. 71. Anota: "Com efeito, não se trata de uma desconstrução da importância do atributo da imperatividade, muito menos de negar a existência do poder extroverso do Estado, uma vez que tais elementos, embora se façam necessários na atuação do Poder Público, devem ser compatibilizados com a nova lógica do consenso."
224. MOREIRA NETO, Diogo de Figueiredo. O direito administrativo do século XXI: um instrumento de realização da democracia substantiva. **A&C – Revista de Direito Administrativo & Constitucional**, Belo Horizonte, ano 11, n. 45, p. 13-37, jul./set. 2011, p. 18.

diferentes convergem: por um lado, a necessidade da Administração Pública de obter o maior apoio possível à aceitação social de suas decisões; e, por outro, a necessidade da sociedade e de grupos específicos dentro dela de garantir que a Administração Pública leve em consideração e cumpra suas próprias demandas e interesses.[225]

Esse processo de participação se torna um relacionamento de *accountability* pelo qual cidadãos e grupos sociais se transformam em agentes de controle do desempenho administrativo, e a Administração Pública, nesse sentido, passa a ser forçada a prestar contas e justificar seus atos diante deles.[226]

Diferentemente das outras formas de responsabilização analisadas, a *accountability* democrática não é estabelecida de maneira formal e perfeitamente definida.[227] Pelo contrário, os elementos de seu processo – agentes públicos, critérios de avaliação, instrumentos de controle, consequências – nem sempre são bem definidos ou formalmente apresentados pela ordem jurídica e podem até variar com base no tipo de ação administrativa.

Em todo caso, deve-se sublinhar que essa forma de *accountability*, na Administração Pública, não é nova nem carece de qualquer restrição formal. Em verdade, não é incomum encontrar – mesmo nos modelos mais clássicos e burocráticos de Administração Pública – instrumentos de participação cívica no processo administrativo de tomada de decisão.[228] Assim, tanto na formulação de regulamentos, quanto na adoção de outros tipos de atos e decisões administrativas, é frequente encontrar uma fase do processo que é abordada na consulta pública e no recebimento de alegações feitas por cidadãos.

E, certamente, esse tipo de consulta – formalmente previsto e regulamentado no que se refere a seus procedimentos e consequências – encontra a devida guarida do ordenamento, com regramentos materiais e procedimentais próprios. No entanto, o que é realmente novo aqui é o fato de a Administração Pública prestar contas diretamente aos cidadãos por seu desempenho.

Fala-se, com sonoridade e grande ênfase, no alvorecer de uma Administração Pública consensual, marcada pela legitimação dos processos decisionais a partir do

---

225. PIERRE, Jon; PETERS, B. Guy. **Governing complex societies**, cit., p. 129. Registram os autores: "*From the governance perspective, however, legitimacy emerges as a problem because the state is under-performing. The raison d'etre and legitimacy of the state in a governance perspective is derived primarily from its performance in terms of outputs – services, decisions, and actions. There are, however, still some important questions about procedures and democratic capacity in the contemporary discussion of the state. For example, movements such as communitarianism (Etzioni, 1995) and deliberative democracy (Hunold, 2001) point to the need to make government democratic, open and transparent, as well as effective. The governance emphasis may tend to bureaucratize the practice of democracy, with a good deal of public participation now being directed toward the bureaucracy. Further, even more than with the corporatism characterizing much of the political discussion of the 1970s and 1980s, social groups have come to be considered essential to the functioning of the state.*"
226. OSBORNE, David; GAEBLER, Ted. **Reinventing government**, cit., p. 49.
227. *Cf.* ROWE, Mike. Joined up accountability: bringing the citizen back in. **Public Policy and Administration**, Nova York, v. 14, n. 2, p. 91-102, 1999.
228. SCHIRATO, Vitor Rhein; PALMA, Juliana Bonacorsi de. Consenso e legalidade: vinculação da atividade administrativa consensual ao Direito. **Revista Eletrônica sobre a Reforma do Estado**, Salvador, v. 24, p. 1-26, jan./fev. 2011, p. 3-4.

esforço coletivo e virtuoso da participação cidadã.[229] Sobre isso se tratará no capítulo 3, mas importa saber que não é apenas o 'governo', como autoridade suprema e politicamente responsável pelo desempenho das atividades da Administração Pública, que deve responder pela maneira como atua, tanto perante o Legislativo, quanto, em última instância, o eleitorado. Isso porque "nenhuma justificativa pode haver, nem jurídica, nem política, e muito menos ética, para pretender aplicar ao Estado moderno os critérios com os quais funcionaram os governos absolutistas no passado";[230] por isso, para além da visão tradicional da Administração Pública, propõe-se que as unidades administrativas e os servidores públicos individualmente considerados podem e devem ser responsabilizados diretamente pelos cidadãos pela gestão e pelos resultados de suas atividades administrativas que se desvirtuem de parâmetros legais e éticos. Para Lorenzetti:

> O modelo "descentralizado-ascendente" parte da suposição contrária. A lei resulta de um acordo básico entre os cidadãos que optam por viver em sociedade e ascende aos organismos que exercem a autoridade e são seus delegados. As diferenças entre os dois modelos são nítidas:
> – No primeiro, o básico da sociedade decorre da decisão de uma autoridade central que domina e impõe suas ideias, enquanto que na segunda surge do acordo entre os cidadãos;
> – No primeiro há concentração, enquanto no segundo há descentralização;
> – Há homogeneidade no primeiro e no segundo, há diversidade;
> – No primeiro há exclusão de grupos, no entanto no segundo se procura a integração;
> – No primeiro há resultados pacificadores no prazo imediato e tensões no longo prazo; no segundo caso, pelo contrário, existem dificuldades no consenso inicial, mas uma vez que isto é conseguido é mais durável.
> Os dados históricos são conhecidos, mas agora estamos interessados em seu potencial regulamentar para a democracia e a justiça concreta.
> O modelo ascendente permite o exame das decisões seguindo um padrão de razoabilidade, porque imagina uma situação ideal de diálogo de natureza contrafactual, quer dizer que é usado para comparar e contrastar o modelo com os fatos. Isto pressupõe uma concepção de diálogo e consensual de funcionamento democrático, em que a lei não surge de uma autoridade central, mas apenas a descentralização decisória.[231]

Assim, unidades administrativas e servidores públicos não podem mais ser considerados livres de qualquer relação direta de *accountability* perante os cidadãos sob o argumento de que, quanto a isso, responde o próprio Estado. O principal objetivo da ação administrativa é a satisfação das necessidades e interesses dos cidadãos, dentro da estrutura geral da Constituição e do restante da ordem jurídica. Nesse sentido, o desempenho administrativo deve ser inspirado não apenas pelo respeito dessa estrutura jurídica, mas principalmente pela obtenção da maior satisfação possível a essas necessidades e interesses.

---

229. TORRES, Ricardo Lobo. A cidadania multidimensional na era dos direitos. *In:* TORRES, Ricardo Lobo (Org.). **Teoria dos direitos fundamen**tais. Rio de Janeiro: Renovar, 1999, p. 249. Segundo o autor, exercer a cidadania é "como o pertencer à comunidade que assegura ao homem a sua constelação de direitos e o seu quadro de deveres".
230. GORDILLO, Agustín. **Tratado de derecho administrativo**. 7. ed. Buenos Aires: Fundación de Derecho Administrativo, 2003, t. 1, p. 12, tradução livre. No original: "(...) *ninguna justificación, ni jurídica ni política y menos aun ética, puede haber para pretender aplicar al Estado moderno los criterios con los cuales funcionaron los gobiernos absolutistas del pasado.*"
231. LORENZETTI, Ricardo Luis. **A arte de fazer justiça**, cit., p. 57-58.

A responsabilidade democrática, portanto, concentra sua atenção nos resultados da ação administrativa, em seu impacto na vida social e econômica, ou seja, em sua eficácia inovadora em sentido amplo. Mas, também se concentra na satisfação das demandas dos cidadãos e grupos sociais diretamente afetados pelas atividades da Administração Pública.

Esses atores se tornam, assim, os novos agentes do controle da Administração Pública, de acordo com esse novo conceito de *accountability* democrática. Com isso, cidadãos e grupos sociais que se valem dessa forma de *accountability* podem se servir dos mesmos mecanismos que também são usados para a participação cívica nos processos administrativos de tomada de decisão: comitês e conselhos de cidadãos, audiências públicas, organizações de consumidores etc.[232]

Anota-se, ademais e já sinalizando um ponto fulcral do que se abordará no capítulo 3, que além desses instrumentos de controle da *accountability* democrática, é preciso acrescentar o papel desempenhado pelas Tecnologias da Informação e Comunicação quanto à vigilância do exercício das atividades públicas.

Certamente, o escrutínio do desempenho da Administração Pública força as unidades de administração afetadas a prestar contas públicas sobre suas atividades, explicá-las e justificá-las, praticamente sem espaço (ressalvados os casos abarcados por sigilo administrativo). A tecnologia abriu as portas para novos instrumentos de comunicação, informação e, portanto, controle dos cidadãos sobre as atividades do Estado.[233] A esse respeito, não cumpre apenas dizer que a Administração Pública está agora mais aberta e transparente do que há alguns anos; é que as expectativas dos cidadãos mudaram e agora elas estão mais conscientes, mais bem informadas e mais exigentes de explicações e justificativas.

Por essa razão, não apenas a Administração Pública precisa ser eficiente – se valendo, inclusive, da tecnologia para isso –, mas, também, deve provar aos cidadãos que essa eficiência é verdadeira e que propicia verdadeiro florescimento de instrumentos de supervisão e controle do desempenho administrativo[234] que atenda aos anseios de uma sociedade cada vez mais consciente da relevância desse controle, a fim de garantir a máxima eficiência da Administração Pública.

---

232. OLIVEIRA, Gustavo Henrique Justino de; SCHWANKA, Cristiane. A administração consensual como a nova face da Administração Pública no século XXI: fundamentos dogmáticos, formas de expressão e instrumentos de ação. **A&C – Revista de Direito Administrativo & Constitucional**, Belo Horizonte, a. 8, n. 32, p. 31-50, abr./jun. 2008, p. 47. Segundo os autores, "(...) parece ser pertinente apontar a existência de um módulo consensual da Administração Pública, como gênero que abrange todos os ajustes negociais e pré-negociais, formais e informais, vinculantes e não-vinculantes, tais como os protocolos de intenção, protocolos administrativos, os acordos administrativos, os contratos administrativos, os convênios, os consórcios públicos, os contratos de gestão, os contratos de parceria público-privada, entre diversas outras figuras de base consensual passíveis de serem empregadas pela Administração Pública brasileira na consecução de suas atividades e atingimento de seus fins."
233. JACOBSSON, Bengt; PIERRE, Jon; SUNDSTRÖM, Göran. **Governing the embedded state**: the organizational dimension of governance. Oxford: Oxford University Press, 2015, p. 39. Anotam: "*Technologies concerning how to solve problems are ambiguous since causal relations are rarely known. And due to interdependencies—they are many hands' problems—and other complexities, attempts to solve some part of a wicked problem may result in a situation where new problems emerge. In fact, many problems that are handled by governments tend to have strong elements of wickedness. Governments face strong demands to take care of problems that may be extremely difficult to tackle.*"
234. NORMANTON, E. Leslie. Public accountability and audit: a reconnaissance, cit., p. 312-314.

Michael Power denomina esse hodierno fenômeno de 'sociedade de auditoria',[235] com vigilância multissetorial constante e consequências advindas da inobservância da *accountability* democrática. De qualquer forma, é evidente que o exercício desse controle não pode incluir, do ponto de vista formal, consequências concretas que não sejam a adoção de determinadas decisões ou atos administrativos; a modificação das decisões dos atores adotadas anteriormente; a anulação de atos ou decisões; ou, finalmente, a abertura de processos disciplinares contra os servidores públicos envolvidos em não conformidades.

O principal efeito geral derivado da realização da *accountability* democrática deve ser a legitimação democrática da Administração Pública. Essa legitimação é o resultado necessário da implicação direta dos cidadãos no processo de adoção de atos e regulamentos administrativos e no controle de sua implementação.

2.4.2 Legalidade (*Legality*)

Para Parsons, o 'Estado de Direito' (*Rechtstaat, État de Droit* etc.), além de ser um dos 'universais evolutivos' fundamentais na política moderna e na sociedade, pertence de uma maneira muito específica e significativa à conduta administrativa.[236] O respeito e a adesão ao princípio da legalidade manifestam um espírito de constitucionalismo e formam um pré-requisito essencial para a legitimidade da ação do Estado e o exercício da autoridade; assim, Max Weber considerava o terceiro tipo de legitimação de autoridade (carismática, tradicional, legal-racional).[237]

---

235. POWER, Michael. **The audit society**: rituals of verification. Oxford: Oxford University Press, 1997, p. 4. Diz: "*It seems logical to start a study like this with a definition of auditing. In this way the field of inquiry can be delimited and made manageable from the start. But this is not easy or even desirable for two reasons. First, despite the general references to account giving and checking above, there is no precise agreement about what auditing really is, as compared with other types of evaluative practice, such as inspction or assessment. It is wiser to speak of a cluster of definitions which overlap but are not identical. Second, one must in any case understand that the production of official definitions of a practice like auditing, in legislation or promotional documents, is an idealized, normative projection of the hopes invested in the practice, a statement of potential rather than a description of actual operational capability. Defining auditing is largely an attempt to say what it could be. (...) On this view audit is a form of checking which is demanded when agents expose principals to 'moral hazards', because they may act against the principals' interests, and to 'information asymmetries', because they know more than the principals. Audit is a risk reduction practice which benefits the principal because it inhibits the value reducing actions by agents. Audit will be undertaken by principals up to the point where its marginal benefits equal its marginal cost. Interesting economic models have also been developed which demonstrate that, under certain conditions, agents will rationally demand auditing and will voluntarily contract to be checked (Jensen and Meckling, 1976).*"
236. GUERRA FILHO, Willis Santiago. **Teoria da ciência jurídica**. 2. ed. São Paulo: Saraiva, 2009, p. 132-133. Comenta: "Ao lado dessa concepção dita 'crítica', e em polêmica com ela, existe uma perspectiva sistêmico-funcionalista, representada na Alemanha por Niklas Luhmann, de acordo com a qual é descabido avaliar as ideologias por conteúdo de verdade. O papel delas é reduzir a complexidade das relações sociais, por um recurso a valores que orientam significativamente as condutas. O que há de mais condenável – e superado – nessa teoria seria sua tendência à minimização do papel dos conflitos na análise social, como se verifica na abordagem de Talcott Parsons – não na de Luhmann, tal se procurou evidenciar em outro local – que pode ser considerado seu fundador, conhecida (a teoria) em sociologia como estrutural-funcionalismo".
237. HOMMERDING, Adalberto Narciso; MOTTA, Francisco José Borges. Racionalidade jurídica e Estado Democrático de Direito: reflexões sobre a decisão jurídica a partir de Max Weber. **Revista Eletrônica Direito & Política**, Itajaí, v. 13, n. 1, p. 244-275, jan./jun. 2018, p. 256-257. Destacam: "Com efeito, o reconhecimento, ou legitimidade, surge quando os indivíduos reconhecem uma ordem como sendo legítima, orientando para essa ordem seus comportamentos empíricos. (...) Ações que possuem o caráter de direito são, pois, ações garantidas por coação jurídica. O

O respeito e a aplicação do princípio da legalidade envolvem um tipo específico de controle da ação administrativa que visa garantir que a Administração Pública opere no contexto da lei estabelecida pelo Legislativo. Como a fonte de todo poder é, em última análise, o povo – de acordo com o princípio constitucional fundamental da soberania popular que está consagrado na maioria das democracias atuais –, segue-se que todo poder deve ser exercido em nome e no interesse geral desse mesmo povo. Consequentemente, tanto o governo quanto a Administração, como ramo executivo do Estado e, indiretamente, da própria nação, devem respeitar a lei,[238] que é a expressão da vontade da nação.

Nesse sentido, originário da tradição constitucional da revolução francesa, o Estado poderia ser visto como não mais do que o mecanismo que a nação criou para seu próprio governo e Administração, transpondo qualquer liame ético que não esteja adstrito à própria atividade legislativa – e, aqui, adquire pertinência o célebre debate de H. L. A. Hart e Ronald Dworkin.[239] E, para promover a gestão eficaz e conter arbitrariedades, o funcionamento das estruturas de ação do Estado deve ser guiado e determinado por um sistema articulado de regras e leis, cuja aplicação engenhosa em casos concretos, pelas autoridades administrativas ou judiciais, constitui, então, a essência do princípio da legalidade e do Estado de Direito.[240]

O controle da legalidade da ação administrativa, inicialmente exercido pela própria Administração e, finalmente, por tribunais de justiça independentes, tem o inegável objetivo de garantir, particularmente, que os procedimentos adequados foram seguidos e observados; bem assim, visa aferir o respeito aos parâmetros de equidade, razoabilidade e imparcialidade, prevenindo o abuso de poder.

O que se observa, contudo, é um contraponto a essa tendência, que se materializa cada vez mais em razão da propensão à reinserção da ética na dinâmica das atividades administrativas, tamanho o descompasso entre governabilidade e governança na esteira da legalidade estrita, mas sem que isso signifique, *per se*, um abandono da legislação local ou sua ofuscação por paradigmas transnacionais.[241]

---

constrangimento, assim, é o elemento complementar. Implica a garantia externa da legitimidade e da eficácia da ordem jurídica. O constrangimento é uma característica exterior à ordem jurídica. É um elemento externo. Por ele se garante a realização efetiva do Direito. E isso faz com que o Direito se diferencie das outras ordens sociais. Há, a propósito, dois princípios básicos da racionalização do pensamento jurídico: generalização e sistematização."

238. ROSENBLOOM, David; O'LEARY, Rosemary; CHANIN, Joshua. **Public administration and law**. 3. ed. Boca Raton: CRC Press, 2010, p. 157. Segundo os autores: *"Drawing a line between reliance on intuition and reason is inherently difficult, but it is often the question upon which the constitutionality or legality of an administrative action depends."*

239. A intenção de Hart, em seu *The Concept of Law*, foi empreender verdadeiro trabalho de sociologia descritiva, tomando o sistema jurídico como objeto de descrição sem qualquer interferência de parâmetros diversos da legalidade, ou seja, o autor se propôs a realizar uma descrição moralmente neutra; já Dworkin defende que o estudo conceitual pressupõe certo grau de interpretação, não sendo concebível como meramente descritivo, e, no caso específico do direito, a incidência de alegações substantivas (morais e éticas) para fundamentar essa interpretação seria caminho inevitável. Para mais, confira-se: HART, Herbert L. A. **The concept of law**. 2. ed. Oxford: Clarendon Press, 1961; DWORKIN, Ronald. **Levando os direitos a sério**. Tradução e notas de Nelson Boeira. São Paulo: Martins Fontes, 2002.

240. *Cf.* CADEMARTORI, Sérgio. **Estado de direito e legitimidade**: uma abordagem garantista. Porto Alegre: Livraria do Advogado, 1999.

241. *Cf.* BITENCOURT NETO, Eurico. Direito administrativo transnacional. **Revista Brasileira de Direito Público**, Belo Horizonte, ano 7, n. 24, p. 109-126, jan./mar. 2009; STAFFEN, Márcio Ricardo. Superlegality, global law and the transnational corruption combat. **Revista Brasileira de Direito**, Passo Fundo, v. 14, n. 1, p. 111-130, jan./abr. 2018.

O tema já vem sendo densamente debatido pela doutrina escandinava, e perpassa pela compreensão dos impactos da tecnologia nesse novo cenário de aceleração informacional no qual a governança revela inexorável complexidade:

> A governança está longe de ser linear na forma como opera e existem barreiras a essa linearidade que existem no tempo, no espaço e nas estruturas políticas (principalmente as redes). Em vez de ser linear e determinado, o processo de governança pode ser conceituado pelo menos tão bem quanto pode ser considerado um pouco caótico. Nessa conceituação, os resultados das políticas podem ser estruturados por eventos e conjunturas acidentais, e não por um *design* consciente. Além disso, argumentamos que essa conceitualização bastante caótica é mais aplicável no presente do que no passado (relativamente) recente. Especialmente quando a governança se afastou da concepção hierárquica, institucionalmente restrita e centrada no Estado, a noção mais desarticulada de governar é cada vez mais apropriada e cada vez mais crucial para entender o que está acontecendo na governança.[242]

Sem dúvidas, a proposta de uma governança democrática[243] demanda o realinhamento de certos postulados tradicionais para que se faça nascer uma Administração Pública adaptada às novas tecnologias.[244] É nesse ponto que se situa a proposta deste trabalho para o aprimoramento da legalidade no Regime Jurídico Administrativo.

2.4.3 Integridade (*Integrity*)

A aplicação do conhecimento e da ciência nos assuntos públicos tem sido historicamente relacionada ao advento e ao aumento do profissionalismo no seu exercício. Por mais relativo ou hesitante que ocasionalmente tenha provado ser, no entanto, é o caso de uma noção de Administração Pública que se projeta em seus serviços públicos, exercidos de acordo com a lei e sob a orientação e direção de gestores politicamente responsáveis ou outros agentes eleitos pelo sistema democrático. A doutrina chega a indicar, até mesmo, a possibilidade de que sejam criados órgãos ou entidades para a promoção e garantia da integridade no serviço público.[245]

---

242. PIERRE, Jon; PETERS, B. Guy. **Governing complex societies**, cit., p. 65, tradução livre. No original: *"Governance is far from being linear in how it operates and there are barriers to that linearity that exist in time, space, and across political structures (most notably networks). Rather than being linear and determinate, the governance process can be conceptualized at least as well as being more than a little chaotic. In that conceptualization, policy outcomes may be structured by accidental events and conjunctures rather than through conscious design. Further, we argue that this rather chaotic conceptualization is more applicable at present than in the (relatively) recent past. Especially as governance has moved away from the hierarchical, institutionally constrained, and state-centric conception, the more disjointed notion of governing is increasingly appropriate and increasingly crucial for understanding what is happening in governance."*
243. *Cf.* RUEDIGER, Marco Aurélio. Governança democrática na era da informação. **Revista de Administração Pública**, Rio de Janeiro, v. 43, n. 3, p. 471/493, maio/jun. 2008.
244. MESSA, Ana Flávia. **Transparência, compliance e práticas anticorrupção na Administração Pública**, cit., p. 235. Anota: "Inovação significa atualização de métodos e ferramentas da evolução tecnológica na formulação e na gestão das políticas públicas e na prestação dos serviços públicos. No aspecto da inovação assume especial relevância a criação e a manutenção da infraestrutura necessária de plataformas *web*, bem como o tipo e a forma de colocação dos dados nessas plataformas."
245. AULICH, Chris; WETTENHALL, Roger; EVANS, Mark. Understanding integrity in public administration: guest editors' introduction. **Policy Studies**, Oxfordshire, v. 33, n. 1, p. 1-5, jan. 2012, p. 2. Anota: *"Brian Head introduces the notion of 'integrity systems' and develops the argument that integrity agencies are one significant 'pillar' in any system. According to Head, these special purpose integrity agencies are designed to provide leadership in tackling corruption and in setting standards and monitoring performance of integrity in jurisdictions. He makes the point that specialized integrity agencies appear to work best in those countries where accountability and transparency are already well incorporated in public sector systems."*

Disposições especiais relacionadas ao recrutamento, à carreira, à disciplina e ao controle das atividades desempenhadas representam a dimensão denominada integridade (*integrity*) da governança pública,[246] que, somada à autonomia profissional, consolida a 'virtude profissional' almejada. Em outros dizeres, implica considerar que a subordinação hierárquica absoluta qualificada impõe à Administração Pública submissão à orientação e ao controle políticos, embora seu pessoal seja recrutado e atue sob a autoridade da lei e no interesse público, e não com base em favoritismos partidários.

O funcionalismo público deve ser composto por membros totalmente competentes, com base em conhecimento, experiência e especialização comprovados, e suficientemente independentes para oferecer aconselhamento oficial, bem como implementar políticas e decisões públicas de maneira eficiente e eficaz no interesse público. Para esse fim, o recrutamento deve ocorrer com base no mérito apurado por testes especiais administrados por representantes independentes designados – seguindo, nessa linha, a dinâmica dos concursos públicos – para que o acesso ao serviço público não fique mais sujeito às práticas do sistema (clientelismo; favoritismo), realçando-se a meritocracia como elemento importante da integridade e autonomia profissionais.

Ainda, é necessário apontar a relevância das medidas disciplinares, que devem ser adotadas pelos Conselhos do próprio serviço, promovendo o espírito corporativo (espírito de corpo) e o autogoverno na profissão administrativa; a promoção na carreira também deve se basear na antiguidade (na medida em que um serviço mais longo testemunha uma experiência mais ampla) e no mérito (após a classificação e avaliação do desempenho).

Continuidade ou posse do serviço e exclusividade da prática no campo designado é um terceiro fator a se considerar. E, embora seja claro que isso pode ser reservado ao número necessário de servidores integrantes do quadro permanente, cujos deveres e responsabilidades envolvam o exercício de poderes conferidos pelo direito público ou a salvaguarda dos interesses gerais do Estado, deve-se destacar que, por conseguinte, poderiam ser excluídos desta categoria aqueles que estão empregados contratualmente (sem participação na sistemática dos concursos).

Um quarto ponto de realce à integridade são os treinamentos e a educação, balizas que servem ao propósito de aumentar o profissionalismo no governo e na administração como um todo, ou seja, envolvendo não apenas seus aspectos legais ou jurídicos, mas também outros ramos e campos de ação executiva (engenheiros, médicos, economistas etc.).

Enfim, deve haver também um conjunto especial de direitos e obrigações que promova a lealdade e a integridade dos membros do funcionalismo público, incluindo a neutralidade da prática; significa dizer que uma prontidão para servir diferentes go-

---

246. David Jackman descreve a integridade como um princípio essencial da governança: "*Honesty and integrity: We conduct our business at all times with the utmost honesty and integrity. We will not place ourselves in any situation where our professionalism could be questioned or where our actions, decisions, or omissions may damage the reputation of the firm or the financial services industry as a whole. This may mean declining business.*" JACKMAN, David. **The compliance revolution**: how compliance needs to change to survive. Nova Jersey: John Wiley & Sons, 2015, p. 38.

vernos legítimos, independentemente das preferências ou escolhas pessoais, é um dos reflexos necessários da integridade no desempenho de funções públicas.

O profissionalismo no serviço público poderia então ser visto como resultado de uma combinação de conhecimento, experiência, julgamento e conduta, consubstanciados e regidos de acordo com os padrões de integridade da carreira. A competência com base no conhecimento, experiência e *expertise* está em todas as profissões estabelecidas (médicos, advogados, engenheiros, contadores, jornalistas etc.)[247] geralmente acompanhada por um conjunto de valores compartilhados e mantidos pelos colegas sobre como usar e aplicar esse conhecimento, ou seja, o conhecimento e a experiência teriam que ser usados com certos padrões que definem a ética profissional, como evitar a corrupção na prestação de serviços e a adoção de outros parâmetros éticos desdobrados do chamado *compliance*.[248] Caso contrário, a profissão é privada de uma condição prévia essencial de sua reivindicação de legitimidade.

Nos dizeres de Hegel, o que o serviço do Estado realmente exige é que os homens abram mão da satisfação egoísta e caprichosa de seus fins subjetivos; por esse mesmo sacrifício, eles adquirem o direito de encontrar satisfação exclusivamente no cumprimento respeitoso de suas funções públicas.[249]

É certo que, no que diz respeito aos negócios públicos, o elo entre interesses universais e particulares constitui tanto o conceito de Estado quanto sua estabilidade interna e, a esse respeito, a Administração Pública poderia se beneficiar da edição e propagação de códigos de ética que consolidem a virtude e a integridade profissional e aumentem a moral e a autoconfiança de seus membros.[250] De fato, esse é frequentemente o caso em muitos sistemas administrativos, uma vez que o imperativo da integridade constitui

---

247. JACOBSSON, Bengt; PIERRE, Jon; SUNDSTRÖM, Göran. **Governing the embedded state**, cit., p. 130.
248. SILVERMAN, Michael G. **Compliance management for public, private, or nonprofit organizations**. Nova York: McGraw-Hill, 2008, p. 56. Comenta: "*Compliance generally refers to the organization's adherence to the laws, rules, regulations, standards, and codes of conduct that govern its behavior. Ethics refers to the organization's values and moral standards. It addresses and defines the issues of integrity, respect, diversity, and quality in an organization. Values and ethics shape the organization's image and reputation in the minds of its external and internal stakeholders. Moreover, ethical failures can have a devastating impact on any organization, ranging from loss of reputation to employee morale issues, enhanced government oversight, impaired client relations, and, of course, potential legal and civil sanctions.*"
249. HEGEL, Georg Wilhelm Friedrich. **Philosophy of right**, cit., p. 191. Eis o trecho no qual o autor cuida do tema, em transcrição literal: "*What the service of the state really requires is that men shall forego the selfish and capricious satisfaction of their subjective ends; by this very sacrifice, they acquire the right to find their satisfaction in, but only in, the dutiful discharge of their public functions. In this fact, so far as public business is concerned, there lies the link between universal and particular interests which constitutes both the concept of the state and its inner stability.*"
250. FARINHO, Domingos Soares. Programas de integridade e governança das empresas estatais: uma visão portuguesa no contexto da União Europeia. *In*: CUEVA, Ricardo Villas Bôas; FRAZÃO, Ana (Coord.). **Compliance**: perspectivas e desafios dos programas de conformidade. Belo Horizonte: Fórum, 2018, p. 245. Veja-se: "Os códigos de ética são um dos mais importantes e difundidos instrumentos de governança no mundo empresarial. Este instrumento aplica-se naturalmente às empresas estatais (...). O conteúdo dos códigos de ética tem conhecido uma progressiva uniformização, com empresas de referência a liderarem a definição de matérias entendidas como relevantes no comportamento das pessoas que as integram. Os principais tópicos neste domínio abarcam áreas muito diversas, como o adequado comportamento e urbanidade em grupo, no que diz respeito a roupa e linguagem, passando pela recusa de consumo de drogas ou abuso de substâncias que possam toldar a consciência e as normais faculdades, mas dizendo também respeito a situações de assédio moral, conflitos de interesses e outros temas mais próximos de domínios legais."

fonte de autocontrole interno na conduta administrativa, com base em padrões e critérios éticos compartilhados e respeitados pelo corpo de administradores profissionais.[251]

No Brasil, é importante lembrar que o Decreto nº 9.203/2017 trabalha, de forma expressa, com a integridade, em seu artigo 5º, inciso I, "a", contemplando-a no rol relativo aos atributos de liderança.

A natureza ética dessas medidas está situada, por exemplo, no ideal de que evitar a corrupção e exibir posturas íntegras seria uma questão de honra e prestígio pessoal e profissional em uma cultura ética, e não simplesmente uma obrigação imposta externamente e dissociada de sua atuação direta.

2.4.4 Responsividade (*Responsiveness*)

Na virada do século XXI, passou a predominar a ideia de que o Estado não deve comandar a sociedade civil, tampouco ser subserviente a ela; em vez disso, cooperaria na construção de capital social em benefício da comunidade humana em questão. Assim, equilibrar um Estado responsivo e uma sociedade civil ativa é a estratégia ideal para melhorar a qualidade e as perspectivas da democracia.[252]

A esse respeito, a 'virtude cívica' do raciocínio ético na ação estatal implica considerar que as instituições públicas respondam à sociedade e prestem atenção às necessidades e demandas das pessoas,[253] facilitando o acesso aos serviços e criando um ambiente propício ao desenvolvimento humano e social sustentável, com o implemento de políticas públicas consentâneas às reais necessidades daquela comunidade.

A capacidade de resposta não se restringe às forças do mercado, mas também e, principalmente, diz respeito à participação dos cidadãos em todos os níveis e camadas do governo, além de capacitar as pessoas nas comunidades humanas. A responsividade também implica consulta a nível de governança e promoção de uma espécie de 'ética comunicativa', em alusão a Habermas,[254] nos assuntos sociais.

---

251. ANDRADE, Renata Fonseca de. Compliance no relacionamento com o governo. *In:* NOHARA, Irene Patrícia; PEREIRA, Flávio de Leão Bastos (Coord.). **Governança, compliance e cidadania**. São Paulo: Revista dos Tribunais, 2018, p. 339. Diz: "Pedra fundamental de um programa de *Compliance* ou de Integridade, o código de conduta incorpora pilares básicos da governança. As declarações do código visam a comunicar interna e externamente os compromissos da empresa com seus clientes, acionistas, colaboradores e sociedade, os seus valores, o arcabouço legal, regulamentar e ético que vinculam a sua governança corporativa. As empresas apresentam em seus códigos seus valores e como tratam os temas éticos em suas rotinas e ações empresariais. (...) A qualidade e a eficiência do programa estarão diretamente relacionadas com a contemporaneidade e conhecimento do regulatório e integração das políticas e procedimentos em um eficaz mecanismo de Compliance."
252. STIVERS, Camilla. The listening bureaucrat: responsiveness in public administration. **Public Administration Review**, Nova Jersey, v. 54, n. 4, p. 364-369, jul./ago. 1994, p. 364. Anota: "The most common strategy for dealing with the idea of responsiveness is to treat it as an aspect of responsibility. (...)."
253. Neste particular, confira-se interessante pesquisa empírica sobre a responsabilidade da Administração Pública às demandas da população de Israel, que concluiu que as percepções da capacidade de resposta são afetadas por fatores políticos e culturais (por exemplo, orientação comercial ou social da autoridade pública, empreendedorismo e iniciação de mudanças, ética, política organizacional) e pela qualidade do sistema de recursos humanos: VIGODA, Eran. Are you being served? The responsiveness of Public Administration to citizens' demands: an empirical examination in Israel. **Public Administration: An International Quarterly**, Nova Jersey, v. 78, n. 1, p. 165-191, 2000.
254. HABERMAS, Jürgen. **The theory of communicative action**: reason and the rationalization of society. Tradução do alemão para o inglês de Thomas McCarthy. Boston: Beacon Press, 1984, v. 1, p. 273 *et seq.*

A transição, por mais complicada que seja, de um modelo de estado inerte e inativo para um modelo dinâmico e capaz de atender eficientemente às demandas da população, perpassa pelo implemento da tecnologia para a aceleração da responsividade.[255] A sociedade civil passa a exercer o papel de não apenas fornecer ao Estado seu rol de necessidades e demandas de natureza individual, mas também fontes valiosas de informação, críticas, *feedback* e avaliação de desempenho quanto à responsividade no atendimento dessas necessidades e demandas.[256] É nesse plano que a tecnologia passa a ser crucial: o rápido intercâmbio informacional propicia imediata submissão de detalhamentos importantes para que haja responsividade.

Portanto, noções como descentralização, desburocratização, privatização e participação do cidadão se destacam no repertório de programas e práticas de reforma de muitos sistemas administrativos contemporâneos e afetam a interface entre a sociedade civil e o Estado. Não é apenas o fato de os cidadãos terem aumentado sua voz como contribuintes e clientes de serviços públicos, mas também o fato de serem, agora, vistos como vigilantes do desempenho ou fracasso do Estado, o que contribui para esse fenômeno.[257]

A sociedade não está mais à mercê da autoridade estatal e do controle da burocracia, mas a última está sob o olhar atento da sociedade. Nesse sentido, o imperativo da capacidade de resposta à sociedade civil exige uma maior conscientização e prontidão para se adaptar às mudanças de valores e condições em geral, e enfatiza a necessidade de uma responsabilidade geral 'externa' ou social das autoridades e da administração do Estado.

2.5 *BIG DATA* E A GOVERNANÇA DA COMPLEXIDADE

A informação é elemento diferenciador do contexto no qual se insere a governança pública em pleno século XXI. Não há dúvidas de que o processo de evolução que culminou na integração das tecnologias informacionais, com destaque para a ascensão da Internet e sua proeminência como mecanismo de afetação democrática, alterou sobremaneira a forma como o vetusto conceito de 'governo eletrônico', apresentado com larga aceitação e grande potencial disruptivo,[258] vem sendo ressignificado à luz de novos

---

255. MAROTO, Andrés; RUBALCABA, Luis. Structure, size and reform of the public sector in Europe. *In*: WINDRUM, Paul; KOCH, Per (Ed.). **Innovation in public sector**: entrepreneurship, creativity and management. Cheltenham: Edward Elgar, 2008, p. 53. Destacam: "*Many authors contend that authority or control, especially in government, must be decentralized in order to provide more responsive support to end-users, eliminate bureaucratic obstacles to programme accomplishment, improve inter-departmental coordination and empower service delivery managers to procure what they need without impediment by a centralized organization.*"
256. SJOBERG, Fredrik M.; MELLON, Jonathan; PEIXOTO, Tiago. The effect of bureaucratic responsiveness on citizen participation. **Public Administration Review**, Nova Jersey, v. 77, n. 3, p. 340-351, maio/jun. 2017, p. 349-350.
257. *Cf.* CAILLOSSE, Jacques. Quel droit la gouvernance publique fabrique-t-elle? **Droit et Société**, Paris, v. 71, p. 461-470, 2009.
258. Para um histórico da proposta de 'governo eletrônico', consulte-se: GRÖNLUND, Åke; HORAN, Thomas A. Introducing e-Gov: history, definitions, and issues. **Communications of the Association for Information Systems**, Nova York, v. 15, n. 39, p. 713-729, jan. 2004; AL-SAI, Zaher Ali; ABUALIGAH, Laith Mohammad. Big data and e-government: a review. **IEEE Xplore**, 23 out. 2017. Disponível em: https://doi.org/10.1109/ICITECH.2017.8080062. Acesso em: 20 jun. 2023.

preceitos e formatações que ampliam seu escopo, seja sob o aspecto orgânico, seja sob o aspecto funcional, relacionado à integração que propicia.[259]

Para além da ideia de uma 'democracia digital',[260] iniciativas de governo eletrônico devem se atentar à necessidade de implementação de políticas de *qualidade* da informação, a partir de alguns parâmetros voltados à maximização da interação popular em torno de iniciativas tecnológicas:

> Para implementar uma gestão de qualidade da informação com base na estrutura anterior, um órgão público precisa instituir quatro tipos de políticas de GQI:
>
> 1. Uma *política de relevância* baseada em um profundo entendimento das reais necessidades de informação dos cidadãos. O objetivo dessa política é garantir que as informações fornecidas sejam relevantes e abrangentes, precisas, claras o suficiente e geralmente aplicáveis aos cidadãos visados.
>
> 2. Uma *política de validade* que descreve como as informações são revisadas internamente, a fim de evitar deficiências, como documentos muito longos, internamente inconsistentes, incorretos ou desatualizados.
>
> 3. Uma *política de processo* que descreva como o processo de interação permanece utilizável para vários tipos de cidadãos. Utilizável neste contexto significa uso conveniente, com entrega oportuna de informações que pode ser adaptada às necessidades e na qual as fontes de informação são visíveis.
>
> 4. Uma *política de infraestrutura* que descreve as medidas preventivas necessárias para garantir que o *hardware* e o *software* das informações permaneçam confiáveis. A confiabilidade, neste contexto, refere-se aos requisitos dos cidadãos (eles esperam uma infraestrutura facilmente acessível que seja segura e rápida), mas também às restrições do órgão público (que deve garantir que seu nível de gastos com a infraestrutura seja sustentável para oferecer os serviços de maneira sustentável).[261]

Sem que se tenha adequação das políticas de gestão na sociedade da informação,[262] em um universo dominado por fluxos incessantes e massivos de dados – denotados pela expressão *Big Data* – não haverá alternativa capaz de sustentar um modelo de

---

259. MESSA, Ana Flávia. **Transparência, compliance e práticas anticorrupção na Administração Pública**, cit., p. 234.
260. Segundo van Dijk, "*[d]igital democracy is a broader concept in my view. It can be defined as an attempt to practice democracy without the limits of time, space and other physical conditions, using digital means, as an addition, not a replacement for traditional 'analogue' political practices.*" VAN DIJK, Jan. **The network society**, cit., p. 104.
261. EPPLER, Martin J. Information quality in electronic government: toward the systematic management of high-quality information in electronic government-to-citizen relationships. *In:* MAYER-SCHÖNBERGER, Viktor; LAZER, David (Ed.). **Governance and information technology**: from electronic government to information government. Cambridge: The MIT Press, 2007, p. 247, tradução livre. No original: "*In order to implement an information quality function based on the previous framework, a public agency needs to institute four kinds of IQM policies: 1. A relevance policy based on a profound understanding of the real information needs of citizens. The goal of this policy is to assure that the information that is provided is relevant and comprehensive enough, accurate enough, clear enough, and generally applicable for the targeted citizens. 2. A validity policy that outlines how information is reviewed internally in order to avoid information deficiencies, such as documents that are too long, internally inconsistent, incorrect, or outdated. 3. A process policy that describes how the interaction process remains usable for various types of citizens. Usable in this context means convenient to use, with timely information delivery that can be adapted to one's needs and where the sources of information are visible. 4. An infrastructure policy that describes the necessary preventive measures to assure that the information hard – and software remain reliable. Reliability in this context refers to the requirements of the citizens (they expect an easily accessible infrastructure that is safe and fast), but also to the constraints of the public agency (which must assure that its level of spending for the infrastructure is maintainable in order to offer the services in a sustainable manner).*"
262. POLIZELLI, Demerval L.; OZAKI, Adalton M. **Sociedade da informação**: os desafios na era da colaboração e da gestão do conhecimento. São Paulo: Saraiva, 2008, p. 177. Comentam: "É uma aplicação de Tecnologias de Informação e Comunicação (TIC) para o desenvolvimento nacional e políticas de caráter industrial de TIC."

atuação pública consentâneo com os desafios que se apresentam nesta nova realidade informacional.

Segundo Ana Flávia Messa:

> A aplicação das tecnologias de informação e comunicação com "qualidade" no âmbito da Administração Pública, fator de desenvolvimento econômico e social no país, além de elemento vital para a sobrevivência organizacional, resulta de um processo evolutivo com custos e riscos financeiros e políticos no uso das tecnologias digitais pela Administração Pública, como parte integrada das estratégias de modernização administrativa para gerar benefícios à sociedade.
>
> Frequentemente, a utilização da internet como canal digital de acesso e entrega de informações e serviços públicos eletrônicos não é suficiente para conter a corrupção cometida pelos agentes públicos, pois estes, quando extravasados de seus naturais limites no exercício do mandato, cargo, emprego ou função pública, com o objetivo de obter ganhos privados, lesando o patrimônio público, muitas vezes não podem ser contidos sem o efetivo controle social relacionado com uma comunicação pública, que seja espaço de cidadania e responsabilidade na condução da gestão pública.[263]

Evidentemente, para que haja melhoria de desempenho do Estado na condução de suas políticas públicas relacionadas às TICs e à melhoria de desempenho na gestão interna, impõe-se, paralelamente à inevitável inovação tecnológica, uma nova abordagem de atuação centrada nos parâmetros de governança elucidados anteriormente, que são capazes de consolidar uma 'tecnologia de *compliance*', na expressão de Saad-Diniz.[264] Somente assim – com o realce ético – se atingirá o desiderato primordial da otimização estatal com redução de más condutas e, de modo geral, das práticas corruptivas.

Se reacende, nesse contexto, a discussão em torno da *accountability*:

> A discussão sobre *accountability* (...) reflete a complexidade da governança e a necessidade de envolver várias instituições no processo de governar. A *accountability* reflete a necessidade de coordenação e interação horizontal entre instituições em um único nível de governo. As questões de *accountability* mencionadas enfatizam as possibilidades de projetar interações entre instituições como mecanismos de controle – o argumento familiar de freios e contrapesos [*checks and balances*] dos governos presidenciais. A *accountability* é a mais importante das interações entre instituições de uma perspectiva democrática, mas existem várias outras interações importantes que afetam a governança.[265]

A atuação estatal a nível federal ganha proeminência nesse novo contexto, mas é inegável que, em todos os níveis de governo, os Entes respectivos estão envolvidos nos

---

263. MESSA, Ana Flávia. **Transparência, compliance e práticas anticorrupção na Administração Pública**, cit., p. 236.
264. SAAD-DINIZ, Eduardo. **Ética negocial e compliance**, cit., p. 164-165. Anota: "Por tecnologia de *compliance* entende-se a forma como se operacionaliza a construção social de cada uma das estratégias de *compliance*, seus processos e cada uma das decisões que são tomadas no âmbito corporativo. A referência às operações, processos e decisões é o que permite avaliar como são integradas as funções de *compliance*, como são articulados os domínios da ética negocial, e, mais importante de tudo, como a orientação valorativa é internalizada em operações, procedimentos e decisões e se faz expressar em mais ou menos efetividade do programa de *compliance*."
265. PIERRE, Jon; PETERS, B. Guy. **Governing complex societies**, cit., p. 138, tradução livre. No original: "*The discussion of accountability (...) reflects the complexity of governance and the need to involve a number of institutions in the process of governing. Accountability reflects the need for horizontal coordination and interaction among institutions within a single level of government. The accountability issues mentioned emphasize the possibilities of designing interactions among institutions as mechanisms for control – the familiar checks and balances argument of presidential governments. Accountability is the most important of the interactions among institutions from a democratic perspective, but there are a number of other important interactions that affect governance.*"

mesmos processos, embora para áreas geográficas diferentes e com diferentes faixas de funções. Essas diferenças levantam os problemas da coordenação horizontal e vertical das atividades de governança, ainda que estejam bem estruturadas em políticas claras, responsivas e amplamente difundidas dentro da estrutura organizacional.

O melhor exemplo relacionado ao tema vem da Suécia:

> Aqui, grandes esperanças foram colocadas na Internet – o governo eletrônico tornou-se gradualmente um ingrediente mais importante na política de gestão pública sueca. Em suma, as fronteiras entre as esferas pública e privada tornaram-se cada vez mais obscuras. Além disso, a Suécia atua há algum tempo nos "campos de política da terceira geração" e tem sido vista (ou pelo menos se vê como) um modelo em políticas ambientais, políticas de mudança climática, TI e políticas de saúde pública, e políticas de direitos das crianças e das mulheres. Nesses campos, os políticos suecos governam pela delegação de responsabilidades, organizando uma estreita cooperação entre diferentes setores e por meio de formas mais flexíveis de regulamentação.[266]

Os mecanismos gerenciais adotados para a implantação do governo eletrônico na Suécia permearam todas as partes das organizações estatais do país,[267] dando a impressão de que as unidades são progressistas e modernas e tornando-o um estudo de caso perfeito para o assunto.[268] Fato é que as consequências domésticas da internacionalização, a reforma da gestão pública, a midiatização, as pré-condições em mudança da liderança política, as mudanças na relação entre políticos eleitos e a alta Administração Pública, o exercício do poder político em uma sociedade complexa e assim por diante foram fatores que interferiram diretamente no projeto sueco,[269] embora não sejam um exclusividade

---

266. JACOBSSON, Bengt; PIERRE, Jon; SUNDSTRÖM, Göran. **Governing the embedded state**, cit., p. 23, tradução livre. No original: "*Here, high hopes have been placed on the Internet – e-government has gradually become a more important ingredient in Swedish public management policy. All in all, the boundaries between the public and the private spheres have become increasingly blurred. Furthermore, Sweden has for some time been active in the "third generation policy fields" and has been seen as (or at least, has seen itself as) a role model in environmental policies, climate change policies, IT and public health policies, children's and women's rights policies. In these fields, Swedish politicians have governed by delegation of responsibilities, organizing a tight cooperation between different sectors and through softer forms of regulation.*"

267. AXELSSON, Karin; LINDBLAD-GIDLUND, Katarina. eGovernment in Sweden: new directions. Editorial. **International Journal of Public Information Systems**, Estocolmo, v. 2009, n. 2, p. 31-35, 2009, p. 31. Com efeito: "*In January 2008, the Swedish Government launched a new eGovernment action plan which was formulated to serve as "a new basis for IT-based organisational development in public administration" (Regeringskansliet, 2008:1). The main objective in the plan was formulated as "as simple as possible for as many as possible". The definition of eGovernment used in the action plan is the one agreed upon by many other European countries: "eGovernment is organisational development in public administrations that takes advantage of information and communication technologies (ICT) combined with organisational changes and new skills" (ibid, 2008:5). As such, administration-wide cooperation and integration were put forth as important means in order to "make it easier for businesses and citizens to transact with and obtain information from public administrations, improve the quality of administration decision-making and use every penny of tax revenue invested more effectively" (ibid, 2008:5). Behind the suggested course of actions there is a rhetoric that Sweden was now entering a new path regarding eGovernment development: "- eGovernment has been analysed many times – its now time for action" (ibid, 2008:3) indicating major changes in several aspects of government. Taken together, the above declarations made the action plan and the expressed expectations of profound changes in public administration an interesting target for critical review.*"

268. Consulte-se, ainda: VON SYDOW, Åsa. **Exploring local governance in urban planning and development**: the case of Lindholmen, Göteborg. Estocolmo: KTH, 2004; MICHEL, Hélène. e-Administration, e-Government, e-Governance and the learning city: a typology of citizenship management using ICTs. **The Electronic Journal of e-Government**, Reading, v. 3, n. 4, p. 213-218, 2005; GRÖNLUND, Åke. What's in a field – Exploring the e-government domain. **Social Science Computer Review**, Londres, v. 21, n. 1, p. 55-72, 2005.

269. PIERRE, Jon; PETERS, B. Guy. **Governing complex societies**, cit., p. 140.

do mesmo, uma vez que tradições e circunstâncias especiais têm o potencial de tornar as ramificações de todas essas tendências um pouco diferentes na Suécia do que em outros contextos, mas isso não significa que nada possa ser aprendido com o caso sueco.

A nível de governança, especialmente na consolidação da sociedade da informação, conclui-se que deve haver algum nível de coerência entre as atividades estatais, de modo que, em contraste com as múltiplas e sobrepostas fontes de governança, bem como as múltiplas e potencialmente concorrentes fontes de políticas públicas em cada nível de governo, o sistema de governança deve desenvolver meios institucionais e processuais para reduzir as contradições, ou talvez até criar compatibilidade entre essas fontes de governança.

Trata-se da necessária coordenação vertical, interinstitucional, consensual e responsiva de governo; é, essencialmente, uma nova proposta 'interorgânica' para a organização administrativa neste novo contexto.[270] Isso é especialmente verdadeiro para sistemas federais, mas mesmo em regimes unitários, o aumento do investimento em reformas descentralizadas pode reduzir o grau de coerência e coordenação na governança e no governo.

Para contextualizar alguns dos desdobramentos mais cruciais desse contexto, senão anotados, nos subtópicos a seguir, alguns cenários nos quais a tecnologia se traduz em desafios ao Estado e à sua governança.

2.5.1 Controle público e governança na sociedade da informação

Sob novos ângulos, a governança representa caminho inexorável para o desenvolvimento dos mecanismos de controle da Administração Pública no contraponto às interações entre o direito e o poder.[271] Significa dizer, por outros termos, que a confiança adquire importante realce axiológico:

> O conceito de confiança é descrito como pouco claro, enganoso, abstrato, compartilhado, multifacetado, multidisciplinar e complexo (...). Alguns argumentam que o significado da confiança e seu conteúdo podem ser diferentes em diferentes nações e origens culturais (...). Também se argumenta que o significado de confiança poderia mudar ao longo do tempo (...). Para esta pesquisa, confiança em geral indica confiança pública.[272]

---

270. BITENCOURT NETO, Eurico. **Concertação administrativa interorgânica**: direito administrativo e organização no século XXI. São Paulo: Almedina, 2017, p. 198. Diz: "A concertação interadministrativa pode envolver entes estatais (no caso brasileiro, a União, os Estados Federados, o Distrito Federal e os Municípios) entre si, entre estatais e entidades da Administração indireta (no Direito brasileiro, autarquias – incluídas as agências executivas e reguladoras, fundações públicas, empresas públicas e sociedades de economia mista), além de entidades da Administração indireta entre si. Trata-se, em síntese, dos múltiplos acordos que se podem travar envolvendo, nos polos da relação, pessoas jurídicas estatais, sejam entes políticos, sejam entes auxiliares ou instrumentais."
271. MARTINS, Fernando Rodrigues. **Controle do patrimônio público**, cit., p. 155. Comenta: "Daqui decorrem duas interpolações claras. A primeira, relativa ao direito e à liberdade, porque a liberdade só se justifica na medida em que na sociedade não exista abuso, sendo o direito uma das formas de conter tais abusos (a esse conjunto normativo para evitar injustiças dá-se o nome de legalidade). A segunda interpolação diz respeito ao direito e ao poder, dado que se o direito positivo é aquele posto por uma decisão, necessário que haja um poder capaz de decidir qual a melhor alternativa para a sociedade, cabendo a essa última indicar em consenso a quem caberia esse poder (a esse exercício dá-se o nome de legitimidade)."
272. MAHMOOD, Mohamed. **Does digital transformation of government lead to enhanced citizens' trust and confidence in government?** Cham/Basileia: Springer, 2019, p. 18, tradução livre. No original: "*The concept of trust is described as unclear, deceptive, abstract, shared, multifaceted, multidisciplinary and complex (...). Some argue that*

Toda análise que se dedica à compreensão da confiança na atuação pública possui, inexoravelmente, implicações quanto às intenções apresentadas na condução da máquina pública. Há percalços a serem considerados pelo intérprete, e, exatamente nesse sentido,

> [u]m dos caminhos legítimos de promoção do desenvolvimento intersubjetivo dos partícipes do Estado, marcado no art. 3º da CF/1988, por exemplo, é ladrilhado pela capacidade operacional dos gestores públicos e privados de bancos de informações pessoais de agir de forma responsável e responsabilizável quanto ao tratamento de informações alheias, em especial, aquelas consideradas sensíveis.[273]

Tudo volta ao cerne da compreensão de que a governança tem o potencial de romper a clássica estrutura hierarquizada de gestão pública (modelo 'top-down'), pavimentando o caminho para a utilização de ferramentas[274] de desenvolvimento do setor público a partir de lógicas legitimadoras da atuação consensual. Trata-se de verdadeiro novo matiz para o avanço do *soft law* – sobre o qual o capítulo seguinte trará maiores substratos.[275]

Em termos de tomada de decisões, o clássico modelo hierárquico ainda repousa suas bases essenciais na noção procedimental, que consabidamente não pode ser o único fator legitimador, sincrético e impositivo do atuar estatal.[276] Somente com uma atuação crítica e complexamente aparelhada para ofertar ao decisor vasta plêiade de instrumentos que ultrapassem as barreiras da mera legalidade é que se poderá dar conta da hodierna sociedade hipercomplexa.[277]

São os dizeres de Fernando Rodrigues Martins:

> Para compreender bem a instrumentalização da lei através do direito positivo em face de uma determinada situação a ser regulada pela norma jurídica, é necessário recorrer a três etapas sucessivas: *i*) verificar a existência de diversas alternativas que poderiam levar a uma situação normativa (a essa plêiade de alternativas dá-se o nome de *complexidade ou hipercomplexidade*); *ii*) desta quantidade de alternativas, duas ou mais delas se amoldam melhor como uma proposição, o que

---

the meaning of trust and its content can be different in different nations and cultural backgrounds (...). It also argued that the meaning of trust could change over time (...). For this research, trust in general indicates public trust."

273. FRANÇA, Phillip Gil. **Ato administrativo, consequencialismo e compliance**, cit., p. 351.
274. ARNAUD, André-Jean. **La gouvernance**, cit., p. 274. Anota o autor: "*Une véritable gouvernance c'est quoi? Une manière et un outil. Une manière de voir les choses autrement en matière d'administration des affaires, publiques ou privées; une approche qui rompt avec la tradition du pouvoir top-down telle qu'il est historiquement vécu, tant dans le secteur privé que dans le secteur public, même en régime de démocratie représentative. Un outil permettant d'effectuer une gestion d'un type nouveau. Encore tout n'est-il pas dit dans ces quelques mots. À quoi sert-il? Pour qui est-il fait? Comment s'em sert-on?*"
275. Consulte-se, no contexto da governança pública: CAPELLER, Wanda; SIMOULIN, Vincent. Présentation du dossier spécial 'La gouvernance: du programme de recherche à la transdisciplinarité'. **Droit et Société**, Paris: LGDJ, v. 54, n. 2, p. 301-305, 2003; CATENA, Leonardo. La governance dei sistemi di welfare locali nella Regione Marche. **Rivista Sociologia del Diritto**, Milão, v. 3, p. 111-140, 2013; CAILLOSSE, Jacques. Gouvernance et participation: quelle synthèse? *In*: DE MONTALIVET, Pierre (Ed.). **Gouvernance et participation**. Bruxelas: Bruylant, 2011, p. 238 *et seq.*
276. LUHMANN, Niklas. **Legitimação pelo procedimento**. Tradução de Maria da Conceição Corte Real. Brasília: UnB, 1980, p. 26.
277. VILLAS-BÔAS FILHO, Orlando. O direito de qual sociedade? Os limites da descrição sociológica de Niklas Luhmann acerca do direito a partir da crítica antropológica. *In*: FEBBRAJO, Alberto; LIMA, Fernando Rister de Sousa; PUGLIESI, Márcio (Coord.). **Sociologia do direito**: teoria e práxis. Curitiba: Juruá, 2015, p. 341-370.

vai gerar uma dúvidas sobre qual hipótese normativa melhor solveria a situação de fato (a essa dúvida tem-se o que se chama de *contingência*); *iii*) por fim, decorrerá entre tais hipóteses postas em contingência a escolha daquela mais adequada ao caso concreto (*seletividade, escolha, decisão*). É sobre esse procedimento dinâmico que se dá a formação de leis perante o direito positivo, numa ótica de Niklas Luhmann.[278]

O avanço do tema demanda, nesse diapasão, novos paradigmas de controle. Se, no modelo tradicional[279] de aferição da (i)legalidade, tem-se o controle administrativo que desborda do poder de autocontrole da Administração Pública, sem desconsiderar, ademais, o papel desempenhado pelo Judiciário[280] no cumprimento deste dever, ou mesmo dos órgãos de controle externo, a exemplo dos Tribunais de Contas, é certo que a inserção da governança como novo paradigma alterará as bases desse controle, catalisando potencialmente a atuação desses órgãos, mas lhes impondo, paralelamente, maiores responsabilidades. E, com isso, aspectos fundamentais, como a motivação e a responsabilidade são apresentados como caracteres necessários para a garantia do fluxo contínuo da melhoria dos afazeres do Estado, a partir de comprometimento e eficiência do atuar dos agentes públicos.

Uma 'boa' Administração Pública depende de legitimidade decisional, ainda que se tenha leque discricionário composto de vasto repertório instrumental ao dispor do gestor público, em uma gama de situações sujeitas a controle.[281] Sendo certo, pois, que

---

278. MARTINS, Fernando Rodrigues. **Controle do patrimônio público**, cit., p. 155. Comenta: "Daqui decorrem duas interpolações claras. A primeira, relativa ao direito e à liberdade, porque a liberdade só se justifica na medida em que na sociedade não exista abuso, sendo o direito uma das formas de conter tais abusos (a esse conjunto normativo para evitar injustiças dá-se o nome de legalidade). A segunda interpolação diz respeito ao direito e ao poder, dado que se o direito positivo é aquele posto por uma decisão, necessário que haja um poder capaz de decidir qual a melhor alternativa para a sociedade, cabendo a essa última indicar em consenso a quem caberia esse poder (a esse exercício dá-se o nome de legitimidade)."
279. Ainda segundo Fernando Rodrigues Martins, "[a] doutrina pátria trata de enumerar o controle da Administração Pública sob alguns ângulos. Vejamos: *a) quanto ao tipo de controle*: nesta modalidade, o controle é feito sob os parâmetros de *conteúdo* da atividade administrativa. Assim como há um controle baseado nos critérios de *legalidade*, caso em que a Administração está totalmente vinculada à imposição normativa, outro há circunscrito a valores de *mérito*, compreendido nas circunstâncias em que a lei flexibiliza a atuação administrativa, autorizando o administrador a agir sob as cautelas da conveniência e oportunidade – a consagração objetiva do controle administrativo; *b) quanto aos órgãos* responsáveis, o controle situa-se nas órbitas administrativa, legislativa ou judicial, ou seja, ótica subjetiva de controle; *c) quanto à oportunidade de exercício*, tem-se que o controle pode ser *preventivo*, quando a prática de determinada atividade necessitar de autorização; e *posterior*, quando os atos, mesmo já praticados, se subordinarem a uma avaliação tendente a confirmá-los ou invalidá-los; e *d) quanto à forma de sua atuação*, o controle é interno ou externo." MARTINS, Fernando Rodriges. **Controle do patrimônio público**, cit., p. 298.
280. Imprescindível a referência, neste compasso, à alegoria de François Ost quanto aos 'modelos' de juízes: (i) Júpiter, típico do Estado Liberal Clássico, e que se limitava a atuar como boca da lei (*la bouche de la loi*), isto é, limitava-se a reproduzir a vontade do legislador; (ii) Hércules, típico do Estado Social, contexto em que a passividade anterior é substituída por um ativismo excessivo, motivado por uma incessante busca pela realização da denominada "justiça social"; e (iii) Hermes, que conjugaria as virtudes das anteriores à necessidade contemporânea de legitimação das decisões por meio do diálogo e da efetivação do contraditório participativo. OST, Fraçois. Jupiter, Hercule, Hermès: trois modèles de juge. In: BOURETZ, Pierre (Ed.). **La force du droit**. Panorama des débats contemporains. Paris: Esprit, 1992, p. 241-272.
281. FREITAS, Juarez. **Direito fundamental à boa Administração Pública**. 3. ed. São Paulo: Malheiros, 2007, p. 36. Comenta: "Vale dizer, para retomar o exemplo, a decisão de licitar, em si, mostra-se passível de amplo escrutínio. Cumpre perquirir, de saída, se a decisão de realizar o certame, em tempo e lugar, encontra-se consistentemente motivada, ou se merece pronta rejeição, seja por reforçar falha de mercado, seja por acarretar prejuízo inaceitável

há certo campo de liberdade para a tomada de uma decisão, a reinserção da ética nesse processo tem o condão de catalisar boas escolhas, uma vez que "devem ser identificados os distintos veículos que assegurem a disponibilidade das informações para públicos diversos, o que pode incluir (...) o acesso a *sites* do governo na Internet, hoje conhecido por *e-government*."[282]

É nesse exato contexto que re-emergem os desdobramentos éticos sobre os quais repousa a governança: com especial destaque, a responsividade, que se norteia pela atuação estatal eficiente[283] e sintônica aos anseios da sociedade civil se apresenta atrelada aos parâmetros de transparência e exigência da prestação de contas aos destinatários das políticas públicas (*accountability*) na mesma toada em que "visa a concretizar diretrizes elaboradas na solução de um problema público, em resposta às necessidades sociais."[284]

Assim, não há dúvidas de que novos parâmetros do chamado *compliance* demandam acuidade para sua delimitação.[285] Serão, ao fim e ao cabo, propulsores da legalidade estrita com a qual coexistirão para nortear o atuar administrativo. Porém, alçados a tal patamar, passarão a ostentar nova característica no tocante à motivação do decisor em relação a temas específicos. Nesse contexto, a dúvida que ainda paira é a seguinte: quais são os mecanismos para o controle da governança decisional?

2.5.2 Portais de transparência e interatividade

A política brasileira de *e-government* foi inaugurada em 1994, dando início a um novo ambiente para a utilização de tecnologias da comunicação e informação, em alinhamento à tendência globalizatória mundial.[286] Evidentemente, o acesso da população brasileira à Internet era restritíssimo em meados da derradeira década do século XX – e é, ainda hoje, um desafio a nível de políticas públicas[287] –, de modo que a experiência

---

ao erário ou a terceiros. Ato contínuo, impõe-se avaliar se o contrato em tela é a melhor opção, à vista do potencial de projetos alternativos."

282. PASCARELLI FILHO, Mario. **A nova Administração Pública**: profissionalização, eficiência e governança. São Paulo: DVS, 2011, p. 89

283. *Cf.* SHAH, Anwar. Gobernando para obtener resultados en un mundo globalizado y localizado. **Gestión y Análisis de Políticas Públicas**, Madri, v. 16, p. 63-87, set./dez. 1999.

284. MESSA, Ana Flávia. **Transparência, compliance e práticas anticorrupção na Administração Pública**, cit., p. 205. A autora ainda acrescenta: "Ao propor uma condução responsável na administração dos recursos econômicos e sociais, com transparência, equidade e prestação de contas, as orientações de interesse comum a nível global das organizações internacionais, embora sejam *soft law*, são diretivas que estimulam o desenvolvimento. Nesse cenário, a governança aparece em documentos do Banco Mundial como forma de gerir os problemas da sociedade e dos seus assuntos, visando a efetividade na implementação de políticas e na consecução de metas coletivas de desenvolvimento."

285. CASTRO, Rodrigo Pironti Aguirre de Castro. **Ensaio avançado de controle interno**, cit., p. 82.

286. BRASIL. Ministério de Ciência e Tecnologia. **Ciência e Tecnologia para a Construção da Sociedade da Informação – Projeto de Política Pública**. Ministro Ronaldo Mota Sardenberg *et al.*, 1999. Disponível em: http://www.dominiopublico.gov.br/download/texto/ci000006.pdf. Acesso em: 20 jun. 2023.

287. FALEIROS JÚNIOR, José Luiz de Moura. O acesso à Internet como direito fundamental. *In*: GARCIA, Danler; FALEIROS JÚNIOR, José Luiz de Moura; RESENDE, José Renato Venâncio (Coord.). **Proposições hodiernas de políticas públicas e direitos fundamentais**. Uberlândia: LAECC, 2019, p. 198-199. Elucidando o tema, o autor anota: "Ainda que não se trate de um viés garantidor de acesso pleno à *web*, os acessos via *smartphones*

europeia granjeou maior destaque[288] no oferecimento de padrões de 'governo eletrônico' no alvorecer da massificação do acesso à Internet (na transição para a *web* 3.0, já citada no capítulo introdutório).

Um dos primeiros instrumentos utilizados para aproximar o Estado do cidadão nesta nova era do Governo Federal brasileiro foi a implantação do Sistema Integrado de Administração Serviços Gerais – SIASG, regulamentado pelo Decreto nº 1.094, de 23 de março de 1994, que delimitou operacionalmente o Sistema de Serviços Gerais – SISG, tendo por objetivo organizar sistematicamente a gestão das atividades de serviços gerais da União, compreendendo a administração de edifícios públicos e imóveis funcionais, material, transporte, comunicações administrativas e documentação do Governo Federal, além de buscar melhorias para a coordenação e eficiência das atividades de apoio administrativo.[289]

Ademais, merece menção específica o chamado Sistema Integrado de Administração da União, que se compõe de diversos módulos específicos, a saber: (i) Sistema de Catálogo de materiais e de serviços; (ii) Sistema de Cadastramento Unificado de Fornecedores – SICAF; (iii) Sistema de Registro de Preços – SIREP; (iv) Sistema de Divulgação Eletrônica de Compras – SIDEC; (v) Sistema de Contratações – SICON; (vi) Sistema de Minutas de Empenho etc. Ademais, não se pode olvidar do sistema Comprasnet (www.comprasgovernamentais.gov.br), que integra o SIASG e desempenha importante papel na realização de processos licitatórios – cerca de 400 por dia![290]

---

    têm alavancado a inclusão digital no país, pois é cada vez mais comum a adesão às redes sociais e a aplicativos de comunicação, como Facebook e WhatsApp, o que demanda, em verdade, ampliação desse acesso. O Decreto Federal nº 5.542/2005, que instituiu o "Projeto Cidadão Conectado – Computador para Todos" almejou isto, destacando, já em seu primeiro dispositivo, o seguinte: 'Art. 1º Fica instituído, no âmbito do Programa de Inclusão Digital, o Projeto Cidadão Conectado – Computador para Todos, com o objetivo de promover a inclusão digital mediante a aquisição em condições facilitadas de soluções de informática constituídas de computadores, programas de computador (*software*) neles instalados e de suporte e assistência técnica necessários ao seu funcionamento, observadas as definições, especificações e características técnicas mínimas estabelecidas em ato do Ministério de Estado da Ciência e Tecnologia.' (...) Nota-se evidente intenção de fomento ao acesso à rede, a partir da viabilização de políticas públicas como a facilitação à aquisição de soluções de informática."

288. Veja-se a pesquisa empírica descrita por Darrell M. West: "*A public opinion survey of 29,077 people in twenty-seven countries undertaken by Taylor Nelson Sofres, a consulting company, found dramatic variations in the percentage of each country's population that had accessed online government [in 2001]. The results ranged from a high of 53 percent in Norway, 47 percent in Denmark, 46 percent in Canada, 45 percent in Finland, and 34 percent in the United States to 3 percent in Turkey, Indonesia, and Russia, 5 percent in Poland and Lithuania, and 8 percent in Slovakia and Latvia. The average across the twenty-seven-nation survey was 26 percent. (...) A yer later [in 2002], when Taylor Nelson Sofres completed a follow-up survey of 28,952 people in thirty-one countries, the percentage of the population in these countries that had used online government rose from 26 to 30 percent.*" WEST, Darrell M. Global perspectives on e-government. In: MAYER-SCHÖNBERGER, Viktor; LAZER, David (Ed.). **Governance and information technology**: from electronic government to information government. Cambridge: The MIT Press, 2007, p. 20-21.

289. BRASIL. Presidência da República. Casa Civil. **Decreto nº 1.094, de 23 de março de 1994**. Dispõe sobre o Sistema de Serviços Gerais (SISG) dos órgãos civis da Administração Federal direta, das autarquias federais e fundações públicas. Disponível em: http://www.planalto.gov.br/ccivil_03/decreto/Antigos/D1094.htm. Acesso em: 20 jun. 2023.

290. MESSA, Ana Flávia. **Transparência, compliance e práticas anticorrupção na Administração Pública**, cit., p. 252.

Há inúmeras outras iniciativas importantes relacionadas à transparência que, em essência, já revelam uma tendência à governança pública. Há, evidentemente, alguns requisitos essenciais para isso, conforme indicados por José Fernando Brega: a) a transposição de documentos do papel para o suporte digital;[291] b) o uso de equipamentos eletrônicos para a produção da informação;[292] c) a transformação da instrução em processos eletrônicos etc.[293]

No Legislativo, para citar mais exemplos, já se avança rumo à ampliação de espectros a partir da implementação da infraestrutura de comunicação de dados e dos sistemas de informação, da modernização da gestão administrativa, da maior eficiência na prestação dos serviços públicos, da transparência nas tomadas de decisão e nas ações governamentais e, ainda, na racionalização dos gastos públicos, tudo isso compondo um panorama no qual a tecnologia se apresenta como motor do fenômeno da *e-democracia*,[294] propiciando a alavancagem da almejada consensualização.

O Congresso Nacional brasileiro tem resultados exitosos, a exemplo do portal mantido pela Câmara dos Deputados, cuja viabilização se deu a partir de Tecnologias da Informação e Comunicação (TICs), conforme descrito no próprio portal do sistema batizado, coincidentemente, de *"e-democracia"*:

> O portal e-Democracia também é um espaço que a Câmara dos Deputados criou para ampliar e incentivar a participação da sociedade no processo legislativo. Lá existem dois espaços: as Comunidades Legislativas e o Espaço Livre. Nas comunidades você pode participar de debates de temas específicos, normalmente, relacionados a projetos de lei já existentes. No Espaço Livre, você mesmo pode definir o tema da discussão e ser o grande motivador dela.[295]

---

291. *Cf.* LANCASTER, Frederick Wilfrid. **Towards paperless information systems (library and information science)**. Nova York: Academic Press, 1978. E-book.
292. SANTOS, Boaventura de Sousa. Os tribunais e as novas Tecnologias de Comunicação e de Informação. *In*: MONTEIRO, António Pinto (Coord.). **Estudos de direito da comunicação**. Coimbra: Universidade de Coimbra, 2002, p. 144. Comenta: "As NTCI apresentam um enorme potencial de transformação do sistema judicial, tanto na administração e gestão da justiça, na transformação do exercício das profissões jurídicas, como na democratização do acesso ao direito e à justiça. No que respeita à administração e gestão da justiça, as novas tecnologias podem ter um efeito positivo na celeridade e eficácia dos processos judiciais. Podem, por exemplo, substituir tarefas rotineiras, permitir um controlo mais eficaz da tramitação dos processos, melhorar a gestão dos recursos humanos, das secretarias judiciais e das agendas judiciais, permitir o envio de peças processuais em suporte digital, facilitar o acesso às fontes de direito e, por sua via, ajudar os operadores judiciais a conhecer e a interpretar o sistema jurídico, para muitos operadores judiciais, cada vez mais complexo."
293. BREGA, José Fernando Ferreira. **Governo eletrônico e direito administrativo**, cit., p. 290-301.
294. RODOTÀ, Stefano. **Il diritto di avere diritti**. Bari: Laterza, 2012, p. 496. Comenta: *"Seguendo gli itinerari dei diritti in rete, non si procede soltanto a un loro inventario, alla redazione di un catalogo destinato a rimanere sempre aperto. Come sempre accade, la narrazione dei diritti descrive, attraverso i loro riconoscimenti e le loro negazioni, le condizioni della libertà delle persone e della democraticità delle istituzioni. Gli interrogativi intorno alla «qualità» della democrazia elettronica – espansione massima del potere del cittadino, forma del populismo contemporaneo, strumento di più insidiosi totalitarismi, realizzazione del socialismo o espressione del «fascismo digitale» – non possono essere affrontati considerando solo la strumentazione resa possibile dalla tecnologia, con la nuova stagione della partecipazione attraverso le reti sociali e i referendum più o meno istantanei, con una proiezione verso tempi che, ricorrendo a una vecchia parola, vengono definiti come «iperdemocrazia»."*
295. LUDGERO, Lucas. A participação popular por meio de mecanismos virtuais, audiências públicas e da Comissão de Legislação Participativa. **Rádio Câmara**, Brasília, 21 set. 2015. Disponível em: < https://bit.ly/2zWCltC >. Acesso em: 20 jun. 2023.

A realidade não é outra no Senado Federal, que utiliza ferramenta similar batizada de *"e-cidadania"*, pela qual os cidadãos podem interagir com a Casa Legislativa e sugerir temas legislativos:

> Em meio à crise política, o portal e-Cidadania, do Senado, criado para estimular a participação popular no processo legislativo, registrou um crescimento de 1.607% em uma de suas principais ferramentas. Nos dois últimos anos, as ideias legislativas, propostas de leis cadastradas por cidadãos no site e abertas à votação, se tornaram pivôs de polêmicas, armas nas disputas ideológicas da *web* e meios de expressão da insatisfação popular.[296]

Ainda não se vê iniciativas similares no âmbito municipal, embora não seja difícil a implementação de portais eletrônicos para viabilizar o acesso, o acompanhamento e a participação popular direta nas deliberações apresentadas. Porém, o uso dessas tecnologias dependerá de uma paulatina incorporação à rotina parlamentar, conforme adverte João Victor Rozatti Longhi:

> [...] E, indo-se mais além, revelou-se necessário que haja vontade política de que o uso de tais ferramentas seja incorporado à práxis da rotina parlamentar, explorando-se as potencialidades de mecanismos que hoje começam a se diversificar, atingindo aplicativos de celular, *tablets,* interoperabilidade com redes sociais, blogs e outros *gadgets* etc.
>
> Não obstante, reconheceu-se que muitas transformações culturais devem ocorrer para que tais premissas se efetivem, especialmente por parte dos parlamentares, que devem passar a dialogar mais com tais plataformas. Mas, mesmo sem elas, é certo que, com a convergência da interatividade em portais oficiais como estes, algumas questões poderiam ser facilmente solucionadas. O que abriria, por exemplo, a possibilidade de, uma vez atingido determinado nível de participação online, tal projeto ou tema passasse a tramitar com prioridade. Dentre outras potencialidades dos portais, que proporcionariam transparência e a eventual criação de procedimentos paralelos de colheita de opinião dos usuários para, eventualmente, chegar-se à possibilidade de se pautarem as instituições pela síntese dos anseios populares manifestados nos portais parlamentares.[297]

A tecnologia evoluiu a ponto de mudar a maneira como se realiza o labor cotidiano, a comunicação e, em geral, como se vive. No plano municipal – onde se tem maior proximidade com o cidadão[298] –, há total viabilidade técnica de implementação de ferramentas inspiradas nas já existentes a nível federal: a tecnologia envolvida não é inacessível e depende, basicamente, do desenvolvimento de uma plataforma *web* que assegure a higidez aos sistemas utilizados.

---

296. SANTOS, Paulo. Em portal do Senado, uso de ferramenta criada para sugerir leis dispara. **O Globo**, Rio de Janeiro, 20 maio 2018. Disponível em: < https://glo.bo/2y6QAuC >. Acesso em: 20 jun. 2023.
297. LONGHI, João Victor Rozatti. **Processo legislativo interativo**: interatividade e participação por meio das Tecnologias da Informação e Comunicação. Curitiba: Juruá, 2017, p. 314-315.
298. Comentando o exemplo dos orçamentos participativos, consulte-se: SILVA, Almiro do Couto e. Os indivíduos e o Estado na realização das tarefas públicas. **Revista da Procuradoria Geral do Estado do Rio Grande do Sul**, Porto Alegre, Cadernos de Direito Público, n. 57, p. 179-206, dez. 2003, p. 203.

Há inúmeros outros exemplos importantes para a compreensão desta tendência à conformação de uma Administração Pública digital,[299-300] mas é fato que ainda há muito a caminhar. Se diversas iniciativas já existentes iluminam o caminho a ser trilhado para o aprimoramento da atuação do Estado, novos mecanismos de controle igualmente eficientes e promissores devem advir com a mesma pujança para propiciar à governança que passará a imperar no trato dos afazeres estatais a partir desta nova realidade para que a gestão pública não se desconecte de seus deveres essenciais.[301]

2.5.3 O cibercidadão na centralidade sistêmica

Se a sociedade, enquanto sistema social, é composta por elementos comunicacionais que dão relevância ao sujeito, no modelo sistêmico luhmaniano, não se pode perder de vista, na linha do alerta de Herrera Flores, que "uma confluência estrita entre elementos ideológicos (que se apresentam como 'universais') e premissas culturais (que têm a ver com os entornos de relações 'particulares' em que as pessoas vivem)"[302] também se transpõe ao plano virtual, trasladando toda a dinâmica inter-relacional que envolve a proteção de direitos fundamentais para um novo ambiente, agora digitalizado.

Trata-se de um "*Digital World*", nos dizeres de Fernando Filgueiras e Virgílio Almeida:

> Tecnologias digitais, especialmente a Internet, algoritmos, inteligência artificial, a Internet das Coisas (IoT), blockchain e grandes volumes de dados estão transformando o mundo, modificando a forma como nos comunicamos, vivemos e trabalhamos. O mundo digital é impulsionado por um conjunto

---

299. FALK, Svenja; RÖMMELE, Andrea; SILVERMAN, Michael. The promise of digital government. *In*: FALK, Svenja; RÖMMELE, Andrea; SILVERMAN, Michael (Ed.). **Digital government**: leveraging innovation to improve public sector performance and outcomes for citizens. Basileia: Springer, 2017, p. 3-4. Com efeito: "*The next frontier is to radically transform social challenges that the world face in areas such as health, education and housing, among others. Technology also plays an important role in addressing international challenges such as disaster relief, the cause of refugees, energy and climate change. Technology for good is the innovative application of emerging technologies to make a positive and lasting impact across various social issues. It includes the use of technology by governments, startups, non-profits, universities and companies to improve outcomes in sectors such as health, education and housing both in the developed and emerging world. Data sciences aims to make sense of large volumes of datasets to provide actionable insights and prevent or solve various complex challenges. This includes data collection, modeling and simulation and well as other analytical models. Identification of patterns in data could form the basis for predict future states by creating various scenarios. It also includes data mining, predictive analytics, applied analytics and statistics. The "Internet of Things" is the networked interconnection of objects-from the sophisticated to the mundane-through identifiers such as sensors, RFID (radiofrequency-identification) tags, and IP (Internet Protocol) addresses. Robots are machines that designed to have a physical form and be to perform tasks and learn based on environmental conditions to solve a wide variety of problems that humans encounter. 3D printing is an additive technology in which objects are built up in a great many very thin layers. This additive process requires less raw material and each item is made differently without costly retooling since it is controlled by software.*"
300. Para maiores detalhes, consulte-se: MESSA, Ana Flávia. **Transparência, compliance e práticas anticorrupção na Administração Pública**, cit., p. 253-262.
301. FANG, Zhiyuan. E-government in digital era: concept, practice, and development. **International Journal of The Computer, The Internet and Management**, [S.l], v. 10, n. 2, p. 1-22, 2002.
302. HERRERA FLORES, Joaquín. **Teoria crítica dos direitos humanos**, cit., p. 41-42. Acrescenta, ainda: "(...) não podemos ocultar que seus fundamentos ideológicos e filosóficos – quer dizer, culturais – são puramente ocidentais. Essa constatação não retira nem um pouco a importância do texto, mas nos ajuda a colocá-la em seu contexto concreto, o qual, em momentos posteriores, pode nos servir para explicar algumas dificuldades que encontramos em sua implementação prática."

de tecnologias digitais inter-relacionadas que são ferramentas valiosas para criar melhores serviços e promover segurança, proteção e prosperidade econômica que beneficiam toda a sociedade. Conforme o desenvolvimento do mundo digital se expande e acelera, é crucial compreender os aspectos teóricos e práticos da governança digital, que é a maneira de alinhar os serviços digitais aos interesses da sociedade. Para estabelecer uma conexão clara entre o mundo digital e a governança digital, é necessário identificar e descrever as principais características do mundo digital que podem ser elementos de políticas e ações de governança.[303]

Uma série de elementos passa a formar uma estrutura patrimonial digital (os bens digitais, ou *digital assets*[304]), mas também aspectos concernentes à personalidade adquirem novos contornos neste novo universo. Stefano Rodotà, por exemplo, descreve o *corpo eletrônico*,[305] ao passo que Roger Clarke trabalha com o conceito de *digital persona*,[306] mas ambos designam uma só ideia: a de que o indivíduo permanece sendo – mesmo na Internet – o epicentro norteador da dinâmica de atuação estatal: a produção de uma decisão judicial ou administrativa, em verdade, estará condicionada pelo sujeito.

Com o avanço rumo à consolidação da Internet das Coisas – já mencionada alhures – e a rápido proliferação de novas tecnologias, até mesmo experiências sensoriais serão virtualizadas, como no caso da realidade virtual (*virtual reality*, ou VR), densamente analisada por Ken Hillis.[307] Do ponto de vista filosófico, tem-se a materialização de respostas a demandas culturais que já alteraram o modo de vida dos indivíduos,[308] mas

---

303. FILGUEIRAS, Fernando; ALMEIDA, Virgílio. **Governance for the Digital World**: neither more State, nor more Market. Cham: Palgrave Macmillan, 2021, p. 9, tradução livre. No original: "Digital technologies, especially the Internet, algorithms, artificial intelligence, the Internet of Things (IoT), blockchain, and massive amounts of data are transforming the world, modifying how we communicate, live, and work. The digital world is driven by a collection of interrelated digital technologies that are valuable tools to create better services, and promote security, safety, and economic prosperity that benefit society as a whole. As the digital world's development expands and accelerates, it is crucial to understand theoretical and practical aspects of digital governance, which is the way to align digital services with societal interests. To establish a clear connection between the digital world and digital governance, it is necessary to identify and describe the main characteristics of the digital world that can be elements of governance policies and actions".
304. AUSTERBERRY, David. **Digital asset management**. Oxford: Focal Press, 2012, p. 5.
305. RODOTÀ, Stefano. **Intervista su privacy e libertà**, cit., p. 120.
306. CLARKE, Roger. Profiling: a hidden challenge to the regulation of data surveillance. **Journal of Law, Information and Science**, Hobart, v. 4, n. 2, p. 403-, dez. 1993.
307. HILLIS, Ken. **Digital sensations**: space, identity, and embodiment. Minneapolis: University of Minnesota Press, 1999, p. 164. Segundo o autor: "*Immersive virtual technology seems to offer more real sensation than older visual technologies for at least two reasons. First, it radically shrinks, if not eliminates, the actual distance between the user's eyes and the HMD screen to less than an inch. One's head feels thrust into the perceptual field of vision. The second reason involves the technology's ability to facilitate the adoption, trying on, or acting out of multiple aspects of the self. VR offers conceptual access to a space perhaps best appreciated by people manifesting multiple personalities, and who, by their interest in VR, are responding to cultural demands that fracture identities previously held to be more unified (Stone 1992b). VR can be seen to support the fragmentation of identity and render proliferating individual subidentities and their experiences into commodity form. A VE also provides a space of performance, a multipurpose theater-in-the-round for the many components of the self.*"
308. IHDE, Don. **Bodies in technology**. Minneapolis: University of Minnesota Press, 2002, p 128. Comenta: "*Some virtual reality technologies relate to a wider set of bodily sensory dimensional experience than older technologies. This kind of VR technology adds some aspect of tactile and/or kinesthetic effect to already standard audiovisual effects. Presently it is probably fair to observe that audiovisual technologies are the implicit norm for many of the imaging, communicational, and entertainment productions of today. Cinema, television, some aspects of the Internet, teleconferencing, and on and on, are audiovisual technologies. Here, experienced relations are those that partially engage the perceptual embodiments of humans on both an individual and a social scale. We pretty much take the audiovisual norm for granted.*"

isto não altera o fato de que novos desafios se colocam diante do intérprete para fazer valer a proteção constitucional que o sistema ostenta com a centralidade do indivíduo.[309]

Esse é um ponto fundamental para a compreensão do papel da governança nesse novo contexto de uma legalidade catalisada pela promoção da cidadania,[310] agora alçada a um patamar diferenciado, marcado pela presença da tecnologia e por seus impactos, a ponto de esse arcabouço de direitos patrimoniais e de situações jurídicas existenciais se configurar em um plexo merecidamente qualificado pelo prefixo 'ciber'. [311-312]

Relevante a análise de Gustavo Binenbojm:

> A vinculação da Administração não se circunscreve, portanto, à lei formal, mas a esse bloco de legalidade (o ordenamento jurídico como um todo sistêmico), a que aludia Hauriou, que encontra melhor enunciação, para os dias de hoje, no que Merkl chamou de princípio da juridicidade administrativa. Foi essa influência que determinou a inserção, no art. 20, §3º, da Lei Fundamental de Bonn, da vinculação do Poder Executivo e dos Tribunais à lei e ao direito (*sind an Gesetz und Recht gebunden*). Tal ideia, de vinculação ao direito não plasmado na lei, marca a superação do positivismo legalista e abre caminho para um modelo jurídico baseado em princípios e regras, e não apenas nestas últimas. (...) Talvez o mais importante aspecto dessa constitucionalização do direito administrativo seja a ligação direta da Administração aos princípios constitucionais, vistos estes como núcleos de condensação de valores. A nova principiologia constitucional, que tem exercido influência decisiva sobre outros ramos do direito, passa também a ocupar posição central na constituição de um direito administrativo democrático e comprometido com a realização dos direitos do homem. Como assinala Santamaria Pastor, as bases profundas do direito administrativo são de corte inequivocamente autoritário; até que fosse atraído para a zona de irradiação do direito constitucional, manteve-se alheio aos valores democráticos e humanistas que permeiam o direito público contemporâneo.[313]

Somente com a readequação do acervo de proteção a direitos fundamentais é que se conseguirá alçar o Estado e todo o seu aparato protetivo ao devido patamar. Somente

---

309. OSTROM, Elinor. Crossing the great divide: coproduction, synergy, and development. **World Development**, Ann Arbor, v. 24, p. 1073-1087, 1996.
310. LIMA, Ruy Cirne. **Princípios de direito administrativo**, cit., p. 296. Anota: "A Constituição Federal de 1988 instituiu um Estado Democrático de Direito (art. 1º, *caput*), que tem como fundamento, entre outros, a cidadania (art. 1º, III) e se rege, em suas relações internacionais, segundo o princípio da prevalência dos direitos humanos (art. 4º, II). A inspiração para essas decisões fundamentais foi encontrada, inequivocamente, na Lei Fundamental de Bonn, que afirma ser a dignidade do homem intangível ("*Die Würde des Menschen ist unantastbar*" – Art. 1); que reconhece os direitos invioláveis e inalienáveis do homem como fundamento de qualquer comunidade humana, da paz e da justiça no mundo ("*unverletzlichen und unveräußerlichen Menschenrechten als Grundlage jeder menschlichen Gemeinschaft, des Friedens und der Gerechtigkeit in der Welt*" – Art. 1, 2); que define a aplicação imediata dos direitos fundamentais ("*Die nachfolgenden Grundrechte binden Gesetzgebung, Verwaltung und Rechtsprechung als unmittelbar geltendes Recht*" – Art. 1, 3); e estabelece, por fim, uma ordem constitucional correspondente aos princípios do Estado Republicano, Democrático e Social de Direito (art. 28, 1 – "*Die verfassungsmäßige Ordnung in den Ländern muss den Grundsätzen des republikanischen, demokratischen und sozialen Rechtsstaates im Sinne dieses Grundgesetzes entsprechen*")".
311. ARNAUD, André-Jean. **La gouvernance**, cit., p. 288.
312. LÉVY, Pierre. **Cyberdémocratie**: essai de philosophie politique. Paris: Odile Jacob, 2002. E-book. Anota: "*La civilisation du temps réel engendre un salutaire et permanent état d'inadéquation de la pensée puisque le monde s'y révèle toujours plus engagé dans le futur que nous ne pouvons l'imaginer. À suivre ce nouveau rythme, il n'y a quasiment plus de différence entre le temps de l'idée et celui de sa réalisation. De plus en plus de gens ont des idées originales et coopèrent pour les communiquer, les évaluer, les tester, les réaliser. Dès qu'une idée est conçue, elle est rendue publique, entre en compétition coopérative dans le cyberespace avec les autres idées et commence éventuellement à prendre corps dans un document, un logiciel, un produit, une entreprise, une organisation, une communauté virtuelle ou un réseau.*"
313. BINENBOJM, Gustavo. **Uma teoria do direito administrativo**, cit., p. 142.

assim, com a efetiva ruptura sistêmica e a reinserção do sujeito no mais elevado patamar protetivo, ter-se-á a necessária completude do sistema jurídico.

2.6 CONCLUSÕES PARCIAIS – A LEGALIDADE CATALISADA PELA GOVERNANÇA: O (EFETIVO) *COMPLIANCE* PÚBLICO A PARTIR DA ETICIDADE

Em conclusões parciais de tudo o que se expôs no curso deste capítulo, cumpre ressaltar o papel do *compliance* para a ressignificação do papel do Estado no século XXI – digitalizado e de fronteiras translucidas[314] –, tendo a governança como verdadeiro vetor de alavancagem da vetusta legalidade estrita, agora flexibilizada, mas não menos carecedora de efetivo controle. Relembrando a importância do chamado *e-government* que proliferou mundo afora na década de 1990,[315] marcando uma importante transição,[316] obtemperou-se a necessidade de superação da terminologia 'governo eletrônico' em prol da expressão 'Administração Pública digital', que "além de prover um conjunto de serviços de forma mais eficiente, é uma política pública fundamentada num relacionamento mais democrático entre Administração Pública e cidadãos, como uma interação entre quem toma decisões e os cidadãos".[317]

É concebível que os direitos à privacidade e à proteção de dados, baseados em noções e garantias constitucionais complexas, como autodeterminação informacional, dignidade humana e liberdade de ação, sejam simplesmente abstratos demais para que os indivíduos possam empregá-los efetivamente, daí a necessidade da regulação.[318]

Sendo certo o descompasso existente entre a atuação estatal e sua capacidade de responder à incessante inovação tecnológica, destacou-se a imperiosidade de superação do modo tradicional de atuação legislativa, sugestionando-se, como solução adequada, a adoção de instrumentos de governança para a aceleração da responsividade estatal às inúmeras contingências sociais desdobradas desse descompasso.

---

314. SHAPIRO, Martin. Administrative law unbounded: reflections on government and governance. **Indiana Journal of Global Legal Studies**, Bloomington, v. 8, n. 2, p. 369-377, 2001, p. 374. Anota: *"Thus far, we have considered the erosion of the boundaries that separate the governors from the governed. A second erosion of these boundaries is taking place along a different geographic dimension; national governments are increasingly losing authority to both supra- and subnational governments. It is now commonplace that the two losses are linked."*
315. GRÖNLUND, Åke; HORAN, Thomas. Introducing e-Gov: history, definitions, and issues. **Communications of the Association for Information Systems**, [S.l], v. 15, n. 39, p. 713-719, 2005.
316. DAVISON, Robert M.; WAGNER, Christian; MA, Louis C. K. From government to e-government: a transition model. **Information Technology & People**, Londres, v. 18, n. 3, p. 280-299, set. 2005.
317. MESSA, Ana Flávia. Transparência, compliance e práticas anticorrupção na Administração Pública, cit., p. 263.
318. MAYER-SCHÖNBERGER, Viktor. Beyond privacy, beyond rights – toward a "system" theory of information governance. **California Law Review**, Berkeley, v. 98, p. 1853-1886, 2010, p. 1877-1878. Sobre o tema, o autor ainda comenta: *"Perhaps, then, the lack of enforcement is not caused by the complexity (or simplicity) of the individual right to be enforced, but by the costliness of the specific enforcement process. If that were the case, reducing the enforcement-cost (including the risk of enforcement) could result in the needed increase in enforcement action. There are numerous strategies to lower enforcement costs for individuals. One could choose a less costly legal basis that would lead to less costly enforcement action: for example, employing a different legal vehicle (such as switching from rights to torts), increasing the economic incentive for success (e.g., the amount of statutory damages awarded), or adjusting procedural elements (e.g., by shifting the burden of proof or implementing no-fault compensation schemes)."*

Essa responsividade, aliás, compõe um dos elementos essenciais da governança,[319] juntamente com a responsabilidade, a legalidade e a integridade. Sobre isso, muitos detalhes foram explicitados para reforçar a necessidade de clara delimitação do tema, tamanha sua sensibilidade.

Retomando exemplos advindos da Escandinávia, particularmente da Suécia, onde mais fortemente a doutrina jurídica se debruçou sobre o estudo da governança, abordou-se a dificuldade que se enfrenta no tocante à complexidade do fenômeno globalizatório[320] e à colossal quantidade de dados que compõe o chamado *Big Data*. Inegavelmente entusiasmante, a tecnologia traz, em si, percalços que não podem ser ignorados pelo administrador público, sob pena de incorrer em excessos perigosos – daí a tendência recente à adoção de freios consequencialistas (a exemplo da reforma à LINDB brasileira) e à proliferação de leis e decretos voltados à criação de programas de integridade nos diversos âmbitos de atuação do Poder Público.

Se o *compliance* exsurge para propiciar um realce à ética, reinserindo-a no cotidiano estatal a partir da delimitação de alguns parâmetros específicos, maior relevância se deve dar, conclusivamente, à figura do indivíduo – protegido constitucionalmente por uma plêiade de direitos inalienáveis e que, agora, se vê projetado no mundo virtual, com direitos patrimoniais e situações jurídicas existenciais consolidando verdadeira faceta da personalidade individual, digna de proteção.[321]

A cidadania, também realçada, dá a tônica de uma transformação ainda mais profunda, tendo o condão de reassimilar outros princípios essenciais do Regime Jurídico Administrativo, como a moralidade e a impessoalidade, e remodelá-los neste novo paradigma.[322]

Assim como ocorreu com o direito privado, anota-se que também o direito público passa a ser irradiado por valores, e a Eticidade é, sem sombra de dúvidas, o valor fundamental para a potencialização da legalidade na Administração Pública da sociedade da informação. Deve ser, contudo, potencializada pelo atendimento aos deveres de

---

319. RHODES, Roderick A. W. The new governance: governing without government. **Political Studies**, University of Newcastle, Newcastle, n. XLIV, p. 652-667, 1996, p. 665.
320. BEVIR, Mark; HALL, Ian. Global Governance. In: BEVIR, Mark (Ed.). **The Sage handbook of governance**. Londres: Sage Publications, 2011, p. 352-366.
321. SILVA, Jorge Pereira da. **Deveres do Estado de protecção de direitos fundamentais**, cit., p. 354. Comenta: "O desiderato a se atingir é o de que o poder de intervenção estatal e a liberdade dos cidadãos se equilibrem de modo a garantir ao indivíduo tanta protecção quanto a necessária, mas também tanta liberdade pessoal quanto seja possível. Por isso, segundo a denominada concepção pessoal do bem jurídico, tem-se entendido que integram este conceito aquelas "realidades ou fins que são necessários para uma vida social livre e segura, que garantam os direitos humanos e fundamentais do indivíduo, assim como para o funcionamento do sistema estatal erigido para a consecução de tal objectivo. Não que, com esta referência, se pretenda induzir à importação acrítica para o direito constitucional dos resultados (nem sempre pacíficos) atingidos pela doutrina penalista sobre a teoria do bem jurídico – até porque a protecção penal é apenas uma modalidade, entre várias outras, de protecção de direitos fundamentais –, mas é importante reconhecer que a multifuncionalidade dos direitos fundamentais implica uma atenção redobrada ao conceito de bem jusfundamental e a sua colocação no centro do processo construtivo dos *conglomerados jurídicos* usualmente designados por direitos fundamentais."
322. GIL-GARCIA, J. Ramon; PARDO, Theresa A. E-government success factors: mapping practical tools to theoretical foundations. **Government Information Quarterly**, [S,l], v. 22, p. 187-216, 2005.

proteção que são incumbência do Estado, mas com foco voltado à parametrização de novos modais de controle, aprimorados, aperfeiçoados, eficazes.

A Lei do Governo Digital no Brasil estabelece diretrizes e princípios para a transformação digital do Estado, promovendo a utilização de tecnologias digitais para a prestação de serviços públicos e aprimorando a governança e a transparência na administração pública. Nesse contexto, o *compliance* desempenha um papel fundamental, pois busca garantir que as ações do governo estejam em conformidade com as disposições legais e regulatórias relacionadas ao uso e gestão de tecnologias digitais.

Ao adotar práticas de *compliance*, o governo busca evitar práticas irregulares, como o uso inadequado de dados pessoais, a violação da privacidade dos cidadãos e a ocorrência de corrupção digital. Além disso, o compliance auxilia na mitigação de riscos relacionados à segurança cibernética, proteção de informações sensíveis e garantia da confiabilidade dos sistemas e processos digitais. Não obstante, conforme se viu, em que pese a Lei do Governo Digital estabeleça a necessidade de governança, ou seja, de um conjunto de regras, processos e controles que visem garantir a adequada gestão e utilização das tecnologias digitais pelo governo, perdeu-se uma valiosa oportunidade de melhor elucidar tais mecanismos.

O *compliance* se encaixa nesse contexto ao fornecer mecanismos para monitorar e garantir o cumprimento das diretrizes estabelecidas, bem como identificar e corrigir eventuais desvios, mas ainda demanda colmatação específica na ausência de delimitação contundente da Lei nº 14.129/2021. Dessa forma, a relação entre *compliance* e a Lei do Governo Digital reside na necessidade de assegurar a conformidade legal e ética das atividades governamentais no ambiente digital, promovendo a transparência, a integridade e a confiança na relação entre o governo e os cidadãos. O *compliance*, como parte essencial da governança digital, contribui para o sucesso da implementação e aplicação efetiva da Lei do Governo Digital, fortalecendo a segurança e a eficiência das operações governamentais no ambiente digital.

A somatória de *accountability*, *legality*, *integrity* e *responsiveness* dá ensejo a uma combinação potente de preceitos para a regência de uma 'nova' Administração Pública, não apenas atualizada aos modelos mais hodiernos de gestão pública, mas efetivamente 'digital' no sentido que o termo permite colher a partir dos impactos da sociedade da informação sobre a governança pública.[323]

Dito isso, encerra-se esta breve abordagem e parte-se para a aferição dos impactos desse novo paradigma social sobre os demais princípios de regência da Administração Pública contemporânea.

---

323. PINHO, José Antonio Gomes de; SACRAMENTO, Ana Rita Silva. Accountability: já podemos traduzi-la para o português? **Revista de Administração Pública**, Rio de Janeiro, v. 43, n. 6, p. 1343-1368, 2009; BOVENS, Mark. Public accountability. In: FERLIE, Ewan et al (ed.). **The Oxford Handbook of Public Management**. Oxford: Oxford University Press, 2007, p. 3; PINHO, José Antonio Gomes de. Investigando portais de governo eletrônico de estados no Brasil: muita tecnologia, pouca democracia. **Revista de Administração Pública**, Rio de Janeiro, v. 42, n. 3, p. 471-493, 2008.

Capítulo 3
NOVAS IMPOSTAÇÕES PARA A IMPESSOALIDADE E PARA A MORALIDADE: CIDADANIA DIGITAL E ADMINISTRAÇÃO PÚBLICA CONSENSUAL

3.1 CIDADANIA NO SÉCULO XXI: IMPESSOALIDADE E MORALIDADE REALÇADAS

O clássico conceito de cidadão, definido por Aristóteles na antiguidade grega, era privilégio de poucas classes detentoras do poder; um atributo escasso, diferenciador.[1] Era, em última instância, verdadeiro signo distintivo, que vinculava determinado indivíduo à possibilidade de participação em processos decisionais – especialmente por meio do voto.[2]

Com o avançar da história, o referido conceito ganhou novos significados, mas sempre se manteve atrelado à ideia de democracia. De acordo com Pietro Costa, na Roma Antiga, não se tinha uma cópia fiel da *polis* grega, uma vez que a *civitas* romana mais se alinhava ao sentido renovado da relação de cidadania, que marcaria toda a tradição político-jurídica ocidental.[3] Segundo Jorge Miranda, "[c]idadania significa ainda,

---
1. ARISTÓTELES. **A política**. Tradução de Nestor Silveira. São Paulo: Folha de S. Paulo, 2010, Livro III, p. 53-55. Eis o trecho: "Mas, sendo a cidade algo de complexo, assim como qualquer outro sistema composto de elementos ou de partes, é preciso, evidentemente, procurar antes de tudo o que é um cidadão. Por que a cidade é uma multidão de cidadãos, e assim é preciso examinar o que é um cidadão, e a quem se deve dar este nome. (...) Ponhamos de lado, pois, os que obtêm este título por qualquer outro modo, como, por exemplo, aqueles a quem se concedeu o direito de cidadania. O cidadão não é cidadão pelo fato de se ter estabelecido em algum lugar – pois os estrangeiros e os escravos também são estabelecidos. Nem é cidadão por se poder, juridicamente, levar ou ser levado ante os mesmos tribunais. Pois isso é o que acontece aos que se servem de selos para as relações de comércio. (...) Em uma palavra, cidadão é aquele que pode ser juiz e magistrado. Não existe definição melhor. Alguns cargos tomam um tempo limitado, não podendo ser exercidos duas vezes pela mesma pessoa, ou então somente depois de um período determinado. Alguns existem, ao contrário, cuja duração é ilimitada, como acontece com as funções de juiz e de membro das assembleias gerais. (...) Por aí se vê, pois, o que é o cidadão: aquele que tem uma parte legal na autoridade deliberativa e na autoridade judiciária – eis o que chamamos cidadão da cidade assim constituída. (...) Cidadão, segundo a nossa definição, é o homem investido de certo poder."
2. BELLAMY, Richard. **Citizenship**: a very short introduction. Oxford: Oxford University Press, 2008, p. 1-2. Destaca: "*Historically, citizenship has been linked to the privileges of membership of a particular kind of political community – one in which those who enjoy a certain status are entitled to participate on an equal basis with their fellow citizens in making the collective decisions that regulate social life. In other words, citizenship has gone hand in hand with political participation in some form of democracy – most especially, the right to vote.*"
3. COSTA, Pietro. **Cittadinanza**. Roma-Bari: Laterza, 2005. E-book. Segundo o autor: "*Roma non era stata una copia conforme della pólis greca: la civitas romana aveva compiuto una sua originale traiettoria allontanandosi progres-*

mais vincadamente, a participação em Estado democrático. Foi nessa perspectiva que o conceito foi elaborado e se difundiu após a Revolução Francesa."[4] Era um novo ideal de cidadania que florescia *pari passu* à evolução do Estado, e que seria remodelado, rearranjado e repensado no curso dos vários séculos subsequentes.

O sociólogo norueguês Stein Rokkan prestou importantes contributos para explicar a evolução histórica da concepção moderna de cidadania democrática, mas foi com Thomas Marshall[5] que se atingiu a baliza conceitual para o fundamento constitucional da cidadania[6] – que viria a ser albergada pelos diversos ordenamentos no curso do século XX, com a ascensão dos Estados Democráticos de Direito – então entendida como vínculo de pertencimento do indivíduo à sociedade estatal, do qual decorre uma exigência ao exercício de direitos fundamentais.

Segundo Christian Le Bart:

> Inspirada na Declaração dos Direitos do Homem e do Cidadão de 1789, a democracia moderna confere aos indivíduos várias liberdades fundamentais: o direito à vida e à dignidade, a liberdade de movimento, o direito à propriedade e o direito à propriedade; o respeito à privacidade, liberdade de empresa, liberdade religiosa... Esses direitos individuais são complementados por direitos sociais, como à organização sindical, à greve, a criar uma associação, reunir-se... e, é claro, votar em representantes. O desenvolvimento do estado gerou novos direitos sociais exigindo a intervenção deste último para prestar auxílio aos indivíduos: direito à educação, saúde, trabalho, cultura ... (Preâmbulo da Constituição Francesa 1946, Declaração Universal dos Direitos Humanos 1948).[7]

---

sivamente dalla sua arcaica configurazione per coincidere (idealmente o immaginariamente) con l'ecumene (ed era cambiato di conseguenza il senso del rapporto di cittadinanza, che la Constitutio antoniniana del 212 aveva esteso a tutti i sudditi dell'impero). Che Roma fosse una pólis nel senso greco del termine, come voleva Polibio, era probabilmente un anacronismo già a metà del II secolo a.C., quando l'autore greco scriveva le sue Storie; ma era un anacronismo di cui si era fatto latore anche Cicerone in pagine i cui echi si propagheranno in tutta la tradizione politico-giuridico occidentale."

4. MIRANDA, Jorge. **Teoria do Estado e da Constituição**. Rio de Janeiro: Forense, 2005, p. 205-206.
5. MARSHALL, Thomas Humphrey. **Cidadania, classe social e status**. Tradução de Meton Porto Gadelha. Rio de Janeiro: Zahar, 1967, p. 68-69. Anota: "A história dos direitos políticos difere tanto no tempo como no caráter. O período de formação começou, como afirmei, no início do século XIX, quando os direitos civis ligados ao status de liberdade já haviam conquistado substância suficiente para justificar que se fale de um status geral de cidadania. E, quando, começou, consistiu não na criação de novos direitos para enriquecer o status já gozado por todos, mas na doação de velhos direitos a novos setores da população. (...) Está claro que, se sustentarmos que, no século XIX, a cidadania na forma de direitos civis era universal, os direitos políticos não estavam incluídos nos direitos de cidadania. Constituía o privilégio de uma classe econômica limitada cujos limites foram ampliados por cada lei de reforma sucessiva. (...) Foi, como veremos, próprio da sociedade capitalista do século XIX tratar os direitos políticos como um produto secundário dos direitos civis. Foi igualmente próprio do século XX abandonar essa posição e associar os direitos políticos direta e indiretamente à cidadania como tal. (...) A participação nas comunidades locais e associações funcionais constitui a fonte original dos direitos sociais. Esta fonte foi complementada e progressivamente substituída por uma *Poor Law* (lei dos pobres) e um sistema de regulamentação de salários que foram concebidos num plano nacional e administrados localmente."
6. BELLAMY, Richard. **Citizenship**, cit., p. 45-46. Diz: *"The sociologists T. H. Marshall and Stein Rokkan established what has become the standard narrative of the evolution of modern democratic citizenship. This account draws on their analysis of the history of West European democracies in the 18th, 19th, and 20th centuries. They saw citizenship as the product of the interrelated processes of state-building, the emergence of commercial and industrial society, and the construction of a national consciousness, with all three driven forward in various ways by class struggle and war. Though these three processes tended to be phased, each provided certain of the preconditions for bringing together popular and legal rule within the new context of democratic, welfare, nation states operating within a capitalist market economy."*
7. LE BART, Christian. **Citoyenneté et démocratie**. Paris: La Documentation Fraçaise, 2016, p. 28, tradução livre. No original: *"S'inspirant de la Déclaration des droits de l'homme et du citoyen de 1789, la démocratie moderne confère aux individus un certain nombre de libertés fondamentales : droit à la vie et à la dignité, liberté de circulation, droit*

O pioneiro estudo de Marshall esteve à frente de seu tempo,[8] mas isto não o isentou de críticas, especialmente sob o argumento de que ele ignora o papel desempenhado pelas pressões externas na promoção de direitos; outros diziam que, mesmo na Grã-Bretanha, os três conjuntos de direitos não surgiram na ordem ou nos períodos mencionados, nem se mostraram tão complementares quanto ele supunha. Assim, os direitos sociais teriam surgido, na maioria dos países, antes e depois dos direitos políticos – na verdade, eles eram frequentemente oferecidos pela classe politicamente dominante de cada época como uma forma de atenuar as demandas por direitos políticos.

Os direitos sociais também poderiam colidir com certos direitos civis, como o direito à propriedade. Entretanto, essas correções nos detalhes de sua base argumentativa são perfeitamente compatíveis com sua lógica subjacente, que permanece convincente. E, embora Marshall às vezes tenha sido lido como defensor de uma progressão quase inevitável dos direitos civis para os políticos e para os direitos sociais cada vez mais completos, essa não era a opinião dele.[9] Ele viu a aquisição de direitos como uma luta contingente e interminável. Cada fase do desenvolvimento dos direitos decorre de um grupo subordinado que consegue obter concessões daqueles com poder em sua luta para serem tratados com igual preocupação e respeito – nesse movimento transformador, Marshall identificou seu objeto de estudo.

Avança-se no tempo até as proposições de Hannah Arendt, explicitadas em meio às suas observações da condição de perda de cidadania dos refugiados de guerra:

> Só conseguimos perceber a existência de um direito de ter direitos (e isto significa viver numa estrutura onde se é julgado pelas ações e opiniões) e de um direito de pertencer a algum tipo de comunidade organizada, quando surgiram milhões de pessoas que haviam perdido esses direitos e não podiam recuperá-los devido à nova situação política global.[10]

A autora desenvolve seu conceito de cidadania a partir de um 'direito a ter direitos' (e, aqui, a remissão a Rodotà é importantíssima do ponto de vista da autodeterminação[11]), que encontra no sufrágio seu elemento de maior destaque, mas não o único, uma vez que a redução da participação popular ao voto culmina, segundo sonoras críticas da doutrina, em pouca ou nenhuma participação.[12] A visão dicotômica e ambivalente entre

---

de propriété, droit au respect de la vie privée, liberté d'entreprendre, liberté religieuse... Ces droits individuels sont complétés de droits sociaux comme ceux de se syndiquer, de faire grève, de créer une association, de se réunir... et bien sûr celui de voter pour désigner des représentants. Le développement de l'État a engendré de nouveaux droits sociaux appelant l'intervention de celui-ci pour venir en aide aux individus: droit à l'éducation, à la santé, au travail, à la culture... (Préambule de la Constitution française de 1946, Déclaration universelle des droits de l'homme de 1948)."

8. SOUKI, Lea Guimarães. A Atualidade de T. H. Marshall no estudo da cidadania no Brasil. **Civitas: Revista de Ciências Sociais**, Porto Alegre, v. 6, n. 1, p. 39-58, jan./jun. 2006, p. 41.
9. BELLAMY, Richard. **Citizenship**, cit., p. 47.
10. ARENDT, Hannah. **Origens do totalitarismo**: antissemitismo, imperialismo, totalitarismo. Tradução de Roberto Raposo. São Paulo: Cia. das Letras, 2013, p. 238.
11. RODOTÀ, Stefano. **Il diritto di avere diritti**, cit., p. 273.
12. BEÇAK, Rubens. **A hipertrofia do Executivo brasileiro**: o impacto da Constituição de 1988. Campinas: Millennium, 2008, p. 72. Comenta: "O questionamento encontrou campo fértil particularmente nos EUA, onde, sobretudo após a emblemática convenção democrática de 1968, plantou-se a máxima 'a cura para os males da democracia é mais democracia'. Papel importante neste processo todo é o do incremento do pluralismo, com toda gama de diversidades dos mais variados aspectos sendo cada vez mais valorizada. Numa sociedade em que tudo assume o

sociedade civil e sociedade política evidenciava um distanciamento entre os cidadãos e o Estado, a partir das variantes de supremacia estatal, pois a "(...) participação do administrado não lhe atribui sempre um poder de codecisão, mas tem inegável virtualidade legitimadora, uma vez que expressa a dimensão de audição, que permite que o administrado passe de mero objeto da decisão a sujeito desta".[13] Com isso, a própria derrocada do Estado Social passou a dar lugar, especialmente no curso do século XX, à formatação dos chamados Estados Democráticos, o que viabilizou um diagnóstico mais preciso da necessidade de aprimoramento dos instrumentais de participação popular emanados do princípio democrático e alinhados aos elementos hodiernos de interação e integração entre cidadãos e Estado.[14]

A mera existência do sufrágio, por isso, não basta para garantir a cidadania, sendo imperiosa a desmistificação do voto como instrumento elementar de estabilização, pois, também em regimes totalitários, é possível que se tenha eleições e pretensa proteção do ordenamento. Segundo Étienne Balibar, o cenário de ruptura institucional capaz de superar as barreiras do totalitarismo e restabelecer a condição de cidadania a seus membros somente seria alcançável a partir da democracia:

> A transformação democrática de uma sociedade ou sistema econômico (como o capitalismo) através de meios ou procedimentos não democráticos ou não democráticos é absolutamente impossível. É a lição das tragédias da história do comunismo e do socialismo do século XX (e dos debates sobre a ditadura do proletariado, em que o conflito político foi projetado em uma dimensão de simetria, trazendo à tona uma teoria e uma prática que estabeleceram um contraEstado contrário ao Estado), bem como movimentos anti-imperialistas de libertação nacional. Portanto, se repropõe que uma força ou um movimento político só pode democratizar a sociedade se eles tendem a ser mais democráticos do que o sistema ao qual se opõem, do ponto de vista de seus objetivos e de seu funcionamento interno.[15]

No embate entre democracia e totalitarismo, a superação de determinadas barreiras demanda, inexoravelmente, a condensação de determinados valores na formatação de novos modais para a participação direta dos cidadãos nos afazeres estatais, com vistas ao atingimento do interesse público. A tecnologia tem o condão de fazê-lo independentemente da organização coletiva da sociedade civil (em sindicatos, associações etc.),[16]

---

valor de importante, com a exacerbação exponencial dos individualismos e idiossincrasias, natural a percepção de que um sistema fundado na verificação do bem comum pelo critério da maioria seria contestado."
13. BATISTA JÚNIOR, Onofre Alves. **Transações administrativas**. São Paulo: Quartier Latin, 2007, p. 189.
14. BEÇAK, Rubens. **Democracia**: hegemonia e aperfeiçoamento. São Paulo: Saraiva, 2014, p. 16.
15. BALIBAR, Étienne. **Cittadinanza**. Tradução do francês para o italiano de Fabrizio Grillenzoni. Turim: Bollati Boringhieri, 2012, p. 166-167, tradução livre. No original: "*La transformazione democratica di una società o di un sistema economico (come il capitalismo) attraverso mezzi o procedure non democratiche o antidemocratiche è assolutamente impossibile. È la lezione delle tragedie della storia del comunismo e del socialismo di XX secolo (e dei dibattiti sulla dittadura del proletariato, nei quali il conflitto politico è stato proiettato in una dimensione di simmetria, facendo emergere una teoria e una pratica che istituiva un contro-Stato contrapposto allo Stato), così come dei movimenti di liberazione nazionale antimperialisti. Si ripropone dunque l'idea che una forza o un movimento politico possano democratizzare la società soltanto se sono, tendenzialmente, più democratici del sistema al quale si oppongono, dal punto di vista sia dei loro obiettivi sia del loro funzionamento interno.*"
16. PÉLISSE, Jérôme. Les usages syndicaux du droit et de la justice. *In*: COMMAILLE, Jacques; KALUSZYNSKI, Martine (Ed.). **La fonction politique de la justice**. Paris: La Découverte, 2007, p. 165 *et seq*.

uma vez que viabiliza a interatividade em tempo real e passa a demandar, a um só tempo, o repensar da interação do homem com a técnica.[17]

O cidadão do século XXI está inserido justamente nesse contexto, marcado pela presença de instrumentais capazes de aproximá-lo do Estado para lhe dar voz em um contexto marcado pela necessidade de transposição do arquétipo hierarquizado e impositivo para um modelo horizontal e consensual.

Para João Victor Longhi:

> A problemática acerca da fratura digital é uma constante nas análises sobre as possibilidades e limitações de concretização de uma forma mais participativa do princípio democrático. Afinal, o processo de universalização dos direitos fundamentais tem sido construído historicamente, os quais vêm sendo paulatinamente positivados em textos constitucionais, legais ou de tratados e convenções internacionais. No que concerne ao exercício dos direitos políticos, classificados também como liberdades públicas, direitos de liberdade ou direitos de primeira geração ou dimensão, a universalização fora um processo, consagrando-se no ambiente constitucional contemporâneo o voto universal, por exemplo.
>
> Já no caso da Internet, há ainda grandes esperanças quanto à possibilidade de expansão ou, eventualmente, de universalização. Razão pela qual assumir que há um ambiente de *apartheid* digital realmente poderia inserir mais um dos tantos obstáculos sociais à concretização dos direitos fundamentais no Brasil. (...)
>
> Restringindo-se à realidade brasileira, pesquisas realizadas pelo Comitê Gestor da Internet [o CGI.br] em parceria com a UNESCO revelam o tamanho do desafio e, ao mesmo tempo, a dimensão da esperança. Afinal, o último levantamento revela estimativas de que pouco mais da metade da população nacional não tinha acesso à Internet, concentrados espacialmente os mais necessitados e nas regiões menos desenvolvidas economicamente. (...) Porém, prover de acesso não é o único desafio. Conforme se verá quando da análise da possibilidade de consagração de um direito humano ou fundamental de acesso à Internet, a promoção do acesso universal à Internet passa por uma série de políticas públicas de inclusão digital e abrange a denominada edução para as TICs, algo de maior profundidade e complexidade, e que não poderá ser conseguido apenas com a consagração deste nobre objetivo em lei ou decreto.[18]

Nesse novo contexto, clássicos princípios de direito público se metamorfoseiam para atender aos ditames de um novo mundo, abrindo margem a ilustrações diversas das de outrora e criando arranjos específicos e adequados a esse novo *canvas*, marcado pela emancipação do chamado cibercidadão.[19] É o que ocorre, no compasso da cidadania, com os princípios da impessoalidade e da modalidade. Com relação ao primeiro, "[o] sentido material da legalidade é o que traduz juridicamente de modo mais imediato o valor da igualdade, resultando na noção de impessoalidade."[20] Já quanto ao segundo,

---

17. JONAS, Hans. **Le principe responsabilité**: une éthique pour la civilisation technologique. Tradução do alemão para o francês de Jean Greisch. 2. ed. Paris: Cerf, 1992, p. 38. Diz: *"Mais l'homme lui-même a commencé à faire partie des objets de la technique. L'homo faber applique son art à lui-même et s'apprête à inventer une nouvelle fabrication de l'inventeur et du fabricateur de tout le reste. Cet achèvement de son pouvoir de domination qui peut très bien signifier la victoire sur l'homme, cette ultime installation de l'art au-dessus de la nature, provoque l'ultime effort de la pensée éthique qui jamais auparavant n'avait eu à envisager des alternatives faisant l'objet d'un choix, face à ce qui était considéré comme les données définitives de la constitution de l'homme."*
18. LONGHI, João Victor Rozatti. **Processo legislativo interativo**, cit., p. 106-107.
19. ARNAUD, André-Jean. **La gouvernance**, cit., p. 288-289.
20. ALMEIDA, Fernando Dias Menezes de. Princípio da impessoalidade. *In*: MARRARA, Thiago (Org.). **Princípios de direito administrativo**: legalidade, segurança jurídica, impessoalidade, publicidade, motivação, eficiência, moralidade, razoabilidade, interesse público. São Paulo: Atlas, 2012, p. 113.

pode-se dizer que "a moralidade administrativa consiste em uma garantia da constante legitimação da vontade estatal e, não por outra razão, está vinculada ao conceito de desvio de poder ou desvio de finalidade."[21]

A conjugação desses dois clássicos princípios, catalisada pela implementação da sociedade da informação, traz realce ao direito administrativo, de modo que, nas palavras de Pablo Oscar Gallegos Fedriani,

> A ello cabe agregar que el preprio Derecho Administrativo se ve modificado por lo que se ha dado en llamar mayor participación ciudadana (a través de las – entre otras – audiencias públicas), mediante la cual el consumidor o el mero habitante pueden participar en la formación del acto administrativo tanto de alcance general como de alcance particular. Es decir, ya no es el ciudadano un mero receptor de actos emanados de la Administración a través de su libre arbitrio o de su discrecionalidad, sino que tal discrecionalidad sólo puede ejercerse en el marco del reconoscimiento de los derechos humanos operativos; actos que – a su vez – son o pueden ser producto de la colaboración de los administrados a través de audiencias formales o de presentaciones informales mediante los medios electrónicos de comunicación.[22]

Constata-se que "não seria despropositado falar em novo direito administrativo, decorrente da incorporação das novas tecnologias na Administração Pública",[23] e todo esse processo demanda um novo olhar sobre os princípios que regem o atuar administrativo, com destaque, como se disse, para a simbiose entre impessoalidade e moralidade[24] – válvula necessária para tal reformulação – com o objetivo de se implementar a tecnologia para que a Administração Pública passe a atuar de forma otimizada, como anota Odete Medauar:

> Indicam-se vantagens da administração eletrônica, dentre as quais, na voz de Gamero Casado e Martinez Gutierrez [El derecho administrativo ante la era de la información, in Gamero Casado; Valero Torrijos (org.). *La Ley de Administración electronica*. 2. ed. Aranzadi, 2009, p. 31]: "facilitar acesso dos cidadãos, por estar aberta 24 hs, todos os dias do ano"; "agilizar a tramitação dos expedientes administrativos"; "suprimir barreiras territoriais e potencializar a igualdade".[25]

---

21. MARRARA, Thiago. O conteúdo do princípio da moralidade. *In*: MARRARA, Thiago (Org.). **Princípios de direito administrativo**: legalidade, segurança jurídica, impessoalidade, publicidade, motivação, eficiência, moralidade, razoabilidade, interesse público. São Paulo: Atlas, 2012, p. 163. E prossegue: "O exercício justo, correto e adequado do poder estatal pelas autoridades públicas é pressuposto para que o Poder Público obtenha um mínimo de aceitação por parte da sociedade que o representa e para a qual ele existe. Na medida em que o poder é exercido moralmente, gera-se respeito pela ação estatal, tornando possíveis tanto o funcionamento mínimo da sociedade sem a necessidade de fiscalização e controle estatal de tudo e de todos, quanto o emprego da força pelo Estado em situações previamente definidas e configuradoras de infrações sob a ótica de um ordenamento jurídico vigente. O respeito pelo exercício do poder fomenta a cooperação voluntária de um mínimo da sociedade em favor do Estado, permitindo que este continue a existir e ditar normas regentes dos comportamentos sociais, sancionando os que não as observam."
22. GALLEGOS FEDRIANI, Pablo Oscar. Los paradigmas del derecho administrativo. *In*: ALMEIDA, Fernando Dias Menezes de; MARQUES NETO, Floriano de Azevedo; MIGUEL, Luiz Felipe Hadlich; SCHIRATO, Vitor Rhein (Coord.). **Direito público em evolução**: estudos em homenagem à Professora Odete Medauar. Belo Horizonte: Fórum, 2013, p. 43.
23. BREGA, José Fernando Ferreira. **Governo eletrônico e direito administrativo**, cit., p. 59.
24. GIACOMUZZI, José Guilherme. **A moralidade administrativa e a boa-fé da Administração Pública**: o conteúdo dogmático da moralidade administrativa. São Paulo: Malheiros, 2002, p. 29.
25. MEDAUAR, Odete. **O direito administrativo em evolução**, cit., p. 362.

Para além das indicadas opções de atuação otimizada pela tecnologia, importa saber quais são os reflexos desses instrumentos no desenvolvimento de aproximações realçadoras do modelo democrático que rege a Administração Pública.

Sabe-se que grande variedade de modelos é nitidamente perceptível consoante os seguintes critérios: (i) *espacial*: assunção de convenções e tratados relevantes ao contexto administrativo-global, com flexibilização da soberania (Administração Pública cooperativa); (ii) *funcional*: redefinição do papel do Estado, especialmente pela eficiência (Administração Pública gerencial); (iii) *político*: avanço dos contornos da democracia participativa (Administração Pública democrática); (iv) *decisório*: processualidade administrativa como meio de legitimação das tomadas de decisões (Administração Pública procedimental; (v) *regulatório*: agencificação de atividades administrativas (Administração Pública regulatória); (vi) *dialógico*: busca de meios contratuais e concertos para o exercício das atividades administrativas conflituais (Administração Pública consensual); (vii) *interorgânico*: atuação conjunta entre os diversos entes federativos para finalidades específicas (Administração Pública em rede); (viii) *intergeracional*: execução de políticas públicas e deveres fundamentais para as presentes e futuras gerações (Administração Pública sustentável).

Nas breves linhas que se seguem, buscar-se-á delimitar, especificamente, o modelo da Administração Pública consensual como caminho inexorável para viabilizar a integração virtuosa da vontade popular com o atuar administrativo, em real festejo ao fundamento constitucional da cidadania.

3.2 IMPESSOALIDADE E CONSENSUALIZAÇÃO: REAPROXIMANDO CIDADÃOS E ESTADO

O artigo 37, § 3º, da Constituição da República, cuida da consensualização administrativa, que não é, nos dizeres de Thiago Marrara, um é 'fenômeno', mas um "(...) o movimento de busca de consenso e de promoção da consensualidade por novas técnicas administrativas",[26] que não se confunde com a própria ideia de consensualidade, aplicável na aferição do grau de consenso existente nas decisões gerenciais da máquina pública.

Para Odete Medauar, este fenômeno pode ser conceituado a partir da

---

26. MARRARA, Thiago. Direito administrativo brasileiro: transformações e tendências. *In*: MARRARA, Thiago (Org.). **Direito administrativo**: transformações e tendências. São Paulo: Almedina, 2014, p. 40. Acrescenta o autor: "O reconhecimento do conceito de consensualização administrativa permite, então, alguns aprofundamentos teóricos. Em primeiro lugar, os instrumentos pró-consensuais não se confundem necessariamente com instrumentos contratuais. Daí que contratualização e consensualização não se identificam como fenômenos. Há mecanismos pró-consensuais de caráter orgânico (como a participação de cidadãos em conselhos, conferências públicas etc.), mecanismos de caráter procedimental, obrigatórios ou não (como as audiências e consultas públicas) e mecanismos de caráter contratual (como os contratos de gestão, os convênios etc.). As conclusões que se extraem das considerações terminológicas iniciais e da tipologia básica acima delineada são as seguintes: 1) a contratualização como movimento de multiplicação de acordos e contratos no direito administrativo fortalece a consensualização, mas dela difere substancialmente; 2) a consensualização estimula a busca do consenso, mas não se confunde com o consenso nem com a consensualidade e 3) a consensualização não representa um modelo de substituição da administração unilateral ou coercitiva."

(...) atenção ao consenso adotado em vários momentos da decisão administrativa e na execução de medidas e, também na solução de litígios, com diálogo e acordos entre governantes e governados (e, mesmo, entre órgãos públicos), desmentindo a concepção de exorbitância do Direito Administrativo.[27]

Valioso estudo acerca do assunto foi desenvolvido por Juliana Bonacorsi de Palma, que se dedicou a averiguar os acordos substitutivos nos processos administrativos sancionadores. A dissertação, dotada de profunda densidade, instiga reflexões sobre a ocorrência ou não de uma mudança de paradigma que represente a ruptura com o modelo impositivo e unilateral de atuação do Estado.[28] Para além disso, contudo, importa saber que o ordenamento dispõe de instrumentos para a busca do consenso, razão pela qual a precisão terminológica se faz necessária.

Se consensualização não é o mesmo que consenso ou consensualidade,[29] a proclamada reaproximação dos cidadãos ao Estado demandará a presença de mecanismos que, devidamente esmiuçados, propiciem tal transição – processo longo –, pois "só por manifesta ilusão de óptica ou por equívoco se poderá vislumbrar uma génese garantística no Direito Administrativo: o Direito Administrativo surge como o Direito da Administração Pública e não como o Direito dos administrados".[30]

Significa que, desde seu advento, o direito público não foi concebido para atender aos administrados, mas à Administração. Evoluiu, por certo, e incorporou inúmeros institutos do direito privado, propiciando tangenciamentos reiterados que, neste mesmo estudo, já motivaram averiguações acerca da suposta superação das proposições luhmanianas quanto à distinção entre as duas esferas. Sendo assim, "[u]nilateralidade e consensualização não se excluem, mas se fortalecem nesses casos."[31]

Caminha-se, hodiernamente, para um momento no qual, enfim, ter-se-á um direito administrativo para os cidadãos, inspirado na governança para a análise do exercício do poder,[32] capaz de não apenas ofertar mecanismos para fomentar o processo de consensualização, mas de, efetivamente, trazer o direito administrativo a um novo patamar de relações jurídicas 'multipolares',[33] marcadas pela presença de atores públicos e privados motivados pela lógica do consenso no atingimento de interesses que não são hierarquicamente sobrepostos (público *sobre* privado), mas linearmente justapostos (público *e* privado).[34]

---

27. MEDAUAR, Odete. **O direito administrativo em evolução**, cit., p. 406.
28. PALMA, Juliana Bonacorsi de. **Atuação administrativa consensual**: estudo dos acordos substitutivos no processo administrativo sancionador. 2010. 332 f. Dissertação (Mestrado em Direito) – Faculdade de Direito, Universidade de São Paulo, São Paulo, 2010, p. 111. Comenta: "Compreender o administrado como efetivo colaborador do Poder Público (...) significa atribuir-lhe um papel mais ativo na atuação administrativa."
29. FALEIROS JÚNIOR, José Luiz de Moura. Administração Pública consensual: novo paradigma de participação dos cidadãos na formação das decisões estatais. **Revista Digital de Direito Administrativo**, cit., p. 69.
30. OTERO, Paulo. **Legalidade e Administração Pública**, cit., p. 281.
31. MARRARA, Thiago. Direito administrativo brasileiro: transformações e tendências, cit., p. 42.
32. CHEVALLIER, Jacques. **O Estado pós-moderno**, cit., p. 274.
33. BITENCOURT NETO, Eurico. Transformações do Estado e a Administração Pública no século XXI. **Revista de Investigações Constitucionais**, Curitiba, v. 4, n. 1, p. 207-225, jan./abr. 2017, p. 214.
34. SANFORD, Clive; ROSE, Jeremy. Characterizing eParticipation. **International Journal of Information Management**, [S.l], v. 27, p. 406-421, 2007.

Em nova menção aos dizeres de Thiago Marrara, importa ressaltar que a consensualização também é afetada pelas novas tecnologias:

> Não bastasse isso, é preciso lançar luz sobre o papel das novas tecnologias nesse movimento de pretenso aprimoramento da gestão pública. Embora elas configurem um fenômeno sociológico muito mais antigo que as tentativas recentes de reforma do Estado e delas independentes, não há dúvidas que a utilização de tecnologias pela Administração Pública desponta como uma arma para combater inúmeras deficiências na execução das tarefas estatais em benefício dos serviços administrativos internos, bem como do atendimento das necessidades sociais. Tecnologias de informação e de comunicação, por exemplo, viabilizam a ampliação do contato entre as entidades públicas e barateiam a tramitação de processos administrativos; tecnologias de transporte permitem, por sua vez, novas formas de interação social e a expansão de serviços públicos; tecnologias de saúde aprimoram a capacidade estatal de zelar pela vida e assim por diante. Não há um tipo de relação administrativa que não sofra o impacto do progresso técnico. Relações jurídicas intra-administrativas, relações jurídicas inter-administrativas e relações entre o Estado e os cidadãos sujeitam-se crescentemente às suas influências.[35]

Por certo, o atingimento da consensualidade perpassa pelo cumprimento do princípio da socialidade, que "impõe a tarefa estatal de perseguir a eliminação ou mitigação das desigualdades sociais ou das carências materiais dos indivíduos e suas consequentes necessidades."[36] Corroborando este registro, Diogo de Figueiredo Moreira Neto destaca:

> Para explicar a passagem de uma concepção, por longo tempo arraigada, do *Direito-mando* em direção à construção de um *Direito-ordem*, cabem algumas considerações sobre a inelutabilidade das *mudanças sociais*, entendidas como um fenômeno cuja recorrência a História inequivocamente tem demonstrado e sobre as quais os estudiosos se debruçam para teorizá-las e nelas identificar um fio de consistência comum presente nas *revoluções transformadoras*, como, sem dúvida, ocorre nas sociedades pós-modernas. Ora, tais *revoluções transformadoras* (...) atingiram, na pós-modernidade, aqueles mais sensíveis nas áreas da *tecnologia*, da *produção*, da *comunicação* e da *informação*, todas com ponderável impacto sobre o modo de vida das sociedades contemporâneas e potencialmente geradoras de distintas formas de relações – entre indivíduos, entre indivíduos e grupos, entre grupos e, por sua vez, entre todos esses com as estruturas estatais –, resultando dessas combinações novos tipos de *conflitos jurídicos* a serem prevenidos ou compostos.[37]

A tecnologia muda a maneira como as relações se interoperam, gerando impactos de toda ordem sobre a própria razão de ser do Estado. Assim, quando se cogita de um mal-estar da pós-modernidade, como faz Bauman, tem-se em conta que "[o] Estado-nação revelou-se a incubadora de uma sociedade moderna regida não tanto pela unidade de sentimentos, como pela diversidade de frios interesses de mercado."[38] A lógica do consumo, propulsionada pelo individualismo feroz e pelo afastamento dos indivíduos dos círculos de convívio social, culminou em verdadeiro desinteresse político, com ofuscação dos tons que regem determinada democracia.

Para Denhardt e Catlaw:

---

35. MARRARA, Thiago. Direito administrativo brasileiro: transformações e tendências, cit., p. 43.
36. BITENCOURT NETO, Eurico. **Concertação administrativa interorgânica**, cit., p. 99.
37. MOREIRA NETO, Diogo de Figueiredo. Para a compreensão do direito pós-moderno. In: ALMEIDA, Fernando Dias Menezes de; MARQUES NETO, Floriano de Azevedo; MIGUEL, Luiz Felipe Hadlich; SCHIRATO, Vitor Rhein (Coord.). **Direito público em evolução**: estudos em homenagem à Professora Odete Medauar. Belo Horizonte: Fórum, 2013, p. 707.
38. BAUMAN, Zygmunt. **O mal-estar da pós-modernidade**, cit., p. 238.

Os novos "administracionistas" públicos certamente lutaram contra a questão de como as organizações poderiam ser reestruturadas para lograr mais envolvimento e participação, não permitindo que esses esforços se tornassem simples artifícios para a manipulação gerencial; no entanto, os resultados foram mistos. Como em muitas outras áreas, aqui os novos "administracionistas" públicos foram acusados de fazer crítica radical – neste caso, uma crítica anti-hierárquica, antiburocrática – e de oferecer poucas soluções ou alternativas.

Mais tarde, Harlan Cleveland (1985) prenunciou "o crepúsculo da hierarquia". Cleveland sugeriu que a importância dos recursos físicos deu sustentação ao desenvolvimento das hierarquias de poder baseadas no controle, das hierarquias de influência baseadas no segredo, das hierarquias de classe baseadas na propriedade, das hierarquias de privilégio baseadas no acesso antecipado aos recursos e das hierarquias políticas baseadas na geografia. Na medida em que a informação se torna mais importante que os recursos físicos, "cada uma dessas cinco bases de discriminação e injustiça está caindo por terra – porque os velhos meios de controle estão perdendo cada vez mais eficácia, está mais difícil guardar segredo, e a propriedade, o acesso antecipado aos recursos e a geografia têm cada vez menos importância para se ter acesso ao conhecimento e à sabedoria, que agora constituem a moeda de troca de real valor em nosso tempo." A liderança, nessas circunstâncias, dependerá cada vez menos de sistemas hierárquicos e cada vez mais de poder e participação em termos compartilhados.[39]

Novas apreciações da principiologia que rege o atuar administrativo, como a impessoalidade e a moralidade, são necessárias exatamente para isso: almeja-se reaproximar os cidadãos do Estado e, para isso, requer-se engajamento, interesse e participação ativa nas decisões da *pólis*. Para que se propague uma cultura dessa ordem, necessária se faz a proliferação da confiança na legitimidade das ações estatais.

A Internet aparece exatamente com essa potencialidade, definindo as bases de uma democracia informacional[40] e criando o espaço necessário para a reformulação das bases essenciais do conceito de democracia. Seus avanços são diversos e já abriram espaço a uma série de aprimoramentos da atuação administrativa, fortalecendo o poder popular para além da viabilização de mecanismos de atuação direta nos processos decisionais do Estado.

Nos dizeres de Rubens Beçak e João Victor Longhi:

> Com efeito, antes de possibilitar um possível fortalecimento do poder popular rumo a uma espécie de "democracia direta virtual", a Internet trouxe inegáveis avanços no âmbito da transparência da administração pública, ampliando significativamente o acesso à informação por parte dos administrados e, naturalmente, a qualidade da formação da vontade de qualquer sujeito no processo de deliberação política.
>
> Contudo, a transparência na atuação do poder público foi expressamente consagrada no Marco Civil, mas a lei da Internet apenas enuncia deveres legais já presentes na administração pública brasileira. Trata-se dos dispositivos da lei n° 12.527/11, também conhecida por lei da transparência nacional, que impõe a divulgação das informações pela Rede Mundial de computadores (art. 8° §2° e 3°).
>
> Em igual medida, a lei de responsabilidade fiscal (L.C. n° 101/00 alterada pela LC 101/09) e seu respectivo regulamento, a qual também antecipou certos corolários do direito financeiro hoje aplicados ao governo eletrônico, haja vista que já dispunha sobre a necessidade de divulgação das receitas e despesas públicas por meio eletrônico sem imposição de óbices, como o prévio cadastramento do cidadão. Dispõe também sobre a necessidade de interoperabilidade entre os sistemas de gestão de recursos.

---

39. DENHARDT, Robert B.; CATLAW, Thomas J. **Teorias da Administração Pública**. Tradução de Francisco Gabriel Heidemann. 7. ed. São Paulo: Cengage Learning, 2017, p. 176.
40. MIRAGEM, Bruno. **Direito administrativo aplicado**, cit., p. 253 *et seq*.

Por concludente, a efetivação das disposições do Marco Civil que proclamam transparência, comunicação entre bancos de dados, interoperabilidade dos sistemas etc. são um pressuposto necessário ao grau seguinte da democracia via Internet.[41]

Sem dúvidas, o avanço da Internet levou o legislador justamente a editar importantes regulamentações sobre a Internet no Brasil, sendo a primeira delas a Lei nº 12.965, de 23 de abril de 2014 (o chamado "Marco Civil da Internet") e, posteriormente, o Decreto nº 8.771/2016, que a regulamentou. E, mais recentemente, a Lei nº 13.709, de 14 de agosto de 2018 (a chamada "Lei Geral de Proteção de Dados"), posteriormente alterada pela Medida Provisória nº 869, de 27 de dezembro de 2018, que se consolidou pelo texto da Lei nº 13.853, de 08 de julho de 2019. Outras iniciativas de destaque são a Lei nº 13.655, de 25 de abril de 2018 ("Lei de Segurança para a Inovação Pública"), e a Medida Provisória nº 881, de 30 de abril de 2019, convertida na Lei nº 13.874, de 20 de setembro de 2019 ("Declaração de Direitos de Liberdade Econômica"). A elas se somam a Lei nº 12.527/2011 ("Lei de Acesso à Informação") e a própria Lei Complementar nº 101/2000 ("Lei de Responsabilidade Fiscal").

Não se questiona que todo esse arcabouço normativo se beneficia do poder da tecnologia para oferecer melhores serviços, otimizando a atuação do Estado em seus principais *fronts* de atendimento ao interesse público e às demandas levadas a efeito em coordenação com os anseios populares, além de reforçar o papel da cidadania na construção de uma grande reforma reestruturante capaz de romper o 'déficit de democracia',[42] para citar a expressão de Micklethwait e Wooldridge.

Por mais empolgante que a proposta seja, contudo, impõe-se a temperança, uma vez que "a Internet não é uma foto nítida e em alta resolução da realidade; ela se parece mais com uma das manchas do teste de Rorschach. Assim, dependendo de quem contempla a imagem e de qual é sua agenda política e ideológica, podem variar muito as lições que dali são extraídas".[43]

---

41. BEÇAK, Rubens; LONGHI, João Victor Rozatti. Abertura e colaboração como fundamentos do Marco Civil da Internet: a atuação do Poder Público na construção do governo eletrônico brasileiro e a governança da Internet. In: DE LUCCA, Newton; SIMÃO FILHO, Adalberto; LIMA, Cíntia Rosa Pereira de (Coord.). **Direito & Internet III**: Marco Civil da Internet (Lei nº 12.965/2014). São Paulo: Quartier Latin, 2015, t. I, p. 138-139.
42. MICKLETHWAIT, John; WOOLDRIDGE, Adrian. **A quarta revolução**: a corrida global para reinventar o Estado. Tradução de Afonso Celso da Cunha Serra. São Paulo: Portfólio Penguin, 2015, p. 255-256. Anotam: "Um tema consistente em todo este livro é o de que o governo melhora quando se aproxima do povo ao qual presta contas e perante o qual é responsável (prefeitos em geral alcançam o dobro das taxas de aprovação dos políticos nacionais) e quando tira mais proveito da tecnologia. Comunidades on-line como a inglesa Mumsnet, estimulam que os leigos se interessem pelos problemas políticos, como a rotulagem de alimentos e o cuidado de crianças. Os finlandeses, que estão buscando soluções para impedir que os políticos gastem demais, também experimentaram muitas maneiras de restituir o poder às comunidades locais e às comunidades eletrônicas. As decisões sobre sistemas de pensão devem ser delegadas a tecnocratas (sujeitas a homologação parlamentar). As questões de âmbito local, porém, devem ser resolvidas por "democracia líquida" ou "democracia delegada", em que se elegem delegados com um mandato específico, envolvendo determinada questão. Algumas reformas na Califórnia também se encaixam nesse padrão, convocando especialistas tecnocratas para a solução de alguns problemas, como o loteamento político, enquanto tentam ampliar a democracia, abrindo as primárias para todos os candidatos.
43. MOROZOV, Evgeny. **Big tech**: a ascensão dos dados e a morte da política. Tradução de Cláudio Marcondes. São Paulo: Ubu, 2018, p. 21.

A lógica consensual parte dessa predisposição à aproximação entre cidadãos e Estado, algo que a Internet tem o poder de propiciar. Contudo, o entusiasmo pode conduzir a problemas, se indevidamente administrado. Por essa razão, modelos específicos devem ser utilizados para a instrumentalização da participação popular, e a proposta que se detalhará nos tópicos subsequentes parte justamente de um aprimoramento específico dos clássicos modais de participação direta em alinhamento com as novas tecnologias.

3.2.1 Tecnologia e os instrumentos essenciais de participação popular

O potencial trazido pela tecnologia para a verdadeira reinvenção dos modais clássicos de participação popular é imenso. Com a inserção de tecnologias específicas, é possível superar as barreiras geográficas, a desinformação, a gestão irresponsável, o desinteresse político... É possível, ainda, realinhar a atuação do Estado, tornando-a consentânea aos anseios da população – anseios estes que poderão, essencialmente, ser manifestados por instrumentos adequados e de ampla difusão, com célere retorno e adequada implementação para o processamento das informações colhidas e, ao fim, a escolha da melhor decisão a se tomar – algo que amplia sensivelmente o campo de atuação dos cidadãos e renova o princípio democrático.

Nos itens a seguir, os principais instrumentos de participação popular serão explorados, com novas nuances extraídas de tecnologias pertinentes a cada um deles no afã de se propor uma releitura de cada instrumental em sintonia com a reformulação sugerida no curso deste capítulo.

3.2.1.1 *Plebiscitos e referendos virtuais*

Dentre os instrumentos de participação popular, os plebiscitos e referendos talvez sejam os mais emblemáticos para a representação política, correspondente ao arranjo político-institucional no qual governantes são eleitos por integrantes de um corpo social que passam a representar.[44]

Em linhas essenciais, pode-se dizer que o direito exsurge como campo legítimo e adequado à profusão de mecanismos de aproximação da sociedade ao poder, fomentando iniciativas contrárias à aglutinação decisional e propiciando a efetivação do princípio democrático naquilo que Manuel Castells chama de "espaço de fluxos" ("*space of flows*"),[45] denotando o potencial da ciência jurídica à propulsão democrática.

As raízes desta noção do direito como "campo social" podem ser sintetizadas a partir do pensamento de Pierre Bourdieu:

---

44. FERREIRA FILHO, Manoel Gonçalves. **Curso de direito constitucional**, cit., p. 85.
45. CASTELLS, Manuel. **The rise of the network society**, cit., p. 407. Anota: "*Since space and time are intertwined in nature and in society, so they will be in my analysis, although for the sake of clarity I shall focus sequentially first on space, in this chapter, and then on time in the next one. The ordering in the sequence is not random: unlike most classical social theories, which assume the domination of space by time, I propose the hypothesis that space organizes time in the network society. This statement will, I hope, make more sense at the end of the intellectual journey I propose to the reader in these two chapters.*"

Para romper com a ideologia da independência do campo do direito e do corpo judicial, sem se cair na visão oposta, é preciso levar em linha de conta aquilo que as duas visões antagonistas, internalista e externalista, ignoram uma e outra, quer dizer, a existência de um universo social relativamente independente em relação às pressões externas, no interior do qual se produz e se exerce a autoridade jurídica, forma por excelência da violência simbólica legítima cujo monopólio pertence ao Estado e que se pode combinar com o exercício da força física. As práticas e os discursos jurídicos são, com efeito, produto do funcionamento de um campo cuja lógica específica está duplamente determinada: por um lado, pelas relações de força específicas que lhe conferem sua estrutura e que orientam as lutas de concorrência ou, mais precisamente, os conflitos de competência que nele têm lugar e, por outro lado, pela lógica interna das obras jurídicas que delimitam em cada momento o espaço dos possíveis e, deste modo, o universo das soluções propriamente jurídicas.[46]

A Constituição brasileira de 1988 enlaçou a democracia direta ao prever, expressamente, que "[t]odo o poder emana do povo, que o exerce por meio de representantes eleitos ou diretamente, nos termos desta Constituição" (artigo 1º, parágrafo único). E é exatamente nesse campo que a conceituação propositiva do sociólogo espanhol abre largo espaço para a reconfiguração da dominação social na sociedade da informação e propicia o espaço necessário para todo um conjunto de elaborações voltadas à consolidação dos preceitos inseridos no artigo 14, incisos I a III, da Constituição da República – que cuidam dos plebiscitos, referendos e da iniciativa popular.

A falta de efetividade prática desses institutos é sentida pela doutrina, que aponta com veemência seu pouco uso,[47] mas, notadamente pelo uso das TICs, que tornam mais facilitado o acesso comunicacional dos cidadãos aos processos públicos de tomada de decisão,[48] inaugura-se largo espaço para a mudança desse paradigma. E um dos caminhos para isso é a "reinvenção dos plebiscitos e referendos.

Os plebiscitos[49] são a emanação antagônica à tendência de disputa e conquista das posições dominantes de poder.[50] Em termos mais específicos, são conceituados por Diogo de Figueiredo Moreira Neto com os seguintes dizeres:

> O *plebiscito* é uma modalidade constitucional e formal da consulta pública pelo qual o cidadão é convocado a manifestar-se sobre um fato, quase sempre no sentido de conferir-lhe ou não valoração

---

46. BOURDIEU, Pierre. **O poder simbólico**. Tradução de Fernando Tomaz. Lisboa: Difel, 1989, p. 211.
47. A falta de efetividade do dispositivo não escapa às críticas de Paulo Bonavides: "(...) na organização constitucional do País, em matéria participativa, tocante à elaboração de leis e atos normativos, somente metade da Constituição está sendo cumprida. A outra metade se acha represada, desativada, embalsamada na reserva legal do art. 14". BONAVIDES, Paulo. **Teoria constitucional da democracia participativa**: por um direito constitucional de luta e resistência, por uma nova hermenêutica, por uma repolitização da legitimidade. São Paulo: Malheiros, 2001, p. 112.
48. Não obstante, é pertinente o alerta de Luiz Carlos Olivo, que enfatiza a necessidade de que sejam implementadas políticas públicas de acesso dos cidadãos a tais tecnologias, com efetiva inclusão digital, sob pena de determinada pessoa, caso esteja alheia a esses modais, ficar "impedida de exercer o controle sobre administração pública, reproduzindo, no mundo virtual, as mesmas desigualdades do mundo corpóreo" (OLIVO, Luiz Carlos C. de. Controle social em rede de administração pública virtual. *In:* ROVER, Aires José. (Org.). **Direito e informática**. Barueri: Manole, 2004, p. 155-189.)
49. O termo se origina do latim *plebiscítum* ou *plebiscítus* e corresponde à lei romana aprovada pelos plebeus, sendo etimologicamente formado de *plebi* ("a classe do povo", a plebe) + *scitum* ("decreto"), neutro do particípio passado de *sciscĕre* ("saber, conhecer, reconhecer, poder, ser capaz de decidir [depois de tomar conhecimento], aprovar").
50. Para um breve, mas interessante, apanhado histórico deste instrumento de democracia direta no Brasil, confira-se: FIGUEIREDO, Angelina Cheilub; FIGUEIREDO, Marcus. **O plebiscito e as formas de governo**. São Paulo: Brasiliense, 1993, p. 98 *et seq*.

jurídica. A Constituição tratou em cinco dispositivos desse instituto participativo destinado à busca de um consenso popular vinculante: em termos genéricos, nos arts. 14, I, e 49, XV, este para o expresso fim de outorgar ao Congresso Nacional a competência exclusiva para convocar o plebiscito, e para efeitos específicos, nos arts. 18, § 3°; 18, § 4° e no art. 2° do ADCT.[51]

Em simples termos, quando se realiza um plebiscito, o povo é chamado a decidir diretamente acerca de determinada matéria posta em pauta numa democracia direta, sempre em caráter antecedente, isto é, antes do implemento da medida que será objeto da deliberação; tem-se verdadeira consulta *ex ante*, que serve de condicionante à efetividade normativa.

Quanto aos referendos,[52] destaca Diogo de Figueiredo Moreira Neto:

> O *referendo*, também um instituto de consulta pública constitucional e formal, destina-se a recolher a manifestação dos cidadãos sobre decisões dos órgãos legislativos e administrativos para que se as mantenham ou se as desconstituam, sendo, assim, uma hipótese rara em que está admitido o exercício da democracia direta, de autogoverno popular, restrita embora aos precisos termos em que se convoca o povo à apreciação de atos praticados. A Constituição previu o instituto no art. 14,11 e, no art. 49, XV, reservou com exclusividade ao Congresso Nacional a competência para autorizar a realização de referendos.[53]

A iniciativa popular[54] – terceiro modal de participação popular previsto de forma expressa no artigo 14 (inc. III) da Constituição – é mais facilmente visualizada em termos práticos, embora represente pequeno quantitativo de projetos de lei e de leis efetivamente promulgadas no Brasil.[55] É certo que se tem um longo caminho a trilhar.

É fato que novos modais tecnológicos aproximam os cidadãos do Estado – especialmente do Legislativo – e produzem resultados satisfatórios, como mais transparência, mais engajamento popular e facilitação fiscalizatória, porém, pertinente o alerta de Rolf Rauschenbach:

> As escolhas sobre a geração e o tratamento de maiorias e minorias não dizem somente a respeito dos processos de democracia direta, mas ao conjunto completo das instituições democráticas. Elas são particularmente relevantes no contexto dos processos de democracia direta, já que esses mecanismos geram por definição maiorias e minorias explícitas. Como os processos de democracia direta

---

51. MOREIRA NETO, Diogo de Figueiredo. Novos institutos consensuais da ação administrativa. **Revista de Direito Administrativo**, cit., p. 148-149.
52. O termo tem origem latina (*referendum*) e identifica instrumento da democracia semidireta por meio do qual os cidadãos eleitores são chamados a pronunciar-se por sufrágio direto e secreto, a título vinculativo, sobre determinados assuntos de relevante interesse da nação.
53. MOREIRA NETO, Diogo de Figueiredo. Novos institutos consensuais da ação administrativa. **Revista de Direito Administrativo**, cit., p. 149.
54. BENEVIDES, Maria Victoria de Mesquita. **A cidadania ativa**: referendo, plebiscito e iniciativa popular. São Paulo: Ática, 1991, p. 33. Com efeito: "Trata-se do direito assegurado a um conjunto de cidadãos de iniciar o processo legislativo, o qual desenrola-se num órgão estatal, que é o Parlamento. (...) Por iniciativa popular legislativa entende-se sempre o mesmo mecanismo, que inclui um processo de participação complexo, desde a elaboração de um texto (das simples moções ao projeto de lei ou emenda constitucional formalmente articulados) até à votação de uma proposta, passando pelas várias fases da campanha, coletas de assinatura e controle da constitucionalidade."
55. DRIGO, Leonardo Godoy. **A iniciativa popular como instrumento de efetivação do princípio democrático no Brasil**. 2014. 272f. Dissertação (Mestrado em Direito). Pontifícia Universidade Católica de São Paulo, São Paulo, 2014, p. 177-182.

são somente um complemento às diversas instituições democráticas, coloca-se a questão sobre a relação entre elas.[56]

Fato é que o direito administrativo vem se reinventando,[57] e mecanismos como os plebiscitos e referendos abrem espaço ao aprimoramento dessa reinvenção. Contudo, "o Estado Democrático depende de condições que ele mesmo não pode garantir. Ele não pode interferir no uso da liberdade que oferece, porque, do contrário, ele a obstrui simultaneamente."[58] Ainda, segundo Carlos Ari Sundfeld:

> O mundo mudou, e a Administração não poderia continuar a mesma; nem, claro, o direito administrativo.
>
> O direito administrativo reúne hoje um grande conjunto de engrenagens organizacionais e processuais para viabilizar o choque tanto quanto possível ordenado dos interesses, individuais ou não, e também para gerar um diálogo entre eles, levando a um fluxo interminável de decisões e reações. Essa é a face do direito administrativo como engrenagem da democracia.[59]

Na interação entre o público e o privado, a vontade consorciada ao dever universalizável do interesse almejado deve ser invariavelmente livre, jurídica e racional,[60] haja vista a complexidade inerente ao delineamento dos interesses juridicamente tuteláveis na modelagem de estado contemporânea. Por isso, tem-se por impensável a premissa de que o sistema jurídico esteja lastreado no postulado da supremacia do interesse público sobre o particular; por tal razão, a doutrina indica que o referido postulado não é, rigorosamente, um princípio jurídico ou norma-princípio[61] (ÁVILA, 1999, p. 126). Aliás, em sintonia com a crítica desenvolvida por Floriano de Azevedo Marques Neto, parece inegável a crise dual da noção de "interesse público", que é endógena e exógena. Nas palavras do autor, "este novo paradigma deve ser processado não a partir da reformulação dos seus institutos e conceitos, para adaptá-los a realidades de mercado. A construção do novo deve apoiar-se na precedente mudança do modelo

---

56. RAUSCHENBACH, Rolf. Processos de democracia direta: sim ou não? Os argumentos clássicos à luz da teoria e da prática. **Revista de Sociologia e Política**, Curitiba, v. 22, n. 49, p. 205-230, jan./mar. 2014, p. 207.
57. PALMA, Juliana Bonacorsi de. Direito administrativo e políticas públicas: o debate atual. In: ALMEIDA, Fernando Dias Menezes de; MARQUES NETO, Floriano de Azevedo; MIGUEL, Luiz Felipe Hadlich; SCHIRATO, Vitor Rhein (Coord.). **Direito público em evolução**: estudos em homenagem à Professora Odete Medauar. Belo Horizonte: Fórum, 2013, p. 177 *et seq.*
58. Böckenförde, Ernst-Wolfgang. **Staat, Gesellschaft, Freiheit**. Frankfurt am Main: Suhrkamp Verlag, 1976, p. 60, *apud* RAUSCHENBACH, Rolf. Processos de democracia direta: sim ou não? Os argumentos clássicos à luz da teoria e da prática. **Revista de Sociologia e Política**, cit., p. 209.
59. SUNDFELD, Carlos Ari. **Direito administrativo para céticos**, cit., p. 68-69.
60. A questão da extensão da participação também se torna relevante e passa a indicar quais são as atividades administrativas com propensão à ampliação participativa, uma vez que nem todas elas comportam tal procedimento: "Discute-se também quanto ao bloqueio na tomada de decisões e na atividade administrativa, trazido pela extensão participativa; haveria emperramento da máquina, sobretudo ante a *polissinódia*, ou seja, a criação *ad infinitum* de conselhos, comissões, grupos de trabalho; além disso, ocorreria diluição da responsabilidade do administrador ou justificativa para a ausência de atuação. Na verdade, parece inviável vincular toda a atividade administrativa à participação direta de particulares; igualmente sob esse ângulo sobressai a importância de fixar preceitos básicos e pesquisar meios de conciliação de presteza com participação". MEDAUAR, Odete. **O direito administrativo em evolução**, cit., p. 299.
61. ÁVILA, Humberto Bergmann. Repensando o "princípio da supremacia do interesse público sobre o particular". In: SARLET, Ingo Wolfgang (Org.). **O direito público em tempos de crise**: estudos em homenagem a Ruy Ruben Ruschel. Porto Alegre: Livraria do Advogado, 1999. p. 126.

de Estado, pois (...) de nada serve tratar a esfera do Direito Administrativo apartada do perfil do Estado".[62]

Se o que está em escrutínio é a própria capacidade dos cidadãos de se blindarem contra as tiranias da maioria, o implemento de plebiscitos e referendos eletrônicos trará riscos menores ou, ao menos, potencialmente mitigáveis. A questão fundamental desta investigação gira em torno da utilização de métodos que não sejam manipuláveis a ponto de fazerem como que uma minoria se sobreponha à maioria em razão do domínio técnico-informacional, isto é, pela presença de um grupo minoritário que tenha maiores conhecimentos acerca do funcionamento de determinada ferramenta – e se coordene a ponto de, efetivamente, manipulá-la –, plebiscitos e referendos virtuais servirão apenas para ratificar vontades diversas daquelas da maioria dos cidadãos.

Diz Rauschenbach:

> A capacidade dos cidadãos para processar informação é limitada: Lutz (2007) mostra que quanto mais questões estão em pauta, pior os cidadãos estão informados sobre cada assunto; esse achado é confirmado por Selb (2008, p. 33). Meredith (2009) observa também que eleições que acontecem simultaneamente com uma consulta popular podem afetar negativamente o grau de informação dos cidadãos.[63]

Ainda, destaca Marta Nunes da Costa:

> Se tivermos consciência dos perigos intrínsecos aos mecanismos participativos, ou seja, da tirania das maiorias (que são na verdade minorias disfarçadas de maiorias pela orquestração da sociedade de consumo em que vivemos) estaremos também mais aptos a contrariar esses perigos e a contrabalançá-los com atitudes realistas que possam oferecer uma alternativa viável ao paradigma neoliberal atual que nos tem vindo dominando nas últimas três décadas.[64]

Porém, há contrapontos válidos acerca dessa questão:

> O argumento da informação assimétrica contraria a afirmação de que os representados sabem melhor que os representantes quais são os seus interesses. Em questões altamente técnicas, esse argumento certamente é válido. Mas, em muitos casos, processos de democracia direta não visam questões técnicas, mas, sim, questões de valores e preferências individuais. Nesses casos, o cidadão não tem nenhuma desvantagem informacional e sabe tomar a decisão.[65]

---

62. MARQUES NETO, Floriano de Azevedo. **Regulação estatal e interesses públicos**. São Paulo: Malheiros, 2002, p. 169.
63. RAUSCHENBACH, Rolf. Processos de democracia direta: sim ou não? Os argumentos clássicos à luz da teoria e da prática. **Revista de Sociologia e Política**, cit., p. 218. E, em continuidade ao excerto transcrito, o autor ainda complementa: "Os que questionam a competência do cidadão referem-se não somente à pressuposta incapacidade de informar-se e chegar a conclusões corretas, mas também à inclinação de se deixar manipular por populistas. Esse argumento vai em paralelo com o argumento de que processos de democracia direta podem ser facilmente dominados por minorias. O argumento da manipulação é delicado, porque a delimitação entre informação e manipulação não é fácil, tampouco é fácil determinar se o voto de um cidadão realmente corresponde com os seus próprios interesses ou se ele foi induzido pela manipulação."
64. COSTA, Marta Nunes da. Dos limites da representatividade à democratização da Administração Pública. In: MARRARA, Thiago (Org.). **Direito administrativo**: transformações e tendências. São Paulo: Almedina, 2014, p. 345. E acrescenta: "Quanto mais cidadãos participam, mais demandas são formuladas, mais vozes se constituem e se afirmam, restaurando um espaço público de confiança. O futuro da política depende desta recuperação da vontade comum, do bem comum, assente num diálogo real entre diferentes vontades (...)."
65. MATSUKASA, John G. The eclipse of legislatures: direct democracy in the 21st Century. **Public Choice**, Nova York, v. 124, n. 1, p. 157-177, 2005, p. 193.

A participação efetiva depende, portanto, de iniciativa do cidadão, não sendo cabível o uso da força para que se crie o efetivo interesse participativo, que nem sempre será afetado pela assimetria cognitiva ou informacional[66] na votação de pautas.

Então, se não é possível garantir o atingimento do princípio democrático pela simples atuação do legislador, surge a necessidade de que outros métodos facilitadores[67] da interação entre cidadão e Estado sejam implementados. Nesse contexto se tem os portais legislativos com amplo acervo de informações, as sessões de acesso virtual para acompanhamento e aporte de comentários, o veto popular *online*, dentre outras ideias conformadoras de uma democracia digital.[68]

No âmbito federal já existem mecanismos implementados, particularmente no Congresso Nacional, com resultados exitosos, a exemplo dos portais mantidos pela Câmara dos Deputados, cuja viabilização se deu a partir TICs, conforme descrito no próprio portal do sistema batizado de "*e-Democracia*":

> O sistema de comunicação e interatividade da Câmara dos Deputados foi criado com o propósito de promover o diálogo político entre representantes e representados, além de instituir formas de gerenciamento burocrático voltado para a eficácia política (...). O portal *e-Democracia* tornou-se um dos principais canais de interação digital (...). Entretanto, é necessário situar o portal no contexto mais amplo dos canais institucionais de participação (...).[69]

Embora não haja, a nível de plebiscitos e referendos, verdadeiras votações pela Internet, de forma similar ao sistema da Câmara dos Deputados, o Senado Federal disponibiliza a ferramenta batizada de "*e-Cidadania*", pela qual os cidadãos podem interagir com a Casa Legislativa[70] e sugerir temas legislativos que reavivam o interesse participativo.[71]

> No que toca ao Legislativo, por exemplo, chamam a atenção as plataformas públicas em que é possível a interatividade entre cidadãos e as respectivas instituições, estabelecendo-se canais diretos de contato com os gabinetes parlamentares, além de propiciar a discussão de projetos de lei que são submetidos

---

66. Nesse ponto, ressalte-se a assertiva de Bruno Miragem: "o maior nível de informação estimula e qualifica, igualmente, a participação da população nos processos de conhecimento e decisão, por intermédio da Internet". MIRAGEM, Bruno. **Direito administrativo aplicado**, cit., p. 253-254.
67. De acordo com Longhi, o acesso à informação está diretamente ligado à incitação do interesse individual em pautas como os orçamentos públicos: "(...) se princípios como transparência, comunicação entre bandos de dados, interoperabilidade dos sistemas etc. atuam como um pressuposto necessário à concretização de graus mais avançados de democracia via Internet, a Administração Pública brasileira tem caminhado na concretização de tais postulados." (LONGHI, João Victor Rozatti. **Processo legislativo interativo**, cit., p. 169.
68. PÉREZ LUÑO, Antonio Enrique. ¿**Ciberciudadaní@ o cidadaní@.com?** Barcelona: Gedisa, 2004, p. 11. Comenta: "*El horizonte actual de la cidadania, que orienta y cinscuscribe las pautas de su ejercicio, se halla determinado por el desarrollo de las nuevas tecnologías de la información y la comunicación. Esas redes telemáticas suscitam la impresión de que el tamaño del mundo se ha contraído, de que los ciudadanos y los pueblos se hallan dinamicamente más próximo que em cualquier etapa histórica.*"
69. BARROS, Antonio Teixeira; MONTEIRO, Adriana Resende; SANTOS, Thais Teixeira. Audiências públicas interativas na Câmara dos Deputados: além da função informacional. **Revista Brasileira de Ciência Política**, Brasília, v. 26, n. 3, p. 131-185, maio/ago. 2018, p. 138.
70. SAMPAIO, Rafael C. Democracia digital no Brasil: uma prospecção das iniciativas relevantes. **Revista Eletrônica de Ciência Política**, [S.l], v. 4, n. 1-2, 2013.
71. Para maiores detalhes sobre a participação digital dos cidadãos em sistemas de consulta pública, conferir SANFORD, Clive; ROSE, Jeremy. Characterizing eParticipation, cit., p. 406-421.

à consulta pública, ainda que tal interação já ocorra em grande medida em *sites* privados nacionais e internacionais.[72]

Os portais e-Democracia e e-Cidadania são iniciativas relevantes no Brasil que buscam promover a participação dos cidadãos no processo democrático e fortalecer a relação entre a população e o poder legislativo.[73] Ambos os portais são desenvolvidos e mantidos pelo Senado Federal do Brasil.[74]

O e-Democracia é um espaço virtual que permite a participação dos cidadãos nas discussões sobre projetos de lei em tramitação no Senado Federal. Ele oferece diversas ferramentas, como fóruns de discussão, consultas públicas e debates online, para que os cidadãos possam expressar suas opiniões, apresentar propostas e contribuir com o processo legislativo. Essa plataforma digital promove a transparência, a inclusão e a participação direta dos cidadãos na formulação das políticas públicas.[75] Já o e-Cidadania é uma plataforma que permite aos cidadãos brasileiros opinarem e interagirem com o Senado Federal por meio de diferentes instrumentos. Nesse portal, os cidadãos podem participar de consultas públicas, enviar ideias legislativas, acompanhar a tramitação de projetos de lei, fazer perguntas aos senadores e participar de enquetes. O objetivo é aproximar os cidadãos do poder legislativo, facilitar o diálogo entre eles e promover a participação ativa dos brasileiros no processo de tomada de decisões.

Esses portais são importantes porque contribuem para a promoção da transparência, participação cidadã e fortalecimento da democracia no Brasil.[76] Eles possibilitam que os cidadãos tenham voz ativa e direta na formulação das políticas públicas, permitindo que suas opiniões e sugestões sejam consideradas pelos legisladores. Além disso, essas plataformas digitais facilitam o acesso à informação e promovem a inclusão de diferentes grupos e perspectivas na discussão política.[77]

Na exata medida em que a sociedade da informação provê meios para a difusão da participação popular, cria-se o campo necessário para a implementação de processos de tomada de decisão descentralizados[78] e fundamentalmente lastreados na participação

---

72. LONGHI, João Victor Rozatti. **Processo legislativo interativo**, cit., p. 171. Acrescenta: "Dessa maneira, fóruns de comunicação (...) são também uma realidade em grande medida implementada no Brasil."
73. Cf. RUSCHEL, Aírton José; ROVER, Aires José; HOESCHL, Hugo César. E-gov: do controle social totalitário à ágora digital e democrática. **Revista Eletrônica Democracia Digital e Governo Eletrônico**, Florianópolis, v. 1, n. 1, 2009.
74. ROSSETTO, Graça P. N.; CARREIRO, Rodrigo. Democracia digital e sociedade civil: uma perspectiva do estado atual no Brasil. **C&S**, [S.l], v. 34, n. 1, p. 273-296, jul./dez. 2012, p. 290-293.
75. ROTHBERG, Danilo. Contribuições a uma teoria da democracia digital como suporte à formulação de políticas públicas. **Revista Iberoamericana de Ciencia, Tecnología y Sociedad**, Buenos Aires, v. 5, n. 14, p. 87–105, 2010.
76. PINHO, José Antonio Gomes de; IGLESIAS, Diego Moura; SOUZA, Ana Carolina Pereira de. Portais de governo eletrônico de estados no Brasil: muita tecnologia, pouca democracia. In: **Encontro da Anpad (EnAnpad)**, 30., 2006, Salvador. Anais... Salvador: Anpad, 2006; PINHO, José Antonio Gomes de. Investigando portais de governo eletrônico de estados no Brasil: muita tecnologia, pouca democracia. **Revista de Administração Pública**, Rio de Janeiro, v. 42, n. 3, p. 471-493, 2008.
77. PINHO, José Antonio Gomes de. Internet, governo eletrônico, sociedade e democracia no Brasil: algumas questões básicas em debate. **Revista Vera Cidade**, [S.l], ano 3, v. 3, mai. 2008.
78. MASUDA, Yoneji. **The information society as post-industrial society**, cit., p. 79, tradução livre. No original: "*The third fundamental is citizen participation. Three possible types of management can be envisaged for the information utility: the business, government and the citizen managed types. In the long run, the citizen oriented mixed type will probably become predominant because citizen participation will be essential to the management of information utilities.*"

direta, que Yoneji Masuda já indicava desde que sinalizou a ascensão do fluxo informacional ao modelo social pós-industrial:

> O terceiro fundamental é a participação do cidadão. Podem ser previstos três tipos possíveis de gerenciamento para a utilitariedade da informação: os tipos gerenciados por empresas, governo e cidadãos. A longo tempo, o tipo misto orientado para o cidadão provavelmente se tornará predominante porque a participação do cidadão será essencial para o gerenciamento dos serviços de informação. Isso fica claro se olharmos para a forma que esses três tipos de gestão podem assumir e, em seguida, observar, de um ponto de vista macro, os méritos e deméritos socioeconômicos de cada um.[79]

Nesse campo, para a reconfiguração dos arranjos decisionais relativos à utilização de plebiscitos e referendos, vale o alerta de que, "[e]mbora seja impossível prever a influência da votação remota pela Internet no processo eleitoral do país, é vital que os oficiais do governo tenham todas as consequências em mente antes de aprovar uma legislação remota de votação na Internet."[80]

A despeito das consequências relacionadas ao já mencionado enviesamento decisional, é importante registrar que há estudos sinalizando a inexistência de vínculo automático entre a implementação de fóruns participativos[81] (o que se poderia trasladar para fins de compreensão aos plebiscitos e referendos) e o efetivo desenvolvimento.[82-83]

Apesar disso, do ponto de vista técnico, é plenamente viável a utilização de chaves de criptografia assimétrica[84] para a implementação de plataformas interativas suficientemente seguras para a coleta, o processamento e o armazenamento de votos em plebiscitos e referendos virtuais. Naturalmente, a preocupação com a segurança da informação[85] e a proteção do sigilo do voto perpassam pela regulação de mecanismos para a prevenção da identificação. Na Internet, embora seja necessário – até mesmo para fins de controle

---

This becomes clear if one looks at the shape that these three types of management can assume, and then notes, from a macro point of view, the socio-economic merits and demerits of each."

79. SUNSTEIN, Cass R. Participation, public law, and venue reform. **University of Chicago Law Review**, Chicago, v. 49, n. 4, p. 976-1001, 1982, p. 997-999.
80. BROWDER, Rebekah K. Internet voting with initiatives and referendums: stumbling towards direct democracy. **Seattle University Law Review**, Seattle, v. 29, n. 2, p. 485-514, 2005, p. 513, tradução livre. No original: *"While it is impossible to predict the influence of remote Internet voting on the country's voting process, it is vital that state government officials keep all consequences in mind before enacting remote Internet voting legislation."*
81. PRITCHETT, Lant; WOOLCOCK, Michael. Solutions When the Solution is the Problem: Arraying the Disarray in Development. **World Development**, Ann Arbor, v. 32, n. 2, p. 191-212, 2004.
82. COELHO, Vera Schattan; FAVARETO, Arilson. Participation, inclusion and development under conditions of social mobilizations. In: THOMPSON, Lisa; TAPSCOTT, Chris (Ed.). **Citizenship and social movements**: perspectives from the global south. Londres/Nova York: Zed Books, 2010, p. 187 *et seq.*
83. HONNETH, Axel. Democracia como cooperação reflexiva. John Dewey e a teoria democrática hoje. Tradução de Lúcio Rennó. In: SOUZA, Jessé (Org.). **Democracia hoje**: novos desafios para a teoria democrática contemporânea. Brasília: UnB, 2001, p. 63. Comenta: "(...) onde quer que fosse adotada a tradição da democracia radical – em oposição à interpretação liberal da política – a discussão orientou-se pela disputa entre republicanismo e procedimentalismo. Hoje esses conceitos-chave designam dois modelos normativos de democracia cuja meta comum é dar maior ênfase à formação democrática da vontade do que habitualmente se dá no liberalismo político."
84. Para maiores detalhes, confira-se: MENKE, Fabiano. **Assinatura eletrônica no direito brasileiro**. São Paulo: Revista dos Tribunais, 2005, p. 30.
85. Para diferenciar informação e dado, nesse contexto, pertinente a reflexão de Vincenzo Zeno-Zencovich: "(...) per informazione si intende qualsiasi dato rappresentativo della realtà che viene conservato da um soggetto oppure communicato da un soggetto ad un altro." ZENO-ZENCOVICH, Vincenzo. Informazione (profili civilistici). **Digesto – Sezione Civile**, Turim: UTET, v. IX, 1993, p. 3.

de votação, censo, prevenção de fraudes e viabilização de auditorias de votos –, não se pode cogitar da informação totalmente rastreável, que leve à descoberta indistinta de quem é o cidadão votante; coíbe-se, nos dizeres de Paul Schwartz e Daniel Solove, a figura da *personally identifiable information* (ou PII).[86]

Dessa forma, se ainda paira grande preocupação com a segurança da informação, maior ainda será a problemática que orbita o controle. Se o enviesamento emerge como risco natural desdobrado de participações indevidas daqueles que não sejam, efetivamente, cidadãos, ter-se-á que implementar grande rigor para o controle de acessos e ações em plataformas interativas – como o são o e-Democracia e o e-Cidadania das Casas Legislativas brasileiras – para que se tenha verdadeiros ganhos democráticos.

A nível técnico, em uma sociedade na qual a Infraestrutura de Chaves Públicas brasileira já existe, mas os certificados digitais[87] ainda são restritos, é possível que se cogite utilizar a criptografia ponta a ponta, "tecnologia que reiteradamente tem sido ventilada em fóruns sobre regulação e políticas públicas endereçadas a técnicas criptográficas."[88]

Em linhas essenciais, é preciso destacar que encriptação comunicacional ganha importância ainda maior em um universo tomado pela Internet das Coisas e com a presença inevitável da tecnologia nas relações cotidianas,[89] mas a preocupação vai além:

> Em relação ao argumento relativo à criptografia, os governos não devem perceber os cidadãos meramente como a coleção geográfica de pessoas sob seu controle governamental. Enquanto devolver funções estatais, limitar o poder dos sindicatos e assim por diante possa ter modificado uma série de caminhos tradicionais de influências na política do Estado, outras lealdades e laços se desenvolveram. Uma delas é o sentimento que os usuários da 'comunidade' da Internet têm em relação à Internet. Para limitar o uso efetivo da Internet restringindo o acesso a técnicas criptográficas ou bloqueando o

---

86. SCHWARTZ, Paul; SOLOVE, Daniel J. The PII problem: privacy and a new concept of personally identifiable information. **New York University Law Review**, Nova York, v. 86, p. 1814-1819, dez. 2011, *passim*.
87. MENKE, Fabiano. A criptografia e a Infraestrutura de Chaves Públicas Brasileira (ICP-Brasil). *In*: DONEDA, Danilo; MACHADO, Diogo (Coord.). **A criptografia no direito brasileiro**. São Paulo: Thomson Reuters Brasil, 2019, p. 135-136. Diz o autor: "Os certificados digitais são documentos eletrônicos que contêm dados de identificação do usuário, como, entre outros, o nome e uma chave pública, e são emitidos pelas Autoridades Certificadoras, após a identificação presencial dos usuários perante as Autoridades de Registro."
88. MACHADO, Diogo; DONEDA, Danilo. Proteção de dados pessoais e criptografia: tecnologias criptográficas entre anonimização e pseudonimização de dados. *In*: DONEDA, Danilo; MACHADO, Diogo (Coord.). **A criptografia no direito brasileiro**. São Paulo: Thomson Reuters Brasil, 2019, p. 151-152. Com efeito: "A técnica consiste em garantir que apenas emissor e destinatário (as "pontas") da comunicação tenham acesso à chave criptográfica necessária para decifrar as informações enviadas. Na linguagem da segurança computacional, a criptografia ponta a ponta é um *protocolo criptográfico* que reduz a superfície de ataque ao sistema diminuindo 'a ameaça de pontos intermediários ou *atacantes internos* que operam o serviço e desfrutam de acesso privilegiado'. Ou seja, no contexto das comunicações de dados que opera na Internet, esse tipo de protocolo é concebido para resguardar a confidencialidade das informações trocadas entre emissor e destinatário não somente de sujeitos externos, como também do próprio intermediário, provedor de serviço de Internet – *e.g.*, WhatsApp e Facebook Messenger – que faz parte da arquitetura da rede e das comunicações em meio digital como hoje conhecemos."
89. MONSEES, Linda. **Crypto-politics**: encryption and democratic practices in the digital era. Londres: Routledge, 2019. E-book, pos. 88. Define a autora: "Controlling access to and implementation of digital encryption means controlling who has access to what kind of information. This is so because encrypting information means rendering it unintelligible to third parties who lack the necessary key to decrypt the information. The capabilities of encryption increased in importance with the advent of the Internet. Today, encryption is used whenever we write an email, pay by credit card or even use a remote control. Encryption ciphers communication and prevents eavesdropping, but it can also function as a digital signature, thus verifying the origin of a message. The importance of encryption will only increase in the future with the expansion of the Internet of Things, in which many networked devices become networked."

desenvolvimento de padrões globais, os governos correm o risco de ofender os usuários da Internet global coletivamente, com base na perda de privacidade e segurança de dados individuais e na inibição do comércio global.[90]

Sem efetivo controle, não haverá a mitigação de riscos. Se houver riscos, a própria estrutura democrática estará em vilipêndio.[91] Para tanto, muito mais que a regulação, é preciso ter em conta verdadeira governança de dados para o implemento dessas técnicas, sendo a técnica irremediavelmente dependente do controle prudente – por mecanismos de revisão e fiscalização inerentes à *accountability* pública – do Poder Público, que atuará como garantidor democrático dos processos interativos de participação direta.

3.2.1.2 Audiências públicas e webconferências

Se plebiscitos e referendos são os instrumentos mais conhecidos para que os cidadãos tenham voz e atuem ativamente no processo democrático, não há dúvidas de que importante papel também é exercido pelas audiências públicas.[92] São, essencialmente, "processos de participação abertos à população para que se faça consulta formal sobre assunto de interesse dos cidadãos e para que, participando ativamente da condução dos assuntos públicos, se possa compartilhar da administração local com os agentes públicos."[93]

Segundo Lúcia Valle Figueiredo, seu escopo precípuo é a "ampla discussão, a ampla transparência, para que sejam exibidos os fundamentos necessários para o modelo escolhido e para que se ouça, se questione a possibilidade da proposição de outras formas".[94]

Sobre as audiências públicas, Diogo de Figueiredo Moreira Neto ainda destaca:

> A *audiência pública* admite as duas modalidades quanto à vinculação da Administração a seus resultados, mas *caberá à lei* definir entre uma ou outra ou optar por uma solução compósita. Com efeito, o legislador, tal como se prevê constitucionalmente, salvo cláusula impeditiva expressa, poderá deixar de legislar especificamente sobre quaisquer das matérias de sua competência, optando alternativamente por delas *dispor* como melhor lhe pareça (art. 48, *caput*), o que inclui, em geral e a toda evidência, fazê-lo visando à realização de quaisquer modalidades decisórias substitutivas como o são as referendárias, as de consulta pública ou as de deslegalização.[95]

---

90. SHEARER, Jenny; GUTMANN, Peter. Government, cryptography, and the right to privacy. **Journal of Universal Computer Science**, Graz, v. 2, n. 3, p. 113-135, mar. 1996, p. 118, tradução livre. No original: "*In terms of the argument relating to cryptography, governments should not perceive citizens as merely the geographic collection of people under their governmental control. While devolving state functions, limiting the power of labour unions, and so on may have modified a number of traditional pathways for influences on state policy, other loyalties and ties have developed. One of these is the feeling of "community" Internet users have towards the Internet. To limit effective use of the Internet by restricting access to cryptographic techniques, or by blocking the development of global standards, governments risk collectively offending users of the global Internet, on the grounds of loss of individual privacy and data security, and on grounds of inhibiting global commerce.*"
91. WINKEL, Olaf. Electronic cryptography – chance or threat for modern democracy? **Bulletin of Science, Technology & Society**, Londres: Sage Publications, v. 23, n. 3, p. 185-191, jun. 2003, *passim*.
92. A palavra 'audiência' tem sua origem no termo '*audire*', do Latim, que significa 'ouvir', 'dialogar'.
93. FALEIROS JÚNIOR, José Luiz de Moura. A Administração Pública consensual: novo paradigma de participação dos cidadãos na formação das decisões estatais. **Revista Digital de Direito Administrativo**, cit., p. 83.
94. FIGUEIREDO, Lúcia Valle. Instrumentos da Administração consensual: a audiência pública e sua finalidade. **Revista de Direito Administrativo**, Rio de Janeiro, v. 230, n. 4, p. 237-250, out./dez. 2002, p. 241.
95. MOREIRA NETO, Diogo de Figueiredo. Novos institutos consensuais da ação administrativa. **Revista de Direito Administrativo**, cit., p. 149.

Pensar a consensualização a partir da oitiva dos partícipes sociais é instrumento essencial para a boa condução democrática, porquanto o mero labor legiferante, a denotar um devido processo na busca pela consensualidade,[96] ou o rol de opções do gestor público – que partem de pressuposições preponderantemente teóricas – por certo se beneficiarão da troca de ideias e experiências com aqueles que lidam mais diretamente com atividades relacionadas à decisão que se pretende tomar.[97]

Se as democracias "morrem" de forma lenta, como sugerem Levitsky e Ziblatt,[98] e abrem espaço a interferências nocivas que subvertem o próprio processo decisional do Estado, é certo que a participação popular, indicando, em certa medida, adesão ao modelo de "democracia delegativa",[99] servirá como contraponto para prover o reequilíbrio situacional necessário ao bom desenvolvimento da atuação pública.

O envolvimento de grupos na aferição decisional é aspecto essencial para o bom desenvolvimento democrático, e encontra suas raízes na ação coletiva e no pressuposto de que "os indivíduos são os que melhor conhecem o valor que têm os bens, e tratam racionalmente de maximizar o seu bem-estar".[100] Nesse sentido, importantes os dizeres de John Hart Ely:

> Em teoria, é a legislatura que cria as leis e os administradores que as aplicam. Qualquer um que tenha visto o Congresso em ação, no entanto – não conheço muito a legislatura estatal – saberá que a situação real está quase de cabeça para baixo. Grande parte do tempo do representante típico é consumida, não com a consideração da legislação, mas com a execução de tarefas (grandes e pequenas) para seus eleitores – "telefonando para órgãos públicos em nome de empresários e partes interessadas, introduzindo contas privadas para permitir que parentes estrangeiros de constituintes entrem ou permaneçam no país e respondam à enorme quantidade de correspondências que chega". Isso não quer dizer que nossos representantes não estejam preocupados com questões substantivas. Mas, muitas vezes, essa preocupação é expressa não na forma de legislação, mas antes adivinhando as decisões dos funcionários executivos e administrativos – questionando-as em audiências e de várias maneiras menos formais. Assim, grande parte da lei é efetivamente deixada a ser feita pelas legiões de administradores não eleitos, cujo dever se torna dar significado operacional às amplas delegações que os estatutos

---

96. PALMA, Juliana Bonacorsi de. Devido processo legal na consensualidade administrativa. In: SCHIRATO, Vitor Rhein (Org.). **Estudos atuais sobre ato e processo administrativo**. Rio de Janeiro: Lumen Juris, 2017. p. 27-66.
97. CRICK, Bernard. **Democracy**: a very short introduction. Oxford: Oxford University Press, 2002, p. 104. Comenta o autor: "*To be effective, active citizenship demands not just will and skill but some knowledge of institutions, not an abstract or an academic comprehensive knowledge, but a practical knowledge of what levers of power are relevant to particular intentions. It would be far beyond the scope of this book to try to compare the relevant effectiveness of different forms of institution in different democracies. Political scientists do a lot of this, but I have always been sceptical about whether there is ever a like to compare with a like once one appreciates how much the same thing works differently in the context of different national cultures and histories.*"
98. LEVITSKY, Steven; ZIBLATT, Daniel. **How democracies die**. Nova York: Crown, 2018, p. 45. Anotam: "*How do elected authoritarians shatter the democratic institutions that are supposed to constrain them? Some do it in one fell swoop. But more often the assault on democracy begins slowly. For many citizens, it may, at first, be imperceptible. After all, elections continue to be held. Opposition politicians still sit in congress. Independent newspapers still circulate. The erosion of democracy takes place piecemeal, often in baby steps. Each individual step seems minor – none appears to truly threaten democracy. Indeed, government moves to subvert democracy frequently enjoy a veneer of legality: They are approved by parliament or ruled constitutional by the Supreme Court. Many of them are adopted under the guise of pursuing some legitimate – even laudable – public objective, such as combating corruption, "cleaning up" elections, improving the quality of democracy, or enhancing national security.*"
99. O'DONELL, Guillermo. Democracia delegativa? **Novos Estudos**, São Paulo, n. 31, p. 25-40, 1991.
100. LORENZETTI, Ricardo Luis. **Teoria da decisão judicial**, cit., p. 273.

contêm. A questão não é que esses "burocratas sem rosto" necessariamente façam um mau trabalho como nossos legisladores eficazes. É mais que eles não são eleitos nem reeleitos, e são controlados apenas espasmodicamente pelos funcionários que são.[101]

Não há dúvidas, quanto às audiências públicas, de que são um dos institutos com maior potencial para a consensualização. Sua natureza constitucional permite à Administração Pública dialogar com a sociedade civil para facilitar o exercício direto e legítimo da cidadania[102] em sua acepção mais tradicional, contemplando várias dimensões e permitindo a apresentação de propostas, reclamações, dúvidas, a solicitação de providências etc., de forma a possibilitar e viabilizar a discussão em torno de temas socialmente relevantes. Trata-se de instituto fortemente visualizado no direito regulatório, com forte conexão ao princípio da eficiência.[103]

Segundo Marcos Juruena Villela Souto, "[é] por meio dessa participação que se legitima a regulação (exercida por agentes não eleitos), bem como o controle de eficiência (pela manifestação dos destinatários da regulação)".[104] Ou, ainda, segundo Alexandre Santos de Aragão:

> Entendemos que mesmo nos casos em que a realização de audiências ou consultas públicas não tiver sido cogentemente estabelecida, sendo, portanto, discricionárias, se algum agente econômico ou entidade interessada requerer a sua realização, a recusa da Administração deverá ser satisfatoriamente motivada face aos princípios e valores constitucionais que privilegiam a participação dos interessados nas decisões administrativas (art. 1º, *caput* e inciso I; art. 5º, XXXIII e XXXIV; 37, *caput* e §3º; e 175, III, Constituição Federal).[105]

Pelo exposto, observa-se que a audiência pública é mais ampla que a mera coleta de opinião ou que o debate público. Esses dois últimos, aliás, possuem conceituação

---

101. ELY, John Hart. **Democracy and distrust**: a theory of judicial review. Cambridge: Harvard University Press, 1980, p. 181, tradução livre. No original: *"In theory it is the legislature that makes the laws and the administrators who apply them. Anyone who has seen Congress in action, however – I am not much acquainted with state legislature – will know that the actual situation is very nearly upside down. Much of the typical representative's time is consumed, not with considering legislation, but rather with running errands (big and small) for his or her constituents – "making calls to public agencies on behalf of businessmen and interested parties back home, introducing private bills to permit alien relatives of constituents to enter or remain in the country and answering the huge quantity of mail that comes in." This is not to say that our representatives are unconcerned with substantive questions. But often that concern is expressed not in the form of legislation but rather by second guessing the decisions of executive and administrative officials – questioning them at hearings and in various less formal ways. Much of the law is thus effectively left to be made by the legions of unelected administrators whose duty it becomes to give operative meaning to the broad delegations the statutes contain. The point is not that such "faceless bureaucrats" necessarily do a bad job as our effective legislators. It is rather that they are neither elected nor reelected, and are controlled only spasmodically by officials who are".*
102. OLIVEIRA, Gustavo Henrique Justino de. As audiências públicas e o processo administrativo brasileiro. **Revista de Informação Legislativa**, Brasília, v. 34, n. 135, p. 271-281, jul./set. 1997, passim.
103. MOREIRA NETO, Diogo de Figueiredo. **Curso de direito administrativo**. 12. ed. Rio de Janeiro: Forense, 2001, p. 103. Anota: "De um lado, o conceito de eficiência foi elaborado fora da Ciência do Direito, a partir da Revolução Industrial, ocasião em que começou a ser definido como a relação entre um produto útil e aquele teoricamente possível com os meios empregados, daí passando à Economia, onde se aproximou e até certo ponto se confundiu com o conceito de produtividade, ou seja, de uma relação mensurável ou estimável entre produtos e insumos, daí chegando à administração privada e à pública."
104. SOUTO, Marcos Juruena Villela. Audiência pública e regulação. **Revista de Direito da Procuradoria Geral**, Rio de Janeiro, Edição Especial, p. 298-322, 2012, p. 306.
105. ARAGÃO, Alexandre Santos de. **Agências reguladoras e a evolução do direito administrativo econômico**. Rio de Janeiro: Forense, 2002, p. 440.

própria e não devem ser confundidos com a primeira. Novamente, transcreve-se a explicação de Villela Souto, reportando-se a Moreira Neto:

> Diogo de Figueiredo Moreira Neto [em Tese apresentada no XXIII Congresso Nacional de Procuradores de Estado] esclarece que a participação administrativa apresenta três institutos afins: a *coleta de opinião*, o *debate público* e a *audiência pública*, como se pode observar:
>
> A *coleta de opinião* é um processo de participação administrativa aberto a grupos sociais determinados, identificados por certos interesses coletivos ou difusos, visando à legitimidade da ação administrativa pertinente a esses interesses, formalmente disciplinado, pelo qual o administrado exerce o direito de manifestar sua opção, orientadora ou vinculativa, com vistas à melhor decisão do Poder Público. O *debate público*, por sua vez, é um processo de participação administrativa, aberto a indivíduos e grupos sociais determinados, visando à legitimidade da ação administrativa, formalmente disciplinado, pelo qual o administrado tem o direito de confrontar seus pontos de vista, tendências, opiniões, razões e opções com os de outros administrados e com o próprio Poder Público, com o objetivo de contribuir para a melhor decisão administrativa. A *audiência pública*, já conceituada, acresce às características dos dois institutos anteriores um maior rigor formal de seu procedimento, tendo em vista a produção de uma específica eficácia vinculatória, seja ela absoluta, obrigando a Administração a atuar de acordo com o resultado do processo, seja relativa, obrigando a Administração a motivar suficientemente uma decisão que contrarie aquele resultado.[106]

Almiro do Couto e Silva descreve os primeiros modelos pautados na nova sistemática de tomada de decisões estatais, mencionando que, na Alemanha, a Lei de Procedimento Administrativo, de 25 de maio de 1976, instituiu o conceito de "ato administrativo negociado" (*ausgehandelter Verwaltungsakt*), particularmente em seus §§ 54 a 61, definindo-o como um *Ersatz*, ou seja, um elemento "sub-rogado do ato administrativo".[107]

O surgimento das novas tecnologias, particularmente após a ascensão da Internet, irradiou efeitos e gerou consequências sobre todas as esferas da vida em sociedade, inclusive sobre o Direito, suscitando novos modelos de se considerar os fundamentos morais e o papel da ética nas inter-relações entre particulares e, como não poderia deixar de ser, entre particulares e o Poder Público. Nesse contexto, ganham relevância as preocupações descritas por Gustavo Zagrebelsky,[108] "para quem a democracia opinativa é uma ilusão que pode redundar em um ambiente altamente antidemocrático e totalitarista".[109]

Nesse campo, nota-se uma inegável aproximação entre os atos administrativos discricionários e os vinculados, conforme aduz Gustavo Binenbojm, ao destacar que a juridicidade administrativa e a vinculação estatal aos ditames constitucionais "(...) não mais permite falar, tecnicamente, numa autêntica dicotomia entre atos vinculados e atos discricionários, mas, isto sim, em diferentes graus de vinculação dos atos administrativos à juridicidade".[110]

---

106. SOUTO, Marcos Juruena Villela. Audiência pública e regulação. **Revista de Direito da Procuradoria Geral**, cit., p. 305-306.
107. SILVA, Almiro do Couto e. Os indivíduos e o Estado na realização das tarefas públicas. **Revista da Procuradoria Geral do Estado do Rio Grande do Sul**, cit., 2003, p. 202.
108. ZAGREBELSKY, Gustavo. **A crucificação e a democracia**. Tradução de Mônica de Santis. São Paulo: Saraiva, 2011, p. 143.
109. LONGHI, João Victor Rozatti. **Processo legislativo interativo**, cit., p. 101.
110. BINENBOJM, Gustavo. **Uma teoria do direito administrativo**, cit., p. 39.

A nível constitucional, tem-se a previsão de audiências públicas no artigo 58, §2º, inciso II, da Constituição da República, que autoriza as Comissões constituídas pelo Congresso Nacional a delas se utilizar para a discussão de matérias atinentes à sua competência. Sendo certo que toda discussão "travada em sede de audiências organizadas pela Administração enseja uma maior publicidade e transparência no que tange à condução dos assuntos que envolvem a coletividade",[111] mister ressaltar que há previsão expressa de sua utilização nas votações de pautas relacionadas aos chamados "orçamentos participativos"[112] na Lei de Responsabilidade Fiscal (Lei Complementar nº 101/2000) e no Estatuto da Cidade (Lei nº 10.257/2001), relativamente à elaboração e discussão dos Planos Diretores, da Lei de Diretrizes Orçamentárias e das Leis Orçamentárias Anuais.

Com a realização de audiências públicas: (i) garante-se a coleta de opiniões e de *feedback* dos cidadãos interessados na demanda em pauta; (ii) habilitam e legitimam a decisão tomada ao final, propiciando um provimento mais acertado, coerente e justo em face da maior cognição subjacente à expedição do ato administrativo.

Portanto, a realização de audiências públicas, em termos procedimentais, deve estar intimamente ligada às práticas democráticas e aos postulados da transparência, da ampla cognição e do devido processo legal, constituindo-se em um exercício de poder pelo povo junto à Administração Pública.[113]

O implemento da tecnologia nesses processos interativos deve ser tomado com cautelas específicas – válidas, inclusive, para o exemplo das votações de leis orçamentárias nos municípios – como indica a doutrina:

> Em uma era na qual o marco regulatório brasileiro sobre o uso da Internet (Lei nº 12.965/2014) adota a neutralidade da rede como um de seus princípios elementares, deve-se implementar sistemas que garantam o acesso indistinto aos cidadãos à plataforma, mas com o mapeamento mínimo de suas identidades para fins de controle de acesso, limitação da participação de robôs (*bots*) e restrição do uso de inteligência artificial com o intuito escuso de influenciar enquetes e consultas sobre a pauta a ser votada.
>
> Para além deste estudo, há desdobramentos inerentes à Tecnologia da Informação que, na proposta de elaboração de uma plataforma de participação e acesso, devem garantir higidez e lisura ao processo participativo — com preocupação, ainda, em relação à coleta, ao armazenamento e ao tratamento de dados pessoais dos cidadãos, em especial após o advento da Lei nº 13.709/2018 —, pois, somente assim se conseguirá atingir a segurança almejada.[114]

Retomando-se a preocupação expressada nas linhas derradeiras do tópico anterior, ao se falar da criptografia e das chaves públicas no implemento de políticas de segu-

---

111. OLIVEIRA, Gustavo Henrique Justino de. As audiências públicas e o processo administrativo brasileiro. **Revista de Informação Legislativa**, cit., p. 277.
112. SILVA, Almiro do Couto e. Os indivíduos e o Estado na realização das tarefas públicas. **Revista da Procuradoria Geral do Estado do Rio Grande do Sul**, cit., p. 203.
113. SOARES, Fabiana de Menezes. **Direito administrativo de participação (cidadania, direito, Estado e Município)**. Belo Horizonte: Del Rey, 1997, p. 169.
114. FALEIROS JÚNIOR, José Luiz de Moura; FALEIROS, Magda Aparecida dos Santos Moura. Administração Pública consensual e e-democracia: pode a tecnologia ressignificar o papel das audiências públicas na discussão das Leis Orçamentárias Municipais? *In:* FIGUEIRA DE MELO, Luiz Carlos; FALEIROS JÚNIOR, José Luiz de Moura; SILVEIRA, José Júnior Alves da; MOREIRA ALVES, Beatriz Dixon (Coord.). **Temas atuais de direito municipal**. Monte Carmelo: FUCAMP, 2018, v. 1, p. 245.

rança da informação para os plebiscitos e referendos virtuais, também com relação às audiências públicas se deverá ter em conta uma real preocupação com a privacidade, especialmente na proposta de implementação das webconferências.

Diferentemente das videoconferências, cuja realização pode se dar por instrumentais eletrônicos não necessariamente dependentes da Internet, as webconferências são conceituadas como reuniões ou encontros virtuais e sua realização – como o próprio nome denota – se dá pela Internet (*web*) através de aplicativos ou serviços com possibilidade de compartilhamento de apresentações, voz, vídeo, textos e arquivos.

O mecanismo tem potencial fantástico no que diz respeito à aproximação dos cidadãos, que precisam estar efetivamente informados e conscientes dos usos e potencialidades dessa espécie de prática;[115] porém, várias questões ainda o orbitam e são cruciais para que se possa tentar estabelecer algum tipo de resposta coerente à forma com que sua implementação seja viável em meio a tamanhas dificuldades. Um exemplo disso é o aprimoramento de habilidades – os *digital skills*, nos dizeres de van Dijk e van Deursen –, uma vez que os usuários da Internet devem constantemente melhorar habilidades críticas, como a capacidade de pesquisar, selecionar, processar e aplicar informações de uma superabundância de fontes[116] para estarem aptos a exercer a cidadania neste novo contexto.

Isso pode levar a distorções e segregações, culminando em verdadeira ruptura democrática – uma *democratic divide*, na expressão utilizada por Seong Jae Min:

> Isso sugere que é possível que aqueles que foram expostos a computadores e à Internet desde os primeiros estágios estejam melhor situados na sociedade da informação atual, porque já reuniram muita informação e conhecimento e podem usar essas ferramentas para encontrar recursos e para atualizar as habilidades necessárias para manter sua produtividade. Em outras palavras, diferentemente dos usuários da mídia tradicional, os usuários de TIC provavelmente terão níveis muito diferentes de eficiência e experiência no uso das novas tecnologias. Essa observação, em essência, representa o cerne da hipótese da lacuna de conhecimento (Tichenor, Donohue e Olien, 1970) e o "efeito Vila Sésamo" (Cook, Appleton, Conner, Shaffer, Tamkin e Weber, 1975), que afirma que, mesmo quando todos têm acesso igual à mídia e às tecnologias, a diferença de informações entre os que têm e os que não têm não diminui, porque os que têm tipicamente usam melhor a mídia e as tecnologias.[117]

---

115. Para ilustrar esta questão, em pesquisa empírica, Mark Hughes analisa a discussão sobre a inovação organizacional de serviços públicos no Reino Unido e a mudança de planos estratégicos como uma fonte potencial de informação que informa a participação direta dos cidadãos britânicos na condução da política local: HUGHES, Mark. The challenges of informed citizen participation in chance. **Transforming Government: People, Process and Policy**, West Yorkshire, v. 5, n. 1, p. 68-80, mar. 2011.
116. VAN DIJK, Jan; VAN DEURSEN, Alexander. **Digital skills**: unlocking the information society. Nova York: Palgrave Macmillan, 2014, p. 21 *et seq.*
117. MIN, Seong Jae. From the digital divide to the democratic divide: internet skills, political interest, and the second-level digital divide in political internet use. **Journal of Information Technology & Politics**, Londres: Taylor & Francis, v. 7, n. 1, p. 22-35, mar. 2010, p. 23-24, tradução livre. No original: "*This suggests it is possible that those who have been exposed to computers and the Internet from the earliest stages are better situated in the current information society, because they have already gathered a lot of information and knowledge and can use these tools to find additional resources and to upgrade the skills required to maintain their productivity. In other words, unlike users of traditional media, ICT users will likely have much different levels of efficiency and experience in using the new technologies. This observation, in essence, represents the heart of the knowledge gap hypothesis (Tichenor, Donohue, & Olien, 1970) and the "Sesame Street effect" (Cook, Appleton, Conner, Shaffer, Tamkin, & Weber, 1975), which asserts that, even when*

Nesse contexto, as preocupações de Olaf Winkel reverberam fortemente:

As novas perguntas incluem o seguinte:

Quais são as consequências para a tomada de decisões democráticas pelo fato de não apenas partes da população permanecerem excluídas das vantagens da comunicação em rede, mas outra brecha estar surgindo porque uma única parte está se comunicando de maneira cada vez mais segura e confidencial, enquanto a outra está exposta ao acesso contínuo de terceiros? Como uma política democrática deve lidar com fenômenos, como a disseminação de conteúdo desumanos, que é contrária aos seus valores fundamentais por um lado, mas por outro lado está além de seu alcance? É melhor aqui insistir em leis restritivas para, pelo mens, denunciar comportamentos desviantes, ou o Estado deve se conter nesse sentido, a fim de não deixar sua própria impotência ser revelada com muita clareza? Que efeitos isso tem nos processos democráticos se empresas da Internet, como Google e Facebook, exercem influência significativa e também parcialmente oculta sobre como o mundo é percebido em grande parte da população? Como a tomada de decisão democrática muda se, por um lado, a privacidade não pode mais ser garantida, porque as agências de inteligência e as empresas de Internet estão sempre registrando relações de informação e comunicação e usando-as ou abusando-as para seus próprios fins, mas esses incidentes, por outro lado, também são muito provavelmente descobertos através de denunciantes e plataformas como o Wikileaks e se tornam objeto de discurso político? As inovações, como os orçamentos participativos apoiados pela tecnologia digital, abrem o caminho para uma democracia mais determinada pela sociedade civil, ou devem ser interpretadas menos como uma oferta de compartilhamento de poder e mais como gestos simbólicos que distraem o fato de que os cidadãos carecem de poder, dada a progressiva interligação política no nível supranacional e poderosos imperativos econômicos? As preocupações de segurança com relação ao voto eletrônico são realmente decorrentes de restrições técnicas ou são apenas aventadas para obter um discurso político sobre o enriquecimento da democracia representativa por meio de elementos democráticos diretos, exigidos por diferentes lados, fora do caminho? Existem outras opções além da introdução de eleições e votações eletrônicas para tornar a tecnologia da informação produtiva para o desenvolvimento da tomada de decisão democrática? Onde estão as oportunidades e os riscos de instrumentos através dos quais os cidadãos são diretamente incorporados ao processo legislativo e de inovações que dependem de uma combinação de procedimentos diretamente democráticos e deliberativos? O conceito de democracia líquida falhou ou ainda é capaz de abrir novas perspectivas para o desenho de processos democráticos não apenas dentro das organizações políticas, mas também para a sociedade como um todo?

As respostas a essas perguntas ainda são caracterizadas como 'contidas', na melhor das hipóteses. Mas, mesmo que já pudessem ser dadas hoje, as perspectivas da democracia moderna ainda não seriam totalmente esclarecidas por isso. Pois, além de fatores sociotécnicos, os fatores socioeconômicos e também os fatores político-regulatórios associados são cruciais nesse sentido. Portanto, faz uma grande diferença para o desenvolvimento contínuo da democracia moderna se a "hegemonia contingente do neoliberalismo" continuará a intensificar e definir políticas no papel de agente auxiliar da economia, se "a democracia será capaz de se proteger na economia" e, assim, se poderá recuperar sua capacidade de controle, ou se, como previsto por Rifkin, uma "revolução industrial descentralizada e colaborativa" levará a novas formas de atividade econômica nas quais os métodos de produção capitalistas e da sociedade civil se complementarão igualmente e os equilíbrios sociais e políticos de poder mudarão de acordo.[118]

---

everyone has equal access to media and technologies, the information gap between the haves and have-nots will not decrease because the haves typically make better use of media and technologies."

118. WINKEL, Olaf. The perspectives of democratic decision-making in the information society. **International Journal of Computer Science & Information Technology**, Chennai, v. 8, n. 2, p. 1-16, abr. 2016, p. 11-12, tradução livre. No original: "The new questions include the following: What consequences arise for democratic decision-making from the fact that not only parts of the population remain excluded from the advantages of network communication, but another divide is emerging because the one division is communicating in an increasingly safe and confidential manner, while the other is exposed to the continuous access of third parties?

São inúmeras as questões para as quais ainda não se tem respostas definitivas... O fato é que as habilidades na Internet e o interesse político são fatores-chave e podem causar a divisão democrática, especialmente quando se trata do uso político da Internet. Esse tema é tão complexo que é discutido até mesmo com relação à difusão de *memes* como forma de protesto.[119] E, nesse cenário, o domínio da técnica passa a ser determinante não apenas para a garantia do acesso do cidadão à plataforma, mas também para que se tenha confiabilidade informacional em todos os níveis.

De nada adiantaria uma estrutura de webconferências para permitir interações em tempo real entre representantes e representados, promovendo o diálogo e fomentando o debate se, em essência, a maior parte da população é leiga. Nesse sentido, embora a proposta de audiências públicas interativas e propulsionadas por sistemas de webconferência seja convidativa para o aprimoramento de plataformas como as já existentes (por exemplo, no Brasil, com os sistemas e-Democracia e e-Cidadania do Legislativo federal), é inegável que há muitas construções teóricas e práticas a serem formuladas, tamanha a delicadeza do problema que essa proposta envolve.

How should a democratic polity deal with phenomena, such as the spread of inhuman content, which is contrary to its fundamental values on the one hand, but on the other hand is beyond its reach? Is it better here to insist on restrictive laws to at least denounce deviant behavior, or should the state hold back in this regard in order to not let its own powerlessness be revealed all too clearly? What effects does this have on democratic processes if Internet companies, such as Google and Facebook, have significant and partially also covert influence on how the world is perceived in large parts of the population? How does the democratic decision-making change if, on the one hand, privacy can no longer be guaranteed, because intelligence agencies and Internet companies are always recording information and communication relationships and using or misusing them for their own purposes, but these incidents on the other hand are also very likely discovered through whistleblowers and platforms such as Wikileaks and become the object of political discourse? Do innovations, such as digital technology-supported participatory budgets, pave the way for a democracy more determined by civil society, or are they to be interpreted less as an offer for power sharing and more as symbolic gestures that distract from the fact that citizens are not empowered, but rather are disempowered given the progressive political interweaving at the supranational level and powerful economic imperatives? Are the security concerns about electronic voting actually owed to technical restrictions or are they merely advanced in order to get a political discourse about the enrichment of the representative democracy through direct democratic elements, which is demanded by different sides, out of the way? Are there options in addition to the introduction of electronic elections and voting to make the information technology change productive for the development of democratic decision-making? Where are the opportunities and risks of instruments through which citizens are directly incorporated into the legislative process, and of innovations that rely on a combination of directly democratic and deliberative procedures? Is the concept of Liquid Democracy failed or is it yet able to open up new perspectives for the design of democratic processes not only within political organizations, but also to society as a whole? Answers to such questions are still characterized as being in outlines at best. But even if they could already be given today, the perspectives of modern democracy would not yet be fully illuminated by that. For in addition to socio-technical factors, socio-economic and associated regulatory political factors are also crucial in this regard. So it makes a big difference for the continued development of modern democracy whether the "contingent hegemony of neoliberalism" will continue to intensify and define policy in the role of an auxiliary agent of economy, whether "democracy will be able to hedge in the economy" and thus can regain its ability to control, or whether, as predicted by Rifkin, a "decentralized and collaborative industrial revolution" will lead to new forms of economic activity in which capitalistic and civil society-based methods of production will complement each other more equally and social and political balances of power will shift accordingly."

119. GERBAUDO, Paolo. Protest avatars as memetic signifiers: political profile pictures and the construction of collective identity on social media in the 2011 protest wave. **Information, Communication & Society**, Londres, v. 18, n. 8, p. 916-929, 2015.

3.2.1.3   Mediação e arbitragem na Internet

Avançando na apreciação específica de alguns modais de participação direta, não se pode deixar de abordar, ainda que brevemente, a importância da mediação e da arbitragem na Internet, não apenas para a solução de litígios privados, mas também para a facilitação da resolução de disputas com o Poder Público.

Inicia-se o tópico, para breve contextualização, com breve excerto de autoria de Castanheira Neves:

> Se o fenómeno da comunicação técnico-informática é o fenómeno mais caracterizador do nosso tempo socialmente desenvolvido, não menos apelativamente invocada neste nosso tempo e de modo a poder falar-se a esse propósito de uma dimensão pós-moderna, é a comunicação que dissemos comunicação-comunicação – a comunicação dialógico-cultural, que de todo se não confunde com aquela outra.
>
> Tem essa comunicação-comunicação a ver com a superação do *sujeito*, do sujeito moderno ou da cultura moderna e moderno-iluminista – seja o sujeito cartesiano, seja o sujeito transcendental. Por isso se invocam hoje, contra a "filosofia do sujeito", a filosofia e a razão comunicativas. O sujeito cartesiano é o solipsista titular (absoluto) da razão e no fundo identificava-se com a própria razão – a razão decerto também moderna, axiomático-sistemática, que assimilava o conhecimento necessário e universal. A verdade seria uma só – a definida por essa razão – e o sujeito-razão ter-lhe-ia acesso na transparência da consciência. O sujeito transcendental era menos absoluto – oferecia só as condições críticas do conhecimento possível à razão e à experiência humanas. E se com isto se abria, por contraponto, a porta a outros horizontes de sentido (desde logo, de sentido prático), o núcleo determinante e o *modus* paradigmático continuaram a ser o necessário e o universal.[120]

Os dizeres do professor português ecoam no cerne da discussão posta em termos de ampliação dos modais para o uso da arbitragem e da mediação. Se a tecnologia interfere densamente no futuro das profissões, como sinalizam Richard e Daniel Susskind, esta não é, segundo os próprios autores, uma preocupação aterrorizante, uma vez que, para alguns, "o futuro mais eficiente está em máquinas e seres humanos trabalhando juntos."[121]

Na medida em que a tecnologia e o poder comunicacional ganham espaço e novos métodos são utilizados para a previsão de resultados, a delimitação de problemas, a especificação de propostas e, ao fim e ao cabo, a solução de conflitos, a arbitragem e a mediação ganham novos contornos. O 'sujeito cartesiano', aqui representado na figura do árbitro ou mediador, e detentor de poder comunicacional haurido por suas experiências e vivências, é potencializado pelo 'sujeito transcendental' descrito por Castanheira Neves, e que aqui se faz presente pela interação com a máquina.

Em breves linhas, a predição algorítmica passa a ocupar *locus* de destaque na análise comportamental e disso se extrai um vasto rol de estratégias de persuasão, compreensão e solução para a pacificação de conflitos. Fala-se na 'teoria dos jogos',

---

120. CASTANHEIRA NEVES, António. Uma perspectiva de consideração da comunicação e o poder – ou a inelutável decadência eufórica... Notas de um esboço de reflexão. *In:* MONTEIRO, António Pinto (Coord.). **Estudos de direito da comunicação**. Coimbra: Universidade de Coimbra, 1992, 95-96.
121. SUSSKIND, Richard; SUSSKIND, Daniel. **The future of professions**: how technology will transform the work of human experts. Oxford: Oxford University Press, 2015, p. 293, tradução livre. No original: "(...) *the most efficient future lies with machines and human beings working together. Human beings will always have value to add as collaborators with machines.*"

em 'conflitos' e 'solução de conflitos', 'disputas' e 'resolução de disputas'; tais termos e expressões possuem diferenças semânticas relevantes[122] e, naturalmente, não são o foco dessa singela investigação, razão pela qual esta abordagem não se deterá quanto a tais minúcias.

A arbitragem tem sua principal vantagem na flexibilidade em relação ao procedimento, característica preponderante e atrativa, pois viabiliza celeridade, expertise para a apreciação de determinadas matérias e até mesmo o sigilo. Não é diferente o caso da mediação, que permite às partes a busca por soluções equânimes às questões em disputa pela lógica do diálogo e da composição.[123]

A adaptação da arbitragem ao Regime Jurídico Administrativo impõe ao operador do direito uma série de ajustes, inclusive procedimentais, relativos à convenção de arbitragem, à sua previsão em editais, ao uso de línguas estrangeiras, à publicidade, ao critério de julgamento, à escolha de árbitros e câmaras arbitrais (e à necessidade de sua licitação), ao cabimento do regime dos precatórios e ao pagamento das despesas da arbitragem, bem como às prerrogativas processuais da Administração Pública.[124] Não obstante, é de se destacar sua natureza eminentemente consensual, uma vez que proclama toda a base principiológica do sistema de consensualização que rege este proceder administrativo.[125]

A título exemplificativo, tem-se a expressa previsão de adoção da arbitragem para a solução de conflitos com a Administração Pública no artigo 23-A da Lei nº 8.987, de 13 de fevereiro de 1995, acrescentado pela Lei nº 11.196, de 21 de novembro de 2005, prevendo a adoção da arbitragem na solução de conflitos nos contratos de concessão, além do artigo 4º, §§ 5º e 6º, da Lei nº 10.848, de 15 de março de 2004, que autoriza o uso da arbitragem nas operações de comercialização de energia elétrica. São situações específicas, mas que apresentam a essência consensual que se espera de uma atuação arbitral como viés alternativo para a solução de conflitos com o Estado.

---

122. MENKEL-MEADOW, Carrie. From legal disputes to conflict resolution and human problem solving: legal dispute resolution in a multidisciplinary context. **Journal of Legal Education**, Washington, D.C., v. 54, n. 1, p. 4-23, mar. 2004, p. 12. Anota: *"For purposes of some (perhaps artificial) clarity, I suggest here, as I review the history of the development of the field and its key ideas and concepts, that "disputes" and "dispute resolution" have been constituted by the legal field, and "conflicts" and "conflict resolution" by the broader pastiche of the social sciences (anthropology, political science, international relations, sociology, psychology, history, economics, and game theory) and their more multidisciplinary social activist spinoffs, such as peace studies, social movement theory and practice, and conflict resolution. While "disputes" may be about legal cases, conflicts are more broadly and deeply about human relations and transactions. Conflict "handling" may be both more and less involving and complicated than "dispute settlement" or "conflict management". The study of "dispute processing" is a sort of bridge terminology and field, having been constituted by legal anthropologists (some of whom were and are lawyers) to move the focus away from legally constructed "cases" to the broader notion of culturally and contextually embedded "disputes" having existences, before, during, and after formal legal disputes."*
123. Sobre o tema: MARTINS, André Chateaubriand. Arbitragem e Administração Pública. In: CAHALI, Francisco José; RODOVALHO, Thiago; FREIRE, Alexandre (Org.). **Arbitragem**: estudos sobre a Lei n. 13.129, de 26/5/2015. São Paulo: Saraiva, 2016; LEIGH, Katharine. Arbitration in Public Administration. In: FARAZMAND, Ali (Ed.). **Global encyclopedia of public administration, public policy, and governance**. Cham/Basileia: Springer, 2016.
124. SOMBRA, Thiago Luís. Mitos, crenças e a mudança de paradigma da arbitragem com a Administração Pública. **Revista Brasileira de Arbitragem**, São Paulo, v. 14, n. 54, p. 54-72, abr./jun. 2017, *passim*.
125. SALLES, Carlos Alberto de. **Arbitragem em contratos administrativos**. Rio de Janeiro: Forense, 2011, p. 60 *et seq*.

A chamada 'arbitrabilidade objetiva', no que diz respeito à participação da Administração Pública, traz à superfície a pertinente dúvida quanto aos limites de proteção e disposição do interesse público, que inviabilizaria o emprego da arbitragem em certos contextos. Para Eugenia Marolla, nem todos os bens públicos seriam indisponíveis, pois, em seu entender, a indisponibilidade estaria restrita às finalidades buscadas pela Administração.[126] Entretanto, a questão é mais complexa do que aparenta ser, e não cinge apenas à delimitação de uma regra inerente à indisponibilidade. Isso porque, para a Lei de Arbitragem brasileira, antes da reforma promovida pela Lei nº 13.129/2015, não se tinha grandes dúvidas quanto ao campo de incidência da arbitrabilidade de cariz objetivo no direito privado,[127] mas, quanto ao direito público, notadamente quanto aos contratos administrativos, o cenário era bem diferente e mais nebuloso.

Há, agora, maior clareza quanto à dicotomia entre a arbitrabilidade subjetiva (relativa ao sujeito, no caso, a Administração Pública) e a arbitrabilidade objetiva (que concerne ao objeto). Esta última, para ser aferida, implica aferição detida da natureza do ato praticado – se de império ou de gestão – para que contornos específicos sejam posteriormente traçados em contrato próprio, dentro dos limites que a legislação faculta.[128] O tema revolve ao entrelaçamento entre interesse público e interesse privado – e maior espaço será dedicado a esse tema em tópico posterior deste capítulo –, importando saber, no momento, que:

> Dispor de direitos patrimoniais é transferi-los a terceiros. Disponíveis são os direitos patrimoniais que podem ser alienados. A Administração, para a realização do interesse público, pratica atos da mais variada ordem, dispondo de determinados direitos patrimoniais, ainda que não possa fazê-lo em relação a outros deles. Por exemplo, não pode dispor dos direitos patrimoniais que detém sobre os bens públicos de uso comum. Mas é certo que inúmeras vezes deve dispor de direitos patrimoniais, sem que com isso esteja a dispor do interesse público, porque a realização deste último é alcançada mediante a disposição daqueles.[129]

---

126. MAROLLA, Eugenia Cristina Cleto. A revogação do artigo 25 da Lei de Arbitragem e suas consequências nas arbitragens envolvendo a Administração Pública. **Revista de Direito da Associação dos Procuradores do Estado do Rio de Janeiro**, Rio de Janeiro, v. 26, p. 211-228, 2016, p. 215.
127. Confira-se, por todos: FACCHINI NETO, Eugênio. Jurisdição ou resolução consensual de conflitos: a quem pertence o futuro? **Interesse Público**, Belo Horizonte, n. 103, p. 15-47, maio/jun. 2017.
128. SUNDFELD, Carlos Ari; CÂMARA, Jacintho Arruda. O cabimento da arbitragem nos contratos administrativos. **Revista de Direito Administrativo**, Rio de Janeiro, v. 248, n. 3, p. 117-126, maio/ago. 2008, p. 125. Comentam os autores: "As condições de exploração são objeto de negociação desde um primeiro momento, quando o Poder Concedente delega o serviço do qual é titular para ser explorado por terceiros. As condições econômicas de prestação do serviço são determinadas contratualmente entre o Poder Concedente e as empresas. Depois, no relacionamento de tais empresas com outros agentes do mercado, mais uma vez, o que se tem é a livre disposição sobre as condições econômicas. Nesses casos, não há qualquer tratativa sobre questões de império, ou seja, sobre temas insuscetíveis de negociação. As partes envolvidas definem, fazendo uso de seu respectivo poder de autotutela, quais as condições econômicas do relacionamento. A duração do contrato, a remuneração do contratado e as condições de pagamento, multas pecuniárias e, se assim dispuserem, a sujeição do contrato à arbitragem são exemplos de temas que, embora digam respeito à prestação de um serviço público, podem ser perfeitamente objeto de negociação entre as partes envolvidas. Trata-se do que, na terminologia empregada na Lei de Arbitragem, é denominado direito disponível, isto é, direito negociável, passível de estipulação em contrato e, consequentemente, de ser objeto de procedimento arbitral."
129. GRAU, Eros Roberto. Arbitragem e contrato administrativo. **Revista da Faculdade de Direito da Universidade Federal do Rio Grande do Sul**, Porto Alegre, v. 21, p. 141-148, mar. 2002, p. 147-148.

Em resumo, a patrimonialidade do bem[130] é o aspecto determinante para a aferição da arbitrabilidade objetiva e, por conseguinte, da cogitação da arbitragem para um determinado caso concreto. E, em se tratando do direito público, algumas objeções doutrinárias, todas elas de grande importância, devem ser consideradas para que não se ateste a pertinência do tema de forma açodada.

Quanto a isso, Juarez Freitas traz importante sistematização:

> (a) a objeção relativa à presumida incompatibilidade entre a negociação e a vinculação do agente público às regras legais. Ora, essa crítica esquece a vinculação cogente a princípios constitucionais nas relações administrativas, liame confortado pela boa transação. De mais a mais, acordos administrativos são efetuados, desde sempre (por exemplo, nas desapropriações). Fingir que não ocorrem é pior política. Como se não bastasse, hermeneuticamente falando, inexiste vinculação absoluta no direito administrativo.
> (b) a objeção de que o atendimento administrativo legítimo de pleitos particulares prejudicaria a abordagem sistêmica, engendrando soluções excludentes e privilegiadas. Na realidade, o particularismo não universalizável é antitético à negociação idônea, aqui defendida, a qual se encontra compelida a demonstrar, a contento, a universalização dos benefícios líquidos. Vale dizer, a resposta à crítica é a de que a negociação proba contempla, motivadamente, os benefícios líquidos sistêmicos das saídas consensuais, sob pena de antijuridicidade.
> (c) a objeção de que a negociação ofereceria oportunidade à negociata. O risco preocupa, está claro, mas não a ponto de justificar o banimento puro e simples do compromisso. Justifica, sim, uma intervenção vigorosa e cautelar do aparato de controle e autocontrole. Todavia, a negociação defensável não se presta a servir de instrumento de violação à moralidade administrativa, seja por enriquecimento ilícito, seja por dano ao erário, seja por violação aos princípios.
> (d) a objeção de que a via cooperativa debilitaria a solução judicial. Ao contrário: reserva-se aos magistrados o campo para equacionar questões complexas e, sobretudo, resguarda-se a última instância à esfera judicial, atenuando-se, em contrapartida, a febril judicialização exatamente para que o juiz possa melhor exercer o seu papel, em tempo útil. De mais a mais, a filosofia não adversarial desencadeia vasta gama de efeitos positivos, ao instaurar ambiente emancipatório no qual o diálogo não coercitivo prepondera, engendrando a sociedade pacífica, capaz de conviver com desacordos inevitáveis.
> (e) a objeção de que o modelo extrajudicial seria o fruto de constrangimento econômico, mercê da onerosidade assimétrica no acesso ao Poder Judiciário. Existe o risco de encarar o compromisso como mal menor sobretudo para os particulares, em face de entraves econômicos. Contudo, precisamente para reduzir os custos (diretos e indiretos) que se preconizam alternativas de satisfatória resolução consensual de conflitos.[131]

De mais a mais e já partindo para outro norte, a mediação e, de forma mais ampla, também a conciliação e a negociação, encontram sua pertinência no estudo da consensualidade administrativa:

---

130. MOREIRA NETO, Diogo de Figueiredo; SOUTO, Marcos Juruena Villela. Arbitragem em contratos firmados por empresas estatais. **Revista de Direito Administrativo**, Rio de Janeiro, v. 236, n. 2, p. 215-261, abr./jun. 2004, p. 217. Dizem: "(...) quando se trata tão-somente de cláusulas pelas quais a Administração está submetida a uma contraprestação financeira, não faz sentido ampliar o conceito de indisponibilidade à obrigação de pagar vinculada à obra ou serviço executado ou ao benefício auferido pela Administração em virtude da prestação regular do outro contratante."
131. FREITAS, Juarez. Direito administrativo não adversarial: a prioritária solução consensual de conflitos. **Revista de Direito Administrativo**, Rio de Janeiro, v. 276, n. 4, p. 25-46, set./dez. 2017, p. 40-41.

Os institutos da negociação, da conciliação, da mediação e da arbitragem têm a capacidade de aproximar as partes e gerar resultados compatíveis com as diretrizes constitucionais, inclusive com os princípios que regem a Administração Pública. A mediação, como método não-adversarial de solução de controvérsias, almeja maior cooperação na busca da melhor solução. Além disto, a legislação é clara, ao impor a todos, inclusive à Administração Pública e aos advogados (públicos e privados) o dever de utilização da conciliação e da mediação. Embora a realização de transações pela Administração Pública não seja algo novo, a utilização de institutos como a conciliação, a mediação e a arbitragem ainda é recente.[132]

Para que esses mecanismos funcionem de forma efetiva, a doutrina indica alguns requisitos técnico-procedimentais voltados à garantia de lisura e higidez da operacionalização da mediação:

> (...) normalmente, será necessária a utilização de mediadores para viabilizar a negociação entre particulares e o Poder Público, dada a desigualdade de poder. Tal necessidade é ainda maior em conflitos multipartes, nos quais existem diversos entes públicos envolvidos, e grupos distintos também na sociedade civil, nem sempre organizados. A primeira necessidade que se coloca, assim, é a de que exista um quadro de mediadores previamente capacitados a que o Poder Público possa recorrer. Também é necessário definir de onde virão os recursos para pagar pelos serviços de mediação, quando os mediadores já não sejam servidores remunerados pelos cofres públicos para tal fim, bem como para pagar por eventuais estudos técnicos.
>
> Existente este quadro, a escolha do mediados (ou equipe de mediadores, como é mais comum em se tratando de conflitos coletivos) deve ficar ao encargo das partes envolvidas. Se se tratar de um conflito judicializado, admite-se que o juiz da causa faça a escolha, mas é evidente que mediadores poderão ser recusados por razões de suspeição e há que se sopesar se vale a pena o ganho de tempo decorrente da escolha unilateral, com a perda de autonomia e confiança das partes no(s) mediador(es) escolhido(s) sem a sua participação. Nos EUA, costuma-se permitir às partes que façam esta escolha, sempre havendo, contudo, uma proposta inicial de nomes que se sabe serem imparciais e experientes na matéria.
>
> Escolhidos os mediadores, devem estes proceder ao diagnóstico do conflito, com a identificação de todos os interessados e/ou afetados, bem assim de todos os atores necessários para a resolução efetiva do problema. Este conjunto de atores envolverá até os órgãos do Poder Executivo com competência para atuar na matéria, representantes do Legislativo, quando for o caso (...), o Ministério Público, a Defensoria Pública (quando houver pessoas hipossuficientes), o(s) empreendedor(es), quando for o caso, a comunidade diretamente afetada, quando for possível identificá-la, as entidades do terceiro setor que atuem na matéria naquela região, quando existentes.[133]

Seja para a arbitragem, seja para a mediação, não há dúvidas de que a utilização da Internet fornece substratos interessantes e capazes de aprimorar resultados, simplificando interações, facilitando comunicações, encurtando distâncias e, de modo geral, também auxiliando o árbitro ou mediador em suas intervenções. São as chamadas *online dispute resolutions* (ODR), comumente voltadas à 'desjudicialização', especialmente de demandas de massa, e à implementação de soluções não adversariais.[134]

---

132. CUÉLLAR, Leila; MOREIRA, Egon Bockmann. Administração Pública e mediação: notas fundamentais. **Revista de Direito Público da Economia**, Belo Horizonte: Fórum, v. 16, n. 61, p. 119-145, jan./mar. 2018, p. 144-145.
133. SOUZA, Luciane Moessa de. Resolução de conflitos envolvendo o Poder Público: caminhos para uma consensualidade responsável e eficaz. *In:* MARRARA, Thiago (Org.). **Direito administrativo**: transformações e tendências. São Paulo: Almedina, 2014, p. 498.
134. KAUFMANN-KOHLER, Gabrielle; SCHULTZ, Thomas. **Online dispute resolution**: challenges for contemporary justice. Haia: Kluwer Law International, 2004, p. 21-25 (sobre a mediação); 26-35 (sobre a arbitragem).

Mecanismo corriqueiro para a realização de sessões virtuais de arbitragem e mediação é a videoconferência, que pode ser utilizada para permitir a participação de uma parte ou testemunha que, eventualmente, não possa estar presente pessoalmente no local previamente designado. As webconferências, por sua vez, ainda guardam certo grau de ineditismo e são mais abrangentes – conforme se indicou no tópico anterior, quanto às audiências públicas –, e são mais rápidas que as trocas de mensagens escritas. Sem dúvidas, as webconferências têm grande valor na organização de reuniões procedimentais entre os árbitros/mediadores e as audiências com as partes, uma vez que essas reuniões e audiências são frequentemente realizadas por meio de conferências telefônicas. Uma exceção deve ser feita quando a audiência também se destina a ser uma oportunidade de se reunir as partes pela primeira vez – questão valorosa para a eventual formulação de um acordo.

Um sistema de webconferência com recursos para a apresentação e edição de documentos pode facilitar e acelerar negociações e a formatação de um acordo, pois as partes e o árbitro/mediador poderão discutir e alterar o documento em tempo real, com o texto e suas revisões bem diante dos olhos de todos os participantes. E o que é mais importante: tudo isso pode ser concretizado sem a necessidade de grandes infraestruturas de informática, bastando, para o acesso e a utilização dessas plataformas, a utilização de dispositivos móveis.[135]

Deliberações mais céleres, redução de custos, flexibilização de datas e acessibilidade são alguns dos fatores positivos das resoluções de disputas virtuais. Por essa razão, tais práticas vêm sendo fortemente incentivadas, a ponto de a Organização Mundial do Comércio editar uma cartilha de práticas especificamente voltada ao tema.[136]

Os benefícios são muitos e as potencialidades ainda maiores; a implementação de mecanismos para a resolução virtual de disputas é um caminho inexorável e se apresenta frutífero do ponto de vista inte(g)rativo, elevando o potencial de gestão da governança

---

135. KATSH, Ethan; RAINEY, Daniel. ODR and government in a mobile world. *In*: POBLET, Marta (Ed.). **Mobile technologies for conflict management**: online dispute resolution, governance, participation. Cham/Basileia: Springer, 2011, p. 83. Os autores comentam o seguinte: "*Researchers are just beginning to work out the impact of this erosion of the importance of spatial limitations, but it is very tempting to assume that some significant changes in our concept of relationships and our definition of social groups are in store. Some of the first reactions to technology by dispute resolution professionals centered around making it easier to do what dispute resolvers have always done, and some of the first approaches to ODR were to mirror online what had been done in the "real" world. In the long run, it is reasonable to assume that the changes technology is bringing to society at large will resonate in the dispute resolution community by making us challenge what we can do, what we should do and what we have to do. Mobility tends to be thought of mainly in spatial terms, as a capability to overcome constraints of distance, thus providing access not only to information far away but also to people far away. Perhaps the classic example is the mediator who, while on a break from a mediation session in Florida, was able to use a smartphone to conference two parties in California and review with them final language for a settlement agreement. Yet, the new mobility also affects our temporal sense, shortening or accelerating time as well as overcoming space. We can create connections faster and expect outcomes from those connections to occur more quickly. Compared to the past, feedback loops are accelerated and both errors and the correction of errors can occur more quickly. The term "cyberspace" emphasized the concept of space but there is also lurking in the background something that might be labeled cybertime, a new set of expectations about duration and about how long things last (Katsh 1995). Before we entered the era of cyberspace and cybertime, citizen interaction with government moved spatially and temporally in much different ways than citizen interaction moves now.*"
136. ORGANIZAÇÃO MUNDIAL DO COMÉRCIO. Conferência das Nações Unidas sobre Comércio e Desenvolvimento. **Solução de Controvérsias**, Nova York e Genebra, 2003. Disponível em: https://unctad.org/pt/docs/edmmisc232add11_pt.pdf. Acesso em: 20 jun. 2023.

para níveis ainda maiores. A superação dos obstáculos relativos ao sujeito cartesiano, na expressão de Castanheira Neves, parece transitar pela a governança – fenômeno complexo – assim como a implementação de aplicativos inovadores de webconferência, telefonia móvel e resolução de disputas no contexto correto. Levará tempo para encontrar uma correspondência boa, sustentável e escalável entre tais tecnologias, pois ainda existem muitos desafios em relação à boa governança, mas não há obstáculos ao potencial disruptivo dessas inovações.

3.2.1.4   Cogestão, delegação atípica e as novas tecnologias

Neste subtópico, serão conceituados e elucidados outros dois instrumentos de consensualização: a cogestão e a delegação atípica, cada qual dotado de particularidades que lhe atribui relevância jurídica e técnica, a demandar uma investigação própria. Porém, para os fins desta pesquisa, breves comentários serão importantes para a completa delimitação do paradigma consensual em razão das implicações da tecnologia para esses instrumentos.

Sobre cogestão e delegação atípica, Diogo de Figueiredo Moreira Neto aduz:

> Pela *cogestão*, o legislador poderá abrir a participação na direção de entidades públicas a pessoas qualificadas e para esse propósito especificamente nomeadas. Nesta hipótese, os cogestores nomeados, normalmente atuando em colegiados, são investidos na competência decisória, no que difere o instituto da assessoria externa, acima examinado. A modalidade tem ampla utilização no caso de autarquias e de paraestatais de toda natureza, mas na educação, a cogestão do ensino público tem expressa previsão constitucional (art. 206, VI).
>
> Pela *delegação atípica* a lei reconhece a eficácia jurídica de atos de colaboração praticadas por entidades privadas. A designação de atípica não explica sua natureza jurídica, que é realmente a de uma técnica de descentralização social. Observe-se que na delegação atípica não há transferência de funções mas o reconhecimento, sob certas condições, de efeitos de interesse público dos atos praticados pelas entidades privadas, como, por exemplo, ocorre com a atuação de associações de moradores, de universidades particulares e de clubes de serviço.[137]

Os dois modais em questão envolvem a participação de gestores ou entidades privadas, em verdadeira colaboração com o Poder Público. Para esses casos, em qualquer âmbito de atuação pública, a atuação cooperativa demandará a existência de rigores adequados à governança pública. Significa dizer que os programas de *compliance* – adotados até mesmo como critérios premiais em editais públicos, delineando vantagens competitivas[138] – devem ter maior proeminência para que, nessas interações entre o

---

137. MOREIRA NETO, Diogo de Figueiredo. Novos institutos consensuais da ação administrativa. **Revista de Direito Administrativo**, cit., p. 149.
138. CASTRO, Rodrigo Pironti Aguirre de; ZILIOTTO, Mirela Miró. **Compliance nas contratações públicas**: exigência e critérios normativos. Belo Horizonte: Fórum, 2019, p. 46. Comentam: "(...) se os editais podem exigir especificações técnicas, sem que isso configure inconstitucionalidade ou implique vantagem a determinados participantes, já que, pelo porte ou natureza destes, podem já possuir determinadas qualificações em sua estrutura, é natural, portanto, que quando a exigência venha de uma imposição normativa, não exista, também, restrição à competição. Até porque, se a interpretação pela inconstitucionalidade fosse acertada, qualquer edital que disciplinasse uma exigência técnica para além daquelas constantes na Norma Geral de Licitações e Contratos incorreria em inconstitucionalidade. Essa interpretação, por assim dizer, além de ser equivocada, engessaria toda a estrutura de contratação da Administração Pública, impedindo, especialmente, a contratação mais vantajosa."

Poder Público e agentes privados que desempenham atividades em regime de cogestão ou delegação atípica, caso se implemente modais tecnológicos, se garanta a segurança da informação e o primado da privacidade.

A razão para isso decorre do invariável tráfego informacional que exsurge do uso de qualquer tecnologia aplicada ao exercício da gestão pública. Na medida em que o tratamento de dados acirra riscos, o *compliance* surge como salvaguarda para que se tenha o devido respeito à transparência e, em último grau, para assegurar a *accountability* pública em todos os seus níveis.

Sobre a proteção de dados pessoais, a lei brasileira (Lei nº 13.709/2018) definiu a facultatividade das regras de boas práticas e governança de dados (artigo 50, *caput*[139]), optando pela utilização do verbo "poder" em lugar do verbo "dever", a despeito das implicações positivas que uma determinação imperativa nesse sentido poderia ter para a efetiva proteção à privacidade e aos dados pessoais.

A despeito desta facultatividade, o chamado '*compliance* digital' surge com forte ênfase na iniciativa privada[140] e se desenvolve especialmente dentro de grandes corporações, que almejam, primordialmente, mitigar responsabilidades e gerenciar riscos, envolvendo "análise jurídica e técnica que transcende o Direito, impondo um diálogo transversal e interdisciplinar"[141] do qual a Administração Pública não poderá se eximir, porquanto submetida à LGPD (artigo 1º). Não bastasse isso, já se elucidou no capítulo anterior a sujeição da União a uma política específica para a governança de dados (Decreto nº 10.046/2019), o que reforça a necessidade dessa proteção como um dever de proteção a dois direitos fundamentais (privacidade e proteção de dados pessoais) que se trasladam à órbita de atuação de particulares nas hipóteses de cogestão e delegação atípica, o que revela sua natureza cogente (e não facultativa), a indicar, *prima facie*, imperatividade apenas em relação ao referido Ente, e não aos participantes privados. Sobre isso, porém, Jorge Pereira da Silva diz:

---

139. "Art. 50. Os controladores e operadores, no âmbito de suas competências, pelo tratamento de dados pessoais, individualmente ou por meio de associações, poderão formular regras de boas práticas e de governança que estabeleçam as condições de organização, o regime de funcionamento, os procedimentos, incluindo reclamações e petições de titulares, as normas de segurança, os padrões técnicos, as obrigações específicas para os diversos envolvidos no tratamento, as ações educativas, os mecanismos internos de supervisão e de mitigação de riscos e outros aspectos relacionados ao tratamento de dados pessoais."
140. LIMA, Cíntia Rosa Pereira de; PEROLI, Kelvin. **Direito digital**: compliance, regulação e governança. São Paulo: Quartier Latin, 2019, p. 136. Destacam: "(...) (i) o nexo estrutural (*structural nexus*), entendido como o desenvolvimento de políticas e procedimentos na própria empresa capazes de promover a cultura de conformidade, em seu âmago; (ii) o fluxo de informações (*information flow*) da empresa necessita ser eficiente, no sentido de que o *compliance* deve ser implantado no fluxo de informações do alto comando até os empregados do chão de fábrica, para garantir que a comunicação entre todos, de todos níveis hierárquicos, seja rápida e eficaz; (iii) monitoramento e vigilância (*monitoring and suveillance*), sendo também função do *compliance* o monitoramento do comportamento dos empregados, a fim de garantir a sua adesão às políticas e procedimentos da empresa, o que gera, consequentemente, a vigilância, que deve ser minimizada e utilizada apenas para os fins corporativos; (iv) o *enforcement* das políticas, procedimentos e normas de direito, que devem ser direcionados tanto para as atividades que oferecem maior risco de não-conformidade, quanto para as que menos risco oferecem, o que pressupõe, em verdade, a análise e o gerenciamento de riscos efetivos pela empresa."
141. FALEIROS JÚNIOR, José Luiz de Moura. Notas introdutórias ao *compliance* digital. In: CAMARGO, Coriolano Almeida; CRESPO, Marcelo; CUNHA, Liana; SANTOS; Cleórbete (Coord.). **Direito digital**: novas teses jurídicas. Rio de Janeiro: Lumen Juris, 2019, p. 123.

Em muitos casos, aliás, os sujeitos privados que assumem funções de proteção jusfundamental são, eles mesmos, os principais responsáveis pelos perigos e riscos que o Estado pretende ver minimizados ou afastados. Isto nada tem de estranho, traduzindo antes o reconhecimento de que os agentes causadores desses perigos e riscos, pelos seus conhecimentos e pelos meios técnicos de que dispõem, estão muitas vezes em bastante melhor posição do que o Estado no que respeita à investigação, à prevenção, à publicitação e ao controlo das ameaças jusfundamentais que a sua actividade comporta. Se a este facto se juntar a circunstância de serem tais particulares aqueles que mais beneficiam social e economicamente com a prossecução de tais atividades, bem como o carácter limitado da acção e dos recursos estaduais, afigura-se ser da mais elementar justiça que na repartição dos encargos com a gestão dos perigos e riscos em apreço os primeiros a ser convocados sejam precisamente aqueles que os despoletaram.[142]

Já se percebe uma tendência pró-*compliance* em todos os níveis da Administração Pública brasileira. No plano federal, o já mencionado Decreto nº 9.203/2017 trouxe luz ao tema, ao passo que inúmeras iniciativas se seguiram nos âmbitos estadual e municipal,[143] denotando uma predisposição à cultura de conformidades que deve reger os afazeres estatais, para muito além da regulação responsiva.

Nesse campo, a cogestão e a delegação atípica, se realizadas mediante o uso de plataformas e sistemas que envolvam a coleta, o tratamento ou a armazenagem de dados, ou ainda se envolverem a transferência ou compartilhamento de tecnologias,[144] implicarão a necessária observância a tais parâmetros.

3.2.1.5 *Acordos substitutivos como smart contracts*

Por derradeiro, mister dedicar breves linhas à compreensão dos acordos substitutivos, que atendem a diversos fins, mas que, em linhas essenciais são assim conceituados por Juliana Bonacorsi de Palma:

> Os acordos substitutivos podem servir a diferentes funcionalidades – substituir a sanção aplicada, suspender o processo administrativo ou interditar a instauração do processo administrativo – e, ainda, um mesmo instrumento consensual por vezes detém mais de uma finalidade. Além de substituir a sanção administrativa, os acordos substitutivos invariavelmente terminam consensualmente o processo sancionador, por exemplo. Ademais, as normas que preveem a celebração de acordo substitutivo para impedir a instauração de processo administrativo também conferem aos mecanismos regulatórios a finalidade de suspender o processo sancionador.[145]

---

142. SILVA, Jorge Pereira da. **Deveres do Estado de protecção de direitos fundamentais**, cit., p. 730. E o autor ainda arremata: "Por isso, estes sujeitos não podem de todo ser confundidos com destinatários vinculados a originários e autónomos deveres privados de protecção, sejam eles de raiz constitucional, legal, contratual ou outra. Nem isso faria qualquer sentido, porquanto, à semelhança do que sucede com o Estado, também os particulares não podem estar adstritos a deveres de protecção contra si próprios."
143. FALEIROS JÚNIOR, José Luiz de Moura; FALEIROS, Magda Aparecida dos Santos Moura. Breve panorama dos programas de *compliance* nos municípios brasileiros. *In*: FIGUEIRA DE MELO, Luiz Carlos; FALEIROS JÚNIOR, José Luiz de Moura; SILVEIRA, José Júnior Alves da; MOREIRA ALVES, Beatriz Dixon (Coord.). **Temas atuais de direito municipal**. Monte Carmelo: FUCAMP, 2020, v. 3, p. 444 *et seq*.
144. SILVA, Miguel Moura e. **Inovação, transferência de tecnologia e concorrência**: estudo comparado do direito da concorrência dos Estados Unidos e da União Europeia. Coimbra: Almedina, 2003, p. 112-113.
145. PALMA, Juliana Bonacorsi de. **Atuação administrativa consensual**, cit., p. 194.

Nota-se com bastante clareza a utilização de cariz processual dos acordos substitutivos. Servem, basicamente, para delimitar sanção mediante acordo, em detrimento do processo administrativo sancionador.

Não se pretende abordar o tema com todas as intricácias que possui, uma vez que o recorte metodológico propugnado não as comportaria, mas é importante notar que, quanto às propensões tecnológicas dos acordos substitutivos, uma vez definida a sanção, dispensável será qualquer procedimentalização[146] – com isso, reduz-se a burocracia e a morosidade, contribuindo-se para uma legalidade catalisada pela governança e, como se verá no capítulo seguinte, propulsionada pela publicidade e pela eficiência a partir da técnica, em detrimento da tecnocracia –, mas ainda resta um aspecto central: a averiguação da aplicação e do cumprimento da sanção transacionada.

Para isso, os contratos inteligentes (*smart contracts*) e a tecnologia *blockchain* se revelam preciosos: tais tecnologias, em simples explicação, propiciam a formulação de instrumentos contratuais autoexecutáveis, impelindo a observância de seus termos. Noutros dizeres, a tecnologia blockchain (que é uma espécie de *distributed ledger technology*) representa nada mais que uma cadeia de blocos, ligados e registrados por técnicas de criptografia a partir de métodos descentralizados.[147] A referida tecnologia surgiu na Internet, em 2008, a partir da divulgação de um manifesto assinado pelo pseudônimo (que não se sabe se é um único indivíduo ou um grupo) autoatribuído "Satoshi Nakamoto", contendo a descrição pormenorizada das técnicas e procedimentos necessários para a implementação dessas cadeias (originalmente vislumbradas para as criptomoedas, sendo a mais famosa delas o *bitcoin*), com enorme potencial e grande confiabilidade:

> A criação do chamado *bitcoin* (uma criptomoeda) é atribuída ao pseudônimo que se autodenomina "Satoshi Nakamoto", não se confundindo, porém, com o conceito de criptomoeda. (...)Em 2008, Nakamoto descreveu um sistema que oferecia uma rede de pagamento com sua própria moeda nativa e usava um método sofisticado para os membros verificarem todas as transações, sem a necessidade de confiar em nenhum membro da rede. (...) A título de ilustração, registra-se que a demanda por

---

146. Neste momento, vale a pena lembrar, na linha do que defende Eduardo Schiefler, que ordenamento brasileiro possui "disposições que determinam ao Poder Público o respeito aos princípios da publicidade, transparência, eficiência e celeridade processual, assim como o dever de fomento ao desenvolvimento tecnológico e o direito fundamental à boa administração pública. Além disso, as normas legais e infralegais também caminham no sentido de que a administração pública deve adotar processos administrativos eletrônicos em sua atuação, como se depreende do princípio da atualidade e das disposições contidas na (i) Lei de Responsabilidade Fiscal, (ii) Lei do Processo Administrativo Federal, (iii) Lei de Acesso à Informação (e Decreto Federal nº 7.724/2012), (iv) Marco Civil da Internet, (v) Lei das Estatais, (vi) Código de Defesa do Usuário do Serviço Público, (vii) Lei Federal nº 13.726/2018, (viii) Decreto Federal nº 8.539/2015, (ix) Decreto Federal nº 8.638/2016, (x) Decreto Federal nº 8.936/2016, e (xi) no Decreto Federal nº 9.094/2018." (SCHIEFLER, Eduardo André Carvalho. **Processo administrativo eletrônico**. Rio de Janeiro: Lumen Juris, 2019, p. 105).
147. BARBOSA, Mafalda Miranda. Blockchain e responsabilidade civil: inquietações em torno de uma realidade nova. **Revista de Direito da Responsabilidade**, Coimbra, ano 1, v. 1, p. 206-244, jan. 2019, p. 210. Destaca: "O *blockchain* é, como o nome indica, uma lista de blocos (registos) que cresce continuamente. Estes blocos são registrados e ligados entre si através do uso da criptografia, viabilizando uma rede *peer-to-peer*, baseada numa tecnologia descentralizada. Dito de outro modo, o *blockchain* é uma tecnologia descentralizada (*distributed ledger*), na qual as transações são registadas anonimamente. O *blockchain* é, então, um livro de registos (*ledger*), no qual se inscreve anonimamente informação, que é multiplicada ao longo de um ambiente digital (*network*), que liga os computadores de todos os participantes (*nodes*), e é regularmente atualizada, de tal modo que cada um que participe nesse *network* pode confiar que partilha os mesmos dados que o *ledger*, sem necessidade de um terceiro centralizado a validar."

poder computacional para a realização dessas operações é compartilhada pelos *miners* (utilizadores/ mineradores), e as compensações que recebem pelo êxito na validação são as criptomoedas. Noutros termos, a prática da mineração também é um mecanismo usado para introduzir novas criptomoedas no sistema: os *miners* recebem taxas e um subsídio de novas moedas criadas, que podem ser os famosos *bitcoins* ou outras espécies.[148]

Com relação aos contratos inteligentes, na medida em que o fomento à inovação, à interdisciplinaridade e, ainda, a mudança do papel do direito privado ganharam novo fôlego a partir do constitucionalismo do século XX,[149] novas relações jurídicas passaram a ser operacionalizadas pela Internet, com muito maior eficiência e possibilidades até então inimagináveis. É este o caso dos contratos inteligentes e da rede Ethereum, por exemplo, que é uma das tecnologias baseadas em *blockchain* com capacidade de viabilizar a auto executoriedade contratual:

> Um contrato inteligente é um contrato cuja execução é automatizada. Esta execução automática é muitas vezes efetuada por meio de um computador que executa o código que traduziu a prosa jurídica para um programa executável. Este programa tem controle sobre os objetos físicos ou digitais necessários para efetuar a execução. Exemplos são um carro que tem um programa instalado para evitar ignição se os termos de um contrato de financiamento não forem cumpridos ou *software* bancário que transfere dinheiro automaticamente se determinadas condições forem atendidas. Um contrato inteligente não depende do Estado para a execução, mas é uma forma de as partes contratantes garantirem o seu cumprimento.[150]

Nesse contexto, não se pode deixar de considerar os riscos da predição algorítmica não semântica,[151] especialmente quando não estiverem devida e seguramente implementados os mecanismos para a correta interação entre o sistema e a rede *blockchain*.

Isso porque, imaginando-se um cenário no qual determinada penalidade aplicada em processo administrativo sancionador (uma suspensão por noventa dias, suponha-se) puder ser executada pelo traslado sistêmico da informação relativa à sanção para os registros funcionais do servidor público, nada impedirá que a rede *blockchain* não apenas seja utilizada para dar ampla segurança ao fato, mas também para garantir a

---

148. FALEIROS JÚNIOR, José Luiz de Moura; ROTH, Gabriela. Como a utilização do blockchain pode afetar institutos jurídicos tradicionais? **Atuação: Revista Jurídica do Ministério Público Catarinense**, Florianópolis, v. 14, n. 30, p. 29-59, jun./nov. 2019, p. 45.
149. MARTINS, Guilherme Magalhães. **Contratos eletrônicos de consumo**. 3. ed. São Paulo: Atlas, 2016, p. 13.
150. RASKIN, Max. The law and legality of smart contracts. **Georgetown Law Technology Review**, Washington, D.C., v. 304, n. 1, p. 305-341, 2017, p. 309-310, tradução livre. No original: *"A smart contract is an agreement whose execution is automated. This automatic execution is often effected through a computer running code that has translated legal prose into an executable program. This program has control over the physical or digital objects needed to effect execution. Examples are a car that has a program installed to prevent ignition if the terms of a debt contract are not met or banking software that automatically transfers money if certain conditions are met. A smart contract does not rely on the state for enforcement, but is a way for contracting parties to ensure performance."*
151. DEVINS, Caryn; FELIN, Teppo; FAUFFMAN, Stuart; KOPPL, Roger. The law and big data. **Cornell Journal of Law and Public Policy**, Ithaca, v. 27, n. 2, p. 357-413, jan./abr. 2017, p. 408. Dizem os autores: *"Because algorithms are not semantic, they cannot perceive affordances. The greater the combinatorial inflation of various affordances, the greater the computational complexity, to "a point where algorithms can end up running in perpetual loops." The law could thus become self-reflexive and recursive. Big Data functions by taking advantage of network effects, or feedback cycles that can make a network ever more influential or valuable. Network effects can be rewarding or punishing; a network gains prominence through rewarding effects and maintains dominance through punishing network effects that "lock-in" the network's users to prevent them from leaving."*

gestão da contagem de tempo de seu cumprimento (no caso da suspensão, pelo prazo respectivo, ou, em uma situação mais gravosa, de demissão, por prazo indeterminado) e até mesmo para ativar gatilhos relativos às providências ulteriores, como comunicações, baixas em sistema etc.

No exemplo em questão, não se pode deixar de considerar o inegável direito ao sigilo que possui o servidor público quanto às máculas contidas em seus registros funcionais; no entanto,

> [e]mbora as transações sejam públicas, a identidade dos usuários envolvidos em cada transação são anônimas, protegidas por uma criptografia e a forma com que estas transações são exibidas na *blockchain*, por um conjunto de números e letras que mesmo não criptografado só seria reconhecível pelo possuidor desta carteira em específico e, mesmo assim, com certa dificuldade, pois estaria exposta em meio a milhões de outras transações diversas.[152]

Com esse nível de proteção, a conciliação entre a salvaguarda à privacidade (e a outros deveres de proteção atribuídos ao Estado) e a inovação almejada para instrumentais como os contratos inteligentes parece se manifestar na figura dos acordos substitutivos. É certo que este tema demanda maiores elucubrações e aprofundamentos, uma vez que possui inúmeras outras possíveis aplicações, mas é, desde logo, um dos instrumentais mais empolgantes para a potencialização da governança e da procedimentalização transparente e eficiente.

3.2.2 Impessoalidade e a participação coletiva: novos matizes de engajamento popular

A evolução do direito administrativo envolve a aproximação cidadã e o reforço estrutural das bases decisionais do Estado pelo engajamento popular. Não há dúvidas, na esteira do que propõe Carlos Ari Sundfeld, de que o direito administrativo deve ser visto como "o direito que condiciona a criação e execução de soluções, políticas e programas pela Administração Pública."[153]

Nesse contexto, a participação popular revela uma diferente faceta da atuação administrativa, que rompe com o modelo de Estado administrativo, engessado, buro-

---

[152]. CELLA, José Renato Gaziero; FERREIRA, Natasha Alves; SANTOS JÚNIOR, Paulo Guterres dos. A (des)necessidade de regulação dos contratos inteligentes e sua validade jurídica no Brasil. *In*: DONEDA, Danilo; MACHADO, Diogo (Coord.). **A criptografia no direito brasileiro**. São Paulo: Thomson Reuters Brasil, 2019, p. 200-201. Prosseguem: "Diante disso, o grande benefício com a implementação de contratos dentro de uma blockchain é que, além de não precisar da intermediação humana, como temos nos contratos tradicionais para obrigar uma das partes ao cumprimento das obrigações contratuais, seu processamento é exclusivamente por computadores, visando o objeto acordado de forma objetiva e assim estabelecendo obrigações e consequências da mesma forma que ocorre pelos contratos habituais, porém de forma automática evidenciando e já tomando as providências conforme as regras do contrato previamente acordadas."
[153]. SUNDFELD, Carlos Ari. **Direito administrativo para céticos**, cit., p. 235. Acrescenta: "O dever básico do administrativista é trabalhar na ampliação do leque de alternativas para a ação administrativa encontrar no Direito sua base e seus limites, mas sem comprometer a extensão da função criadora que a Administração tiver recebido da legislação, nos termos constitucionais. A grande missão do administrativista contemporâneo não é tolher a criação administrativa para defender o espaço do legislador. É assegurar que o Direito, em suas múltiplas formas, influa sobre o espaço de deliberação administrativa, mas sem monopolizá-lo."

crático, ineficiente... É nesse contexto que as reflexões de Niall Ferguson[154] aparecem e robustecem a proposta de readequação da Administração Pública ao contexto permeado pelas redes na sociedade da informação do século XXI.[155]

A impessoalidade, usualmente encarada como emanação do atendimento ao interesse geral, de forma indistinta e não discriminatória ou infectada por predileções e favorecimentos, parece demandar contornos mais reforçados. Na linha do que diz Ruy Cirne Lima, "[a] ordem jurídica compreende normas jurídicas que não raro traduzem interesses individuais, mas apenas na medida em que a realização do interesse individual se apresenta como um interesse geral".[156]

Pelos mesmos motivos em razão dos quais "a simples previsão da impessoalidade como princípio cardeal da Administração basta para interditar atos timbrados pela pessoalidade, não se exigindo lei expressa que trate do tema",[157] deve-se ter atenção ao fato de que não se necessita de exaustivo labor legiferante para entrelaçar o direito administrativo a outras disciplinas capazes de lhe conferir maior detalhamento e clareza no atendimento dos desideratos inerentes às suas atividades.

Assim, "[h]oje predomina a ideia da oportunidade e mesmo necessidade dos estudos não jurídicos da Administração, para que melhor se possa conhecê-la e, por conseguinte, melhor se possam formular os preceitos jurídicos norteadores de sua atividade",[158] e isso traz como elemento fundamental a essencialidade da participação popular em reforço

---

154. FERGUSON, Niall. **The square and the tower**: networks and power, from the Freemasons to Facebook. Nova York: Penguin, 2018. E-book, pos. 715. Comenta o autor: "*What are the forces responsible for the rise of the administrative state? Why did Washington degenerate into a version of the hypertrophic bureaucratic state once imagined by Franz Kafka? The simple answer might be that it is all the fault of lawyers and bureaucrats, but such people have been around for a long time, as readers of Dickens well know. A rather more plausible answer might be that this is the price we pay today for the failures of the past. Perhaps what killed representative government and the rule of law in so many countries in the twentieth century was inattention to detail.*"
155. Revisitando a teoria de David Lyon sobre o advento da sociedade da vigilância, impõe-se considerar que a noção orwelliana de um Estado onisciente e controlador adquire novos contornos frente à retomada da ação administrativa a partir do engajamento populacional em políticas e afazeres de Estado. Para revisitar os conceitos de Lyon, consulte-se: LYON, David. **The electronic eye**, cit., p. 57-80. Se, por um lado, a coleta massiva de dados atribui grande facilidade de controle pela delimitação de perfis (na prática denominada *profiling*), o princípio da impessoalidade – um dos mais essenciais da atuação administrativa – parece perder forças.
156. LIMA, Ruy Cirne. **Princípios de direito administrativo**, cit., p. 121.
157. GUIMARÃES, Bernardo Strobel. Reflexões acerca do princípio da impessoalidade. *In*: MARRARA, Thiago (Org.). **Princípios de direito administrativo**: legalidade, segurança jurídica, impessoalidade, publicidade, motivação, eficiência, moralidade, razoabilidade, interesse público. São Paulo: Atlas, 2012, p. 145. O autor ainda comenta o seguinte: "Como visto, o princípio da impessoalidade diz respeito a algo que é inerente à atuação administrativa: a passagem da vontade institucionalizada, posta pela ordem jurídica (portanto, potência) para atos concretos, que dão substância ao programa que se põe à Administração. Como tal procedimento só pode ser levado a cabo por pessoas que interpretam as normas, avaliam os fatos, tomam as decisões e garantem sua observância, o princípio da impessoalidade serve de proteção para que nesse *iter* não haja qualquer desvio indevido, decorrente da subjetividade do agente. Neste sentido, é evidente que o princípio vai ser densificado por inúmeras normas a ele referidas. Não faltam em nosso ordenamento jurídico preceitos que venham a impedir tal sorte de procedimentos, bem como que estipulem salvaguardas que permitam seu controle. Apenas para pontuar, pense-se nas normas que em matéria processual impedem determinado agente de conhecer determinadas matérias, pois a ordem jurídica não lhes reconhece a isenção necessária para tanto. É o que se dá com as normas processuais contidas na Lei nº 9.784/1999 que tratam das figuras do impedimento e da suspeição (arts. 18 a 21)."
158. MEDAUAR, Odete. **Direito administrativo em evolução**, cit., p. 223.

ao princípio democrático, que é capaz de aglutinar demandas e de transformar o direito em instrumento para a promoção (e não apenas proteção) de direitos.

Segundo Paulo Otero,

> (...) a participação decorre da necessidade da Administração prestadora se adequar às necessidades dos administrados. Deste modo, a participação dos interessados deve efectuar-se dentro do modelo organizativo hierárquico, o qual através de tal permeabilidade aos elementos (informações, propostas, protestos...) provenientes do meio social e expressivos das suas necessidades, reforça o seu fundamento democrático e a eficiência da Administração prestadora.[159]

As breves considerações do autor português revelam um aspecto central do atuar administrativo isento e impessoal que se coloca em curso no século XXI: a ascensão do globalismo em detrimento da proposta de um Estado de Bem-Estar Social que vigorou até a passagem do milênio, composta de elementos extraídos da interação comparativa das ciências sociais e das experiências entre diversos Estados e blocos políticos.

Pensa-se no direito administrativo hodierno chancelado pela governança, conforme se admitiu no capítulo anterior, mas as implicações dessa nova fórmula vão além e desafiam as próprias raízes dessa disciplina jurídica. Nesse campo, Jon Pierre é uma das vozes mais eloquentes a defender o papel da governança global na sacramentação da ciência política e de seus contributos:

> A governança global é, sob muitos aspectos, o teste final da relevância da ciência política: se a disciplina puder fornecer uma teoria robusta que possa contribuir, por menor que seja, para promover a governança global, provavelmente poderá ter um desempenho ainda melhor na maioria das outras áreas da governança e nas políticas públicas também. As principais razões pelas quais isso não aconteceu até agora são em parte o escopo e a complexidade do desafio e em parte porque a disciplina ainda não possui uma teoria a oferecer. Aqui, a governança global apresenta um ponto de comparação interessante com a relevância da pesquisa de políticas.[160]

Em outro texto, Pierre e B. Guy Peters anotam que "[o]s governos ocidentais adotaram um estilo de política mais inclusivo, contextual e negociado, buscando reproduzir parte da alavancagem perdida como resultado de severos cortes orçamentários"[161] Aqui se somam algumas propostas de importantes pensadores das ciências sociais; de um lado, a modernização reflexiva propugnada por Anthony Giddens dá a tônica de uma nova realidade para a dispersão das funções estatais:

---

159. OTERO, Paulo. **Conceito e fundamento da hierarquia administrativa**. Coimbra: Coimbra Editora, 1992, p. 373.
160. PIERRE, Jon. Can political science address the puzzles of global governance? *In:* STOKER, Gerry; PETERS, B. Guy; PIERRE, Jon (Ed.). **The relevance of political science**. Nova York/Londres: Palgrave Macmillan, 2015, p. 202, tradução livre. No original: "*Global governance is in many ways the ultimate test of the relevance of political science: if the discipline can provide robust theory which could make a contribution, however small, to promote global governance, then it could probably perform even better in most other areas of governance and public policy, too. The key reasons why that has not happened so far is in part the scope and complexity of the challenge and in part because the discipline as of yet does not have a theory to offer. Here, global governance presents an interesting point of comparison with the relevance of policy research.*"
161. PETERS, B. Guy; PIERRE, Jon. Swings and roundabouts? Multilevel governance as a source of and constraint on policy capacity. *In:* PAINTER, Martin; PIERRE, Jon (Ed.). **Challenges to State policy capacity**: global trends and comparative perspectives. Nova York: Londres: Palgrave Macmillan, 2005, p. 38, tradução livre. No original: "*Western governments have embarked on a more inclusive, contextual and bargained policy style, seeking to reproduce some of the leverage lost as a result of severe budgetary cutbacks (...)*"

A modernização reflexiva responde a diferentes circunstâncias. Ela tem suas origens nas profundas mudanças sociais mencionadas brevemente na introdução e que precisam ser explicadas mais aqui: o impacto da globalização; mudanças acontecendo na vida cotidiana e pessoal; e o surgimento de uma sociedade pós-tradicional. Essas influências fluem da modernidade ocidental, mas agora afetam o mundo como um todo – e se refratam para começar a remodelar a modernização em seus pontos de origem. O período atual da globalização não é simplesmente uma continuação da expansão do capitalismo e do Ocidente.[162]

De outro lado, a proposta de Gunther Teubner em prol de uma regulação responsiva[163] se soma à teoria de Niklas Luhmann sobre os sistemas autopoiéticos:

> Se alguém deseja realizar pesquisas aplicando a teoria dos sistemas nesses termos, é necessária precisão suficiente para definir a operação que executa a reprodução autopoiética. No caso da biologia, pode-se assumir alguma forma de consenso com base em pesquisas bioquímicas – incluindo a visão de muitos biólogos de que o conceito de autopoiese é trivial porque oferece apenas uma palavra para algo que pode ser descrito com muito mais precisão através da definição da forma da operação. Uma teoria dos sistemas sociais não pode contar com esse consenso; esse é ainda mais o caso se se quiser descrever o sistema jurídico como um sistema social autopoiético e operacionalmente fechado. A ciência jurídica como ciência baseada em texto não precisa de explicações a esse respeito. A sociologia da lei geralmente se restringe a uma noção vaga de ação ou comportamento social e compensa o conteúdo que é especificamente legal por suposições sobre as ideias e intenções do ator e o "significado pretendido" (Max Weber) da atuação. Isso não será suficiente aqui.[164]

Conjuntamente, essas três teorias têm o potencial necessário para compelir dois modelos de produção de políticas públicas: o atributivo e o relacional. O segundo – de cognição fundamental para os propósitos deste estudo – encontra suas forças na capacidade que tem de capturar novas e emergentes aptidões políticas congruentes com as novas formas de Estado. E, como não poderia deixar de ser, um Estado devedor de prestações (direitos fundamentais) a seus cidadãos deve estar adaptado às interferências externas que a autopoiese regulatória acarreta.

---

162. GIDDENS, Anthony. **Beyond left and right**: the fate of radical politics. Cambridge: Polity Press, 1994, p. 80, tradução livre. No original: *"Reflexive modernization responds to different circumstances. It has its origins in the profound social changes briefly referred to in the introduction and which need to be spelled out more fully here: the impact of globalization; changes happening in everyday and personal life; and the emergence of a posttraditional society. These influences flow from Western modernity, but now affect the world as a whole – and they refract back to start to reshape modernization at its points of origin. The current period of globalization is not simply a continuation of the expansion of capitalism and of the West."*
163. *Cf.* TEUBNER, Gunther. Substantive and reflexive elements in modern law. **Law & Society Review**, Nova Jersey, v. 17, n. 2, p. 239-286, 1983.
164. LUHMANN, Niklas. **Law as a social system**. Tradução do alemão para o inglês de Klaus A. Ziegert. Oxford: Oxford University Press, 2004, p. 83, tradução livre. No original: *"If one wants to conduct research applying systems theory on these terms, sufficient accuracy is required in defining the operation that executes the autopoietic reproduction. In the case of biology one can assume some form of consensus on the basis of biochemical research – including the view of many biologists that the concept of autopoiesis is trivial because it only offers a word for something which can be described much more accurately through defining the form of the operation. A theory of social systems cannot count on such a consensus; this is even more so the case if one wants to describe the legal system as an autopoietic, operatively closed social system. Legal science as a text-based science has no need of explanations in this respect. Sociology of law is usually restricted to a vague notion of social action or behaviour, and makes up for the contents that are specifically legal by assumptions about the ideas and intentions of the actor and the 'intended meaning' (Max Weber) of acting. This will not suffice here."*

Nesse contexto, Jorge Pereira da Silva é quem descreve o funcionamento estrutural dessa "Administração prestadora":

> Em ordem a uma ponderação global – que corresponde no fundo à ideia de um "sistema móvel" –, os resultados parcelares entretanto recolhidos deverão depois ser arrumados, consoante os casos, segundo esquemas relacionais do tipo *"quanto mais, mais"*, *"quanto menos, mais"* ou *"quanto mais, menos"*. Nomeadamente:
>
> a) Quanto maior for a intensidade do perigo ou do risco – como produto resultante da dimensão da eventual lesão e da probabilidade da sua ocorrência –, mais se justifica a afirmação de um dever de protecção;
>
> b) Quanto maior se afigurar, pela sua proximidade ou pela sua natureza intrínseca, a controlabilidade de um perigo ou risco, mais fácil é fundamentar a existência de um dever de protecção;
>
> c) Quanto mais elevada é, na escala de valores constitucional, a posição do bem jurídico sob ameaça, mais sólido será em princípio o imperativo de protecção dirigido contra o Estado;
>
> d) Quanto mais difícil a reversão das eventuais lesões a que o bem jusfundamental se encontra exposto, maior é a necessidade de impor ao Estado um dever de protecção, privilegiando intervenções de caráter preventivo;
>
> e) Quanto maior for a facilidade com que o titular do direito se pode colocar a salvo das ameaças que o afectam, designadamente por conhecer bem os perigos e riscos em questão, menos importante será o papel da protecção a conceder pelo Estado;
>
> f) Quanto mais acentuada for a fragilidade natural ou circunstancial dos titulares concretos dos direitos fundamentais, e menor a capacidade para procederem autonomamente à sua defesa, maior e mais premente é a necessidade de uma intervenção estadual protectora;
>
> g) Quanto mais eficazes se revelarem os instrumentos de protecção acessíveis, quer empregues isoladamente, quer actuando de forma articulada, mais se justifica a vinculação do Estado à sua utilização;
>
> h) Quanto menores se apresentarem os custos dos instrumentos de protecção – em limitação ou restrição de direitos fundamentais e em meios materiais –, mais se impõe a sua mobilização imediata e efectiva;
>
> i) De um modo geral, quanto maior a evidência dogmática de um dever de protecção ou maior a urgência do respectivo cumprimento, mais enérgicos e agressivos (poderão e) deverão ser os meios a utilizar;
>
> Finalmente, a dedução definitiva do imperativo concreto de tutela implica uma ponderação valorativa global de todos os elementos que, já devidamente analisados e graduados, integram a relação complexa entre o perigo ou o risco, o bem jusfundamental ameaçado e os instrumentos de protecção que apresentem uma melhor relação entre custo e benefícios.[165]

Sem embargo, esse modelo de "Administração prestadora" demanda do operador do direito clareza na diferenciação dos escopos de incidência dos princípios da impessoalidade e da igualdade. Isso porque, ao fim e ao cabo, o que se pretende é uma atuação abrangente e proativa, mas que não crie dependências ou gere distorções no atendimento aos desideratos sociais.

Com isso, ainda que a impessoalidade possua relevância crucial para a compreensão do tema, seu encaramento deve se dar de maneira cautelosa, uma vez que, na linha do que aduz Dora Maria de Oliveira Ramos:

---

165. SILVA, Jorge Pereira da. **Deveres do Estado de protecção de direitos fundamentais**, cit., p. 752-753.

Ainda que efetivamente exista uma grande similaridade entre o princípio da impessoalidade e o da igualdade, eles não se confundem. O princípio da igualdade dos administrados perante a Administração significa que não podem ser criadas situações destituídas de fundamento jurídico razoável para que pessoas ou grupos recebam tratamento diferenciado do Poder Público. O princípio da impessoalidade tomado sob a faceta da isonomia, em ligeira variante, significa que não pode o ato da Administração criar uma hipótese que personalize uma situação de favorecimento ou perseguição. Não pode a atuação do Poder Público criar situação de privilégio a pessoa específica ou grupo determinado de pessoas individualizado ou individualizável no momento da edição do ato, sem que exista razão jurídica razoável para tanto.[166]

Para ilustrar esses novos matizes de engajamento popular revelados pela concretização da sociedade da informação, tem-se dois importantes fenômenos: os impactos democráticos da difusão de notícias que falseiam a verdade (as famigeradas *fake news*) e os impactos regulatórias da liberdade de expressão.

Trata-se de assunto fundamental para a atuação estatal, uma vez que o principal matiz de engajamento popular no século XXI é operacionalizado a partir da Internet e das mídias sociais. A assim chamada "cibercidadania", nos dizeres de Pérez Luño,[167] implica a consideração dos impactos que a tecnologia traz para o elemento central da participação do povo no processo deliberativo democrático, especialmente pela presença de participantes privados na intermediação dessas comunicações; são os chamados "mercadores da atenção", nos dizeres de Tim Wu: empresas que se valem de complexos algoritmos de Internet para disputar a atenção do público em geral, obtendo cliques, gerando visualizações, adesões (seguidores, *likes* etc.) e, enfim, alterando a forma com que os indivíduos interagem e se relacionam.[168]

Os riscos dessa intermediação, no contexto político-participativo, são aqueles expressados por Matthew D'Ancona:

> A pós-verdade também vende. Aqueles a quem Tim Wu, professor da Universidade de Columbia, denominou "mercadores da atenção" competem pelo nosso tempo e o comercializam como um produto de alto valor. Fazem quase tudo para nos distrair e nos envolver. Eles se deram conta de que William James tinha razão: "Minha experiência é aquilo a que eu resolvo prestar atenção". Conclui-se que há lucros a serem auferidos da linha de produção de embustes caça-cliques – afirmações médicas não científicas, teorias excêntricas, visões imaginárias de discos voadores ou de Jesus. Os desestímulos à publicação são (até agora) marginais e a facilidade de produção é instigadora. Para aqueles que estão na mídia social, o anonimato reduz drasticamente a responsabilização. A agitação da colmeia envia a efervescência do embuste para o ciberespaço para fazer seu trabalho. Nunca o antigo adágio de que a mentira viaja muito mais rápido do que a verdade pareceu tão atual.[169]

---

166. RAMOS, Dora Maria de Oliveira. Notas sobre o princípio da impessoalidade e sua aplicação no direito brasileiro. *In:* MARRARA, Thiago (Org.). **Princípios de direito administrativo**: legalidade, segurança jurídica, impessoalidade, publicidade, motivação, eficiência, moralidade, razoabilidade, interesse público. São Paulo: Atlas, 2012, p. 123.
167. PÉREZ LUÑO, Antonio Enrique. ¿**Ciberciudadaní@ o cidadaní@.com?** cit., *passim*.
168. WU, Tim. **The attention merchants**: the epic scramble to get inside our heads. Nova York: Vintage, 2016, p. 5. Comenta o autor: "*Since its inception, the attention industry, in its many forms, has asked and gained more and more of our waking moments, albeit always, in exchange for new conveniences and diversions, creating a grand bargain that has transformed our lives.*"
169. D'ANCONA, Matthew. **Pós-verdade**: a nova guerra contra os fatos em tempos de fake news. Tradução de Carlos Szlak. Barueri: Faro Editorial, 2019, p. 54.

Fala-se em 'pós-verdade' e 'desinformação', fenômenos aparentemente recentíssimos, mas que estão ligados à própria natureza humana e à própria "atmosfera de incertezas e desconfianças"[170] que paira nas discussões políticas do Ocidente. Desde que eclodiu a chamada "Primavera Árabe",[171] em 2013, os impactos das mídias sociais sobre a democracia têm sido estudados para que se possa distinguir seus diversos efeitos, que são analisados, por exemplo, por Pierre Lévy, do ponto de vista da criação de verdadeiras inteligências coletivas:

> Hierarquias burocráticas (baseadas na escrita estática), monarquias da mídia (navegar na televisão e no sistema de mídia) e redes econômicas internacionais (usando o telefone e as tecnologias em tempo real) não mobilizam nem coordenam apenas parcialmente as inteligências, experiências, habilidades, sabedorias e imaginações dos seres humanos. É por isso que a invenção de novos processos de pensamento e negociação que podem trazer à tona inteligências coletivas reais surge com particular urgência. As tecnologias intelectuais não ocupam um setor como qualquer outro da mutação antropológica contemporânea; elas são potencialmente sua zona crítica, o lugar político. É necessário enfatizar isso? Não reinventaremos os instrumentos de comunicação e pensamento coletivo sem reinventar a democracia que está distribuída por toda parte, ativa, molecular. Nesse ponto de reversão ou fechamento perigoso, a humanidade poderia recuperar seu futuro. Não colocando seu destino nas mãos de algum mecanismo supostamente inteligente, mas produzindo sistematicamente as ferramentas que lhe permitirão constituir-se em coletivos inteligentes, capazes de se orientar entre os mares tempestuosos de mutação.[172]

De fato, no exato sentido apontado por Lévy, a doutrina já vem se dedicando a investigar aspectos cruciais para a reordenação dos parâmetros estruturais da democracia a partir da presença das novas tecnologias comunicacionais. Se, atualmente, é "um desafio permanente pensar na qualidade do diálogo que se estabelece em rede e

---

170. RAIS, Diogo. Fake news e eleições. *In*: RAIS, Diogo (Coord.). **Fake news**: a conexão entre a desinformação e o direito. São Paulo: Thomson Reuters Brasil, 2018, p. 106. Acrescenta: "Mas como definir *fake news*, sobretudo em um momento em que tudo parece ser *fake news*? A tradução literal como notícias falsas não resolve o problema, ao menos no campo jurídico, afinal, a mentira não é objeto central do direito. Somos mentirosos, em maior ou menor medida, e isso, querendo ou não, está no campo da ética, e não do direito. O direito não se preocupa, isoladamente, com a mentira, mas sim com o dano efetivo ou potencial; com a culpa ou com a vontade do agente em praticar aquele ato. As populares *fake news* vêm ocupando cada vez mais espaço no cenário político, em especial durante a realização das campanhas eleitorais. E, ao menos dessa vez, não é algo exclusivamente brasileiro. Sua fama e ameaça se espalha por diversos países que, após a realização das eleições, vêm descobrindo cada vez mais "novas armas" na guerra da desinformação."
171. BEÇAK, Rubens; LONGHI, João Victor Rozatti. O papel das tecnologias da comunicação em manifestações populares: a primavera árabe e as jornadas de junho no Brasil. **Revista Eletrônica do Curso de Direito da Universidade Federal de Santa Maria**, Santa Maria, v. 10, n. 1, p. 388-405, out. 2015, p. 391.
172. LÉVY, Pierre. **L'intelligence collective**: pour une anthropologie du cyberspace. Paris: La Découverte, 1994, p. 12, tradução livre. No original: "*Les hiérarchies bureaucratiques (fondées sur l'écriture statique), les monarchies médiatiques (surfant sur la télévision et le système des médias) et les réseaux internationaux de l'économie (utilisant le téléphone et les technologies du temps réel) ne mobilisent et ne coordonnent que très partiellement les intelligences, les expériences, les savoir-faire, les sagesses et les imaginations des êtres humains. C'est pourquoi l'invention de nouveaux procédés de pensée et de négociation qui puissent faire émerger de véritables intelligences collectives se pose avec une urgence particulière. Les technologies intellectuelles n'occupent pas un secteur comme un autre de la mutation anthropologique contemporaine, elles en sont potentiellement la zone critique, le lieu politique. Est-il besoin de le souligner? On ne réinventera pas les instruments de la communication et de la pensée collective sans réinventer la démocratie partout distribuée, active, moléculaire. En ce point de retournement ou de bouclage hasardeux, l'humanité pourrait ressaisir son devenir. Non pas en remettant son destin entre les mains de quelque mécanisme prétendument intelligent, mais en produisant systématiquement les outils qui lui permettront de se constituer en collectifs intelligents, capables de s'orienter parmi les mers orageuses de la mutation.*"

na Internet",[173] ainda maiores serão os enfrentamentos necessários do ponto de vista da liberdade de imprensa[174] e da liberdade de expressão nesse amplíssimo contexto de controle das mídias sociais.[175]

Sem dúvidas, a se confirmar a constatação de Paolo Gerbaudo acerca do surgimento de uma nova espécie de populismo – em suas palavras, o populismo 3.0 –, marcado pela ação coletiva utópica e manipulável,[176] será fundamental que se estabeleça deveres de proteção adequados para mitigar os "riscos de que o fornecimento de conteúdo com caráter propagandístico tenha como resultado final um ambiente de polarização política extremada, altamente prejudicial ao debate e, consequentemente, com grandes potenciais nocivos ao princípio democrático".[177]

Nesse contexto, se à Administração Pública se impõe um atuar consentâneo às novas tecnologias capazes de afetar os desdobramentos político-eleitorais (e outras bases estruturais de seu funcionamento), seguramente se poderá dizer que os novos matizes de participação popular inaugurados pela interpenetração das TICs na sociedade demandarão controles que vão além do clássico labor regulatório.

O princípio da impessoalidade, revisitado no afã de propulsionar a reconfiguração da atuação interventiva do Estado em relação à definição de políticas públicas prestacionais, tem o condão de parametrizar esse modelo de atuação. Porém, em um sistema de regulação reflexiva, marcado pela autopoiese, com a abertura crescente às intervenções externas, escudos deverão ser estabelecidos para que seja mantido o controle adequado perante as normas do ordenamento local.

A governança, na mesma medida em que surge para balizar as carências regulatórias do Estado, propicia a reativação da eticidade e conduz a uma propensão ao já citado globalismo. Para que se possa conter os riscos desse fenômeno, particularmente

---

173. NOHARA, Irene Patrícia. Desafios da ciberdemocracia diante do fenômeno das fake news: regulação estatal em face dos perigos da desinformação. *In*: RAIS, Diogo (Coord.). **Fake news**: a conexão entre a desinformação e o direito. São Paulo: Thomson Reuters Brasil, 2018, p. 79.
174. Válido, neste aspecto, o alerta de Ramon Pizarro: "*En pocos temas como en éste se advierten tantos preconceptos y prejuicios, que frecuentemente rinden tributo indebido a lo que se ha convertido en un falso mito: la libertad de prensa concebida como un derecho casi absoluto e ilimitado.*" (PIZARRO, Ramon Daniel. **Responsabilidad de los medios masivos de comunicación**. Buenos Aires: Hammurabi, 1991, p. 29.)
175. VAIDHYANATHAN, Siva. **Anti-social media**, cit., p. 3. Diz o autor: "*The story of Facebook has been told well and often. But it deserves a deep and critical analysis at crucial moment. Somehow Facebook devolved from an innocent social site hacked together by Harvard Students into a force that, while it may make personal life just a little more pleasurable, makes democracy a lot more challenging. It's a story of hubris of good intentions, a missionary spirit, and an ideology that sees computer code as the universal solvent for all human problems. And it's an indictment of how social media has fostered the deterioration of democratic and intellectual culture around the world.*"
176. GERBAUDO, Paolo. **The mask and the flag**: populism, citizenship and global protest. Oxford: Oxford University Press, 2017, p. 244. Com efeito: "*The cult of participation problematically conflates utopia and praxis, ends and means; the world we want to build and the ways in which we can build it. Collective action runs the risk of becoming merely therapeutic rather than emancipatory, and its nature more ethical and quasi-religious instead of political. This tendency, which reflects the uncanny resonance between neoanarchism and neoliberalism in their common reflection of individualistic narcissistic tendencies, considers all moves towards formalisation as necessarily equating to ossification and sclerotisation rather than, for example, maturation.*"
177. LONGHI, João Victor Rozatti. Dignidade.com: direitos fundamentais na era do populismo 3.0. *In*: LONGHI, João Victor Rozatti; FALEIROS JÚNIOR, José Luiz de Moura (Coord.). **Estudos essenciais de direito digital**. Uberlândia: LAECC, 2019, p. 203.

na Internet, em razão do poder econômico das grandes corporações que nela operam e que fornecem as plataformas de intermediação comunicativa (nas quais, por exemplo, se propagam *fake news*), demandar-se-á bem mais que a mera intervenção estatal.

A (ciber)cidadania ativa se apresenta, efetivamente, como caminho inexorável para a produção de resultados adequados nesse novo contexto informacional. Sem que se tenha cidadãos conscientes dos impactos dessas novas tecnologias para a própria proteção do paradigma democrático, a efetividade (e até a existência) do Estado estarão em xeque.

3.2.3 Redes e cibercidadania ativa

Finalizando o raciocínio que se veio a empreender nas linhas conclusivas do tópico anterior, impõe-se considerar, a nível de fechamento do raciocínio propugnado neste ensaio, o papel da moralidade para a condução da cibercidadania ativa.

Quando se pensa na moralidade, retoma-se a imperatividade da conduta ética no combate àquilo que tem potencial de minar o processo democrático. Falou-se, em breves linhas, das notícias falsas (*fake news*) e de seus desdobramentos; porém, nos entrelaçamentos entre 'democracia' e 'liberdade política', ainda se tem a liberdade de expressão como direito individual essencial à garantia do próprio princípio democrático.[178] A questão, entretanto, é um tanto mais complexa:

> De acordo com essa concepção de democracia, a liberdade de expressão possui um lugar constitutivo. Essa concepção exige que não desqualifiquemos ninguém do debate público *a priori* por causa de um juízo de valor que fazemos a respeito das ideias ou do caráter dessa pessoa. O exercício da igualdade política não é condicionado à demonstração de algum nível básico de esclarecimento. Em outras palavras, não exigimos que, para a condição de cidadão, a pessoa prove um tipo específico de domínio ou emprego da racionalidade, ou ainda uma competência mínima de reunião de informações de qualidade. Ao contrário: associamos esse tipo de exigência para a participação no debate público a um elitismo e a uma desigualdade que buscamos deixar para trás.[179]

O debate político adquire novo chanfro e entra em cena, novamente, o conceito de 'sociedade em rede': "Em resumo, é necessária uma rede (humana) para processar as informações envolvidas na construção de uma rede (TIC transformacional)."[180]

O apelo às redes tem sua justificativa no papel que essas estruturas exercem para a construção da democracia. Somente a partir do autoaprimoramento estatal é que se conseguirá ter uma estrutura de governo 'atualizada', em dia com o incessante ritmo inovacional da sociedade da informação.

---

178. DWORKIN, Ronald. **Sovereign virtue**: the theory and practice of equality. Cambridge: Harvard University Press, 2000, p. 200 *et seq.*
179. GROSS, Clarissa Piterman. Fake news e democracia: discutindo o status normativo do falso e a liberdade de expressão. *In:* RAIS, Diogo (Coord.). **Fake news**: a conexão entre a desinformação e o direito. São Paulo: Thomson Reuters Brasil, 2018, p. 168.
180. LAZER, David; BINZ-SCHARF, Maria Christina. It takes a network to build a network. *In:* MAYER-SCHÖNBERGER, Viktor; LAZER, David (Ed.). **Governance and information technology**: from electronic government to information government. Cambridge: The MIT Press, 2007, p. 261, tradução livre. No original: "*In short, it takes a (human) network to process the information involved in building a (transformational ICT) network.*"

A doutrina europeia diz que "o crescimento da tecnologia de comunicação na maioria das sociedades contemporâneas implica que os governos devem poder usar instrumentos baseados em informações mais rapidamente e, portanto, devem gozar de um aumento em sua capacidade geral de governar."[181] Entretanto, já se discutiu amplamente a dificuldade inerente aos Estados pós-sociais de se adaptarem a essa nova realidade: a burocracia lhes emperra, faz cessar o potencial responsivo e impede que políticas públicas efetivas sejam levadas adiante com efetividade.

Se a governança aparece como uma alternativa, senão para suprir as necessidades de regulação, ao menos para compor o arquétipo normativo que rege a atuação estatal, também dos cidadãos se poderá esperar determinadas posturas para a propagação de uma cultura de prevenção de ilícitos e de perda de eficácia de direitos fundamentais. Em breves linhas, pode-se dizer que a "cibercidadania ativa" será elemento fundamental para a difusão da nova cultura de conformidade social a partir da lógica do controle difuso.

3.3 MORALIDADE, CONTROLE POPULAR E A LEGITIMIDADE DAS DECISÕES ESTATAIS

A recuperação da confiança popular na atuação administrativa perpassa pela aproximação decorrente das técnicas de consensualização. Por certo, o filtro essencial dessa atuação será a moralidade administrativa, inerente à "boa administração, inegavelmente o que satisfaz o direcionamento aos interesses públicos".[182] Noutros dizeres, a moralidade administrativa será o filtro, a garantia de lisura e idoneidade na atuação do Estado, ou nas palavras de Thiago Marrara:

> A moralidade administrativa serve, pois, para impedir que os dirigentes estatais desviem-se das finalidades do Estado de Direito, empregando seus poderes públicos no intuito de se afastar das vontades estatais democraticamente legitimadas. Com isso, insere-se um elemento finalístico na análise de legalidade de todas as ações estatais, de modo que o cumprimento da norma jurídica pela autoridade pública somente pode ser válido quando vinculado aos valores em que tal norma se funda.
>
> Nesse contexto, a moralidade administrativa consiste em uma garantia da constante legitimação da vontade estatal e, não por outra razão, está vinculada ao conceito de desvio de poder ou desvio de finalidade. O exercício justo, correto e adequado do poder estatal pelas autoridades públicas é pressuposto para que o Poder Público obtenha um mínimo de aceitação por parte da sociedade que ele representa e para a qual ele existe. Na medida em que o poder é exercido moralmente, gera-se respeito pela ação estatal, tornando possíveis tanto o funcionamento mínimo da sociedade sem a necessidade de fiscalização e controle estatal de tudo e de todos, quanto o emprego da força pelo Estado em situações previamente definidas e configuradoras de infrações sob a ótica de um ordenamento jurídico vigente. O respeito pelo exercício do poder fomenta a cooperação voluntária de um mínimo da sociedade em

---
181. PETERS, B. Guy. Policy instruments and policy capacity. *In:* PAINTER, Martin; PIERRE, Jon (Ed.). **Challenges to State policy capacity**: global trends and comparative perspectives. Nova York/Londres: Palgrave Macmillan, 2005, p. 74, tradução livre. No original: "(...) the growth of communications technology in most contemporary societies implies that governments should be able to use information-based instruments more readily, and hence should enjoy some increase in their overall capacity to govern."
182. MOREIRA NETO, Diogo de Figueiredo. Moralidade administrativa: do conceito à efetivação. **Revista de Direito Administrativo**, Rio de Janeiro, v. 190, n. 4, p. 1-44, out./dez. 1992, p. 8.

favor do Estado, permitindo que este continue a existir e ditar normas regentes dos comportamentos sociais, sancionando os que não as observam.[183]

O exercício do poder estatal, pelo que se viu no curso deste capítulo, vivencia uma crise de déficit democrático. Tem-se um Estado distante dos seus administrados e estes, cada vez mais, deixam de se sentir representados em razão da proliferação de autoridades administrativas, em fenômeno que Gustavo Binenbojm analisa sob o viés da "dificuldade de legitimação decorrente da alocação de porção do poder do Estado em reguladores não eleitos e não sujeitos aos mecanismos tradicionais de aferição da responsividade social".[184]

Os mecanismos de consensualização analisados anteriormente oferecem a solução adequada para aproximar os cidadãos desses gestores não eleitos. As audiências públicas foram especialmente importantes para a interação da população,[185] oferecendo espaços públicos de manifestação nos quais se tornou possível aos indivíduos a apresentação de demandas, ideias, sugestões e, de modo geral, conferindo mais elementos para que uma tomada de decisão seja lastreada na maior probabilidade de atendimento aos anseios coletivos, com incremento da confiabilidade pública sobre os desdobramentos decisionais.

Esta nova etapa histórico-evolutiva da Administração Pública é claramente condizente com o Estado Democrático de Direito e com a ascensão do fenômeno da constitucionalização nas sociedades pós-industriais. Na breve abordagem do primeiro capítulo, anotou-se que esse estágio é marcado pela reaproximação entre Administração e administrados e que tem o poder de romper as antigas barreiras que se criou na disciplina do direito público.

Nos dizeres de Maria Sylvia Zanella Di Pietro:

> Nesta terceira fase da evolução da Administração Pública, a participação do particular já não se dá mais nem por delegação do poder público, nem por simples colaboração em uma atividade paralela. Ela se dá mediante a atuação do particular diretamente na gestão e no controle da Administração Pública. É nesse sentido que a participação popular é uma característica essencial do Estado de Direito Democrático, porque ela aproxima mais o particular da Administração, diminuindo ainda mais as barreiras entre o Estado e a sociedade.[186]

Se a vontade popular é sacramentada a partir do voto, a participação popular, no Estado Democrático de Direito se manifesta de diversas formas, sendo certo que "o

---

183. MARRARA, Thiago. O conteúdo do princípio da moralidade: probidade, razoabilidade e cooperação. In: MARRARA, Thiago (Org.). **Princípios de direito administrativo**: legalidade, segurança jurídica, impessoalidade, publicidade, motivação, eficiência, moralidade, razoabilidade, interesse público. São Paulo: Atlas, 2012, p. 163.
184. BINENBOJM, Gustavo. **Uma teoria do direito administrativo**, cit., p. 310. Ainda acrescenta, delineando com maior clareza as raízes do problema indicado: "Historicamente, o problema da legitimidade da Administração Pública sempre foi reconduzido aos mecanismos de legitimação dos Poderes Legislativo e Executivo. Em relação ao Legislativo, invocava-se a lei (produto da vontade geral ou, ao menos, da vontade de agentes eleitos) como fonte da autoridade da Administração. Em relação ao Executivo, remetia-se a condução dos negócios administrativos diretamente ao Presidente ou Primeiro-Ministro, escolhidos, de forma imediata ou não, pelo voto popular."
185. BACELLAR FILHO, Romeu Felipe. O poder normativo dos entes reguladores e a participação dos cidadãos nesta atividade. Serviços públicos e direitos fundamentais: os desafios da regulação na experiência brasileira. **Revista Iberoamericana de Administración Pública**, Madri, v. 9, n. 2, p. 53-64, jul./dez. 2002, *passim*.
186. DI PIETRO, Maria Sylvia Zanella. Participação popular na Administração Pública. **Revista de Direito Administrativo**, Rio de Janeiro, v. 191, n. 1, p. 26-39, jan./mar. 1993, p. 32.

princípio participativo de há muito tempo é visto como conteúdo da democracia, posto que sua tendência é garantir ao cidadão meios de estar inserido, inclusive, nos plexos decisórios".[187]

A doutrina enumera diversos critérios para a classificação dos citados 'plexos decisórios',[188] e ainda é propositiva no que guarda pertinência à multitude de intervenções que se traduz nesse vasto rol de categorias de controle da atividade pública. Isabela Ferrari destaca que o aumento da tendência à consensualização, no direito administrativo brasileiro, propiciou a adoção de novos mecanismos que facilitam o controle popular dos processos licitatórios,[189] o que, por certo, produz incrementos do ponto de vista da moralidade.

Essa retomada da moralidade parece encontrar fundamento em inúmeros parâmetros e valores,[190] quase sempre de origem 'moral' e que remetem à necessidade de entronização da responsabilidade como valor fundamental para o desempenho de quaisquer atividades, de forma consentânea com os paradigmas sociais vigentes em uma dada época;[191] dessa forma, de uma sociedade bem informada, tecnologicamente avançada e socioeconomicamente estabilizada, esperar-se-á maior rigor na observância desses valores.

O 'princípio responsabilidade' de Hans Jonas ecoa com grande sonoridade nesse contexto:

---

187. MARTINS, Fernando Rodrigues. **Controle do patrimônio público**, cit., p. 295. E o autor ainda elucida: "No que se refere à participação popular na Administração, (...), temos que admiti-la como fonte de inesgotável importância ao agir estatal. Trata-se de afirmar que, neste caso, a população dispõe de meios não somente de provocação ou representação, mas propriamente de decisão, juntamente com a Administração, sobre determinado assunto de seu interesse."
188. De modo a resumir o vários critérios para classificar as formas de participação popular, com menção à doutrina de Jean Paul Ferrier, Maria Sylvia Zanella Di Pietro enumera: "a) a participação, que ele chama de ideológica, porque o particular sabe que colabora para eleger aquela pessoa que irá atuar junto aos Poderes Públicos; é uma participação mediata, porque há um eleito entre o administrado e a Administração Pública; b) a participação psicológica, comum nas pequenas comunidades, em que ainda há um eleito entre a Administração e o particular, mas já é maior a proximidade entre ambos, tendo o administrado maior poder de influenciar as decisões governamentais; por isso mesmo se diz que a descentralização de atribuições para os entes locais é um dado essencial para a democracia; c) a participação direta, em que não há um eleito entre a Administração e o administrado" (DI PIETRO, Maria Sylvia Zanella. Participação popular na Administração Pública. **Revista de Direito Administrativo**, cit., p. 33).
189. FERRARI, Isabela. **Transadministrativismo**: uma teoria dos transplantes jurídicos aplicada ao direito administrativo. Rio de Janeiro: Lumen Juris, 2018, p. 86-87. A autora é precisa: "O paulatino incremento da consensualidade no direito administrativo contemporâneo abriu espaço, no Brasil, para a adoção de ferramentas como parcerias público-privadas, regime diferenciado de contratação, procedimentos de manifestação de interesse privado, incremento de formas de *soft law*, abertura a estratégias relacionadas à autorregulação regulada e, recentemente, para a reforma do modelo licitatório de empresas estatais em busca de um tratamento mais equânime entre o particular e a administração pública. Todas, ideias importadas ou, ao menos, inspiradas em ordens alienígenas."
190. CAMMAROSANO, Márcio. **O princípio constitucional da moralidade e o exercício da função administrativa**. Belo Horizonte: Fórum, 2006, p. 72. Para o autor, o princípio da moralidade administrativa pode ser descrito como "a busca de um fundamento jurídico para melhor conformar a atuação do administrador público, especialmente quando no exercício de competência discricionária, a determinados valores que se supõe prevalecentes na sociedade. Valores como a lealdade e boa-fé, veracidade e honestidade. O que refletem é a busca de um fundamento jurídico para melhor conformar a atuação dos agentes públicos ao dever de bem administrar, para interditar-lhes comportamentos ou invalidar atos eivados de má-fé, deslealdade, dolo, fraude, favoritismo, perseguição, comportamentos e atos enfim incompatíveis com o escorreito exercício da função administrativa."
191. ZANCANER, Weida. Razoabilidade e Moralidade na Constituição de 1988. **Revista Trimestral de Direito Público**, São Paulo: Malheiros, v. 2, p. 205-210, 1993, p. 210.

Se, em termos de ciência e tecnologia, ainda poderíamos falar em termos inequívocos de um progresso potencialmente infinito – talvez os únicos movimentos negentrópicos permanentes em que o estado subsequente sempre exceda o que o precede – o quadro é muito menos preciso no domínio da ordem político-social que tem uma relação muito mais próxima com a moralidade (e que até tempos recentes também fornecia o material real da história). E mesmo pensando nisso, somos tentados a estabelecer a regra de que quanto mais próximo algo da vida coletiva é da esfera ética, mais hesitante se torna o "progresso", nela, como uma forma natural de movimento: aparentemente o que é moralmente o mais neutro e o que é avaliado de acordo com critérios perfeitamente "objetivos", em que cada vantagem é melhor, claramente se presta melhor à melhoria cumulativa – para resumir: "poder" melhor que "ser". Mas existem ordens políticas, econômicas e sociais melhores e piores, e, independentemente de poderem ser mais ou menos morais, isto é, mais de acordo com os padrões éticos, elas também estabelecem condições melhores ou piores para o ser moral – a "virtude" – de seus membros.[192]

A moralidade administrativa ganha reforço na medida em que, "identificada a existência de um regramento moral e outro jurídico, a observância deste será tanto mais forte quanto for sua superfície de coincidência com os padrões de moralidade do grupamento que haverá de ser por ele regido."[193] Isso leva à conclusão de que quão confiável for o padrão moral que norteie o atuar administrativo em certas circunstâncias, maior será a confiabilidade geral do processo decisional. Noutros dizeres, a moralidade administrativa se abre ao direito público com enorme amplitude, algo que deve ser encarado com certa cautela.

Explica-se: de origem francesa – atribuída aos clássicos escritos de Maurice Hauriou, hoje disponíveis publicamente no sítio da *Bibliothèque Nationale de France* – a moralidade administrativa foi prevista expressamente no ordenamento brasileiro e ganhou corpo a partir do advento da Constituição da República de 1988, sendo por vezes ancorada em estudos que se reportam apenas indiretamente às fontes francesas,[194] a indicar uma carência dogmático-metodológica em seu enquadramento jurídico.

---

192. JONAS, Hans. **Le principe responsabilité**, cit., p. 225-226, tradução livre. No original: "*Si à propos de la science et de la technique nous pouvions encore parler en termes univoques d'un progrès et même d'un progrès potentiellement infini – peut-être les seuls mouvements négentropiques permanents dans lesquels l'état ultérieur dépasse toujours celui qui le précède – le tableau est bien moins précis dans le domaine de l'ordre politico-social qui a un rapport bien plus étroit avec la moralité (et qui jusqu'à une époque récente fournissait également la véritable matière de l'histoire). Et même, en y réfléchissant, on est tenté d'établir la règle que plus quelque chose dans la vie collective est proche de la sphère éthique, plus hésitant devient le « progrès » en elle comme forme naturelle du mouvement: apparemment ce qui est moralement le plus neutre et ce qui est évalué selon des critères parfaitement «objectifs», là où chaque plus est un mieux, se prête manifestement mieux au perfectionnement cumulatif – pour le dire brièvement: le «pouvoir» mieux que «l'être». Mais il y a des ordres politiques, économiques et sociaux meilleurs et pires, et indépendamment du fait qu'en soi ils peuvent être plus ou moins moraux, c'est-à-dire plus conformes à des normes éthiques, ils posent également des conditions meilleures ou pires pour l'être moral – la «vertu» – de leurs membres.*"
193. GARCIA, Emerson. A moralidade administrativa e sua densificação. **Revista da EMERJ**, Rio de Janeiro, v. 6, n. 21, p. 211-234, 2003, p. 222.
194. Segundo José Guilherme Giacomuzzi, o primeiro autor brasileiro a citar a moralidade, em 1964, foi Hely Lopes Meirelles, já na 1ª edição de seu "Direito Administrativo Brasileiro", com remissões ao artigo do português Antônio José Brandão, intitulado "Moralidade Administrativa" e publicado no volume 25 da Revista de Direito Administrativo, de 1951. (O trabalho pode ser consultado em: BRANDÃO, Antônio José. Moralidade administrativa. **Revista de Direito Administrativo**, Rio de Janeiro, v. 25, p. 454-467, 1951). O texto, diz Giacomuzzi, "não traz qualquer indicação bibliográfica. As citações, portanto, estão soltas no ar: não se sabe de onde vêm. (...) O problema maior, no entanto, está no conteúdo: o artigo é de uma retórica impressionantemente vazia." (GIACOMUZZI, José Guilherme. A moralidade administrativa: história de um conceito. **Revista da Faculdade de Direito da Universidade Federal do Rio Grande do Sul**, Porto Alegre, v. 24, p. 219-233, 2004, p. 223.) Ocorre que, a partir disso, a doutrina administrativista teria buscado destacar a moralidade da legalidade, dando-lhe

Nesse sentido, quando Hauriou retira a moralidade administrativa do campo de cognição da moral comum, definindo-a por parâmetros próprios da regência interna da Administração Pública,[195] é pavimentado o caminho para a proposta que, posteriormente, seria elucidada por um de seus discípulos, Henri Welter:

> (...) o controle da legalidade do ato pode-se dar de duas formas: legalidade externa (incompetência, vício de procedimento e vício de forma), e ilegalidade interna (vício de conteúdo, de motivos e de intenção – aqui a moralidade e o desvio de finalidade). Isso foi, de certa forma, o que fez ver Henri Welter – que, em suma, chamou de moralidade administrativa todas as hipóteses de ilegalidade interna do ato administrativo.[196]

Essa mesma distinção, que associa a moralidade administrativa à compreensão dos elementos internos capazes de gerar a ilegalidade do ato administrativo, foi feita também pela doutrina brasileira,[197] que desenhou os contornos de uma disciplina jurídica lastreada na confiança e no controle popular dos atos administrativos a partir de instrumentos bastante peculiares, como a Lei da Ação Popular (Lei nº 4.717/1965).

A referida lei cuida de conceituar o chamado 'desvio de finalidade', prevendo-o em seu artigo 2º, parágrafo único, "e": "o desvio de finalidade se verifica quando o agente pratica o ato visando a fim diverso daquele previsto, explícita ou implicitamente, na regra de competência." Trata-se de uma frase breve e bastante assertiva, que sacramenta um conceito que nasce ainda tímido, mas evolui e se consagra no texto constitucional de 1988 sob a nomenclatura de 'moralidade administrativa'.

Porém, se o exercício dogmático da doutrina e da jurisprudência sempre foi relutante em admitir a interferência da moral comum no direito público, como se cogitar de novos parâmetros de controle popular em um cenário de modernidade líquida e regulação responsiva e autopoiese?

O desafio não é singelo e, sem qualquer dúvida, é possível asseverar que o papel do intérprete ganha maior peso em um momento no qual se prega a moralidade administrativa – elevada quase que ao patamar de sobreprincípio do direito administrativo –, mas diante dos percalços naturais que um cenário de mudanças acarreta. Fala-se em inovação pública, mas a ela são impostos limites; teme-se os conceitos jurídicos indeterminados, de largo campo de aplicação, como o são alguns princípios, mas deles

---

autonomia. Ainda segundo Giacomuzzi (*Op. cit.*, p. 226): "Inúmeras tentativas doutrinárias de se dar um colorido autônomo a essa nova 'moralidade administrativa' apareceram na doutrina brasileira, sempre com o intuito de distingui-la da legalidade. Aqui, é bem verdade, pode caber o mundo, e novamente não tenho tempo riem competência para tratar do assunto. Cuidei no livro de criticamente analisar as que me pareciam mais razoáveis. Todas elas acabam ou dizendo o que a LAP [Lei da Ação Popular] já diz, ou referindo, implícita ou explicitamente, que a moralidade administrativa é um sobreprincípio de Direito, mais importante que o da legalidade, englobador de vários outros: razoabilidade, proporcionalidade, interesse público, igualdade. A moralidade é tudo, então, e nada. Além de arbitrário, por revelar a compreensão muito pessoal do Direito, penso que o raciocínio acaba desmerecendo os demais princípios, sobremodo o mais forte e importante deles, o da legalidade."

195. O autor francês somente o faz a partir da décima edição de seu *"Précis de droit administratif et de droit public"*, a penúltima publicada antes de seu falecimento.
196. GIACOMUZZI, José Guilherme. A moralidade administrativa: história de um conceito. **Revista da Faculdade de Direito da Universidade Federal do Rio Grande do Sul**, cit., p. 228-229.
197. Consulte-se, por todos: MOREIRA NETO, Diogo de Figueiredo. Moralidade administrativa: do conceito à efetivação. **Revista de Direito Administrativo**, cit., *passim*.

não se pode prescindir em um contexto de lenta capacidade de resposta regulatória do Estado; prima-se pela consensualidade administrativa, mas, também quanto a ela, há grandes periclitância no que diz respeito aos limites da inovação pública... Sobre esses dilemas, breves linhas serão apresentadas a seguir.

3.3.1 Moralidade administrativa e a inovação pública

A proteção em face da inovação pública indesejada, conforme já se anotou anteriormente, ensejou a edição da Lei nº 13.655/2018, que se propõe a representar um novo marco para a proteção da segurança jurídica no Brasil. Mencionada lei, escorada nos desdobramentos do princípio da confiança,[198] reformou a Lei de Introdução às Normas do Direito Brasileiro, nela inserindo dez novos dispositivos que, basicamente, se dedicam a nortear a aplicação das normas de direito público no país.

Pela redação do artigo 20 da lei,[199] almejou-se impedir que decisões sejam tomadas com base em valores abstratos e nas facilidades que tais valores oferecem, como diz Carlos Ari Sundfeld:

> Um sistema jurídico não é mau nem bom pelo fato de, em seus processos, princípios serem usados com muita frequência. O problema não está neles, mas na comodidade que podem oferecer para os espertos e para os preguiçosos.
>
> O oportunista, cujo interesse é adiar eternamente o pagamento de suas dívidas, invoca em juízo apenas o princípio do acesso à jurisdição e pede para não pagar, até o fim do processo principal: "Negar a liminar" – diz ele – "é cassar meu direito à Justiça". É um esperto, com um argumento cômodo, ocultando a fragilidade de sua pretensão de mérito.
>
> O juiz que não queira o trabalho de analisar a plausibilidade do direito de fundo pode simplesmente aceitar tal princípio e conceder a liminar, ou invocar o princípio da obrigatoriedade dos contratos e negá-la. É um preguiçoso, usando fundamentos fáceis para esconder a superficialidade de sua decisão.
>
> Espertos e preguiçosos sempre existirão: o mal é que sua esperteza fique oculta, por conseguirem iludir os espectadores com truques de mágica – com a simples declaração de princípios.
>
> Para que, no debate jurídico, os princípios não sirvam como armas de espertos e preguiçosos é preciso impor, a quem os emprega, os ônus que lhes são inerentes.[200]

Se os conceitos jurídicos abstratos são a vicissitude que se pretende enfrentar com a nova lei, a redação dada ao artigo 20 "deixa entrever que o objetivo da *mens legislatoris* foi vedar decisões baseadas em normas com alto grau de indeterminação

---

198. SILVA, Almiro do Couto e. O princípio da segurança jurídica (proteção à confiança) no direito público brasileiro e o direito da Administração Pública e anular seus próprios atos administrativos: o prazo decadencial do art. 54 da Lei do Processo Administrativo da União (Lei nº 9.784/99). **Revista de Direito Administrativo**, Rio de Janeiro, v. 237, n. 3, p. 271-315, jul./set. 2004, p. 313-314. Destaca o autor: "O princípio da segurança jurídica, entendido como proteção à confiança, está hoje reconhecido na legislação e na jurisprudência do Supremo Tribunal Federal como princípio de valor constitucional, imanente ao princípio do Estado de Direito, e que serve de limite à invalidação, pela Administração Pública, dos seus atos administrativos eivados de ilegalidade ou de inconstitucionalidade. Como princípio de natureza constitucional aplica-se à União Federal, aos Estados, ao Distrito Federal, aos Municípios e às entidades que integram as respectivas Administrações Indiretas."
199. "Art. 20. Nas esferas administrativa, controladora e judicial, não se decidirá com base em valores jurídicos abstratos sem que sejam consideradas as consequências práticas da decisão."
200. SUNDFELD, Carlos Ari. **Direito administrativo para céticos**, cit., p. 215.

onde o 'voluntarismo' do agente (administrador, controlador ou juiz) substitua a segurança jurídica."[201]

Essa almejada proteção à segurança jurídica se dá, nos moldes da nova legislação, pelo imperativo da percepção consequencial nas esferas de decisão. Em termos metodológicos, deixa-se de fazer incidir o direito apenas pela apuração de fatos pretéritos para também se fazer incidir os juízos probabilísticos sobre fatos futuros;[202] nesse ponto, o controle da inovação pública adquire feições muitas vezes importadas de outros ordenamentos – particularmente do *common law* –, que não necessariamente possuem adequação aos institutos usualmente utilizados no país.

O consequencialismo jurídico, aplicado com o propósito de impedir a proliferação de juízos decisórios excessivamente abstratos ou embasados nos 'conceitos jurídicos indeterminados', revela a necessidade de superação de um paradigma que vem se afirmando, na história do pensamento jurídico, com o reforço axiológico haurido à disciplina dos direitos fundamentais.

Em outras palavras, a centralidade sistêmica desse novo conjunto estrutural de direitos passa a definir o aspecto central da proteção que se deseja propiciar à sociedade, munindo todos aqueles que tenham o poder de emitir decisões públicas de ferramentas que não estejam completamente relegadas aos juízos abstratos – e ao arbítrio.

A intenção de se inserir a aferição probabilística no processo decisional tem sua inspiração na Análise Econômica do Direito e dela extrai concepções que, basicamente, filtram o campo de ação discricionária do decisor, impondo-lhe, como previsto no artigo 21 da LINDB,[203] o dever de apresentar as consequências antevistas, embora a doutrina aponte que esse dever se circunscreve ao "ônus de explicitar as consequências mais relevantes (econômicas e sociais) do provimento invalidador".[204]

---

201. MARTINS, Fernando Rodrigues. Consequencialismo e valores jurídicos abstratos na LINDB. **Consultor Jurídico**, 04 de outubro de 2018. Disponível em: https://www.conjur.com.br/2019-fev-11/direito-civil-atual-consequencialismo-valores-juridicos-abstratos-lindb. Acesso em: 20 jun. 2023.
202. Diz a doutrina: "No Brasil, há sinais de transformação no método e estilo da produção jurídica. Embora esta pesquisa 'cientificizada' em direito siga pontualmente cânones gestados no exterior – e nem sempre o seu conteúdo seja útil, idôneo ou rigoroso –, seria impróprio pensar que estas seriam simplesmente novas 'ideias fora do lugar'. Muito ao contrário, a empiria e a aproximação com outras ciências revela particularidades e circunstâncias próprias do atual estágio do direito brasileiro. É comum imaginar-se que evoluções deste tipo decorrem apenas de desenvolvimentos internos à academia, mas não parece ser este o caso. Para ficarmos com uma metáfora cara aos economistas, aqui defendemos que a mudança no padrão de reflexão jurídica está ligada menos a fatores de 'oferta' (notadamente, a competição entre os 'produtores' de análise jurídica que buscam sofisticar suas análises de modo a torná-las mais aceitas ou influentes) e mais a fatores de 'demanda' (em particular, padrões ideológicos, políticos e jurídicos que geram 'consumidores' interessados por análise jurídica com viés consequencialista)." (PARGENDLER, Mariana; SALAMA, Bruno Meyerhof. Direito e consequência no Brasil: em busca de um discurso sobre o método. **Revista de Direito Administrativo**, Rio de Janeiro, v. 262, n. 1, p. 95-144, jan./abr. 2013, p. 136.)
203. "Art. 21. A decisão que, nas esferas administrativa, controladora ou judicial, decretar a invalidação de ato, contrato, ajuste, processo ou norma administrativa deverá indicar de modo expresso suas consequências jurídicas e administrativas."
204. MARQUES NETO, Floriano de Azevedo; FREITAS, Rafael Véras de. **Comentários à Lei nº 13.655/2018 (Lei de Segurança para a Inovação Pública)**. Belo Horizonte: Fórum, 2019, p. 50-51. Os autores ainda exemplificam: "Cite-se, por exemplo, uma decisão que venha anular um contrato de concessão de serviço público. Nessa hipótese, temos que o decisor deverá responder às seguintes indagações: Como será prestado o serviço para a população no dia seguinte? Quais São os prejuízos que serão experimentados pelos usuários (considerando o dever de continuidade dos serviços públicos)? O Poder Concedente terá condições (econômicas, técnicas e operacionais)

O que se indaga é... A apresentação cogente dessas percepções consequenciais teria o condão de se traduzir em maior moralidade administrativa?

À toda evidência, a previsão de mandamentos que impõem limites à atuação decisional, arraigada no preceito de que motivação robusta deve ser exigida do decisor para que atue em verdadeiro compromisso com os preceitos do Estado Democrático de Direito, parece – e, a bem da verdade, é – uma solução com efeitos práticos. Diz-se isso porque, a depender do conteúdo da decisão, se faltante a devida motivação, poderá o ato ser anulado por violação aos artigos 20 e 21 da LINDB (ou por iniciativa cidadão, através de ação popular fundamentada no disposto no artigo 2º, "d", e parágrafo único, "d", da Lei nº 4.717/1965).

O problema está na utilização da Ciência Jurídica para finalidades de contenção, ultrapassando os limites tradicionais de cabimento prático do direito para transcender e influenciar na atuação pública, com a delimitação de parâmetros decisionais.

A opção pelo consequencialismo jurídico, neste ponto específico, pode se traduzir em certa incompatibilidade sistêmica, haja vista a pertinência desse método a tradições alienígenas que não buscam resultados efetivos na teoria da argumentação.

Sobre isso, Manuel Atienza anuncia o seguinte:

> Mas, como dito anteriormente, uma decisão – de acordo com MacCormick – deve fazer sentido não apenas em relação ao sistema, mas também em relação ao mundo. E embora MacCormick reconheça que, na justificativa de uma decisão em casos difíceis, o que é produzido é uma interação entre argumentos baseados em princípios (incluindo o uso da analogia aqui) e argumentos consequencialistas (cf. MacCormick, 1978, p. 194), o que é decisivo, na sua opinião, são os argumentos consequencialistas (cf., em particular, MacCormick, 1983, p. 850). Em outras palavras, a argumentação jurídica – dentro dos limites estabelecidos pelos princípios de universalidade, consistência e coerência – é essencialmente um argumento consequencialista.[205]

A questão gira em torno, portanto, da racionalidade que se pretende extrair de determinado processo decisional, que não deve se lastrear em parâmetros abstratos, desconectados da realidade concreta.[206] Contudo, sendo certo que há 'conceitos jurídicos

---

de retomar o serviço ou de relicitá-lo? O Poder Concedente terá recursos para indenizar o concessionário pelos investimentos ainda não amortizados?"

205. ATIENZA, Manuel. **Las razones del derecho**: teorías de la argumentación jurídica. México: Universidad Nacional Autónoma de México, 2005, p. 122-123, tradução livre. No original: *"Pero, como antes se dijo, una decisión – de acuerdo con MacCormick – tiene que tener sentido no sólo en relación con el sistema, sino también en relación con el mundo. Y aunque MacCormick reconoce que en la justificación de una decisión en los casos difíciles lo que se produce es una interacción entre argumentos a partir de principios (incluyendo aquí el uso de la analogía) y argumentos consecuencialistas (cfr. MacCormick, 1978, p. 194), lo que resulta decisivo, en su opinión, son los argumentos consecuencialistas (cfr., en particular, MacCormick, 1983, p. 850). Dicho de otra manera, la argumentación jurídica – dentro de los límites marcados por los principios de universalidad, consistencia y coherencia – es esencialmente una argumentación consecuencialista."*

206. Segundo Ricardo Luis Lorenzetti, "[a] depuração conceitual parte do desfazimento dos mal-entendidos e do refinamento do campo de estudo. Dessas operações de limpeza resulta o método de análise, do qual suprimiríamos a característica de "econômico", já que ela provoca preconceitos entre os juristas, pelo menos em nosso âmbito. [...] Se considerarmos que o interesse da macroeconomia é a conduta humana, os preços e a atribuição de recursos escassos, compreende-se bem por que o direito se relaciona com ela." (LORENZETTI, Ricardo Luiz. **Teoria da decisão judicial**, cit., p. 190.). E, ainda a respeito do tema, Atienza proclama: *"Y las consecuencias jurídicas – como se ha visto en los ejemplos antes indicados – se evalúan en relación con una serie de valores, como la justicia, el sentido común, el bien común, la conveniencia pública, etc. Tales valores, por otro lado, son, al menos en parte, distintos en*

indeterminados' (abstratos em essência) possuem normatividade e eficácia externa,[207] como categorizá-los para que se possa dizer quais deles podem ou não ser considerados em um processo de tomada de decisão? Este aspecto parece apresentar uma contradição intrínseca à própria pretensão regulatória da nova norma.

Ocorre que, como indica Lorenzetti, "[a] utilidade do modelo reside na sua maleabilidade e na sua capacidade de predição",[208] permitindo ao operador alterar um único elemento e predizer os resultados que afetarão o conjunto, ou seja, o desfecho consequencialista, emanado de um raciocínio preditivo, tem sua utilidade na suposta segurança jurídica advinda desse enfrentamento das incertezas; porém, "não se pode afirmar que, para cada caso difícil, exista apenas uma resposta correta."[209]

Tudo gira em torno, ao fim e ao cabo, de um processo de escolha que envolve desfecho mais ou menos previsíveis, a indicar, efetivamente, alguma liberdade atribuível ao decisor, que terá de expressar as consequências que anteviu, ao decidir, para atender ao manto de proteção contido na LINDB. Com isso, a maior clareza quanto aos fundamentos apresentados permitiria até mesmo maior controle popular, uma vez que maior acervo de informações seria disponibilizado aos cidadãos:

> O direito à informação de que se acaba de tratar sumariamente não está ligado apenas – e a rigor sequer primariamente – à possibilidade de controle *jurídico* das escolhas do Estado em matéria de políticas públicas. Seu vínculo direto é com a prerrogativa assegurada ao povo, em um Estado democrático, de exercer controle *político* sobre a atuação do Estado, seja na via periódica das eleições, seja na via contínua de protestos e pressões sobre os representantes eleitos. Em suma: a sonegação dos dados sobre receitas e despesas públicas inviabiliza os controles jurídico e político e nessa medida poderá exigir soluções jurídicas que assegurem, coativamente se necessário, o acesso à informação.[210]

Imagine-se agora este exato cenário em uma gestão pública norteada pela tecnologia:

> Enquanto isso, a tecnologia digital avançou. Hoje, o objetivo geral das regras de aquisição – supervisão rigorosa e transparência – provavelmente seria melhor atendido pelo uso da tecnologia. O código do *software* pode fazer parte do trabalho que os códigos de leis costumavam fazer. Uma visualização gráfica em rede, alimentada por dados e facilmente acessada por qualquer cidadão, possibilitaria ver a imagem das compras para uma determinada cidade de novas maneiras. E a análise de *big data* pode apontar anomalias em contratos ou no desempenho público em tempo real, uma abordagem mais eficiente do que usar um procedimento de contratação de mão aberta para tentar prever e evitar antecipadamente todos os problemas e más práticas. Imagine-se um cenário composto pelos resultados gerados por qualquer aquisição avaliada em relação a todas as outras aquisições similares em qualquer período de tempo; imagine-se poder declarar um problema e, em seguida, trabalhar em cooperação com as empresas para descobrir uma solução conjunta que possa ser escalada em várias cidades, com

---

cada rama del derecho: por ejemplo, en derecho penal un valor básico es el de la paz o el orden público, mientras que en el derecho de contratos lo será la libertad personal para perseguir determinados fines, etc." ATIENZA, Manuel. **Las razones del derecho**, cit., p. 124.
207. ÁVILA, Humberto. **Teoria dos princípios**, cit., p. 101. Destaca: "(...) Como os princípios constitucionais protegem determinados bens e interesses jurídicos, quanto maior for o efeito direto ou indireto na preservação ou realização desses bens, tanto maior deverá ser a justificação para essa restrição por parte do Poder Público (...).".
208. LORENZETTI, Ricardo Luiz. **Teoria da decisão judicial**, cit., p. 195.
209. ATIENZA, Manuel. **Las razones del derecho**, cit., p. 125, tradução livre. No original: "(...) *no puede pretenderse que para cada caso difícil existe una única respuesta correcta.*"
210. BARCELLOS, Ana Paula de. Neoconstitucionalismo, direitos fundamentais e controle das políticas públicas. **Revista de Direito Administrativo**, Rio de Janeiro, v. 240, n. 3, p. 83-103, abr./jun. 2005, p. 100.

o pagamento a ser alocado com base no desempenho de valor agregado. As atuais leis estaduais de compras nos Estados Unidos retardam ou proíbem a maioria dessas novas abordagens. Portanto, não basta inovar nos limites do sistema e conquistar seus advogados. É necessária uma reforma legal – na verdade, reescrevendo os estatutos normativos do Estado.[211]

Se os dados podem contribuir para alimentar a experiência decisional, provendo de evidências pretéritas o exercício do labor consequencialista, através do método comparativo,[212] não haverá de se cogitar de qualquer espécie de limitação à escalabilidade do uso da tecnologia para a otimização de resultados, que poderá até mesmo se valer de substratos colhidos na experiência estrangeira.

A moralidade administrativa, descrita por parâmetros eminentemente subjetivos, passa a ser reformulada na medida em que a inovação pública avança no contexto informacional. Dados passam a nortear o processo de escolhas e o consequencialismo jurídico, se utilizado para combater de forma extrusiva o indesejado árbitro do decisor, acabará por se relegar a meras fórmulas preditivas.

Toda a procedimentalização administrativa – e sobre esse tema o capítulo seguinte trará maiores esclarecimentos – demandará intervenções de controle, até mesmo para conter o uso irrestrito de mecanismos decisionais que se valem, por exemplo, da inteligência artificial.

3.3.2 Consensualização, discricionariedade e concertação administrativa

Para bem situar o tema em análise, importa distinguir o papel da consensualização na ruptura com o labor decisional meramente discricionário que, como se visualizou no tópico anterior, vem sendo normativamente repudiado, a ponto de se promover larga reforma para a contenção da inovação pública. O que se verá, inclusive a título de proposta conciliatória, é que a concertação administrativa advinda da consensualidade

---

211. GOLDSMITH, Stephen; CRAWFORD, Susan. **The responsive city**: engaging communities through data-smart governance. São Francisco: Jossey-Bass, 2014, p. 153-154, tradução livre. No original: "*Meanwhile, digital technology has advanced. Today the overall purpose of procurement rules – strict oversight and transparency – would probably be better served by using technology. Software code can do some of the work that the legal code used to. A networked, graphical visualization, fed by data and easily accessed by any citizen, would make it possible to see the picture of procurement for a given city in new ways. And big data analytics could target anomalies in contracts or performance in real time, a more efficient approach than using a ham-handed contracting procedure to try to foresee and forestall all waste and malfeasance in advance. Imagine a picture of the outcomes generated by any one procurement measured against all other similar procurements over any period of time; imagine being able to state a problem and then work cooperatively with companies to figure out a joint solution that could scale across multiple cities, with payment to be allocated based on the value-added performance. Current state procurement laws in the United States slow or prohibit most of these new approaches. Therefore, it's not enough to innovate at the edges of the system and win over its lawyers. Legal reform – actually rewriting state statutes – is required.*"
212. Sobre o método comparativo, destaca Thiago Marrara: "É possível que se comparem objetos de um mesmo ordenamento, mas em períodos históricos diferentes (*e.g.* as licitações antes e depois da Lei n. 8.666/1993); objetos contemporâneos de um mesmo ordenamento jurídico, mas regidos por diferentes áreas jurídicas (*e.g.* a *reformatio in pejus* no processo administrativo e no processo penal) ou objetos que, dentro de um mesmo Estado, são regidos por normas diversas em diferentes níveis políticos (*e.g.* as infrações disciplinares dos agentes públicos no âmbito da União e de cada Estado da federação brasileira). O método comparativo, portanto, não exige que se passe pelo direito estrangeiro. Há comparações internas, horizontais ou verticais, e comparações horizontais abrangendo ordenamentos jurídicos de dois ou mais Estados soberanos." MARRARA, Thiago. Método comparativo e direito administrativo. **Revista Jurídica Unigran**, Dourados, v. 16, n. 32, p. 25-37, jul./dez. 2014, p. 29.

administrativa e introjetada nas práticas estatais tem o condão de reforçar a proteção de direitos nesse novo contexto.

Antes, porém, mister a leitura da reflexão de Alexandre Aragão:

> Toda aplicação de normas jurídicas gera uma atividade discricionária, pois sempre haverá mais de uma interpretação plausível a ser adotada. A escolha entre uma delas é uma atividade discricionária. Porém, os operadores do Direito estão jungidos a aplicar uma entre as interpretações que sejam plausíveis de acordo com a ciência do Direito. A palavra final sobre qual das interpretações plausíveis deve prevalecer e até mesmo sobre quais delas são plausíveis não pode, face à garantia constitucional de acesso à justiça, ser a priori retirada do Judiciário, até porque ele é o juiz da própria competência e apenas as suas decisões transitam em julgado. Por mais que discordemos delas e a critiquemos, ela que é o direito posto, pelo menos para aquele caso concreto.[213]

Por tudo o que se expôs nos tópicos precedentes, nota-se que ainda pairam dúvidas sobre o adequado limite que se deve buscar para o reforço da confiança e, por conseguinte, da legitimidade das decisões. Nesse aspecto, Lorenzetti fala de uma 'democracia constitucional',[214] decorrente do paradigma de um Estado de Direito Constitucional, marcado pela imposição dos deveres de proteção a bens jusfundamentais.[215]

O que se procura investigar, nesse particular, é o adimplemento das obrigações constitucionais[216] para que seja viável a própria continuidade do Estado Democrático de Direito:

> A garantia da continuidade não visa à existência do direito uma vez dado; ela parte, ao contrário, do desenvolvimento do direito, mas pede que ele resulte "contínuo", ou seja, constante e consequente, sob evitação de modificações abruptas, a saltos ou discordantes. Isso pode, excepcionalmente, também uma vez levar à omissão ou à retardação de uma modificação jurídica e, com isso, à persistência temporária de regulações determinadas ou institutos jurídicos determinados. Uma garantia de

---

213. ARAGÃO, Alexandre Santos de. Subjetividade judicial na ponderação de valores: alguns exageros na adoção indiscriminada da teoria dos princípios. In: ALMEIDA, Fernando Dias Menezes de; MARQUES NETO, Floriano de Azevedo; MIGUEL, Luiz Felipe Hadlich; SCHIRATO, Vitor Rhein (Coord.). **Direito público em evolução**: estudos em homenagem à Professora Odete Medauar. Belo Horizonte: Fórum, 2013, p. 71.
214. LORENZETTI, Ricardo Luiz. **Teoria da decisão judicial**, cit., p. 334-335. Anota: "As maiorias poderiam tomar decisões inconstitucionais, como, por exemplo, apoiar o terrorismo de Estado, ou a pena de morte, e em tais casos as mencionadas decisões encontram seu limite na norma constitucional. As graves sequelas produto do fanatismo pelas grandes ideias geraram um 'pensamento débil' em sentido metafísico, característico das sociedades ocidentais. A prioridade está dada pela 'vaga, mas poderosa, ideia da dignidade humana' antes que pelos grandes projetos históricos. Daí a busca por 'entrincheirar determinados interesses dos indivíduos, de modo que eles não possam ser deixados de lado, contra a sua vontade, em atenção aos interesses julgados mais importantes...' Ninguém discute que devem existir limites jurídicos na proteção das minorias, mas há vários aspectos que são difíceis de se precisar."
215. SILVA, Jorge Pereira da. **Deveres do Estado de protecção a direitos fundamentais**, cit., p. 343. Nos dizeres do autor: "Em algumas análises da estrutura das relações jusfundamentais triangulares, porventura até nas mais frequentes, o *titular do direito fundamental* ameaçado ocupa formalmente a primeira posição. Afinal, é a ele que o Estado deve protecção. Assim como é ele que, eventualmente, pode ser credor junto do Estado de acções positivas de protecção, traduzidas em prestações jurídicas e fáticas. Noutras análises, porém, tal como aqui, os mesmos problemas são versados em segundo lugar, depois das questões relativas à detecção e avaliação dos diferentes perigos e riscos, que no fundo estão na origem da própria figura dos deveres estaduais de protecção. De toda a maneira, independentemente dos méritos das diferentes sistematizações adoptadas, o que sobretudo interessa notar é o facto de, nuns casos, o esforço dogmático se orientar na direcção do *sujeito jusfundamental*, procurando determinar quem são os titulares dos direitos a proteger, ao passo que, noutros casos, o empenho da doutrina é colocado sobretudo na identificação dos *direitos fundamentais* que podem e devem ser protegidos pela acção estatal."
216. MARTINS, Fernando Rodrigues. **Controle do patrimônio público**, cit., p. 256 *et seq*.

continuidade absoluta, de certo modo, barrante, que somente quer assegurar o tornado no trâmite do desenvolvimento, contudo, não pode existir. A garantia da continuidade é ajustada relativamente, ao ela orientar-se nos dados jurídicos e fáticos e evoluir esses espontaneamente em conformidade com as concepções de objetivos políticos agora determinantes.[217]

A legitimidade da atuação estatal passa pela proteção da confiança e da noção de continuidade do Poder Público, se revelando sob diversas facetas na consolidação do princípio democrático. A mais essencial delas decorre da obtenção do consentimento da maioria do povo – verdadeiro detentor do poder –, consentimento este que "não pode ser manipulado, devendo ser obtido a partir da livre formação de opinião".[218]

Em um contexto de grandes e reiterados questionamentos ao modelo de produção legislativa do Estado, alternativas se corporificam para aproximar os cidadãos do Estado, no fenômeno chamado 'consensualização'. Como consequência, se robustece o paradigma democrático, que é revisitado pelo implemento de novos instrumentos decisionais.

O tema não é atualíssimo, uma vez que propostas em torno de sua efetivação já são apontadas há décadas. Um exemplo foi a proposta de uma 'organização dialética', de Orion White,[219] que já em 1969 vislumbrou a necessidade de integração pelo diálogo. Diversas outras se seguiram até que se chegou ao conceito de 'concertação administrativa' de Eurico Bitencourt Neto:

> A concertação, nesse sentido de busca de consensos sobre questões econômicas e sociais, é tributária do princípio democrático, na medida em que, não desconhecendo os conflitos inerentes a uma sociedade plural, substitui decisões unilaterais de gabinete por processos de discussão e persuasão, ou, em outras palavras, substitui uma atuação impositiva por uma atuação negociada e consensual. Nessa perspectiva, a Administração concertada tende a se procedimentalizar, no âmbito das vinculações jurídico-constitucionais da função administrativa, a fim de que os processos de negociação e busca de consensos sociais se desenvolvam sob o pálio da transparência, da igualdade, da imparcialidade e das demais imposições da juridicidade.[220]

Esse conceito revela um novo modo de interação entre o Estado e os particulares, não apenas para a consagração dos modais de consenso já analisados anteriormente,

---

217. MAURER, Hartmut. **Contributos para o direito do estado**, cit., p. 60. Ainda acrescenta: "O princípio da proteção à confiança parte da perspectiva do cidadão. Ele exige que sua confiança na existência de regulações estatais e na segurança de atuação estatal, às quais suas esperanças e disposições se referem, seja considerada."
218. ZIPPELIUS, Reinhold. **Introdução ao estudo do direito**. Tradução de Gercélia Batista de Oliveira Mendes. Belo Horizonte: Del Rey, 2006, p. 132. Ainda acrescenta: "Sendo o povo detentor primário do poder estatal e que o poder de todos os órgãos do Estado emana dele, "toda forma de exercício do poder estatal necessita – direta ou indiretamente – de legitimação democrática. (...) Portanto, a característica do processo democrático reside no fato de que o poder exercido sobre o povo é sustentado pelo consentimento deste – na prática, pelo consentimento da maioria."
219. Sobre o caso, veja-se: "Entre os que enfocaram mais diretamente essa questão encontrava-se Orion White, cujo trabalho "The dialectical organization" (1969) sugeriria a importância de uma interação ativa e contínua do pessoal das repartições com grupos de usuários em busca de políticas e procedimentos que levassem em conta todos os interesses. (...) White (1971) buscou essa noção, descrevendo a adaptação administrativa antes em termos de confronto e consenso em torno de valores éticos do que em termos de negociação e barganha, o que conduziria à imposição de uma solução pelo mais poderoso ou à prática de concessão mútua entre seus interesses. Para perseguir sua alternativa (uma "política de amor"), White fez a defesa da adaptação pela comunicação aberta, da igualdade pela distribuição funcional de poder e do reconhecimento consciente dos princípios ideológicos que orientam a ação." DENHARDT, Robert B.; CATLAW, Thomas J. **Teorias da Administração Pública**, cit., p. 175.
220. BITENCOURT NETO, Eurico. **Concertação administrativa interorgânica**, cit., p. 193.

mas para o imprescindível reforço da legitimidade das decisões. Esse desafio pressupõe o entrelaçamento do direito a substratos éticos[221] e a integração de normas – muitas delas extraídas da experiência milenar do direito privado – para a propagação de efeitos próprios e, em linhas essenciais, consensuais.

Não se trata, porém, de uma fuga para o direito privado:

> A atividade concertada da Administração, se, por um lado, desborda de uma tradicional concepção novecentista de que o Direito Administrativo sempre expressa relações de supremacia sobre os particulares e, portanto, o seu instrumento de ação é sempre o ato unilateral, por outro lado, não se deve considerar manifestação administrativa sujeita ao Direito Privado. Em outras palavras, o os instrumentos de concertação administrativa não significam uma fuga para o Direito Privado. Tal afirmação se explica a partir de duas razões principais. A primeira é que a Administração, mesmo quando faz uso de instrumentos de Direito Privado, não deixa de exercer função, isto é, de concretizar finalidades de interesse público, normativamente estipuladas. (...) A segunda é que a atividade administrativa consensual não se formaliza, em regra, por instrumentos de Direito Privado, antes faz uso de instrumentos publicísticos, sem equivalentes nas relações privadas.[222]

Se, no modelo hierarquizado e unilateral da Administração Pública, o dever de motivas as decisões é visto com festejo por permitir maior controle,[223] também na lógica consensual o cumprimento da função de guiar a conduta humana é que fará o direito atingir o patamar de estabilização social que lhe é inerente.

A concertação administrativa tem nuances próprias e "pode envolver entes estatais (no caso brasileiro, a União, os Estados Federados, o Distrito Federal e os Municípios) entre si, entes estatais e entidades da Administração indireta, (...) além de entidades da Administração indireta entre si."[224]

---

221. LEAL, Rogério Gesta. Imbricações necessárias entre moralidade administrativa e probidade administrativa. **A&C – Revista de Direito Administrativo & Constitucional**, Belo Horizonte, a. 14, n. 55, p. 87-107, jan./mar. 2014, p. 90. Aduz: "A questão é que direito e moral estão diferenciados do ethos da sociedade, isto é, são, por óbvio, fruto de uma sociedade, mas, por outro lado, não são o espelho desta mesma sociedade. Eles são também respostas a mesmos problemas: como é possível ordenar legitimamente relações interpessoais e coordenar entre si ações servindo-se de normas justificadas? E como é possível solucionar consensualmente conflitos de ação na base de regras e princípios normativos reconhecidos intersubjetivamente? É possível porque aquelas normas morais e éticas forjam-se a partir da constituição de um mundo racional e intersubjetivamente compartilhado, fundada a partir de princípio que transcenda o contexto pessoal e hermenêutico de cada ser autônomo no exercício de sua liberdade individual, (...). O ponto de corte entre o bom e o justo, ou seja, entre o ético e o moral, entendido o primeiro como uma totalidade cultural localizada e o segundo como o dado universal, é justamente a possibilidade de 'universalização' de normas éticas para morais."
222. BITENCOURT NETO, Eurico. **Concertação administrativa interorgânica**, cit., p. 363-364.
223. ATIENZA, Manuel. **Las razones del derecho**, cit., p. 6-7. Comenta: "*[L]a obligación que se establece (...) de motivar –justificar – las decisiones, no sólo contribuye a hacerlas aceptables (y esto resulta especialmente relevante en sociedades pluralistas que no consideran como fuente de legitimidad o de consenso cosas tales como la tradición o la autoridad), sino también a que el derecho pueda cumplir su función de guía de la conducta humana.*"
224. BITENCOURT NETO, Eurico. **Concertação administrativa interorgânica**, cit., p. 198-199. Acrescenta: "Trata--se, em síntese, dos múltiplos acordos que se podem travar envolvendo, nos polos da relação, pessoas jurídicas estatais, sejam entes políticos, sejam entes auxiliares ou instrumentais. Ficam excluídos do campo da concertação administrativa os ajustes pactuados entre entidades estatais e entes privados sem fins lucrativos, que compõem o chamado terceiro setor. Nesse âmbito, estão as entidades qualificadas, no Direito brasileiro, como 'organizações sociais' ou como 'organizações da sociedade civil de interesse público', que firmam com o Estado contratos de gestão ou termos de parceria, que disciplinam um regime jurídico próprio para o chamado fomento social. Tais entidades, não sendo pessoas da Administração indireta do Estado, mas 'alheias à estrutura governamental', não têm suas relações pactuadas com o Poder Público incluídas na esfera da concertação interadministrativa."

A partir dessa lógica, parte da doutrina passou a correlacionar a mencionada reforma à Lei de Introdução às Normas do Direito Brasileiro, particularmente o disposto nos artigos 26, caput, e 27, § 2º, com a lógica consensual da 'Administração concertada':

Com efeito, os dispositivos:

> Art. 26. Para eliminar irregularidade, incerteza jurídica ou situação contenciosa na aplicação do direito público, inclusive no caso de expedição de licença, a autoridade administrativa poderá, após oitiva do órgão jurídico e, quando for o caso, após realização de consulta pública, e presentes razões de relevante interesse geral, celebrar compromisso com os interessados, observada a legislação aplicável, o qual só produzirá efeitos a partir de sua publicação oficial.
> § 1º O compromisso referido no caput deste artigo:
> I – buscará solução jurídica proporcional, equânime, eficiente e compatível com os interesses gerais;
> II – (VETADO);
> III – não poderá conferir desoneração permanente de dever ou condicionamento de direito reconhecidos por orientação geral;
> IV – deverá prever com clareza as obrigações das partes, o prazo para seu cumprimento e as sanções aplicáveis em caso de descumprimento.
> § 2º (VETADO)".
>
> "Art. 27. A decisão do processo, nas esferas administrativa, controladora ou judicial, poderá impor compensação por benefícios indevidos ou prejuízos anormais ou injustos resultantes do processo ou da conduta dos envolvidos.
> § 1º A decisão sobre a compensação será motivada, ouvidas previamente as partes sobre seu cabimento, sua forma e, se for o caso, seu valor.
> § 2º Para prevenir ou regular a compensação, poderá ser celebrado compromisso processual entre os envolvidos.

No caso específico do artigo 26, *caput*, a passagem que menciona a possibilidade de celebração de "compromisso com os interessados" e, no artigo 27, §2º, o trecho que permite a celebração de "compromisso processual entre os envolvidos" são vistos pela doutrina como gatilhos normativos à concertação pelo incremento na "utilização dos termos de compromisso ou ajustamento de gestão, reduzindo custos e diminuindo o tempo de resposta da ação controladora."[225]

A possibilidade de consultas públicas também é reafirmada a partir da leitura dos dispositivos, especialmente em casos que envolvam: (i) negociações vultosas, como em acordos de investimentos com cifras bilionárias; (ii) na elaboração de cláusulas que tenham impactos sobre o direito concorrencial, sobre o direito econômico, ou que importem a escolha de pessoas específicas para que se beneficiem dos benefícios gerados pelo acordo; (iii) nos casos que envolvam grande sensibilidade social, política ou humanitária do acordo; (iv) quando o cenário do compromisso for complexo e os interesses em jogo forem difíceis de se mapear para a aferição de seus reais impactos.[226]

---

225. FERRAZ, Luciano. LINDB consagra controle consensual da administração pública, 7 jun. 2018. **Consultor Jurídico**. Disponível em: https://www.conjur.com.br/2018-jun-07/interesse-publico-lindb-consagra-controle--consensual-administracao-publica. Acesso em: 20 jun. 2023.
226. GUERRA, Sérgio; PALMA, Juliana Bonacorsi de. Art. 26 da LINDB: novo regime jurídico de negociação com a Administração Pública. **Revista de Direito Administrativo**, Rio de Janeiro, Edição Especial: Direito Público na

Em relação a isso, Floriano de Azevedo Marques Neto e Rafael Véras de Freitas ainda comentam que:

> Ademais disso, temos que o dispositivo em comento servirá como um permissivo genérico para a celebração de acordos, no âmbito da função de polícia administrativa. Explicamos. Como já se teve a oportunidade de asseverar (...), o poder público dispõe de uma miríade de modelos de acordos dos quais se pode valer no seu atuar. Para o que aqui importa, é de se destacar os *acordos integrativos*, os *acordos substitutivos* e os *acordos complementação*. Os *acordos integrativos* têm por desiderato viabilizar a edição de um ato administrativo unilateral, de modo mais harmônico, com as necessidades do caso concreto ou com as características de seu destinatário. Assim é que, nessa modalidade, há a negociação do conteúdo do ato unilateral com os particulares. Os *acordos substitutivos*, por sua vez, são vocacionados à substituição do processo administrativo sancionador ou da própria sanção, a depender do regime jurídico previsto em lei. Os acordos complementação, por sua vez, têm por desiderato complementar, por meio do consenso, o ato administrativo final que será produzido. O art. 26 endereça soluções para essas três espécies de acordos. Em sua parte inicial, servirá como um permissivo genérico para a celebração dos *acordos integrativos*, ao permitir a celebração de compromisso "inclusive no caso de expedição de licença".[227]

A ideia, nesse contexto, é concretizar as chamadas relações administrativas multipolares ou poligonais, descritas por Hartmut Maurer[228] e sintetizadas por Eurico Bitencourt Neto, "que se revelam aptas para regular situações complexas, com a presença de múltiplos interesses concorrentes e uma interpenetração de interesses públicos e privados."[229]

Não se olvide, por derradeiro, dos impactos do artigo 27, §2º, da LINDB, que almeja integrar aos processos administrativos a lógica estabelecida no novo Código de Processo Civil (Lei nº 13.105/2015) para os negócios jurídicos processuais:

> Os parágrafos do artigo cuidam de questões mais práticas. (...) O §2º dispõe que, 'para prevenir ou regular a compensação, poderá ser celebrado compromisso processual entre os envolvidos'. Trata-se de regra inspirada na ideia de negócio jurídico processual, que o Código de Processo Civil vigente encampou em seu art. 190, segundo o qual, 'versando o processo sobre direitos que admitam autocomposição, é lícito às partes plenamente capazes estipular mudanças no procedimento para ajustá-lo às especificidades da causa e convencionar sobre os seus ônus, poderes, faculdades e deveres processuais, antes ou durante o processo'. A novidade foi, para fins específicos de prevenir ou regular a compensação por prejuízos ou benefícios do processo, autorizar o negócio jurídico de modo expresso nas searas que não a judicial. Agora, mesmo quando não haja espaço para consensualidade quanto à questão pública de fundo, o negócio jurídico processual é possível em quaisquer processos da esfera de controle (como

---

Lei de Introdução às Normas de Direito Brasileiro – LINDB (Lei nº 13.655/2018), p. 135-169, nov. 2018, p. 149.
227. MARQUES NETO, Floriano de Azevedo; FREITAS, Rafael Véras de. **Comentários à Lei nº 13.655/2018 (Lei de Segurança para a Inovação Pública)**, cit., p. 102.
228. MAURER, Hartmut. **Direito administrativo geral**, cit., p. 191.
229. BITENCOURT NETO, Eurico. Transformações do Estado e a Administração Pública no século XXI. **Revista de Investigações Constitucionais**, cit., p. 214. Acrescenta: "No primeiro caso, tem-se o fenômeno da multipolaridade quando a Administração atua de modo genérico, no campo da chamada atividade reguladora ou infraestrutural, na medida em que as decisões administrativas atingem um número muitas vezes indeterminado de pessoas. Para além disso, boa parte das decisões da Administração infraestrutural, embora dirigidas a um destinatário ou a alguns destinatários determinados, no âmbito de uma relação bilateral, tem seus efeitos, direta ou indiretamente, estendidos a uma multiplicidade de destinatários. (...) Nessas situações, a atuação da Administração, para além dos interesses imediatos que visa a compor, alcança uma plêiade de outros interesses reflexos, bem como envolve, no mais das vezes, avaliação de riscos e ponderação entre múltiplos bens e valores."

tribunais de contas) e da esfera administrativa (como os processos sancionadores ou de adjudicação de agências reguladoras), para os fins apontados no art. 27 em referência.[230]

Com efeito, tem-se a retomada de uma lógica de consenso para além da revisão da questão jurídica de fundo. A abertura do § 2º do artigo 27 à potencial celebração de negócios jurídicos processuais, nos processos administrativos (em atenção ao permissivo específico já contido no artigo 15 da legislação processual civil[231]), semelhantes aos dos processos judiciais, regidos pelo artigo 190 do CPC de 2015, conferiu novos contornos à compreensão do processo enquanto instituto instrumental, situado no liame entre o direito e a economia.

Com isso se passou a suscitar questionamentos não apenas sobre a criação de mecanismo típico de Análise Econômica do Direito no ordenamento pátrio, para além da mera sacramentação do método consequencialista, mas também quanto à reformulação dos limites entre os interesses público e privado nessa transição para a consensualidade.

3.4 INTERESSE PÚBLICO VS. INTERESSE PRIVADO E A TRANSIÇÃO PARA A CONSENSUALIDADE

Para a consolidação do tema sob análise, mister a análise da diferenciação entre os interesses público e privado, a fim de que se possa aferir a continuidade da supremacia do primeiro em relação ao segundo nesse novo contexto no qual o direito administrativo está inserido hodiernamente.

Para tanto, antes de mais nada, crucial estabelecer a distinção entre os interesses públicos primário e secundário, primeiramente proposta pelo italiano Renato Alessi:

> Esses interesses públicos, coletivos, dos quais a administração deve cuidar da satisfação, não são, é bem conhecido, simplesmente, o interesse da administração pretendida como aparato organizacional, embora o que tenha sido chamado de interesse público primário, formado pelo complexo dos interesses individuais que prevalecem em uma determinada organização jurídica da comunidade, enquanto o interesse [da Administração enquanto] aparato, considerado unitariamente, puder ser concebido, seria simplesmente um dos interesses secundários sentidos na comunidade e que pode ser realizado apenas em caso de coincidência e dentro dos limites dessa coincidência, com o interesse coletivo primário. (...) No entanto, a importância do fato de a administração poder fazer uso desses meios oferecidos pelo direito privado não parece ter valor, tanto para um objetivo que chamaremos de privatista, quanto para um objetivo que pode ser definido como publicista: pode, de fato, usá-lo para o objetivo de realizar interesses meramente secundários e patrimoniais (interesses próprios do sujeito jurídico, como tal, pertencentes ao seu patrimônio, bem entendidos em sentido jurídico), portanto distintos do interesse público, que é de amplo interesse, interesse da sociedade, grupo social inteiro organizado no âmbito do Ente: p.ex. quando o órgão público administra seus ativos disponíveis, administra um fundo agrícola de propriedade privada, celebra contratos de *leasing* e assim por diante. (...) Como a determinação intencional unilateral da administração não pode ter refletido direitos fora da esfera administrativa da própria administração, precisamente porque a administração não tem posição para satisfazer o interesse secundário da entidade administrativa da supremacia jurídica sobre os particulares, em que

---

230. SUNDFELD, Carlos Ari; VORONOFF, Alice. Art. 27 da LINDB: quem paga pelos riscos dos processos? **Revista de Direito Administrativo**, Rio de Janeiro, Edição Especial: Direito Público na Lei de Introdução às Normas de Direito Brasileiro – LINDB (Lei nº 13.655/2018), p. 171-201, nov. 2018, p. 179-180.

231. "Art. 15. Na ausência de normas que regulem processos eleitorais, trabalhistas ou administrativos, as disposições deste Código lhes serão aplicadas supletiva e subsidiariamente."

é necessário implementar mudanças legais, como as que se refletem fora desta esfera, nas esferas dos sujeitos particulares, como qualquer sujeito submetido ao direito privado, a administração terá que fornecer contratualmente, ou seja, coordenar sua vontade com a do sujeito em cuja esfera a modificação legal visada pela administração deve refletir diretamente. (...) Portanto, em casos duvidosos, para poder admitir a configurabilidade privatística do relacionamento, deve ficar claro que a administração pretendia agir para realizar diretamente um interesse patrimonial, sem considerar diretamente um interesse público geral.[232]

A dicotomia proposta por Alessi foi trazida ao ordenamento brasileiro por Celso Antônio Bandeira de Mello,[233] com proposição no sentido de serem os interesses primários manifestações dos interesses privados emanados da condição individual de cada partícipe da sociedade e que, combinados em um plexo, ensejariam a natureza pública do interesse geral; por sua vez, seriam secundários os interesses que dizem respeito apenas ao Estado como pessoa jurídica autônoma. Sem dúvidas, a questão da sobreposição dos interesses primários em relação aos secundários é um ponto de partida essencial para a compreensão da questão, especialmente para que se possa aferir a existência ou não de uma supremacia entre ambos.

Marçal Justen Filho critica a designação dos interesses secundários como 'públicos', argumentando que "nenhum interesse público se configura como conveniência egoística da Administração Pública. O chamado interesse secundário (Alessi) ou interesse da Administração Pública não é público".[234] Nesse sentido, somente importaria considerar – até mesmo para se falar na possível sobreposição de interesses – no interesse público dito primário, dotado de características que o tornem afeto à coletividade.

---

232. ALESSI, Renato. **Principi di diritto amministrativo**: i soggetti attivi e l'esplicazione della funzione amministrativa. 4. ed. Milão: Giuffrè, 1978, t. 1, §126, p. 200-201; 234; 244-245, tradução livre. No original: *"Questi interessi pubblici, collettivi, dei quali l'amministrazione deve curare il soddisfacimento, non sono, si noti bene, semplicemente, l'interesse dell'amministrazione intese come apparato organizzativo, sebbene quello che è stato chiamato l'interesse collettivo primario, formato dal complesso degli interessi individuali prevalenti in una determinata organizzazione giuridica della collettività, mentre l'interesse dell'apparato, se può esser concepito un interesse dell'apparato unitariamente considerato, sarebbe semplicemente uno degli interessi secondari che si fanno sentire in seno alla collettività, e che possono essere realizzati soltanto in caso di coincidenza, e nei limiti di siffata coincidenza, con l'interesse collettivo primario. (...) Non sembra però privo di valore il rilievo del fatto che l'amministrazione può avvalersi di questi mezzi offerti dal diritto privato sia per una finalità che chiameremo privatistica, sia per una finalità che si può definire pubblicistica: può invero avvalersene per la finalità di dare realizzazione ad interessi meramente secondari e patrimoniali (interessi propri del soggetto giuridico come tale, attinenti al suo patrimonio, inteso in senso giuridico, ben s'intende) ben distinti quindi dall'interesse pubblico, che è interesse diffuso, interesse dell'intero gruppo sociale organizzato nell'ente: ad es. quando l'ente pubblico amministra i suoi beni patrimoniali disponibili, amministra un fondo agricolo posseduto iure privatorum, stipula contratti di locazione medesimo, e così via. (...) Non potendo la determinazione volitiva unilaterale dell'amministrazione avere diritti riflessi al di fuori della sfera giuridica dell'amministrazione stessa, appunto in quanto che per il soddisfacimento dell'interesse secondario del soggetto amministrativo l'amministrazione non gode di alcuna posizione di supremazia giuridica sui privati, ove occorra attuare modificazioni giuridiche tali da riflettersi al di fuori di tale sfera, sulle sfere dei soggetti privati, al pari di ogni soggetto sottoposto al diritto privato l'amministrazione dovrà provvedere contrattualmente, vale a dire coordinando la propria volontà con quella del soggetto sulla cui sfera deve riflettersi direttamente la modificazione giuridica avuta di mira dall'amministrazione. (...) Perciò, nei casi dubbi, per potersi ammettere la configurabilità privatistica del rapporto, occorre che risulti ben chiaramente che l'amministrazione ha inteso agire per realizzare direttamente un interesse di ordine patrimoniale senza diretta considerazione per un interesse pubblico generale."*
233. BANDEIRA DE MELLO, Celso Antônio. **Curso de direito administrativo**. 33. ed. São Paulo: Malheiros, 2016, p. 65-66.
234. JUSTEN FILHO, Marçal. Conceito de interesse público e a "personalização" do direito administrativo. **Revista Trimestral de Direito Público**, São Paulo, n. 26, p. 115-136, 1999. p. 118.

Com uma classificação diversa, Carlos Ari Sundfeld aponta para a existência de 'interesses públicos em sentido mínimo', visualizados em situações nas quais, por força de lei, é gerado um dever de proteção, ao Estado, quanto a determinado bem jurídico, e, ainda, de 'interesses públicos em sentido forte', para os casos em que uma relação de prevalência entre valores é justificada, a ponto de se legitimar uma atuação estatal específica.[235]

No que diz respeito à supremacia do direito público sobre o privado, Daniel Wunder Hachem explica a existência de uma "dupla noção jurídica" do interesse público, tendo em vista que a doutrina juspublicista utiliza esse conceito em situações diferenciadas, empregando o mesmo termo para explicar fenômenos jurídicos diversos, categorizados em 'interesse público em sentido amplo' e 'interesse público em sentido estrito':

> Verifica-se, pois, que o interesse público é usado de acordo com duas noções diferentes pelo Direito Administrativo. Uma delas diz respeito a um interesse público em sentido amplo, genérico, considerado como todo o interesse protegido pelo ordenamento jurídico. Se o ato administrativo contrariar a finalidade da norma definida pelo sistema normativo, estará ofendendo o interesse público. A outra liga-se às situações em que se exige um interesse público em sentido estrito, especial, que se estiver presente autoriza a Administração Pública a agir. Para revestir-se de validade, o ato administrativo só poderá ser praticado se existente esse interesse público qualificado. Assim, pode-se dizer que num sentido negativo o interesse público impõe um limite legal à atuação administrativa: o desrespeito ao interesse público invalida o ato através da técnica do desvio de poder. Num sentido positivo, ele é uma condição para o exercício de determinada prerrogativa: apenas quando presente um interesse público qualificado, poderá agir a Administração.[236]

A partir dessa classificação, ganha maior clareza o objeto que se está a investigar e que parece se amoldar com perfeição ao modelo de Estado Social – já analisando em breves linhas no capítulo inicial deste trabalho. Porém, com o alvorecer do Estado Democrático de Direito, novas nuances passaram a irradiar seus efeitos sobre o direito público e, por conseguinte, sobre a própria noção de interesse público, abrindo espaço a uma flexibilização.

Trata-se de uma revisitação conceitual do direito administrativo no período pós-Segunda Guerra Mundial, conforme anota Emerson Gabardo:

---

235. SUNDFELD, Carlos Ari. Interesse público em sentido mínimo e em sentido forte: o problema da vigilância epidemiológica frente aos direitos constitucionais. **Interesse Público**, Porto Alegre, a. 6, n. 28, p. 29-42, nov./dez. 2004. p. 31.
236. HACHEM, Daniel Wunder. A dupla noção jurídica de interesse público em direito administrativo. **A&C – Revista de Direito Administrativo & Constitucional**, Belo Horizonte, a. 11, n. 44, p. 59-110, abr./jun. 2011, p. 67-68. E o autor ainda acrescenta: "Em ambas as noções, o interesse público desempenha uma de suas funções mais importantes para o Direito Administrativo: limitar juridicamente o exercício de competências administrativas. Ele se impõe como uma condição de validade dos atos administrativos, ora negativa (vedando condutas contrárias ao interesse público, genericamente tutelado pelo sistema normativo), ora positiva (autorizando condutas apenas quando estiver presente um interesse público especial, exigido expressa ou implicitamente pelo ordenamento jurídico). Como pressuposto de validade na vertente negativa, o exemplo clássico é o do desvio de poder. Esse ocorrerá sempre que a autoridade administrativa expedir um ato de sua competência tendo um objetivo diverso daquele previsto na lei que lhe conferiu a competência para agir. O ato será anulado em tal hipótese, uma vez que perseguiu um interesse pessoal do agente ou de um terceiro, e não o interesse público. Em outras oportunidades, o interesse público figurará como condição positiva de validade de um ato administrativo, constituindo o fundamento da ação administrativa. A desapropriação é um ótimo exemplo: a prerrogativa de expropriar só poderá ser utilizada quando um interesse público especial (utilidade pública, interesse social) estiver presente, autorizando o seu exercício."

A perspectiva contemporânea e que é suscitada simultaneamente ao Estado social interventor do pós-guerra decorre de uma visão conceitual do Direito administrativo pautada no seu regime jurídico (portanto, mediante a identificação de um interesse público que é encontrado não diretamente na vontade do povo ou na ontologia da solidariedade social, mas sim nos termos de um sistema constitucional positivo e soberano, cujo caráter sócio-interventor precisa conviver em um equilíbrio complexo com direitos subjetivos). Sendo assim no Direito administrativo contemporâneo, em certa medida, recoloca-se a ênfase na noção de "poder público", porém, a partir de novos contornos.[237]

Nesse aspecto, certos temas como a inovação pública e seus impactos para o direito administrativo revelam como o consequencialismo não se pode ter o descompromisso com o acervo fundante da democracia. Significa dizer que "nem o sistema jurídico é autorregulável por inteiro – ainda que completável –, nem a discrição é absolutamente franqueada ao agente público".[238] Com isso, impõe-se uma releitura da relação entre Administração e administrados a partir de diversos pressupostos, como os seguintes:

a) a redefinição da ideia de supremacia do interesse público sobre o particular, com o reconhecimento de que os interesses privados podem recair sob a proteção da Constituição e exigir ponderações em concreto;

b) a conversão do princípio da legalidade administrativa em princípio da juridicidade, admitindo-se que a atividade administrativa possa buscar seu fundamento de validade diretamente na Constituição, que também funciona como parâmetro de controle;

c) a possibilidade de controle judicial do mérito do ato administrativo, com base em princípios constitucionais como a moralidade, a eficiência, a segurança jurídica e, sobretudo, a razoabilidade/proporcionalidade.[239]

A proposta de redefinição da supremacia do interesse público sobre o particular, indicada por Luis Roberto Barroso, rompe com uma visão tradicionalista e baseada em verdadeiro conceito jurídico indeterminado, qual seja, a noção de 'bem comum', de caráter abstrato, uma vez que, em termos objetivos, o 'interesse público' não é singelamente considerado o resultado da somatória dos interesses individuais de cada membro do corpo social.[240] Desse modo, o próprio conceito de 'bem comum' passa a demandar revitalização em sintonia com a redemocratização subsequente ao Estado Social,[241] impondo uma releitura constitucional de seus impactos, conforme assevera José Sérgio da Silva Cristóvam:

---

237. GABARDO, Emerson. O princípio da supremacia do interesse público sobre o interesse privado como fundamento do Direito Administrativo Social. **Revista de Investigações Constitucionais**, Curitiba, v. 4, n. 2, p. 95-130, maio/ago. 2017, p. 97.
238. FREITAS, Juarez. As políticas públicas e o direito fundamental à boa administração. **Nomos: Revista do Programa de Pós-Graduação em Direito da UFC**, cit., p. 210.
239. BARROSO, Luis Roberto. A constitucionalização do direito e suas repercussões no âmbito administrativo, cit., p. 63.
240. BACELLAR FILHO, Romeu Felipe. **Direito administrativo**. 4. ed. São Paulo: Saraiva, 2008, p. 37.
241. Com efeito: "A doutrina predominante no período de redemocratização (auge dos ideais do Estado social no Brasil) acabou sendo a de valorização do interesse público, seja como contrapeso aos excessos da Administração Pública (e do foco no ato administrativo como exercício de um poder público), seja como meio jurídico de equilíbrio entre liberdades, direitos individuais e bem comum. Equilíbrio este realizado nos contornos internos da atividade administrativa, pois não há qualquer sentido em se imaginar a aplicação do princípio da supremacia do interesse público fora desta atividade, por exemplo, tomando-o como informador das atividades judicial ou legislativa." GABARDO, Emerson. O princípio da supremacia do interesse público sobre o interesse privado como fundamento do Direito Administrativo Social. **Revista de Investigações Constitucionais**, cit., p. 102.

Os firmes ventos de constitucionalização do Direito Administrativo exigem o abandono da lógica tradicional, quase sempre informada por um epicentro normativo e conceitual de dimensão estatal. No salão nobre da juridicidade administrativa abre-se agora a mesa de honra para a perspectiva axiológico-normativa da dignidade humana, do princípio republicano e do Estado democrático de direito, este último objeto central de debate no presente ensaio. Com efeito, importa reconhecer que a própria finalidade precípua (compromisso genético) da Administração Pública está em fazer-se prisioneira cativa da promoção e defesa dos direitos fundamentais, base não só para os fins da atividade administrativa, mas também fundamento de legitimidade à própria existência estatal. (...) A exigência do cumprimento de padrões otimizados de eficiência na gestão administrativa, na prestação de serviços públicos de qualidade e na máxima ampliação e satisfação dos direitos fundamentais individuais e sociais constitui-se em decorrência direta e instrumento normativo de concretização do Estado democrático de direito. O direito fundamental dos cidadãos à boa administração determina a construção de um tipo de Administração Pública que seja, a um só tempo, transparente e dialógica nas suas ações, mas também proba e imparcial nas suas relações. Um modelo capaz de fundar o agir administrativo a partir de uma dimensão ponderada de princípios, com vistas à otimizada e eficiente concretização desse complexo sistema axiológico de regras e princípios constitucionais, em especial aqueles veiculadores de direitos fundamentais individuais e sociais.[242]

Essa desconstrução decorre da centralização do sistema de direitos fundamentais no cerne do ordenamento[243] e foi analisada com grande profundidade por Humberto Ávila,[244] que propôs, em estudo específico e pioneiro, o verdadeiro vazio conceitual da designação da supremacia do interesse público como princípio, sugestionando perquirições salutares quanto à superação ou não da clássica dicotomia.

A questão cinge-se, nesse caminhar, a uma investigação quanto ao choque entre interesses contrapostos e conciliáveis do ponto de vista dos diferentes pesos que cada qual terá se ponderado frente a outro. Em linhas essenciais, pode-se dizer que a superação da supremacia do interesse público sobre o privado, na transição do direito administrativo do Estado Social para o direito administrativo do Estado Democrático de Direito, somente acontecerá pela inexorável averiguação de eventual desequilíbrio.

---

242. CRISTÓVAM, José Sérgio da Silva. O Estado Democrático de Direito como princípio constitucional estruturante do direito administrativo: uma análise a partir do paradigma emergente da Administração Pública democrática. **Revista Jurídica Luso-Brasileira**, Lisboa, a. 3, n. 3, p. 575-604, 2017, p. 600-601.
243. BINENBOJM. Da supremacia do interesse público ao dever de proporcionalidade: um novo paradigma para o direito administrativo. **Revista de Direito Administrativo**, cit., p. 19-22. Comenta: "O reconhecimento da centralidade do sistema de direitos fundamentais instituído pela Constituição e a estrutura maleável dos princípios constitucionais inviabiliza a determinação a priori de uma regra de supremacia absoluta do coletivo sobre o individual. A fluidez conceitual inerente à noção de interesse público aliada à natural dificuldade em sopesar quando o atendimento do interesse público reside na própria preservação dos direitos fundamentais, e não na sua limitação em prol de algum interesse contraposto da coletividade, impõem ao legislador à Administração Pública o dever jurídico de ponderar os interesses em jogo, buscando a sua concretização até um grau máximo de otimização. (...) A técnica da ponderação encontra aplicação recente tanto nos países da *common law*, como do sistema continental europeu, como forma de controle da discricionariedade administrativa e de racionalização dos processos de definição do interesse público prevalente. Nesse processo, os juízos de ponderação deverão ser guiados pelo princípio da proporcionalidade. (...) Ao direito do cidadão de sustentar seus próprios interesses, soma-se, com especial importância, o interesse da coletividade na obtenção de juízos de ponderação, e de consequentes decisões administrativas, dotados do conhecimento pleno das circunstâncias fáticas e argumentos jurídicos que envolvem o caso. A participação dos administrados é também, portanto, insumo essencial para alcance do ponto máximo de otimização e racionalidade na produção das decisões."
244. ÁVILA, Humberto Bergmann. Repensando o 'princípio da supremacia do interesse público sobre o particular'. In: SARLET, Ingo Wolfgang (Org.). **O direito público em tempos de crise**: estudos em homenagem a Ruy Ruben Ruschel. Porto Alegre: Livraria do Advogado, 1999, p. 99 *et seq.*

Segundo Emerson Gabardo:

> O equilíbrio entre o público e o privado, entre a sociedade e o Estado, e entre o indivíduo e a coletividade está na colocação de diferentes pesos em todos os lados. Ao tempo em que resta claro que o interesse público deve ser predominante ao privado, também deve ser reconhecido que os direitos individuais, especialmente os fundamentais, estabelecem uma barreira importante para a atuação do Poder Público; o que não evita, por certo, a existência de casos concretos difíceis. Para estes cabe a ponderação jurídica (objetiva e dentro do sistema), que consiste numa maneira perfeitamente compatível com o princípio da supremacia do interesse público, inibindo qualquer tentativa de, pela negativa de sua incidência, ser preconizado o interesse privado.
>
> Do resultado de um conflito entre o princípio da supremacia e outro princípio protegido pelo Direito (como a própria autonomia privada – em casos resolvidos fora do Direito público) pode ser que duas situações ocorram: 1) a supremacia prevaleça; e 2) a supremacia não prevaleça e neste caso a questão resolve-se com base na igualdade de interesses, ou seja, são admissíveis duas sub-hipóteses: 2.a) a de que ocorra a prevalência do interesse público, no caso concreto (não por uma questão de princípio, mas de resolução pragmática da controvérsia – *a posteriori*); 2.b) a de que ocorra a prevalência do interesse privado no caso concreto (também não porque se admita qualquer precedência em abstrato da autonomia privada, mas porque seria adequada a adoção desta precedência de forma tópica).[245]

Enfim, chega-se à discussão em torno da Administração Pública consensual, marcada pela busca "da solução negociada de seus conflitos, pois o diálogo entre sociedade e administração pública viabiliza com mais chances o cumprimento espontâneo das decisões consensuais, na medida em que há a concordância das partes envolvidas, reforçando, inclusive, a sua legitimidade."[246] É, sem dúvida alguma, um novo estágio na evolução da disciplina, que deixa de lado a dicotomia entre os interesses público e privado da Administração Pública hierarquizada,[247] além de qualquer tipo de discussão acerca da proeminência de um sobre o outro, para voltar olhares sobre o que realmente importa: o atendimento aos deveres de proteção aos direitos humanos e, nos dizeres de Sarmento, à consolidação de um 'patriotismo constitucional'.[248]

Nos dizeres de Patrícia Baptista, a consensualidade marca verdadeira mudança de paradigma, propiciando o abandono da rígida e dual distinção de outrora.[249] Trata-se, ainda, de um período de transição propenso às reformulações estruturais, a ponto de se falar em uma abertura do direito público aos remédios do direito privado:[250]

---

245. GABARDO, Emerson. O princípio da supremacia do interesse público sobre o interesse privado como fundamento do Direito Administrativo Social. **Revista de Investigações Constitucionais**, cit., p. 123.
246. MOREIRA NETO, Diogo de Figueiredo. **Poder, direito e Estado**: o direito administrativo em tempos de globalização. Belo Horizonte: Fórum, 2011, p. 142-143.
247. PALMA, Juliana Bonacorsi de. **Sanção e acordo na administração pública**. São Paulo: Malheiros, 2015, p. 296. Comenta a autora, enumerando as razões para se falar em uma 'cultura repressiva' do Poder Público: "(i) legado histórico da Administração Pública como centro de exercício da autoridade estatal; (ii) compreensão da prerrogativa sancionadora como dever-poder; (iii) valorização dos efeitos da sanção administrativa; e (iv) demanda repressiva tanto por parte da própria Administração Pública quanto pelos órgãos de controle."
248. SARMENTO, Daniel. Supremacia do interesse público? As colisões entre direitos fundamentais e interesses da coletividade. *In*: ARAGÃO, Alexandre Santos de; MARQUES NETO, Floriano de Azevedo (Coord.). **Direito administrativo e seus novos paradigmas**. Belo Horizonte: Fórum, 2012, p. 143.
249. BAPTISTA, Patrícia. **Transformações do direito administrativo**. Rio de Janeiro: Renovar, 2003, p. 262.
250. Para uma análise pormenorizada dessa questão, especialmente no que diz respeito às posições acerca da admissão ou não de uma 'fuga' para o direito privado, conferir: BITENCOURT NETO, Eurico. **Concertação administrativa interorgânica**, cit., p. 363-364.

A doutrina brasileira tem apontado circunstâncias responsáveis pela dificuldade na construção de uma teoria capaz de delimitar as esferas entre Direito Público e Direito Privado. Um dos fatores seria a própria constitucionalização do Direito Civil (expoente do Direito Privado) e do Direito Administrativo (expoente do Direito Público). A aceitação da supremacia da Constituição e da sua penetração em toda a malha do ordenamento jurídico contribui para a dificuldade na contraposição entre Direito Público e Privado.

A crise do Direito Civil revela-se (i) na perda da noção do Código Civil como centro valorativo do ordenamento jurídico privado, (ii) na quebra da dicotomia entre Direito Público e Privado como duas fronteiras distintas e impermeáveis, (iii) no movimento de descodificação das matérias afetas às relações privadas com a proliferação de leis esparsas, que se comportam como verdadeiros microssistemas, (iv) na publicização do Direito Privado com o "dirigismo contratual", (v) na incapacidade do Direito Civil clássico de tutelar as novas relações jurídicas de forma justa. Tudo isto levaria, segundo alguns autores, a uma verdadeira "morte" do Direito Civil (o que parece ser, além de um certo "modismo", um exagero). Há problemas também do lado do Direito Administrativo. Na constituição de uma pessoa jurídica de Direito Privado da Administração Pública indireta ou a outorga da prestação de atividades administrativas a particulares, já se encontra o paradoxo da mescla entre privado e público (formas privadas para alcance de fins públicos).

Diante desse quadro, o Código Civil não esgota o tratamento do Direito Civil, que também está regulado pela Constituição ou mesmo por leis esparsas. De outro, nem tudo que está dentro do Código Civil é propriamente matéria de Direito Civil. No Direito brasileiro, em se tratando de Administração Pública, é preciso, muitas vezes, identificar a matéria de Direito Civil a fim de determinar se o Código Civil poderá ser aplicado aos entes da federação distintos da União (Estados-Membros, Distrito Federal e Municípios) em razão da divisão de competências legislativas, corolário da federação. A separação entre Direito Civil e Direito Administrativo não tem efeito meramente didático.[251]

Se o atual estágio evolutivo da Administração Pública conclama o Direito a uma reformulação de sua clássica 'teoria das esferas', instando operadores à revitalização dos conceitos que, classicamente, denotavam a separação entre direito público e direito privado, tem-se, em verdade, mais que uma quebra de paradigma... Caminha-se para uma revolução que entrelaça disciplinas e dá novo fôlego ao direito administrativo, tendo por epicentro os direitos humanos e sua imperiosa proteção.

Como consequência disso, o papel da Administração Pública deixa de guardar pertinência unicamente ao modelo clássico e responsivo de uma 'Administração de agressão'; agora, tem-se uma 'Administração de prestação', que rompe com o paradigma autoritário em favor da cooperação. O fenômeno da consensualização toma corpo e promove o realinhamento de clássicos modos de atuação estatal; como se viu, é uma nova fórmula, marcada pela lógica do consenso, ou, como prefere Eurico Bitencourt Neto, trata-se de uma Administração concertada.[252]

---

251. BACELLAR FILHO, Romeu Felipe. A Administração Pública entre o direito público e o direito privado. **Revista da Procuradoria-Geral do Município de Belo Horizonte**, Belo Horizonte: Fórum, a. 4, n. 8, p. 203-226, jul./dez. 2011, p. 213-214.
252. BITENCOURT NETO, Eurico. Transformações do Estado e a Administração Pública no século XXI. **Revista de Investigações Constitucionais**, cit., p. 213-214. Explica o autor: "Superado o paradigma de uma Administração agressiva que marcou o período liberal do Estado de Direito, o Estado social levou, entre outras consequências marcantes, à intensa contratualização da atividade administrativa. Para além dos contratos em que figura como cliente dos particulares, abre-se para o Poder Público a senda da administração por acordos, ou dos contratos sobre o exercício de poderes públicos, compondo um amplo rol do que se pode chamar Administração concertada. (...) O caráter infraestrutural, regulador e prospectivo que passa a compor o complexo de atuação administrativa reclama, com mais vitalidade, um diálogo institucionalizado entre o Poder Público e os particulares e a

A tecnologia, por óbvio, desempenha papel essencial nessa reformulação, garantindo os meios para que a Administração Pública entregue a seus administrados uma nova forma de gestão pública, não apenas com celeridade e eficiência, mas com reforçada impessoalidade e uma moralidade bem definida e entronizada nos diferentes arquétipos dedicados a essa atuação: a meta precípua, por certo, é o incremento da legitimidade das decisões.

3.5 O NECESSÁRIO REFORÇO À LEGITIMIDADE DAS DECISÕES A PARTIR DA TECNOLOGIA

Se a legitimidade das decisões passa a demandar reforço, não há dúvidas de que a consensualização é mecanismo efetivo para o atingimento desse objetivo. Trata-se, afinal, da propagação de modelos de participação direta que realçam o princípio democrático e o tornam mais efetivo a partir do pressuposto de que o povo atuará de forma mais aproximada da gestão dos afazeres e interesses estatais.

Um dos pontos ainda não destacados neste capítulo, mas que exerce fundamental papel no atingimento desse desiderato, é o reforço à legitimidade das decisões judiciais, cuja adequação aos parâmetros constitucionais abertos acaba por indicar amplitude indesejada.

Segundo John Hart Ely:

> A elaboração de uma teoria da revisão judicial que reforça a representação pode ter várias formas, (...). Mas, por mais elaborada que seja, a teoria geral é aquela que limita a revisão judicial sob as provisões abertas da Constituição, insistindo que ela pode se preocupar adequadamente apenas com questões de participação, e não com os méritos substantivos da escolha sob ataque.[253]

Volta-se, nesse contexto hermenêutico, ao problema da abertura do sistema e à tendência de limitação à inovação pública, tão presente na reforma à LINDB, que acaba por gerar reflexos no próprio processo decisional, particularmente quanto às decisões tomadas nos casos difíceis (*hard cases*).[254]

---

valorização de instrumentos de concertação social, seja sob o aspecto organizatório, com a criação de inúmeros aparatos consultivos e instâncias de diálogo social, seja pelo incremento dos contratos administrativos e pela consagração de novas figuras de atuação concertada. A busca de um "novo estilo de administração", participativo, consensual e flexível, favorece a expansão do modo contratual de atuação administrativa. (...) É preciso registrar que a contratualização, especialmente como modo de transferência de atribuições e responsabilidades públicas a particulares, não carrega, em si, necessariamente, um valor positivo. De um lado, pode traduzir um movimento de abertura à participação dos particulares, ou de adequado aproveitamento de recursos e técnicas privadas em benefício da prossecução de interesses públicos. Mas, de outro lado, pode significar inadequada transferência de responsabilidades públicas a agentes privados, sem o necessário acautelamento dos fins públicos do Estado, da esfera de proteção de direitos fundamentais e dos controles decorrentes do princípio democrático."

253. ELY, John Hart. **Democracy and distrust**, cit., p. 181, tradução livre. No original: "*The elaboration of a representation-reinforcing theory of judicial review could go many ways, (...). But however elaborated, the general theory is one that bounds judicial review under the Constitution's open-ended provisions by insisting that it can appropriately concern itself only with questions of participation, and not with the substantive merits of the choice under attack.*"

254. LORENZETTI, Ricardo Luis. **Teoria da decisão judicial**, cit., p. 163. Diz o autor: "A distinção entre casos fáceis e difíceis não é tão simples, porque deixa a impressão de que são levadas em conta as dificuldades pessoais que o indivíduo encontra para elaborar uma decisão. Pelo contrário, a delimitação tem relação com dificuldades que impedem a aplicação do método dedutivo. Isso ocorre em dois tipos de situações: – quando não se pode deduzir a solução de modo simples da lei, porque há dificuldades na determinação da norma aplicável ou na sua interpreta-

Em termos de reforço à legitimidade das decisões, a tecnologia abre espaço para inúmeras novas possibilidades, muitas delas relacionadas ao controle popular e ao primado da transparência, inclusive para o Judiciário. Isso não significa, contudo, que a "mediatização da justiça" se traduza em alguma espécie de abordagem ilegítima.

> O verdadeiro perigo resulta (...) do preocupante fenómeno da substituição da Justiça pela comunicação social e, sobretudo, da imagem cada vez mais emocional que esta fornece da justiça.
>
> Assim, se é de aceitar, em princípio, que a meditização da justiça nada tem de ilegítimo, na medida em que a Justiça é sempre a justiça de uma sociedade e na medida em que a atividade judiciária não deve viver num mundo fechado, desligado da realidade social – não é por acaso que se fala na necessidade de uma "jurisprudência convincente" nem que se exortam os juízes a utilizarem uma linguagem que se faça entender pelo comum das pessoas –, igualmente tem de convir-se em que é imperioso estabelecer regras éticas fundamentais, por forma a que a substituição a que aludi, da Justiça pela comunicação social, não acabe por minar o Estado de Direito.[255]

Como diz Caio Tácito, "[a]s aberturas do direito constitucional ainda não alcançam a plenitude da regulação legal, e menos ainda a acolhida na burocracia tradicional, voltada para si mesma e mais atenta ao comando imediato da hierarquia do que aos avanços da Constituição."[256] São, apesar disso, meios adequados e dinâmicos para se alcançar a plenitude democrática, e inúmeras são as propostas e iniciativas relativas à difusão da informação a nível governamental e, em paralelo, também para a divisão de responsabilidades nesse novo contexto informacional.

A questão da extensão da participação também se torna relevante e passa a indicar quais são as atividades administrativas com propensão à ampliação participativa, uma vez que nem todas elas comportam tal procedimento.[257]

Significa dizer que, em termos de participação cidadã, a definição das atividades administrativas que a comportam, a extensão dessa participação, os meios adequados à sua realização e, enfim, a viabilidade da utilização de mecanismos tecnológicos para tal fim são indagações para as quais se deve buscar respostas contundentes e adequadas.

ção; – quando é necessário afastar-se da lei, porque ela é inconstitucional. A decisão em tais casos da causa a duas posições: – *nos casos difíceis há uma discricionariedade*: Hart sustenta que 'não há uma única resposta correta nos casos difíceis', pelo que se produz uma 'indeterminação normativa'. Isso exige do juiz que exerça um 'discrímen forte', porque exige uma escolha entre as alternativas. Os limites dessa atividade discricionária são parâmetros de razoabilidade que guiam e controlam a atuação dos juízes como legisladores intersticiais e não como órgãos de aplicação do direito; – *nos casos difíceis há uma forma correta de decidir*: nos casos difíceis o juiz não pode decidir como quiser, senão que deve ser guiado pelos princípios e aplicar o juízo de ponderação, justificando a decisão em termos de correção, (...)."

255. FERNANDES, José Manuel de Matos. Justiça e comunicação social. *In:* MONTEIRO, António Pinto (Coord.). **Estudos de direito da comunicação.** Coimbra: Universidade de Coimbra, 2002, p. 16.

256. TÁCITO, Caio. Direito administrativo participativo. **Revista de Direito Administrativo**, Rio de Janeiro, v. 209, n. 3, p. 1-6, jul./set. 1997, p. 6.

257. MEDAUAR, Odete. **O direito administrativo em evolução**, cit., p. 299. Destaca: "Discute-se também quanto ao *bloqueio* na tomada de decisões e na atividade administrativa, trazido pela extensão participativa; haveria *emperramento* da máquina, sobretudo ante a *polissinódia*, ou seja, a criação *ad infinitum* de conselhos, comissões, grupos de trabalho; além disso, ocorreria diluição da responsabilidade do administrador ou justificativa para a ausência de atuação. Na verdade, parece inviável vincular toda a atividade administrativa à participação direta de particulares; igualmente sob esse ângulo sobressai a importância de fixar preceitos básicos e pesquisar meios de conciliação de presteza com participação."

Diz José Fernando Brega:

> A *participação eletrônica*, em si, não necessita de fundamentos jurídicos substancialmente diversos daqueles que sustentam aquela que é realizada pelas vias tradicionais. Na verdade, da mesma forma como ocorre com a transparência administrativa, verifica-se, neste caso, uma evolução do pensamento político e jurídico que é acompanhada e potencializada pelo desenvolvimento das novas tecnologias. Nesse sentido, é também possível aqui falar em uma *equivalência de garantias*, uma vez que os meios informáticos e telemáticos surgem como base para a realização do princípio democrático, realização esta que já é necessária na Administração tradicional.[258]

Os estudos em torno do tema vêm sendo realizados nos Estados Unidos da América, notadamente com as propostas de 'democracia interativa', vista naquele país como o estágio máximo para a difusão de práticas relacionadas a recursos tecnológicos que permitem aos usuários a personalização de *websites*, os *feedbacks*, comentários, votações etc.[259]

Diversas propostas voltadas a esse novo viés legitimador da ação estatal pela tecnologia passam pela implementação de técnicas próprias para a interação e pelo realinhamento procedimental. Para João Victor Rozatti Longhi, o processo legislativo surge com grande propensão ao atingimento desse propósito,[260] embora ainda se faça necessário o delineamento de proposta aplicáveis ao Executivo e, em última instância, também aos cidadãos, com vistas à propagação de verdadeira cultura de legitimidade atuacional.

Uma dessas propostas passa pela abdicação de certos direitos, como o sigilo fiscal. A ideia, aventada por Max Everest-Phillips, seria dar transparência às declarações anuais de imposto de renda dos cidadãos, inclusive para controle geral de conformidade tributária entre os cidadãos:

> Em vez de nos preocupar, devemos reconhecer o inevitável e abraçá-lo. Confiar plenamente na legislação e regulamentação cada vez mais complicada e falível da 'terra de ninguém' digital parece imprudente. Os governos e os cidadãos precisam começar garantindo que o *e-state* pós-privacidade seja um local tolerante, apoiado por instituições eficazes que constroem a confiança dos cidadãos.
>
> Nesse sentido, a tributação pode mostrar o que é possível. Enquanto a maioria dos países impõe uma privacidade estrita sobre as declarações fiscais, Noruega, Suécia e Finlândia adotam a abordagem oposta. As autoridades fiscais desses três países nórdicos mantêm registros nacionais da população e divulgam *on-line* para cada contribuinte um resumo da renda (após deduções), patrimônio líquido e o valor total dos impostos pagos.
>
> Essa transparência tributária sugere que o declínio da privacidade pessoal pode ser substituído por maior transparência, justiça e senso de dever para com a comunidade. O objetivo final da tecnologia

---

258. BREGA, José Fernando Ferreira. **Governo eletrônico e direito administrativo**, cit., p. 183. Ainda anota, logo em sequência: "A participação eletrônica está situada no contexto da introdução das novas tecnologias na Administração Pública e de sua disciplina jurídica, não podendo assim ser vista de modo separado de todo o regime de equivalência de garantias de direitos que se aplica ao governo eletrônico. De fato, não é possível falar em participação, por exemplo, se não são observadas as devidas garantias quanto à não discriminação, que possibilitam a todos, em igualdade de condições, o acesso aos diversos instrumentos participativos."
259. WEST, Darrell M. E Government and the transformation of service delivery and citizen attitudes. **Public Administration Review**, Nova Jersey, v. 64, n. 1, p. 15-27, jan./fev. 2004, p. 17.
260. LONGHI, João Victor Rozatti. **Processo legislativo interativo**, cit., p. 314-315.

é promover uma cidadania educada. Os governos devem começar a preparar o contrato social digital como base para a legitimidade do estado digital.[261]

Uma outra proposta concreta pode ser colhida de estudo empírico realizado no estado do Arizona, nos Estados Unidos da América. No caso, os autores da investigação mediram uma 'diferença de Arnstein', ou seja, uma diferença significativa entre os níveis desejados e reais de participação dos cidadãos nos processos de planejamento. Essa lacuna existe, segundo dizem, porque até profissionais bem-intencionados têm uma expectativa irreal de alcançar consenso em grandes escalas de planejamento; além disso, muitas vezes se espera ou acredita-se que as tecnologias de representação de algum modo consigam consenso.

Os autores argumentam que isso não é possível sem o desenvolvimento de uma estrutura teórica mais forte para sua implantação no planejamento nas sociedades democráticas, no curso da pesquisa, adaptaram uma estrutura participativa de envolvimento público estruturado para integrar a visualização e as tecnologias geoespaciais ao envolvimento público em larga escala nos domínios do planejamento. Os resultados demonstram que o envolvimento estruturado alcança altos níveis de satisfação das partes interessadas, além de fornecer orientações de planejamento e *design* de alta qualidade para os profissionais participantes.[262]

Fala-se, outrossim, em cidades responsivas e no papel que a tecnologia desempenhará para o aprimoramento desses modais interativos.[263] Outros exemplos ainda

---

261. EVEREST-PHILLIPS, Max. The e-legitimacy of the digital state. **Centre for Public Impact**, Arlington, 24 out. 2017. Disponível em: https://www.centreforpublicimpact.org/e-legitimacy-digital-state/. Acesso em: 20 jun. 2023, tradução livre. No original: "*Instead of worrying, we should recognise the inevitable and embrace it. Putting complete faith in ever more convoluted and fallible legislation and regulation of the digital "no man's land" seems unwise. Governments and citizens need to start by ensuring that the post-privacy e-state is a tolerant place, buttressed by effective institutions that build citizens' trust. In this regard, taxation may show what is possible. Whereas most countries enforce strict privacy over tax returns, Norway, Sweden and Finland take the opposite approach. The tax authorities of these three Nordic countries maintain national population registers and disclose online for each taxpayer a summary of income (after deductions), net worth, and the total amount of taxes paid. Such tax transparency suggests that declining personal privacy can be replaced by improved transparency, fairness and sense of duty to the community. The ultimate purpose of technology is to foster an educated citizenry. Governments should start preparing the digital social contract as the basis for the legitimacy of the digital state.*"
262. BAILEY, Keiron; BLANDFOR, Benjamin; GROSSARDT, Ted; RIPY, John. Planning, technology, and legitimacy: structured public involvement in integrated transportation and land-use planning in the United States. **Environment and Planning B: Planning and Design**, Tucson, v. 38, n. 3, p. 447-467, 2011, *passim*.
263. GOLDSMITH, Stephen; CRAWFORD, Susan. **The responsive city**, cit., p. 159. Dizem: "*Today's confident civic technology leaders know that we are just at the beginning of a transformative time. They recognize that even their proudest achievements are just stepping-stones. ("We built a dinosaur of a system," Gibbs says.) Flowers registered his surprise that people were so impressed with the fire prediction inspection algorithm. "It was clearly going to work because you're going from random to some measure of rationality," he says flatly. Leaders in this movement exist throughout government and city life, asserting their influence within bureaucracies and community organizations alike. They are kindred spirits, though many of them work in unfortunate isolation. There's the guy in the basement who understands the databases his agency controls and knows how that information might be made useful in a fresh context, but he has no levers to pull that would give him the ability to collaborate across his agency's walls. There's the civil servant who knows exactly how to fix a broken service process but is slotted into a job that doesn't have responsibility for fixing it. There's the community leader who has organized a neighborhood watch but has no straightforward connection to the authorities with resources to fix a broken streetlight. There's the young coder who wrote a piece of software for fun and civic pride – work, she's convinced, that could alter the way citizens understand their local health services. But she can't possibly meet the legal requirements of her city's procurement process. There's the local government official who has*

podem ser colhidos da experiência europeia, particularmente na Escandinávia, onde iniciativas de controle à corrupção, incremento democrático e interação popular já são adotadas e experimentadas há vários anos.

Um estudo realizado por Bo Rothstein procurou associar os indicadores de 'controle à corrupção' e 'envolvimento democrático' em contraponto à qualidade de vida da população, calculada em relação à expectativa de vida, tendo concluído que países que exercem maior controle contracorruptivo possuem melhores resultados em geral. Em termos democráticos, o estudo constatou não haver grande diferença,[264] embora um outro estudo, de autores também europeus, demonstre e conclua que a eficácia de um programa de governo é de maior importância para a satisfação dos cidadãos com o funcionamento da democracia, em comparação com fatores como congruência ideológica,[265] o que ilustra o importante papel de um Estado efetivo, não apenas em termos democráticos, mas para o atendimento prestacional.

Basicamente, o que se deve buscar não é apenas a implementação de meios de participação interativa; almeja-se, em verdade, mecanismos que propiciem qualidade a essas interações. Noutros termos, a participação popular atua de forma positiva na elevação democrática que, por si só, não tem o condão de produzir melhor satisfação geral, mas, aliada à harmonização dos processos decisionais do Estado, pode sim acarretar melhores condições de satisfação geral, especialmente em razão do aumento da qualidade das decisões e dos próprios processos de participação interativa.

Segundo Bruno Miragem:

> No contexto da participação dos cidadãos no processo de tomada de decisão da Administração Pública, deste modo, desafio a ser superado é o da *assimetria informativa* entre os grupos de interesse que atuam nos espaços institucionais estabelecidos. E, igualmente, que o aumento destes espaços se dê para além de setores específicos da atuação administrativa (no âmbito dos órgãos reguladores), mas igualmente por intermédio de processos de participação direta dos cidadãos também em setores próprios da atuação da Administração. Neste sentido, não parece fundamental – e nem mesmo apropriado – que tais espaços de participação sejam deliberativos a ponto de vincular a atividade do gestor público. Contudo, certamente impõe a este o aprofundamento do dever de motivação dos atos administrativos que vier a realizar, porquanto não possa simplesmente ignorar as ponderações apresentadas no âmbito destes espaços de participação cidadã.[266]

A produção de decisões a partir do envolvimento direto da população acarreta o dever de entrelaçamento de alguns paradigmas que, para Lorenzetti, pré-condicionam a decisão, devendo a mesma ser produzida em dois passos: (i) explicação, que parte da

---

a hunch about how to more justly and effectively allocate his city's resources, but has no access to the data that could confirm his intuition."

264. ROTHSTEIN, Bo. Guilty as charged? Human well-being and the unsung relevance of political science. *In:* STOKER, Gerry; PETERS, B. Guy; PIERRE, Jon (Ed.). **The relevance of political science**. Nova York/Londres: Palgrave Macmillan, 2015, p. 89-91. Anota: *"As can be seen, the correlation between this measure of human well-being and the level of democracy is zero, while the correlation with 'control of corruption' is substantial. This result is shown to be repeated for a large set of other measures of human well-being and what should generally count as 'successful societies'".*
265. DAHLBERG, Stefan; HOLMBERG, Sören. Democracy and bureaucracy: how their quality matters for popular satisfaction. **West European Politics**, Oxfordshire, v. 37, n. 3, p. 515-537, 2014, *passim*.
266. MIRAGEM, Bruno. **Direito administrativo aplicado**, cit., p. 52.

exposição do paradigma e do objeto que se pretende alcançar com a decisão; (ii) harmonização, em que se resolve eventual tensão, levando em conta o modelo de democracia deliberativa existente.[267]

Basicamente, para que se tenha uma evolução verdadeira no tocante à participação política com qualidade, deve-se superar a ideia de uma Administração Pública unilateralmente ativa, que governa em prol de administrados passivos.

A propensão à formulação de decisões com maior rigor legitimacional decorre exatamente da superação desse modelo hierarquizado em favor de um modelo interativo, capaz de colher experiências diversas.

Odete Medauar aponta alguns exemplos da experiência estrangeira:

> Na França, a Lei 125, de 06.2.1992, relativa à administração territorial, fixa o direito dos habitantes da comuna de serem consultados quanto a decisões que lhes concernem; por sua vez, a Lei 276, de 27.2.2002, sobre a *democracia de proximidade*, menciona o princípio da participação (art. 132), tratando, no título I, da participação dos habitantes na vida local e, no título IV, da participação do público na elaboração de grandes projetos.
>
> Vem se expandindo na Alemanha, desde 1999, no programa Estado moderno-Administração moderna, o uso da *internet* para ouvir a opinião pública nos processos de decisão, no sentido de uma democracia eletrônica.
>
> Difundiram-se, em muitos ordenamentos, os mecanismos de atuação dos usuários no controle da prestação de serviços pela própria Administração ou por concessionários e permissionários, seja diretamente, seja mediante associações. Assim, p. ex., no Brasil a lei de concessões – Lei 8.987/1995, inclui entre os deveres do poder concedente o incentivo para a formação de associações de usuários para defesa de interesses relativos ao serviço; por sua vez, a Lei 9.472/1997 – telecomunicações – criou um Conselho Consultivo como órgão de participação institucionalizada da sociedade na Agência Nacional de Telecomunicações, aí incluídas entidades representativas dos usuários. A Constituição de 1988, no art. 37, §3º, com a redação dada pela EC 19/1998, prevê a disciplina em lei das formas de participação do usuário na administração direta e indireta. Na Europa, as Cartas dos Cidadãos (*citizen's charter* na Inglaterra – 1991, *charte des services*, na França – 1992 e Itália – 1994) trazem preceitos não somente sobre a qualidade dos serviços públicos, mas também sobre a participação dos usuários.[268]

José Fernando Brega ainda aponta para a existência de algumas funções do direito no que diz respeito à incorporação de modais tecnológicos nas rotinas da Administração Pública: (i) a função de limitar o emprego indevido de meios informáticos e telemáticos, preservando o ordenamento com a higidez que lhe é inerente e garantindo a observância das fronteiras legais, uma vez que nem todas as possibilidades oferecidas pela tecnologia possuem admissibilidade jurídica; (ii) a função de conformar o uso das novas tecnologias a partir da delimitação de critérios em conformidade com o sistema legal para

---

267. LORENZETTI, Ricardo Luis. **Teoria da decisão judicial**, cit., p. 163-164. Acrescenta: "O paradigma pré-condiciona a decisão e se comporta com um objetivo a alcançar por quem toma a decisão. Assim: – proteger os débeis (paradigma protetor), os excluídos (paradigma do acesso), os bens coletivos (paradigma coletivo); – organizar a sociedade (consequencialista), fazer respeitar os procedimentos antes de se obterem os fins de qualquer modo (paradigma do Estado de Direito). Os três primeiros paradigmas referidos acima se inclinam pela intervenção com fins paternalistas, preferindo os resultados antes que os meios, e entram em tensão com os outros que se orientam pela busca da não intervenção e a preferência das formas antes que dos resultados, já que reforçam os procedimentos, na crença de que os resultados venham como derivação do seu respeito."
268. MEDAUAR, Odete. **Direito administrativo em evolução**, cit., p. 301.

adequado enquadramento dos avanços tecnológicos e para a preservação da dignidade e das liberdades individuais; (iii) a função de impulsionar os projetos de modernização tecnológica, se inserindo ativamente no desenvolvimento da Administração Pública por meio de reformas que permitam criar condições normativas para a extração do máximo potencial das novas tecnologias.[269]

O tema, como é possível observar, já se encontra presente em iniciativas de caráter normativo por todo o globo. Resta saber se os limites do uso da tecnologia promoverão nova abertura à consensualização.

3.6 CONSENSUALIZAÇÃO NA LEI DO GOVERNO DIGITAL

A Administração Pública do século XXI vem sendo marcada pela reaproximação entre Estado e cidadãos. Fala-se na efetivação da participação popular, *ratio essendi* da democracia direta, na formação consensual das decisões estatais, e a isso se dá o nome de consensualização, Administração consensual ou *soft administration*, expressões que refletem um novo paradigma democrático que retira do Estado o poder de tomar decisões unilaterais (atos administrativos impositivos) e dá ao povo, verdadeiro detentor do poder, incentivos ou atrativos para que os cidadãos se interessem pelo debate das questões de interesse comum e participem, efetivamente, da gestão pública – conferindo maior legitimidade decisional.

A promulgação da Lei nº 14.129, no dia 29 de março de 2021, consagrou importante plêiade de normas jurídicas – princípios e regras – de inegável relevância para a compreensão e reestruturação de determinadas bases do Direito Administrativo e da própria Administração Pública do século XXI. Um desses preceitos passou a constar do artigo 3º, inciso V, da referida lei, que define como princípio de governo digital, no Brasil, "o incentivo à participação social no controle e na fiscalização da administração pública".

Para ressignificar o papel do direito público, a presença da tecnologia se revela pragmaticamente indispensável, na medida em que o aparato de ferramentas que se tem à disposição dos cidadãos – a despeito de diversos percalços cuja superação se impõe para o atingimento desse desiderato – constitui um fator de facilitação salutar que, essencialmente, transcende a mera atuação do legislador no cumprimento de seu papel de regulamentar tais processos. Isso porque não são raros os exemplos de novas contingências e desafios à tutela jurídica de direitos fundamentais, que enfrentam carência de delimitação axiológica quando necessários para dar solução às mais variadas relações virtuais.

A partir desta concepção, foram criadas as audiências públicas como processos interativos, nos quais se concede à população a prerrogativa de acompanhar detidamente o processo deliberativo de assunto de interesse coletivo, através de consulta formal, propiciando amplitude de debates e apontamentos que conduzirão a uma tomada de decisão, ao final, em conjunto com os agentes públicos. A adoção de políticas de gover-

---

269. BREGA, José Fernando Ferreira. **Governo eletrônico e direito administrativo**, cit., p. 67-68.

nança na Administração Pública também surge como possível resposta a esse quadro, demandando a inserção de parâmetros éticos que enrijeçam a sistematização do direito público, atuando como 'espinha dorsal' de um sistema jurídico que prescinde dos cânones econômico-administrativos do modelo gerencial.

O problema investigado tem seu epicentro nessa necessidade de repensar o direito público para que novas perspectivas, como a inserção de modais tecnológicos nos afazeres do Estado, possam conduzir o ideal de reaproximação dos cidadãos da própria Administração Pública, formatando o que, nesta pesquisa, se decidiu nomear 'democracia digital'.

Trabalha-se com a hipótese de que a alavancagem do uso de plataformas digitais pode contribuir para a desburocratização (*ratio essendi* da Lei do Governo Digital, conforme prevê seu artigo 1º), para a facilitação do acesso à informação e para a viabilização do acompanhamento e da participação à distância (rompendo as barreiras físicas) e até mesmo como fonte global de substratos que permitam ao cidadão contribuir para o incremento qualitativo da decidibilidade, a partir de modais deônticos, que reafirmem o papel do princípio democrático para a proposição de uma nova forma de emanação consensual da participação popular.

Do ponto de vista científico, a pesquisa utilizará o método de abordagem histórico-sociológico, com implementação de substratos obtidos em pesquisa bibliográfico-doutrinária da interação entre o direito administrativo e as políticas e boas práticas de governança, com sobressalto valorativo da Teoria do Direito à luz de investigações pontuais sobre a presença da tecnologia nas inter-relações hodiernas.

Cass Sunstein assevera sua preocupação com esse movimento tendente à individualização, em detrimento da coesão necessária para que se obtenha a almejada consensualização: "Com essas ideias em mente, enfatizei os sérios problemas para indivíduos e sociedades que provavelmente serão criados pela prática do autoisolamento – por uma situação em que muitos de nós nos isolamos das preocupações e opiniões de nossos companheiros cidadãos".[270]

Nesse contexto, a inserção de modais tecnológicos nas interações do Estado com os usuários da Rede Mundial de Computadores se apresenta a partir de uma nova dinâmica de interações, na medida em que a Internet tornou o ser humano imerso em uma nova "pequena vila", onde ninguém mais pode ser considerado um estranho.[271] O grande mérito da Lei de Governo Digital está justamente nesse cerne, pois, como foi dito na introdução, a partir da reforma promovida pela Lei nº 14.129, de 29 de março de 2021, passou a ser definido como princípio, em seu artigo 3º, inciso V, "o incentivo à participação social no controle e na fiscalização da administração pública".

---

270. SUNSTEIN, Cass R. **#Republic**: divided democracy in the age of social media. Princeton: Princeton University Press, 2017, p. 252, tradução livre. No original; "With these ideas in view, I have stressed the serious problems for individuals and societies alike that are likely to be created by the practice of self-insulation – by a situation in which many of us wall ourselves off from the concerns and opinions of our fellow citizens"
271. LEVMORE, Saul; NUSSBAUM, Martha. Introduction. In: LEVMORE, Saul; NUSSBAUM, Martha (Ed.). **The offensive Internet**. Cambridge: Harvard University Press, 2010, p. 1

Sobre o tema, José Sérgio da Silva Cristóvam e Thanderson Pereira de Sousa assim se pronunciam:

> Contiguamente, a lei indica outras diretrizes que tendem a facilitar e a induzir a participação social: dever de prestação de contas diretamente à população com relação aos recursos públicos (art. 3º, VI); utilização de linguagem objetiva e acessível aos cidadãos e cidadãs (art. 3º, VII); facilitação dos procedimentos de solicitação, disponibilidade e acompanhamento dos serviços (art. 3º, X); tutela dos dados pessoais (art. 3º, XII); garantia de acessibilidade para pessoa com deficiência ou mobilidade diminuída (art. 3º, XIX); utilização de tecnologias abertas e livres (art. 3º, XXV).
>
> Essas diretivas têm sinergia clara com a democracia digital e constituem opção patente pela participação social. Ainda, perpassam diametralmente conceitos basilares do governo digital ajustados no artigo 4º da Lei 14.129/2021: base nacional de serviços públicos, dados abertos, dados acessíveis, formato aberto, governo como plataforma, laboratório de inovação, registros de informações e transparência ativa. A modelagem do governo digital pressupõe, nitidamente, participação social.[272]

Representantes e representados, geralmente tão distantes por causa da burocracia e de outros fatores que aqui não convém serem abordados, através de mudanças no comportamento aliadas a novas alternativas que surgem em meios de comunicação, tendem a se aproximar, sendo a Internet[273] uma ferramenta estratégica para a convergência digital. Contudo, cumpre esclarecer que, por ora, não se deve anular a possibilidade de utilização de outros ambientes tradicionais acessíveis à população não conectada.

O uso de ferramentas tecnológicas pelo Poder Público é capaz de incentivar a participação dos indivíduos no processo de tomada de decisões, melhorando a prestação de serviços públicos, que é norteada por princípios constitucionais – como o da eficiência. Nesse caso, envolver os cidadãos na decisão pública altera o modelo político tradicional, fadado ao insucesso e alimentador da desconfiança dos eleitores, necessitando ser rediscutido, repensado.

A ferramenta conhecida no Brasil como governança digital é uma das tantas estratégias bem-vindas no que se refere à tomada de decisões estatais com a participação direta do cidadão, consolidando a democracia e ampliando o ativismo que se espera na resolução de demandas importantes em termos de políticas públicas.

Isso porque o interesse público envolvido nas questões administrativas revela o 'participativismo' como o ideal democrático, o caminho para ampliar a interação entre o Estado e a sociedade civil. A colaboração (ou a cooperação) que pode advir dessa nova conformação define a democracia digital (também conhecida como *e-democracia* ou democracia eletrônica), instituto desafiador e, ao mesmo tempo, eficaz para facilitar o contato entre os atores citados, por meio da *web*.[274]

Os pontos de contato com o direito privado revelam ambiente propício para que vontades privadas possam adentrar o campo da coisa pública e estimular nítida mudança nas

---

272. CRISTÓVAM, José Sérgio da Silva; SOUSA, Thanderson Pereira de. Democracia, participação e consensualização no Marco do Governo Digital no Brasil, cit., p. 278.
273. "A internet é considerada pelos 'cyberotimistas' como uma grande janela de oportunidades para uma mudança quantitativa e qualitativa da participação política da sociedade, inclusive quanto à criação de fóruns decisórios típicos de uma democracia direta". BEZERRA, Heloisa Dias. Atores políticos, informação e democracia. **Revista Opinião Pública**, Campinas, v. 14, nº 2, nov. 2008, p. 418.
274. PINHO, José Antonio Gomes de. Internet, governo eletrônico, sociedade e democracia no Brasil: algumas questões básicas em debate. **Revista Vera Cidade**, [S,l] ano 3, v. 3, mai. 2008.

estruturas estatais convencionais, que passaram a identificar a aproximação entre Estado e indivíduos. O primado da eficiência, nesse contexto, passa a ser observado em iniciativas regulatórias voltadas ao Estado, com ampliação da busca por desburocratização e aceleração de rotinas administrativas, o que, de forma isolada, não é necessariamente desejável.

Nesse breve estudo, destacou-se a necessidade de ressignificação do conceito de democracia para além da virada do segundo milênio. Obtemperou-se que, com a transformação digital, o século XXI já está marcado por uma nova dinâmica social que desafia o Direito a redesenhar certos institutos jurídicos, acompanhando a evolução social e se mantendo coeso e em sintonia com o princípio democrático.

A aliança das tecnologias de informação e comunicação (TICs) a instrumentais de aproximação dos cidadãos, como plebiscitos, referendos, consultas públicas etc. é um dos caminhos que se deve trilhar para a consolidação do que se denomina "governo digital", agora estruturado em função de regras e princípios próprios na Lei nº 14.129/2021 (Lei do Governo Digital), como o "incentivo à participação social no controle e na fiscalização da administração pública" definido no artigo 3º, inciso V.

Há inúmeros elementos que embasam a ressignificação da ideia de democracia digital a partir da nova lei e que, por conseguinte, prestigiam princípios constitucionais fundamentais, como o próprio princípio da eficiência, mas sem sufragar um dos mais importantes fundamentos da república: a cidadania.

O que se denomina 'democracia digital', portanto, é fenômeno recente e alavancado pelas TICs para permitir que a Administração Pública utilize meios digitais para tomada de decisões estatais com possibilidade de participação dos civis interessados. Nesse sentido, todos devem estar preparados para favorecer e aperfeiçoar essa prática, sendo a interatividade, a interoperabilidade, a proteção de dados pessoais e o respeito aos direitos dos usuários de serviços públicos alguns dos principais pilares que garantem a sustentação desse novo modelo. É insofismável que a Lei do Governo Digital apresenta um dos possíveis caminhos para se chegar a tal patamar, mas seu sucesso dependerá do preenchimento de algumas condições tecnológicas, organizacionais e legais: por exemplo, algumas conexões necessárias entre o sistema de Intranet de uma instituição com a Internet como sistema externo, a validação de assinaturas eletrônicas; a implantação de portais multifuncionais totalmente interativos etc.

Apenas ao se garantir amplo, efetivo e seguro acesso a dispositivos eletrônicos e à Internet é que se poderá propiciar a todo cidadão os canais de facilitação da participação esperada. E essa transformação é dependente de políticas públicas concretas, pois envolve a transição para um novo paradigma cultural que demanda engajamento para a concretização teleológica dos modais de democracia direta agora ressignificados e consagrados em lei.

3.7 CONCLUSÕES PARCIAIS – TECNOLOGIA E CONSENSUALIZAÇÃO: UMA NOVA LEITURA A PARTIR DA SOCIALIDADE NO DIREITO ADMINISTRATIVO

Neste breve capítulo, foram apresentadas algumas considerações sobre o empolgante tema da consensualização administrativa, que se trasmuda e revela diferentes facetas nos horizontes da almejada consensualidade. Uma nova proposta para a integração do direito público à realidade corrente se traduz em uma reaproximação entre Administração e administrados a partir de instrumentos especialmente designados para permitir maior adesão popular aos afazeres e interesses estatais, seja pelo exercício direto do poder deliberativo, seja participando de debates e discussões pautados pela lógica do consenso, seja atuando de forma mais direta no controle, por instrumentos próprios.

É fato que o direito público vive uma metamorfose e tenta se readequar aos perigos e desafios da empolgante sociedade da informação. Seus princípios de regência, nesse sentido, lhe demandam novos substratos e adquirem novas potencialidades: a impessoalidade, por um turno, é realçada para dar concretude a uma ciberdemocracia propulsionada pela participação popular o mais ampla possível; a moralidade, outrora entrelaçada ao controle dos vícios internos do ato administrativo, passa a ser revisitada para dar guarida a um irrefreável globalismo que abre certo espaço a interferências de outros ordenamentos jurídicos e à inevitável necessidade de aferição de possível abertura às influências da moral sobre o direito.

Em termos de abertura às interferências de outros ordenamentos, particularmente quanto à regulação da Internet,

> As redes transgovernamentais não aspiram a se transformar em superestruturas internacionais. Permanecendo intimamente ligadas ao modo de governança nacional, elas oferecem vantagens sobre uma governança puramente nacional ou internacional. Em alguns contextos, eles podem até ter a garantia de uma configuração mais formalizada, como o processo de diretiva da UE. Por exemplo, eles não retiram a legitimidade (formal) dos tomadores de decisão nacionais eleitos e a transferem para um organismo internacional possivelmente não eleito e menos legítimo. O poder formal de tomada de decisão é claramente retido pelos formuladores de políticas nacionais, tornando esses arranjos potencialmente mais aceitáveis para os constituintes suspeitos de novos regimes internacionais.[275]

Conforme se anotou no capítulo anterior, a própria legalidade administrativa vem sendo reanalisada à luz da governança – termo que ganhou múltiplos significados e passou a servir como uma 'carta branca' para a solução dos déficits de atuação do Poder Público[276] – mas também isso, traz consequências indesejadas para a reformulação das bases estruturais da atuação pública.

---

275. MAYER-SCHÖNBERGER, Viktor. The shape of governance: analyzing the world of internet regulation. **Virginia Journal of International Law**, Charlottesville, v. 605, p. 1-80, 2003, p. 53, tradução livre. No original: "*Transgovernmental networks do not aspire to become international superstructures. Remaining closely linked to the mode of national governance, they arguably offer advantagesover a purely national or international governance. In some contexts, they may even have theedge over a more formalized setup like the EU directive process. For example, they do nottake (formal) legitimacy away from elected national decision makers and transfer it to apossibly nonelected, less legitimate international body. The formal decision-making power is clearly retained by national policymakers, making such arrangements potentially moreacceptable to constituencies suspicious of new international regimes.*"

276. O termo é apresentado por David Richards e Martin Smith como um descritivo adequado para o destaque do processo de criação de políticas: "*Governance 'is a descriptive label that is used to highlight the changing nature of the policy process in recent decades. In particular, it sensitizes us to the ever-increasing variety of terrains and actors involved in the making of public policy. Thus, it demands that we consider all the actors and locations beyond the "core executive" involved in the policy making process'.*" RICHARDS, David; SMITH, Martin J. **Governance and public policy in the UK**. Oxford: Oxford University Press, 2002, p. 3. Há, apesar disso, muita nebulosidade em torno do conceito, o que já se pontuou anteriormente, a demandar grande cautela em sua aplicação alternativa. Para maiores detalhes: HUPE, Peter L.; HILL, Michael J. The three action levels of governance: re-framing the policy process beyond the stages model. *In:* PETERS, B. Guy; PIERRE, Jon (Ed.). **Handbook of public policy**. Londres: Sage Publications, 2006, p. 16-17; MARGETTS, Helen. Maximizing the relevance of political science for public

Em essência, quanto à impessoalidade e à moralidade, o que se visualiza é uma necessária e hodiernamente viável retomada dos modais de democracia direta. Vale dizer: é a participação popular um viés potencialmente adequado para a garantia do atendimento dos dois princípios em um movimento que pode ser comparado ao da Socialidade, que expandiu o campo de aplicação do direito civil brasileiro desde o advento do Código de 2002.

Essa comparação, aqui tomada apenas para aclaramento, simboliza uma reascensão do direito público ao seu núcleo mais essencial, do ponto de vista da proteção ao princípio democrático. Trata-se, essencialmente, de devolver ao povo o poder que é seu, com todas as características que lhe são inerentes, conferindo-se, com isso, não apenas novas feições, mas bases estruturais aperfeiçoadas.

A concertação administrativa, nesse exato percurso, aparece como importante mecanismo de propagação de uma nova cultura administrativa. Privilegia-se a Administração Pública consensual, adequada ao vasto rol de princípios e conceitos que lhe regem, em detrimento do modelo hierarquizado e impositivo de outrora.

Mas essa propensão demanda qualidade. Vale dizer: não se cogita de uma atuação consensual ampla e irrestrita, com modais participativos aplicáveis a todo e qualquer tipo de ato ou processo administrativo, com execução delegada, também, ao povo. É preciso que se concilie o papel do administrador público com a (relevantíssima) tarefa de controlar o exercício dessa administração.

Para além da superação da clássica dicotomia entre os interesses público e privado, do aclaramento dos modais de participação direta e do entrelaçamento do sistema jurídica, com seus princípios e regras, à vontade popular, é imperiosa a aferição cautelosa dos métodos e técnicas que, por sua natureza tecnológica, empolgam e geram riscos em medidas igualmente elevadas.

Destacando-se o papel das redes,[277] apontou-se, nesse capítulo, cinco aprimoramentos plausíveis para os instrumentais de participação direta já contemplados pelo ordenamento: (i) quanto aos plebiscitos e referendos, indicou-se a viabilidade de sua virtualização, pela implementação de plataformas de votação eletrônica, com controle identitário e de dados, desde que observados os parâmetros de governança de dados e segurança da informação, além dos mecanismos de auditoria para controle de resultados e superação do enviesamento decisional; (ii) para as audiências públicas, indicou-se o cabimento das webconferências como instrumentos de facilitação de seu uso e de aproximação dos cidadãos das sessões de discussão, cujo potencial ampliativo se coaduna com o próprio objetivo da publicização dessas audiências; (iii) com relação à mediação

---

policy in the era of Big Data. *In:* STOKER, Gerry; PETERS, B. Guy; PIERRE, Jon (Ed.). **The relevance of political science**. Nova York/Londres: Palgrave Macmillan, 2015, p. 208-209.

277. MAYER-SCHÖNBERGER, Viktor. The shape of governance, cit., p. 53. Comenta: "Keeping the formal governance authority where it has been (i.e., at the national level) and setting up informal networks not only offers advantages over purely national of international governance, however; it may offer an even bigger advantage, particularly when regulating a fast-changing field like cyberspace: It does not take a long time to set up. Today, negotiating an international treaty takes years at best, and perhaps much longer if negotiating states are expected to relinquish some important parts of their power in favor of the nascent international regime."

e à arbitragem, na mesma linha, propugnou-se a utilização da Internet para a proliferação de meios de atendimento ao público por sistemas mais simplificados e objetivos de solução de conflitos; (iv) para os casos de cogestão e delegação atípica, indicou-se como as novas tecnologias podem propiciar novas maneiras para a participação colaborativa de particulares nos processos decisionais de Estado, particularmente pelo implemento de mecanismos de segurança alinhados à proteção de dados no que concerne ao tráfego informacional entre bancos de dados públicos e privados; (v) finalmente, quanto aos acordos substitutivos, anotou-se a possibilidade de sua implementação na forma de *smart contracts*, a partir da rede *blockchain*, o que lhes garantiria maior confiabilidade sem necessariamente violar o sigilo que, por vezes, lhe é característico.

É inegável que muitos outros modais tecnológicos poderiam ser vislumbrados para os instrumentos citados e até mesmo para a definição de novos. Há inúmeras possibilidades. Entretanto, o que se colhe dessa brevíssima abordagem é a necessidade de que o próprio objeto do princípio democrático seja repensado no curso da sociedade da informação: transita-se da cidadania clássica para a cibercidadania.[278]

Sem que se aprimore o conceito de cidadania nesse novo momento da história humana, impõe-se um novo olhar sobre o papel das redes na difusão da informação,[279] na ampliação da liberdade de expressão e na propagação de vozes que, em caráter amplíssimo, apesar de mais pessoas se contabilizarem em termos numéricos, contribui para que haja maior impessoalidade e respeito aos limites postos pelo ordenamento.

Se a impessoalidade abre espaço aos 'novos matizes' de engajamento popular, é pela moralidade que o entrelaçamento do direito público a parâmetros extranormativos desafia o controle. Sendo a primazia da lei uma máxima inescapável nas sociedades contratualistas, não se revela absolutamente despicienda a revisitação da moral para além de seu conceito comum e desassociado do direito. Para isso, a governança citada no capítulo anterior surge com o potencial de reforçar a atuação estatal para além da limitação à inovação pública.

E, como não poderia deixar de ser, se a ampliação subjetiva e a ausência de explicitação de motivações constituem a preocupação premente das iniciativas de contenção da inovação pública, como se deu, no Brasil, com a reforma de 2018 à Lei de Introdução às Normas do Direito Brasileiro, por que não reforçar a legitimidade das decisões a partir de técnicas consensuais?

---

278. Segundo Eurico Bitencourt Neto, "[é] certo que as redes podem ser horizontais ou verticais e, neste último caso, é possível que se estabeleçam nos quadros de relações entre o vértice e a base de uma pirâmide administrativa. As redes verticais se sujeitam a um comando unificado a partir do topo de uma organização. Se as redes se caracterizam por uma atuação coordenada, nada impede que essa malha organizatória esteja sujeita a comandos concentrados em um órgão superior, sujeitando-se a uma coordenação a partir de órgãos encadeados em uma estrutura hierárquica. Mas, se o comando vertical mantém sua relevância na Administração contemporânea, até porque atua, como já referido, como um dos instrumentos de legitimação democrática da ação administrativa, tem-se assistido a substituição, em muitos casos, de uma articulação a partir de comandos unilaterais, por outra a partir de comandos pactuados, no âmbito de relações interorgânicas concertadas. Este último modelo é mais adequado à coordenação de uma Administração em rede, ainda que se dê entre órgãos encadeados em uma estrutura hierárquica." BITENCOURT NETO, Eurico. **Concertação administrativa interorgânica**, cit., p. 282.
279. *Cf.* PÉREZ LUÑO, Antonio Enrique. **¿Ciberciudadaní@ o cidadaní@.com?** cit.

A emanação abstrata, ainda que repudiada no contexto de uma desejável 'segurança para a inovação pública',[280] é elemento inexorável no contexto jurídico-normativo vigente e consagrado pela centralidade sistêmica dos direitos humanos e fundamentais. Um Estado protetor desses direitos não pode se furtar de garanti-los, ainda que em face de eventual lacuna ou omissão regulatória, e mesmo que deva se escorar em parâmetros normativos mais amplos, como os princípios.

Sem dúvidas, o reforço à legitimidade das decisões passa pela consagração de modelos de participação direta não apenas para a promoção da cidadania e por respeito ao princípio democrático, mas também para o controle popular das iniciativas e afazeres estatais, e das políticas públicas, de sua concepção à sua ulterior fiscalização. E é nesse aspecto que a tecnologia – especialmente pela governança da informação – tem o potencial de reforçar o papel da atuação cidadã![281]

A consensualização administrativa e a Lei do Governo Digital estão relacionadas no sentido de promover uma maior participação e engajamento dos cidadãos na tomada de decisões governamentais por meio de processos digitais. Ela se baseia na ideia de que as decisões governamentais devem ser tomadas de forma participativa, levando em consideração diferentes perspectivas e promovendo a transparência e a legitimidade das ações do governo.

---

280. A expressão é apresentada sob a justificativa de que, "[d]e fato, a produção normativa infralegal transcende, em muito, o poder regulamentar atribuído ao Presidente da República pelo art. 84, IV, da CRFB. Temos normas editadas no âmbito de subsistemas jurídicos e que ora preenchem de conteúdo molduras definidas por leis-quadro, normas editadas no âmbito do processo de deslegalização (como ocorre, por exemplo, com as agências reguladoras) ou ainda normas de concretização editadas no âmbito de núcleos de competência normativa reservada, como ocorre com a Receita Federal. São todas fontes de normatividade própria que constituem subsistemas jurídicos dentro do ordenamento, formando aquilo que já no início do século Maurice Hauriou chamava de Bloco de Legalidade, e que contemporaneamente tomou grande importância." MARQUES NETO, Floriano de Azevedo; FREITAS, Rafael Véras de. **Comentários à Lei n° 13.655/2018 (Lei de Segurança para a Inovação Pública)**, cit., p. 8.

281. MAYER-SCHÖNBERGER, Viktor. Beyond privacy, beyond rights – toward a "system" theory of information governance, cit., p. 1883-1884. Anota: *"To summarize, information privacy governance happens largely beyond individual enforcement of information privacy rights, and is taking place through governance mechanisms that information privacy intermediaries utilize. This yields a system of information privacy protection that is much larger, more complex and varied, and likely more effective, than individual information privacy rights. This is not peculiar to information privacy. We can find a similar system beyond rights in the area of copyright (in the United States) and authors' rights (in the European Union), in which a range of special intermediaries play a central role. If that is the case, then in thinking about information governance writ large, it may be less useful to focus on a specific information governance mechanism, such as property or torts, or even rights in general, as this may leadus to rely on a decentralized, uncoordinated mechanism founded on individual action, ill-suited for the challenge at hand. Instead, taking a cue from the practice of information privacy as well as intellectual property, we may see information governance systems emerge. Studying the similarities they share with each other (as well as where and why they differ) may eventually lead tothe discovery of a common DNA of information governance systems, and thus offer a more suitable strategy for coherent information governance than a narrow focus on a particular governance mechanism. Examining the determinants and features of systems of information governance may bring us fresh insights, a suitable strategy for the future, and additional advantages. To start, it may help us overcome the deficiencies and limitations of the current rights-based approach. Second, it may afford lawmakers a broader and more versatile framework to consider and conceptualize governance of different types of information. Third, it may also help us understand what core features information governance setups ought to have in common. Over time, this may also lead to more structural coherence and avoid unnecessary contradictions. Much more research is needed to show whether a systems approach is useful. But given the inherent difficulties of the current rights-based regimes, as well as the obvious inconsistencies across different information types, a fresh approach that is grounded in an understanding of existing governance mechanisms may be just what is needed."*

A Lei do Governo Digital, por sua vez, estabelece diretrizes e princípios para a transformação digital do Estado, incentivando a utilização de tecnologias digitais para a prestação de serviços públicos e aprimorando a governança e a transparência na administração pública. Ela prevê a criação de plataformas digitais e mecanismos de participação cidadã, como os portais e-Democracia e e-Cidadania, que possibilitam a consensualização administrativa por meio da interação online entre os cidadãos e o governo.

A Lei do Governo Digital, ao promover a digitalização dos processos governamentais e a disponibilização de informações de forma acessível e transparente, facilita a participação dos cidadãos nas discussões e na formulação de políticas públicas. Ela cria um ambiente propício para a consensualização administrativa, permitindo que os cidadãos expressem suas opiniões, apresentem propostas e contribuam ativamente para a tomada de decisões.

Ao utilizar as tecnologias digitais como meio de comunicação e interação, a Lei do Governo Digital facilita o diálogo entre o governo e os cidadãos, ampliando as possibilidades de envolvimento e participação da sociedade nas questões públicas. Isso contribui para uma maior consensualização administrativa, em que as decisões governamentais são construídas de forma colaborativa e em consonância com os interesses e necessidades dos cidadãos. Portanto, a relação entre a consensualização administrativa e a Lei do Governo Digital reside no fato de que a transformação digital do Estado, promovida pela lei, proporciona o ambiente e os meios necessários para a participação e engajamento dos cidadãos na tomada de decisões governamentais, favorecendo a busca por soluções consensuais e colaborativas.

Quando se pensa na consensualização para o direito público tal e qual à socialidade para o direito privado, destaca-se uma preocupação com a aproximação entre Administração e administrados na mesma linha da ampliação da tutela dos interesses do 'homem isolado' de que cuidava a legislação civil precedente para o 'homem situado' de que fala o novo Código Civil.

É uma transição alvissareira, lastreada no preenchimento das regras do direito público por novos conteúdos, associados ao novo paradigma que se tem para o direito como um todo e para a tendência inafastável de reforço ao Regime Jurídico Administrativo.

Capítulo 4
ULTRAPASSANDO AS PERICLITÂNCIAS DA PUBLICIDADE E DA EFICIÊNCIA: PROCEDIMENTALIZAÇÃO, GESTÃO DE RISCOS E TRANSPARÊNCIA NA GOVERNANÇA DIGITAL

Uma pesquisa da BBC mostrou que quatro em cada cinco adultos consideram o acesso à Internet um direito fundamental,[1] o que revela a importância deste tema para a compreensão dos novos limites e das vindouras fronteiras da atuação pública. A Primavera Árabe – já mencionada no terceiro capítulo –, iniciada em dezembro de 2010, foi intensificada pela tecnologia,[2] o que exemplifica o papel da Internet na difusão e na coalizão de pessoas em torno de iniciativas digitais. No final de 2011, houve protestos nos Estados Unidos da América contra as leis do *Stop Online Piracy Act* (SOPA) e do *Protect IP Act* (PIPA),[3] novamente demonstrando esse efeito.

No início de 2012, seguiu-se um movimento europeu contra o Acordo Comercial de Combate à Contrafação (*Anti-Counterfeiting Trade Agreement – ACTA*).[4] Em maio de 2011, Frank La Rue, relator especial das Nações Unidas (ONU) sobre a liberdade de expressão, explorou as principais tendências e desafios à liberdade de expressão pela Internet, em relatório que provou ser um ponto de virada na discussão. Após analisar o impacto da Internet no mundo contemporâneo, em particular nos protestos árabes, La Rue concluiu que a Internet se tornou uma ferramenta indispensável para a realização de uma série de direitos humanos.[5]

---

1. INTERNET access is 'a fundamental right'. **BBC**, 8 mar. 2010. Disponível em: http://news.bbc.co.uk/2/hi/8548190.stm. Acesso em: 20 jun. 2023.
2. Em seu comentário sobre o Manifestante da Primavera Árabe como a 'Pessoa do Ano de 2011', Rick Stengel, da *Time*, argumenta que a tecnologia realmente importava para os protestos árabes, mas isso não fez da Primavera Árabe uma revolução tecnológica. As redes sociais não causaram esses movimentos, mas os mantiveram vivos e conectados. STENGEL, Rick. Person of the Year introduction. **Time**, 14 dez. 2011. Disponível em: https://bit.ly/2sAHoza. Acesso em: 20 jun. 2023.
3. WORTHAM, Jenna. A political coming of age for the tech industry. **The New York Times**, 17 jan. 2012. Disponível em: https://nyti.ms/39BI0oK. Acesso em: 20 jun. 2023.
4. Para maiores informações, consulte-se: BARALIUC, Irina; GUTWIRTH, Serge; DEPREEUW, Sari. Copyright enforcement in Europe after ACTA: what now? **Netherlands Journal of Legal Philosophy**, Utrecht, v. 41, n. 2, p. 99-104, 2012.
5. LA RUE, Frank. Report of the Special Rapporteur on the promotion and protection of the right to freedom of opinion and expression. **Conselho de Direitos Humanos da Organização das Nações Unidas**, 6 mai. 2011. Disponível em: http://www2.ohchr.org/english/bodies/hrcouncil/docs/17session/A.HRC.17.27_en.pdf. Acesso em: 20 jun. 2023.

Enfatizou-se que deveria haver o mínimo de restrição possível ao fluxo de informações pela Internet, com poucas exceções previstas no direito internacional para a efetiva tutela dos direitos humanos. Tomando nota do relatório La Rue, em 29 de junho de 2012, o Conselho de Direitos Humanos da ONU adotou uma resolução, exortando os Estados a promover e facilitar o acesso amplo e indistinto de seus cidadãos à Internet e à cooperação internacional, visando o desenvolvimento de meios de comunicação e informações e à instalação de mecanismos para a promoção da efetiva comunicação em todos os países.

O exposto acima indica um consenso crescente de que a Internet constitui um valor em si mesma e que, portanto, deve receber proteção legal. Um próximo passo neste desenvolvimento é o apelo para dar à Internet (ou seu uso) o *status* de um direito fundamental. Nesse contexto, pode-se apontar, por exemplo, o trabalho da coalizão de Direitos e Princípios da Internet que lançou seus *10 Internet Rights and Principles* e atualmente redige uma *Charter of Human Rights and Principles for the Internet*. Também se pode recordar a *Bill of Rights for the Internet*, de Andrew Murray, proposta em setembro de 2010.[6]

Se os deveres de proteção a direitos fundamentais são emanações inescapáveis em um momento da sociedade pós-moderna[7] em que toda a procedimentalização governamental gira em torno de tendências globalistas como a implementação de mecanismos de participação popular e, no que concerne aos novos filtros dessas emanações, a propagação de uma cultura de governança pública, novas tendências surgem, ainda, para os atos e processos administrativos, então vislumbrados sob a ótica da intervenção tecnológica nas rotinas e nos procedimentos administrativos em geral.

Segundo José Fernando Brega,

> (...) apontam-se como princípios do governo eletrônico aqueles referentes à equivalência de suportes, à *equivalência de garantias* e à *interoperabilidade*, todos eles com indicação de alguma referência normativa, embora não sejam explicitamente contemplados pelo ordenamento jurídico. Também o *princípio da eficiência* pode ser considerado uma das bases do governo eletrônico, embora a ele não esteja restrito. Além disso, outros princípios referentes à atuação administrativa, que não surgiram em razão das novas tecnologias, (...) poderão ser usados para a compreensão dos inúmeros aspectos jurídicos mais concretos relativos à incorporação das novas tecnologias nas atividades administrativas, (...). Também poderão servir para facilitar a aplicação, ao governo eletrônico, do regime jurídico pertinente à Administração Pública, o que ocorrerá por meio da adoção de novos instrumentos normativos ou pela reinterpretação da legislação que tenha sido elaborada em um contexto distante do atual.[8]

---

6. MURRAY, Andrew. A Bill of Rights for the Internet. **The IT Lawyer**, 2010. Disponível em: http://theitlawyer.blogspot.com/2010/10/bill-of-rights-for-internet.html. Acesso em: 20 jun. 2023.
7. TEUBNER, Gunther. **Constitutional fragments**: societal constitutionalism and globalization. Tradução do alemão para o inglês de Gareth Norbury. Oxford: Oxford University Press, 2012, p. 54. Anota o autor: "*Strikingly, although these processes are set in motion by functional diff erentiation, the constitutional norms are not directed towards the major function systems themselves. Financial and product markets are fully globalized, scientific communication takes place at a global level, the system of communicative media, news agencies, television, and the Internet all transmit news across the whole world. However, there is no sign of a global economic constitution, scientifi c constitution, or media constitution sui generis. It is not function systems that are constitutionalized via decision – making premises or fundamental rights. As has been experienced with neo-corporatist constitutions within nation states, the function systems themselves lack the capacity to act, become organized and thus, to become constitutionalized.*"
8. BREGA, José Fernando Ferreira. **Governo eletrônico e direito administrativo**, cit., p. 73.

Se a tendência à formação dos governos eletrônicos decorre desse novo viés, é imprescindível que sejam investigados esses novos modelos para atos e processos administrativos, especialmente para que sejam averiguados os impactos desses novos modais – particularmente pela presença da tecnologia nessas rotinas – em relação à própria dinâmica de operabilidade dos interesses e afazeres de Estado para que se possa compreender até mesmo o papel de cada instituição nesse novo arranjo propiciado pela sociedade da informação em meio à alavancagem do governo eletrônico.[9]

Pensa-se não apenas na teorização dos impactos tecnológicos, mas na verdadeira e efetiva Operabilidade do direito público,[10] tal e qual se deu na emanação de princípios para a regência do novo direito privado, a partir do advento do Código Civil de 2002. Noutros termos, impõe-se uma investigação que, visando ao aprimoramento do Regime Jurídico Administrativo, trabalhe com conceitos que propiciem nova ênfase aos princípios da publicidade e da eficiência a fim de que os mesmos se traduzam em novas formulações para a adequada compreensão desse cenário.[11]

Os perigos da tecnocracia surgem como obstáculo de importantíssima aferição nesse contexto específico – e sobre o tema se trará um tópico específico –, materializando periclitâncias que devem ser conhecidas pelo operador do direito que se dedique à investigação proposta, mas, em linhas essenciais, o que este capítulo apresentará são novas propostas para a emanação dos dois mencionados princípios em um contexto no qual a presença da tecnologia e, especialmente, dos mecanismos de inteligência artificial e a propagação da chamada Internet das Coisas, contribui diretamente para o acirramento de riscos não apenas democráticos, mas também gerenciais, decorrentes da consolidação das redes:

> Novos assuntos constitucionais surgiram no curso da globalização: organização internacional, regimes transnacionais e redes. Eles são caracterizados por desnacionalização e fragmentação, um alto nível de autonomia e uma orientação específica do problema. Apesar das objeções dos estudiosos constitucionalistas de visão nacionalista, não há alternativa senão reconhecer um número considerável de instituições transnacionais como sujeitos constitucionais. Como mostrado no capítulo anterior, se queremos fazer justiça às realidades globais, teremos de considerar três pontos: (1) O Estado-nação não pode mais ser considerado como o único sujeito constitucional possível. (2) A fragmentação da sociedade global em regimes funcionalmente definidos é hoje uma realidade. (3) Não são apenas as

---

9. OSTROM, Elinor. **Understanding institutional diversity**. Princeton: Princeton University Press, 2005, p. 257. Comenta: *"In light of still further evidence about the performance of self-organized systems that are consistent with the earlier derived design principles, we can conclude that there are ways of organizing governance that increase the opportunities for adaptation and learning in a changing and uncertain world with continuing advances in knowledge and technologies."*
10. Cláudio Luiz Bueno de Godoy explica que, pelo princípio da Operabilidade, "procura-se a superação de divergências teóricas e formais, acerca de institutos de direito, pela sua capacidade de ser executado. Por outra, prefere-se à vinculação da norma a um conceito por vezes tecnicamente discutível, o seu tratamento de modo a, fugindo desse liame teórico, permitir a sua mais fácil realização – sentido da operabilidade. O exemplo citado é o do tratamento da prescrição e da decadência, sobre cuja distinção teórica divergem, de há muito, os autores. Preferiu-se no Código Civil, em vez de tentar solucionar ou se posicionar sobre o debate, regrá-las de forma a que possam ser operadas sem gerar dúvidas. Isso ubicando a regra da prescrição em dispositivo próprio da parte geral, para que se saiba que, fora dele, serão de decadência." GODOY, Cláudio Luiz Bueno de. **Função social do contrato**. São Paulo: Saraiva, 2004, p. 118.
11. MESSA, Ana Flávia. **Transparência, compliance e práticas anticorrupção na Administração Pública**, cit., p. 135 *et seq.*

instituições públicas no sentido estrito que são constitucionalizadas; isso também deve ser concedido a instituições do setor privado.[12]

Nos dizeres de van Dijk, "o debate eletrônico, a construção de comunidades virtuais e de enquetes virtuais, implica que o modelo libertário é uma concepção substancial e processual da democracia e que está muito mais próximo do que da democracia representativa."[13] Noutro contexto, a preocupação hodierna e global com a delimitação de marcos protetivos para a proteção de dados pessoais resulta de emanações concernentes a esse paradigma democrático que sempre se almejou proteger.[14] Somam-se a isso os aspectos contextualizados nos dois capítulos anteriores para, em abordagem mais pragmática, mas não menos densa, se apontar alguns caminhos para a superação dos obstáculos indicados, com vistas ao aperfeiçoamento da publicidade e da eficiência nesse novo contexto informacional, rompendo-se os riscos da tecnocracia e avançando-se no sentido de uma verdadeira Administração Pública digital.

4.1 GOVERNO ELETRÔNICO, DIGITAL E DE PERFORMANCE: BREVES NOTAS TERMINOLÓGICAS

No capítulo introdutório, procurou-se esclarecer como o Estado se desenvolveu, desde seus primórdios – quando por primeiro se cogitou de um direito público, ainda influenciado pelos autores contratualistas da época –, até que se aportou na hodierna sociedade da informação, repleta de novos entraves à produção administrativa em seu ritmo tradicional, burocratizado, analógico.

Anotou-se, naquele introito, que propensões à formulação de um novo modo de se governar, a partir da tecnologia, consolidaram o que se denominou, no Direito, de "governo eletrônico", em que pese a desatualização da nomenclatura – que é criação de outrora e simboliza uma transição técnica.[15] E, a esse respeito, enfatizando a mudança

---

12. TEUBNER, Gunther. **Constitutional fragments**, cit., p. 73, tradução livre. No original: *"New constitutional subjects have emerged in the course of globalization: international organization, transnational regimes and networks. They are characterized by denationalization and fragmentation, a high level of autonomy, and an issue-specific orientation. Despite the objections of nationally-minded constitutional scholars, there is no alternative but to recognize a considerable number of transnational institutions as constitutional subjects. As shown in the previous chapter, if we want to do justice to global realities, we will have to take on board three points: (1) The nation state can no longer be regarded as the only possible constitutional subject. (2) The fragmentation of global society into functionally defined regimes is today a reality. (3) It is not only public institutions in the narrow sense that are constitutionalized; this must also be conceded to institutions in the private sector."*
13. VAN DIJK, Jan. **The network society**, cit., p. 103, tradução livre. No original: *"(...) electronic debate, virtual community building and telepolling implies that the libertarian model is both a substantial and a procedural conception of democracy and that it is much closer to direct than to representative democracy."*
14. LLOYD, Ian J. **Information technology law**, cit., p. 23. Comenta: *"In the data protection context, two—perhaps contradictory—concerns prompted international action. There were fears that national laws, which tended to have strong controls over the export of data might have a protectionist effect. Conversely, there were fears by those states that had adopted data protection legislation that national laws and policies could be circumvented by organisations sending data abroad for processing in counties (often referred to as data havens) which imposed few controls over processing activities."*
15. Segundo Eran Vigoda, pode-se falar em uma classificação do governo eletrônico como um estágio condizente com a *"web 1.5"* (VIGODA, Eran. From responsiveness to collaboration: Governance, citizens, and the next generation of public administration. **Public Administration Review**, Nova Jersey, v. 62, n. 5, p. 527-540, 2002),

de paradigma do "governo manual" (*m-gov*) para o "governo eletrônico" (*e-gov*) e além, convém trazer à tona a explicação de Robert Behn, que se reporta a Michael Hammer:

Em seu artigo original de "reengenharia", Michael Hammer distinguiu entre a automatização de processos de negócios e a reengenharia deles. A automação "produziu resultados decepcionantes", argumentou, porque consistia apenas em usar "a tecnologia para mecanizar as antigas formas de fazer negócios". Por outro lado, para implementar o conceito de reengenharia da Hammer, as empresas "usariam o poder da moderna tecnologia da informação para redesenhar radicalmente seus processos de negócios, a fim de obter melhorias dramáticas em seu desempenho". Da mesma forma, sob a rubrica de governo eletrônico, os órgãos públicos automatizaram os processos existentes e os reformularam. De fato, alguns órgãos públicos fizeram mais do que converter o governo manual (*m-gov*) em governo eletrônico (*e-gov*). Eles foram além do uso da tecnologia para automatizar ou mesmo reengenhar o *m-gov* no *e-gov*. Em alguns casos, os órgãos públicos empregaram o poder da análise estatística e a vantagem da distribuição de dados, possibilitada por todos esses pequenos elétrons, para criar inovações baseadas em informações. Eles passaram do governo manual e do governo eletrônico para o que é verdadeiramente inovador: governo de performance (*p-gov*).[16]

O que se vislumbrava era uma tendência de a Administração Pública ser reestruturada pela presença da eletrônica e da informática por consequência da Terceira Revolução Industrial. Utilizou-se a tecnologia apenas para modificar o modo como eram realizadas as tarefas administrativas, sem, contudo, mudar seu conteúdo essencial. Porém, o avanço tecnológico que se seguiu foi extremamente célere, culminando com o advento da Internet e das redes, que já alteraram todas as propostas de outrora para a configuração do chamado "governo eletrônico".

A menção a um "governo de performance" (*p-gov*), como indica Robert Behn guarda íntima relação com o estudo dos processos de inovação, interatividade e coleta de dados exatamente porque a informação passa a determinar o conteúdo dos atos administrativos, refletindo seus efeitos sobre a sociedade.

---

isto é, um estágio intermediário que afetaria as relações de Estado em razão de sua colocação aquém dos limites da chamada "web 2.0" indicada por Tim O'Reilly (O'REILLY, Tim. Web 2.0: compact definition? cit.) e que marcaria a transição para um modelo de gestão aprimorado pelas técnicas informacionais.

16. BEHN, Robert D. The challenge of evaluating m-government, e-government, and p-government: what should be compared with what? *In*: MAYER-SCHÖNBERGER, Viktor; LAZER, David (Ed.). **Governance and information technology**: from electronic government to information government. Cambridge: The MIT Press, 2007, p. 215, tradução livre. No original: "*In his original "reengineering" article, Michael Hammer distinguished between automating business processes and reengineering them. Automation has "delivered disappointing results", he argued, because it consisted merely of using "technology to mechanize old ways of doing business". In contrast, to implement Hammer's concept of reengineering, firms would "use the power of modern information technology to radically redesign our business processes in order to achieve dramatic improvements in their performance". Similarly, under the rubric of e-government, public agencies have both automated existing processes and reengineered them. Indeed, some public agencies have done more than convert manual government (m-gov) into electronic government (e-gov). They have gone beyond using technology to automate or even reengineer m-gov into e-gov. In some cases, public agencies have employed the power of statistical analysis and the advantage of data distribution, which all of those little electrons make possible, to create information-based innovations. They have moved beyond manual government and electronic government to what is truly innovative: performance government (p-gov).*"

Como se destacou, o governo eletrônico, ou o uso das Tecnologias da Informação e Comunicação (TICs) nas atividades públicas, envolve tanto uma interrupção quanto uma continuação da natureza do governo nos estados nacionais modernos.[17]

O surgimento da Internet, em particular, estimulou um novo interesse entre políticos, administradores públicos e acadêmicos sobre o papel da tecnologia no governo e muito já foi escrito sobre isso, com considerável atenção sendo dada ao significado do governo eletrônico para a Administração Pública contemporânea. O novo paradigma é, em verdade, "digital" (e não mais "eletrônico"), pois implica uma série de novos e importantes impactos para a (re)construção dogmática dos atos e processos administrativos, indo muito além dos impactos da eletrônica e da informática, conforme se verá.

Entretanto, a despeito da inconsistência metodológica da expressão "governo eletrônico", sua popularização, especialmente no continente europeu, sinaliza a dificuldade da readequação terminológica, conforme explica José Fernando Brega:

> Não parece haver dúvida de que, na maioria das vezes, tais vocábulos procuram referir-se, em linhas gerais, a duas grandes realidades: a utilização de meios eletrônicos nas atividades próprias da Administração Pública e o emprego de meios eletrônicos em relação ao processo democrático. No entanto, a distinção entre tais atividades não tem sido suficiente para a adoção de uma terminologia unívoca, especialmente em razão da ampla difusão mundial da expressão *e-government* e sua delicada tradução para o sistema político-administrativo europeu.[18]

Essa problemática tem reflexos profundos, pois o adequado enquadramento terminológico conduz o intérprete a um questionamento mais profundo: como o papel da tecnologia na conduta do governo deve ser entendido? Esta é a questão que este capítulo se propõe a abordar. Governo e política são amplamente vistos como domínios apenas humanos.[19]

No entanto, em escritos díspares da ciência política, sociologia, história e filosofia, algumas reflexões ponderadas sobre a tecnologia aplicada ao governo já foram realizadas, gerando, inclusive, a celeuma terminológica mencionada:

> Como grande parte da doutrina jurídica anglo-saxã faz referência ao *e-government* apenas como equivalente a administração eletrônica, foi necessário criar uma expressão, *e-governance*, para referir-se à aplicação das tecnologias da informação e da comunicação em quaisquer tarefas de governo. Assim, no sistema institucional político-administrativo europeu, seriam equivalentes as expressões *e-government*, administração eletrônica e e-administração, todas elas referentes à aplicação das tecnologias pela Administração Pública, sendo o governo eletrônico equivalente ao anglo-saxão *e-governance*. A

---

17. HENMAN, Paul. **Governing electronically**: e-government and the reconfiguration of Public Administration, policy and power. Londres/Nova York: Palgrave Macmillan, 2010, p. 3.
18. BREGA, José Fernando Ferreira. **Governo eletrônico e direito administrativo**, cit., p. 41. E ainda prossegue: "Na Europa, tem-se entendido que a expressão inglesa *e-government* não poderia ser traduzida como *governo eletrônico*, e sim como *administração eletrônica*, uma vez que se refere, de forma mais estrita, ao uso das tecnologias da informação e comunicação pelas Administrações Públicas quando desempenham suas atividades burocráticas. *Governo eletrônico* seria um conceito mais amplo que o de *administração eletrônica*, alcançando a utilização das tecnologias da informação e da comunicação nas tarefas de governo em toda sua extensão."
19. HENMAN, Paul. **Governing electronically**, cit., p. 7-8. Anota: "*E-government is now a topic of considerable academic, business and government interest. Several academic journals are now devoted to its inter-disciplinary study, and involve scholars as diverse as information technology and information science, management and organisational studies, and political scientists.*"

expressão *administração eletrônica* é a preferida das instituições comunitárias europeias, ainda que intencionalmente se encontre mais difundida a expressão *e-government*.[20]

Vivencia-se um novo momento, em que propostas são delineadas e apresentadas no intuito de ressignificar o papel dessa hodierna disciplina. Para citar um exemplo, Robert Behn, novamente com a proposta de um "governo de performance" (*p-gov*), aponta quatro "níveis" de evolução para que se possa chegar ao patamar de inovação necessário à proliferação de uma cultura de *p-gov*:

> Nível I. As informações de *e-gov* envolvem tornar os fatos e conhecimentos existentes mais amplamente disponíveis aos cidadãos, colocando-os na Internet ou tornando-os mais disponíveis para funcionários do governo em uma Intranet. Essas informações podem ter que ser coletadas e organizadas primeiro em um novo banco de dados (pesquisável). Uma vez que esteja facilmente disponível, no entanto, os cidadãos podem encontrar esse tipo de serviço de governo eletrônico muito valioso em suas vidas diárias, e os servidores públicos podem achar as informações muito úteis em seus trabalhos diários. (...)
>
> Nível II. A automação de *e-gov* consiste principalmente em realizar eletronicamente – ou pelo menos mais eletronicamente – o trabalho que, anteriormente, havia sido feito manualmente. Por que deixar que olhos e dedos humanos (para não falar de braços e pernas humanos) façam o trabalho, quando elétrons podem fazer a mesma coisa mais rapidamente e por menor custo? (...)
>
> Nível III. A reengenharia do *e-gov* envolve, como Hammer defendia, o redesenho radical de um processo importante, mas existente. A tecnologia é essencial para essa reengenharia, pois torna possível o redesenho do processo. (...)
>
> Nível IV. A inovação *p-gov* começa não com a tarefa de automatizar ou redesenhar o trabalho existente. O *p-gov* envolve mais do que armazenar dados eletronicamente ou colocar informações na Internet. Em vez disso, o *p-gov* é uma estratégia totalmente única e completamente sem precedentes para alcançar objetivos públicos – talvez até um propósito público totalmente novo. A tecnologia torna possível essa nova estratégia de desempenho; fornece uma maneira barata e altamente flexível de coletar, analisar e implantar informações para fornecer melhores serviços substancialmente diferentes ou conspícuos aos cidadãos.[21]

Há inúmeras outras leituras que se poderia fazer do tema, mas o que importa considerar é a necessariedade da transição para um governo regido pela informação e que demanda soluções de "governança", pois, conforme se disse anteriormente, pouco importam os impactos da eletrônica e da informática para a difusão informacional.

---

20. BREGA, José Fernando Ferreira. **Governo eletrônico e direito administrativo**, cit., p. 41-42.
21. BEHN, Robert D. The challenge of evaluating m-government, e-government, and p-government, cit., p. 219, tradução livre. No original: "*Level I. E-Gov Information involves making existing facts and knowledge more widely available to citizens by putting them on the Internet or making them more available to government employees on an Intranet. This information may have to be first collected and organized in a new (searcheable) database. Once it is easily available, however, citizens can find this kind of e-government service very valuable in their daily lives, and public employees may find the information very useful in their daily jobs. (...) Level II. E-Gov Automation consists primarily of doing electronically – or, at least, more electronically – work that had previously been done manually. Why make human eyes and fingers (to say nothing of human arms and legs) do the work, when electrons can do the same thing faster and cheaper. (...) Level III. E-Gov Reengineering involves, as Hammer advocated, the radical redesign of na importante but existing process. Technology is essential for this reengineering for it makes the process redesign possible. (...) Level IV. P-Gov Innovation begins not with the task of either automating or redesigning existing work. P-gov involves more than storing data electronically or putting information on the Internet. Instead, p-gov is an entirely unique, completely unprecedent strategy for achieving public pupeses – perhaps even a wholly new public purpose. Technology makes this new performance strategy possible; it provides an inexpensive, higly flexible way to collect, analyze, and then deploy information to supply substantially different or conspicuous better services to citizens.*"

Entendimento alinhado a esse raciocínio é o de Viktor Mayer-Schönberger e David Lazer, que explicam como os processos de coleta, disseminação e controle da informação geram poder, sendo necessário um exame preciso do fluxo de dados de forma independente do meio (pouca importa se é "argila ou silício", dizem os autores), uma vez que o meio pode permanecer o mesmo por muito tempo, mas sofrer sensíveis modificações que ampliem suas capacidades e potencialidades.[22]

No Brasil, José Fernando Brega ainda esclarece que não foram seguidas as diretrizes europeias quanto à diferenciação entre "governo eletrônico" e "administração eletrônica", uma vez que a expressão "governo eletrônico" acabou recebendo maior aceitação,[23] inclusive legislativa, estando assim contida, por exemplo, nos artigos 24, III, e 25, I e IV, do Marco Civil da Internet:

> Art. 24. Constituem diretrizes para a atuação da União, dos Estados, do Distrito Federal e dos Municípios no desenvolvimento da internet no Brasil:
>
> (...)
>
> III – promoção da racionalização e da interoperabilidade tecnológica dos serviços de governo eletrônico, entre os diferentes Poderes e âmbitos da Federação, para permitir o intercâmbio de informações e a celeridade de procedimentos;
>
> Art. 25. As aplicações de internet de entes do poder público devem buscar:
>
> I – compatibilidade dos serviços de governo eletrônico com diversos terminais, sistemas operacionais e aplicativos para seu acesso;
>
> (...)
>
> IV – facilidade de uso dos serviços de governo eletrônico;[24]

Merece menção, ainda, o Decreto s/nº, de 18 de outubro de 2000, que, em seu artigo 1º, definiu o papel do governo eletrônico: "a prestação de serviços e informações ao cidadão".[25] Também foi determinada a criação de um Comitê Executivo do Governo

---

22. MAYER-SCHÖNBERGER, Viktor; LAZER, David. From electronic government to information government. In: MAYER-SCHÖNBERGER, Viktor; LAZER, David (Ed.). **Governance and information technology**: from electronic government to information government. Cambridge: The MIT Press, 2007, p. 6. Destacam: "*The ability to acquire and disseminate information, to control the flow of information, has often been described as a source of power. The further the nature of our society turns from industrial to informational, the stronger this source of power will become (Castells, 1996, 18-22). Information government as a concept prompts us to examine these information flows, where, when, and why they change, and what the interaction is between these changes and public-sector activities. We suggest that it is useful to examine these flows independent of the medium for the information – clay or silicon. To be sure, modern information and communication technologies frequently change the flows of information. So have many technological advances before, from the printing press to the typewriter, from microfilm to the Xerox machine. One must not, however, conflate technology and the agent of change. In fact, while technology often facilitates a change in information flows, it can happen even in the absence of technological change – for example, through institutional reorganization. Such change, too, is shaping the public sector and captured through the information government lens. This focus on information rather than technology also ensures that we are not too awed by technology and its potential capabilities, but instead keep in mind the arguably more important constraints of human information processing.*"
23. BREGA, José Fernando Ferreira. **Governo eletrônico e direito administrativo**, cit., p. 43-44.
24. BRASIL. Lei nº 12.965, de 23 de abril de 2014. Estabelece princípios, garantias, direitos e deveres para o uso da Internet no Brasil. In: **Diário Oficial da República Federativa do Brasil**, Brasília, DF, 24 abr. 2014. Disponível em: http://www.planalto.gov.br/ccivil_03/_ato2011-2014/2014/lei/l12965.htm. Acesso em: 20 jun. 2023.
25. BRASIL. Decreto s/nº, de 18 de outubro de 2000. Cria, no âmbito do Conselho de Governo, o Comitê Executivo do Governo Eletrônico, e dá outras providências. In: **Diário Oficial da República Federativa do Brasil**, Brasília, DF, 24 abr. 2014. Disponível em: http://www.planalto.gov.br/ccivil_03/DNN/DNN9067.htm. Acesso em: 20 jun. 2023.

Eletrônico. Posteriormente, o Decreto s/nº, de 29 de outubro de 2003, criou os Comitês Técnicos do Comitê Executivo do Governo Eletrônico.[26] Porém, as duas normas foram revogadas pelo Decreto nº 8.638, de 16 de janeiro de 2016, que instituiu a "Política de Governança Digital no âmbito dos órgãos e das entidades da administração pública federal direta, autárquica e fundacional."[27]

A normativa de 2016 trouxe importante sinalização conceitual no sentido da melhor adequação da governança digital, em detrimento do mero "governo eletrônico", para o atendimento das seguintes finalidades: (i) gerar benefícios para a sociedade mediante o uso da informação e dos recursos de tecnologia da informação e comunicação na prestação de serviços públicos; (ii) estimular a participação da sociedade na formulação, na implementação, no monitoramento e na avaliação das políticas públicas e dos serviços públicos disponibilizados em meio digital; e (iii) assegurar a obtenção de informações pela sociedade, observadas as restrições legalmente previstas.

A par de todas essas questões, entende-se mais apropriada a designação dos processos de investigação dos fluxos informacionais e de seus impactos sobre os afazeres estatais pela expressão "governança digital", núcleo do que se propõe conceituar nessa pesquisa como "Administração Pública digital" e base fundamental do aperfeiçoamento do clássico Regime Jurídico Administrativo.

4.1.1 Abrangência e controle da governança digital

Além dos aspectos técnicos (por exemplo, infraestrutura, equipamentos, programas), a governança digital pode ser definida como um conjunto de práticas ou atividades de vários tipos, desde decisões políticas, da legislação nacional, de ações internacionais até serviços públicos – que usam TICs – para cidadãos em nível local.[28]

Tais práticas podem ser não apenas decisões tomadas em alto escalão de governo ou regulamentos gerais, mas também informações e serviços disponíveis para indivíduos, grupos, comunidades relacionadas a possíveis apoios públicos, oportunidades de emprego, pagamentos *online* e assim por diante. Noutros dizeres, o "governo eletrônico"

---

26. BRASIL. Decreto s/nº, de 23 de outubro de 2003. Institui Comitês Técnicos do Comitê Executivo do Governo Eletrônico e dá outras providências. *In*: **Diário Oficial da República Federativa do Brasil**, Brasília, DF, 24 abr. 2014. Disponível em: http://www.planalto.gov.br/ccivil_03/DNN/2003/Dnn10007.htm. Acesso em: 20 jun. 2023.
27. BRASIL. Decreto nº 8.638, de 15 de janeiro de 2016. Institui a Política de Governança Digital no âmbito dos órgãos e das entidades da administração pública federal direta, autárquica e fundacional. *In*: **Diário Oficial da República Federativa do Brasil**, Brasília, DF, 16 jan. 2016. Disponível em: http://www.planalto.gov.br/ccivil_03/_Ato2015-2018/2016/Decreto/D8638.htm. Acesso em: 20 jun. 2023.
28. No Brasil, durante a década de 1990, a criação de Centros de Serviços ao Cidadão (por exemplo, "Poupatempo") em quase todos os Estados (23 dos 27 existentes), reunindo diversas agências que prestam serviços de qualquer área do governo em uma única região, propiciou grande avanço no atendimento às demandas da sociedade civil com iniciativas que contribuíram para melhorar significativamente a imagem do serviço público no Brasil. Antes dessas iniciativas, os serviços públicos eram considerados lugares arcaicos, onde reinava a imagem da burocracia, faltavam informações e explicações. Para uma visão mais detalhada deste exemplo, confira-se: PRADO, Mariana Mota; CHASIN, Ana Carolina da Matta. How innovative was the Poupatempo experience in Brazil? Institutional bypass as a new form of institutional change. **Brazilian Political Science Review (Online)**, Rio de Janeiro, v. 5, n. 1, p. 11-34, 2011.

pode ser definido como a produção e a prestação de serviços (incluindo informações) dentro do governo e entre o governo e o público.[29]

Na definição mais ampla, não são mencionadas apenas práticas para melhorar o acesso e a prestação de serviços, mas também um objetivo mais geral: melhorar as relações entre instituições governamentais e cidadãos. A tecnologia é apenas um novo e poderoso instrumento de política, tomada de decisão, administração estatal e governança. Portanto, pode ser avaliada do ponto de vista de sua aplicabilidade, adequação, eficácia e eficiência – tudo não apenas no sentido técnico, mas também no sentido político.

Por outro lado, os cidadãos e as facilitações de suas vidas e atividades (por exemplo, nos negócios) podem ser o ponto de referência. Sob regimes políticos democráticos, idealmente, o "governo eletrônico" deve significar menos gerenciamento e mais administração do governo (em todos os níveis e agências) e mais participação dos cidadãos, denotando função integrativa que se alinha ao viés da concertação explicitada no capítulo anterior.[30]

Quando se cogita da "governança digital", portanto, se imagina o Estado não apenas prestador de serviços públicos mais eficientes, mas também como parte central do processo democrático. As aplicações de instrumentos eletrônicos (ou, em outras palavras, TICs) em política, administração e gerenciamento provaram ser extremamente úteis e eficientes, pelo menos em certos campos como identificação, reconhecimento e documentação de necessidades de vários grupos sociais consumidores de serviços públicos. Pode-se apontar, ainda, a melhoria da eficiência e também da transparência e da confiança, que tornam públicos todos os procedimentos e outras informações, a política de informação (ou seja, publicações de vários relatórios, documentos oficiais, projetos e planos a serem debatidos) e a participação dos cidadãos pelo uso de mídias interativas.[31]

---

29. Nos dizeres de José Fernando Brega, tem-se uma dimensão interna e outra externa: "A dimensão interna, designada por meio das expressões *Government to Government (G2G)* e *back office* da administração eletrônica, diz respeito à aplicação das novas tecnologias no trabalho administrativo interno e nas relações interadministrativas, tanto dentro de uma dada entidade pública quanto entre diversas esferas de governo, bem como no relacionamento com sujeitos privados que desempenham funções ou prestam serviços públicos. O *back office* compreende as atividades de gestão da organização e dos processos administrativos, sendo, na prática, tudo aquilo que o público não vê, mas permite a realização dos serviços a ele destinados. (...) A dimensão externa, correspondente ao *front office* da administração eletrônica, refere-se à aplicação de meios informáticos e telemáticos para oferecer serviços públicos aos administrados, sobretudo de modo automatizado e a distância, transformando atividades realizadas pela Administração na parte de atendimento ao usuário. A dimensão externa comporta dois aspectos: o das utilidades oferecidas ao setor privado, ou seja, às empresas, gerando a expressão *Government to Business (G2B)*, pelo qual a Administração pode auxiliar os negócios, contratando com fornecedores e oferecendo informações e orientação por meios eletrônicos; o dos serviços prestados aos cidadãos, ou seja, às pessoas físicas, referido pela expressão *Government to Citizen (G2C)*, substituindo ou suplementando as atividades que tradicionalmente dependeram da troca de documentos físicos ou atendimento presencial dos cidadãos em repartições públicas." BREGA, José Fernando Ferreira. **Governo eletrônico e direito administrativo**, cit., p. 47-48.
30. BITENCOURT NETO, Eurico. **Concertação administrativa interorgânica**, cit., p. 301 *et seq*.
31. MERGEL, Ines; BRETSCHNEIDER, Stuart. A three-stage adoption process for social media use in government. **Public Administration Review**, Nova Jersey, v. 73, n. 3, p. 390-400, maio/jun. 2013, p. 397. Anotam: "*Top-down institutional support, centralized resources, clear responsibilities, and approved behavior and technologies will also*

O governo eletrônico, como resultado da aplicação das TICs nas atividades da Administração Pública e com impactos multifacetados, melhorará o "governo eletrônico" e a democracia digital pela consolidação do cidadão como fonte de legitimidade de ações e políticas públicas em todo o processo. Noutros termos, participando efetivamente da elaboração, reestruturação e processos decisórios, o cidadão atinge o empoderamento e, conscientemente, é parceiro e corresponsável com a Administração Pública no aperfeiçoamento de ações e políticas públicas. Assim, a participação cidadã se torna um importante valor social sob o viés democrático.[32]

Devido à integração do trabalho burocrático e do trabalho em rede, as instituições da Administração Pública têm o potencial de atender muito melhor as demandas que lhe são apresentadas se forem eliminadas as visitas múltiplas nessas instituições, as inúmeras apresentações de dados e as situações de corrupção. Pensa-se, por óbvio, em eficiência administrativa nos estágios subsequentes de desenvolvimento da matéria.

A interatividade é um dos possíveis caminhos para se chegar a tal patamar, mas seu sucesso depende do preenchimento de algumas condições tecnológicas, organizacionais e legais: por exemplo, algumas conexões necessárias entre o sistema de Intranet de uma instituição com a Internet como sistema externo, a validação de assinaturas eletrônicas; a implantação de portais multifuncionais totalmente interativos etc.

> Como um programa governamental em construção e contínua evolução, a política do *e-gov* tem na divulgação eletrônica de dados e informações públicas o primeiro passo marcante na construção da Administração Eletrônica. É a colocação de informações públicas em um *website*. Nesse contexto de disponibilização de informações e serviços governamentais de forma *on-line*, pela internet ou por outras formas digitais.[33]

---

lead to other types of innovations: a dedicated director for the new ICT with support for a policy that allows his or her subunit to accelerate the use of the new ICT will have to rethink tactics for different purposes. The new organizational unit and standards will help support the overall mission of the organization, as well as more innovative tactics that go beyond mere broadcasting of already existing content to take into account innovative approaches of online participation and collaboration with the government agency's audiences."

32. HENMAN, Paul. **Governing electronically**, cit., p. 36. Comenta: "*E-democracy discourses focus on the way the internet (and other advanced ICTs) contributes to and transforms the workings of the parliament, the relationship between citizens and their elected representatives and the conduct of politics. In this usage, the internet becomes the way in which citizens make their views known to their elected representatives, party members contribute to party policy making, and citizens contribute to government policy formation (Stedman Jones 2001). Embedded in these ideas is the proposition that e-democracy transforms the conduct of government and politics: policy development embraces public feedback; policy making occurs through online polls; and parliament might even become redundant. Such notions of e-government demonstrate a normative and political element, namely, that the internet can enhance participatory democracy and should be used as such.*"

33. MESSA, Ana Flávia. **Transparência, compliance e práticas anticorrupção na Administração Pública**, cit., p. 253. E ainda acrescenta: "Em 1996, a Secretaria da Receita Federal do Brasil, visando a melhoria da qualidade na prestação de serviços ao cidadão, cria a "Homepage do Imposto de Renda", além de um sítio próprio, que foi ao ar em 19 de setembro de 1996 (www.receita.fazenda.gov.br). Em 1997, realiza a implantação do projeto ReceitaNet, com o objetivo de facilitar a vida do contribuinte e estimular o cumprimento voluntário das obrigações com o Fisco. A necessidade de uma estratégia ativa de abertura apoiada na internet, de fato, inspirou a edição da Lei n. 9.755/98, fruto do Projeto n. 4.576/98, de autoria do Deputado Federal Luiz Carlos Hauly, que instituiu a obrigatoriedade a todos os órgãos e entidades públicas de divulgar suas contas públicas na *homepage* criada pelo Tribunal de Contas da União (www.contaspublicas.gov.br)."

Portais personalizados que fornecem serviços integrados são parte de uma sequência de estágios evolutivos do "governo eletrônico" não tem apenas uma dimensão tecnológica. As mudanças consecutivas transferem a comunicação entre os cidadãos e a Administração Pública para o espaço virtual (o tempo e o espaço físico não são mais importantes). Mudanças posteriores também tornam sem sentido as estruturas internas e o padrão de competência das instituições públicas. Além disso, esses processos são acompanhados por uma crescente despersonificação.

4.1.2 Percalços para o efetivo implemento das TICs

O governo eletrônico ainda está em estágio de desenvolvimento, acumulando experiências e melhorando o seu funcionamento. Além disso, em alguns países – especialmente nos da Escandinávia –, já está bem fundamentado na organização da esfera pública e na política. No entanto, em alguns, ainda é um novo conceito, ainda pouco explorado. Este é o problema das economias em transição, pois existem muitos desafios enfrentados pela Administração Pública e por organizações públicas em todos os países que tentam usar as TICs para servir melhor às sociedades.

Alguns exemplos da abrangência do tema são trazidos por Kim Andersen:

- As organizações virtuais e o teletrabalho podem ser um veículo para a reconstrução de organizações públicas, mas também podem ser uma ameaça ao controle gerencial e à cultura organizacional.
- O uso da Internet no governo local pode ser uma ferramenta poderosa para reconstruir um relacionamento com cidadãos e empresas por meio da Internet e intercâmbio eletrônico de dados, mas também pode ser um desperdício de dinheiro dos contribuintes, servindo apenas a interesses burocráticos e fortificar a manutenção de portões, em vez de destruí-lo.
- "*Quangos*", modernização de métodos orçamentários e sistemas de informação inter / intraorganizacionais podem levar a mudanças simples, mas também podem danificar os processos políticos de tomada de decisão.[34]

Para além dos exemplos, existem pelo menos quatro grupos de desafios à completa implementação do "governo eletrônico": questões legais, problemas de acessibilidade, questões econômicas e problemas sociais.

As questões legais no governo eletrônico envolvem questões como privacidade, autenticação, tributação, vários envios eletrônicos, votação eletrônica e presença de técnicas de governo eletrônico nos tribunais, e assim por diante. É evidente que a ado-

---

34. ANDERSEN, Kim Viborg. Reengineering public sector organisations using information technology. *In*: HEEKS, Richard (Ed.). **Reinventing government in the information age**: international practice in IT-enabled public sector reform. Londres: Routledge, 1999, p. 324, tradução livre. No original: "*Virtual organisations and teleworking can be a vehicle for rebuilding public organisations, but they can also be a threat to managerial control and to organisational culture. Use of the Internet in local government can be a powerful tool in rebuilding a relationship with citizens and companies by means of the World Wide Web and electronic data interchange, but it can also be a waste of taxpayers' money, serving only bureaucratic interests and fortifying gate-keeping, rather than destroying it. Quangos, modernisation of budgeting methods and inter-/intraorganisational information systems can lead to clean-slate changes, but can also damage political decision making processes.*"

ção dessas práticas ou, em outras palavras, técnicas de governo eletrônico, deve afetar os sistemas e práticas legais.[35]

O problema da acessibilidade vai além da escassez do acesso à Internet – direito fundamental, conforme se verá adiante –, pois adentra a questão da falibilidade de aplicativos de governo eletrônico em países avançados e ricos, com boa infraestrutura técnica e um alto nível de conhecimento em informática, quanto à sua limitação principalmente a grupos de cidadãos com deficiências físicas, cognitivas, auditivas e visuais. Esses aplicativos devem ser amigáveis e inclusivos para permitir a esses cidadãos a adequada participação.[36]

Uma questão mais difícil de resolver é – no contexto do governo eletrônico (ou governança eletrônica em sentido mais amplo) – o que se deve fazer com uma margem social geralmente bastante grande ou com pessoas excluídas socialmente (por exemplo, ex-prisioneiros) permanentemente desempregadas, sem-teto, muito pobres, migrantes ilegais e assim por diante. Obviamente, a solução não pode ser, neste caso, apenas tecno-organizacional; depende-se de políticas públicas inclusivas.[37]

O crescimento do governo eletrônico na Europa e no mundo é caro, o que o torna uma questão econômica. Até recentemente, o fascínio pelo uso das TICs na Administração Pública superava o retorno do investimento. O governo eletrônico como um certo benefício para o uso de recursos pelos cidadãos (sempre limitado) deve provar validade e eficácia econômicas.

Questões sociais já foram desdobradas da já mencionada acessibilidade também dizem respeito a dimensões financeiras e sociais. É desnecessário acrescentar que a adoção social e o uso de aplicativos de governo eletrônico exigem aprendizado, conhecimento em informática e assim por diante. Além disso, espera-se que o governo eletrônico amplamente compreendido facilite a inclusão, a participação e, em último grau, a democracia. Isso também tem um significado político importante.

O governo eletrônico não é apenas uma prestação de serviços públicos mais rápida e melhor. Em verdade, tem o poder de dar a grupos de cidadãos e indivíduos não apenas alguma satisfação, mas também a identidade de cidadão ou de comunidade, algumas possibilidades de agir e interagir com outras pessoas, para permitir o compartilhamento de experiências. Grupos e indivíduos não estão mais separados e fechados, uma vez que

---

35. HEEKS, Richard; BHATNAGAR, Subhash. Understanding success and failure in information age reform. *In*: HEEKS, Richard (Ed.). **Reinventing government in the information age**: international practice in IT-enabled public sector reform. Londres: Routledge, 1999, p. 62. Comenta: *"The ideas behind rational models of organisations arise from a particular social and historical context which, among other things, believes that: science has an underpinning of logic and objectivity which gives it great validity; such 'scientific values' can be applied outside pure science to human systems, such as management and organisations; some desirable outcomes result from applying these values."*
36. KATZ, Jon. The digital citizen. **Wired**, 12 jan. 1997. Disponível em: https://bit.ly/2Qvx04R. Acesso em: 20 jun. 2023.
37. ZACHER, Lech W. E-government in the information society. *In*: ANTTIROIKO, Ari-Veikko (Ed.). **Electronic government**: concepts, methodologies, tools, and applications. Hershey/Nova York: Information Science Reference, 2008, p. 25.

a Internet lhes dá uma oportunidade de funcionar no sistema de "inteligência conectada"[38-39] propulsionado pela governança.[40]

Tem-se, no *Big Data*, um elemento externo que certamente contribuirá para a formatação de políticas públicas de "governo eletrônico" nos níveis local, regional e nacional e que poderá vir a ser a semente do "governo eletrônico" mundial.

4.1.3 Perspectivas de aplicação para a Administração Pública digital

Desnecessário acrescentar que o governo eletrônico pode ter estruturas muito diferentes para seu funcionamento e desempenho. De fato, suas aplicações variam de país para país, de região para região, de continente para continente. Todas as diferenças e especificidades possíveis – em sistemas políticos e jurídicos, tradições históricas, nível de ativismo social e político dos cidadãos, conhecimento de seus direitos e oportunidades, habilidades de uso das TIC – têm influência. Além disso, a infraestrutura técnica e sua acessibilidade (também financeira) precisam ser consideradas,

Muitas vezes, os pobres, desempregados, deficientes e idosos podem ser alvos da exclusão digital e é por isso que estratégias de governança digital devem ser orientadas para objetivos como inclusão social (e digital) e participação do cidadão em uma escala significativa. E, embora esses objetivos sejam políticos, as TICs podem ajudar bastante, pois representam uma oportunidade histórica de tornar a democracia inclusiva e participativa.[41]

Por essa razão, a característica mais importante para a implementação da governança digital deve ser o processo de aprendizado de todos os envolvidos: autoridades e público, Administrações Públicas, organizações do setor público e várias partes interessadas. Nesse processo, novos conhecimentos e novas tecnologias precisam ser absorvidos e aplicados deliberada e adequadamente.[42]

---

38. A expressão foi cunhada por Derrick de Kerckhove e é conceituada como "*the active personal and collective cognitive environment that electronic technologies have weaved in and around us via the Internet in particular and electricity in general. It functions both as an extended memory and a processing intelligence for each one of the users of electronic technologies from the telegraph to "cloud computing" and Twitter.*" KERCKHOVE, Derrick de. Connected intelligence for the civil society: the Internet as a social limbic system. **Spanda Journal**, Haia, p. 71-78, jul./dez. 2014, p. 72.
39. FINIDORI, Helene. Collective intelligence is a commons that needs protection and a dedicated language. **Spanda Journal**, Haia, p. 79-89, jul./dez. 2014, p. 86. Anota: "*We need a web that empowers new forms of connections and interactions across boundaries to allow the creation of virtual spaces where projects, people, ideas, and resources distributed invarious contexts can be 'pulled' to accomplish specific tasks and generate productive conversations leading to action. This involves a distributed web, with portable identities, privacy protection systems, as well as protection against cyber attacks and fraud. It also requires tools and methodologies to develop understanding and interpretation of systemic phenomena and patterns of behaviours, as well as mutual understanding of the logics under which various community of experience operate, to enable collective interpretations. Open source communities, the World Wide Web Consortium (W3C), in charge of web standards and protocols, and other organizationsare working to build empowering tools. Most resources however are allocated to technologies that are being developed behind closed doors.*"
40. OKOT-UMA, Rogers W. O. **Electronic governance**: re-inventing good governance. 2002. Disponível em: https://bit.ly/35shcnA. Acesso em: 20 jun. 2023.
41. Sobre o tema, confira-se: EUBANKS, Virginia. **Automating inequality**: how high-tech tools profile, police, and punish the poor. Nova York: St. Martin's Press, 2018.
42. HENMAN, Paul. **Governing electronically**, cit., p. 43. Comenta: "*In summarising the preceding examination of the governmentality of e-government it can be seen that the very idea of 'e-government' can be understood as a governmental rationality. In this regard e-government discourses mobilise a way of thinking about government in which*

Isso requer novas habilidades, educação, a atitude proativa dos cidadãos etc. Portanto, um programa de "governo eletrônico" não pode significar apenas melhoria da eficiência e maior velocidade na prestação de serviços aos cidadãos. Trata-se de uma mudança maior, que afeta a relação entre Estado e cidadãos.

Historicamente, os parceiros dessas relações não eram iguais. O novo papel e o crescente significado das informações estão tornando essa situação mais igual e vantajosa do lado dos cidadãos. De fato, a mídia de massa,[43] sistemas de informação ou Internet estão disponíveis (pelo menos nos países avançados). Graças ao rádio, à TV, aos computadores e redes, mesmo às novas gerações de telefones celulares, as informações difundidas se tornam uma importante forma de controle das pessoas sobre o poder político e administrativo, também em certa medida sobre os negócios.

Segundo Habermas:

> Na análise final, a crítica kantiana também reflete apenas estruturas reificadas da consciência; é ela própria uma expressão no pensamento da forma agora universal da mercadoria. Lukacs segue, de maneira completamente convencional, a linha de crítica de Kant de Schiller a Hegel. Schiller identificou no instinto lúdico o princípio estético, de acordo com o qual o ser humano "tendo sido socialmente destruído, fragmentado e dividido entre diferentes subsistemas, deve ser tornado inteiro novamente em pensamento". E Hegel desenvolveu a ideia – já presente no conceito de natureza de Rousseau— de uma totalidade de relações de vida que "superou interiormente ou está em processo de superar as divisões em teoria e prática, razão e sentido, forma e matéria; para a qual a tendência de dar forma a si mesma não significa uma racionalidade abstrata que ignora conteúdos concretos; e para a qual liberdade e necessidade se reúnem."[44]

---

digital ICTs are centre stage. While the exact technologies to which e-government discourses refer is unclear (is it just the internet or broader?), such e-government rationalities often advocate technological reform as unquestionably good by embracing the aura of high technology as a sign of modernised government. However, most e-government discourses link the use of technology to transformations in public sector administration. While some discussions of e-government see the technology inducing reconfigurations in public administration in a (soft) technological determinism, many e-government rationalities link technological reform with political ambitions for public administration reform, such as citizen-centric and agile government."

43. Retoma-se, nesse contexto, a visão de Herbert Schiller sobre a importância da mídia e dos meios de comunicação na sociedade da informação. (SCHILLER, Herbert I. The communications revolution: who benefits? **Media Development**, cit., *passim*.). O autor descreve as funções desses instrumentos a partir de seus impactos econômicos, conforme sintetiza Frank Webster: *"First, there is an insistence on looking behind information – say, in the form of newspaper stories or television scripts – to the structural features that lie behind these media messages. Typically these are economic characteristics such as patterns of ownership, sources of advertising revenue, and audiences' spending capacities. In the view of political economists these structural elements profoundly constrain, say, the content of television news or the type of computer programs that are created. Second, 'political economy' approaches argue for a systemic analysis of information/communications. That is, they are at pains to locate particular phenomena – say, a cable television station or a software company – within the context of the functioning of an entire socio-economic system. As we shall see, this is invariably capitalism, and political economists start from, and recurrently return to, the operation of the capitalist system to assess the significance and likely trajectory of developments in the information realm. Another way of putting this is to say that the approach stresses the importance of holistic analysis, but, to pre-empt critics charging that this is a closed approach where, since everything operates in ways subordinate to the overall 'system', nothing much can change, a third major feature comes to the fore. This is the emphasis on history, on the periodisation of trends and developments. Thus political economists draw attention to the import of different epochs of capitalist development and the particular constraints and opportunities they evidence."* WEBSTER, Frank. **Theories of the information society**, cit., p. 126.

44. HABERMAS, Jürgen. **The theory of communicative action**, cit., p. 362, tradução livre. No original: *"In the final analysis the Kantian critique also reflects only reified structures of consciousness; it is itself an expression in thought of the now universal commodity form. Lukacs follows, in a thoroughly conventional manner, the line of Kant criticism*

As TICs permitem compartilhar conhecimentos sobre o processo político e sobre procedimentos administrativos com os cidadãos.[45] Informações cada vez mais rápidas, maior transparência na tomada de decisões e, acima de tudo, procedimentos mais interativos significam simplesmente mais democracia a partir da governança, mais espaço para a sociedade civil. Esses elementos contribuem para a legitimação do poder e para o aumento da participação popular. Portanto, a sociedade da informação pode ser – normativamente – caracterizada por governança digital, "governo eletrônico" e democracia interativa.

É desnecessário acrescentar, no entanto, que a prática atual está muito longe do ideal desejável (a distância dela difere muito e depende de muitos fatores e circunstâncias). Os princípios de boa governança, como abertura, participação, confiabilidade, eficiência, consistência, demandam uma política de informação apropriada.

4.1.4 Do *e-government* para a *e-governance*

A governança "eletrônica", quando é integrada, é frequentemente chamada de "governança integrada" (*i-governance*, na sigla em inglês).[46] Este nome reflete a integração de tecnologia, informação, procedimentos e pessoas a partir de três subsistemas: governo eletrônico, democracia eletrônica, negócios eletrônicos. O primeiro inclui principalmente estruturas, aplicativos e procedimentos (isto é, orientação técnica e organizacional) para a prestação de serviços públicos. A segunda, no entanto, é bastante orientada politicamente, uma vez que está conectada não apenas pela comunicação eletrônica e pelo acesso ao processo, à disponibilidade de serviços públicos e às possibilidades de escolha. Os cidadãos capacitam atores políticos, podendo interagir com o poder político e com a Administração Pública e participar de processos de tomada de decisão.[47]

---

from Schiller to Hegel. Schiller identified in the play instinct the aesthetic principle, in accord with which the human being, "having been socially destroyed, fragmented, and divided among different subsystems, is to be made whole again in thought." And Hegel developed the idea – already present in Rousseau's concept of nature – of a totality of life-relations that "has inwardly overcome, or is in the process of overcoming, the divisions in theory and practice, reason and sense, form and matter; for which the tendency to give form to itself does not mean an abstract rationality that ignores concrete contents; and for which freedom and necessity come together.""

45. VAN AELST, Peter; WALGRAVE, Stefaan. New media, new movements? The role of the Internet in shaping the 'anti-globalization' movement. *In:* VAN DE DONK, Wim; LOADER, Brian D.; NIXON, Paul G.; RUCHT, Dieter (Ed.). **Cyberprotest**: new media, citizens and social movements. Londres: Routledge, 2004, p. 105. Comentam: "*Is this all due to the technological evolution? Have the new forms of communication, in this case, changed the 'logic of collective action' or just the speed of protest diffusion? We are not sure. The internet brings new opportunities for everyone, but at the moment international activists are benefiting more than their opponents. It seems that the fluid, non-hierarchical structure of the internet and that of the international protest coalition prove to be a good match and that it is no coincidence that both can be labelled as a 'network of networks'.*"
46. ZACHER, Lech W. E-government in the information society, cit., p. 26.
47. HENMAN, Paul. **Governing electronically**, cit., p. 126. Comenta: "*The use of electronic information technology to enhance government services to citizens has been a long-standing objective of governments. (...) The growth of telephone call centres since the late 1980s, and the emergence of online service centres, have certainly made government agencies more accessible. Instead of having to physically go to and enter a government building, such technologies improve accessibility (as long as you do not wait for hours in a phone queue) and the hours in which government services are available have been expanded, often 24/7. Such technologies simultaneously enable governments to manage citizen demand across the whole enterprise. The use of technology to construct one-stop shops has been another important development to enhance government service (Hagen and Kubicek 2000; Lenk 2002). Computers provide the means by which information can be brought together across organisation boundaries to provide a more holistic picture of a customer and also a more holistic government service, although such developments have not always been entirely successful and much more development is needed.*"

Por sua vez, o terceiro aspecto – concernente aos negócios eletrônicos – indica orientação comercial da atuação pública, por exemplo, a prestação de serviços aos clientes, parceria comercial, transações eletrônicas. Os relacionamentos e os fluxos de informações referentes à troca de informações e provisão de serviços são múltiplos aqui. Eles podem ser classificados da seguinte maneira: (i) governo para governo (ou instituição pública para instituição pública); (ii) governo para cidadão (ou instituição pública para cidadão, consumidores, outras partes interessadas); (iii) cidadãos para governo (ou cidadãos, clientes, partes interessadas de instituições públicas); (iv) governo para empresas (ou instituições públicas para empresas privadas); (v) empresas para o governo (ou empresas privadas para instituições públicas).[48]

Portanto, a governança eletrônica cria uma estrutura técnica, organizacional e de rede em uma sociedade pautada pela informação. A igualdade de oportunidades e o empoderamento dos atores sociais tornam a dimensão política um desdobramento inafastável desse contexto e dão realce à governança para o controle informacional.

Há vozes que sinalizam preocupações e ceticismo com essa tendência:

> Mas se eles estão tão inseguros sobre o impacto da Internet na saúde de nossa própria democracia, quão confiantes eles podem estar de que a *Web* pode promover a democracia em países que já estão com pouca energia? É realmente razoável acreditar que os usuários da Internet em países autoritários, muitos dos quais com pouca experiência com governança democrática, de repente começarão a usar o avatar de Thomas Jefferson no ciberespaço? Não é um pouco prematuro começar a divulgar os benefícios de uma mídia que o próprio Ocidente ainda não sabe como incorporar confortavelmente em suas próprias instituições políticas?[49]

Apesar disso, a avaliação geral da governança digital é positiva, pois possibilita melhor servir a sociedade, possibilitando a racionalização do trabalho, o emprego e a gestão na Administração Pública e nas organizações públicas; também pode ser rentável; e, acima de tudo, promove a democracia, a participação e o ativismo popular.

É desnecessário provar que a implementação bem-sucedida dos princípios e procedimentos de governança digital depende de muitos fatores e circunstâncias – muito diferenciados nacionalmente, regionalmente e localmente[50] – para citar alguns: 'alfabetização' digital e prontidão eletrônica na sociedade e nas instituições públicas, estratégias e políticas de governo eletrônico, infraestrutura eletrônica, estrutura legal e assim por diante.

---

48. HEEKS, Richard. Understanding e-governance for development. **The i-Government Working Paper Series**, no. 11, University of Manchester: Institute for Development Policy and Management, Manchester, p. 1-25, jul. 2001, p. 20-25.
49. MOROZOV, Evgeny. **The net delusion**: the dark side of Internet freedom. Nova York: Public Affairs, 2011, p. 240-241, tradução livre. No original: *"But if they are so unsure about the Internet's impact on the health of our own democracy, how confident could they be that the Web can foster democracy in countries that are running short on it already? Is it really reasonable to believe that Internet users in authoritarian countries, many of whom have little experience with democratic governance, will suddenly start wearing Thomas Jefferson's avatar in cyberspace? Isn't it a bit premature to start touting the benefits of a medium the West itself does not yet know how to comfortably embed into its own political institutions?"*
50. *Cf.* CHUN, Soon Ae; SHULMAN, Stuart; SANDOVAL, Rodrigo; HOVY, Eduard. Government 2.0: making connections between citizens, data and government. **Information Polity**, Nova York, v. 15, n. 1/2, p. 1-9, 2010.

Não há dúvidas de que os países mais desenvolvidos socioeconomicamente, particularmente os do extremo norte europeu, já possuem condicionantes estruturais mais adequadas ao implemento de verdadeira governança digital. Contudo, isto não exclui do espectro de ordenamentos menos aprimorados – como o brasileiro – a possibilidade de se buscar o aprimoramento público.

4.1.5 E-future?

O governo por redes ou a concertação administrativa aparecem como substratos rapidamente desenvolvidos e empolgantes, mas há uma série de desvantagens que merecem atenção no percurso rumo à governança digital. Por exemplo, com o embaçamento das fronteiras e a terceirização de responsabilidades, quem possui os dados mantidos em computadores que são operados, mantidos e às vezes construídos por organismos externos? Questões de proteção de dados e privacidade foram prontamente apontadas como fundamentais, mas o modo como elas são realmente operacionalizadas tem sido mais difícil de se articular...

Em 1971, Alan Westin descreveu sua visão de futuro, tomando como marco o ano de 2020:

> Minha "visão de 2020" é obviamente uma história de advertência, na tradição de utopias negativas. É um paralelo ao delicioso livro de Olof Johannesson, "The Tale of the Big Computer". Na história de Johannesson, os computadores são cada vez mais essenciais para registrar e regular a complexidade da vida econômica, social e política no final do século XX. Então, uma falta de energia se desenvolve por meio de uma combinação de descuido humano e uma luta por vantagens entre os cientistas da computação. Os computadores pararam e, com eles, todas as atividades produtivas e de manutenção da vida. Uma sociedade humana que havia deixado de se preocupar com o conhecimento de como os computadores funcionavam era incapaz de reparar os sistemas de computadores. Demorou muito tempo para a era do "Grande Desastre" terminar, mas o homem voltou ao seu ponto de partida e os computadores foram lentamente colocados em operação. À medida que voltaram à alta velocidade, os programas de computador e os componentes de análise calcularam que não poderiam mais depender de propostas humanas; eles desenvolveram um sistema completamente autogerado e automantido nas redes de computadores. No final do conto, a questão é colocada nas unidades de computador e na indagação sobre se a humanidade desempenha alguma função útil e se deve ser preservada. Há uma preocupação de que o homem seja um "risco de segurança", capaz de tentar uma revolta contra as redes de comunicação ou as fontes de energia. Mas esses riscos foram tão minimizados que é tomada a decisão de manter o homem. Assim como o homem manteve um número limitado de cavalos, mesmo após a invenção do motor de combustão interna permitir que o homem dispusesse de potência, as máquinas de dados desejam manter o homem longe da afeição pela relação simbiótica anterior entre homem e máquina que produziu a civilização de dados e máquinas.[51]

---

51. WESTIN, Alan F. Prologue: of technological visions and democratic politics, cit., p. 7, tradução livre. No original: "My "2020 Vision" is obviously a cautionary tale, in the tradition of negative Utopias. It parallels the delightful book by Olof Johannesson, "The Tale of the Big Computer". In Johannesson's story, computers are relied on more and more to record and regulate the complexity of economic, social, and political life in the later twentieth century. Then a power shortage develops through a combination of human carelessness and a struggle for advantage among the computer scientists. The computers came to a standstill, and with them, all productive and life-sustaining activities. A human society that had ceased to trouble itself with the knowledge of how the computers worked was unable to repair the computer systems. It took a long time for the age of the "Great Disaster" to end, but man returned to his starting point and the computers were slowly put back into operation. As they moved into high speed again, the computer program

Passados 49 anos desde que o autor redigiu esta reflexão, a preocupação com o controle de dados nunca foi tão premente. Isto, além de revelar que o tema não é novo, indica a urgência de que propostas de execução das tarefas administrativas pela tecnologia não se deixem tomar pelo âmago da empolgação – é nesse ponto que se insere a governança digital.

Entendida como filtro essencial de uma espécie de 'poder eletrônico' (estrutura e instituições de poder, política, atuação do poder etc.), a governança digital pode levar a uma melhor legitimação do poder, a mais democracia, transparência, confiança, participação e eficiência. No entanto, pode levar também a um governo mais elitista e tecnocrático, à burocracia e à manipulação – conforme se verá no tópico seguinte –, que são resultados indesejados.

Então, o que é necessário? Richard Susskind identifica cinco dimensões de viabilidade: possibilidade técnica, solidez jurisprudencial, viabilidade comercial, adequação organizacional e adequação estratégica.[52] Porém, lembrando a descrição de Herbert Hart quanto à 'tessitura aberta' do *rule of law*,[53] eventual abertura do ordenamento às TICs não excluirá do sistema a presença de regras autoritárias, da corrupção, da opressão e do terror.

A trajetória de evolução das sociedades da informação não é realmente determinística. Apesar da tendência de democratizar as sociedades do mundo, o futuro não é certo. Também existem contratendências como o terrorismo internacional, os conflitos armados, as agitações sociais e políticas e turbulências em muitos lugares, também devido às crescentes críticas e oposição ao tipo atual de globalização que está dando mais aos ricos e estimulando a '*digital divide*'.[54]

Nesse contexto, destaca Roger Brownsword:

> Na medida em que somos capazes de especificar os vários cenários e a aplicação da regra (aplicada ou não aplicada) nesses cenários, presumo que os sistemas especializados serão suficientemente sofisticados para poder rastrear as leis antiquadas. No entanto, parece haver duas fontes de sérias dificuldades: uma é que não somos capazes de prever ou antecipar todo o conjunto de cenários; e a outra é que, com o tempo, mudamos de ideia sobre como a regra deve ser aplicada. No entanto, essas dificuldades

---

and analysis components calculated that they could no longer afford to depend on human tenders; they developed a completely self-generating and self-maintaining system within the computer networks. Toward the end of the novel, the question is posed in the computer units whether mankind serves any useful function and should be preserved. There is concern that man is a "security risk," capable of attempting an uprising against the communication networks or the power sources. But these risks have been so minimized that the decision is made to keep man. Just as man kept a limited number of horses even after the invention of the internal-combustion engine enabled man to dispense with horsepower, the data machines wish to keep man out of an affection for the earlier symbiotic relation of man and machine that produced the data machine civilization."

52. SUSSKIND, Richard. **Transforming the law**: essays on technology, justice and the legal marketplace. Oxford: Oxford University Press, 2000, p. 170.
53. HART, Herbert L. A. **The concept of law**, cit., p. 124. Comenta: "*In any large group general rules, standards, and principles must be the main instrument of social control, and not particular directions given to each individual separately. If it were not possible to communicate general standards of conduct, which multitudes of individuals could understand, without further direction, as requiring from them certain conduct when occasion arose, nothing that we now recognize as law could exist.*"
54. GERBAUDO, Paolo. **The mask and the flag**, cit., p. 21. Diz: "*The anti-globalisation movement managed to mount an impressive challenge to the new regime of global governance, but was soon suffocated by police repression, in-fighting, and the "war on terror" that followed the 9/11 attacks, shifting attention away from its cause. As we shall see, the relationship of the movement of the squares with the anti-globalisation movement is a complicated one.*"

não parecem insuperáveis. Em resposta à primeira, a decisão óbvia é equipar o sistema com uma regra padrão. Se o padrão deve ser a aplicação ou a não aplicação é uma questão a ser resolvida; mas, uma vez instalado o padrão, o sistema sabe o que fazer, mesmo que o cenário não seja especificamente previsto. Em resposta a este último, poderíamos minimizar a dificuldade concordando que não mudaríamos de ideia 'a pontapés'. Se, em seguida, tivermos um resultado que julgamos inaceitável – decorrente de um caso difícil clássico, (...) –, devemos fazer os ajustes necessários para o sistema (...); mas, em geral, desde que a penalidade pela violação seja relativamente menor e reversível, isso pode parecer um preço razoável a se pagar pela submissão à regra da tecnologia. Obviamente, pode-se protestar que a tecnologia nunca pode ser compatível com a lei, porque a beleza desta última é que podemos inventá-la à medida que avançamos. No entanto, isso parece uma inversão quixotesca do que geralmente consideramos ser a virtude do Estado de Direito, a saber, que inventar é o que não fazemos. Na medida em que a Regra da Tecnologia contraria exatamente essa tentação, alguns podem pensar que, não apenas a regulação por tecnologia é viável, mas também desejável.[55]

Por outro lado, no horizonte de tempo mais longo, as transformações eletrônicas podem desintegrar as sociedades na forma como estão organizadas atualmente. Algumas novas formas podem surgir e, tradicionalmente, a governança, a política e o controle serão modificados de alguma maneira. Cada vez menos o Estado e suas estruturas, instituições e funções de poder, e cada vez mais a individualização (na rede) e a atomização social, as mudanças de identidade, as relações cada vez mais estreitas entre homem e máquina (tal coevolução mais crescente artificialização de o homem direcionará a humanidade para uma era pós-humana – na opinião de muitos futuristas), conduzirão a um futuro que desafiará as estruturas estatais e implicarão maior demanda por governança.

Na verdade, é impossível prever um futuro distante, porque as tendências atuais podem mudar, as pessoas e suas formas organizacionais podem se transformar de uma maneira surpreendente; além disso, o mundo dividido e turbulento pode entrar em colapso. Portanto, as visões atuais do futuro eletrônico em que seres humanos semiartificiais, em rede, vivendo principalmente na Internet, em realidade virtual, com sua identidade nebulosa e múltipla, podem nunca se tornar realidade, mas, se conseguirem, provavelmente noções como governança digital, democracia interativa e governo eletrônico não serão aplicáveis.

---

55. BROWNSWORD, Roger. So what does the world need now? Reflections on regulating technologies. In: BROWNSWORD, Roger; YEUNG, Karen (Ed.). **Regulating technologies**: legal futures, regulatory frames and technological fixes. Oxford: Hart Publishing, 2008, p. 44-45, tradução livre. No original: *"Insofar as we are able to specify the various scenarios and the application of the rule (applied or disapplied) in those scenarios, I assume that expert systems will be sufficiently sophisticated to be able to track old-fashioned law. However, there seem to be two sources of serious difficulty: one is that we are not able to foresee or anticipate the full set of scenarios; and the other is that, over time, we change our minds about how the rule should be applied. Yet, these difficulties do not look insuperable. In response to the former, the obvious move is to equip the system with a default rule. Whether the default should be for application or disapplication is a matter to be settled; but, once the default is installed, the system knows what to do even if the scenario is not specifically anticipated. In response to the latter, we could minimise the difficulty by agreeing that we will not change our minds on the hoof. If we then have an outcome that we judge to be unacceptable – arising from a classic hard case (...) – we should make the necessary adjustments to the system (...); but, in general, so long as the penalty for violation is a relatively minor and reversible one, this might seem to be a reasonable price to pay for submitting to the rule of the technology. Of course, it might be protested that the technology can never match the law because the beauty of the latter is that we can make it up as we go along. However, this seems like a quixotic inversion of what we usually take to be the virtue of the Rule of Law, namely that making it up as we go along is precisely what we do not do. Insofar as the Rule of Technology checks against just that temptation, some might think that, not only is regulation by technology feasible, but indeed desirable."*

4.2 OS PERIGOS DA TECNOCRACIA

Conforme se registrou no tópico anterior, os riscos de que o sobressalto da técnica conduza a humanidade a uma propensão desnecessariamente pendente à ultravalorização tecnicista pode acarretar grave burocratização, segregação socioeconômica e culminar em uma sociedade tecnocrática e que afaste do contexto decisional a desejada participação popular.[56]

Nos dizeres de Raymundo Faoro:

> Dos precursores da tecnocracia deriva a teoria tecnocrática, fundamentalmente calcada na crítica ao liberalismo capitalista, crítica que parte de seu pressuposto básico – a racionalização da vida – e dos apregoados defeitos e imperfeições da economia de mercado. Na verdade, a suposta anarquia do mercado decorre de sua expressão irracional, de modo que tudo se reduz, em última instância, a situar no íntimo do problema as consequências do controle da inteligência sobre todas as atividades. Porque a técnica realiza essa necessária racionalização, enseja transformações profundas e qualitativas nas relações de poder.[57]

Por que a resposta tecnocrática é incapaz de lidar com os problemas tecnocientíficos nas sociedades contemporâneas? Certamente não por causa da obtusibilidade dos cidadãos ou da relutância dos tomadores de decisão política em atender às opiniões dos especialistas. É muito provável que os tomadores de decisão políticos fiquem satisfeitos em transferir para um especialista conveniente – como se costumava fazer até algumas décadas atrás – a responsabilidade de decidir questões regulatórias. O problema é que isso não é mais possível devido aos fatores decorrentes das transformações no conhecimento científico e à sua percepção cada vez menos monolítica entre o público em geral.[58]

Em 1948, Dwight Waldo publicou "*The Administrative State*", que foi e continua sendo a história mais lida e apreciada da disciplina de Administração Pública, tal como foi desenvolvida antes da Segunda Guerra Mundial. Waldo viu o trabalho de Frederick Taylor como a influência teórica mais importante sobre a disciplina e como o principal responsável por quatro das maiores fraquezas do campo de estudos. Segundo Waldo, essas fraquezas incluíam: (i) uma tendência a assumir paralelos entre conceitos de negócios e considerações do setor público sem uma análise adequada das diferenças; (ii) uma tendência de ver a eficiência como a principal prioridade para os administradores públicos e não como uma técnica para atender demandas públicas; (iii) uma tendência a respeitar os fatos sobre os valores; e (iv) uma tendência a ignorar a importância da democracia no local de trabalho.[59] As opiniões de Waldo e, especialmente, seu esmero

---

56. BUCCHI, Massimiano. **Beyond technocracy**: science, politics and citizens. Tradução do italiano para o inglês de Adrian Belton. Nova York: Springer Science+Business Media, 2009, p. 58-63.
57. FAORO, Raymundo. Tecnocracia e política. **Revista de Ciência Política**, Rio de Janeiro, v. 7, n. 3, p. 149-163, jul./set. 1973, p. 152.
58. OLSON, Richard G. **Scientism and technocracy in the Twentieth Century**: the legacy of scientific management. Lanham: Lexington Books, 2016, p. 107 *et seq.*
59. FRY, Brian R.; RAADSCHELDERS, Jos C. N. **Mastering public administration**: from Max Weber to Dwight Waldo. 3. ed. Washington, D.C.: Congressional Quarterly Press, 2014, p. 403. Comentam: "*If there is a single dominant theme in Waldo's work, it is probably the importance he attaches to history, or, as he puts it, a strong sense*

pela investigação histórica, permanecem dominantes entre os estudantes da Administração Pública.

A experiência histórica, tão importante para refinar e aprimorar institutos jurídicos e promover mudanças que não acarretem retrocessos, deve ser lembrada para que novas perspectivas investigativas produzam resultados efetivos na Administração Pública. Deve-se prevenir a retomada do paradigma tecnocrático, que já representou problemas pretéritos em momentos cruciais para a história humana.[60]

Segundo Habermas:

> Quando se considera o Estado democrático de direito sob os pontos de vista da teoria do discurso, a domesticação da arbitrariedade e da violência da dominação política salta aos olhos como a grande conquista histórica. O asseguramento igualitário da liberdade é, no sentido prático moral, um feito civilizador que se pode distinguir do aumento de efetividade das operações organizatórias do Estado administrativo moderno, "dos institutos estatais modernos", no sentido de Weber. A consideração da teoria do discurso sugere que se conceba tanto a *civilização* suscitada pelo direito quanto a *racionalização* do exercício da dominação, possibilitada pela organização, como uma *modificação no estado de agregação da dominação política*, em comparação com os Antigos Regimes. Depois, como uma espécie de continuidade desse processo, apresenta-se também aquela juridificação das relações internacionais, que se principiou desde o fim da Segunda Guerra Mundial, com a passagem do direito das gentes *coordenador* para o *cooperativo*.[61]

O primado da ciência como esfera de ação neutra foi suplantado pelas mudanças que marcaram o advento da fase pós-acadêmica e por fenômenos como a crescente mobilização pública de pesquisadores. Essa erosão está ocorrendo em uma multiplicidade de contextos, desde os movimentos ambientalistas que alistam ou disputam conhecimentos especializados até as autoridades judiciais, e isso também se deve ao papel cada vez mais difundido da mídia em questionar decisões políticas, suas relações com a experiência e sua influência na seleção de especialistas na arena pública, de acordo com seus próprios critérios e rotinas de produção, e não na comunidade científica.

---

that "what is past is prologue." Although he "confess[es] [to] have written more about it than in it," Waldo believes that there is much to be learned from history, and he deplores the fact that much of the public administration literature has been antihistorical in nature. He asserts that history does indeed repeat itself, though "in different keys and with endless variations of its themes," and that ignoring the past denies an important source of "insights, hypotheses, and scientific conclusions." An important lesson of history, Waldo argues, is that the techniques of administration are at the center of the political-governmental evolution. Indeed, he maintains that government and administration are substantially equivalent. In Waldo's phrase, administration "frames civilization" by giving it a foundation or stage and by providing a base for growth.99 In short, government qua administration and civilization are always intimately joined."

60. FAORO, Raymundo. Tecnocracia e política. **Revista de Ciência Política**, cit., p. 156. Anota: "A tecnocracia dos tecnocratas constitui nada menos do que a continuidade do conceito de elite, classe política, classe dirigente, condicionando obviamente o caráter de classe à expressão meramente instrumental, sem as rigorosas características sociológicas do termo. O tecnocrata, deve-se ainda acentuar, não se confunde com o especialista, certo que a escalada, a ascensão dentro do complexo organizado, se processa com o alargamento do campo visual e o estreitamento de atividades particularizadas e específicas, cuja formação se molda pelo máximo de informações e o mínimo de generalidade na aplicação científica. O ajustamento, no curso da carreira ascensional, revela a ilusão do especialista, que se defronta com uma realidade descontínua, não homogênea, a ponto de descaracterizá-lo, na medida em que alcança o cimo social. O pressuposto tecnocrático da unidade do campo racional, da quantificação de todos os valores, da redução matemática e das expressões neutras não consegue sobreviver às metamorfoses do especialista."

61. HABERMAS, Jürgen. **Na esteira da tecnocracia**. Tradução de Luiz Repa. São Paulo: UNESP, 2014, p. 104.

A crescente exposição pública de pesquisadores e suas instituições distintas da ciência pós-acadêmica criou "curtos-circuitos comunicativos"[62] entre a pesquisa e o público, que muitas vezes impedem a mediação por parte dos formuladores de políticas. Segundo Klaus Frey, "[a] expansão do número de atores envolvidos nos novos arranjos de governança acarreta, entretanto, um potencial conflito com o próprio princípio democrático"[63]

A tecnociência contemporânea, dotada de inegável capacidade de ação, juntamente com a proximidade com contextos gerenciais, a incorporação das atitudes e demandas de não especialistas e a presença ativa da comunidade de pesquisa na arena pública, prejudica a distinção tradicional entre conhecimento e poder: uma distinção, além disso, empregada com grande elasticidade retórica no discurso público.[64]

A mesma distinção é frequentemente enfatizada numa oposição enganosa segundo a qual o conhecimento só pode se desenvolver fora das injunções de poder, sendo colocada nos termos de uma escolha antitética e de soma zero entre conhecimento ("liberdade de pesquisa"), por um lado, e poder (restrições regulatórias), por outro.[65] Com isso, a crise da tecnociência está fadada a ficar presa em um "beco sem saída": tanto mais quando essa oposição artificial entre conhecimento e poder é compartilhada pelas respostas tecnocrática e ética.[66]

Com efeito:

> No cerne da racionalização está o propósito de identificar o juízo, que raciocina, à ação, de sorte que esta possa discernir os fins e meios adequados, com o cálculo dos efeitos. Em esquema teórico, o pensamento racional – na verdade, o juízo técnico – penetraria na política, estreitando-lhe o campo

---

62. BUCCHI, Massimiano. **Beyond technocracy**, cit., p. 40. O autor comenta: "*One sometimes finds, indeed, that scientific communication adapts to the rhythms and needs of media coverage. The project to map the human genome, for example, with its repeated announcements of partial, promised, or even imminent breakthroughs, ideally matched the need of the media for specific events to report, and without which a project lasting several years has scant newsworthiness. The result was fully 1,069 articles between 1996 and 2001 in the New York Times alone, with a peak of coverage which coincided not with the most significant scientific event – final publication in the specialist journals – but with the above-mentioned statement by Blair and Clinton in 2000, and the consequent promise that the ultimate goal would be achieved.*"
63. FREY, Klaus. Governança urbana e participação pública. **Revista de Administração Contemporânea**, Maringá, v. 1, n. 1, p. 136-150, jan./abr. 2007, p. 140. Ainda acrescenta: "Enquanto os processos governamentais e a democracia liberal ganham legitimidade política, primordialmente pelo fato de serem baseados no sufrágio universal através do voto popular, os participantes de sistemas de governança não dispõem, em geral, de legitimidade oriunda diretamente da soberania popular."
64. FOUCAULT, Michel. **Vigiar e punir**: nascimento da prisão. Tradução de Raquel Ramalhete. 20. ed. Petrópolis: Vozes, 1999, p. 31. Anota: "Essas relações de "poder-saber" não devem então ser analisadas a partir de um sujeito do conhecimento que seria ou não livre em redação ao sistema do poder; mas é preciso considerar ao contrário que o sujeito que conhece, os objetos a conhecer e as modalidades de conhecimentos são outros tantos efeitos dessas implicações fundamentais do poder-saber e de suas transformações históricas. Resumindo, não é a atividade do sujeito de conhecimento que produziria um saber, útil ou arredio ao poder, mas o poder-saber, os processos e as lutas que o atravessam e que o constituem, que determinam as formas e os campos possíveis do conhecimento."
65. BUCCHI, Massimiano. **Beyond technocracy**, cit., p. 82.
66. OLSON, Richard G. **Scientism and technocracy in the Twentieth Century**, cit., p. 154-155. O autor explica que: "*From a participatory democratic perspective the fact that policies are often based on information and advice provided by technical experts may allow technocrats to formulate all practically available policy options. (...) One of the most interesting situations occurs when expert policy advice focuses on the general public interest which may be in obvious conflict with the interests of smaller groups of citizens, who may mobilize to oppose the policies promoted by the experts.*"

de atividade, de modo a reduzir o político a um servo das deliberações científicas. As opções possíveis são apenas entre as ações racionais, discernindo as mais adequadas, e não entre a razão e o irracional, reduzido este ao arbítrio. Certo, como se verá a seguir, esse domínio há de buscar sua própria legitimidade, que não se esgota no apelo a fins técnicos, de eficiência. A ação racional, mesmo no campo político, limitar-se-ia a selecionar os meios para atingir os fins, mediante os menores custos sociais e econômicos.

Neste quadro simplista, a ação racional devora os resíduos de arbítrio, de anarquia, de desperdício, em favor de uma ordem superior, embora inteligível esta a poucos, aos iniciados na aplicação científica, aos adivinhos da corte, ou aos sucessores dos feiticeiros da tribo, como já foi dito ironicamente.

A ciência política, mesmo aceitando o campo de debate que lhe fora traçado, não admitiu a conversibilidade do juízo técnico em juízo político. Argumentou que a racionalidade política não se esvazia diante da racionalidade formal técnica. Seu conteúdo seria outro – a racionalidade sancionada – que voltada embora para a ação consciente e planificada, orientar-se-ia por normas e valores irredutíveis aos fins científicos, estes não raro de caráter ideológico. A fragilidade da posição seria manifesta: na visualização de valores, na especificidade política, haveria um resíduo irracional, que seria perigoso contrapor à racionalidade.[67]

A literatura sobre governança tende a tratar o Estado como uma 'caixa preta monolítica'. Porém, é preciso complementar a teorização sobre governança com teorias que ajudem a entender o funcionamento interno das organizações governamentais.[68] A questão sobre o funcionamento interno do Estado, bem como a cooperação entre os diferentes níveis de governo gera inúmeras interações e implica uma dependência inevitável da técnica, a simbolizar, ao contrário, um modelo gerencial efetivamente dependente das chamadas 'caixas pretas', especialmente no contexto informacional.[69]

A dúvida que surge é: seriam os filósofos os profissionais adequados para tomar frente de processos decisionais concernentes às tecnologias? Yuval Noah Harari entende que sim, uma vez que

> (...) o surgimento da inteligência artificial pode expulsar muitos humanos do mercado de trabalho – inclusive motoristas e guardas de trânsito (quando humanos arruaceiros forem substituídos por algoritmos, guardas de trânsito serão supérfluos). No entanto, poderá haver algumas novas aberturas para os filósofos; haverá subitamente grande demanda por suas qualificações – até agora destituídas de quase todo valor de mercado. Assim, se você quer estudar algo que lhe assegure um bom emprego no futuro, talvez a filosofia não seja uma aposta tão ruim.[70]

---

67. FAORO, Raymundo. Tecnocracia e política. **Revista de Ciência Política**, cit., p. 152-153.
68. JACOBSSON, Bengt; PIERRE, Jon; SUNDSTRÖM, Göran. **Governing the embedded state**, cit., p. 21. Comentam: *"Moreover, most modern states experience difficult trade-offs between the policy goals they pursue; a logical consequence of both the fact that different policy goals sometimes tend to be inconsistent and the encompassing nature of the central government organization. Thus, states pursue both economic growth and sustainable development; they both increase competition and at the same time bolster the domestic business sector; they support international cooperation alongside strenuous efforts to strengthen actors in domestic arenas, and so on. These types of goal conflict penetrate the government organization and must be accommodated."*
69. PASQUALE, Frank. **The black box society**, cit., p. 141. Explica: *"In the context of massive Internet firms, competition is unlikely. Most start-ups today aim to be bought by a company like Google or Facebook, not to displace them. (...) The same "rich get richer" dynamics afflict finance, where the largest entities tend to attract more capital simply because they are viewed as "too big to fail" and "too big to jail". Some reformers have fixated on "breaking up the banks" to restore competition in finance, reasoning that smaller institutions would be less likely to be bailed out if they got into trouble (...)."*
70. HARARI, Yuval Noah. **21 lições para o século 21**, cit., p. 88.

A questão, no entanto, é mais complexa do que pode parecer em uma leitura precipitada, e demanda uma compreensão racional dos impactos da inovação sobre as rotinas cognitivas que um exercício jusfilosófico exige.[71] Isso implica considerar que a dependência da técnica não será uma constante, assim como seu descarte não pode ser o único caminho viável no afã de se conciliar técnica e ponderação ética.

Se a tecnocracia deve ser evitada para que não se abandone por completo o exercício da ponderação, novos parâmetros devem ser estruturados em torno de propostas que transfiram ao Estado a tarefa de organizar rotinas e tarefas administrativas em torno desse novo modelo de atuação. Se a governança digital é o melhor caminho, somente o tempo dirá, mas sendo o avanço informacional realmente inevitável, não há dúvidas de que seus bons resultados deverão ser apropriadamente analisados e catalogados para que se colha os melhores frutos de sua aplicação prática.

4.3 POLÍTICAS PÚBLICAS, DIREITOS FUNDAMENTAIS E CIBERCIDADANIA

A compreensão das potencialidades da governança digital ultrapassa as lindes da tecnocracia e deságua no clamor por um Estado capaz de dar concretude normativa aos deveres de proteção que lhe são impostos e, em última instância, à promoção da pacificação social (seu *telos* essencial); mas, sendo a sociedade da informação uma estrutura complexa, também aos cidadãos que tomarão parte desse metamorfoseado modelo administrativo-participativo devem ser conferidos os (novos) mecanismos de inserção social.

É nesse contexto que a proposta de sacramentação do acesso à Internet como um direito fundamental tem seu nascedouro, sendo associada à imprescindível proposta de fomento à educação digital e à superação da exclusão digital (*'digital divide'*).

Políticas públicas inclusivas e positivas devem ser estabelecidas, nesse contexto, para que o referido objetivo seja trilhado e, efetivamente, alcançado. E, com inspiração nesses aspectos, este tópico revisitará alguns desses temas, que se somam à noção ampla de governança digital e detalham o funcionamento da Administração Pública digital.

4.3.1 Acesso à Internet como direito fundamental

A chamada sociedade da informação, descrita por Manuel Castells, surge como um desdobramento evolutivo da sociedade permeada pelas Tecnologias da Informação e Comunicação (TICs), configurando uma verdadeira 'nova era' na qual não se pode conceber a vivência social dissociada do acesso universal à Internet.[72]

---

71. IHDE, Don. **Bodies in technology**, cit., p. 104. Explica: *"The antinomy can be stated simply: if philosophers are to take any normative role concerning new technologies, they will find, from within the structure of technologies as such and compound historically by unexpected uses and unintended consequences, that technologies virtually always exceed or veer away from intended design. How, then, can any normative or prognostic role be possible? (...) Of course, the objections in turn imply the continuance of a status quo among the technocrats, who remain free to develop anything whatsoever and free from reflective considerations."*
72. CASTELLS, Manuel. **The rise of the network society**, cit., p. 377-378. E o autor ainda detalha, com números, esse cenário: *"There are, however, important inequalities in the Internet. Considering data from various sources around*

Pierre Lévy trilha o mesmo caminho, sustentando que:

> De forma ampla, cada universal produz seus excluídos. O universal, mesmo se ele "totaliza" em suas formas clássicas, *jamais engloba o todo*. Uma religião universal possui seus descrentes ou hereges. A ciência tende a desqualificar as outras formas de saber, aquilo que ela chama de irracional. Os direitos do homem têm suas infrações e suas zonas de não-direito. As formas antigas do universal excluem por separação aqueles que participam da verdade, do sentido ou de uma forma qualquer do império e aqueles que se encontram relegados às sombras: bárbaros, infiéis, ignorantes etc. O universal sem totalidade não foge à regra da exclusão. Apenas não se trata mais de adesão ao sentido, mas sim de conexão. O excluído está desconectado. Não participa da densidade relacional e cognitiva das comunidades virtuais e da inteligência coletiva.[73]

Ter acesso à Internet se traduz em uma garantia de inclusão que se mostra 'relevante' para a vida em sociedade. Noutros termos, a 'relevância' – termo utilizado por Tefko Saracevic – adquire contornos que alçam a afirmação individual na sociedade da informação, a partir da enunciação de seus respectivos discursos, a um patamar fundamental:

> Relevância é uma relação. A relevância é uma propriedade. Relevância é uma medida. A relevância tem um contexto, externo e interno. A relevância pode mudar. A relevância tem várias manifestações ou tipos. Relevância não é dada. A relevância é inferida. A relevância é criada ou derivada. A relevância envolve seleção. A relevância envolve interação. A relevância segue alguma intencionalidade.[74]

1998-2000, industrialized countries, with about 15 percent of the population of the planet, accounted for 88 percent of Internet users. There was considerable regional disparity in the diffusion of the Internet. While only 2.4 percent of world population had access to Internet, the percentage was 28 percent in Finland (the most Internet-oriented society in the world at the turn of the century), 26.3 percent in the US, and 6.9 percent in OECD countries, excluding the United States. Within countries, social, racial, gender, age, and spatial inequality in Internet access was substantial. Worldwide, 30 percent of Internet users had a university degree, and the proportion increased to 55 percent in Russia, 67 percent in Mexico, and 90 percent in China. In Latin America, 90 percent of Internet users came from upper income groups. In China only 7 percent of Internet users were women. Age was a major discriminating factor. The average age of Internet users in the US was 36 years, and in the UK and in China was below 30. In Russia, only 15 percent of Internet users were older than 45. In the United States, households with income of $ 75,000 and higher were 20 times more likely to have Internet access than those at the lowest level of income. People with a four-year college degree had a usage rate of 61.6 percent, while the rate for those with elementary education or less was just 6.6 percent. Men accessed the Internet more than women, by three percentage points. African-American and Hispanics were one-third as likely to have access to the Internet as Asians, and two-fifths as likely as whites. Gaps in Internet access between white and Hispanic households and whites and African-American households were six percentage points larger in December 1998 than in December 1994. However, for Americans with incomes higher than $75,000 the racial gap considerably narrowed in 1998, thus pointing to income and education, rather than race per se, as the sources of inequality. Spatial inequality in Internet access is one of the most striking paradoxes of the Information Age, given the supposedly placeless characteristic of the technology."

73. LÉVY, Pierre. **Cibercultura**, cit., p. 246. Ainda acrescenta: "A cibercultura reúne de forma caótica todas as heresias. Mistura os cidadãos com os bárbaros os pretensos ignorantes e os sábios. Contrariamente às separações do universal clássico, suas fronteiras são imprecisas, móveis e provisórias. Mas a desqualificação dos excluídos não deixa por isso de ser terrível. (...) O que fazer? É certo que é preciso favorecer de todas as formas adequadas a facilidade e a redução dos custos de conexão. Mas o problema do "acesso para todos" não pode ser reduzido às dimensões tecnológicas e financeiras geralmente apresentadas."

74. SARACEVIC, Tefko. Relevance: a review of the literature and a framework for thinking on the notion in information science. **Journal of the American Society for Information, Science and Technology**, Newark, v. 58, n. 13, p. 1915-1933, out. 2007, p. 6, tradução livre. No original: "*Relevance is a relation. Relevance is a property. Relevance is a measure. Relevance has a context, external and internal. Relevance may change. Relevance has a number of manifestations or kinds. Relevance is not given. Relevance is inferred. Relevance is created or derived. Relevance involves selection. Relevance involves interaction. Relevance follows some intentionality.*"

A despeito disso, o acesso à Internet não é universal, como se desejaria que fosse. Estatísticas mostram que, no Brasil, pouco mais da metade da população tem acesso à Internet,[75] o que denota uma enorme carência em termos de conectividade e gera exclusão.

Nesse plano, é preciso destacar que o desenvolvimento das áreas do conhecimento e a intensificação no uso dos meios de comunicação conduzem a mudanças que Norberto Bobbio já descrevera:

> Não é preciso muita imaginação para prever que o desenvolvimento da técnica, a transformação das condições econômicas e sociais, a ampliação dos conhecimentos e a intensificação dos meios de comunicação poderão produzir tais mudanças na organização da vida humana e das relações sociais que criem ocasiões favoráveis para o nascimento de novos carecimentos e, portanto, para novas demandas de liberdade e de poderes.[76]

Reportando-se à obra "1984", de George Orwell, Andrew Keen descreve as diversas consequências que se terá a partir da ressignificação social decorrente do incremento dos bancos de dados e dos influxos informacionais,[77] naquilo que se convencionou chamar de *Big Data*, levando a sociedade ao patamar de 'vigilância' destacado, dentre tantos, por Stefano Rodotà[78] e por Zygmunt Bauman e David Lyon.[79]

---

75. COMITÊ GESTOR DA INTERNET NO BRASIL – CGI.br. Centro Regional de Estudos para o Desenvolvimento da Sociedade da Informação (Celtic.br). **Pesquisa sobre o Uso das Tecnologias de Informação e Comunicação nos domicílios brasileiros – TIC Domicílios**, 2017. Disponível em: https://cetic.br/tics/domicilios/2017/domicilios/A4/. Acesso em: 20 jun. 2023.
76. BOBBIO, Norberto. **A era dos direitos**. Tradução de Carlos Nelson Coutinho. 7. tir. Rio de Janeiro: Elsevier, 2004, p. 20.
77. KEEN, Andrew. **How to fix the future**, cit., p. 9. O autor ainda apresenta um exemplo concreto, obtido de um comercial de televisão veiculado durante o Super Bowl XVIII, a 'final' da liga de futebol americano (NFL), nos Estados Unidos da América: "The whole spectacle – the dilapidated room, the mesmerized audience, the pixelated face flickering on the giants screen – recalls for me one of television's most iconic commercials, the Super Bowl XVIII slot for the Apple Macintosh computer. In this January 1984 advertisement for the machine that launched the personal computer age, a man on a similarly large screen in a similarly decrepit room addresses a crowd of similarly transfixed people. But in the Macintosh commercial the man is a version of Big Brother, the omniscient tyrant from Orwell's twentieth-century dystopian novel *Nineteen Eighty-Four*. The young man on the Berlin screen, in contrast, is an enemy of authoritarianism. He is someone who, at least in his own mind, is a victim rather than a perpetrator of tyranny."
78. RODOTÀ, Stefano. **A vida na sociedade da vigilância**: a privacidade hoje. Tradução de Danilo Doneda e Luciana Cabral Doneda. Rio de Janeiro: Renovar, 2008, p. 25. Comenta: "Por realismo ou por uma limitada visão do conjunto, as definições predominantes optaram por seguir uma linha diversa, indicando os riscos ligados à difusão dos computadores e tentando elaborar estratégias de defesa capazes somente de afastar os temores de uma iminente chegada do *1984* de Orwell ou do *Brave New World* imaginado por Aldous Huxley. Porém, seguindo essa estrada, logo percebemos a inadequação das tradicionais definições jurídico-institucionais diante dos novos problemas impostos pela realidade dos sistemas informativos atuais. Ou seja, pode-se notar que não é suficiente elaborar um sistema de contenção do poder dos computadores em relação às suas particulares modalidades de utilização, mas é necessário analisar todas as potencialidades de seu uso, ligando-as aos diversos significados que possam assumir no conjunto do sistema político."
79. BAUMAN, Zygmunt; LYON, David. **Vigilância líquida**, cit., p. 122. Segundo os autores, em debate sobre os impactos do conceito de 'sociedade da vigilância' originalmente proposto por Gary Marx em correlação com a ética, "a mudança tecnológica ocorre tão depressa e como consequências tão profundas no campo da segurança que formas de regulação mais antigas precisam urgentemente ser atualizadas. Em outras palavras, o louvável trabalho de Gary Marx oferece um guia para a intervenção jurídica e regulatória quanto à difusão da vigilância. Ele dá prioridade à dignidade das pessoas e enfatiza a prevenção de prejuízos, quer as pessoas estejam ou não conscientes de que são objeto de vigilância, e outros princípios adequados para se traduzir em regras."

Em um contexto no qual a Internet está fortemente presente, torna-se de crucial relevância a delimitação de marcos regulatórios, que vem sendo a tônica dos anos recentes no labor legislativo brasileiro. Assim, não há dúvidas da pertinência de se compreender o acesso à Internet como um direito fundamental lastreado nesse viés inclusivo e capaz de propiciar a inserção individual em sociedade, uma vez que o próprio texto constitucional visou proteger determinados direitos que esta nova roupagem da sociedade demandava.[80]

Com isso, e, para além de questões estruturais relacionadas ao acesso à rede, iniciativas legislativas como a Proposta de Emenda à Constituição nº 185/2015, de autoria da deputada federal Renata Abreu, chamam a atenção.[81] A intenção da referida PEC é, de fato, inserir o inciso LXXIX ao artigo 5º da Constituição da República, fazendo constar dentre o rol de direitos e garantias individuais o acesso universal à Internet.

Em termos de processo legislativo, a proposta já foi aprovada pela Comissão de Constituição e Justiça e de Cidadania da Câmara dos Deputados e será apreciada, em momento vindouro, por uma comissão especialmente designada para analisar seu conteúdo.

4.3.1.1 Internet, cidadania e políticas públicas

Não se pode deixar de mencionar o papel que uma reformulação como essa traria para a sociedade em seu momento atual, na medida em que modificaria todo o padrão estrutural da interação entre Estado e cidadãos. Parte-se da imperiosa implementação de políticas públicas voltadas ao acesso da população em geral à Internet e da disponibilização de sistemas como a *wi-fi* gratuita e projetos de cidades inteligentes (*smart cities*).

Sobre políticas públicas, destacam Reinado Dias e Fernanda Matos:

> Entendida, desse modo, a função primordial do governo, uma primeira definição de política pública pode ser formulada como sendo o conjunto de princípios, critérios e linhas de ação que garantem e permitem a gestão do Estado na solução dos problemas nacionais. Outra definição de políticas públicas pode ser sintetizada da seguinte maneira: são as ações empreendidas ou não pelos governos que deveriam estabelecer condições de equidade no convívio social, tendo por objetivo dar condições para que todos possam atingir uma melhoria da qualidade de vida compatível com a dignidade humana.[82]

Ainda que não se trate de um viés garantidor de acesso pleno à *web*, os acessos via *smartphones* têm alavancado a inclusão digital no país, pois é cada vez mais comum a adesão às redes sociais e a aplicativos de comunicação, como *Facebook* e *WhatsApp*, o que demanda, em verdade, ampliação desse acesso.

O Decreto Federal nº 5.542/2005, que instituiu o "Projeto Cidadão Conectado – Computador para Todos" almejou isto, destacando, já em seu primeiro dispositivo, o seguinte:

---

80. SARLET, Ingo Wolfgang; MARINONI, Luiz Guilherme; MITIDIERO, Daniel. **Curso de direito constitucional**. São Paulo: Revista dos Tribunais, 2012, p. 57.
81. BRASIL. Câmara dos Deputados. **Proposta de Emenda à Constituição nº 185/2015**. Disponível em: < http://www.camara.gov.br/proposicoesWeb/fichadetramitacao?idProposicao=2075915 >. Acesso em: 20 jun. 2023.
82. DIAS, Reinaldo; MATOS, Fernanda. **Políticas públicas**. São Paulo: Atlas, 2015, p. 12.

Art. 1º. Fica instituído, no âmbito do Programa de Inclusão Digital, o Projeto Cidadão Conectado – Computador para Todos, com o objetivo de promover a inclusão digital mediante a aquisição em condições facilitadas de soluções de informática constituídas de computadores, programas de computador (*software*) neles instalados e de suporte e assistência técnica necessários ao seu funcionamento, observadas as definições, especificações e características técnicas mínimas estabelecidas em ato do Ministro de Estado da Ciência e Tecnologia.

§ 1º. Os produtos abrangidos pelo Projeto de que trata o caput deverão ser produzidos no País, observado o Processo Produtivo Básico (PPB), estabelecido nos termos das Leis nos 8.248, de 23 de outubro de 1991, e 8.387, de 30 de dezembro de 1991.

§ 2º. Para fins do disposto no caput, o Ministério da Ciência e Tecnologia deverá expedir os atos normativos pertinentes, no prazo máximo de trinta dias a contar da publicação deste Decreto.

§ 3º. O valor de venda, a varejo, das soluções de informática de que trata o caput não poderá ser superior a R$ 1.400,00 (mil e quatrocentos reais).

§ 4º. O valor referido no § 3º. poderá ser alterado mediante ato do Ministro de Estado da Ciência e Tecnologia, ouvido o Ministro de Estado da Fazenda.

§ 5º. Os bancos oficiais federais estabelecerão linhas de crédito específicas, com vista a atender ao disposto no caput, no prazo máximo de trinta dias após a ação prevista no § 2º.

Nota-se evidente intenção de fomento ao acesso à rede, a partir da viabilização de políticas públicas como a facilitação à aquisição de soluções de informática.

Tratou-se de um programa pioneiro, mas outros foram instituídos *a posteriori*, ligados, em regra, ao Ministério da Ciência, Tecnologia, Inovação e Comunicações (MCTIC), a exemplo do programa Governo Eletrônico – Serviço de Atendimento ao Cidadão (GESAC), instituído pela Portaria nº 2.662/2014, que almeja oferecer conexão à Internet a fim de promover a inclusão digital no território Nacional.

São vários os desafios no âmbito governamental, o que, para Pérez Luño (1996, p. 10 *et seq*), ainda desafia a Teoria do Direito à compreensão e à indicação de soluções para os novos problemas suscitados na nova sociedade da informação.[83]

Sabe-se que o escopo de proteção aos direitos fundamentais é sociologicamente mutável, e a inclusão digital ou a inserção do direito universal ao acesso à internet no rol dos direitos fundamentais no Brasil seria fruto de uma atualização normativa e, no caso em tela, constitucional. Iniciativas como a PEC 185/2015 desvelam proposta inclusivo-normativa louvável, mas a mera inserção de novo inciso ao rol do artigo 5º da Constituição da República não trará, por si só, a efetividade almejada para esta nova realidade da sociedade da informação.

É preciso mais. E incumbe ao Estado garantir o cumprimento de medidas que visem combater a referida exclusão, propiciando franco acesso dos cidadãos à Internet de modo a trazê-los para o universo digital, com abertura a um novo leque de possibilidades de participação social.

Para isso, impõe-se o desenvolvimento de um projeto que tenha como escopo a garantia de acesso à *wi-fi* pública, pois ainda é escasso o acesso às redes móveis em um

---

83. PÉREZ LUÑO, Antonio-Enrique. **Manual de informática e derecho**, cit., p. 10 *et seq.*

período da sociedade no qual a internet já é indispensável para a utilização de serviços como GPS, comunicação (a exemplo do *WhatsApp*[84]), *internet banking* etc.

Nesse campo, o Estado brasileiro tem sido falho e ausente em seu dever de garantir o referido acesso, impondo-lhe o dever de repaginar sua atuação nesse quesito, a partir de atuações e mudanças estruturais voltadas ao reconhecimento da importância do acesso enquanto garantidor da noção de igualdade, que deve se dar de forma ampla e com abrangência universal, visando diminuir desigualdades, sem filtros políticos, econômicos, geográficos ou sociais – mas com a existência de filtros informacionais.

Para Antonio Enrique Pérez Luño:

> Por outro lado, em uma sociedade como a que vivemos, em que a informação é poder e em que esse poder se torna decisivo quando, por meio da cibernética e da ciência da computação, ele pode converter informações parciais e dispersas em informações em massa e organizadas, garantir igualdade de condições de uso e acesso a meios tecnológicos é um interesse prioritário. De fato, no nível das relações entre o Estado e os cidadãos, a tecnologia pode correr o risco de eliminar qualquer tentativa de crítica e alternativa às decisões de poder para quem está fora do círculo mágico que é o domínio, ou mesmo o monopólio dos bancos de informações. Ao mesmo tempo, no nível das relações dos cidadãos, agravam-se as desigualdades de fato entre detentores e desapropriados do aparato de informação, uma vez que em nossa sociedade o exercício do poder econômico, social e político se baseia na provisão de informações pontuais e adequadas. Portanto, um dos principais problemas que esse novo instrumento de poder suscita é impedir que se concentre em poucas mãos, garantindo sua divulgação na sociedade civil, estabelecendo os canais de controle coletivo e participação democrática que tornam a tecnologia um novo tecido comunitário para uma coexistência definitivamente emancipada.[85]

---

84. Sobre o caso específico do *WhatsApp*, muito já se indagou acerca do apelo que referida aplicação teria em torno do atendimento ao interesse público pela ampla difusão da plataforma perante os cidadãos. Segundo Celso Fiorillo e Renata Ferreira, "[o] adequado uso do *WhatsApp* no Brasil, deve observar, como já informado anteriormente, o regime jurídico constitucional que estabelece regras superiores em face da tutela jurídica do meio ambiente digital particularmente no âmbito da manifestação do pensamento, da expressão e da informação através das redes de computadores, guardando necessária harmonia com os princípios fundamentais de nossa Carta Magna." (FIORILLO, Celso Antonio Pacheco; FERREIRA, Renata Marques. **Tutela jurídica do WhatsApp na sociedade da informação**. Rio de Janeiro: Lumen Juris, 2017, p. 81.). A despeito disso, tentativas de contenção do uso da aplicação em razão do descumprimento de ordens judiciais emanadas de processos que investigam a possível prática de ilícitos penais, foram uma constante nos anos de 2016 e 2017, gerando desdobramentos, conforme anotam Tarcício Teixeira, Paulo Sabo e Isabela Sabo: " Finalmente, com relação à eventual necessidade de investigação policial e/ou acesso judicial, vindo a caracterizar, porquanto, um conflito entre o interesse público (segurança) e interesse privado (privacidade), demonstrou-se que a interceptação da comunicação via *WhatsApp* ou a determinação à empresa para fornecer as mensagens em texto claro, e consequente bloqueio justificado na "recusa" de seu cumprimento, podem constituir medidas desequilibradas e ineficazes." TEIXEIRA, Tarcísio; SABO, Paulo Henrique; SABO, Isabela Cristina. WhatsApp e a criptografia ponto-a-ponto: tendência jurídica e o conflito privacidade vs. interesse público. **Revista da Faculdade de Direito da Universidade Federal de Minas Gerais**, Belo Horizonte, v. 71, n. 2, p. 607-638, jul./dez. 2017, p. 633.
85. PÉREZ LUÑO, Antonio Enrique. **Dimensiones de la igualdad**. 2. ed. Madri: Dykinson, 2007, p. 72, tradução livre. No original: "*De otro lado, en una sociedad como la que nos está tocando vivir en la que información es poder y en la que ese poder se hace decisivo cuando, a través de la cibernética y de la informática, puede convertir informaciones parciales y dispersas en informaciones en masa y organizadas, el asegurar condiciones iguales de utilización y de acceso a los medios tecnológicos reviste un interés prioritario. En efecto, en el plano de las relaciones entre el Estado y los ciudadanos la tecnología puede coportar el riesgo de eliminar cualquier tentativa de crítica y alternativa a las decisiones del poder a quienes se hallan fuera del círculo mágico que supone el dominio, o incluso el monopolio, de los bancos de información. A la par que, en el plano de las relaciones de los ciudadanos entre sí, se agravan las desigualdades de hecho entre detentores y desposeídos del aparato informativo, ya que en nuestra sociedad el ejercicio del poder económico, social y político se funda en la disposición puntual y, adecuada*

É nesse contexto que, a nível de políticas públicas, o acesso à Internet vem sendo estudado como um novo direito humano! Trata-se de um debate inesgotável sobre o papel fundamental da Internet e de outras Tecnologias da Informação e Comunicação (TIC) para a sociedade contemporânea, que se intensificou a partir de 2011 na consolidação de novos matizes para a configuração do acesso à Internet como emanação humana fundamental.

4.3.1.2   O acesso à Internet e a formação da identidade digital

Alguns autores defendem outras abordagens de direitos que, quando bem-sucedidas, podem contribuir para a proteção da Internet sem falar explicitamente sobre o direito de acesso à Internet. Por exemplo, Paul De Hert[86] e Serge Gutwirth[87] propõem um direito explícito à identidade para enfrentar os desenvolvimentos da tecnologia.

Ainda sobre o tema, Ian Lloyd destaca:

> Estamos nos aproximando de um momento em que a lei terá que dar mais saltos. Historicamente, colocou-se grande parte de sua ênfase no tratamento dos direitos à propriedade física e ao corpo humano. Hoje, o adjetivo 'virtual' está associado a muitos aspectos da vida. Milhões mantêm uma conduta virtual com seus amigos em sites de redes sociais; usamos redes pessoais virtuais para fazer

---

de informaciones. Por ello, uno de los principales problemas que este nuevo instrumento de poder suscita es el de evitar que se concentre en pocas manos garantizando su difusión en la sociedad civil, estableciendo los cauces para un control colectivo y una participación democrática que haga de la tecnología un nuevo tejido comunitario para una convivencia definitivamente emancipada."

86. DE HERT, Paul. **A right to identity to face the Internet of Things**. Paris: Council of Europe Publishing, 2007, p. 18. Disponível em: https://bit.ly/36kIcqs. Acesso em: 20 jun. 2023. Comenta: *"In the light of the foregoing several options exists with regard to a specific right to identity. One can recognize it at the level of ethics, for instance by recognizing it in the Unesco's ode of Ethics for the Information Society that is now preparatory phase. More specific, unambiguous legal rights could be added on top of that when it turns out that existing rights such as privacy are insufficient. Concrete proposals for such rights in the area of the Internet of things are discussed by Poullet and Dinant (2006), whereas proposals regarding genetic developments are nicely presented under the banner of a 'Genetic Bill of Rights' by Krimsky and Shorett (2005). Another option is to go one step further and draft a specific legal right to identity with a general stretch. We have attempted to draft one above (our opening quote) and we pray that the inclusion of both ipse and idem identity may serve as constant reminder of the complexity of identity."*

87. GUTWIRTH, Serge. Beyond identity? **Identity in the Information Society**, Dordrecht: Springer Netherlands, v. 1, n. 1, p. 123-133, 2008, p. 125-126. O autor ainda explica a visão de Paul De Hert acerca de um "direito à identidade", que é corroborada pelo professor holandês da Universidade de Tilburg, J. E. J. Prins, destacando o seguinte: *"Prins and De Hert call for the recognition of a sui generis right, namely the 'right to identity'. The hope is that by making explicit and 'legal' the value of identity, a basic right would provide better-equipped instruments to balance the private and public interests at stake in a world of Internet of Things, ambient intelligence and convergence than only the rights to privacy or liberty (Prins 2007, De Hert 2008). However, such a plea for a 'right to identity' first and foremost implies some clarity about the notion or concept of identity. (…). Pursuant to this distinction, personal identity is a mix – or an articulation – of ipse identity and idem identity. The first, also called 'self identity', is the sense of self of a human person. It is reflexive consciousness or 'selfhood', implying both an 'I' – which is the irreducible point from which I see the world and myself – and a 'me', and which represents the way I perceive myself. There is nothing behind or above the ipse: it is just there at the source of one's will and energy: it is where the hubris comes from. The ipse is quintessential because of its irreducible presence and subsistence. It is here, present and persisting, but it is not made of a substance nor has it any substantial homogeneity: it is continuous through time and space, but it does not per se remain stable or consequent, let alone 'identical'. The second, the idem identity, or 'sameness identity' is the objectification of the self that stems from categorization. Idem identity is not one, but several depending on the sort of comparative categorization at work: sameness refers to social, cultural or religious identities, to legal or 'administrative' identities. (…) As a matter of fact, in his UNESCO lecture of September 2007 Paul De Hert went as far as to suggest the recognition of a 'right to identity' with ample reference to the distinction between ipse and idem. (…)."*

logon remotamente em redes institucionais; podemos desenvolver identidades virtuais como um fim em si mesmo, ao participar de mundos virtuais ou para postar com pseudônimos em discussões por um ou como um meio para atingir um fim, quando procurarmos proteger nossa verdadeira identidade ao atuar na Internet. Estabelecer uma identidade virtual dessa maneira pode ser um dispositivo útil para limitar a extensão da divulgação de dados pessoais (...).[88]

Por sua vez, Norberto Nuno Gomes de Andrade discute o direito a uma identidade *online*, que ultrapassa a defesa do direito à identidade, defendendo uma conceituação mais ampla, nomeadamente em relação às novas tecnologias, que abrange os subdireitos do direito a múltiplas identidades e o direito ao esquecimento:

> A identidade pessoal é, inquestionavelmente, um dos conceitos mais complexos, variados e polissêmicos que permeiam a história intelectual da humanidade. Esse conceito primordial tem sido o foco de muitos estudos e análises, permeando uma infinidade de diferentes disciplinas e campos de estudo, desde filosofia e antropologia até psicologia, biologia e medicina, entre muitos outros. Esse conceito não é apenas intrinsecamente multidisciplinar e multifacetado, mas também – e incessantemente – dinâmico, estando sujeito a constante evolução. Tais características tornam a tarefa de definir o significado exato e o escopo da identidade extremamente difícil, se não impossível.[89]

Há, exatamente por isso, vertentes doutrinárias favoráveis e contrárias à consolidação de um direito fundamental de acesso à Internet. Paul De Hert e Dariusz Kloza sintetizam alguns dos argumentos favoráveis a essa proposta, apontando que a existência de diferentes modos de regulamentar e proteger a sociedade dos efeitos indesejados das novas tecnologias, incluindo o exercício regulatório, de modo que o argumento para uma abordagem em torno dos direitos fundamentais deve ser fortalecida, porquanto se tratam de direitos que não são azevinhos e que estão longe de serem estáticos. Eles evoluem, simplesmente porque refletem desenvolvimentos na sociedade, em vez de verdades eternas ou estado de seres da espécie humana.[90]

---

88. LLOYD, Ian J. **Information technology law**, cit., p. 587, tradução livre. No original: *"We are approaching a time when the law will have to make further leaps. It has historically placed most of its emphasis on dealing in rights in physical property and the human body. Today the adjective 'virtual' is attached to many aspects of life. Millions keep in virtual conduct with their friends on social networking sites, we make use of virtual personal networks to log in remotely to institutional networks, we may develop virtual identities either as an end in itself when participating in virtual worlds or to post pseudonymously on discussion for a or as a means to an end when we might seek to protect our true identity when acting on the Internet. Establishing a virtual identity in this way may be a useful device for limiting the extent of disclosure of personal data (…)."*

89. ANDRADE, Norberto Nuno Gomes de. Right to personal identity: the challenges of ambient intelligence and the need for a new legal conceptualization. In: GUTWIRTH, Serge; POULLET, Yves; DE HERT, Paul; LEENES, Ronald (Ed.). **Computers, privacy and data protection**: en element of choice. Dordrecht: Springer Netherlands, 2011, p. 65, tradução livre. No original: *"Personal identity is, unquestionably, one of the most complex, multifarious and polysemic concepts permeating the intellectual history of mankind. Such primordial concept has been the focus of many studies and analyses, pervading a myriad of different disciplines and fields of study, ranging from philosophy and anthropology, to psychology, biology and medicine, among many others. Such concept is not only intrinsically multidisciplinary and multifaceted, but also – and incessantly – dynamic, being subject to constant evolution. Such characteristics render the task of defining the exact meaning and scope of identity an extremely difficult one, if not ultimately impossible."*

90. DE HERT, Paul; KLOZA, Dariusz. Internet (access) as a new fundamental right. Inflating the current rights framework? **European Journal of Law and Technology**, Belfast, v. 3, n. 3, 2012. Disponível em: http://ejlt.org/article/view/123/268. Acesso em: 20 jun. 2023.

4.3.1.3 Os direitos humanos e o cibercidadão conectado

O sistema atual é caracterizado pela natureza em expansão e pela constante evolução dos direitos humanos, cujo sistema internacional avançou bastante desde que a Declaração Universal dos Direitos Humanos (1948) foi adotada, desencadeando um processo de codificação referente à definição de novos direitos e novos princípios internacionais.

Essa natureza em expansão ainda está produzindo ramificações no século XXI. Com a natureza em constante mudança da sociedade, os direitos humanos enfrentam uma necessidade de evolução contínua para enfrentar novos desafios. Em simples termos, direitos humanos são direitos situados: eles tomam forma em certas sociedades, em determinados momentos do tempo. Por esse motivo, no futuro, quando os direitos humanos continuarão sendo a linguagem dominante para o raciocínio moral – e há motivos para que se possa esperar que sim – os desenvolvimentos tecnológicos provavelmente forçarão a criação de novas espécies de direitos humanos.

Parecem estar no horizonte o direito à privacidade genética (em contraponto aos impactos da biotecnologia[91]), o direito a uma identidade única e também o direito ao acesso à Internet,[92] este último absolutamente crucial para a economia baseada no conhecimento atual, pois promove a competitividade e a inovação, promove o desenvolvimento e a inclusão social, a democracia e outros direitos humanos, em particular, devido à sua diferença em relação a outros tipos de mídia, com aumento substancial da liberdade de expressão.[93]

A Internet permite a comunicação bidirecional, tornando o usuário final não apenas um destinatário passivo de informações, mas também um editor ativo. Ademais, torna possível a distribuição barata de qualquer tipo de conteúdo, tornando possível, assim, o acesso a informações e conhecimentos anteriormente inatingíveis. Por fim, permite a comunicação em tempo real. Como resultado, a Internet tem o potencial de se tornar, para muitas pessoas, uma parte intrínseca da vida cotidiana. Por esse motivo, Frank La Rue, em seu relatório de 2011, defende que se tenha o mínimo possível de restrição de conteúdo e que o acesso à Internet seja amplamente disponível e acessível a todos os segmentos da população.[94]

---

91. Para maiores aprofundamentos sobre o tema: BROWNSWORD, Roger. Biotechnology and rights: where are we coming from and where are we going? In: KLANG, Mathias; MURRAY, Andrew (Ed.). **Human rights in the digital age**. Abingdon: Routledge-Cavendish, 2005, p. 220.
92. BROWNSWORD, Roger; GOODWIN, Morag. **Law and the technologies of the Twenty-First Century**. Cambridge: Cambridge University Press, 2012, p. 225 et seq.
93. O tratamento da questão é amplo e congloba elementos obtidos da própria Declaração Universal dos Direitos Humanos de 1948, conforme anota Carlos Bentivegna: "De se lembrar apenas como um elemento histórico envolvendo o tratamento da questão: a própria Declaração Universal dos Direitos Humanos, fortemente inspirada, em 1948, pelos Estados Unidos da América – a pátria da Liberdade de Expressão ilimitada – garante em seu artigo 12º 'a vida privada, a família, o domicílio, a correspondência e a honra e reputação' dos cidadãos e só bem depois, em seu artigo 19º é que disciplina 'a liberdade de opinião e expressão'. Não que o fato tenha grande importância, mas apenas mostra que as garantias todas foram definidas sem que a Livre Manifestação do Pensamento tivesse sobre elas aprioristicamente uma prevalência." BENTIVEGNA, Carlos Frederico Barbosa. **Liberdade de expressão, honra, imagem e privacidade**: os limites entre o lícito e o ilícito. Barueri: Manole, 2020, p. 208.
94. LA RUE, Frank. Report of the Special Rapporteur on the promotion and protection of the right to freedom of opinion and expression. **Conselho de Direitos Humanos da Organização das Nações Unidas**, cit., p. 22.

A ideia de tornar o acesso à Internet um direito fundamental é oportuna devido aos recentes desenvolvimentos no controle e na censura. Mais do que no passado recente, há uma necessidade crescente de se preservar e manter a própria natureza da *web*, na medida em que o seu sucesso está intimamente conectado à 'abertura' de sua arquitetura, em particular à rede distribuída e aos formatos abertos.

A ideia essencial tangencia os quatro modais de regulação comportamental apontados por Lawrence Lessig (normas e ética, mercado, arquitetura e o direito[95]), refletindo a imperatividade desse tipo de procedimento como política de governança para a garantia da integridade e da segurança de dados pessoais (especialmente os dados sensíveis), haja vista o altíssimo valor que podem vir a ter.

Sobre isso, Andrew Murray assinala o seguinte:

> Uma tentativa de estender o modelo tradicional de análise regulatória para o ciberespaço foi feita por Lawrence Lessig em sua monografia Code and Other Laws of Cyberspace. Neste Lessig procura identificar quatro 'modalidades de regulamentação': (1) lei, (2) mercado, (3) arquitetura e (4) normas que podem ser usadas individual ou coletivamente, direta ou indiretamente, pelos reguladores. Cada modalidade, portanto, tem um papel a desempenhar na regulação de sua decisão. Lessig sugere que o verdadeiro quadro regulatório é aquele em que as quatro modalidades são consideradas juntas. Os reguladores projetarão modelos regulatórios híbridos, escolhendo a melhor combinação dos quatro para alcançar o resultado desejado.[96]

Ora, a Internet foi projetada sem qualquer contemplação de fronteiras territoriais nacionais. Paralelamente, havia um conceito romântico de que a Internet teria sido concebida como um espaço igualitário e incontrolável de troca de informações.[97] No entanto, algumas fronteiras que surgiram recentemente no ciberespaço restringem legal e ilegalmente o fluxo de informações. Ainda segundo La Rue, restrições ilegítimas assumem a forma de bloqueio ou filtragem arbitrários, criminalização da expressão legítima, super imposição de responsabilidade intermediária, desconexos (incluindo medidas como 'três advertências'), ataques cibernéticos e proteção inadequada da privacidade e dos dados pessoais.[98]

O progresso tecnológico em relação à Internet parece direcionar-se às funcionalidades incorporadas para controlá-la de uma maneira sem precedentes. Esses desenvol-

---

95. LESSIG, Lawrence. **Code 2.0**. 2. ed. Nova York: Basic Books, 2006, p. 123.
96. MURRAY, Andrew. Conceptualising the post-regulatory (cyber)state. *In*: BROWNSWORD, Roger; YEUNG, Karen (Ed.). **Regulating technologies**: legal futures, regulatory frames and technological fixes. Oxford: Hart Publishing, 2008, p. 291-292, tradução livre. No original: *"An attempt to extend the traditional model of regulatory analysis into Cyberspace was made by Lawrence Lessig in his monograph Code and Other Laws of Cyberspace. In this Lessig seeks to identify four 'modalities of regulation': (1) law, (2) market, (3) architecture, and (4) norms which may be used individually or collectively either directly or indirectly by regulators. Each modality thus has a role to play in regulating your decision. Lessig suggests that the true regulatory picture is one in which all four modalities are considered together. Regulators will design hybrid regulatory models choosing the best mix of the four to achieve the desired outcome."*
97. Pode-se citar, nesse contexto e a título exemplificativo, a Declaração de Independência do Ciberespaço, de 1996, proposta por John Perry Barlow, e que pode ser lida integralmente em: BARLOW, John Perry. **A Declaration of the Independence of Cyberspace**. Disponível em: https://eff.org/cyberspace-independence. Acesso em: 20 jun. 2023.
98. LA RUE, Frank. Report of the Special Rapporteur on the promotion and protection of the right to freedom of opinion and expression. **Conselho de Direitos Humanos da Organização das Nações Unidas**, cit., p. 9-26.

vimentos em direção ao controle e à censura conduzem à primeira função dos direitos humanos, ou seja, proteger o indivíduo contra o uso ou abuso desnecessário de poder, muitas vezes ao alvedrio de controle pelo Estado:

> Dado ao volume informacional impossível de ser consumido por um ser um humano, a atualidade revela o que [Tim Wu] chama de *"homo distractus"*, ilustrado por aquele que senta para ler um simples e-mail e passa horas sentado ao computador vendo redes sociais, vídeos, notícias e publicidade e perdendo a noção do tempo. (...) Como dimensão política do fenômeno, surgem as "bolhas de informação", em que o cidadão se atenta cada vez mais para conteúdos que corroborem sua atual opinião e reiterem suas convicções ideológicas naquele momento, levando a um ambiente de contínua radicalização e polarização. Em última análise, tal situação enfraquece a base da democracia deliberativa: a esfera pública. (...) Trata-se de um paradoxo relatado pelo autor, uma vez que, no passado, muitos apostaram na Internet como um veículo que promoveria a liberdade de se comunicar e não o contrário. Entretanto, cada dia mais a Rede mostra a dimensão gigantesca dos desafios que hoje se enfrenta uma vez que tem-se notado uma redução dos espaços para o exercício do *free speech*. Como alerta Wu, poucos anteviram que este ambiente de suposta facilidade para o exercício das liberdades comunicacionais seria o próprio meio de se limitar a liberdade de expressão. O autor elenca três formas contemporâneas do que considera métodos de intervenção na liberdade de expressão que não são censura direta: 1. Assédios (*harassment*) e ataques *online*; 2. Distorções de informação e "inundação" (*flooding*), também chamado de censura reversa; e 3. Controle das principais plataformas de manifestação de opinião.[99]

Com o controle e a censura aparecendo não apenas no Oriente, mas também no Ocidente, pode não ser uma surpresa ver pessoas se voltando para a linguagem dos direitos humanos. Há uma demanda por direitos humanos toda vez que um valor é ameaçado. Um direito específico de proteger a Internet cria o sinal apropriado de alarme. Tal direito, elaborado de forma inteligente, também poderia chamar a atenção dos formuladores de políticas no que diz respeito à falta de acesso à Internet, por muitos cidadãos no mundo, devido a razões culturais e econômicas.

Um direito específico que reconheça o acesso universal ajudará a diminuir o '*digital divide*'[100] – isto é, o cisma entre os que têm e os que não têm – tanto em sua dimensão geográfica (áreas urbanas versus rurais e regiões desenvolvidas quanto subdesenvolvidas) e também em social (alfabetização digital, acesso a grupos vulneráveis ou barreiras linguísticas).

Sobre o tema, analisa Virginia Eubanks:

---

99. ALVES, Fernando de Brito; LONGHI, João Victor Rozatti; MARTINS, Guilherme Magalhães. Ataques em massa na internet como censura e o método da censura reversa. **Consultor Jurídico**, 3 out. 2019. Disponível em: https://www.conjur.com.br/2019-out-03/opiniao-ataques-massa-internet-metodo-censura-reversa. Acesso em: 20 jun. 2023.

100. O termo tem várias origens e se traduz como 'exclusão digital', revelando uma assimetria informacional nefasta em que os menos informados podem ser manipulados por aqueles que controlam os mecanismos informacionais. Benjamin Compaine explica o fenômeno: "*The concept of an information gap is ill-defined from the start. It may refer to the access individuals have to information or the ability of individuals to have the tools – intellectual or tangible – to manipulate, analyse, and synthesize information. In a sense, it is a moving target, because as society has evolved from an agrarian to an industrial and on to an information-intensive one, the importance of having access to and know-how for using information has increased.*" COMPAINE, Benjamin M. Information gaps: myth or reality? In: COMPAINE, Benjamin M. (Ed.). **The digital divide**: facing a crisis or creating a myth? Cambridge: The MIT Press, 2001, p. 105.

A relação entre desigualdade e tecnologia da informação (TI) é muito mais complexa do que qualquer imagem que represente "quem tem" e "quem não tem" pode representar. Trabalhar em direção a uma era da informação que proteja os direitos humanos e reconheça a dignidade humana é muito mais difícil do que as estratégias centradas no acesso e na distribuição de tecnologia permitem. Uma parte do quebra-cabeça da alta tecnologia que geralmente é esquecida quando tentamos imaginar "tecnologia para as pessoas" é a relação entre tecnologia, cidadania e justiça social. Isso é lamentável, pois nossas noções de governança, identidade e demanda política são profundamente influenciadas pela TI em uma ampla variedade de instituições, incluindo agências de serviço social, programas de treinamento, escolas e faculdades, instituições governamentais, organizações comunitárias, local de trabalho, e a casa.[101]

Quando se trata da divisão geográfica, o hemisfério norte é responsável por um nível muito maior de penetração da Internet do que o hemisfério sul. Enquanto os países escandinavos lideram em termos de conectividade – a Islândia e a Noruega têm mais de 90% da população com acesso à Internet – um grande número de países tem uma penetração na Internet inferior a cinco por cento e até menos de um por cento.[102]

É importante destacar que diversas iniciativas já foram adotadas na tentativa de diminuir a '*digital divide*',[103] razão pela qual a doutrina já se propõe a distinguir o referido fenômeno em estágios (*first* e *second digital divides*).[104] Fato é que o Objetivo 8.F dos Objetivos de Desenvolvimento do Milênio ou *Millenium Development Goals*,[105] além do Plano de Ação adotado na Cúpula Mundial de Genebra sobre a Sociedade da Informação[106] sinalizaram importantes esforços nesse sentido, mas não são suficientes e, portanto, pode-se observar uma série de iniciativas em torno da positivação de um direito fundamental de garantia de acesso à Internet.

---

101. EUBANKS, Virginia. **Digital dead end**: fighting for social justice in the information age. Cambridge: The MIT Press, 2011, p. 23, tradução livre. No original: "*The relationship between inequality and information technology (IT) is far more complex than any picture portraying "haves" and "have-nots" can represent. Working toward an information age that protects human rights and acknowledges human dignity is far more difficult than strategies centered on access and technology distribution allow. One piece of the high-tech equity puzzle that is generally overlooked when we try to imagine "technology for people" is the relationship among technology, citizenship, and social justice. This is unfortunate, as our notions of governance, identity, and political demand making are deeply influenced by IT in a wide variety of institutions, including social service agencies, training programs, schools and colleges, government institutions, community organizations, the workplace, and the home.*"
102. Na União Europeia, o nível de acesso à Internet aumentou em todos os Estados-Membros entre 2006 e 2011; no entanto, as diferenças permanecem significativas. Em 2011, o acesso doméstico à Internet variou de 45% na Bulgária a 94% na Holanda. A parcela daqueles que nunca estiveram *online* varia entre 5% na Suécia e 54% na Romênia. Para mapear esses índices e o crescimento do acesso à Internet em todo o planeta, o *Oxford Internet Institute* criou, em 2011, um mapa da penetração mundial da Internet: REINO UNIDO. University of Oxford. Oxford Internet Institute. **Information Geographies**. Disponível em: https://geography.oii.ox.ac.uk/. Acesso em: 20 jun. 2023.
103. HOFFMAN, Donna L.; NOVAK, Thomas P.; SCHLOSSER, Ann E. The evolution of the digital divide: examining the relationship of race to Internet access and usage over time. *In*: COMPAINE, Benjamin M. (Ed.). **The digital divide**: facing a crisis or creating a myth? Cambridge: The MIT Press, 2001, p. 47 *et seq*.
104. SEGURA-SERRANO, Antonio. Internet regulation and the role of international law. **Max Planck Yearbook of United Nations Law**, Heidelberg, v. 10, p. 191-272, 2006, p. 264-270.
105. ORGANIZAÇÃO DAS NAÇÕES UNIDAS. **Millennium Development Goals**. Disponível em: https://www.un.org/millenniumgoals/. Acesso em: 20 jun. 2023.
106. ORGANIZAÇÃO DAS NAÇÕES UNIDAS. World Summit on the Information Society. **Plan of Action**, 12 dez. 2003. Disponível em: https://www.itu.int/dms_pub/itu-s/md/03/wsis/doc/S03-WSIS-DOC-0005!!PDF-E.pdf. Acesso em: 20 jun. 2023.

Além do caso brasileiro, já mencionado anteriormente, importa destacar que diversas jurisdições já ofereciam explicitamente em seus ordenamentos a obrigação positiva de garantir a conectividade a seus cidadãos: (i) o artigo 5a (2) da Constituição Grega, introduzido em 2001, declara que todas as pessoas têm o direito de participar da Sociedade da Informação, o que implica a facilitação do acesso às informações transmitidas eletronicamente, bem como à produção, troca e difusão delas, constituídas como obrigações prestacionais do Estado, sempre observando as garantias dos artigos 9 (privacidade), 9A (dados pessoais) e 19 (sigilo de correspondência);[107] (ii) o Tribunal Constitucional francês, em 2009, declarou que a liberdade de expressão implica 'liberdade de acesso a esses serviços', mas em um contexto diferente (isto é, direitos humanos como instrumentos vivos);[108] (iii) o Tribunal Constitucional da Costa Rica declarou, em junho 2010, que, no contexto da sociedade da informação, 'é imposto às autoridades públicas em benefício dos governados promover e garantir de forma universal o acesso a esses novas tecnologias';[109] (iv) na Finlândia, uma proposta legislativa aprovada em 2009 passou a garantir que todo cidadão finlandês tenha, a partir de julho de 2010, acesso à Internet de banda larga de no mínimo 1 Mbps;[110] (v) em setembro de 2019, o Tribunal Superior de Kerala, na Índia, considerou que o direito de acesso à Internet faz parte do direito fundamental à educação e do direito à privacidade, nos termos do artigo 21 da Constituição.[111]

Como se nota, ainda são incipientes as iniciativas relacionadas ao tema, que se propagam a nível legislativo e judicial em algumas nações do globo, mas ainda sem grande efetividade. Sem dúvidas, para que se reduza o *gap* informacional e se combata a exclusão digital, políticas públicas adequadas devem ser implementadas, a começar pela normatização de um direito fundamental que, na sociedade da informação, já cria distorções inaceitáveis para o exercício da cidadania. Cuida-se, enfim, de um caminho necessário para que, na execução de políticas públicas que pretendam garantir efetividade a tal direito, seja possível a propagação de conhecimento e o atingimento dos deveres prestacionais inerentes à atuação estatal inclusiva.

4.3.2 Educação digital e a difusão do saber tecnológico

O saber tecnológico é solução necessária para a promoção do direito fundamental de acesso à Internet na sociedade da informação. Sem que se tenha cidadãos bem ins-

---

107. GRÉCIA. Hellenic Parliament. **The Constitution of Greece, as revised by the parliamentary resolution of April 6th 2001 of the VIIth Revisionary Parliament**. Atenas: Eptalofos, 2004, p. 21-24. Disponível em: http://www.nis.gr/npimages/docs/Constitution_EN.pdf. Acesso em: 20 jun. 2023.
108. FRANÇA. Conseil Constitutionnel. **Decision nº 2009-580, 10 jun. 2009**. Disponível em: https://www.conseil--constitutionnel.fr/sites/default/files/2018-10/2009_580dc.pdf. Acesso em: 20 jun. 2023.
109. COSTA RICA. Corte Suprema de Justicia de Costa Rica. Sala Constitucional de la Corte Suprema de Justicia. **Sentencia 12790, Expediente 09-013141-0007-CO**, 30 jul. 2010. Disponível em: https://nexuspj.poder-judicial.go.cr/document/sen-1-0007-483874. Acesso em: 20 jun. 2023.
110. REISINGER, Don. Finland makes 1Mb broadband access a legal right. **CNet**, 14 out. 2009. Disponível em: http://news.cnet.com/8301-17939_109-10374831-2.html. Acesso em: 20 jun. 2023.
111. RAUTRAY, Samanwaya. Access to internet fundamental right: Kerala High Court. **India Times**, 19 set. 2019. Disponível em: http://www.ecoti.in/gHfBZZ71. Acesso em: 20 jun. 2023.

truídos sobre os usos e práticas da tecnologia e das redes comunicacionais, qualquer medida destinada ao fomento da participação popular cairá no vazio.

É de Émile Durkheim um dos clássicos conceitos de educação:

> [a] educação é a ação exercida, pelas gerações adultas, sobre as gerações que não se encontram ainda preparadas para a vida social; tem por objeto suscitar e desenvolver, na criança, certo número de estados físicos, intelectuais e morais, reclamados pela sociedade política, no seu conjunto, e pelo meio especial a que a criança, particularmente, se destina.[112]

Etapas como o dogmatismo, o ceticismo e o criticismo marcaram a evolução histórica da construção do saber,[113] em uma transição da exploração humana por aqueles que o detinham, em detrimento dos demais, especialmente até certo ponto da Idade Média, com a definição de um novo estamento – termo adequado para se reportar ao período, uma vez que a expressão 'classe social' somente se aplica após o surgimento do capitalismo – marcamente desigual e identificado pelos feudos, pela escravização dos povos conquistados, pela imposição da fé e pela força da espada.

Com a evolução da sociedade e a transição pelos diversos estágios de configuração administrativa, o papel do ensino e da educação também foi modificado e ganhou novos contornos, se adaptando à realidade de cada época. E, na atual sociedade da informação, não há dúvidas de que o ponto fulcral são os dados.[114]

Amartya Sen e Jean Drèze destacam o papel da educação na alavancagem da liberdade individual como característica democrática do direito ao desenvolvimento:

> (...) a necessidade de educação expandiu-se em especial no mundo do comércio globalizado, e o sucesso de economias como a China tem se baseado de forma substancial na capacidade de uma força de trabalho, razoavelmente escolarizada para atender às demandas de controle de qualidade e treinamento de habilidades envolvidas na produção de bens e serviços para o mundo como um todo.[115]

Nesse contexto, o avanço tecnológico representa estágio inescapável da evolução humana, irradiando efeitos irrefreáveis sobre a conjuntura educacional, a ponto de representar riscos na mesma medida em que propicia avanços:

> As novas tecnologias proporcionam recursos que podem alavancar muitas das capacidades naturais. Levadas ao extremo podem nos transformar em algo como supergovernos, superempresas, super-homens e supermulheres.

---

112. DURKHEIM, Émile. **Educação e sociologia**. Tradução de Lourenço Filho. 11. ed. São Paulo: Melhoramentos, 1978, p. 41.
113. CASTILHO, Ricardo. **Educação e direitos humanos**. São Paulo: Saraiva, 2016, p. 25.
114. Corroborando essa visão, tem-se o comentário de Richard e Daniel Susskind: "A rich range of data is captured, from where students click on the screen to how long they take to answer a question. And the data can be collected and stored in respect of hundreds of thousands of students. A new discipline, 'learning analytics', tries to make sense of what is gathered. The aim is to provide better feedback to students and teachers, and refine the individualized approach used in 'personalized' or 'adaptive' learning." SUSSKIND, Richard; SUSSKIND, Daniel. **The future of professions**, cit., p. 59. A visão dos autores sinaliza um fenômeno que, ademais, pode ser densamente explorado em: MAYER-SCHÖNBERGER, Viktor; CUKIER, Kenneth. **Learning with big data**: the future of education. Nova York: Houghton Mifflin Harcourt, 2014.
115. SEN, Amartya; DRÈZE, Jean. **Glória incerta**: a Índia e suas contradições. Tradução de Ricardo Doninelli Mendes e Leila Coutinho. São Paulo: Cia. das Letras, 2015, p. 175.

Se há relevantes benefícios, também há risco de grave segregação. Aqueles que dominarem a tecnologia obterão acesso mais amplo às vantagens e benefícios disponíveis do que os demais.[116]

O ensino hodierno está intimamente ligado ao preenchimento das necessidades humanas, definidas por Abraham Maslow[117] e perfeitamente enquadráveis no contexto da atual sociedade da informação, na qual se impõe o convívio com um novo ambiente chamado ciberespaço, em que a tecnologia atua como um poderoso componente do ambiente de aprimoramento individual. Nesse contexto, é preciso ressaltar que as relações sociais e pedagógicas, assim como os benefícios e malefícios trazidos pelas Tecnologias de Informação e Comunicação, são desdobramentos de comportamentos da própria sociedade, e não consequências da simples existência da Internet.[118]

Magda Pischetola registra três tipos de "competências digitais":

1) As *operacionais*: ou seja, o conjunto de habilidades técnicas que permitem ao usuário acessar as aplicações básicas das TICs on-line e off-line, como, por exemplo, o editor de texto, o e-mail, as atividades de busca on-line.

2) As *informacionais*: habilidades para pesquisar, selecionar e elaborar as informações que se encontram nos recursos da rede.

3) As *estratégicas*: habilidades para determinar metas específicas orientadas a alcançar outras mais amplas, com o fim de manter ou melhorar sua própria posição social.[119]

---

116. GIOVA, Giuliano. Educação e cidadania digital: nascer, morrer e renascer no mundo digital, onde deixaram o manual? *In:* ABRUSIO, Juliana (Coord.). **Educação digital**. São Paulo: Revista dos Tribunais, 2015, p. 46. Acrescenta: "Sabe-se que a pessoa alfabetizada tem grandes vantagens sobre a analfabeta em todos os momentos em que houver a oportunidade de ler ou escrever, mesmo se há muitos cenários onde ler e escrever não são fatores determinantes de sucesso ou felicidade, (...). Já no ambiente laboral o analfabetismo funcional mostra-se mais relevante frente à competição natural nesse ambiente, situação que está se agravando no formato de analfabetismo tecnológico pela rápida adoção de computadores e sistemas nas empresas".

117. MASLOW, Abraham H. **Motivation and personality**. 2. ed. Nova York: Harper & Row, 1970, p. 21. Anota: *"If we examine carefully the average desires that we have in daily life, we find that they have at least one important characteristic, i.e., that they are usually means to an end rather than ends in themselves. We want money so that we may have an automobile. In turn we want an automobile because the neighbors have one and we do not wish to feel inferior to them, so that we can retain our own self-respect and so that We can be loved and respected by others. Usually when a conscious desire is analyzed we find that we can go behind it, so to speak, to other, more fundamental aims of the individual. In other words, we have here a situation that parallels very much the role of symptoms in psychopathology. The symptoms are important, not so much in themselves, but for what they ultimately mean, that is, for what their ultimate goals or effects may be."*

118. MONTEIRO, Renato Leite; CARVINO, Fabrício Inocêncio. Adaptive learning: o uso de inteligência artificial para adaptar ferramentas de ensino ao aluno. *In:* ABRUSIO, Juliana (Coord.). **Educação digital**. São Paulo: Revista dos Tribunais, 2015, p. 242. Comentam: "O mundo da tecnologia da informação é um perfeito exemplo dessa questão da complexidade e está bem à frente em relação a desenvolver novas ferramentas e *kits*. Nas últimas décadas, principalmente com a Internet, foram desenvolvidos inúmeros instrumentos que, além de solucionar problemas, criaram e destruíram diversos modelos de negócios e paradigmas. E tudo indica que chegou a vez do setor educacional. A oferta de ferramentas e soluções está cada vez mais vasta e crescente, e há muita discussão sobre a tão esperada revolução tecnológica no setor, que anima, mas também assusta."

119. PISCHETOLA, Magda. **Inclusão digital e educação**: a nova cultura da sala de aula. Petrópolis: Vozes, 2016, p. 42. Aprofundando-se no tema, a autora ainda explica: "No nosso entender, as três competências refletem, de fato, três graus de desigualdade. Alcançar a inclusão digital, no sentido que demos ao termo, significa obter todos os níveis de competência cognitiva mencionados (...). Antes da mídia digital, para formar um grupo engajado em uma ação social, cultural ou política, era geralmente necessária uma instituição, com todos os seus processos burocráticos hierarquizados. Hoje, as plataformas digitais permitem que os indivíduos participem de grupos com interesses afins, se organizando espontaneamente, em um sistema de grande flexibilidade estrutural, que lhes oferece a possibilidade de interagir de forma constante. A competência alfabética inclui não apenas a capacidade de ler e escrever, mas o desenvolvimento de novas habilidades de comunicação, categorias de pensamento, linguagem, decorrentes da utilização das TICs e, em especial, do computador e da *web*."

O desenvolvimento dessas competências (ou *'skills'*, para citar o termo utilizado por van Dijk e van Deursen[120]), é uma das chaves para a transição à sociedade da informação. Viver sem computadores está se tornando cada vez mais difícil, pois se perde um número crescente de oportunidades. Em várias ocasiões, as pessoas serão excluídas de acesso a recursos vitais. Todo candidato a emprego sabe que a capacidade de trabalhar com computadores e a Internet é crucial para encontrar e obter um emprego e, cada vez mais, para concluir um trabalho. O número de trabalhos que não exigem habilidades digitais está diminuindo rapidamente. A localização de empregos exige cada vez mais o uso de locais de vagas e aplicativos eletrônicos. Nas entrevistas de emprego, os empregadores solicitam cada vez mais certificados ou outras provas de habilidades digitais.[121]

Hoje, segundo van Dijk e van Deursen, todas as escolas dos países desenvolvidos, em todos os níveis de ensino, incluem o uso de computadores e a Internet em seus currículos, de modo que frequentar a escola equivale a usar essas mídias e poder operá-las. Na educação primária dos países ricos, as crianças aprendem amplamente a usar computadores e a Internet em casa, antes mesmo de entrarem na rotina escolar. Na escola, por sua vez, recebem instruções adicionais e um foco no uso dessas mídias digitais para a consolidação do aprendizado – não apenas para entretenimento.[122]

Sendo certo que "a escola dos séculos XIX e XX foi uma importante instituição difusora de uma sociedade letrada e, agora, adentra o século XXI com novos desafios, porquanto a sociedade baseada na escrita está rapidamente se transformando em uma sociedade informática",[123] o papel da escola e dos educadores dentro de suas áreas de atuação passa a lhes exigir que definam, reflitam, instituam e coordenem o cumprimento das regras que forem impostas.

---

120. VAN DIJK, Jan; VAN DEURSEN, Alexander. **Digital skills**, cit., p. 1. Anotam: "*In the first decade of the twenty-first century, the attention given to the socalled digital divide in developed countries gradually decreased. The common opinion among policy makers and the public at large was that the divide between those with access to computers, the Internet, and other digital media and those without access was closing. In some countries, 90 percent of households were connected to the Internet. Computers, mobile telephony, digital televisions, and many other digital media decreased in price daily while their capacity multiplied. On a massive scale, these media were introduced in all aspects of everyday life. Several applications appeared to be so easy to use that practically every individual with the ability to read and write could use them. Yet, we posit that the digital divide is deepening. The divide of so-called physical access might be closing in certain respects; however, other digital divides have begun to grow. The digital divide as a whole is deepening because the divides of digital skills and unequal daily use of the digital media are increasing.*"

121. Comentando o cenário legislativo brasileiro, Renato Opice Blum explica que "(...) pouco adiantará a aprovação de leis para garantir uma segurança maior ao usuário da rede mundial de computadores se ele, antes de iniciar a conexão com um mundo tão rico, tão vasto, tão cheio de informações, mas por vezes perigoso, não for educado digitalmente. Primeiro, é necessário que o usuário, tanto no âmbito pessoal, quanto profissional, e de forma preventiva, seja educado para isso. Por meio de educação voltada para o uso correto da Internet e de suas informações. Esse aprendizado deveria começar na fase escolar e perdurar por toda a vida do ser humano, ante o dinamismo e a abrangência do mundo virtual. Da mesma forma, as escolas devem fazer uso de uma Política de Segurança da Informação, aplicando sistemas eficientes para resguardar o sigilo de suas informações, especialmente de seus alunos. Entretanto, é importante observar que de nada adiantará a escola empresa ter uma estrutura adequada na área de Tecnologia da Informação se os professores, alunos e pais não tiverem consciência da importância de se garantir a segurança da informação." OPICE BLUM, Renato. O Marco Civil da Internet e a educação digital no Brasil. *In*: ABRUSIO, Juliana (Coord.). **Educação digital**. São Paulo: Revista dos Tribunais, 2015, p. 189-190.

122. VAN DIJK, Jan; VAN DEURSEN, Alexander. **Digital skills**, cit., p. 47.

123. MENESES, Marcelo Figueiredo de; JIMENE, Camilla do Vale. A tecnologia que permeia a escola: uma breve visão histórica. *In*: ABRUSIO, Juliana (Coord.). **Educação digital**. São Paulo: Revista dos Tribunais, 2015, p. 67.

A presença da Internet alterou sobremaneira as relações humanas, despertando um fenômeno individualista e que restringe o escopo desejadamente ampliativo do acesso à informação, de modo que a propagação cada vez mais mapeada e personalizada de conteúdos direcionados e algoritmizados tem conduzido a restrições:

> Numerosas pesquisas têm mostrado que os usuários devotados à internet podem passar, e de fato passam, grande parte de seu tempo, ou mesmo a totalidade de sua vida *on-line*, relacionando-se unicamente com pessoas de mentalidade semelhante. A internet cria uma versão aperfeiçoada dos "condomínios fechados": ao contrário de seu equivalente *off-line*, ela não cobra de seus residentes uma taxa exorbitante, nem precisa de guardas armados e sofisticadas redes de TV em circuito fechado; tudo que necessita é da tecla "deletar".[124]

No Brasil, o Marco Civil da Internet cuidou de determinar ao Estado o dever de promover a educação e a inclusão digital:

> Art. 26. O cumprimento do dever constitucional do Estado na prestação da educação, em todos os níveis de ensino, inclui a capacitação, integrada a outras práticas educacionais, para o uso seguro, consciente e responsável da internet como ferramenta para o exercício da cidadania, a promoção da cultura e o desenvolvimento tecnológico.
>
> Art. 27. As iniciativas públicas de fomento à cultura digital e de promoção da internet como ferramenta social devem:
>
> I – promover a inclusão digital;[125]

Para isso, a construção do *big data*, que nada mais é que um enorme banco de dados no qual se armazena todo tipo de informação para que, posteriormente, se trabalhe com esses bancos de dados, cruzando as informações coletadas através de algoritmos, oferecendo possibilidades variadas de previsão de eventos futuros e, ainda, condições de se identificar correlações de dados a partir de causalidades complexas, oferece possibilidades de análise estatística infindáveis, normalmente se valendo de amostragens. Quanto maior o banco de dados, maior é sua confiabilidade e, consequentemente, mais precisa será a aferição obtida pelo algoritmo utilizado na testagem proposta.

E é justamente por depender de quantidades colossais de informações que os bancos de dados de *big data* não podem ser superestimados, fator que também contribui para que corporações que operam com o trato da informação invistam enormes montas na coleta de dados e no incremento de suas plataformas digitais, afinal, quanto maior a amostragem, mais valioso será o sistema e melhor se poderá explorá-lo.

Nesse contexto, a mineração visando às análises comportamentais vem sendo utilizada nas mais variadas aplicações, variando desde os cuidados médicos até o perfilamento do mercado de ações, às pesquisas macroeconômicas e de consumo, ou mesmo visando à garantia da segurança nacional.[126]

---

124. BAUMAN, Zygmunt; RAUD, Rein. **A individualidade numa época de incertezas**. Tradução de Carlos Alberto Medeiros. Rio de Janeiro: Zahar, 2018, p. 120.
125. BRASIL. Lei nº 12.965, de 23 de abril de 2014. Estabelece princípios, garantias, direitos e deveres para o uso da Internet no Brasil. *In*: **Diário Oficial da República Federativa do Brasil**, Brasília, DF, 24 abr. 2014. Disponível em: http://www.planalto.gov.br/ccivil_03/_ato2011-2014/2014/lei/l12965.htm. Acesso em: 20 jun. 2023.
126. Confira-se: WU, Tim. **The attention merchants**, cit., p. 267 *et seq*.

Marshall McLuhan dizia que, "[a]o se operar uma sociedade com uma nova tecnologia, a área que sofre a incisão não é a mais afetada. A área da incisão e do impacto fica entorpecida. O sistema inteiro é que muda".[127] Nesse contexto, é preciso ter em mente que, "enquanto a análise de *Big Data* proporciona a possibilidade de relevar correlações entre os mais distintos eventos, ela não fornece a causa desses eventos".[128]

É preciso ressaltar que o desconhecimento dos cidadãos quanto às operações de coleta, tratamento e armazenagem de dados conduz à necessidade de que sejam instituídas e executadas políticas públicas específicas para dar concretude ao disposto nos marcos regulatórios:

> Dar sentido ao uso da tecnologia, difundindo conhecimento, apesar de relevante, não encerra o papel da escola nem tampouco do professor. É fundamental que se desenvolva entre os alunos o conceito sobre o uso seguro e responsável de todas as ferramentas que esta evolução oferece. É preciso que aprendam também a viver e interagir na sociedade digital, com o mesmo respeito, responsabilidade e bom senso que o fazem presencialmente. Isto faz parte do preparo para o exercício da cidadania. É essencial que aprendam a administrar o acesso a este universo de informações, assim como a identidade digital que queiram criar de si mesmos. Para tanto, muito além do propósito de enriquecer e diversificar as aulas com o uso das NTICs, encontrar um sentido e coerência nesta prática é o que de fato determinará seu resultado. É por meio da educação que o conhecimento é difundido e através dele que o exercício da cidadania é colocado em prática.[129]

Por sua vez, o enquadramento da proteção de dados pessoais nasce como um contraponto necessário à privacidade, sendo ponderada por Bruno Bioni a necessidade de proteção do livre desenvolvimento da personalidade como uma liberdade positiva, em contraposição à própria privacidade, vista como liberdade negativa.[130]

Firme nesta premissa, infere-se que as plataformas vêm sendo desenvolvidas em, basicamente, três frentes: (i) *educational data mining*, que nada mais é do que a mineração de dados voltada especificamente para a educação; (ii) *learning analytics*, ou análise de aprendizado; (iii) *adaptive learning*, ou aprendizagem adaptada.[131]

Todas elas apresentam percalços que devem ser superados para que seja viável a implementação de políticas públicas inclusivas e sustentáveis:

> As TICs, na condição de instrumentos capazes de inserir-se em mais amplos e radicais programas de desenvolvimento, podem agir como fatores de multiplicação dos recursos disponíveis. Graças a elas, podemos aumentar a difusão de informação, superar as fronteiras geográficas e integrar nas redes globais a comunidade mais isolada. No entanto, para a realização desse potencial, é primordial que se preste

---

127. MCLUHAN, Marshall. **Os meios de comunicação como extensões do homem**, cit., p. 84.
128. MONTEIRO, Renato Leite; CARVINO, Fabrício Inocêncio. Adaptive learning, cit., p. 245. Complementam: "*Big Data* pode expor inter-relações, mas falha na entrega de razões e causas de dependência. Entretanto, para a discussão *sub occuli*, talvez o aspecto mais importante seja a metodologia da análise de comportamento baseada nas preferências e características pessoais dos usuários de serviços que coletam dados e alimentam plataformas de *Big Data*."
129. VIEIRA, Alessandra Borelli; BUTTROS, Viviane Lorena. Iniciativas da Administração Pública na educação e cidadania digital. In: ABRUSIO, Juliana (Coord.). **Educação digital**. São Paulo: Revista dos Tribunais, 2015, p. 261.
130. BIONI, Bruno Ricardo. **Proteção de dados pessoais**: a função e os limites do consentimento. Rio de Janeiro: Forense, 2019, p. 92-93.
131. MONTEIRO, Renato Leite; CARVINO, Fabrício Inocêncio. Adaptive learning, cit., p. 246.

atenção especial à variável cultural, levando em consideração tanto as necessidades e prioridades locais quanto as circunstâncias sociais, organizativas e, portanto, humanas. Não podemos desconsiderar que o objetivo de fundo da inclusão digital não é simplesmente reduzir a brecha tecnológica, mas provocar, pela utilização de tecnologia, um círculo virtuoso de mudança positiva no âmbito social. Na perspectiva de promover iniciativas "de baixo para cima", as ações políticas moldam-se a partir das intenções e das necessidades locais, restabelecendo a centralidade da formação e o fortalecimento dos laços sociais para a *construção de capacidades*. A fim de enfrentar desigualdades sociais, são necessários investimentos de longo prazo, que se concentrem principalmente no desenvolvimento de capacidades, na criação de parcerias locais e na descentralização das decisões institucionais.[132]

Não há dúvidas de que a boa política de propagação do saber tecnológico perpassa por boas práticas e a governança tem o potencial de exercer influência determinante da delimitação de rotinas adequadas a esse propósito.

Somente com cidadãos devidamente capacitados a enfrentar os desafios informacionais e comunicacionais desta nova era é que se poderá cogitar de efetividade na proposta de uma "nova" Administração Pública, não mais alheia aos anseios populares e postada em patamar hierarquicamente superior a seus administrados. Com o fomento à educação digital, promover-se-á paulatina inclusão, atendendo-se a um comando constitucional e legal de natureza prestacional do Estado em prol dos cidadãos.

4.3.3 Segurança jurídica, regulação e a superação da '*digital divide*'

Como se viu, as tecnologias, habilidades e infraestrutura subjacentes ao crescimento das redes não propiciam condições igualitárias de acesso dos cidadãos às Tecnologias da Informação e Comunicação. Existe um gap, uma "divisão digital", separando os que têm e os que não têm condições de se inserir nesse novo contexto. Esse "fosso" digital é definido não apenas pela desigualdade no acesso à tecnologia, mas também pelo acesso desigual às oportunidades de participação na propriedade e gestão das oportunidades geradas nesse novo contexto social e jurídico.

Entretanto, nesse exato ponto surge um questionamento essencial: como deve operar o Estado para, ao mesmo tempo, promover a inclusão digital e ofertar mecanismos de participação popular complexos a uma população que, em sua maioria, não está capacitada a utilizá-los? A insegurança jurídica é imensa.

O grande ponto desse questionamento decorre de um problema regulatório no contexto informacional: "Como prática ativista, Lawrence Lessig assume que a lei adota o conteúdo político da agenda regulatória geral a que deve obedecer."[133]

A menção expressa ao nome de Lessig não é despropositada: advém de um contraponto apresentado pelos autores à sua formulação concernente às quatros dimensões

---

132. PISCHETOLA, Magda. **Inclusão digital e educação**, cit., p. 139.
133. GUTWIRTH, Serge; DE HERT, Paul; DE SUTTER, Laurent. The trouble with technology regulation: why Lessig's 'optimal mix' will not work. *In*: BROWNSWORD, Roger; YEUNG, Karen (Ed.). **Regulating technologies**: legal futures, regulatory frames and technological fixes. Oxford: Hart Publishing, 2008, p. 206, tradução livre. No original: *"As an activist practice, law is assumed by Lawrence Lessig to adopt the political content of the general regulatory agenda to which it is supposed to comply."*

de regulação (lei, mercado, arquitetura e normas), cada qual situada em um quadrante, tendo o indivíduo no centro.[134]

Trata-se de uma proposta centrada na autodeterminação informacional, que garante ao indivíduo ampla liberdade decisional, em um sistema otimizado ao funcionamento coeso entre as quatro dimensões de proteção estabelecidas. Porém, a crítica válida que é apresentada no contraponto ao otimismo dessa propensão decorre exatamente da necessidade de uma imposição hierárquica para que se opere a regulação:

> Por definição, a regulação vem de cima, ou pelo menos de outro lugar. Ela se impõe do lado de fora. O objetivo é conduzir e restringir o comportamento e, de acordo com a perspectiva de Lessig, o comportamento dos atores que fazem o ciberespaço existir. Como consequência, a noção de regulamentação torna impossível pensar nas relações entre o sistema regulatório e o que ele regula em outros termos que não os de conformidade ou 'aplicação'. Conduzir e orientar o comportamento através da regulação também implica que existe um fim ou um objetivo a ser realizado, a regulação do comportamento sem que um objetivo seja inútil. Lessig vê quatro ferramentas ou modalidades de regulação: leis/direito, normas sociais, mercados e tecnologia (arquitetura ou código). Para ele, a regulação ideal pode ser obtida por uma articulação otimizada dessas modalidades ou por sua sintonia ideal para realizar os fins a serem alcançados. Nessa perspectiva, as quatro modalidades nomeadas devem ser consideradas como instrumentos de regulação e devem aceitar que são fundamentais para ela e seus objetivos. Com certeza, isso não será evidente, mas Lessig, vendo alguns problemas possíveis, também vê respostas possíveis. No entanto, para ele os problemas estão nas modalidades e não no próprio regulamento.[135]

O debate acaba se vertendo à balança composta de liberdade econômica e regulação estatal. Cada lado se contraequilibra em grandezas inversamente proporcionais e acabam por se resumir à maior ou menor presença do Estado em determinadas atividades, ou, no caso das dimensões propugnadas por Lessig, da presença estatal em relação à regulação jurídica, econômica, social e da arquitetura das redes.

Para a realidade brasileira, este tema ganha relevância em razão da recente edição da Medida Provisória nº 881, de 30 de abril de 2019, posteriormente convertida na Lei nº 13.874, de 20 de setembro de 2019, com a alcunha de "Lei da Liberdade Econômica".[136]

---

134. LESSIG, Lawrence. **Code 2.0**, cit., p. 234-235. O autor explica: "*Surrounding the individual now is a shield of protection, the net of law/norms/market/architecture that limits the constraints these modalities would otherwise place on the individual. I have not separated the four in the sphere of the shield because obviously there is no direct match between the modality of constraint and the modality of protection. When law as protector conflicts with law as constraint, constitutional law overrides ordinary law. These modalities function together. Some might undercut others, meaning that the sum of protections might seem to be less significant than the parts.*"
135. GUTWIRTH, Serge; DE HERT, Paul; DE SUTTER, Laurent. The trouble with technology regulation, cit., p. 215, tradução livre. No original: "*By definition regulation comes from above, or at least from somewhere else. It imposes itself from the outside. It aims at conducting and constraining behaviour, and according to Lessig's perspective, the behaviour of the actors that make cyberspace exist. As a consequence, the notion of regulation makes it impossible to think about the relationships between the regulatory system and what it regulates in terms other than ones of compliance or 'application'. Conducting and guiding behaviour through regulation also implies that there is an end or an objective to realise, regulation of behaviour without an aim being pointless. Lessig sees four tools or modalities of regulation: law, social norms, markets and technology (architecture or code). To him, optimal regulation can be obtained by an optimal articulation of these modalities or by their optimal tuning to realise the ends to be reached. From that perspective the four named modalities are to be considered as instruments of the regulation and they have to accept that they are instrumental to it and its objectives. For sure, this will not be self-evident but Lessig, seeing some possible problems, also sees possible responses. Nevertheless, to him the problems lie with the modalities and not with the regulation itself.*"
136. BRASIL. Lei nº 13.874, de 20 de setembro de 2019. Institui a Declaração de Direitos de Liberdade Econômica; (...) e dá outras providências. *In*: **Diário Oficial da República Federativa do Brasil**, Brasília, DF, 21 set. 2019. Disponível em: http://www.planalto.gov.br/ccivil_03/_ato2019-2022/2019/Lei/L13874.htm. Acesso em: 20 jun. 2023.

Sobre o tema, alguns breves comentários serão apresentados para que soluções possam ser adequadamente vislumbradas.

4.3.3.1 Liberdade econômica e inovação

Em 30 de abril de 2019, foi publicada a Medida Provisória nº 881, que estabeleceu a "Declaração de Direitos de Liberdade Econômica", contendo "normas de proteção à livre iniciativa e ao livre exercício de atividade econômica e disposições sobre a atuação do Estado como agente normativo e regulador." A norma foi convertida em lei no dia 20 de setembro de 2019, como se disse, resultando na Lei nº 13.874.

Referido ato normativo, além de conter uma longa série de princípios e conceitos, estabeleceu o seguinte:

> Art. 4º. É dever da administração pública e das demais entidades que se vinculam a esta Lei, no exercício de regulamentação de norma pública pertencente à legislação sobre a qual esta Lei versa, exceto se em estrito cumprimento a previsão explícita em lei, evitar o abuso do poder regulatório de maneira a, indevidamente:
> (...)
> IV – redigir enunciados que impeçam ou retardem a inovação e a adoção de novas tecnologias, processos ou modelos de negócios, ressalvadas as situações consideradas em regulamento como de alto risco.

Para além da preocupação com o movimento de contraste entre regulação e inovação pública – que é fruto do labor acadêmico do mesmo grupo que encabeçou as pesquisas que culminaram na reforma de 2018 à LINDB[137] –, tem-se uma completa inversão do escopo protetivo delineado a partir da incidência dos vetores constitucionais sobre as relações privadas,[138] também difundida sob a denominação de eficácia em relação a terceiros, ou de *Drittwirkung*, em alemão, que, embora não pretenda "exigir" os resultados justos, abre espaço para a operacionalização de confluências e entrelaçamentos do direito público com o direito privado.

Segundo Marçal Justen Filho, que analisa o artigo 1º da nova lei, o novo conjunto normativo é composto "de normas de *sobredireito*, na acepção de que não se destinam a disciplinar diretamente as condutas intersubjetivas dos sujeitos de direito, mas dispor sobre as relações entre as próprias normas jurídicas."[139]

---

137. MARTINS, Fernando Rodrigues; VIAL, Sophia Martini. MP da "liberdade econômica" altera parcialmente artigo 39 do CDC. **Consultor Jurídico**, 9 jul. 2019. Disponível em: https://www.conjur.com.br/2019-jul-09/opiniao-mp-liberdade-economica-altera-artigo39-cdc. Acesso em: 20 jun. 2023. Os autores explicam: "Digno de registro a memória de que a proposta genética quanto ao tema da "liberdade econômica" teve berço em grupo de estudo acadêmico vocacionado à percepção da "melhoria de ambiente de negócios" no Brasil. Desse mesmo observatório, outrora também eram espargidas parte das recentes e polêmicas alterações da Lindb. Na oportunidade, os estudiosos culminaram na apresentação de proposta de lei levando em consideração não apenas o "peso" do Estado no âmbito econômico, mas a qualidade da regulação pública nos mais diversos setores, o acúmulo de burocracia nas exigências administrativas e, em decorrência disso, o incentivo à corrupção."
138. DUQUE, Marcelo Schenk. **Direito privado e constituição**, cit., p. 414. Anota: "Para que a constituição confira unidade ao ordenamento jurídico, ela deve atuar como centro para a interpretação jurídica, razão pela qual todos os âmbitos jurídicos convergem para a constituição. Trata-se, essencialmente, de uma convergência na interpretação, que permite e fundamenta o diálogo das fontes (...)."
139. JUSTEN FILHO, Marçal. Abrangência e incidência da lei. *In:* MARQUES NETO, Floriano de Azevedo; RODRIGUES JÚNIOR, Otavio Luiz; LEONARDO, Rodrigo Xavier (Coord.). **Comentários à Lei da Liberdade Econômica (Lei 13.874/2019)**. São Paulo: Thomson Reuters Brasil, 2019, p. 20.

Pelo fato de a lei versar sobre regras relativas à atividade econômica em sentido estrito, não se aplica, em princípio, aos serviços públicos previstos no artigo 175 da Constituição da República.[140] Porém, os impactos da 'liberdade econômica' reverberam consequências também sobre as atividades estatais, especialmente a se considerar o poder de polícia,[141] com especiais delineamentos no campo do direito econômico, com destaque para o artigo 170 da Constituição da República,[142] que estabelece o postulado da livre-iniciativa e define, como filtro, exatamente a atividade regulatória estatal.[143]

Pertinente, nesse aspecto, o artigo 174 da CRFB: "Art. 174. Como agente normativo e regulador da atividade econômica, o Estado exercerá, na forma da lei, as funções de fiscalização, incentivo e planejamento, sendo este determinante para o setor público e indicativo para o setor privado."

Nota-se, por força da expressa previsão constitucional, que à Administração Pública são conferidas as competências de fiscalização, incentivo e planejamento – três dimensões que sintetizam sua competência regulatória –, e delas se pode extrair a leitura precipitada de que, em sentido abrangente, toda e qualquer atividade econômica pode vir a ser alvo desse labor regulatório.

Contudo, interpretação conjunta do artigo 174 com o parágrafo único do artigo 170 da Constituição[144] revela que ao Poder Público se faculta a edição de regulamentos restritivos ou impeditivos à exploração econômica, por particulares, de determinada atividades, que, agora, com a nova Lei da Liberdade Econômica, passam a demandar conciliação específica com o princípio *in dubio, pro libertatem*, nos dizeres de João Accioly:

> (...) há a visão ainda muito influente na cultura jurídica de que o direito privado é *decorrência* de "valores constitucionais" (em contraste com a visão da constituição como documento de organização do estado e limitador dos seus poderes de modo a proteger um direito que lhe é antecedente). Uma das manifestações dessa visão de mundo sugere que as regras de direito devem ser interpretadas não apenas de modo a não violar direitos assegurados constitucionalmente, mas, mais que isso, de modo a "realizar", *positivamente*, os valores que compõem a "tábua axiológica" da constituição. Pelas peculiaridades e defeitos de nossa constituição, essas teorias a tornam uma espécie de teste de Rorschach, donde o intérprete extrai os valores de sua preferência e os impõe aos outros por meio das normas que interpreta.

---

140. "Art. 175. Incumbe ao Poder Público, na forma da lei, diretamente ou sob regime de concessão ou permissão, sempre através de licitação, a prestação de serviços públicos."
141. Sobre o tema, confira-se: TÁCITO, Caio. Poder de polícia e polícia do poder. **Revista de Direito Administrativo**, Rio de Janeiro, v. 162, n. 4, p. 1-9, out./dez. 1985.
142. "Art. 170. A ordem econômica, fundada na valorização do trabalho humano e na livre iniciativa, tem por fim assegurar a todos existência digna, conforme os ditames da justiça social, observados os seguintes princípios: (...)"
143. Ainda segundo Justen Filho, "[a]lude-se a função regulatória para indicar a atuação estatal orientada não apenas a restringir e condicionar a autonomia privada, mas também a incentivar condutas social e economicamente desejáveis. Não é incorreto reconduzir a competência regulatória ao poder de polícia, mas o âmbito da regulação adquiriu contornos muito especializados, que superam largamente as concepções tradicionais da discricionariedade administrativa (que era reputada como o núcleo do poder de polícia)." JUSTEN FILHO, Marçal. Abrangência e incidência da lei, cit., p. 29. Ainda sobre o tema, veja-se: BAPTISTA, Patrícia. Retrospectiva 2008: a crise econômica mundial e o papel da regulação estatal, os vinte anos da constitucionalização do direito administrativo no Brasil, a emergência do direito administrativo global e outras questões. **Revista de Direito do Estado**, Salvador, v. 13, p. 31-45, 2009.
144. "Art. 170. (...) Parágrafo único. É assegurado a todos o livre exercício de qualquer atividade econômica, independentemente de autorização de órgãos públicos, salvo nos casos previstos em lei."

A positivação da regra da interpretação *pro libertatem* é assim uma forma de tentar mitigar o desrespeito à livre-iniciativa, ao contrato e à propriedade, cuja proteção existe muito mais na lei escrita que no direito efetivamente praticado no País. Por um lado, busca "lembrar" que mesmo a constituição prevê a liberdade de iniciativa como um de seus fundamentos; por outro, por ser voltada nesse contexto às *atividades econômicas privadas*, determina que nessas se privilegie a escolha dos objetivos particulares, deixando objetivos públicos para a esfera pública e permitindo que o direito privado se torne mais privado.[145]

Por certo, o matiz interpretativo (definido no artigo 1º, § 2º, da Lei nº 13.874) se conduz pelo festejo à livre iniciativa e ao afastamento da intervenção regulatória estatal, embora se fale em uma interpretação norteada pela liberdade econômica, pela boa-fé e pelo respeito aos contratos, aos investimentos e à propriedade.

O cerne da questão, para o que interessa na discussão travada neste singelo estudo, é o contexto da ampla liberdade que se vislumbra com essa iniciativa, particularmente no campo econômico, em que extrapolações e abusos são marca perene e insofismável da atuação de corporações voltadas ao ramo tecnológico, que sufragam qualquer tentativa de proteção concorrencial devido ao amplo domínio que exercem sobre a técnica.

Enfim, nota-se, com a Lei da Liberdade Econômica, que o Brasil está a caminhar em sentido ao que Tim Wu analisa densamente em "*The curse of bigness*",[146] obra na qual defende que os governos devem fazer cessar a autorregulação e intervir, por legislações antitruste, para cindir gigantes da tecnologia como *Google*, *Facebook* e *Amazon*, a fim de restaurar o dinamismo e promover a inovação. Direitos em conflito, no contraponto entre a liberdade econômica e o intervencionismo estatal, são colocados na balança dos impactos que o domínio exercido por essas empresas pode gerar em termos do agigantamento corporativo e da limitação dos controles fiscalizatórios do Estado sobre essas corporações, que passam a se sobrepujar através do controle de dados, formando verdadeiro monopólio da Internet e, por consequência, das bases estruturantes da hodierna sociedade da informação.[147]

Como o foco deste trabalho não é a apreciação detida dos dispositivos da Lei de Liberdade Econômica, mas uma mera apreciação de seus impactos sobre a nova dinâmica de regência da Administração Pública na sociedade da informação, importa averiguar um de seus novos institutos relacionados à governança – a Análise de Impacto Regulatório (AIR) – e suas consequências para a regulação tecnológica.

---

145. ACCIOLY, João C. de Andrade Uzêda. Hermenêutica *pro libertatem*. In: MARQUES NETO, Floriano de Azevedo; RODRIGUES JÚNIOR, Otavio Luiz; LEONARDO, Rodrigo Xavier (Coord.). **Comentários à Lei da Liberdade Econômica (Lei 13.874/2019)**. São Paulo: Thomson Reuters Brasil, 2019, p. 41.
146. WU, Tim. **The curse of bigness**: antitrust in the new Gilded Age. Nova York: Columbia Global Reports, 2018, p. 22-23. Anota: "*It would be na exaggeration to suggest that antitrust provides a full answer to either inequality or other economic woes. But it does strike at the root cause of private political power – the economic concentration that facilitates political action. Advocating antitrust revival is not meant to compete with other economic proposals to address inequality. But laws that would redistribute wealth are themselves blocked by the enhanced political power of concentrated industries. In this way, the structure of the economy has an underlying influence on everything in the realm of economic policy. If antitrust is not the solution, it, historically, has been part of the solution, meriting a new look at what it can do.*"
147. Há tempos, já se sinaliza a necessidade de aprofundamentos na investigação dos reflexos da informação em sua dimensão jurídica e dos substratos dela extraídos, na medida em que a formação do pensamento sociológico amadureceu com autores como Fritz Machlup, nos Estados Unidos da América, e Yoneji Masuda, no Japão – apenas para citar alguns –, desde meados da década de 1960, acarretando reverberações no curso de todo o século XXI. (DUFF, Alistair A. **Information society studies**, cit., p. 3).

4.3.3.2 Análise de Impacto Regulatório (AIR)

Quando se investiga a regulação, não há dúvidas de que o espectro para a pesquisa acadêmica é largo e oferece respostas dos mais variados gêneros, que partem da completa eliminação da regulação estatal, com propostas de viés anarcocapitalista,[148] até outras de viés interventista e mais alinhadas ao pensamento socialista.

Fato é que, para que se encontre um equilíbrio, diversas propostas já foram apresentadas e, via de regra, partem do pressuposto de que a intervenção regulatória deve ocorrer e ser, posteriormente, revisitada e reanalisada para que sejam colhidas as impressões necessárias sobre sua mantença ou revogação.

Para Cary Coglianese, uma dessas possibilidades seria a atuação regulatória revisional pretérita, consistente na constante revisão de atos e processos regulatórios já editados, sempre em caráter retrospectivo:

> Uma maneira seria criar uma nova instituição reguladora independente, dedicada à revisão retrospectiva, (...). Agindo inteiramente por si só, a Administração ainda pode avançar com ações que ajudarão a institucionalizar a revisão retrospectiva nos próximos três anos e além.[149]

Essa mesma visão já foi proposta por Ayres e Braithwaite, que trabalham com o conceito de 'regulação responsiva' parcial sobre as atividades industriais, partindo do argumento de que "as empresas dominantes são maiores e parecem liderar a definição de preços e outras variáveis competitivas, enquanto as menores são seguidoras, correspondendo mais passivamente às decisões competitivas da(s) dominante(s)."[150]

Contudo, ao se caminhar no sentido de uma Administração Pública consensual, marcada pelo primado da governança e pela conjugação dos aspectos centrais da *accountability* dela advindos, o foco deixa de ser essencialmente responsivo e retrospectivo e passa ser direcionado à prevenção.

O foco, noutros dizeres, deve ser a averiguação preliminar dos impactos que determinada intervenção regulatória poderá vir a ter sobre determinada atividade econômica, e, nesse espírito, a lei instituiu – com ineditismo – a chamada Análise de Impacto Regulatório (AIR), em seu artigo 5º:

---

148. HOPPE, Hans-Hermann. **Uma teoria do socialismo e do capitalismo**, cit., p. 163-164. Explica: "Devemos voltar agora à economia e analisar o funcionamento de um sistema de produção capitalista – uma economia de mercado – como alternativa ao socialismo, (...). Na medida em que produza para um mercado, ou seja, para troca com outras pessoas ou empresas e esteja sujeita à regra da não agressão contra a propriedade dos proprietários naturais, cada empresa utilizará seus recursos para a produção desses bens na quantidade que promete antecipadamente um lucro com as vendas que superarem, tanto quanto possível," os custos envolvidos no uso desses recursos."
149. COGLIANESE, Cary. Moving forward with regulatory lookback. **Revista de Direito Administrativo**, Rio de Janeiro, v. 276, n. 3, p. 13-23, set./dez. 2017, p. 16-17, tradução livre. No original: *"One way would be to create a new, independent regulatory institution dedicated to retrospective review, (...). Acting entirely on its own, the Administration can still move forward with action that will help institutionalize retrospective review for the next three years and beyond."*
150. AYRES, Ian; BRAITHWAITE, John. **Responsive regulation**, cit., p. 135, tradução livre. No original: *"Dominant firms are larger and seem to take the lead in setting price and other competitive variables, whereas the smaller fringe firms are followers, more passively matching the competitive decisions of the dominant firm(s)."*

A Análise de Impacto Regulatório (AIR) é um procedimento administrativo preparatório à tomada de decisão baseado na coleta de informações e análise sistemática de possíveis ou efetivos efeitos de uma medida regulatória, já em vigor ou a ser editada, mediante sopesamento de seus custos, benefícios e efeitos colaterais distribuídos pelas empresas, consumidores, Estado e terceiros eventualmente afetados. (...)

A adoção da AIR como método decisório no bojo dos processos regulatórios tem como objetivos (i) superar a natural assimetria de informações entre reguladores e agentes econômicos; (ii) dotar tais processos de maior transparência, legitimidade e *accountability* (responsividade e controlabilidade social); bem como (iii) promover eficiência regulatória, com a redução de custos (para a sociedade e o próprio Estado) e a maximização de benefícios sociais.

Embora a AIR já viesse sendo adotada como procedimento preparatório à tomada de decisões por alguns entes reguladores setoriais no Brasil, o art. 5º da Lei nº 13.874/2019 é o pioneiro dispositivo legal que trata da matéria entre nós.[151]

A conciliação dessas e de outras propostas parece ser o caminho necessário à adequada implementação de instrumentos como a AIR nos Estados pós-industriais de natureza informacional. Isso porque, sendo a governança o primado essencial que robustece a legalidade, novas tendências à prevenção darão a tônica da atuação estatal.

Significa dizer que, na amplitude da contextualização de Tim Wu sobre os percalços da desregulação do mercado tecnológico – tema sobre o qual o próximo tópico trará maior luz –, "[a]lgum esforço para reviver as leis antitruste pode ser uma inevitabilidade em uma nação fundada em princípios de antimonopólio, igualdade e poder descentralizado. O que deveria ser feito? Não basta exigir mudanças sem fornecer uma agenda que goze de legitimidade legal."[152]

Binenbojm destaca que "existem alguns métodos de avaliação de impactos regulatórios praticados mundo afora, tendo destaque a análise de custo-benefício (ACB) e a análise de custo-efetividade (ACE)."[153] Há outras técnicas, mas a AIR instituída pela Lei da Liberdade Econômica brasileira parece demandar regulamentação mais esmiuçada, e foi exatamente isso o que determinou a redação do artigo 5º, parágrafo único, da lei, pelo qual a previsão em regulamento se torna condição inexorável para a exigência da AIR, devem estar previstos "o conteúdo, a metodologia da análise de impacto regulatório,

---

151. BINENBOJM, Gustavo. Art. 5º: Análise de Impacto Regulatório. *In:* MARQUES NETO, Floriano de Azevedo; RODRIGUES JÚNIOR, Otavio Luiz; LEONARDO, Rodrigo Xavier (Coord.). **Comentários à Lei da Liberdade Econômica (Lei 13.874/2019)**. São Paulo: Thomson Reuters Brasil, 2019, p. 223-224.
152. WU, Tim. **The curse of bigness**, cit., p. 127, tradução livre. No original: "*Some effort to revive the antitrust laws may be an inevitability in a nation founded on principles of anti-monopoly, equality, and decentralized power. What should be done? It's not enough to demand change without providing an agenda that enjoys legal legitimacy.*"
153. BINENBOJM, Gustavo. Art. 5º: Análise de Impacto Regulatório, cit., p. 226-227. E completa: "Na ACB, são levantados todos os possíveis custos decorrentes da medida (para o Estado, empresas, consumidores e terceiros eventualmente) e sopesados com os potenciais benefícios para toda a sociedade. O desafio da análise é que custos e benefícios devem ser monetizados, de maneira a permitir uma efetiva comparação. Sua utilidade está em lançar luz sobre quanto a sociedade está disposta a pagar para ter acesso a certos benefícios, permitindo escolhas públicas mais informadas. Já na ACE, não há uma comparação entre custos e benefícios, mas entre os custos de medidas alternativas e seus potenciais resultados (...), sem a monetização destes últimos. A vantagem da ACE sobre a ACB é que os resultados não precisam ser monetizados, permitindo que as escolhas recaiam sobre a medida que apresentar melhor desempenho na sua maximização. De outra parte, a ACE não consegue fugir de certa subjetividade na escolha dos objetivos públicos da regulação, isto é, do estabelecimento *a priori* de uma finalidade que será apenas otimizada pela comparação entre possíveis alternativas."

os quesitos mínimos a serem objeto de exame, as hipóteses em que será obrigatória sua realização e as hipóteses em que poderá ser dispensada."

Voltando a Ayres e Braithwaite, uma segunda proposta apresentada pelos autores é a de uma *"fringe-firm regulation"*, que tem seu foco voltado à criação e à mantença de competidores orbitais aos grandes players do mercado.[154] A proposta, em si, parece interessante no que diz respeito ao combate aos monopólios e à profusão concorrencial, mas não leva em conta nuances regulatórias que, trasladadas para o mercado tecnológico, teriam que se valer de metodologias tidas, por vezes, como incongruentes, como a ACB.

Nesse aspecto, a AIR brasileira tem o potencial de inaugurar novo modelo para a intervenção estatal, embora não passe incólume a críticas, como explica Binenbojm:

> A AIR é muito criticada, sobretudo quando se utiliza da metodologia da análise de custo-benefício (ACB). As principais críticas se referem à dificuldade em monetizar bens preciosos, como a vida e a saúde – *"princing the priceless"*, (...). Outra crítica comum à AIR é a chamada visão de túnel, consistente no viés do regulador na seleção da abrangência do que conta como custos e benefícios de uma medida. Por mais aberto que seja o procedimento, sempre haverá de haver uma linha de corte entre os impactos a serem considerados como efeito direto e imediato da regulação, e outros eventuais efeitos secundários, a serem desconsiderados. Isso importa reconhecer uma margem de subjetividade por parte de quem conduz o procedimento, com potencial para influenciar no seu resultado. Por fim, há quem veja na AIR um instrumento antidemocrático, pois ela permitiria tratamento diferenciado a distintos grupos sociais afetados pela medida regulatória, conforme seus padrões internos de preferência, desafiando a lógica democrática do *"one person, one vote"*. Em outras palavras, a AIR permitiria distribuir os ônus e bônus sociais de medidas governamentais de maneira diferenciada entre grupos de pessoas, consoante diferentes critérios socioeconômicos, geográficos, étnicos, de gênero, entre outros. Ter-se-ia, potencialmente, uma abertura para o *lobby* de grupos de interesses, em detrimento do interesse geral.[155]

A despeito das críticas, a repercussão que se teve, logo no momento em que foi publicada a então Medida Provisória nº 881/2019, foi vista por alguns doutrinadores como uma resposta legislativa capaz de alavancar o empresariado brasileiro.[156] Binenbo-

---

154. AYRES, Ian; BRAITHWAITE, John. **Responsive regulation**, cit., p. 138-139. Explicam: *"An alternative partial-industry regulatory strategy is to focus government attention on fringe producers. To implement a fringe-firm strategy, regulators would leave the dominant firm or firms in the industry unregulated and "intervene" to affect the behavior of fringe firms. Whereas dominant-firm intervention seeks to restrain the behavior of dominant firms, fringe-firm interventions seek to create or maintain the existence of additional competitors. Instead of directly regulating the behavior of firms in an industry (as with the price regulation of dominant-firm intervention), fringe-firm intervention seeks to change the structure of the industry and thereby induce more competitive behavior."*
155. BINENBOJM, Gustavo. Art. 5º: Análise de Impacto Regulatório, cit., p. 227-228.
156. LUK TAI, Luciana Yeung. Para que uma MP de Liberdade Econômica? O que é inaceitável é o grau de adversidade, dificuldades e intolerância que a atividade econômica privada enfrenta no Brasil. **Jota**, 3 jun. 2019. Disponível em: https://www.jota.info/opiniao-e-analise/colunas/coluna-da-abde/para-que-uma-mp-de-liberdade-economica-03062019. Acesso em: 20 jun. 2023. Comenta: "Finalmente, em um capítulo à parte, o artigo 5º versa especificamente sobre a análise de impacto regulatório (AIR) – um movimento ao mesmo tempo surpreendente e urgentemente necessário. Juristas e decisores públicos no Brasil, tradicionalmente, são pouco preocupados com as consequências das políticas públicas e com o uso de evidências para a tomada de suas decisões. (Por algum motivo, ainda misterioso para mim, essas duas preocupações têm conotação negativa para muitos juristas...). Novamente, ficamos para trás com relação aos países, sobretudo da OCDE, onde a AIR está se tornando rotina para a criação e implementação de políticas. Especificamente, o Reino Unido fez AIR revendo todas as políticas com vistas a reduzir custos que dificultam o empreendedorismo e o desenvolvimento de novos negócios. A MP 881 tem potencial de gerar efeitos na mesma direção. Esperamos que assim seja."

jm ainda lista algumas respostas positivas que podem ser apresentadas a cada uma das críticas listadas:

> Em primeiro lugar, a incomensuralidade de alguns bens preciosos, como vida e saúde humanas, não impede que esses bens sejam *precificados* para fins de planejamento econômico de políticas públicas estatais (alocação de despesas nos orçamentos de saúde pública), nem que o sejam pelo mercado privado (v.g. o preço dos prêmios de seguros não nos permite ignorar que (i) a sua preservação importa custos, (ii) que os recursos são escassos, (iii) que há, ainda, outras despesas muito importantes e que, por conseguinte, (iv) algumas escolhas trágicas serão necessariamente feitas. Não se trata de reduzir o valor de bens sagrados, mas de reconhecer que os recursos disponíveis para preservá-los não são infinitos, nem excluem outros interesses humanos. A AIR pode servir à proteção de direitos ao lançar luzes sobre os impactos econômicos que decorrem da regulação, permitindo que cada sociedade faça escolhas esclarecidas sobre o quanto está disposta a pagar por cada bem valioso. (...) No que se refere à visão de túnel, deve-se ter em conta que este é um risco que se corre em qualquer forma de regulação, haja ou não prévia AIR. A abertura procedimental da AIR, com sua transparente submissão a procedimentos participativos, como consultas e audiências públicas, pode permitir a inclusão de custos e benefícios até então ignorados pelo Estado, evidenciando quem ganha e quem pagará a conta com a medida. (...) Por fim, no que toca à objeção democrática da AIR, as críticas não parecem convincentes. Por evidente, o *lobby* em defesa de grupos de interesses sempre existiu e sempre existirá nas democracias liberais, seja ele legalizado e institucionalizado, ou não.[157]

Pelo que se percebe, especialmente devido à brecha à regulamentação infralegal da AIR, muitos outros detalhamentos ainda poderão advir da atividade administrativa, sendo difícil precisar se haverá impactos negativos ou positivos. Resta, para os fins deste brevíssimo estudo, apontar alguns dos pontos fundamentais concernentes à regulação de novas tecnologias.

4.3.3.3 Liberdade econômica e regulação das novas tecnologias

Dentre os diversos dispositivos da Lei de Liberdade Econômica, alguns dispositivos contêm previsões relacionadas aos impactos e reflexos da tecnologia e da inovação nas atividades econômicas: artigo 3º, X, artigo 10, artigo 12 e artigo 18. São diversos os temas abordados nos dispositivos, com foco centrado na compreensão do papel interventivo-regulador do Estado quanto às atividades que envolvam a tecnologia.[158]

Para o momento, importa saber que em mercados nos quais a tecnologia assume grande importância material e, por essa razão, se sujeita a rápida evolução em áreas que demandam regulação estatal, como telecomunicações, sistema financeiro e outras, a conformação institucional dessas novas tecnologias e das diversas formas de produção que delas se utilizam representa um desafio ainda maior para a Ciência Jurídica. Nos dizeres de Patrícia Baptista e Clara Keller, "quando um determinado arranjo institucional é confrontado com uma nova lógica de organização, uma série de questões passa a

---

157. BINENBOJM, Gustavo. Art. 5º: Análise de Impacto Regulatório, cit., p. 228-229.
158. HARTMANN, Fabiano. Digitalização e armazenamento eletrônico: a Lei da Liberdade Econômica no viés dos impactos da tecnologia e inovação na atividade econômica. *In:* MARQUES NETO, Floriano de Azevedo; RODRIGUES JÚNIOR, Otavio Luiz; LEONARDO, Rodrigo Xavier (Coord.). **Comentários à Lei da Liberdade Econômica (Lei 13.874/2019).** São Paulo: Thomson Reuters Brasil, 2019, p. 159-167.

incomodar os agentes do Estado, como adequação, momento e forma de regulação do novo contexto."[159]

Como consequência desse processo, o Direito passou a se defrontar com uma série de problemas e questões novos e que demandam profunda adaptação, conforme explica Ruperto Olave:

> Os meios de comunicação pertencentes a novas tecnologias, algumas disponíveis para a maioria das pessoas, serviram, entre outros usos, para expressar vontades juridicamente relevantes, fato que produziu uma rápida incorporação da realidade eletrônica no campo dos negócios jurídicos, com o consequente período de adaptação que isso implica, gerando, como qualquer processo adaptativo, uma série de novos problemas e questões, tanto de natureza técnica quanto de natureza teórica jurídica, que o mundo do direito teve que enfrentar.[160]

O efeito essencial dessa mudança de paradigma vem sendo notado com maior força em um período marcado pelo festejo à inovação, que desperta, no campo dos negócios, adaptações de institutos jurídicos clássicos. Por exemplo, nos primeiros anos da disrupção tecnológica sobre o direito dos contratos, o tema foi tratado sob a perspectiva da contratação eletrônica, entendida como um fenômeno de massa,[161] quase sociológico.

Nesse contexto, a grande maioria das iniciativas jurídicas voltadas à regulação de novas tecnologias vem do direito público, mas esse fenômeno não é necessariamente explicado por haver alguma forma de "atraso" do direito privado no assunto, mas, sim, pela circunstância de o direito público precisar expressar norma para a incorporação das novas tecnologias, algo que não ocorre na esfera da negociação privada.

Se o princípio da autonomia da vontade e suas diversas manifestações se materializaram nos chamados subprincípios da liberdade contratual e da liberdade de forma, seria esperado que alguma regulação "libertária" surgisse para tentar explicitar os critérios e princípios capazes de propiciar "um ambiente de maior estímulo à atividade econômica".[162]

---

159. BAPTISTA, Patrícia; KELLER, Clara Iglesias. Por que, quando e como regular as novas tecnologias? Os desafios trazidos pelas inovações disruptivas. **Revista de Direito Administrativo**, Rio de Janeiro, v. 273, n. 3, p. 123-163, set./dez. 2016, p. 132.
160. OLAVE, Ruperto Pinochet. La recepción de la realidad de las nuevas tecnologías de la información por el derecho civil: panorama actual y perspectivas futuras. **Ius et Praxis**, Talca, v. 7, n. 2, p. 469-489, 2001, p. 470, tradução livre. No original: "*Los medios de comunicación pertenecientes a las nuevas tecnologías, algunos al alcance de la mayoría de las personas, han servido, entre otras utilidades, para expresar voluntades jurídicamente relevantes, hecho que ha producido una rápida incorporación de la realidad electrónica en el ámbito del negocio jurídico, con el consiguiente período de adaptación que ello supone, generando como todo proceso adaptativo, una serie de nuevos problemas e interrogantes, tanto de naturaleza técnica como de carácter teórico jurídico, que el mundo del derecho ha debido enfrentar.*"
161. MARTINS, Guilherme Magalhães. **Contratos eletrônicos de consumo**, cit., p. 42. Segundo o autor: "Impulsionado o Direito Civil, particularmente no âmbito da matéria contratual, pelos ventos da despatrimonialização e repersonalização, e colocado como valor fundamental da ordem centrada na Constituição, o livre desenvolvimento da pessoa, num momento em que a massificação das operações econômicas é acentuada pelo progresso tecnológico, a normativa das relações privadas recebe um enquadramento constitucional, funcionalizando-se a partir de tal diretiva. A repersonalização significa, antes de tudo, o movimento que o direito privado passa a sofrer, no sentido de serem discutidos os valores que o sistema jurídico colocou em seu centro e em sua periferia."
162. HARTMANN, Fabiano. Digitalização e armazenamento eletrônico, cit., p. 163. O autor ainda faz um alerta: "Contudo, critérios formais de baixo risco ou de equivalência do ambiente digital para o físico podem ter um efeito justamente contrário, no sentido de aprofundar desigualdades e dificultar a liberdade e concorrência dos

Herbert Hovenkamp, analisando o papel da legislação antitruste sobre o ambiente da inovação, enumera cinco importantes pontos para que se situe a matéria:

> *Primeiro*, não é o objetivo do antitruste corrigir defeitos em outros regimes regulatórios, principalmente quando esses regimes são federais. A lei antitruste foi projetada como corretiva para os mercados privados.
>
> (...)
>
> *Segundo*, a administrabilidade é fundamental. Nem a lei antitruste nem a propriedade intelectual têm conteúdo moral. Seu único objetivo é aumentar a economia. A lei antitruste faz isso principalmente procurando e remediando a produção, reduzindo restrições e práticas de exclusão de empresas dominantes que impedem o surgimento ou desenvolvimento de nova concorrência. O mandato da propriedade intelectual também é claro. É promover a inovação – isto é, o progresso da ciência e das artes úteis.
>
> (...)
>
> *Terceiro*, nem todo conflito aparente entre a lei antitruste e a propriedade intelectual é real. Muitas práticas de propriedade intelectual, como acordos de vinculação, podem aumentar o retorno à inovação ou ao licenciamento sem causar nenhum dano à concorrência ou ao bem-estar do consumidor. Como resultado, a política antitruste não tem motivos para intervir.
>
> (...)
>
> *Quarto*, a teoria do crescimento econômico, que examina as fontes de aumento de produtividade ou riqueza, permanece controversa, e suas diferentes escolas continuamente criticam as suposições e metodologias umas das outras. No entanto, parece haver amplo consenso de que os ganhos a serem obtidos com a inovação são maiores do que os ganhos com a simples produção e comercialização sob tecnologia constante.
>
> (...)
>
> *Quinto*, inovação não é a mesma coisa que lei de patentes ou direitos autorais. Os tribunais antitruste não devem presumir que, simplesmente porque algo é legal sob o regime de propriedade intelectual, serve para incentivar a inovação. Na melhor das hipóteses, a lei de propriedade intelectual baseia-se em uma série de palpites sobre princípios básicos. Ela reflete a consideração sobre que tipos de mercados e inovações exigem proteção ou, alternativamente, quando estaríamos em melhor posição para permitir que abordagens de controle mais centradas no mercado, como permitir vantagens ou sigilo para os primeiros impulsionadores. Se criarmos proteções legais, enfrentaremos uma incerteza considerável sobre sua duração e seu escopo ideais.[163]

---

atores. Há, portanto, um nítido encurtamento do espaço restritivo habitualmente associado às liberdades para desenvolvimento de atividade econômica. Isso, sob a ótica dos impactos da tecnologia, pode ser analisado por um duplo viés: de um lado um ambiente liberal que permitirá uma convergência com pesquisas tecnológicas, inovação e empreendedorismo; por outro, uma ideia que beira a ingenuidade sobre as potencialidades comprovadas para o mau uso de tecnologias, que podem, inclusive, comprometer qualquer boa iniciativa ou desenvolvimento do empreendedorismo pela permissividade à atividade econômica de baixo risco. Não se pode deixar de lado a possibilidade de a tecnologia alterar o que tradicionalmente entende-se por risco (baixo ou alto). A tecnologia altera com relativa facilidade e frequência o ambiente, conceitos e categorias a princípio claros e delimitados."

163. HOVENKAMP, Herbert. Antitrust and innovation: where we are and where we should be going. **Antitrust Law Journal**, Connecticut, n. 77, p. 749-751, 2011, p. 750-752, tradução livre. No original: *"First, it is not the purpose of antitrust to fix defects in other regulatory regimes, particularly when those regimes are federal. Antitrust law was designed as a corrective for private markets. (...) Second, administrability is key. Neither antitrust nor intellectual property law has any moral content. Their sole purpose is to make the economy bigger. Antitrust law does this mainly by looking for and remedying output reducing restraints as well as exclusionary practices by dominant firms that prevent new competition from arising or developing. Intellectual property's mandate is also clear. It is to promote innovation – that is, the progress of science and useful arts. (...) Third, not every apparent conflict between antitrust law and intellectual property law is real. Many intellectual property practices, such as tying arrangements, may increase the returns to innovation or licensing without doing any harm whatsoever to competition or consumer welfare. As a*

Em linhas gerais, o direito concorrencial se manifesta em combinação com o papel do Estado no controle antitruste, importando considerar que o princípio da liberdade de forma e sua manifestação não são essenciais para a celebração da maioria dos negócios jurídicos, o que é consequência de uma longa evolução histórica do direito privado, que teve seu início em tempos em que era difícil para o homem capturar noções abstratas, e por isso predominavam as formas solenes ou sacramentais, até chegar aos momentos mais próximos da história, nos quais, devido à influência de correntes de pensamento universal como escolasticismo e liberalismo, a vontade e sua declaração foram instituídas como elementos fundamentais e essenciais de todo o ambiente negocial, deixando as formas predeterminadas como um elemento acidental, constituindo verdadeira exceção.

Como resultado do desenvolvimento histórico, os princípios de liberdade de forma e formalismo chegaram a um estágio "neoformalista",[164] uma vez que a conveniência por razões de segurança jurídica é mantida.[165] A favor da viabilidade de se aplicar a dogmática civil tradicional à solução dos problemas gerados pelas tecnologias modernas, está a experiência histórica dos últimos dois séculos, em que as estruturas normais do direito de propriedade, auxiliadas pelo trabalho realizado por doutrina e jurisprudência, integraram adequadamente as novas figuras legais e responderam satisfatoriamente aos problemas que geraram o desenvolvimento da ciência e da tecnologia até a última metade do século XX.

Merecem expressa menção os casos em que regulação e tecnologia se relacionam por meio de incentivos, que "são aqueles em que a administração impõe ou estimula o uso de uma determinada tecnologia. Apesar de a inovação tecnológica ser comumente

---

result, antitrust policy has no reason for intervening. (...) Fourth, economic growth theory, which examines the sources of increased productivity or wealth, remains controversial, and its different schools continuously fault one another's assumptions and methodologies. Nevertheless, there seems to be broad consensus that the gains to be had from innovation are larger than the gains from simple production and trading under constant technology. (...) Fifth, innovation is not the same thing as patent or copyright law. Antitrust tribunals should not presume that merely because something is lawful under the intellectual property regime, it serves to incentivize innovation. At its best, intellectual property law is based on a series of hunches about basic principles. It reflects consideration over what types of markets and innovations require protection, or, alternatively, when we would be better off to let more market-centered approaches control, such as allowing first mover advantages or secrecy. If we do create legal protections, we face considerable uncertainty about their optimal duration and scope."

164. OLAVE, Ruperto Pinochet. La recepción de la realidad de las nuevas tecnologías de la información por el derecho civil, cit., p. 474 et seq.

165. Sobre o tema, leciona Nathan Cortez: "*Periodically, regulators are confronted by novel products, technologies, or business practices that fall within their jurisdiction but do not fit comfortably within their regulatory frameworks. Agencies face "regulatory disruption." Many scholars and policymakers intuit that the appropriate response is for regulators to be cautious, not decisive.*" (CORTEZ, Nathan. Regulating disruptive innovation. **Berkeley Technology Law Journal**, Berkeley, n. 29, p. 175-228, 2014, p. 227.) Sendo a cautela um elemento importante na abordagem regulatória, Jonathan Wiener sugere a mudança de paradigma para a regulação pragmática: "*(...) over the last three decades, there has been a major shift in the debate over the design of social regulation from moralistic to pragmatic terms, with a concomitant rise in the use of incentive-based instruments such as tradable allowances. In the 1970s, much regulation required installation of specific technology, and a common objection to tradable allowances was that they amounted to "licensing the right to pollute". Today that debate has ended as environmentalists, industry and the public now focus on whether regulatory instruments effectively achieve risk reduction and at what cost. Ironically, the technology requirement approach turned out to be less effective at stimulating technological change than performance standards and tradable allowances.*" WIENER, Jonathan B. The regulation of technology, and the technology of regulation. **Technology in Society**, Durham, n. 26, p. 483-500, 2004, p. 485.

protagonizada pelos particulares, muitas vezes a administração é responsável, direta ou indiretamente, por seu desenvolvimento ou promoção."[166]

Segundo Fabiano Hartmann:

> Como todo processo de alteração legislativa mais complexo, especialmente orientado à expressão de princípios norteadores, é perceptível o impacto da [Lei da Liberdade Econômica], bem como é plenamente justificável sua receptividade cautelosa. A [Declaração de Direitos de Liberdade Econômica] atinge diretamente o direito empresarial, civil, do trabalho, econômico, com reflexos sobre várias especialidades e subespecialidades jurídicas. Faz, no entanto, ressalvas quanto à aplicação ao direito tributário e financeiro. Mesmo sendo uma lei relativamente compacta é complexa e, em algumas passagens, dúbia. (...) Há uma nítida preocupação da LLE de se apresentar como expressão concreta e extensão convergente das previsões constitucionais sobre a temática. E essa preocupação é justificável na medida que a LLE impacta fortemente na estrutura hermenêutica do ordenamento jurídico.[167]

Nesse contexto em que se questiona o papel da Administração Pública reguladora na burocratização das atividades econômicas[168] e na prática de "abusos intervencionistas", o contexto tecnológico é desafiado à formulação de um arcabouço próprio de políticas de regulação da inovação – uma *Lex Informatica*, como sugere Reidenberg[169] – embora a doutrina seja reticente quanto à regulação da própria tecnologia, usualmente voltando olhares à necessidade de embasamento na regulação de mercado:

Segundo Nuno Peres Alves:

> O princípio da neutralidade da regulação significa, em geral, que as medidas de regulação a adoptar pelo regulador não devem ter em conta as características tecnológicas dos serviços, mas, ao invés, o modo como os serviços de comunicações electrónicas são percepcionados pelos consumidores. (...) Com efeito, a regulação é uma *regulação do mercado* e não uma regulação de tecnologias. O princípio é instrumental dos objetivos da promoção da concorrência e da inovação tecnológica (...).[170]

---

166. BAPTISTA, Patrícia; KELLER, Clara Iglesias. Por que, quando e como regular as novas tecnologias? cit., p. 136. As autoras ainda complementam: "Nesse sentido, tecnologias que auxiliam a organização, recuperação e análise de vastas quantidades de informação colaboram significativamente para a qualidade da regulação, provendo maior velocidade e precisão do resultado final. Além disso, a construção de *websites* que permitem a contribuição em processos de consulta pública, bem como o acesso a agendas públicas, relatórios e documentos em geral, representam um avanço em termos de participação popular e transparência nesses processos."
167. HARTMANN, Fabiano. Digitalização e armazenamento eletrônico, cit., p. 167.
168. LOUREIRO, Caio de Souza. Princípios na Lei de Liberdade Econômica. *In:* MARQUES NETO, Floriano de Azevedo; RODRIGUES JÚNIOR, Otavio Luiz; LEONARDO, Rodrigo Xavier (Coord.). **Comentários à Lei da Liberdade Econômica (Lei 13.874/2019).** São Paulo: Thomson Reuters Brasil, 2019, p. 85. Comenta: "A panaceia intervencionista estatal, pano de fundo da LLE, diz muito mais com a intervenção desmedida do Estado, feita sem critério e muitas vezes voltada à satisfação de valores abstratos, distantes de qualquer resultado prático eficiente. A burocracia nacional, tradicionalmente agigantada, tornou-se desproporcional com o avanço de uma atuação pouco comprometida com os cânones que já regiam, há muito, a atividade administrativa. O emprego inadequado de princípios hipertrofiados e pseudoprincípios (...) contribuiu muito para essa situação."
169. REIDENBERG, Joel R. Lex informatica: the formulation of information policy rules through technology. **Texas Law Review**, Austin, v. 76, n. 3, p. 553-584, 1998, p. 583. Comenta: "*The pursuit of technological rules that embody flexibility for information flows maximizes public policy options; at the same time, the ability to embed an immutable rule in system architecture allows for the preservation of public-order values. These tools can lessen a number of problems that traditional legal solutions face in regulating the Information Society. Yet a shift in public policy planning must occur in order for Lex Informatica to develop as an effective source of information policy rules. The new institutions and mechanisms will not be those of traditional government regulation. Policymakers must begin to look to Lex Informatica to effectively formulate information policy rules.*"
170. ALVES, Nuno Peres. Direito administrativo das telecomunicações. *In:* OTERO, Paulo; GONÇALVES, Pedro (Coord.). **Tratado de direito administrativo especial.** Coimbra: Almedina, 2011, v. V, p. 313.

Por derradeiro, salienta-se que, embora a Lei da Liberdade Econômica inaugure um novo paradigma no contraponto à tendência regulatória estatal, o papel das autoridades antitruste não pode deixar de se atentar às realidades de mercado. Se a ampla regulação não deve ser o foco da atuação dessas autoridades, ao menos a regulação calculada, definida a partir da seleção estratégica de casos e hipóteses, deve balizar essa nova tendência.[171]

Para Ana Frazão, o controle de mercados (especialmente os baseados em dados[172]), pode ser realizado pelo Conselho Administrativo de Defesa Econômica – CADE:

> No Brasil, enquanto não realizada uma reforma legislativa, o CADE poderia perfeitamente se valer da sua competência prevista no artigo 88, § 7º, da Lei nº 12.529/2011, já que a lei lhe confere considerável discricionariedade para conhecer de operações que não atendam aos requisitos legais. Uma vez sob escrutínio das autoridades antitruste, a análise de operações nos *data-driven markets* deveria priorizar, além de entradas, a concorrência potencial, ou seja, a possibilidade e a probabilidade de rivalidade futura entre as partes. Diante da dinamicidade de tais mercados, as prognoses e cenários futuros não podem ser limitados ao presente.[173]

A conclusão derradeira que se extrai é a de que novos desafios trarão novos impactos à delimitação da almejada segurança jurídica de base informacional. Noutros dizeres, uma Administração Pública que prime pela governança digital, deve ter preocupação especial ao controle regulatório, não apenas em viés responsivo, mas principalmente em caráter preventivo, se baseando primordialmente na precaução inerente aos riscos das atividades de inovação tecnológica.

Não é pela existência de uma Lei da Liberdade Econômica que os deveres prestacionais do Estado podem ser negligenciados, uma vez que a proteção pública não pode ser pretensamente subsidiária.[174] O ponto central deve ser a conjugação de uma intenção à liberação de certas atividades econômicas, mas sem o completo abandono de certo grau de regulação – especialmente para atividades que envolvam o controle tecnológico.

---

171. WU, Tim. Taking innovation seriously: antitrust enforcement if innovation mattered most. **Antitrust Law Journal**, Connecticut, v. 78, p. 313-328, 2012, p. 328. Comenta: *"The most serious challenge is that the merits of the conduct challenged in exclusionary cases can often be debated, making the venture inherently more daunting. Moreover, the effects of a successful challenge are felt over the long term and are hard, if not impossible, to measure. There is no denying that protecting innovation is a murkier and vaguer goal. But it also happens to be much more important. It is the job of the enforcement agencies and their economists to exercise judgment—to make the effort to sort the wheat from the chaff, and not just retreat out of fear of making mistakes."*
172. MAYER-SCHÖNBERGER, Viktor; RAMGE, Thomas. **Reinventing capitalism in the age of big data**, cit., p. 87-108.
173. FRAZÃO, Ana. Big Data, plataformas digitais e principais impactos sobre o direito da concorrência. In: FRAZÃO, Ana; CARVALHO, Ângelo Gamba Prata de (Coord.). **Empresa, mercado e tecnologia**. Belo Horizonte: Fórum, 2019, p. 191.
174. SILVA, Jorge Pereira da. **Deveres do Estado de protecção de direitos fundamentais**, cit., p. 534. Anota: "Determinados os espaços (e, em parte, também já os termos) restritos onde eventualmente podem tomar-se em consideração as possibilidades de defesa própria, interessa saber se estão reunidas as condições para subordinar os deveres estaduais de protecção a um (específico) *princípio de subsidiariedade* – entenda-se, na vertente negativa que este princípio cada vez mais vem assumindo, apesar da ambivalência que originalmente o caracterizava. (...) Antes de ensaiar qualquer resposta, não deve confundir-se a questão ora versada – a possibilidade de defesa própria por parte do titular dos bens ameaçados – com um outro fenómeno, que se consubstancia no reenvio para sujeitos privados do encargo de zelar pela protecção de certos direitos fundamentais dos indivíduos."

Se a configuração do domínio pela arquitetura técnica, como aponta Lessig[175] ao descrever as quatro dimensões de proteção regulatória (especialmente da privacidade[176]), pressupõe o sigilo quando aos processos algorítmicos utilizados, não há dúvidas de que grandes serão os riscos de que se avance rumo a uma sociedade da informação baseada na aglutinação do controle social por um seleto grupo de grandes corporações[177-178] que se dedicam às práticas de coleta e tratamento de dados.

Os fluxos de cooperação e informação desempenham papéis importantes na formação da atividade regulatória. Um modelo mais satisfatório de interação regulatória precisa levar em consideração uma variedade de agentes, padrões e sistemas.[179] Ao elaborar um modelo alternativo, uma teoria satisfatória teria que compreender a multiplicidade de agentes relevantes, além dos limites estreitos do modelo federal tradicional centralizado na nação. Os padrões que protegem a interação reguladora (que não são diferentes do direito da concorrência) devem declarar suas próprias limitações.

A segurança jurídica, ainda que sob ótica de maior liberdade econômica, ainda é e continuará sendo eminentemente dependente de algum grau de regulação. Cabe ao Estado se aprimorar para que possa controlar efetivamente os impactos desta nova realidade.

4.3.4 Vigilância urbana, tecnologias de rastreamento e direito à cidade

O debate em torno da pujança algorítmica se sofistica quando analisado do ponto de vista da automatização propiciada pela Internet das Coisas (*Internet of Things*, ou apenas IoT), que amplia o espectro comunicacional por permitir a conectividade de equipamentos diretamente à rede. Isso amplia possibilidades que, do ponto de vista tecnológico, sinalizam novos horizontes para a compreensão dos

---

175. LESSIG, Lawrence. **Code 2.0**, cit., p. 59-60. Diz: "*The Internet as it originally was gave everyone a "Ring of Gyges," the ring which, as Plato reports in The Republic, made Gyges the shepherd invisible. The dilemma for regulation in such a world is precisely the fear Plato had about this ring: With such a ring, "no man can be imagined to be of such an iron nature that he would stand fast in justice." (...) But these gaps in the Internet's original design are not necessary. We can imagine networks that interact seamlessly with the Internet but which don't have these "imperfections." (...) Commerce acting alone has not yet eliminated these threats, to both commerce and civil life. For reasons I explore later in this book, it's not even clear commerce could. But commerce is not the only actor here. Government is also an important ally, and the framework of regulability that commerce has built could be built on again by government. Government can, in other words, help commerce and help itself. How it does so is the subject of the chapter that follows.*"
176. CORREIA, Victor. **Da privacidade**: significado e valor. Coimbra: Almedina, 2018, p. 52-56.
177. WU, Tim. **The master switch**, cit., p. 255-256.
178. LEMOS, Thales de Melo. Gigantes da Internet: novas formas de poder empresarial e desafios para o direito antitruste. *In*: FRAZÃO, Ana; CARVALHO, Ângelo Gamba Prata de (Coord.). **Empresa, mercado e tecnologia**. Belo Horizonte: Fórum, 2019, p. 214. Comenta: "(...) verifica-se, na atualidade, uma grande expectativa em relação ao Direito Antitruste para lidar com as novas formas de poder empresarial decorrentes da dominância dessas empresas. No entanto, a própria área de estudo está marcada por posições fortemente contrastantes, tanto entre estudiosos quanto entre autoridades. (...) Ademais, o reconhecimento do impacto competitivo do *Big Data* é cada vez mais reconhecido como um problema concorrencial. Neste sentido, apesar de alguns autores defenderem que o Direito Antitruste não é a melhor solução para o problema de privacidade, começa a se fortalecer o entendimento de que o poder de mercado dos gigantes da Internet está permitindo às empresas adotar uma postura agressiva de coleta de dados, muitas vezes em detrimento dos interesses dos consumidores, que por sua vez não conseguem vislumbrar alternativas viáveis."
179. MAYER SCHÖNBERGER, Viktor; SOMEK, Alexander. Governing regulatory interaction: the normative question. **European Law Journal**, Oxford, v. 12, n. 4, p. 431-439, jul. 2006, p. 438-439.

limites da utilização de novas ferramentas digitais para finalidades variadas, em contextos também variados.

Quanto às cidades, imagina-se uma reformulação dos propósitos estruturais da urbe em função da reconfiguração propiciada pela técnica. Fala-se em "cidades inteligentes" (entre aspas devido à tradução imprecisa de "*smart cities*", do inglês), indicando empolgante modelo de aplicação do citado paradigma no qual tudo está diretamente conectado à internet para viabilizar a ampliação da vigilância e a automatização de processos em espaços públicos.

Outrora analisado como epítome de uma transição do modo de vida em sociedade no período pós-industrial, o direito à cidade emerge como signo de uma transformação mais complexa, que envolve algoritmos e grande poder disruptivo na sociedade da informação. É de Lefebvre a clássica conceituação do referido direito, analisado noutros tempos, embora os reflexos históricos da mudança do paradigma tecnológico tenha sido o elemento catalisador do pensamento do autor em relação aos impactos deletérios da transformação da época.

Agora, com a automatização algorítmica do século XXI, vislumbra-se a possibilidade de, em releitura do clássico direito à cidade, sistematizar os principais desdobramentos do fenômeno transformador das "cidades inteligentes" em relação aos problemas advindos do incremento da vigilância estatal em espaços urbanos permeados por equipamentos conectados.

Nas brechas da vida cotidiana marcada por forças sociais que transformam o espaço nessa busca pelo direito à cidade, contempla-se a abertura à produção de nova realidade, robustecida pela ideia que reduz a cidade a uma única função: o "habitat". São abandonados os valores construídos no curso do tempo, especialmente pela cultura, e o pragmatismo redefine o papel que se tem quanto às necessidades da vida urbana.

O imperativo da segurança, almejada por todos os membros desses novos espaços, passa a nortear a desconsideração do patrimônio histórico e cultural, impondo intervenções que eliminam o conceito da cidade como "obra" e abrem margem à visão da cidade como "produto". O conceito de uso do espaço, considerado pela noção abstrata de mero "habitat", suplanta o conceito lastreado no humano ("habitar"), inaugurando uma nova agenda que se reformula constantemente.

O paradigma de controle se sofisticou e a privacidade passou a ser relativizada em contextos específicos,[180] denotando a liquidez dos próprios modelos estruturados em termos de controle social e vigilância. A regulação estatal, nesse complexo contexto, também precisa se adaptar a essa nova realidade, aparentemente irrefreável, mas simultaneamente pujante e desafiadora.[181]

---

180. LYON, David. Surveillance as social sorting: computer codes and mobile bodies. *In:* LYON, David (Ed.). **Surveillance as social** *sorting*: Privacy, risk, and digital discrimination. Londres: Routledge, 2003, p. 19. Anota: "Culturally and historically relative, privacy has limited relevance in some contexts. As we shall see in a moment, everyday surveillance is implicated in contemporary modes of social reproduction – it is a vital means of sorting populations for discriminatory treatment – and as such it is unclear that it is appropriate to invoke more privacy as a possible solution".
181. Para Bauman e Lyon, "os principais meios de obter segurança, ao que parece, são as novas técnicas e tecnologias de vigilância, que supostamente nos protegem, não de perigos distintos, mas de riscos nebulosos e informes. As coisas mudaram tanto para os vigilantes quanto para os vigiados. Se antes você podia dormir tranquilo sabendo que o vigia noturno estava no portão da cidade, o mesmo não pode ser dito da "segurança" atual. Ironicamente,

Em termos jurídicos, o que se nota é a necessidade de reconhecimento (e efetivação) da função social da cidade,[182] o que envolve, por exemplo, a garantia de acesso à moradia, a justa distribuição dos benefícios e ônus decorrentes do processo de urbanização, a regularização fundiária, a proteção e preservação ambiental nos centros urbanos, e também o aprimoramento jurídico de instrumentos que possam ser utilizados para o bom uso da tecnologia, com vistas ao pleno exercício do direito à cidade.

No Brasil, o artigo 182 da Constituição da República, que foi regulamentado pelo Estatuto da Cidade (Lei nº 10.275/2001), explicita esse dever ao prever a política de desenvolvimento urbano e estabelecer diversos instrumentos voltados a esse propósito.[183] Também compõem esse panorama normativo, dentre outras normas, a Lei nº 12.587/2012, que institui as diretrizes da Política Nacional de Mobilidade Urbana, e, mais recentemente, o Estatuto da Metrópole (Lei nº 13.089/2015), com grande impacto para o direito público no contexto urbanístico, além de reverberações sobre o direito privado.[184] Entretanto, para que se possa efetivar tais comandos constitucionais, é preciso compreender com detalhe quais são os novíssimos desafios inaugurados pela tecnologia aplicada aos espaços urbanos. O paradigma é, sem dúvidas, de vigilância.

A despeito do ambiente (virtual) de superexposição em que se vive atualmente, ainda é muito forte o desejo de preservação da privacidade conquistada pelo direito à propriedade privada e à individualidade.[185]

Outra situação de enorme relevo, em especial nas grandes cidades, que dá ensejo à flexibilização das preocupações com exercício da vigilância é a já citada segurança (pú-

---

parece que a segurança de hoje gera como subproduto – ou talvez, em alguns casos, como política deliberada? – certas formas de insegurança, uma insegurança fortemente sentida pelas pessoas muito pobres que as medidas de segurança deveriam proteger". BAUMAN, Zygmunt; LYON, David. **Vigilância líquida**. Tradução de Carlos Alberto Medeiros. Rio de Janeiro: Zahar, 2013, p. 95-96.

182. Com efeito, a "função social da cidade deve atender aos interesses da população de ter um meio ambiente sadio e condições dignas de vida, portanto, não há como dividir essas funções entre pessoas e grupos pré-estabelecidos, sendo o seu objeto indivisível". SAULE JÚNIOR, Nelson. **Novas perspectivas do direito urbanístico brasileiro**. Ordenamento constitucional da política urbana. Aplicação e eficácia do plano diretor. Porto Alegre: Sergio Antonio Fabris Editor, 1997, p. 61.

183. Sobre o contexto normativo brasileiro, valiosa a leitura da obra de Jaime Lerner, na qual o autor demonstra que o planejamento é um projeto de longo prazo, que por melhor que seja não consegue gerar transformações imediatas, sendo usualmente uma centelha que inicia uma ação e a subsequente transformação. Cf. LERNER, Jaime. **Acupuntura urbana**. Rio de Janeiro: Record, 2003, *passim*.

184. Na lei, merece destaque a estruturação da governança interfederativa das regiões metropolitanas em importante rol de princípios dos quais merece transcrição o que determina a "prevalência do interesse comum sobre o local" (art. 6º, inciso I). Além disso, são estabelecidos vários instrumentos para a realização do propósito da lei: "Art. 9º Sem prejuízo da lista apresentada no art. 4º da Lei nº 10.257, de 10 de julho 2001, no desenvolvimento urbano integrado de regiões metropolitanas e de aglomerações urbanas serão utilizados, entre outros, os seguintes instrumentos: I – plano de desenvolvimento urbano integrado; II – planos setoriais interfederativos; III – fundos públicos; IV – operações urbanas consorciadas interfederativas; V – zonas para aplicação compartilhada dos instrumentos urbanísticos previstos na Lei nº 10.257, de 10 de julho de 2001; VI – consórcios públicos, observada a Lei nº 11.107, de 6 de abril de 2005; VII – convênios de cooperação; VIII – contratos de gestão; IX – compensação por serviços ambientais ou outros serviços prestados pelo Município à unidade territorial urbana, conforme o inciso VII do caput do art. 7º desta Lei; X – parcerias público-privadas interfederativas."

185. ETZIONI, Amitai. **The limits of privacy**. Nova York: Basic Books, 1999, p. 191. Anota: "Others have claimed that privacy is intimately associated with our most profound values, our understanding of what it means to be an autonomous moral agent capable of self-reflection and choice, and that its violation is 'demeaning to individuality [and] an affront to personal dignity' that is, its violation offends the core of Western values".

blica). Como é cediço, o mundo atual é deveras violento, de forma que as pessoas cada vez mais se trancam no interior de suas casas e veículos.[186] Não sendo mais suficientes os muros das residências, os particulares passaram a se trancar dentro de residências muradas, no interior de condomínios também murados, cercados por empresas de segurança.[187] A preocupação e o medo servem de justificativa para fixar restrições e impor o controle audiovisual.[188]

As repartições públicas também controlam o acesso ao público externo, como forma de promover a segurança e organização do local.[189] Mesmo as repartições de acesso ao público, como os fóruns, apenas admitem o ingresso daqueles que se submetem ao detector de metais.

Não se pode deixar de mencionar, ademais, que mesmo os bens de uso comum do povo estão sujeitos ao controle de acesso na atual sociedade de vigilância. E não está se falando apenas na proibição de ingresso em determinados parques, no período noturno ou de alguma rua interditada. Com efeito, o monitoramento por câmeras e mesmo outras tecnologias de controle (como sensores), gerenciam o ingresso em si e as formas e limites da utilização de tais espaços.

Conforme já mencionado, esse trabalho não pretende esgotar todas as justificativas para a realização de controles, mas é evidente que, para além da discussão traçada por Lefebvre, importa saber quais são as periclitâncias que a vigilância robustecida e catalisada pela Internet das Coisas acarreta em tempos de vigilância líquida.

---

186. Não é por outra razão que a doutrina sinaliza que "[a] conjuntura do descontrole da violência desfavoreceu o debate sobre reformas institucionais, valorizando as ações emergenciais, mas foi ela também que, persistindo, forçou a necessidade de debate público sobre segurança, justiça e polícia". LIMA, Renato Sérgio de; BUENO, Samira; MINGARDI, Guaracy. Estado, polícias e segurança pública no Brasil. **Revista Direito GV**, São Paulo, v. 12, n. 1, p. 49-85, jan./abr. 2016, p. 58.
187. Em interessante estudo empírico realizado na cidade de São Paulo, Cleber Lopes concluiu que os "dados indicam que os profissionais de segurança privada frequentemente violam a integridade física, a liberdade e a honra dos cidadãos, especialmente dos que frequentam espaços de entretenimento, comércio e terminais de transporte público da cidade de São Paulo. Enquanto seguranças regulares cometem mais violações nos terminais de transporte coletivo, seguranças irregulares e semirregulares se excedem mais em bares, casas noturnas, restaurantes e estabelecimentos comerciais. Os dados também sugerem que o padrão de abusos presente nas atividades de policiamento privado é distinto daquele encontrado nas atividades de policiamento público". LOPES, Cleber da Silva. Segurança privada e direitos civis na cidade de São Paulo. **Revista Sociedade e Estado**, Brasília, v. 30, n. 3, p. 651-671, set./dez. 2015, p. 668-669.
188. NORRIS, Clive. From personal to digital: CCTV, the panopticon, and the technological mediation of suspicion and social control. In: LYON, David (Ed.). **Surveillance as social sorting**: Privacy, risk, and digital discrimination. Londres: Routledge, 2003, p. 251-260.
189. Há razões evidentes para isso, que envolvem o próprio poder de polícia do Estado, cada vez mais robustecido pela tecnologia, como explica David Lyon: "All the advanced societies possess large-scale computer systems for policing. Such systems develop in the context of practices reflecting the priorities and capacities of police and national governments. But does the use of police computers simply augment existing arrangements, power relations, and the processes of criminal justice? Or do they contribute in particular ways that help to shape policing, so that computers may be said to make some qualitative difference to the realities of relations between police, government and people?" LYON, David. **The electronic eye**: the rise of surveillance society. Minneapolis: University of Minnesota Press, 1994, p. 110. Sobre o tema, importante mencionar, ainda, o estudo empírico realizado no Reino Unido por Mark Button, que avaliou o grau de familiaridade de agentes de segurança pública quanto às possibilidades e funcionalidades de sistemas e aparatos tecnológicos relacionados à atividade policial: BUTTON, Mark. **Security Officers and Policing**: Powers, culture and control in the governance of private space. Hampshire: Ashgate, 2007, p. 65-85.

No ano de 2019, foi publicada a primeira norma brasileira que trata expressamente sobre o assunto: o Decreto nº 9.854/2019 (Plano Nacional de Internet das Coisas). O desenvolvimento do Plano Nacional de IoT foi oportuno, vez que ocorreu em um momento no qual são amplamente discutidos conceitos como "hiperconectividade", *e-citizens, -e-GOV, e-commerce*, indústria 4.0, computação ubíqua/persuasiva, entre outros.

Logo em seu artigo 1º, o decreto informa que o seu objetivo é desenvolver e implementar a internet das coisas no país, devendo observar os princípios da livre concorrência e da livre circulação dos dados.[190] Todavia, sabe-se que seres humanos não são absolutamente previsíveis. Bem ao contrário, é preciso reconhecer a imperfeição dos comportamentos humanos, pois, diferentemente das máquinas, que seguem rotinas padronizadas, exatas e balizadas pela matemática e pela lógica, os indivíduos humanos, além de serem racionais, também são seres extremamente emocionais, cuja característica marcante é, muitas das vezes, agir por impulso, orientado pelo imediatismo, sem refletir devidamente sobre as consequências de seus atos. Portanto, a proteção aos dados pessoais deve conjugar outros valores centrais do ordenamento, como consta do artigo 1º da Lei nº 13.709/2018, ao destacar que o tratamento de dados pessoais deve ter o "objetivo de proteger os direitos fundamentais de liberdade e de privacidade e o livre desenvolvimento da personalidade da pessoa natural".[191]

4.3.4.1 O direito à cidade na sociedade da informação

Em meados do século XX, a migração do campo para as cidades se intensificou, ampliando os centros urbanos e propiciando a expansão da ocupação para os subúrbios. Maior concentração de habitantes nas cidades, como consequência do fenômeno da industrialização,[192] reavivou a percepção de que, à época, se estava diante de um novo estágio da transformação social decorrente de uma mudança de paradigma bem mais complexa e de efeitos variados.

A cada "nova" revolução industrial, vários impactos tecnológicos foram a força-motriz de transformações sociais que, de um modo ou de outro, atribuíram novo sentido à urbanização, tornando-a importantíssimo objeto de análise no contraponto entre a relevância da técnica e a mudança jurídico-social de cada época. Para o Direito, a problemática se desloca do cerne industrial para permitir a cunhagem de uma nova tessitura social lastreada na ordem espacial. No campo econômico, o regime dos contratos foi profundamente atingido, tendo sofrido flexibilizações para frear o ímpeto da exploração dos bens de produção.[193]

---

190. BRASIL. Decreto nº 9.854, de 25 de junho de 2019. Instituí o Plano Nacional de Internet das Coisas e dispõe sobre a Câmara de Gestão e Acompanhamento do Desenvolvimento de Sistemas de Comunicação Máquina a Máquina e Internet das Coisas. *In:* **Diário Oficial da República Federativa do Brasil**, Brasília, DF, 26 jun. 2019. Disponível em: https://www.in.gov.br/en/web/dou/-/decreto-n-9854-de-25-de-junho-de-2019-173021041 Acesso em: 20 jun. 2023.
191. BRASIL. Lei nº 13.709, de 14 de agosto de 2019. Lei Geral de Proteção de Dados Pessoais (LGPD). *In:* **Diário Oficial da República Federativa do Brasil**, Brasília, DF, 14 ago. 2019. Disponível em: http://www.planalto.gov.br/ccivil_03/_Ato2015-2018/2018/Lei/L13709.htm. Acesso em: 20 jun. 2023.
192. HOPPIT, Julian. The nation, the State, and the First Industrial Revolution, cit., *passim*.
193. GRAU, Eros Roberto. **A ordem econômica na Constituição de 1988**, cit., p. 92.

De fato, a cidade sempre foi, no curso da História, centro da vida social e política, das atividades econômicas e das trocas, da acumulação da riqueza e do valor de uso associado ao consumo. Entretanto, com a industrialização, a "cidade-obra" se tornou algo diverso – uma espécie de produto –, abrindo margem a conflitos específicos, destacadamente quanto à extensão do território, entre a explosão das periferias e a centralidade da cidade.[194]

O modo de vida urbano contempla a dependência de serviços específicos, tais como a eletricidade, o acesso à água, ao transporte, à comunicação, e valores também específicos, como os costumes, o consumo, o turismo (que transforma o centro em local de troca) e a busca pela segurança. De fato, "a atividade urbana (...) consiste, em síntese, na intervenção do Poder Público com o objetivo de ordenar os espaços habitáveis. Trata-se de uma atividade dirigida à realização do triplo objetivo de humanização, ordenação e harmonização dos ambientes em que vive o Homem".[195] Não é por outra razão que se diz que o "habitar" é transformado em "habitat",[196] o que remete ao "direito à cidade" (*droit à la ville*) proposto, em 1968, por Henri Lefebvre, uma vez que confere renovada ordem racional ao espaço,[197] que se fragmenta e impõe a separação e a segregação para recrudescer uma nova estrutura urbanística, simultaneamente ideológica e pragmática, que prima por mudar o modo como se pensa a cidade na implementação de novos equipamentos urbanos, cada vez mais baseados em estruturas de vigilância.

A realização do humano em função de uma realidade futura/ideal "aberta", baseada na dialética do mundo, viria atrelada ao reconhecimento de uma realidade presente/real que, no século XX, quando foi concebida por Lefebvre, não apresentava todas as contradições – tampouco as idiossincrasias – do mundo que, à época, estava em profunda transformação. Hoje, novos horizontes sinalizam a pujança da proposta do autor que, paradoxalmente, revelaram como seu pioneirismo ao antever mudanças irrefreáveis na vida cotidiana.[198]

Na Internet das Coisas, processos automatizados tomarão conta de boa parte das atividades gerenciais da vida em sociedade, o que não pode significar um completo

---

194. LEITE, Carlos. **Cidades sustentáveis, cidades inteligentes**: desenvolvimento sustentável num planeta urbano. Porto Alegre: Bookman, 2012, p. 9. Comenta: "Do ponto de vista urbanístico, essas transformações resultaram em uma série de problemas comuns que vêm afetando as nossas cidades hoje. O abandono das áreas centrais metropolitanas pelo setor industrial e a consequente degradação urbana de espaços com potencial tão evidente no desenvolvimento – afinal, dotados de preciosa infraestrutura e memória urbana – é face da mesma moeda que expõe a urbanização ilegal, porém real e incontrolável, de nossas periferias."
195. SILVA, José Afonso da. **Direito urbanístico brasileiro**. 6. ed. São Paulo: Malheiros, 2010, p. 34.
196. CARLOS, Ana Fani Alessandri. Henri Lefebvre: o espaço, a cidade e o "direito à cidade". **Revista Direito e Práxis**, Rio de Janeiro, v. 11, n. 1, p. 349-369, 2020, p. 361. Explica: "O mundo moderno assinala para o autor, o movimento da história em que o" habitar" (que contempla o sentido criativo do ato de apropriação inerente à vida humana) dá lugar ao "habitat" como momento constitutivo do espaço abstrato. O processo de abstração é o movimento da perda dos seus conteúdos sob a lógica e racionalidade da acumulação assentada nas políticas de crescimento".
197. LEFEBVRE, Henri. **Le droit à la ville**: suivi de espace et politique. Paris: Anthropos, 1968, p. 140. Comenta: "(...) la philosophie réfléchit une totalité transcendante à la ville : l'histoire, « l'homme », la société, l'État. Elle accepte et même entérine au nom de la totalité plusieurs séparations. Elle consacre la saisie analytique en croyant la réfuter ou la surmonter".
198. LEFEBVRE, Henri. **Critique of everyday life**: introduction. Tradução do francês para o inglês de John Moore. Londres: Verso, 1991, v. 1, p. 228-229.

abandono da equivalência de garantias.[199] Porém, na medida em que computadores *gadgets* e sistemas em geral são integrados às redes informacionais,[200] tornando-se partes indesatáveis dos processos decisionais, a incorporação de novos equipamentos com sensores, câmeras ou outras utilidades voltadas à coleta e ao tratamento de dados poderá viabilizar a comunicação *machine-to-machine* (M2M),[201] que é o cerne do debate sobre o vigilantismo algorítmico.

O tema é inegavelmente encarado com certo grau de "fetichismo" tecnológico, que realça seus benefícios e ofusca alguns de seus riscos já previsíveis. Embora haja posições equilibradas,[202] muitos de seus principais defensores afirmam que o processamento dessas informações por algoritmos baseados em *Big Data* tem o potencial de produzir escolhas 'otimizadas', com maior potencialidade de acerto, porquanto baseadas em dados numéricos, proporções e estatísticas.

Nessa perspectiva, enquanto se inicia a terceira década do século XXI, a Internet das Coisas já pode ser considerada "uma realidade incontornável, seja em seu uso empresarial ou por indivíduos".[203] Seu implemento nas rotinas públicas, ademais, também pode ser visto como uma consequência inevitável, inclusive para o aprimoramento de processos decisionais baseados em inteligência artificial e decorrentes da consolidação de uma estrutura administrativa baseada na governança digital.

Por essa razão, o "direito à cidade do século XXI" é um modelo prospectivo, pelo qual a transformação social se projeta ao futuro pelas lentes de uma sociedade urbana

---

199. BREGA, José Fernando Ferreira. **Governo eletrônico e direito administrativo**, cit., p. 114-115. Diz: "A necessidade de equivalência de garantias tem origem em um contexto, generalizado até pouco tempo atrás, em que a informática procurava fundamentalmente satisfazer necessidades da organização administrativa, e não dos usuários. Em vista disso, a tendência era opor os direitos dos indivíduos aos ganhos decorrentes da adoção das tecnologias – que atendiam à Administração –, procurando-se encontrar um ponto de equilíbrio entre ambos".
200. WEBER, Rolf H.; WEBER, Romana. **Internet of Things**: legal perspectives. Berlim/Heidelberg: Springer Verlag, 2010, p. 1-2.
201. HÖLLER, Jan; TSIATSIS, Vlasios; MULLIGAN, Catherine; KARNOUSKOS, Stamatis; AVESAND, Stefan; BOYLE, David. **From machine-to-machine to the Internet of Things**, cit., p. 40. Os autores explicam: "A key aspect to note between M2M and IoT is that the technology used for these solutions may be very similar – they may even use the same base components – but the manner in which the data is managed will be different. In an M2M solution, data remains within strict boundaries – it is used solely for the purpose that it was originally developed for. With IoT, however, data may be used and reused for many different purposes, perhaps beyond the original intended design, thanks to web-based technologies. While public information marketplaces are generally the vision around IoT, (...), it is unlikely such marketplaces will become commonplace before trust, risk, security, and insurance for data exchanges are able to be fully managed appropriately".
202. LEE, Kai-Fu. **Inteligência artificial:** como os robôs estão mudando o mundo, a forma como amamos, nos relacionamos, trabalhamos e vivemos. Tradução de Marcelo Barbão. Rio de Janeiro: Globo, 2019, p. 10-11. O autor traz uma ponderação equilibrada sobre o tema, embora seja notório por seus posicionamentos otimistas em relação aos algoritmos de IA: "(...) quando se trata de entender nosso futuro com a IA, somos todos crianças no jardim de infância. Estamos cheios de perguntas sem respostas, tentando perscrutar o futuro com uma mistura de admiração infantil e preocupações adultas. Queremos saber o que a automatização da IA significará para nossos empregos e para o que entendemos como propósito. Queremos saber quais pessoas e países se beneficiarão dessa tremenda tecnologia. Nós nos perguntamos se a IA poderá nos levar a uma vida de abundância material e se há espaço para a humanidade em um mundo dirigido por máquinas inteligentes. Ninguém tem uma bola de cristal que possa revelar as respostas para essas perguntas. Mas essa incerteza central faz com que seja ainda mais importante trazer à tona essas perguntas e, com nossas melhores habilidades, explorar as respostas".
203. GUIMARÃES, Marcelo César. Repercussões concorrenciais da Internet das Coisas. *In*: FRAZÃO, Ana; CARVALHO, Ângelo Gamba Prata de (Coord.). **Empresa, mercado e tecnologia**. Belo Horizonte: Fórum, 2019, p. 312.

que se imagina, em parte, real (concreta/presente) e, em parte, virtual (abstrata/futura), esta concebida pela transdução. A realização do "humano" em função de uma realidade futura/ideal "aberta", baseada na dialética do mundo, vem atrelada ao reconhecimento de uma realidade presente/real que já é, por si, absolutamente desafiadora! E, naturalmente, compreender alguns desses desafios é o caminho para que se possa sinalizar soluções.

4.3.4.2 'Smart cities', proteção de dados pessoais e cibercidadania

A ascensão da chamada Internet das Coisas (*Internet of Things*, na expressão em inglês, ou simplesmente IoT) reflete a empolgação que já permeia o avanço da sociedade rumo à consolidação de novos modelos interativos que permitem à tecnologia se introjetar nas rotinas da população com os espaços urbanos. Nos espaços públicos, almeja-se que tudo se torne "*smart*" para a consolidação de uma cidade "inteligente". Como sugerem Waleed Ejaz e Alagan Anpalagan, para que isso seja possível, estratégias de implementação de recursos baseados no conceito de IoT são fundamentais para que se tenha incrementos a nível habitacional (*smart homes*), elétrico/energético (*smart grids*), econômico (*smart economy*), de mobilidade urbana (*smart mobility and transport*), de atendimento à saúde (*smart healthcare*) e de segurança pública (*smart security*).[204]

No imaginário geral, propostas desse tipo parecem remeter à ficção científica ou a uma espécie de ciberutopia que se faz presente na literatura e no cinema. Entretanto, muitas aplicações ditas "inteligentes" já são reais. Cidadãos se utilizam de equipamentos conectados a suas redes domésticas, por exemplo, para comandar luzes, tomadas, panelas, eletrodomésticos, assistentes pessoais... As casas estão se tornando "smart" em festejo à comodidade![205]

Igualmente, são festejadas a celeridade e a eficiência de modelos de atendimento ao público baseados em algoritmos de Inteligência Artificial, que otimizam a oferta de metrôs e VLTs, contribuindo para a redução do número de veículos automotores (e de poluentes) nas vias públicas. Também se almeja propagar cada vez mais a utilização de sistemas de gestão de pagamentos que não dependam da troca de dinheiro em espécie, evitando-se, com isso, o uso de papel moeda. Sugere-se, ainda, a descentralização energética pelo uso de redes fotovoltaicas para que seja possível reduzir a centralidade de sistemas de distribuição de energia elétrica a partir de grandes *powerplants*. Não é surpresa, portanto, que o tema esteja na ordem do dia, uma vez que consta expressamente da Agenda 2030 para Cidades e Comunidades Sustentáveis da Organização das Nações Unidas.[206]

O fascínio do homem pela técnica sempre foi o vetor primordial da inovação, hoje dependente da hiperconectividade das redes para agregar valor à urbe contemporânea, cada vez mais 'virtualizada'. Sem dúvidas, grande empolgação surge a partir de mode-

---

204. EJAZ, Waleed; ANPALAGAN, Alagan. **Internet of Things for smart cities**: technologies, Big Data and security. Cham: Springer, 2019, p. 3-11.
205. MUNTADAS, Borja. Algoritmos en la vida cotidiana: apps, gadgets y dependencia tecnológica. *In*: BARBOSA, Mafalda Miranda; BRAGA NETTO, Felipe; SILVA, Michael César; FALEIROS JÚNIOR, José Luiz de Moura (Coord.). **Direito digital e Inteligência Artificial**: diálogos entre Brasil e Europa. Indaiatuba: Foco, 2021, p. 641 *et seq*.
206. ORGANIZAÇÃO DAS NAÇÕES UNIDAS. Agenda 2030. **Cidades e Comunidades Sustentáveis**. Disponível em: http://www.agenda2030.org.br/ods/11/. Acesso em: 20 jun. 2023.

los estruturais que revelam a imprescindibilidade da tecnologia para a proliferação do desenvolvimento.[207]

Exemplos de grandes projetos de implementação de cidades inteligentes vêm à mente, como o de Barcelona, na Espanha – considerada referência para o tema –, onde se começou a discutir a reformulação das estruturas urbanas por ocasião dos Jogos Olímpicos de 1992. A cidade catalã se baseou em premissas como a oferta de habitação, a melhora de infraestruturas urbanas, a criação de mais parques e jardins, a eliminação e melhoria da gestão de resíduos, o investimento em arquitetura e planejamento urbano metropolitano com preservação de prédios históricos, a criação de melhores modelos de distribuição elétrica, fornecimento de água, tecnologias digitais e de comunicação e a promoção internacional do turismo com abordagem integrada de todas essas benesses.[208]

A transformação urbana, a partir de uma perspectiva holística, integrando-a ao nível da rua no projeto urbano envolve planejamento de longo prazo, com uma boa combinação de indicadores criteriosos associados aos grandes objetivos políticos e à melhoria da qualidade de vida das pessoas. Não se descarta, ademais, a importância da proteção do patrimônio cultural das cidades.[209] No entanto, um projeto desse tipo também deve incorporar operações de alto impacto e baixo custo, como as "microurbanizações"[210] descritas pela doutrina como estratégias de propagação do uso de *apps* para interconectar os cidadãos às novas funcionalidades da urbe, verticalmente integradas em função da coleta e do tratamento massivo de dados pessoais de habitantes e visitantes/turistas e do monitoramento, em tempo real, de utilização dessas novas estruturas.

No Brasil, apenas para citar um exemplo mais próximo, a cidade de Gramado, no Rio Grande do Sul, tem se mostrado pioneira na implementação de um projeto desse tipo. Frequentemente lembrada por sua pujança turística, a bucólica urbe é reconhecida há alguns anos pelo projeto "Gramado, Cidade InteliGENTE", que já recebeu distinções e prêmios.[211] Outro exemplo interessante é o da cidade de Pato Branco, no Estado do Paraná.[212]

---

207. PELTON, Joseph; SINGH, Indu. **Smart cities of today and tomorrow**: better technology, infrastructure and security. Cham: Springer, 2019, p. 225 *et seq.*
208. VIVES, Antoni. **Smart city Barcelona**: the Catalan quest to improve future urban living. Brighton: Sussex Academic Press, 2018, p. 32-35.
209. Em importantíssima obra, Eduardo Tomasevicius Filho analisa o instituto do tombamento quanto à proteção do patrimônio cultural, mas, de forma propositiva, conclui que "[o]s objetos qualificados como bens culturais são lugares de memória, porque auxiliam na recordação do passado. Sendo possível a ocorrência de manipulações, podem ocorrer usos políticos do passado, por meio da valorização da cultura elitista em detrimento da cultura popular (...). Define-se, então, bem cultural como bem, material ou imaterial, que tem a aptidão para contribuir com o desenvolvimento pessoal de quem o vê, por meio de sua contemplação, observação, contato e experimentação, geralmente selecionado como documento histórico de época acerca de determinado modo de vida, arte ou técnica ou por ser suporte da identidade coletiva ou da memória coletiva." TOMASEVICIUS FILHO, Eduardo. **A proteção do patrimônio cultural brasileiro pelo direito civil**. São Paulo: Almedina, 2020, p. 256.
210. LISDORF, Anders. **Demystifying smart cities**. Nova York: Apress, 2020, Cap. 11.
211. MUNICÍPIO DE GRAMADO. Comunicação e Imprensa. **Gramado Cidade InteliGENTE recebe prêmio na área de desenvolvimento econômico e social**. Disponível em: https://www.gramado.rs.gov.br/noticias/gramado-cidade-inteligente-recebe-premio-na-area-de-desenvolvimento-economico-e-social. Acesso em: 20 jun. 2023.
212. Conferir, por todos, BRASIL, Bárbara Dayana. O uso das novas tecnologias nos serviços públicos: a experiência do Município de Pato Branco (PR) no ranking das cinco principais *smart cities* de médio porte do Brasil. In: MOTTA, Fabrício; GABARDO, Emerson (Org.). **Desenvolvimento Nacional por uma agenda propositiva e inclusiva**. Curitiba: Íthala, 2020.

Também é importante mencionar que há grande incentivo à internacionalização de projetos desse tipo a partir da realização de eventos periódicos como o *Smart City Expo World Congress* e o *Mobile World Congress* – para citar alguns –, e da criação de modelos-padrão, como *City Protocol Society*, um código-fonte aberto e disponível a gestores de cidades que queiram investir no desenvolvimento de serviços públicos urbanos, com vistas à popularização de uma nova anatomia das cidades: as "*smart cities*".

Apesar do nome e de eventual imprecisão na tradução do adjetivo *smart* (esperto, sagaz), da Língua Inglesa para a Portuguesa, como "inteligente", é inegável que não se tem, nessas novas estruturas urbanas, algoritmos realmente inteligentes ou pensantes. Ainda preponderam o livre-arbítrio e a autonomia humana,[213] embora tudo o que é apelidado de "inteligência artificial" nessas estruturas seja funcionalizado a partir de parâmetros previamente estabelecidos, o que conduz ao contraponto de toda a empolgação que norteia modelos inovadores para as cidades.

De fato, a discussão perpassa pela compreensão do escopo e dos limites da proteção de dados pessoais. Como se disse, é preciso que todo cidadão esteja conectado à Rede para que possa usufruir das promissoras benesses desses modelos tecnológicos aplicados às cidades.

Para além de questões estruturais relacionadas ao acesso à rede, iniciativas legislativas como a Proposta de Emenda à Constituição nº 185/2015[214] ou, bem mais recentemente, a Proposta de Emenda à Constituição nº 8/2020,[215] têm a intenção de inserir um novo inciso ao artigo 5º da Constituição da República, fazendo constar, dentre o rol de direitos e garantias individuais, o acesso universal à Internet.

Não se nega que, nos últimos dez anos, planejadores urbanos, empresas de tecnologia e governos promoveram a ideia de que cidades inteligentes dependem de estruturas de controle levadas a efeito por meio de coleta e da análise de dados na chamada "sociedade da vigilância".[216] Nesse contexto, é impossível não mencionar as preocupações de Gary Marx quanto à ascensão de um Estado policialesco e dependente dos algoritmos para a fiscalização da vida cotidiana,[217] revelando os perigos de um novo e robustecido "panóptico."[218] Ou, como prefere David Lyon, de uma sociedade da vigilância amplamente controlada pelo

---

213. MELLO, Alexandre Schmitt da Silva; DRESCH, Rafael de Freitas Valle. Breves reflexões sobre livre-arbítrio, autonomia e responsabilidade humana e de inteligência artificial. *In*: BARBOSA, Mafalda Miranda; BRAGA NETTO, Felipe; SILVA, Michael César; FALEIROS JÚNIOR, José Luiz de Moura (Coord.). **Direito digital e inteligência artificial**: diálogos entre Brasil e Europa. Indaiatuba: Foco, 2021, p. 143-156.
214. BRASIL. Câmara dos Deputados. **Proposta de Emenda à Constituição nº 185/2015**. Disponível em: http://www.camara.gov.br/proposicoesWeb/fichadetramitacao?idProposicao=2075915. Acesso em: 20 jun. 2023.
215. BRASIL. Senado Federal. **Proposta de Emenda à Constituição nº 8/2020**. Disponível em: https://www25.senado.leg.br/web/atividade/materias/-/materia/141096. Acesso em: 20 jun. 2023.
216. Cf. HALOGOUA, Germaine. **Smart cities**. Cambridge: The MIT Press, 2020.
217. Cf. MARX, Gary T. **Fragmentation and cohesion in American society**. Washington, D.C.: Trend Analysis Program, 1984.
218. Fortemente influenciado pelos escritos de Michel Foucault, Jeremy Bentham, em 1785, sugeriu o termo "panóptico" para se referir a uma estrutura penitenciária considerada ideal, pois permitiria a um único vigilante observar todos os prisioneiros, sem que estes pudessem saber se estão ou não sendo observados. BENTHAM, Jeremy. Panopticon letters. In: BOŽOVI, Miran (Ed.). **Jeremy Bentham**: the panopticon writings. Londres: Verso, 1995, p. 29.

Estado,[219] cada vez mais empoderado e tendente ao totalitarismo em viés – como diz o autor – muito mais severo do que a tendência orwelliana[220] extraída da noção de vigilância.

A pandemia de Covid-19 revelou o potencial de estruturas algorítmicas para o controle de aglomerações – e já tivemos a oportunidade de analisar, nesta coluna, o emblemático exemplo do Simi-SP[221] –, o que evidencia a premência do debate sobre a implementação de mecanismos de proteção de direitos em um ambiente extremamente novo e desafiador.[222]

A aplicação prática da Internet das Coisas, da computação em nuvem e da integração do *Big Data* na vida cotidiana certamente é convidativa e tem o potencial de proporcionar benefícios. A crítica construída pela doutrina a essa tendência não faz alerta específico aos perigos da tecnologia em si, mas de seus usos.

Questiona-se: são as cidades inteligentes soluções suficientemente otimizadas, sustentáveis e equilibradas para superar os problemas urbanos em sua vasta plêiade de desafios? Ou são "não-lugares" ("*non-lieux*", para referenciar a expressão de Marc Augé[223]) – haja vista a transposição de estruturas de controle para a *web* – controlados por corporações – e não pelo Estado – em indesejado percurso antidemocrático?

Por certo, a disciplina urbanística da propriedade "há de se sujeitar inteiramente aos princípios constitucionais consagradores da propriedade individual com suas limitações".[224] Todavia, a ascensão da tecnologia propicia novas leituras para o que se entende por limitações à propriedade. O contraste entre liberdade e igualdade passa a ser atormentado pelo festejo da técnica, que inaugura novos e empolgantes modelos de controle e vigilância, imiscuindo-se às leituras que se faz das urbes contemporâneas, como alerta Marcos Catalan: "Talvez, sem perceber – embora, com esperada docilidade –, eles têm suas liberdades, contínua e suavemente, desbastadas, corroídas ou carcomidas nos mais distintos espaços de convivência urbana".[225]

---

219. LYON, David. **The electronic eye**: the rise of surveillance society. Minneapolis: University of Minnesota Press, 1994, p. 86-87.
220. A referência é extraída da clássica obra '1984', de George Orwell: "There was of course no way of knowing whether you were being watched at any given moment. How often, or on what system, the Thought Police plugged in on any individual wire was guesswork. It was even conceivable that they watched everybody all the time, but at any rate they could plug in your wire whenever they wanted to. You have to live—did live, from habit that became instinct—in the assumption that every sound you made was overheard, and, except in darkness, every movement scrutinized". ORWELL, George. **1984**. Nova York: Penguin Classics, 1961. E-book, p. 3.
221. FALEIROS JÚNIOR, José Luiz de Moura. Dados anonimizados e o controle de aglomerações na pandemia da Covid-19. **Migalhas de Proteção de Dados**, 28 dez. 2020. Disponível em: https://www.migalhas.com.br/coluna/migalhas-de-protecao-de-dados/338324/dados-anonimizados-e-o-controle-de-aglomeracoes-na-pandemia-da--covid-19. Acesso em: 20 jun. 2023.
222. Conferir, para maior detalhamento do tema, FALEIROS JÚNIOR, José Luiz de Moura; COSTA, Guilherme Spillari. A proteção de dados como vetor dos sistemas de inteligência artificial: o controle de aglomeração por algoritmos durante a pandemia. **Revista dos Tribunais**, São Paulo, v. 1026, p. 149-178, abr. 2021.
223. AUGÉ, Marc. **Non-lieux**: Introduction à une anthropologie de la surmodernité. Paris: Éditions du Seuil, 1992, p. 100.
224. FIGUEIREDO, Lúcia Valle. **Disciplina urbanística da propriedade**. 2. ed. São Paulo: Malheiros, 2005, p. 24.
225. CATALAN, Marcos. A difusão de sistemas de videovigilância na urbe contemporânea: um estudo inspirado em Argos Panoptes, cérebros eletrônicos e suas conexões com a Liberdade e a igualdade. *In*: EHRHARDT JÚNIOR, Marcos; CATALAN, Marcos; MALHEIROS, Pablo (Coord.). **Direito civil e tecnologia**. Belo Horizonte: Fórum 2020, p. 141

Legislações protetivas, como a Lei Geral de Proteção de Dados Pessoais brasileira (Lei nº 13.709/2018) não tratam especificamente das *smart cities*, mas sinalizam a importância da proteção de dados pessoais em contextos variados. Em estudo pioneiro – e que será publicado em breve – a pesquisadora Isadora Formenton Vargas realça esse ponto de vista, indicando três grandes eixos para que se possa conciliar a proteção de dados pessoais à crescente busca pelo implemento tecnológico em espaços urbanos: *(i)* a compreensão de que se está diante de grande espectro conceitual, tendo em vista que a União Internacional de Telecomunicações – UIT aponta, pelo menos, 116 definições conceituais para a expressão "cidade inteligente"; *(ii)* a compreensão dos limites e desafios do estado da arte da governança digital no Brasil (embora, nesse ponto, a recentíssima Lei Federal nº 14.129, de 29 de março de 2021[226] sinalize desejável mudança); *(iii)* a compreensão ampliativa da tônica das atividades de tratamento de dados, e sua imperiosa proteção, quando realizada pelo Poder Público.[227]

Ainda há muito a se investigar no capítulo destinado pela LGPD ao tratamento público de dados pessoais (arts. 23 e seguintes), inclusive quanto à amplitude do conceito de 'finalidade pública' que norteia tais atividade.[228] Por certo, o labor regulatório infralegal, a ser levado a efeito pela Autoridade Nacional de Proteção de Dados – ANPD, será essencial para trazer maior clareza às zonas cinzentas que ainda pairam sobre este e outros dispositivos do mesmo capítulo da norma. De todo modo, não se pode negar a importância do debate em torno do desenvolvimento de estruturas regulatórias mais específicas, inclusive no âmbito federal, para a propagação de iniciativas de implementação de *smart cities* por todo o Brasil.

Uma nova agenda urbana, norteada pela tecnologia, não pode se desconectar de princípios e preceitos essenciais que garantam não apenas a preservação cultural e do patrimônio arquitetônico das cidades – cada vez mais *high-techs* – mas também a garantia de efetivação dos fundamentos (art. 2º) e princípios (art. 6º) que norteiam as atividades de tratamento de dados realizadas por algoritmos implementados para operacionalizar as empolgantes estruturas tecnológicas dessas urbes contemporâneas.

4.3.4.3 Controle urbano e sistemas de videomonitoramento

O controle urbano por meio de sistemas de videomonitoramento tem sido uma prática cada vez mais adotada nas cidades contemporâneas. Esses sistemas utilizam

---

226. BRASIL. Lei nº 14.129, de 29 de março de 2021. Dispõe sobre princípios, regras e instrumentos para o Governo Digital e para o aumento da eficiência pública e altera a Lei nº 7.116, de 29 de agosto de 1983, a Lei nº 12.527, de 18 de novembro de 2011 (Lei de Acesso à Informação), a Lei nº 12.682, de 9 de julho de 2012, e a Lei nº 13.460, de 26 de junho de 2017. In: **Diário Oficial da República Federativa do Brasil**, Brasília, DF, 30 mar. 2021. Disponível em: http://www.planalto.gov.br/ccivil_03/_ato2019-2022/2021/lei/L14129.htm. Acesso em: 20 jun. 2023.
227. VARGAS, Isadora Formenton. Três fundamentos à cidade inteligente: a tônica da proteção de dados no Poder Público. In: CRAVO, Daniela Copetti; CUNHA, Daniela Zago Gonçalves da; RAMOS, Rafael (Coord.). **Lei Geral de Proteção de Dados e o Poder Público**. Porto Alegre: Centro de Estudos da PGM/Escola do Tribunal de Contas do Estado do Rio Grande do Sul, 2021, p. 103-112.
228. LIMBERGER. Têmis. Do tratamento de dados pessoais pelo Poder Público – Art. 23. In: MARTINS, Guilherme Magalhães; LONGHI, João Victor Rozatti; FALEIROS JÚNIOR, José Luiz de Moura (Coord.). **Comentários à Lei Geral de Proteção de Dados Pessoais (Lei nº 13.709/2018)**. Indaiatuba: Foco, 2022, p. 281-303.

câmeras de vigilância para capturar imagens em locais públicos, visando a prevenção e o combate a crimes, a promoção da segurança pública e a manutenção da ordem urbana. No entanto, o uso desses sistemas levanta questões complexas relacionadas aos direitos fundamentais à privacidade, à proteção de dados pessoais e à liberdade individual.

Em uma área rural, a manutenção de um rebanho é uma justificativa para a colocação de cercas e porteiras. Já em um hospital, a higiene e a prevenção de infecções é motivo para controlar aqueles que acessarão uma sala de cirurgia. A preocupação com a saúde serve como justificativa para fixar número máximo de pessoas em locais fechados,[229] determinar-se a utilização de máscaras em locais públicos, efetuar-se a medição de temperatura, dentre outras medidas que particulares e o Estado vêm adotando para o controle da propagação da doença. Em um parque de diversões, a segurança física é utilizada para determinar a altura mínima permitida para ingressar-se em um determinado brinquedo. Sem o intuito de esgotá-las, e, tendo em vista que "a introdução de descontinuidade temporal e espacial na teoria da cidade (e do urbano), em termos históricos e sociológicos, não permite o direito a alguém de praticar abusos",[230] este trabalho pretende listar as principais justificativas utilizadas para o exercício do controle de acesso dentro da agenda urbana atual e analisar a sua compatibilidade com a legislação brasileira.

A autorização é a espécie mais tradicional de controle de acesso. Por meio dela, o sujeito que pretende ter acesso a um local, serviço, banco de dados, aplicativos ou outro mecanismo de expressão da cidadania, deve "pedir" a permissão, que poderá lhe ser concedida ou negada.

Conforme mencionado, essa última parte é elementar desta espécie, uma vez que é a única delas que pode impedir as pessoas de acessarem o local pretendido. O desafio está na mediação do acesso por instrumentos tecnológicos, particularmente os biométricos.[231]

Ademais, a autorização tem como pressuposto que o local seja fechado e dotado de uma espécie de portaria ou ambiente de acesso controlado eletronicamente, por exemplo, por tecnologias como teclados/*keypads*, cartões magnéticos, leitores de QR Codes, pulseiras magnéticas, *smart cards*, leitores biométricos ou tecnologias de reconhecimento facial.[232] Em todos os casos, se houver estrutura tecnológica intermediando o acesso, haverá que se considerar as peculiaridades envolvendo a proteção de dados pessoais[233] e a falibilidade do próprio sistema, pois é inerente a todo sistema eletrônico a propensão a falhas.

---

229. NORRIS, Clive. From personal to digital: CCTV, the panopticon, and the technological mediation of suspicion and social control, cit., p. 251-260.
230. LEFEBVRE, Henri. **Writings on cities**. Tradução de Eleonore Kofman e Elizabeth Lebas. 4. reimpr. Oxford: Blackwell, 2000, p. 105, tradução livre. No original: "The introduction of temporal and spatial discontinuities in the theory of the city (and the urban), in history and sociology, does not give one the right to abuse it."
231. VAN DER PLOEG, Irma. Biometrics and the body as information: Normative issues of the socio-technical coding of the body. *In*: LYON, David (Ed.). **Surveillance as social sorting**: Privacy, risk, and digital discrimination. Londres: Routledge, 2003, p. 67-71.
232. NORMAN, Thomas. **Electronic access control**. Oxford: Butterworth-Heinemann, 2012, p. 51-60.
233. CAMARGO, Gustavo Xavier de. **Dados pessoais, vigilância e controle**: como proteger direitos fundamentais em um mundo dominado por plataformas digitais? Rio de Janeiro: Lumen Juris, 2021, p. 220-221. Comenta: "Um dos aspectos mais relevantes ligados à capacidade de decisão dos indivíduos sobre a disposição de seus dados pessoais está ligado à dificuldade de entendimento de suas consequências, em grande medida derivada das características peculiaridades das transações envolvendo dados e privacidade."

Diversas são as tecnologias que permitem não só observar, mas inibir o acesso das pessoas a determinados locais.[234] Algumas são mais convencionais, como a utilização de câmeras e radares que, por exemplo, impedem que caminhões ingressem no centro expandido da cidade de São Paulo em determinados horários do dia. Outras são mais próximas da ficção, como a implantação de um *biochip* sob a pele da mão, entre o polegar e o indicador, que funciona como uma espécie de cartão por aproximação.[235] Tudo é funcionalizado pela hiperconectividade da Internet das Coisas, haja vista que cada equipamento está diretamente conectado à *web* e coleta quantidades massivas de dados.[236]

No estado atual da sociedade de vigilância, conforme fundamentado adrede, não se pode olvidar que o monitoramento é uma espécie de controle de acesso. O fato de saber que está sendo filmado e/ou poder ser multado, impede que um indivíduo ingresse em um local no qual está proibido.

No âmbito jurídico, o direito à privacidade é amplamente reconhecido e protegido em diversas legislações e convenções internacionais. Esse direito garante aos indivíduos o controle sobre a divulgação de suas informações pessoais e a preservação de uma esfera íntima e protegida. O uso de sistemas de videomonitoramento nas cidades pode interferir nesse direito, uma vez que as imagens capturadas pelas câmeras podem revelar informações sensíveis sobre a vida privada dos indivíduos.

Além disso, a proteção de dados pessoais também é um aspecto crucial a ser considerado no contexto do videomonitoramento urbano. As imagens capturadas pelas câmeras podem ser consideradas dados pessoais, uma vez que podem permitir a identificação de indivíduos. Nesse sentido, é necessário garantir que a coleta, o armazenamento e o uso desses dados ocorram em conformidade com a legislação aplicável, incluindo a obtenção de consentimento adequado, a implementação de medidas de segurança para proteger as imagens contra acessos não autorizados e a definição de prazos de retenção adequados.

Outra questão relevante é a necessidade de equilibrar o uso dos sistemas de videomonitoramento com o princípio da proporcionalidade. Embora a segurança pública seja um interesse legítimo, é importante garantir que o uso desses sistemas seja restrito às situações em que a sua utilização é estritamente necessária e proporcionada aos objetivos buscados. Isso inclui a delimitação clara das áreas monitoradas, a minimização da captação de imagens de indivíduos não relacionados a eventuais investigações e a garantia de que as informações coletadas sejam utilizadas exclusivamente para os fins estabelecidos.

Ademais, é essencial promover a transparência e a *accountability* no uso dos sistemas de videomonitoramento urbano. Os cidadãos devem ser informados de maneira clara e compreensível sobre a existência desses sistemas, as áreas monitoradas, os objetivos da vigilância e os procedimentos para exercerem seus direitos de acesso, retificação

---

234. CATALAN, Marcos. A difusão de sistemas de videovigilância na urbe contemporânea: um estudo inspirado em Argos Panoptes, cérebros eletrônicos e suas conexões com a Liberdade e a igualdade, cit., p. 141-142.
235. REESE, Anthony. Will merging access controls and rights controls undermine the structure of anticircumvention law? **Berkeley Technology Law Journal**, Berkeley, v. 18, p. 619-665, 2003, p. 621.
236. EJAZ, Waleed; ANPALAGAN, Alagan. **Internet of Things for smart cities**, cit., p. 10-11.

e exclusão das imagens coletadas. Além disso, é importante estabelecer mecanismos efetivos de supervisão e controle, como a designação de autoridades responsáveis pela fiscalização e a prestação de contas por parte das autoridades que operam os sistemas de videomonitoramento.

É essencial que o uso desses sistemas seja realizado de forma cuidadosa e responsável, levando em consideração os princípios fundamentais do direito à privacidade e da proteção de dados pessoais. A implementação de medidas de segurança e garantias legais adequadas é fundamental para assegurar que o videomonitoramento urbano não se torne uma ferramenta invasiva ou arbitrária, mas sim uma ferramenta eficaz para a prevenção e repressão de crimes, respeitando os direitos e liberdades individuais dos cidadãos.

Nesse sentido, a legislação aplicável deve estabelecer claramente as regras e os limites para o uso dos sistemas de videomonitoramento, incluindo a definição de áreas permitidas para a instalação das câmeras, a necessidade de autorização prévia para o uso das imagens capturadas e a obrigatoriedade de informar os indivíduos sobre a existência e os propósitos do monitoramento. Além disso, é fundamental estabelecer mecanismos efetivos de supervisão e controle, com a participação da sociedade civil e a prestação de contas por parte das autoridades responsáveis.

Em conclusão, o uso de sistemas de videomonitoramento para o controle urbano em "*smart cities*" apresenta desafios complexos do ponto de vista jurídico e ético. É necessário encontrar um equilíbrio adequado entre a necessidade de garantir a segurança pública e o respeito aos direitos fundamentais dos cidadãos. A proteção da privacidade e dos dados pessoais, a transparência, a proporcionalidade e a *accountability* devem ser princípios norteadores na implementação e no uso desses sistemas, assegurando que sejam eficazes e respeitem os direitos e as liberdades individuais dos cidadãos nas cidades inteligentes.

4.3.4.4 *Sistemas de rastreamento por localização georreferencial em 'smart cities'*

Os sistemas de rastreamento por localização georreferencial em "*smart cities*" (cidades inteligentes) têm se tornado uma realidade cada vez mais presente na sociedade contemporânea. Esses sistemas utilizam tecnologias avançadas para coletar dados sobre a localização dos indivíduos dentro do contexto urbano. Embora esses sistemas ofereçam benefícios significativos em termos de otimização de serviços e segurança pública, eles também levantam questões complexas relacionadas aos direitos fundamentais à privacidade e à proteção de dados pessoais.

O fato de celulares terem Sistemas de Posicionamento Global (do inglês *Global Positioning System* – GPS),[237] que permitem a identificação da localização do aparelho

---

237. HOLDENER III, Anthony. **HTML5 Geolocation**. Sebastopol: O'Reilly, 2011, p. 19. Explica: "We have discussed the location (position) for a device, found using GPS or some other location method, given in latitude and longitude. These are called the coordinates of the particular device. In order to locate a device on the Earth, it is given a set of numbers which represents its place on the globe. These numbers make up the system by which we can then extrapolate positions. There are many types of coordinate systems used in mathematics and everyday life—in fact, the most basic of coordinate systems was most likely taught to you when you were first learning to add and subtract: the number line. Other types of coordinate systems that should be familiar to those who took other mathematics classes are the Cartesian coordinate system (x, y, and z) and the polar coordinate system (r,). For

com a ajuda de satélites,[238] não é novidade para ninguém. Mais que isso, os celulares, já há alguns anos, são muito mais potentes e, por estarem também conectados à Internet por redes 4G (e, em breve, pela tecnologia 5G[239]), têm o poder computacional necessário para propiciar informações georreferenciais em tempo real.

A diferença mais percebida em tempos recentes é que os computadores passaram a ter capacidade de armazenar e processar uma grande quantidade de dados, o que possibilitou o florescimento de técnicas de *machine learning*[240] (ou "aprendizado de máquina", em tradução literal). Por certo, viabilizou-se a análise de informações de forma muito rápida, gerando resultados que podem embasar a tomada de decisão por parte das autoridades e, em alguns casos, dos próprios usuários do serviço de telefonia.

No contexto jurídico, o direito à privacidade é amplamente reconhecido e protegido em muitas jurisdições. Esse direito abrange a capacidade dos indivíduos de controlar a divulgação de suas informações pessoais e de manter certa esfera de intimidade e autonomia. Os sistemas de rastreamento por localização georreferencial nas *smart cities* podem afetar esses direitos, uma vez que permitem a coleta constante de informações sobre a movimentação e os padrões de comportamento dos indivíduos.

Em razão da pandemia de Covid-19 e do aumento no uso da Internet,[241] passou-se a ter, em verdade, um debate sobre os limites da privacidade.[242-243] Duas são as possibilidades de rastreamento via aparelho celular utilizadas atualmente: (i) a primeira ocorre através dos dados da rede móvel do equipamento, sem acurácia suficiente (a precisão é de cinquenta metros ou mais) para que se tenha a certeza de que houve interação entre duas pessoas; (ii) a segunda funciona através de aplicativos instalados no celular, que acessam, de forma mais precisa, dados de localização e interagem via *Bluetooth* ou *Wi-Fi*,

---

geolocation, it is a geographic coordinate system that is used. With a geographic coordinate system, coordinates are expressed in latitude, longitude, and elevation."
238. PROGRI, Ilir. **Geolocation of RF Signals**: Principles and Simulations. Cham: Springer, 2011, p. 97 *et seq.*
239. BADIC, Biljana; DREWES, Christian; KARLS, Ingolf; MUECK, Markus. **Rolling out 5G**: Use cases, applications, and technology solutions. Nova York: Apress, 2016, p. 39-52.
240. ALPAYDIN, Ethem. **Introduction to machine learning**. 2. ed. Cambridge: The MIT Press, 2010, p. 1-2. Destaca: "To solve a problem on a computer, we need an algorithm. An algorithm is a sequence of instructions that should be carried out to transform the input to output. For example, one can devise an algorithm for sorting. The input is a set of numbers and the output is their ordered list. For the same task, there may be various algorithms and we may be interested in finding the most efficient one, requiring the least number of instructions or memory or both."
241. BIKUS, Zach. Internet access at new high worldwide before pandemic. **Gallup**, 8 abr. 2020. Disponível em: https://news.gallup.com/poll/307784/internet-access-new-high-worldwide-pandemic.aspx. Acesso em: 20 jun. 2023.
242. *Cf.* BIONI, Bruno; ZANATTA, Rafael; MONTEIRO, Renato Leite; RIELLI, Mariana. **Privacidade e pandemia**: recomendações para o uso legítimo de dados no combate à COVID-19. Conciliando o combate à COVID-19 com o uso legítimo de dados pessoais e o respeito aos direitos fundamentais. São Paulo: Data Privacy Brasil, 2020.
243. A professora norte-americana Helen Nissenbaum defende a utilização de uma "privacidade contextual" como processo decisional heurístico em que o centro de análise está lastreado na captura do significado completo da privacidade e nos sucedâneos de eventual violação. NISSENBAUM, Helen. **Privacy in context**: Technology, policy, and the integrity of social life. Stanford: Stanford University Press, 2010, p. 231. Anota a autora: "We have a right to privacy, but it is neither a right to control personal information nor a right to have access to this information restricted. Instead, it is a right to live in a world in which our expectations about the flow of personal information are, for the most part, met; expectations that are shaped not only by force of habit and convention but a general confidence in the mutual support these flows accord to key organizing principles of social life, including moral and political ones. This is the right I have called contextual integrity, achieved through the harmonious balance of social rules, or norms, with both local and general values, ends, and purposes. This is never a static harmony, however, because over time, conditions change and contexts and norms evolve along with them."

por exemplo.[244] Tais aplicativos podem, diretamente, ter a função de rastreamento e alerta sobre interações especificamente mapeadas quanto à Covid-19, ou estar vinculados a outros aplicativos que o usuário já tenha no seu celular – caso da empresa InLoco no Brasil, que coleta as informações de localização dos usuários a partir de outros *apps* parceiros.[245]

O rastreamento via rede móvel não permite, isoladamente, saber se duas pessoas apontadas como estando no mesmo prédio, de fato, estão numa mesma sala ou não, pois podem estar em andares diferentes. Em simples termos, a localização via *app* possibilita uma análise muito mais realista e eficiente, apontando se duas pessoas realmente estiveram no mesmo ambiente de um edifício e por quanto tempo, com exatidão. Para garantir a conformidade desses sistemas com os princípios de privacidade e proteção de dados pessoais, é necessário estabelecer salvaguardas adequadas. Isso inclui a implementação de mecanismos de consentimento informado, nos quais os indivíduos são devidamente informados sobre a coleta e o uso de seus dados de localização e têm a capacidade de dar ou retirar seu consentimento de forma livre e esclarecida. Além disso, é essencial que sejam adotadas medidas técnicas e organizacionais para garantir a segurança e a confidencialidade dos dados coletados, bem como para evitar a sua utilização indevida ou a sua divulgação a terceiros não autorizados.

Em que pese o rastreamento via aplicativo ser mais preciso na identificação da localização do usuário, esta modalidade acaba por medir o deslocamento de menos indivíduos em algumas situações.[246] Isso decorre do fato de que em países menos desenvolvidos e com maior desigualdade social, as pessoas com menor poder aquisitivo e/ou menor nível de instrução tendem a realizar menos download do aplicativo específico do coronavírus, seja por desinteresse, falta de alfabetização tecnológica ou custo de um aparelho melhor que comporte a tecnologia.[247] Se o escopo for identificar se uma pessoa contaminada interagiu com outras, o rastreamento via *app* é mais eficaz, pois, mais do que a análise da geolocalização (em si considerada), pratica-se o cruzamento de dados, atrelado a técnicas de *machine learning*, naquilo que a doutrina vem denominando de *geoweb*.[248] Os resultados são mais detalhados e, consequentemente, mais confiáveis.

Para além da preocupação com a imposição de freios à hipervigilância, que decorre, na hipótese, da amplíssima utilização de *smartphones* que fornecem, em tempo real, as informações de mobilidade georreferenciada – epítome da tão debatida Internet

---

244. EUROPEAN CENTER FOR DIGITAL RIGHTS. **SARS-CoV-2 tracking under GDPR**. v. 03, p. 1-13, 2020. Disponível em: https://bit.ly/3haUoOS. Acesso em: 20 jun. 2023.
245. INLOCO. **Política de Privacidade**, jun. 2020. Disponível em: https://www.inloco.com.br/politicas/covid-19. Acesso em: 20 jun. 2023.
246. PAHLAVAN, Kaveh. **Indoor geolocation science and technology**: at the emergence of smart world and IoT. Gistrup: River Publishers, 2019, p. 419-422.
247. EIGEN, Melyssa. GASSER, Urs. Global Digital Pandemic Responses: Some Reflections on Four Country Case Studies. **Berkman Klein Center**. For internet and society at Harvard University, 27 ago. 2020. Disponível em: https://bit.ly/3blYzGA. Acesso em: 20 jun. 2023.
248. ABERNATHY, David Ray. **Using geodata and geolocation in the social sciences**: mapping our connected world. Londres: Sage Publications, 2017, p. 315 *et seq*.

das Coisas –,[249] o que se nota, mesmo quando o legislador tenta aclarar o ambiente de nebulosidade conceitual, é que se recorre a conceitos abertos e de difícil aferição.

Outro aspecto relevante é a transparência. Os indivíduos devem ter acesso claro e compreensível às informações sobre como seus dados de localização são coletados, armazenados e utilizados. Isso inclui a divulgação de políticas de privacidade, a disponibilização de meios para que os indivíduos possam exercer seus direitos de acesso, retificação e exclusão de seus dados pessoais, bem como a prestação de informações sobre a finalidade e a base legal para o tratamento desses dados. Fala-se, em passagens específicas da LGPD, nos 'meios técnicos razoáveis', mas não se esclarece quais são os critérios para dizê-los como tal; fala-se, ainda, em 'meios disponíveis por ocasião do tratamento', mas não se considera as conjecturas dessa disponibilidade, que pode ser afetada pela finalidade do tratamento, pela natureza da atividade explorada pelo agente de dados ou mesmo pela técnica de anonimização empregada; assevera-se, também, a necessidade de parametrização objetiva dos critérios de aferição de razoabilidade, embora o próprio exemplo indicado na norma (custo e tempo de reversão, no art. 12, § 1º, da LGPD) seja baseado em aspectos que podem variar conforme o caso concreto.

As perspectivas vislumbradas com o advento da Internet sempre foram norteadas por preocupações com o controle da técnica e com o favorecimento de determinados fatores de predição de resultados na tomada de decisões, especialmente com lastro em vasto repertório informacional.[250] Assim, a intenção do legislador de trazer luz a um tema de grande complexidade técnica, embora louvável, acaba por incidir em um dilema de aplicação do direito, pois contribui para a proliferação de normas gerais e abstratas, que nada resolvem.

A reforma de 2018 à Lei de Introdução às Normas do Direito Brasileiro trouxe a seguinte previsão, contida no artigo 20: "Nas esferas administrativa, controladora e judicial, não se decidirá com base em valores jurídicos abstratos sem que sejam consideradas as consequências práticas da decisão." Comentando o dispositivo, Justen Filho enfatiza não se tratar de uma alusão ao consequencialismo jurídico, mas ressalta a necessidade de contemplação dos eventos adversos (e consequenciais) que uma medida pode trazer:

> O art. 20 não impôs a preponderância de uma concepção consequencialista do direito. Não estabeleceu que a avaliação dos efeitos determinará a solução a ser adotada, independentemente das regras jurídicas aplicadas. O dispositivo restringe-se a exigir, de modo específico, que a autoridade estatal tome em consideração as consequências práticas da decisão adotada, inclusive para efeito de avaliação da proporcionalidade da decisão a ser adotada.[251]

---

249. Samuel Greengard sintetiza a preocupação que passou a permear a sociedade da informação do novo milênio: "Within this emerging IoT framework, a dizzying array of issues, questions, and challenges arise. One of the biggest questions revolves around living in a world where almost everything is monitored, recorded, and analyzed. While this has huge privacy implications, it also influences politics, social structures, and laws." GREENGARD, Samuel. **The Internet of Things**, cit., p. 58.
250. WIENER, Jonathan B. The regulation of technology, and the technology of regulation, cit., p. 485.
251. JUSTEN FILHO, Marçal. Art. 20 da LINDB: dever de transparência, concretude e proporcionalidade nas decisões públicas. **Revista de Direito Administrativo**, Rio de Janeiro, Edição Especial: Direito Público na Lei de Introdução às Normas do Direito Brasileiro – LINDB (Lei nº 13.655/2018), p. 13-41, nov. 2018, p. 38.

No *continuum* em que se situa o dado anonimizado, defendemos, assim como Paul Ohm,[252] o conceito de *entropia* de dados: o termo é utilizado na física para, em um sistema termodinâmico bem definido, medir seu grau de irreversibilidade. Em breve nota, asseveramos que o conceito "surge como um parâmetro de reforço. Para além da razoabilidade que a lei já prevê, seria possível, a depender da heurística aplicada na aferição dos riscos de determinado procedimento de reidentificação, inferir falibilidades e, consequentemente, responsabilidades."[253]

Se um código postal (ZIP Code), combinado com outros dados, pode expor a identidade de uma pessoa, imagine-se o potencial de malversação de dados de geolocalização que, embora "anonimizados", podem ser cruzados com outros dados para revelar seu titular! O mínimo que se espera de uma iniciativa de controle, ainda que engendrada a partir de finalidade justa (controlar a propagação do coronavírus), é a clareza de seus fins, riscos e métodos. Se não é possível mapeá-los por completo, ao menos deve-se alertar os cidadãos potencialmente afetados quanto aos aspectos consequenciais da medida, como determina o art. 20 da LINDB.

Como visto, a cibercidadania refere-se à participação ativa dos cidadãos no ambiente digital e à sua capacidade de exercer direitos e deveres nesse contexto. Nas *smart cities*, a cibercidadania adquire uma importância especial, uma vez que os cidadãos interagem com as TICs de maneiras cada vez mais profundas e complexas. No entanto, para que a cibercidadania seja efetiva, é necessário garantir o acesso equitativo à tecnologia, a proteção dos direitos dos cidadãos no ambiente digital e a promoção da inclusão digital.

Nesse contexto, a proteção de dados pessoais desempenha um papel fundamental na promoção da cibercidadania. A coleta, o armazenamento e o uso de dados pessoais nas *smart cities* devem ser realizados de acordo com os princípios de finalidade, proporcionalidade, transparência e consentimento informado. Os cidadãos devem ter o direito de controlar seus dados pessoais, saber como eles estão sendo utilizados e ter a capacidade de tomar decisões informadas sobre o compartilhamento desses dados. Além disso, é crucial estabelecer mecanismos eficazes de governança e supervisão para garantir o cumprimento das leis de proteção de dados pessoais nas *smart cities*. Isso inclui a designação de autoridades responsáveis pela fiscalização e aplicação das normas de proteção de dados, bem como a implementação de salvaguardas técnicas e organizacionais para prevenir violações de dados e garantir a segurança da informação.

Por fim, é importante ressaltar que a implementação de sistemas de rastreamento por localização georreferencial nas *smart cities* deve ocorrer em consonância com a legislação aplicável, que pode variar de acordo com a jurisdição. É fundamental que as autoridades competentes estejam atentas à proteção dos direitos dos indivíduos,

---

252. OHM, Paul. Broken promises of privacy: responding to the surprising failure of anonymization. **UCLA Law Review**, Los Angeles, v. 57, p. 1701-1777, 2010, p. 1760.
253. MARTINS, Guilherme Magalhães; FALEIROS JÚNIOR, José Luiz de Moura. A anonimização de dados pessoais: consequências jurídicas do processo de reversão, a importância da entropia e sua tutela à luz da Lei Geral de Proteção de Dados. *In*: DE LUCCA, Newton; SIMÃO FILHO, Adalberto; LIMA, Cíntia Rosa Pereira de; MACIEL, Renata Mota (Coord.). **Direito & Internet IV**: sistema de proteção de dados pessoais. São Paulo: Quartier Latin, 2019, p. 74.

promovendo a harmonização entre a inovação tecnológica e o respeito aos direitos fundamentais, de forma a garantir um ambiente urbano inteligente que seja seguro, inclusivo e respeitoso à privacidade das pessoas.

4.3.4.5 Drones e poder de polícia

A imposição de restrições de locomoção por medidas drásticas como os *lockdowns* se mostrou necessária para a contenção da propagação viral no ano de 2020. Embora polêmica, tal medida visa propiciar amplo controle populacional a partir da vigilância de dados (*dataveillance*).[254] Com isso, iniciativas de monitoramento passam a ser festejadas e não mais repudiadas e exemplo disso já se notou anos atrás, em 2009, por ocasião da pandemia da *Influenza H1N1*, no Reino Unido,[255] onde operadoras de telefonia móvel foram instadas a fornecer dados de geolocalização de seus usuários ao governo britânico. Ainda não se tinha os drones com a popularidade de hoje.

Fato é que o mesmo modo de agir estatal vem se repetindo com a Covid-19. Na China, foi lançado um aplicativo que cruza dados da Comissão Nacional de Saúde, do Ministério de Transportes e da Agência de Aviação Civil, a fim de identificar indivíduos que tiveram contato com pessoas infectadas (ou com suspeita de infecção pelo vírus), o que, segundo a justificativa apresentada, possibilita reprimir a exponencial transmissão da Covid-19, antes mesmo de se ter certeza se a pessoa fora ou não infectada.[256]

Diversos outros entes federados também adotaram sistemas de rastreamento da população, a exemplo dos Municípios de Porto Alegre,[257] Rio de Janeiro[258] e Recife,[259] e do Estado de São Paulo. Este último se tornou emblemático devido a uma parceria firmada com as operadoras Vivo, Claro, Oi e TIM, que passaram a fornecer dados de localização georreferencial para alimentar um sistema denominado Simi-SP, sob a justificativa de conter grandes aglomerações no estado.[260] Embora a opção tenha sido pelo

---

254. Trata-se de um acrônimo para "*data surveillance*" (vigilância de dados), a indicar uma nova espécie ou técnica de vigilância em razão do surgimento de novos métodos de monitoramento, como a vigilância de dados pessoais e a vigilância de dados em massa, que exigem salvaguardas mais eficazes e uma estrutura política formal. Sobre o tema, confira-se CLARKE, Roger A. Information technology and dataveillance. **Communications of the ACM**, Nova York, v. 31, n. 5, p. 498-512, maio 1988.
255. TILSTON, Natasha L.; EAMES, Ken T.D.; PAOLOTTI, Daniela *et al*. Internet-based surveillance of Influenza-like-illness in the UK during the 2009 H1N1 influenza pandemic. **BMC Public Health**, Londres, v. 10, p. 650-659, 2010.
256. *Cf*. DUKAKIS, Ali. China rolls out software surveillance for the COVID-19 pandemic, alarming human rights advocates. **ABC News**, 14 abr. 2020. Disponível em: https://abcnews.go.com/International/china-rolls-software-surveillance-covid-19-pandemic-alarming/story?id=70131355. Acesso em: 20 jun. 2023.
257. MENDONÇA, Lissandra. Prefeitura usa dados de operadoras de celular para monitorar isolamento social. **Prefeitura de Porto Alegre**, 07 maio 2020. Disponível em: https://bit.ly/3if6l7S. Acesso em: 20 jun. 2023.
258. AMARAL, Bruno do. Coronavírus: TIM e Prefeitura do Rio assinam acordo para coletar dados de deslocamento. **Teletime**, 23 mar. 2020. Disponível em: https://bit.ly/3382zXf. Acesso em: 20 jun. 2023.
259. PINHEIRO, Victor. Recife vai monitorar celulares para apoiar ações de isolamento social. **Olhar Digital**, 24 mar. 2020. Disponível em: https://bit.ly/3jVZQqR. Acesso em: 20 jun. 2023.
260. Analisando especificamente o referido sistema, destaca-se: "Insofismavelmente, o Simi-SP, ainda que louvável, é falho em sua gênese: (i) ao invés de primar pela transparência, não informa quais são as técnicas de segurança de dados utilizadas; (ii) ao invés de assumir verdadeira *accountability*, descrevendo riscos previsíveis e mapeáveis de malversação, utiliza a nebulosa 'anonimização' como escudo contra questionamentos. Se é possível que uma pessoa seja atingida por decisões automatizadas (porquanto baseadas em procedimentos algorítmicos) a seu

monitoramento por dados, não se nega que *drones* poderiam ter sido empregados para a fiscalização de grandes concentrações de pessoas em espaços públicos, especialmente nas grandes cidades.

Em termos de responsabilidade civil, o uso dos *drones* desperta imediata inquietação quanto aos usos militares e aos danos que podem causar.[261] Mais do que as tradicionais discussões sobre ataques bélicos e atos de guerra[262] – que são estudos reservados para outro momento – importa considerar a quantidade de riscos envolvidos na operação com *drones*,[263] pois são veículos capazes de mudar várias vezes de direção durante o voo, com manobras abruptas, além de terem diferentes pesos e a voarem em diversas velocidades, o que acirra a segurança de todos.

Com isso, merece destaque o fato de a crescente prevalência do uso de *drones* trazer novas contingências frente aos riscos que representam, pois a doutrina aponta uma elevação no acionamento do setor de seguros para a obtenção de coberturas de responsabilidade civil. Um número significativo de Estados exige um seguro obrigatório,[264] incluindo o Canadá, a China, a Áustria, a Bélgica, o Chipre, a Alemanha, a Itália e o Brasil.[265]

Enquanto os países definem as operações de *drone* de diferentes maneiras,[266] parece haver duas abordagens principais para tal definição:

> A primeira abordagem é definir as operações de *drone* pelo peso do *drone*. Como princípio geral, quanto maior o *drone*, mais rigorosas são as regras de operação. A abordagem baseada no peso em cada jurisdição varia. Por exemplo, a menor categoria de peso da Austrália para *drones* (denominada "micro") é de 100 gramas ou menos, enquanto a menor categoria de peso da China (também denominada "micro") é de 7 quilogramas ou menos. Uma tendência comum é a tentativa de reduzir a "burocracia" de pequenos *drones* para permitir o uso mais facilitado. A Austrália, os Estados Unidos, o Reino Unido, a Nova Zelândia e o Canadá possuem isenções para *drones* menores operarem sem cumprir as regras aplicáveis. Variações em cada jurisdição vão para o limite de peso que se qualifica para

---

respeito pelo simples fato de ter sido categorizada dentro de um grupo ("perfil") em razão de seus dados pessoais que foram coletados de alguma forma, negar a proteção da norma, mesmo que não seja possível identificá-la, é contrariar toda a lógica da LGPD". (FALEIROS JÚNIOR, José Luiz de Moura; COSTA, Guilherme Spillari. A proteção de dados como vetor dos sistemas de inteligência artificial: o controle de aglomeração por algoritmos durante a pandemia. **Revista dos Tribunais**, São Paulo, v. 1026, p. 149-178, abr. 2021, p. 173).

261. *Cf.* BRO, Viviana. Has the Covid-19 Pandemic Ushered in the Drone Age? **New York State Science & Technology Law Center**, 26 out. 2020. Disponível em: https://nysstlc.syr.edu/has-the-covid-19-pandemic-ushered-in-the-drone-age/. Acesso em: 20 jun. 2023.
262. Para maior aprofundamento, recomenda-se: EIJKMAN, Quirine; BAKKER, Marlieke. Access to an effective remedy and reparations for civilian victims of armed drone strikes. *In:* CUSTERS, Bart (Ed.). **The future of drone use**: opportunities and threats from ethical and legal perspectives. Haia: Asser Press/Springer, 2016, *passim*.
263. VARGAS, Isadora Formenton. **Drones e direitos de personalidade**: delimitações contemporâneas da ilicitude. Indaiatuba: Foco, 2021, p. 85-104.
264. Para mais detalhes, cf. SCOTT, Benjamyn. Key provisions in current aviation law. *In:* CUSTERS, Bart (Ed.). **The future of drone use**: opportunities and threats from ethical and legal perspectives. Haia: Asser Press/Springer, 2016, p. 253; MILAGRES, Marcelo de Oliveira. Drones e suas implicações jurídicas: algumas reflexões. In: BARBOSA, Mafalda Miranda; BRAGA NETTO, Felipe; SILVA, Michael César; FALEIROS JÚNIOR, José Luiz de Moura (Coord.). **Direito digital e inteligência artificial**: diálogos entre Brasil e Europa. Indaiatuba: Foco, 2021, p. 929-940.
265. *Cf.* HODGKINSON, David; JOHNSTON, Rebecca. **Aviation law and drones**: unmanned aircraft and the future of aviation. Londres: Routledge, 2018.
266. *Cf.* KREPS, Sarah. **Drones**: what everyone needs to know. Oxford: Oxford University Press, 2016.

uma isenção. Esse limite varia de menos de 1 quilograma até 25 quilogramas. A segunda abordagem é definir operações por finalidade. Os *drones* geralmente voam para fins recreativos, comerciais ou científicos. Os *drones* utilizados para fins comerciais (geralmente chamados de aeronaves pilotadas remotamente ou sistemas de aeronaves não tripuladas) costumam estar sujeitos a regras operacionais mais rígidas, dependendo da jurisdição. Embora os *drones* sejam usados para diversas finalidades e possam estar efetivamente realizando as mesmas operações, o tratamento regulatório das operações pode diferir muito de acordo com a finalidade de um voo.[267]

Não obstante, outros problemas importantes – que ultrapassam as preocupações regulatórias – perturbam o direito, desafiando o operador a apresentar tutela e soluções jurídicas condizentes com esta nova realidade. O instituto da responsabilidade civil é um deles. Sobre o tema, Marcelo Milagres defende que, "para a utilização de drones, defende-se o regime da imputação objetiva fundada no risco integral, sem prejuízo de mecanismos de securitização obrigatória e de registro dos proprietários desses instrumentos, tudo a proporcionar maior segurança social".[268] A proposta vai ao encontro da "quarta lei da robótica" para o Direito, proposta por Frank Pasquale e convolada no princípio da explicabilidade.[269]

Neste contexto, as estruturas delituais clássicas não se mostram preparadas para lidar com os novos desafios que a inteligência artificial coloca ao jurista.[270] O enfrentamento do incerto e do imprevisível não é novidade para o direito, que já lida com tais conceitos no direito ambiental, por exemplo.[271] O desafio está em buscar uma resposta ontológica, lastreada na função precaucional e no estabelecimento de padrões éticos que visem um mínimo de segurança no desenvolvimento de tecnologias complexas como os algoritmos em questão.

---

267. HODGKINSON, David; JOHNSTON, Rebecca. **Aviation law and drones**: unmanned aircraft and the future of aviation. Londres: Routledge, 2018, p. 35, tradução livre. No original: "Operational rules form the basis for drone operations in any jurisdiction. From the jurisdictions previously examined, each has adopted rules for drones in some form. While countries define drone operations in different ways, there appear to be two main approaches to such definition. The first approach is to define drone operations by the weight of the drone. As a general principle, the larger the drone, the more stringent the operating rules. The weight-based approach in each jurisdiction varies. For instance, Australia's smallest weight category for drones (termed 'micro') is 100 grams or less, while China's smallest weight category (also termed 'micro') is 7 kilograms or less. A common trend is the attempt to cut the 'red tape' for smaller drones to allow easier use of drones. Australia, the United States, the United Kingdom, New Zealand and Canada contain exemptions for smaller drones to operate without complying with otherwise applicable rules. Variations across each jurisdiction go to the weight threshold qualifying for an exemption. That threshold ranges from less than 1 kilogram up to 25 kilograms. The second approach is to define operations by purpose. Drones are generally flown either for recreational, commercial or scientific purposes. Drones flown for a commercial purpose (usually termed Remotely Piloted Aircraft or Unmanned Aircraft Systems) are usually subject to more strict operating rules depending on the jurisdiction. While drones are flown for a variety of purposes and may effectively be carrying out the same operations, the regulatory treatment of drone operations can differ greatly according to a flight's purpose".
268. MILAGRES, Marcelo de Oliveira. A responsabilidade civil decorrente do uso de drones. *In*: MARTINS, Guilherme Magalhães; ROSENVALD, Nelson (Coord.). **Responsabilidade civil e novas tecnologias**. Indaiatuba: Foco, 2020, p. 355.
269. PASQUALE, Frank. Toward a fourth law of robotics: Preserving attribution, responsibility, and explainability in an algorithmic society. **University of Maryland Legal Studies Research Papers**, Baltimore, n. 21, p. 1-13, jul. 2017.
270. BARBOSA, Mafalda Miranda. E quando o algoritmo erra? Reflexão a propósito da pandemia de Covid-19. **Revista Eletrônica de Direito do Centro Universitário Newton Paiva**, Belo Horizonte, n. 43, p. 196-215, jan./abr. 2021, p. 206.
271. *Cf.* CALO, Ryan. Robotics and the lessons of cyberlaw. **California Law Review**, Berkeley, v. 103, p. 513-563, 2015.

Afirmar a incidência da teoria do risco integral representaria a inadmissão de qualquer tentativa de rompimento do nexo de causalidade por evento danoso relacionado à utilização danosa de *drones*. É o risco em sua dimensão mais acentuada, que acirra qualquer tentativa de contingenciamento teórico da discussão – como a possível defesa de reconhecimento da teoria do risco do desenvolvimento – para que se abra espaço à imputação objetiva em discussão mais abrangente sobre o escopo dessa tecnologia. O tema certamente é desafiador e muito complexo.

É inegável que todo e qualquer acidente de consumo envolvendo *drones* implicará a submissão do fornecedor à dinâmica do Código. Conduto, breve reflexão mostra que, hipoteticamente, pode o fabricante ser implicado – por exemplo, em casos de quedas ou quando houver culpa do piloto pela colisão entre o RPA e as aeronaves comerciais e, por via reflexa, a responsabilidade dos controladores de tráfego aéreo quando da autorização pela decolagem das aeronaves.

Isto desvela uma sensação de que, cada vez mais, a regulação (e as consequentes autorizações) para o uso e a exploração do uso de *drones* se assemelhe à aviação civil; inclusive, a depender de sua categoria e do modo de utilização, pelo que se extrai do regulamento da ANAC, já é possível dizer que certos tipos de *drone* deverão ser enquadrados no ramo aeronáutico, oferecendo-se garantia adequada ao casco e à responsabilidade civil do proprietário do equipamento por danos eventualmente causados a terceiros.[272]

Para além dos efeitos repressivos da responsabilidade civil, não se pode deixar de destacar a necessidade da prevenção. Sem dúvidas, tanto para fornecedores que explorem comercialmente o uso de *drones*, quanto para particulares que façam apenas uso recreativo, certas práticas trarão a almejada mitigação de riscos.

Nessa linha, reitera-se que a proeminência da discussão em torno dos *drones* ainda ganhará novos contornos que desafiaram os tradicionais institutos jurídicos a tutelar novas contingências. Para trabalhar de forma preventiva, a adoção de boas práticas é o caminho inexorável, impondo-se a todos antes mesmo que se tenha maior aglutinação normativo-regulamentar.

4.4 NOVOS SENTIDOS PARA O PRINCÍPIO DA PUBLICIDADE

O princípio da publicidade tem, no direito administrativo, uma justificativa clara: "A razão de ser da Administração é toda externa. Tudo o que nela se passa, tudo que faz, tudo que possui, tem uma direção exterior."[273] Isso significa que, em virtude dessa natureza essencial e codependente de externalidades que guiam o *telos* das atividades estatais (leia-se: o interesse público), "o princípio da publicidade está diretamente relacionado a ouros princípios, como no caso do princípio da finalidade, da legalidade, moralidade."[274]

---

272. VARGAS, Isadora Formenton. **Drones e direitos de personalidade**, cit., p. 25-26.
273. SUNDFELD, Carlos Ari. Princípio da publicidade administrativa (direito de certidão, vista e intimação). **Revista de Direito Administrativo**, Rio de Janeiro, v. 199, n. 1, p. 97-110, jan./mar. 1995, p. 97.
274. MACHADO, Marcelo Couto. Princípio da publicidade e transparência na Administração Pública. **Amicus Curiae**, Criciúma, v. 8, n. 8, p. 1-13, 2011. p. 11. Acrescenta: "A ligação entre publicidade, moralidade e legalidade na Administração Pública é verificada na necessidade de dar conhecimento dos atos e serviços públicos para não

Com efeito:

> O Estado tem uma função precípua que independe de inscrição em qualquer Constituição: facilitar a ação coletiva histórica esclarecendo os problemas que se lhe põem quanto à determinação dos objetivos de ação. Assim estimula o pensamento coletivo, recepciona-o e o devolve mais claro, informando os motivos da decisão tomada. Essa circularidade participativa e informativa faz a coletividade passar de um estado de consciência política difusa a um estado de consciência mais nítido, uma comunidade de saber, criando uma ideia política comum e influenciando diretamente as deliberações públicas. É por essa forma que uma sociedade atinge o mais puro grau de consciência de si própria.[275]

A temática em questão revela uma das dimensões mais importantes do estudo contextual deste princípio. Não é possível que se cogite de uma Administração Pública democrática, lastreada na participação popular (especialmente pelos mecanismos de engajamento direto), sem que se tenha ampla divulgação de tudo o que se faz e deixa de fazer na rotina gerencial da máquina pública.

É a partir do conhecimento que se tem dessas atividades que se pode cogitar da fiscalização e do controle públicos. E é exatamente por isso que a publicidade exsurge acoplada aos princípios da finalidade, da legalidade e da moralidade. Há, ainda, fatores externos que interferem nessa dinâmica, como a globalização, as revoluções informacionais e uma grande insatisfação com o desempenho governamental: deseja-se, basicamente, uma Administração Pública aprimorada e efetiva.[276]

Nesse contexto, é imprescindível a distinção entre publicidade e transparência, assim sintetizada por Fabrício Motta:

> O princípio da publicidade exige não somente quantidade (assim entendida a divulgação no maior número possível de meios disponíveis), mas qualidade de informação. Ofende o princípio a disponibilização de informações em linguagem hermética, confusa, tecnicizada além do necessário para a sua correta compreensão. As informações devem ser repassadas com clareza e objetividade para que se possa reforçar o controle e a participação democrática da Administração. Sob essa ótica, pode-se falar em transparência como substrato material do princípio da publicidade.[277]

---

incorrer em imoralidade, ou não atendendo as normas tornar ilegal a atividade a ser realizada, pois deve o agente público executar suas tarefas em conformidade com a norma vigente e dentro da sua função que é o de atender as necessidades de seus administrados. Jamais pode o agente público esquecer de tudo que orienta o princípio da publicidade como informador de suas atividades no exercício de suas funções. Pois o conhecimento público e a transparência, assunto tão discutido, devem caminhar junto a Administração Pública na prestação de serviços e atendimento as necessidades da Coletividade. Haja vista que o objetivo maior da administração pública é sempre o interesse da Coletividade."

275. RODRIGUES, João Gaspar. Publicidade, transparência e abertura na Administração Pública. **Revista de Direito Administrativo**, Rio de Janeiro, v. 266, n. 2, p. 89-123, maio/ago. 2014, p. 91.

276. CARVALHO FILHO, José dos Santos. Transformação e efetividade do direito administrativo. *In*: MARRARA, Thiago (Org.). **Direito administrativo**: transformações e tendências. São Paulo: Almedina, 2014, p. 87. Comenta: "Para ter efetividade, o Direito Administrativo desafia as transformações que advêm da evolução social. Impõe-se-lhe observar as tendências que visam à melhoria do Estado e à forma como encara os reclamos da sociedade. Para isso, deve afastar-se a velha noção de superioridade do Estado ante os cidadãos e de poder absoluto sobre os indivíduos. O regime democrático rechaça veementemente esse vetusto comportamento. Os tempos modernos demandam uma atuação estatal com sentido democrático, em que as populações não subjazem ao Estado, mas, contrariamente, o acompanham numa unidade que retrata a permanente busca do interesse público."

277. MOTTA, Fabrício. O princípio constitucional da publicidade administrativa. *In*: MARRARA, Thiago (Org.). **Princípios de direito administrativo**: legalidade, segurança jurídica, impessoalidade, publicidade, motivação, eficiência, moralidade, razoabilidade, interesse público. São Paulo: Atlas, 2012, p. 275.

Com efeito, a Constituição da República[278] conferiu à publicidade tratamento destacado, aparecendo como direito fundamental sob variadas facetas, por exemplo, nos incisos XXXIII, XXXIV, "a" e "b", LXXII, "a" e "b" e LX, todos do artigo 5º.

Todos esses dispositivos revelam, em uma primeira leitura, a existência de um direito fundamental à informação, substrato essencial do dever estatal de promover livre acesso informacional como condição inexorável de conhecimento, participação popular e controle das atividades públicas (sentido positivo) e, ademais, excepcionando-se aquilo que afete a segurança da sociedade e do Estado, a proibição de que as atividades e ações administrativas sejam realizadas em segredo (sentido negativo).[279]

No mais, não se pode confundir publicidade e transparência:

> Os termos "publicidade" e "transparência" são tratados, normalmente, como sinônimos. Mas há uma diferença que não é apenas morfológica, mas também política e histórica. A publicidade remonta a discussões políticas e à tomada de decisões em público, como acontecia na ágora ateniense e no fórum romano. A transparência é um termo moderno que requer uma administração pública diáfana, garantindo o acesso do público à informação e permitindo um controle por parte do público. A transparência é legitimada pelo estado de direito, enquanto a publicidade tem sua fonte na democracia.[280]

Essencialmente, publicidade e transparência se diferenciam conceitual e morfologicamente, explicitando as razões pelas quais um e outro conceito devem ter seus campos de aplicação diferenciados para que cada conceito seja adequadamente aprimorado e aplicado dentro de seu campo de estudo.

Quando se propõe um modelo dialógico de Administração Pública, baseado no princípio democrático e no primado da participação popular – como se sugestionou no capítulo anterior –, a abordagem conceitual clara e objetiva deve dar a tônica de um modal quantitativo e qualitativo.[281] Trata-se de princípio que "não respeita apenas à

---

278. SUNDFELD, Carlos Ari. Princípio da publicidade administrativa (direito de certidão, vista e intimação). **Revista de Direito Administrativo**, cit., p. 99. Comenta: "O princípio da ampla publicidade na Administração não carece de previsão expressa no Texto Constitucional, eis que decorre imediatamente dos princípios constitucionais que estruturam o sistema administrativo brasileiro. Não obstante, tão importante ele é, foi declaradamente consagrado pelo Constituinte, nos seguintes termos: "a lei assegurará a expedição de certidões requeridas às repartições administrativas, para defesa de direitos e esclarecimento de situações" (art. 153, § 35). Com isso, restou inquestionável sua aplicação e impossível seu amesquinhamento por via legislativa, o que uma ligeira análise do dispositivo esclarece."
279. MOTTA, Fabrício. O princípio constitucional da publicidade administrativa, cit., p. 271.
280. RODRIGUES, João Gaspar. Publicidade, transparência e abertura na Administração Pública. **Revista de Direito Administrativo**, cit., p. 93. Acrescenta, demonstrando a pertinência da distinção à luz da teoria da 'administração aberta': "A teoria da administração aberta prega a importância da participação da sociedade na adoção de políticas públicas e no acesso a todas as informações sobre as atividades administrativas. Combinada com um maior controle judicial, a teoria da administração aberta pode proporcionar um ambiente administrativo mais aberto, transparente, responsável e eficiente. Obviamente, não se pode falar na aplicação de um determinado modelo em prejuízo dos outros, mas numa aplicação das várias teorias de forma combinada sob o pálio de uma teoria predominante."
281. MOTTA, Fabrício. O princípio constitucional da publicidade administrativa, cit., p. 275. Comenta: "O princípio da publicidade exige não somente quantidade (assim entendida a divulgação no maior número possível de meios disponíveis), mas *qualidade de informação*. Ofende o princípio a disponibilização de informações em linguagem hermética, confusa, tecnicizada além do necessário para a sua correta compreensão. As informações devem ser repassadas com *clareza e objetividade* para que se possa reforçar o controle e a participação democrática da Administração. Sob essa ótica, pode-se falar em *transparência* como substrato material do princípio da publicidade. Entende-se a publicidade como característica do que é público, conhecido, não mantido secreto. Transparência,

necessidade e forma de divulgação dos atos, mas implica no dever de o Poder Público franquear-se ao conhecimento geral."[282]

E, com a proposta de delimitar contextos mais esmiuçados para a compreensão do referido princípio, Thiago Marrara propõe a seguinte subclassificação: (i) publicidade formal; (ii) publicidade educativa; (iii) publicidade-transparência; (iv) publicidade-participação; (v) publicidade interna. Com relação à primeira, o autor aduz o seguinte:

> A forma mais simples de compreensão do princípio da publicidade é a que considera apenas como uma exigência de o Poder Público divulgar seus atos (administrativos ou de Administração) à sociedade para que eles produzam efeitos jurídicos externos. Assim como as leis em sentido formal (expedidas pelo Legislativo), os atos da Administração Pública que incidem sobre a esfera de direitos do administrado devem ser publicados, geralmente em diário oficial, para que possam ser considerados juridicamente válidos e, em alguns casos, vinculantes. Esse tipo de concepção designa, portanto, uma publicidade de caráter formal, voltada à divulgação de algum ato oficial apenas pela necessidade de cumprir um mero requisito jurídico.[283]

Trata-se, como se nota da leitura do excerto, de decorrência natural do acesso à informação, que se manifesta em caráter formal pela simples divulgação atos administrativos nos canais de publicidade oficiais.

A partir dessa classificação, tem-se, pela mera publicidade formal, uma Administração Pública que não proporciona alavancagem democrática e que, ao operar de modo simplesmente formal na divulgação de seus atos, deixa de contribuir para a eficiência e para a economicidade que deveriam lhe reger. Essencialmente, tem-se custos com propaganda, impressão, logística e, no ambiente tecnológico, servidores, *websites*, banda e poder computacional – afora os custos com pessoal para a operacionalização do mero labor informacional, que não gera engajamento algum.

Se o conhecimento acerca do sistema jurídico e dos princípios que regem a atuação administrativa é essencial para a consolidação do pensamento científico, uma vez que "o desconhecimento de tais princípios elementares pode levar e leva a discussões inúteis, carentes de significação",[284] não há dúvidas de que uma população que tenha acesso apenas comunicacional aos atos praticados na gestão da máquina pública não terá condições de levar a efeito o conhecimento dotado de significação.

Para atingir esse plano, deve-se propiciar outros "tipos" de publicidade administrativa e, na classificação de Marrara, tem-se, em segundo lugar, a publicidade educativa:

---

ao seu turno, é atributo do que é transparente, límpido, cristalino, visível; e o que se deixa perpassar pela luz e ver nitidamente o que está por trás. A transparência exige não somente *informação disponível*, mas também *informação compreensível*. Os atos administrativos devem ser públicos e transparentes – públicos porque devem ser levados a conhecimento dos interessados por meio dos instrumentos legalmente previstos (citação, publicação comunicação etc.); transparentes porque devem permitir entender com clareza seu conteúdo e todos os elementos de sua composição, inclusive o motivo e a finalidade, para que seja possível efetivar seu controle."

282. SUNDFELD, Carlos Ari. Princípio da publicidade administrativa (direito de certidão, vista e intimação). **Revista de Direito Administrativo**, cit., p. 109.

283. MARRARA, Thiago. O princípio da publicidade administrativa: uma proposta de renovação. In: MARRARA, Thiago (Org.). **Princípios de direito administrativo**: legalidade, segurança jurídica, impessoalidade, publicidade, motivação, eficiência, moralidade, razoabilidade, interesse público. São Paulo: Atlas, 2012, p. 282-283.

284. GORDILLO, Agustín. **Princípios gerais de direito público**, cit., p. 1.

Uma primeira forma de ampliação do princípio da publicidade é representada por sua modalidade educativa, que ganhou força no direito administrativo pátrio em virtude do art. 37, § 1º, da Constituição da República de 1988. (...) [P]ara além de resguardar a impessoalidade (ou, ao menos, tentar fazê-lo), o dispositivo constitucional exposto tem o mérito de reconhecer expressamente o que aqui se denomina de "publicidade educativa". Dessa forma de compreensão do princípio origina-se para a Administração Pública a orientação de utilizar, sempre que útil, os meios de produção e transferência de informações para que políticas públicas sejam colocadas em prática e/ou valores públicos sejam disseminados pelo corpo social. (...) A partir dessa ideia de publicidade educativa, a Administração Pública assume um papel preventivo contra infrações de interesses públicos e direitos fundamentais e, simultaneamente, um papel cooperativo, na medida em que alerta à sociedade e aos agentes públicos que a concretização da ordem jurídica depende de atuação conjunta de todos os agentes sociais.[285]

O conceito apresentado denota claramente a ideia de uma Administração Pública preventiva – que prima pela governança comunicacional[286] e informacional –, não adversarial e que almeja conclamar a sociedade para a atuação conjunta na consecução dos objetivos que emanam do próprio interesse público. Trata-se, a bem da verdade, de utilização da publicidade administrativa para a concretização da função promocional dos direitos fundamentais, tendo sua matriz conceitual atrelada, também, à noção de eficiência.

Esse modelo não se confunde, porém, com a chamada publicidade-transparência:

> Diferentemente da publicidade educativa, cuja raiz valorativa conduz ao princípio da eficiência tanto na execução de políticas públicas quanto na promoção dos valores fundamentais da sociedade – conforme determinados pela Constituição –, a "publicidade-transparência" está vinculada umbilicalmente ao princípio da legalidade (como supremacia da lei e do direito). Essa relação entre a publicidade e a legalidade ocorre na medida em que as informações fornecidas pelo Estado e obtidas pelos cidadãos mostram-se fundamentais para que estes: (1) exerçam seus direitos e liberdades e/ou (2) controlem a prática de atos ilegais e abusivos praticados pelo Estado.[287]

---

285. MARRARA, Thiago. O princípio da publicidade: uma proposta de renovação, cit., p. 283-285. E o autor ainda complementa: "Do ponto de vista operacional, a publicidade educativa pode se voltar a dois públicos diferentes. Quanto se direciona à educação ou à conscientização dos agentes públicos responsáveis pela execução de políticas públicas, tem-se uma forma de educação intra-administrativa – relacionada à publicidade interna que se verá adiante. Diferentemente, quando se dirige à conscientização da sociedade, pode-se denominá-la de educação externa ou social. Exemplos dessa última modalidade se encontram atualmente no campo do direito da concorrência e do direito ambiental. Nesses dois setores, a Administração Pública brasileira vem exercendo um papel educativo e conscientizador vital para a concretização tanto de suas próprias políticas públicas quanto de direitos e liberdades básicas."
286. O que aqui se denomina "governança comunicacional" tangencia o conceito de *socialidade* descrito por Jean Robillard: *"So, what is sociality? This concept cannot be defined without being compared to the concept of "social". For example, for Durkheim, sociality is what characterizes the individual consciousness of the moral norm imposed to individuals by society and in spite of the individual's will and his or her conscience of the norm. The social level is from that point of view a supra-individual order. This dichotomy is easy to identify in the vast majority of sociology's textbooks – in whatever language, I might add. The concept of social is therefore referring to this second order of society's constitutive structure in opposition to the first order exemplified by the concept of sociality. This first order is usually referred to as the one where facts, action or event occur and are observable – whether directly or not is not important at this point. And I think that this is true in almost all sociological traditions. Sociality has to do with the ways by which people interact in the sense of bonding by whatever means available. Communication is only one of them."* ROBILLARD, Jean. Philosophy of communication: what does it have to do with philosophy of social sciences. **Cosmos and History: The Journal of Natural and Social Philosophy**, Melbourne, v. 1, n. 2, p. 245-260, 2005, p. 256.
287. MARRARA, Thiago. O princípio da publicidade: uma proposta de renovação, cit., p. 288. Acrescenta: "Na primeira situação, a publicidade da informação mantida em mãos do Estado pode ser condição para que o particular, em sua vida privada, exerça seus direitos. O particular necessita de informações públicas (sobre registro civil, condição

Nota-se que a ligação umbilical com a legalidade decorre de uma emanação consagradora do controle popular contra atos abusivos e/ou excessivos do Estado, a partir da conjugação do modelo educativo com outro aspecto de aproximação dialógica, uma vez que é absolutamente "imprescindível o incentivo da educação e de uma cultura participativa com vistas ao controle social para o exercício da cidadania, e a efetiva responsabilização dos administradores da coisa pública nos casos de cometimento de ilegalidades ou abuso de poder",[288] o que somente se pode atingir pela propagação de mecanismos de controle realmente efetivos e lastreados no princípio democrático:

> O exercício da função administrativa deve ser público, garantindo-se aos interessados o controle dos atos administrativos, porquanto os interesses manejados pelos agentes públicos são titularizados pela coletividade. Esse o fundamento do princípio da publicidade, expresso no caput do art. 37 da Constituição da República. A publicidade relaciona-se com a transparência da atividade administrativa, representando, nesse tocante, condição de validade dos atos administrativos, porquanto o acesso à Administração é inerente ao Estado democrático. A publicidade é indispensável para inferir-se a legalidade do ato administrativo, sob seus vários aspectos. Sem informação não há fiscalização. E sem controle não há democracia nem justiça.[289]

Impõe-se, portanto, "o cúmulo de algumas condições como participação efetiva, igualdade de voto, controle da agenda política, inclusividade e compreensão esclarecida por parte do corpo de cidadãos (demos)."[290] Nesse contexto, a publicidade-transparência se relaciona à necessidade de motivação,[291] conforme se extrai do trecho supra transcrito, compondo um círculo virtuoso no sentido da democratização.

O conceito apresentado, portanto, revela uma nova e profícua dimensão da publicidade formal (vista como modelo clássico e superado) em sentido à positivação de preceitos adequados de consolidação democrática. Tem-se como pano de fundo, nesse contexto específico, um arcabouço principiológico que deriva da própria estrutura do Estado Democrático de Direito, e que se convergem em maiores graus de abstração, generalidade e densidade axiológica do que a singela publicidade. Noutros termos,

---

familiar, situação financeira e tributária etc.) que o permitam se relacionar juridicamente e efetivamente participar da sociedade como cidadão. Não por outra razão, o ordenamento jurídico cria uma série de mecanismos que lhe garantem o acesso a informações públicas de interesse individual, coletivo ou difuso, salvo quando o sigilo for necessário e razoável para proteger outros direitos fundamentais ou para resguardar a segurança do Estado e da sociedade."

288. MENDONÇA, Crystianne da Silva; FIGUEIRA DE MELO, Luiz Carlos. Dever fundamental de publicidade administrativa: uma análise sob a transparência pública na gestão estatal e a efetividade da participação popular nas ações da Administração Pública brasileira. **A&C – Revista de Direito Administrativo & Constitucional**, Belo Horizonte, v. 18, n. 71, p. 249-266, jan./mar. 2018, p. 264. Ainda acrescentam: "Desse modo, o controle social é ferramenta fundamental para que se tenha um Estado democrático, justo e igualitário. O diálogo entre o poder público e o cidadão é essencial para efetivação dos direitos consagrados constitucionalmente. Assim, o controle social deve ser estimulado e discutido como forma de aperfeiçoar a eficiência da função administrativa do Estado com vistas à justiça social."

289. MELLO, Shirlei Silmara de Freitas. Motivação, publicidade e controle: algumas reflexões. *In*: MARRARA, Thiago (Org.). **Princípios de direito administrativo**: legalidade, segurança jurídica, impessoalidade, publicidade, motivação, eficiência, moralidade, razoabilidade, interesse público. São Paulo: Atlas, 2012, p. 320.

290. RODRIGUES, João Gaspar. Publicidade, transparência e abertura na Administração Pública. **Revista de Direito Administrativo**, cit., p. 95.

291. Nos dizeres de Wallace Paiva Martins Júnior, "o conhecimento do fato (acesso, publicidade) e de suas razões (motivação) permite o controle, a sugestão, a defesa, a consulta, a deliberação (participação)". MARTINS JÚNIOR, Wallace Paiva. **Transparência administrativa**. São Paulo: Saraiva, 2004, p. 22.

pode-se dizer que a Administração Pública hodierna precisa ir além: deve transcender da publicidade formal clássica a um modelo que fomente a participação e o controle.

Nesse cerne, retomando a classificação proposta por Marrara, tem-se o quarto "tipo" de publicidade, que visa conjugar uma proposta de transparência e clareza com a noção fundamental de controle sobre a legitimidade decisional do Estado:

> Há quem entenda transparência e participação como práticas administrativas inseparáveis. Aqui, porém, toma-se a transparência e a participação como vertentes diversas do princípio da publicidade. Não que as duas coisas sejam totalmente estranhas uma à outra. Na verdade, a transparência é fundamento da Administração Pública dialógica e consensual. Não há participação sem transparência. No entanto, para fins de explicação e sistematização, é possível distinguir uma publicidade-transparência estrita, destinada à obtenção de informações estatais quer para controlar a legalidade da ação administrativa, quer para que o cidadão exerça seus direitos e liberdades fundamentais, e uma publicidade-participação, que parte necessariamente da transparência administrativa, mas, na prática, objetiva calibrar ou partilhar o poder decisório da Administração Pública (...).[292]

Interessante estudo empírico levado a efeito por Orion Platt Neto *et al* procurou apontar a importância da publicidade e da transparência quanto às contas públicas, a partir de pesquisa empírica. E, primando pela necessidade de maior controle social, concluiu-se pela "necessidade da criação de um modelo para a avaliação da transparência das contas públicas, que contemple as dimensões e variáveis relevantes identificadas".[293]

A proposta de uma publicidade-participação, nesse sentido, se alinha eficazmente ao princípio democrático, denotando uma proposta multifacetada e composta de um propósito maior: atribuir legitimidade, validade e eficácia à ação administrativa, mediante a instrumentalização da observância dos direitos fundamentais de controle estatal pela dotação de níveis mais acentuados de vigilância social e fiscalização institucional.[294] Tudo parte do pressuposto da informação e caminha no sentido do realce à confiança.

Com efeito, de um lado, tem-se a Administração Pública incumbida do dever de prestar informações; de outro, tem-se o cidadão com a titularidade do direito de recebê-la:

> O direito à informação é um atributo cuja titularidade pertence a todo ser humano, sem exceção ou restrição arbitrária alguma. Esse direito abarca, simultaneamente, o livre exercício (sem censura prévia) das três faculdades essenciais seguintes: *buscar notícias*, acedendo às fontes públicas e privadas, nacionais ou estrangeiras, abertas a todos; *transmitir ou difundir* as mensagens com tais notícias em qualquer forma e através de qualquer meio de comunicação; por último, a faculdade de *receber* ditas

---

292. MARRARA, Thiago. O princípio da publicidade: uma proposta de renovação, cit., p. 291.
293. PLATT NETO, Orion Augusto; CRUZ, Flávio da; ENSSLIN, Sandra R.; ENSSLIN, Leonardo. Publicidade e transparência das contas públicas: obrigatoriedade e abrangência desses princípios na Administração Pública brasileira. **Contabilidade Vista & Revista**, Belo Horizonte, v. 18, n. 1, p. 75-94, jan./mar. 2007, p. 93.
294. Pertinente, nesse contexto, a clássica lição de John Dewey: "*No government by experts in which the masses do not have their chance to inform the experts as to their needs can be anything but na oligarchy managed in the interests of the few. And the enlightment must proceed in ways which force the administrative specialists to take account of the needs. The world has suffered more from leaders and authorities than from the masses. The essential need, in other words, is the improvement of the methods and conditions of debate, discussion and persuasion. That is the problem of the public. We have asserted that this improvement depends essentially upon freeing and perfecting the processes of inquiry and of dissemination of their conclusions.*" DEWEY, John. **The public and its problems**. Nova York: Henry Holt and Company, 1954, p. 208.

mensagens. Direito a investigar, direito a informar e direito a informar-se são, em resumo, a face do direito à informação, cujo reverso é o dever de prestar a informação.[295]

Finalmente, Marrara lembra de uma forma que, embora mais rara, não deixa de ter importância para a ampla e correta compreensão do princípio da publicidade. Trata-se da publicidade interna, que tem como foco preponderante a troca de informações no ambiente interno da Administração Pública, na modalidade interadministrativa, que "se dá dentro de uma mesma entidade administrativa (entre vários órgãos) ou dentro de um mesmo órgão administrativo (entre seus agentes públicos)",[296] ou na modalidade intra-administrativa, em que entidades estatais de diversas esferas promovem esse intercâmbio informacional.

Nas breves linhas subsequentes, anotar-se-á o papel desse princípio administrativo para a configuração da governança digital e, ademais, os modelos pelos quais se pode materializar a participação com o uso da tecnologia.

4.4.1 *Compliance* e transparência como postulados da governança digital

A transparência administrativa tem grande aptidão à promoção da governança, se revelando aspecto central do chamado *compliance* na Administração Pública.[297] Em linhas essenciais, significa dizer que, no exercício da função administrativa, a Administração Pública assume o dever de agir em conformidade com todo o acervo de normas que compõe o ordenamento, e isso implica uma responsabilidade para a prestação de contas à sociedade. Noutros dizeres, uma atuação administrativa não transparente deixa de ostentar natureza pública, o que prejudica o bem-estar coletivo e acarreta prejuízos à coletividade.

Sobre a inter-relação entre publicidade e transparência, anota Fabrício Motta:

> Entende-se a publicidade como característica do que é público, conhecido, não mantido secreto. Transparência, ao seu turno, é atributo do que é transparente, límpido, cristalino, visível; é o que se deixa perpassar pela luz e ver nitidamente o que está por trás. A transparência exige não somente informação disponível, mas também informação compreensível. Os atos administrativos devem ser públicos e transparentes – públicos porque devem ser levados a conhecimento dos interessados por meio dos instrumentos legalmente previstos (citação, publicação, comunicação etc.); transparentes porque devem permitir entender com clareza seu conteúdo e todos os elementos de sua composição, inclusive o motivo e a finalidade, para que seja possível efetivar seu controle.[298]

---

295. RODRIGUES, João Gaspar. Publicidade, transparência e abertura na Administração Pública. **Revista de Direito Administrativo**, cit., p. 109.
296. MARRARA, Thiago. O princípio da publicidade: uma proposta de renovação, cit., p. 296.
297. Analisando os impactos da transparência para esse fim, confira-se: NEWBOLD, Stephanie P. Is transparency essential for public confidence in government? **Public Administration Review**, Nova Jersey, v. 71, n. S1, p. 547-552, dez. 2011.
298. MOTTA, Fabrício. O princípio constitucional da publicidade administrativa, cit., p. 275. E ainda prossegue: "Por derradeiro, a qualidade da informação também deve ser vista sob o prisma de sua abrangência, de forma a permitir a visibilidade não somente do ato final, mas de todos os atos preparatórios que precederam sua edição. Em outras palavras, deve-se permitir ao cidadão conhecer os meios de formação da vontade final da Administração. Nota-se a conexão sistemática do princípio da publicidade com o princípio constitucional da motivação – ao mesmo tempo em que de nada adianta a existência de um ato público que não seja motivado, sem a publicidade não é possível aferir a congruência da motivação."

Nos dizeres de Têmis Limberger, "um dos grandes objetivos das democracias da atualidade é possibilitar uma rede de comunicação direta entre a administração e os administrados que resulte em um aprofundamento democrático e em uma maior transparência e eficiência da atividade administrativa."[299] Exatamente por isso, é possível dizer que a transparência tem manifestações que exigem o atingimento do ideal de acessibilidade de toda a coletividade a informações públicas.

A transparência como 'valor' advém da ampla compreensão que se almeja ter sobre as ações (ou inações) de determinada pessoa ou entidade. Por essa exata razão, deve ser compreendida como um dever, decorrente do princípio da publicidade administrativa.

Em uma conceituação precisa,[300] pode-se dizer que a transparência se converge em um plexo de deveres, sendo dotada de normatividade, na medida em que deve ser realizada em conformidade com os preceitos do ordenamento jurídico e, ainda, de proatividade, pois deve implicar promoção efetiva da interação popular, não se resumindo à mera publicidade formal de outrora.

Para além da distinção conceitual, pode-se dizer, em sintonia com a lição de Jon Pierre e B. Guy Peters, que, "embora todos reconheçam que a sociedade hoje é mais complexa e menos governável do que algumas décadas atrás, esse *insight* não se traduz automaticamente na visão de que as estruturas políticas estão se tornando instrumentos obsoletos de governo."[301]

É preciso que se tenha em conta os impactos da transparência na democratização administrativa e na reformulação dessas estruturas de direito:

> Com a redemocratização no Brasil, houve um fortalecimento da participação da sociedade civil no trato da coisa pública e, com isso, a necessidade do cidadão de conhecer, compreender e controlar a atuação da Administração Pública. Essa necessidade é atendida quando a Administração Pública, numa lógica proativa, desenvolve uma ação transparente na definição e na concretização dos atos, projetos, programas, investimentos e gastos públicos. Em tal contexto, a transparência aparece como o aspecto dinâmico do exercício da participação popular na Administração Pública, o instrumental necessário a serviço da democratização administrativa. A transparência, como atributo do agir da Administração Pública, um dos maiores desafios nas democracias contemporâneas, impõe uma atuação que fomente o exercício da cidadania ativa, funcionando como instrumento auxiliar do povo para acompanhamento da gestão pública.[302]

---

299. LIMBERGER, Têmis. Transparência administrativa e novas tecnologias: o dever de publicidade, o direito a ser informado e o princípio democrático. **Revista do Ministério Público do Estado do Rio Grande do Sul**, n. 60, p. 47-65, abr. 2008, p. 60.
300. Nos dizeres de Karl Larenz, "[a] seleção das notas distintivas, que hão de ser recolhidas quando da formação de um conceito abstracto na sua definição, é essencialmente codeterminada pelo fim que a ciência em causa persegue com a formação do conceito. Daí resulta que o conceito jurídico que designa uma determinada classe de objetos nem sempre se identifica plenamente com o conceito correspondente de outra ciência, ou nem sequer com o que o uso linguístico corrente por ele entende." LARENZ, Karl. **Metodologia da ciência do direito**, cit., p. 625.
301. PIERRE, Jon; PETERS, B. Guy. **Governing complex societies**, cit., p. 134, tradução livre. No original: "*Furthermore, while we all acknowledge that society today is more complex and less governable than a few decades ago, that insight does not automatically translate into the view that political structures are becoming obsolete instruments of governing.*"
302. MESSA, Ana Flávia. **Transparência, compliance e práticas anticorrupção na Administração Pública**, cit., p. 142.

Não há dúvidas de que esse fenômeno democratizante é conduzido pela adoção de práticas de governança, que internalizam nas rotinas de Estado elementos extraídos da compreensão (mais ampla) da moral. Sobre o tema, Aulis Aarnio é voz eloquente quanto aos impactos – positivos e negativos – que esse entrelaçamento propicia.[303] Porém, há que se considerar, nesse contexto mais amplo, que uma gestão pública catalisada pela efetivação da cidadania tem o condão de produzir o aumento da pacificação social. Isso se dá sob três enfoques principais: social, político e jurídico. Cada um tem efeitos e impactos diferentes e, na classificação adotada por Ana Flávia Messa, podem ser assim enunciados:

> No *enfoque social*, a democratização significa o esforço da Administração Pública em garantir educação para a cidadania, bem como a pacificação social. A Administração Pública como indutora da cidadania significa funcionar como um ambiente que possibilite aos cidadãos a capacidade de analisar a gestão pública e os seus problemas de forma independente e encontrar formas de influenciar a gestão pública. (...)
>
> No *enfoque político*, a democratização por meio da transparência significa ampliar os mecanismos de responsabilização e controle da Administração Pública, possibilitando o conhecimento das razões determinantes do desenvolvimento da função administrativa e dos vetores determinantes do agir administrativo.
>
> No *enfoque jurídico*, é a exigência de que a transparência, ao permitir o controle social sobre a gestão pública, inibindo situações de desvios e malversação de recursos, contribui para o estreitamento da distância entre o cidadão e a Administração Pública, fortalecendo a boa governança e a correlação entre a atividade administrativa e as expectativas e os interesses da sociedade.[304]

No aspecto ético, importante iniciativa se deu com a edição da Lei Anticorrupção brasileira, sobre a qual se comentou no item 2.3.3.8 deste trabalho. Mas, indo além de seus impactos e iluminando-a com os três enfoques descritos no excerto acima, é possível dizer que a 'ética' (aqui descrita em sentido amplo) passou a tomar corpo dentro das rotinas e atividades de Estado.

Na linha do que anotam Cristiana Fortini e Ariane Sherman,

> (...) a preocupação com a ética deve ocupar a agenda pública também. Condenar entidades privadas, como prevê a Lei Anticorrupção, é um passo em longo caminho a percorrer. O destino final se alcança com a convergência de trajetórias, por meio de compartilhado compromisso do setor público e das empresas privadas em evitar atitudes eticamente questionáveis.[305]

---

303. AARNIO, Aulis. **Essays on the doctrinal study of law**. Dordrecht: Springer, 2011, p. 57. Comenta: *"There are, of course, many legal problems, even whole areas of law, where moral standpoints and value statements are perfectly irrelevant. This is the case, for instance, in purely technical applications of law. It would seem peculiar to maintain that an interpretation concerning the notification of a will takes a moral stand. On the other hand, it is as easy to identify a set of problems that are exposed to ethical valuations. A good example is offered by the family law, in which ethical and moral arguments cross paths on the levels of legislation, jurisdiction and research."*
304. MESSA, Ana Flávia. **Transparência, compliance e práticas anticorrupção na Administração Pública**, cit., p. 142.
305. FORTINI, Cristiana; SHERMAN, Ariane. Governança pública e combate à corrupção: novas perspectivas para o controle da Administração Pública brasileira. **Interesse Público**, Belo Horizonte, a. 19, n. 102, p. 27-44, mar./abr. 2017, p. 40. Exemplificando, as autoras ainda comentam sobre o projeto de lei da nova lei de licitações e contratos administrativos: "O projeto de nova lei geral de licitações e contratos públicos (PLS 559/2013) demonstra preocupação com alguns aspectos da governança, na faceta da integridade. O projeto de lei (PLS 559/2013) consolida uma série de regras hoje dispersas por vários diplomas legais, atribuindo-lhe a estatura de comando geral no cenário das licitações e contratações públicas. A fase interna é especialmente sensível. São reais os riscos de que a contratação pública nasça contaminada por escolhas feitas na preparação. A depender das condições do

Essencialmente, pode-se dizer que a governança traz realce à clássica noção de administração da máquina pública. Não por acaso, fala-se na 'boa administração' como um direito fundamental e no controle das políticas públicas e do alcance da discricionariedade administrativa.[306] Porém, o que a hodierna sociedade da informação parece transparecer vai ainda mais longe: a 'boa governança' deve imperar e trazer substratos ainda mais densos para o estudo do fenômeno democrático.

Por um lado, se, na esteira do que sugerem Kissler e Heidemann,[307] deve-se percorrer com cautela o caminho apresentado pela governança, com realce à cooperação e à efetiva participação popular no que diz respeito ao controle da atuação estatal. Para responder à dúvida, parece ecoar uma necessidade premente de que todas as iniciativas decorrentes desse primado da governança advenham de todos os níveis e estruturas da Administração Pública, uma vez que a atuação cooperativa pressupõe essa atuação multinível.[308]

Jacques Chevallier diz que "os governantes são obrigados a submeter permanentemente as suas condutas e gestos relativamente à opinião pública e suas decisões são necessariamente submetidas ao teste do debate."[309] Não é por outra razão que a legitimidade da ordem democrática, "impregnada de necessário substrato ético, somente é compatível com um regime de poder visível."[310]

Eis o papel relevantíssimo da transparência na acepção que sê-lhe dá pela primazia da governança. Somente com alcance normativo é que os postulados éticos que se pretende fazer inserir nas rotinas e atividades da Administração Pública terão efetividade

---

ato convocatório, sabe-se de antemão quem poderá participar da futura licitação e quem já estará afastado. Nos mercados em que é restrito o número de atores, poucas definições bastam para reduzir ainda mais a competição e dirigir o contrato antes mesmo de se conhecerem as propostas. Nesse contexto, o projeto propõe a adoção de minutas padronizadas de edital e contrato, utilizando-se cláusulas uniformes, quando o objeto permitir, o que contribuirá para inibir a construção de editais com intuito de favorecer determinado particular. Também é de se aplaudir a ideia de se alargar o uso do pregão, permitindo-o inclusive para obras comuns, modalidade que, comparadas às demais, simboliza importante avanço em termos de ampliação da competitividade e redução de custos."

306. FREITAS, Juarez. **Direito fundamental à boa Administração Pública**, cit., p. 32 *et seq.*
307. KISSLER, Leo; HEIDEMANN, Francisco G. Governança pública: novo modelo regulatório para as relações entre Estado, mercado e sociedade? **Revista de Administração Pública**, cit., p. 498. Destacam: "Mas, em vista dos problemas descritos e do limitado alcance da capacidade de gestão e de financiamento, deve-se questionar se a força legitimadora dos procedimentos da governança pública seria suficiente para fundamentar essa nova forma de exercício do poder: o "poder do povo" pela cooperação. Essa seria a perspectiva de uma *polis*, na qual os cidadãos, em conjunto, se preocupariam com a *res publica* e velariam pelo bom nome das organizações públicas, no sentido de entidades que cuidam do que é público e do que o público significa. Quanto aos problemas levantados no início e à capacidade limitada da governança pública para resolver problemas, permanece, porém, um certo ceticismo. Aqueles que optarem pela governança pública terão pela frente um caminho longo e árduo. Resta saber se o objetivo maior – a democracia cooperativa – poderá ser atingido ou não."
308. ACHE, Peter. Visions and creativity: challenge for city regions. **Futures**, Londres, v. 32, n. 5, p. 435-449, jun. 2000, p. 444. Comenta: *"Governance, in a first instance, can be simply understood as the structures and the ways in which city regions are 'managed', in an administrative, legal, public, private, local, national and European sense."*
309. CHEVALLIER, Jacques. **O Estado pós-moderno**, cit., p. 185.
310. MESSA, Ana Flávia. **Transparência, compliance e práticas anticorrupção na Administração Pública**, cit., p. 145. E a autora ainda complementa: "Essa afirmação, embora verdadeira, necessita ser complementada pela densificação doutrinária e jurisprudencial dada à transparência como dever jurídico apto a direcionar a atuação da Administração Pública. A seleção de funções não é, por evidente, exaustiva, mas oferece um painel suficientemente vasto das diversas modalidades existentes, visando a contribuir para melhor compreensão das condições da transparência na gestão dos assuntos públicos."

e, para cumprir tal desiderato, a transparência administrativa, como princípio informador de um novo modelo administrativo, contribui para o fortalecimento do sistema democrático.

4.4.2 Publicidade e a tecnologia *blockchain*

Do ponto de vista estritamente tecnológico, alguns usos e implementos podem ser especificamente vislumbrados para o princípio da publicidade, com destaque para práticas como a já citada tecnologia *blockchain*.[311] O tema é extremamente relevante para que se possa levar adiante o postulado da transparência administrativa e, com isso, consolidar a almejada governança.

Vanessa Massaro indica cinco grandes vantagens da adoção dessa tecnologia na Administração Pública:

> 1) a confiabilidade e imutabilidade dos registros, pois esse sistema é uma cadeia cronológica de transações e cada transação é registrada de maneira imutável e permanente, e todas as novas transações são unidas de forma cronológica e linear, criando uma cadeia de blocos precisa e inalterável;
>
> 2) a transparência, porque o sistema *blockchain* é conceitualmente aberto e transparente, consentindo que todos possam ver, mas garantindo que ninguém possa modificar um dado arquivado e certificado;
>
> 3) a certeza no acesso e na inalterabilidade dos dados, mesmo não estando associado a nenhuma autoridade pública ou a um órgão central, representa um fator de aproximação com as expectativas da sociedade;
>
> 4) cria um novo conceito de valores, porque as transações representam uma transferência de valores, ou seja, cada transação entre pessoas, órgãos ou instituições é um "assento de valor" em relação ao tipo de informações que estejam dividindo, e essa transação é autorizada e arquivada através do sistema *blockchain* que opera como uma terceira parte interessada e confiável em relação aos participantes ou autores daquela transação;
>
> 5) através desse sistema cria-se uma escala organizacional de informações e um novo modo de verificação e utilização daquelas informações, atuando através de um controle e fiscalização mais rápidos, eficientes e menos onerosos, em comparação aquelas realizadas através dos departamentos públicos tradicionais, aumentando a confiança dos cidadãos em relação aqueles atos administrativos públicos, mesmo que sejam os mais comuns e quotidianos.[312]

De fato, as potencialidades dessa tecnologia apresentam inúmeras vantagens se adequadamente empregadas para o aprimoramento do labor administrativo. Como se explanou nos tópicos anteriores, o propósito da transparência vai além da mera divulgação informativa; prima-se pelo engajamento comunicacional.[313] E, nesse contexto,

---

311. Remete-se o leitor ao item 3.2.1.5, que cuidou da proposta de implementação dos acordos substitutivos a partir dos *smart contracts*, que são operacionalizados pela rede *blockchain*. Para uma melhor compreensão do tema, confira-se: TAPSCOTT, Don; TAPSCOTT, Alex. **Blockchain revolution**: how the technology behind Bitcoin and other cryptocurrencies is changing the world. Nova York: Portfolio/Penguin, 2016.
312. MASSARO, Vanessa. A aplicação da tecnologia blockchain na administração pública. **Consultor Jurídico**, 30 jan. 2019. Disponível em: https://www.conjur.com.br/2019-jan-30/vanessa-massaro-aplicacao-blockchainna-administracao-publica. Acesso em: 20 jun. 2023.
313. CORVALÁN, Juan Gustavo. Digital and intelligent Public Administration: transformations in the era of artificial intelligence. **A&C – Revista de Direito Administrativo & Constitucional**, Belo Horizonte, v. 18, n. 71, p. 55-87, jan./mar. 2018, p. 58. Comenta: "*Generally, it is not just a question of "adapting" the Government and the Administration to the digital file, to the web or to social networks. In essence, we must transform everything that sur-*

quanto maior for a confiabilidade do intercâmbio de dados e das interações obtidas entre Administração e administrados, melhores serão os impactos.

Importantes estudos sobre os impactos da rede blockchain na Administração Pública foram realizados por Melanie Swan, que aduz o seguinte:

> Outra aplicação importante que se desenvolve como parte do Blockchain 3.0 é o governo do *blockchain*; isto é, a ideia de usar a tecnologia *blockchain* para fornecer serviços tradicionalmente fornecidos pelos estados-nação de uma maneira descentralizada, mais barata, mais eficiente e personalizada. Muitos tipos novos e diferentes de modelos e serviços de governança podem ser possíveis usando a tecnologia *blockchain*. A governança da *blockchain* tira proveito dos recursos públicos de manutenção de registros da tecnologia *blockchain*: a *blockchain* como um repositório universal, permanente, contínuo, controlado por consenso, auditável publicamente, redundante e de manutenção de registros. O *blockchain* pode se tornar tanto o mecanismo para governar no presente quanto o repositório de todos os documentos, registros e histórico de uma sociedade para uso no futuro – o sistema universal de manutenção de registros da sociedade. Nem todos os conceitos e serviços de governança propostos aqui precisam necessariamente da tecnologia *blockchain* para funcionar, mas pode haver outros benefícios em implementá-los com a tecnologia *blockchain*, como torná-los mais confiáveis e, em qualquer caso, parte de um registro público.[314]

A tecnologia *blockchain* tem grande potencial para tornar essa pretensão uma realidade. Por sua natureza definitiva e imutável, a rede pode servir como repositório de todos os documentos e registros de uma sociedade, garantindo sua perpetuação para as gerações futuras e evitando perdas, extravios e, em última análise, o esquecimento; além disso, é repositório contínuo, permanente, passível de controle amplo e consensual e auditável.

Este ponto, por si só, traz potencialidades inegáveis à consolidação de um paradigma que ultrapassa os meros "portais eletrônicos", que, no Brasil, perpassa pela disponibilização, estruturação e integração de dados, conforme anota Ana Flávia Messa:

> a) *Disponibilização de dados sem preocupação com a interação com o cidadão*: Resolução n. 13, de 25 de novembro de 2002, que institui e aborda a gestão operacional e as ações necessárias para a implantação do Sistema de Acompanhamento de Processos do Governo Federal – Protocolo.net, que condensará informações comuns a todos os sistemas de protocolo de processos administrativos dos

---

rounds the public power and its link with people. For example, in addition to guaranteeing access to information and communication technologies, the fundamental right to engage in a digital relationship with the Public Administration must be enforced, just as an environment of technological preparation must be created, to promote the development of social technology and inclusive technology. It is important to understand that the factors that determine that people and communities adapt to certain technologies are not the same, and that is why technological innovations are those that have to adapt to social contexts."

314. SWAN, Melanie. **Blockchain**: blueprint for a new economy. Sebastopol: O'Reilly Media, 2015, p. 44, tradução livre. No original: *"Another important application developing as part of Blockchain 3.0 is blockchain government; that is, the idea of using blockchain technology to provide services traditionally provided by nation-states in a decentralized, cheaper, more efficient, personalized manner. Many new and different kinds of governance models and services might be possible using blockchain technology. Blockchain governance takes advantage of the public record-keeping features of blockchain technology: the blockchain as a universal, permanent, continuous, consensus-driven, publicly auditable, redundant, record-keeping repository. The blockchain could become both the mechanism for governing in the present, and the repository of all of a society's documents, records, and history for use in the future – a society's universal record-keeping system. Not all of the concepts and governance services proposed here necessarily need blockchain technology to function, but there might be other benefits to implementing them with blockchain technology, such as rendering them more trustworthy, and in any case, part of a public record."*

órgãos da APF; e Resolução n. 14, de 6 de dezembro de 2002, que institui o Inventário de Recursos de Tecnologia da Informação e de Comunicação (INVENTIC).

b) *Estruturação de dados*: Em 2007, o e-MAG passa a ser institucionalizado e obrigatório no âmbito do Sistema de Administração dos Recursos de Tecnologia da informação (SISP), pela Portaria n. 03, de 7 de maio. O SISP foi instituído pelo Decreto n. 1.048, de 21 de janeiro de 1994. Em dezembro, a SLTI disponibilizou o Avaliador e Simulador para a Acessibilidade de Sítios (ASES) – *software* de código livre para avaliar, simular e corrigir a acessibilidade de páginas, sítios e portais, resultado de uma parceria entre a SLTI e a OSCIP Acessibilidade Brasil.

c) *Integração de dados*: Em 2004, é criado o Departamento de Governo Eletrônico, pelo Decreto n. 5.134, de 7 de julho, encarregado de coordenar e articular a implantação de ações unificadas e integradas de governo eletrônico, as atividades relacionadas à prestação de serviços públicos por meios eletrônicos, além de normatizar e disseminar o desenvolvimento de ações e informações de governo eletrônico na administração federal. Nesse ano, é publicada a primeira versão do documento "Padrões de Interoperabilidade em Governo Eletrônico (e-PING)" – hoje na versão 2010 – e o Guia Livre – Referência de Migração para *Software* Livre. Foi publicada também Portaria conjunta de 8/3/2004, que designa os coordenadores dos Comitês Técnicos no âmbito do CEGE.

d) *Certificação digital*: Foram criadas medidas normativas e operacionais como a criação da Infraestrutura de Chaves Pública (ICP-Brasil) para o desenvolvimento de um modelo que possibilitou o uso de assinaturas eletrônicas, a certificação digital e a validade legal dos documentos que tramitam por meio eletrônico; o Decreto n. 3.697, de 21 de dezembro de 2000, que regulamentou o pregão eletrônico no âmbito da administração federal, entre outras; em julho de 2005, foi publicado o Decreto n. 5.450, que regulou as compras governamentais, tornando obrigatório na Administração Pública Federal o uso do pregão nas compras de bens e serviços comuns e determinando que a forma eletrônica deverá ser preferencialmente adotada. Foi publicada a Portaria Normativa n. 05, de 14 de julho de 2005, que institucionaliza os Padrões de Interoperabilidade de Governo Eletrônico no âmbito do SISP, cria sua Coordenação, define as competências desta última e a forma de atualização das versões do documento; e inúmeras outras resoluções.[315]

Várias são as novidades legislativas concernentes às práticas de 'governo eletrônico', que desafiam a compreensão das potencialidades da publicidade administrativa no ambiente digital. O foco da *blockchain*, entretanto, ultrapassa todas elas e vai muito além da própria proposta de governo eletrônico. Trata-se, ao fim e ao cabo, de uma tecnologia com o potencial de ressignificar a adoção de mecanismos de democratização a partir da técnica.

4.5 REVISITANDO O PRINCÍPIO DA EFICIÊNCIA NA INTERNET DAS COISAS

Para que se conduza a Administração Pública da sociedade da informação a um patamar de completude organizacional, não se tem como evitar que discussões em torno da eficiência surjam e sejam objeto de destacado debate, inclusive do ponto de vista da governança e de seus desdobramentos quanto à performance governamental.[316] Porém, há alguns conceitos essenciais que se precisa abordar antes de serem apresentadas as linhas conclusivas deste raciocínio.

Emerson Gabardo assim contextualiza o princípio da eficiência:

---

315. MESSA, Ana Flávia. **Transparência, compliance e práticas anticorrupção na Administração Pública**, cit., p. 260-262.
316. BEHN, Robert D. The challenge of evaluating m-government, e-government, and p-government, cit., p. 215.

No Brasil, a eficiência tornou-se princípio constitucional expresso a partir da Emenda Constitucional nº 19/98, que alterou a redação do caput do artigo 37. Isso não implica asserir que a reforma introduziu uma novidade no sistema administrativo nacional. O princípio constitucional da eficiência administrativa já se denotava implícito na Carga Magna. Assim sendo, é importante considerar que a natureza da eficiência como norma constitucional não compreenderá a essência neoliberal que permeou os trabalhos reformadores. A eficiência como mero símbolo ou valor ideológico não se confunde com a sua manifestação jurídico-normativa.[317]

Basicamente, a eficiência administrativa pode se apresentar sob dois aspectos: um relacionado à atuação de agentes públicos; outro relacionado à prestação de serviços públicos.[318] Fato é que referido dever não se esgota em apenas um nível organizacional, uma vez que a atuação administrativa deve ser eficiente como um todo:

> O dever de eficiência não se esgota num determinado nível organizacional – na particular atuação de um servidor ou na estruturação global da entidade –, nem numa determinada seara de atividades – prestação de serviço público. Prover o máximo de direitos à sociedade com a imposição mínima de deveres é um vetor que deve nortear toda a atuação administrativa.[319]

Nos dizeres de Paulo Modesto, "[a] obrigação de atuação eficiente, portanto, em termos simplificados, impõe: a) ação idônea (eficaz); b) ação econômica (otimizada); c) ação satisfatória (dotada de qualidade)."[320] São reclamos que precedem a própria reforma constitucional promovida pela EC nº 19/1998, uma vez que, implicitamente, sempre se cogitou da necessidade de uma Administração Pública pautada no atendimento efetivo de seus deveres prestacionais.[321]

---

317. GABARDO, Emerson. **Eficiência e legitimidade do Estado**: uma análise das estruturas simbólicas do direito político. Barueri: Manole, 2003, p. 185.
318. Analisando o princípio da eficiência, Maria Sylvia Zanella Di Pietro registra os mencionados aspectos: "pode ser considerado em relação ao modo de atuação do agente público, do qual se espera o melhor desempenho possível de suas atribuições, para lograr os melhores resultados; e em relação ao modo de se organizar, estruturar, disciplinar a Administração Pública, também com o mesmo objetivo de alcançar os melhores resultados na prestação do serviço público." DI PIETRO, Maria Sylvia Zanella. **Direito administrativo**. 19. ed. São Paulo: Atlas, 2006, p. 98.
319. MENDES, Guilherme Adolfo dos Santos. Princípio da eficiência. In: MARRARA, Thiago (Org.). **Princípios de direito administrativo**: legalidade, segurança jurídica, impessoalidade, publicidade, motivação, eficiência, moralidade, razoabilidade, interesse público. São Paulo: Atlas, 2012, p. 371. Complementando, o autor ainda exemplifica: "Em razão disso, por exemplo, ainda que pudesse oferecer um preço inferior aos demais concorrentes, um agente econômico, para contratar com um município deve comprovar sua regularidade fiscal em relação também aos tributos federais e estaduais. Note-se que, no caso de débitos do fornecedor apenas no nível federal, o município poderia se favorecer ao conseguir o mesmo resultado com um menor custo, o qual, sob certo aspecto, também é social, pois provindo da imposição de tributos à coletividade. Todavia, essa contratação geraria um outro custo à sociedade, a violação do equilíbrio concorrencial. A redução do custo – nesse caso, econômico – para o orçamento municipal não compensaria a imposição de custos à sociedade, os quais não se limitam àqueles dimensionados pecuniariamente."
320. MODESTO, Paulo. Notas para um debate sobre o princípio da eficiência. **Revista do Serviço Público**, Brasília, a. 51, n. 2, p. 105-120, abr./jun. 2000, p. 113.
321. SILVA, Jorge Pereira da. **Deveres do Estado de protecção de direitos fundamentais**, cit., p. 80-81. Anota, na análise da dimensão de prestação dos direitos sociais: "Apesar da heterogeneidade material dos direitos sociais, e não obstante as divergências quanto ao modo concreto como são juridicamente concebidos – como simples direitos originários ou derivados a prestações estaduais, como direitos de acesso procedimentalmente justo a recursos públicos disponíveis, como direitos a um mínimo de existência condigna ou delimitados pelo conteúdo essencial dos preceitos constitucionais, ou ainda como direitos de pessoas em situação de especial fragilidade –, eles reconhecem-se sempre por um conjunto de traços estruturantes, inerentes à sua natureza: a) são exigências dirigidas (directa ou indirectamente) ao Estado; b) de prestações materiais (com imediatos reflexos financeiros) ou de prestações financeiras (propriamente ditas); c) fundadas em e conformadas por

Dessa forma, para que sejam destacados os traços caracterizadores deste mencionado princípio, impõe-se considerar a questão da conjugação da ampliação de direitos com a imposição de deveres: especialmente no paradigma liberal, a eficiência impõe à Administração Pública uma atuação que represente, de um lado, o menor grau possível de atenuações das liberdades individuais e, de outro, que consiga prover os indivíduos do corpo social do máximo de direitos.[322]

Isso não garante à eficiência, contudo, condição de se sobrepor aos demais princípios que regem as atividades administrativas; em verdade, sua leitura deve ser conjugada aos demais postulados (legalidade, impessoalidade, moralidade, publicidade) e, somente se a atuação eficiente não ferir algum deles é que se materializará de forma lícita.

Noutros termos, à Administração Pública não é dada a opção de sopesar condutas que maculem, por exemplo, a legalidade administrativa ou a moralidade, para privilegiar uma atuação lastreada em resultados ou performance: "De igual sorte, o atributo da eficiência não é destinado a sopesar condutas administrativas que maculem a Moralidade, a Impessoalidade ou a Publicidade. Nesses casos, não há que se falar em eficiência sequer para negar esse atributo, pois fazer isso seria cogitar a sua própria possibilidade."[323]

Segundo Emerson Gabardo:

> Deve-se considerar, primeiramente, a peculiaridade ontológica do princípio, que tem como ponto nuclear o ideal de que o administrador público esteja obrigado a exercer suas funções conforme parâmetros que o levam ao "ato ótimo". Certamente este ótimo deve ser entendido de forma a representar um ideal de máxima qualificação estrutural e funcional; um ideal que deve contemplar todos os aspectos concernentes à consecução do ato administrativo e, notadamente, do procedimento. Não se poderia sequer imaginar um ato administrativo que receba o rótulo de "ótimo", se for ilegal. Seria um contrassenso do ponto de vista não só jurídico, como, principalmente, lógico. Por esse motivo, discorda-se de autores que admitem o "ótimo ilegal" como uma possibilidade fática/lógica (ainda que juridicamente viciada). Não parece que assim seja.[324]

Não é por menos que se deve registrar que uma atuação administrativa que não admita consecuções ineficientes, tampouco que se omita em face de comandos legais

---

lei ordinária, com arrimo constitucional. Sendo assim, é inegável que existe aqui um importante ponto de contacto com os deveres estaduais de protecção: o carácter positivo, que implica para o Estado intervenções activas sobre a realidade; mais precisamente, a imposição de uma conduta estadual que, por norma, se desdobra por dois níveis de actuação distintos – primariamente, a criação de um quadro jurídico e institucional e, secundariamente, o desenvolvimento de uma actividade (administrativa e jurisdicional) destinada a dar-lhe aplicação efectiva."

322. FRANÇA, Vladimir da Rocha. Eficiência administrativa na Constituição Federal. **Revista de Direito Administrativo**, Rio de Janeiro, v. 220, n. 2, p. 165-177, abr./jun. 2000, p. 168. Comenta: "Há respeito à eficiência quando a ação administrativa atinge materialmente os seus fins lícitos e, por vias lícitas. Quando o administrado se sente amparado e satisfeito na resolução dos problemas que ininterruptamente leva à Administração. O princípio da eficiência administrativa estabelece o seguinte: toda a ação administrativa deve ser orientada para a concretização material e efetiva da finalidade posta pela lei, segundo os cânones do regime jurídico-administrativo."

323. MENDES, Guilherme Adolfo dos Santos. Princípio da eficiência, cit., p. 369.

324. GABARDO, Emerson. A eficiência no desenvolvimento do Estado brasileiro. *In*: MARRARA, Thiago (Org.). **Princípios de direito administrativo**: legalidade, segurança jurídica, impessoalidade, publicidade, motivação, eficiência, moralidade, razoabilidade, interesse público. São Paulo: Atlas, 2012, p. 341-342.

primários, não implica considerar que a aplicação de regras deva se dar de forma a considerar unicamente números e resultados.

Essa abordagem, que é tipicamente extraída dos entrelaçamentos entre Direito e Economia, que encontra seu fundamento principal na aferição distributiva dos ganhos e ônus, com nítida propensão à otimização de resultados.[325] Essa disciplina tem por característica exatamente o processo decisional que conduz à opção por uma ou outra ação:

> Ao voltar as ações estatais para o atendimento efetivo dos reclames populares e, especialmente, buscar na sociedade as melhores soluções para as dificuldades enfrentadas cotidianamente pelos agentes do Estado, acaba-se por privilegiar as consequências das ações estatais, em detrimento ao formalismo e aos requintes dos meios de consecução da atividade estatal.[326]

No cerne da discussão, situa-se a questão da qualidade da ação administrativa, que toma emprestada sua vinculação jurídica da noção de boa administração – elemento central para o acoplamento estruturante dos direitos fundamentais ao processo de tomada de decisões – e que se situa na sistematização do princípio da eficiência.

Christopher Hood pontua alguns aspectos pertinentes à compreensão do novo papel da Administração Pública nesse contexto de revitalização: (i) desaceleração ou reversão do processo de aumento excessivo da máquina administrativa; (ii) promoção da desestatização, enfatizando-se a subsidiariedade da prestação de serviços públicos; (iii) desenvolvimento e fomento da automação de processos – especialmente pelo implemento de novas tecnologias; (iv) internacionalização da agenda pública relacionada à gestão, com foco mais direcionado a questões gerais de formulação de políticas, em superação à clássica fórmula de gestão especializada e compartimentalizada.[327]

Longe de dúvidas, esta é uma proposta calcada no câmbio de influxos de gestão, com primazia da influência de parâmetros econômicos e tecnológicos para o atingimento de níveis maiores de satisfação dos cidadãos em face das políticas adotadas. À primeira vista, a proposta se revela convidativa, pois contempla a empolgação de um modelo proposto para a contemporaneidade, que se alinha ao mencionado primado da eficiência "a qualquer custo", em vertente governamental performática. Deixa-se de lado, porém, o cidadão – verdadeiro destinatário das atuações administrativas.

Ainda segundo Hood:

---

325. COOTER, Robert; ULEN, Thomas. **Law & Economics**, cit., p. 4. Comentam: "*Besides efficiency, economics predicts the effects of laws on another important value: the distribution of income. Among the earliest applications of economics to public policy was its use to predict who really bears the burden of alternative taxes. More than other social scientists, economists understand how laws affect the distribution of income across classes and groups. While almost all economists favor changes that increase efficiency, some economists take sides in disputes about distribution and others do not take sides.*"
326. STRINGARI, Amana Kauling. **A influência econômica sobre o direito administrativo**: uma proposta neoadministrativista. 2015. 223f. Tese (Doutorado em Direito) – Faculdade de Direito, Universidade Federal de Santa Catarina, Florianópolis, 2015, p. 198.
327. HOOD, Christopher. A public management for all seasons? **Public Administration**, Nova Jersey, v. 69, n. 1, p. 1-19, mar. 1991, p. 3-4.

O novo movimento de economia institucional ajudou a gerar um conjunto de doutrinas de reforma administrativa baseadas em ideias de contestabilidade, escolha do usuário, transparência e concentração nas estruturas de incentivo. Tais doutrinas eram muito diferentes das propostas burocráticas-militares tradicionais de 'boa administração', com ênfase em hierarquias ordenadas e eliminação de duplicação ou sobreposição.[328]

A proposta em questão advém de um texto publicado em 1991, quando ainda germinava a alavancagem tecnológica decorrente da propagação da Internet. Conforme já se ponderou em breves linhas no primeiro capítulo desta pesquisa, nos seus primórdios (período da chamada "*web 1.0*"), a Internet se baseava em fluxos de dados de pequena grandeza, com poucas imagens, textos e gráficos intercambiados em um sistema bastante rudimentar e pouco interligado, o que dificultava a verificação da relevância jurídica do tema nesta etapa em que pouca serventia se tinha paras TICs. Ocorre que o avanço tecnológico e o advento da "*web 2.0*", representativa de uma suposta "segunda era" na revolução tecnológica, atribuiu relevância jurídica à Internet, conferindo-lhe importante papel social devido à intensificação do compartilhamento de dados.

Nesse período, o volume de informações trocadas pela rede cresceu de forma avassaladora, gerando, com isso, situações como as descritas nos parágrafos anteriores. Contudo, este fenômeno não se encerrou nisso, pois a evolução tecnológica continua a avançar. Segundo Eduardo Magrani,[329] = o advento da chamada "*web 3.0*", que marcaria o atual estágio da sociedade da informação, avança a passos largos ao contexto da Internet das Coisas (*Internet of Things*, ou *IoT*), que também se situa na fronteira da chamada "*web 4.0*" ou Internet de Todas as Coisas (*Internet of Everything*, ou *IoE*), momento no qual os *gadgets* e equipamentos eletrônicos e até mesmo automóveis e eletrodomésticos estarão, por si mesmos, em conexão com a grande rede, sendo capazes de praticar atos jurídicos a partir da inteligência artificial e de gerar inclusão social.[330]

Em um contexto em que a utilização de processos baseados em TICs oferta ao administrador público a empolgante possibilidade de otimizar resultados, não se pode deixar de ter em vista a imprescindibilidade da proteção aos direitos fundamentais:

---

328. HOOD, Christopher. A public management for all seasons? **Public Administration**, cit., p. 15, tradução livre. No original: "*The new institutional economics movement helped to generate a set of administrative reform doctrines built on ideas of contestability, user choice, transparency and close concentration on incentive structures. Such doctrines were very different from traditional military-bureaucratic ideas of 'good administration', with their emphasis on orderly hierarchies and elimination of duplication or overlap.*"
329. MAGRANI, Eduardo. **A internet das coisas**, cit., *passim*.
330. BRAGA NETTO, Felipe; FALEIROS JÚNIOR, José Luiz de Moura. A atividade estatal entre o ontem e o amanhã: reflexões sobre os impactos da inteligência artificial no direito público. In: BARBOSA, Mafalda Miranda; BRAGA NETTO, Felipe; SILVA, Michael César; FALEIROS JÚNIOR, José Luiz de Moura (Coord.). **Direito digital e inteligência artificial**: diálogos entre Brasil e Europa. Indaiatuba: Foco, 2021, p. 449. Com efeito: "Novas tecnologias impõem novas expectativas quanto à atuação do Estado no século XXI, que deve ser não apenas eficiente, mas eficaz quanto à garantia de direitos fundamentais na sociedade hipercomplexa que, invariavelmente, passa a ser permeada pela utilização de algoritmos de Inteligência Artificial para a otimização de resultados e para a aceleração de processos".

Em termos finais – e vista durante o presente trabalho a necessária correlação entre eficiência e boa administração –, vale enfatizar que a ideia de alçar a boa administração a direito fundamental é decorrência da atual perspectiva de concreção dos direitos fundamentais. Assim, o que se almeja, dentro de uma ótica de garantia e efetividade plena dos direitos fundamentais a partir do texto constitucional (autoaplicabilidade), é dar juridicidade às finalidades instrumentalizadas pela Administração, visto que cabe a ela, em última análise, a efetivação prática dos valores politicamente estabelecidos como escopo estatal, sendo os cidadãos seus legítimos destinatários.[331]

Essa constatação decorre do princípio da equivalência de garantias, assim descrito por José Fernando Brega: "Segundo este princípio, a simples utilização de tecnologias informáticas e telemáticas na atividade administrativa não pode acarretar redução de garantias jurídicas consagradas no âmbito da administração em papel."[332] Embora não esteja previsto expressamente no ordenamento, o referido postulado indica uma necessidade imanente à própria disciplina administrativa, decorrente dos deveres de proteção.

Acerca do tema, já tive a oportunidade de me posicionar em trabalho redigido em coautoria com Felipe Braga Netto:

> Com a célere evolução que as tecnologias vêm empreendendo na sociedade e em razão da forma pela qual os cidadãos se relacionam com o Estado, o crescimento do interesse popular pelos assuntos de Estado deve ser, também, crescente. Somente assim se terá efetivo controle público e ampliação da legitimidade decisional a partir da descentralização das decisões políticas. O modelo tradicional de atuação estatal, particularmente nas tradições de base romano-germânica, continuará a enfrentar problemas de latência no atendimento e na tutela de direitos fundamentais, em razão do gap situacional que a inovação acarreta. Com isso, não apenas as lacunas normativas se tornarão problemas, mas eventuais processos decisionais deixarão de respeitar fluxos procedimentais e se transformarão em frutos de um modelo de administração hierarquizado e impositivo. Uma nova proposta para a integração do direito público à realidade corrente se traduz em uma reaproximação entre Administração e administrados a partir de instrumentos especialmente designados para permitir maior adesão popular aos afazeres e interesses estatais, seja pelo exercício direto do poder deliberativo, seja participando de debates e discussões pautados pela lógica do consenso, seja atuando de forma mais direta no controle, por instrumentos próprios.[333]

Retome-se a questão da conjugação de eficiência administrativa e legalidade para que se pondere a existência ou não de um antagonismo conceitual e, ao fim de qualquer análise, não há dúvidas de que a crença de que a compatibilização desses primados com

---

331. CUNHA, Bruno Santos. O princípio da eficiência e o direito fundamental à boa administração. *In:* MARRARA, Thiago (Org.). **Princípios de direito administrativo:** legalidade, segurança jurídica, impessoalidade, publicidade, motivação, eficiência, moralidade, razoabilidade, interesse público. São Paulo: Atlas, 2012, p. 401. Ainda acrescenta: "Sob esse ponto de vista, então, já seria possível elencar no rol de direitos do ordenamento jurídico pátrio o direito fundamental à boa Administração, principalmente pela existência de inúmeros mecanismos aptos a concretizá-lo – garantia de acesso à informação, razoável duração do processo, dever de motivação, entre outros –, e, sobretudo, pelo aprofundamento dos mecanismos de controle da Administração. E daqui se extrai, por exemplo, a larga e ampla legitimidade dada aos instrumentos de controle da Administração, sejam jurisdicionais ou não; o aumento da sindicabilidade da atuação administrativa e do espectro de controle, de um caráter individual e repressivo a um caráter transindividual e preventivo, cujos efeitos transbordam a toda sociedade; um controle mais proativo em face de omissões administrativas etc."
332. BREGA, José Fernando Ferreira. **Governo eletrônico e direito administrativo**, cit., p. 113.
333. BRAGA NETTO, Felipe; FALEIROS JÚNIOR, José Luiz de Moura. A atividade estatal entre o ontem e o amanhã: reflexões sobre os impactos da inteligência artificial no direito público. In: BARBOSA, Mafalda Miranda; BRAGA NETTO, Felipe; SILVA, Michael César; FALEIROS JÚNIOR, José Luiz de Moura (Coord.). **Direito digital e inteligência artificial:** diálogos entre Brasil e Europa. Indaiatuba: Foco, 2021, p. 472.

a inevitabilidade do progresso tecnológico serão tendência inexorável para o aprimoramento do direito administrativo. Isso não significa, por outro lado, que se deve permitir a ascensão tecnológica e o amplo domínio da técnica que, como visto, podem conduzir a uma sociedade tecnocrata e desvinculada da proteção aos direitos fundamentais; todavia, isto não revela uma incompatibilidade de um preceito com o outro.

A Internet oferece oportunidades valiosas para comunicação transparente e para a obtenção de acesso aberto a tópicos de discussão, melhorando o intercâmbio de informações e o diálogo entre as instituições relacionadas à governança e às partes interessadas.[334] A transparência também poderia promover a mobilização de novos atores e a participação da sociedade civil; esse desenvolvimento aumentaria o nível de legitimação democrática através do envolvimento ativo, como se viu no capítulo anterior.

Então, o que se deve temer no contexto da penetração tecnológica sobre as rotinas de Estado não é eventual suplantação dos ganhos colhidos com a evolução do direito administrativo, mas uma proeminência desmedida da técnica (e, dentre seus principais benefícios, da celeridade), em contraponto à equivalência de garantias. Isso porque, como se viu, há também ganhos democráticos a serem obtidos pela presença das TICs nesse novo modelo de 'Administração Pública digital', e tais ganhos não podem ser desprezados; devem ser, a bem da verdade, devidamente acolhidos e regulamentados para que não se incorra nos perigos descritos anteriormente.

Em essência, todos os aspectos citados devem ser conjugados para que se entenda o propósito real do Estado, conforme registram Viktor Mayer-Schönberger e David Lazer:

> O governo, é claro, não é simplesmente outra entidade com a qual os cidadãos transacionam, mas é uma criatura do povo. Os cidadãos de uma democracia são soberanos, delegando poder ao governo como seu agente para executar determinadas tarefas. Como indica uma volumosa literatura sobre ciência política, essa delegação cria um enorme problema de agência em relação às ações do governo. (...) Existe, portanto, um ato sutil de equilíbrio, capacitando simultaneamente o governo a atingir objetivos coletivos e, ao mesmo tempo, atando as mãos desse mesmo governo. Porém, essa tensão assume um giro específico com relação ao processo informacional, devido à incerteza potencial de como as informações podem ser usadas ou o que elas poderão revelar no futuro.[335]

A par de quaisquer considerações em sentido contrário, a eficiência administrativa não deve, sob nenhuma hipótese, simbolizar uma necessidade de mera delegação da tarefa de estabelecer regras de governança, e sua decorrente fiscalização, a entidades de controle descentralizadas, que apenas insuflam a estrutura

---

334. WEBER, Rolf H. Transparency and the governance of the Internet. **Computer Law & Security Review**, Londres, v. 24, n. 4, p. 342-348, out./dez. 2008, p. 343.
335. MAYER-SCHÖNBERGER, Viktor; LAZER, David. The governing of government information, cit., p. 284-285, tradução livre. No original: "*Government, of course, is not simply another entity with which citizens transact, but it is a creature of the people. The citizenry in a democracy is the sovereign, delegating power to the government as its agent to perform certain tasks. As a voluminous political science literature indicates, this delegation creates an enormous agency problem regarding the actions of government. (...) There is thus a subtle balancing act, simultaneously empowering government to achieve collective goals, while at the same time tying the hands of government. This tension takes on a particular spin with information, however, because of the potential uncertainty of how information might be used, or what it might reveal in the future.*"

administrativa.[336] Deve, em verdade, ser uma eficiência decorrente da governança digital, com foco ampliado e voltado à conjugação de preceitos para que se tenha uma verdadeira eficiência:

> Se a celeridade da conduta administrativa vier a contribuir para a prática de condutas incompatíveis com o ordenamento jurídico, não há uma verdadeira eficiência administrativa. Na verdade, medidas pretensamente adequadas ao bom andamento dos serviços que não atendam à legalidade tendem a produzir ineficiência no futuro. Por outro lado, é preciso lembrar que o funcionamento eficiente da Administração constitui um meio indispensável para garantir o pleno respeito aos direitos dos cidadãos. Além disso, os sistemas de informação, ao contrário do que muitos pensam, tendem a reforçar a formalização das atividades administrativas. Pode haver, como afirmado, uma simplificação dos processos, pela definição precisa de critérios e a eliminação de tarefas inúteis; entretanto, as informações úteis tendem a ser ainda mais registradas e conservadas, o processo pode ser mais minucioso e várias formalidades, antes impossíveis, passam a ser realizadas. Assim, inconsistente antítese entre eficiência e garantia, especialmente a legalidade, deve ser superada, pois a utilização de meios informáticos pode ser feita a fim de realizar os direitos antes existentes de modo ainda mais intenso, solucionando problemas anteriores, sobretudo caso se tenha em mente que o funcionamento da Administração pelos meios tradicionais sempre esteve longe de ser perfeito.[337]

Uma Administração Pública nesses moldes deve ser primordialmente inclusiva[338] e baseada de parâmetros que superem a propensão singelamente técnica. Deve, em verdade, ser aprimorada a ponto de conjugar as tecnologias vindouras à prevenção de ilícitos.

Na Internet das Coisas, processos automatizados tomarão conta de boa parte das atividades gerenciais de caráter mais democrático, o que não pode significar – como se disse – um completo abandono da equivalência de garantias.[339] Na medida em que

---

336. MAYER-SCHÖNBERGER, Viktor. The shape of governance, cit., p. 7. Anota: "*Arguments about the appropriate agency of governance for cyberspace surface particularly when the obvious and accepted jurisdictional reach of the agency being suggested is incongruent with the space to be regulated. Because of the plentitude of such partial overlaps between accepted regulatory reach and regulatory space in cyberspace, arguments about governance have become commonplace in cyberlaw debates. Opponents of proposed cyber-rules in particular rarely fail to point out governance deficiencies caused by such overlaps, thereby introducing the governance dimension into the discourse.*"
337. BREGA, José Fernando Ferreira. **Governo eletrônico e direito administrativo**, cit., p. 112-113. Acrescenta: "Hoje, já não se pode falar em opor eficiência e legalidade, mas em adaptar à nova realidade as necessárias e irrenunciáveis garantias tradicionalmente consagradas pelo direito administrativo, de sorte que a utilização das novas tecnologias da informação e comunicação também se torne um importante instrumento de garantia, podendo viabilizar o cumprimento das obrigações e o exercício de direitos por parte dos cidadãos."
338. HACHEM, Daniel Wunder. Administração Pública inclusiva, igualdade e desenvolvimento: o direito administrativo brasileiro rumo à atuação estatal para além do mínimo existencial. *In:* MARRARA, Thiago (Org.). **Direito administrativo**: transformações e tendências. São Paulo: Almedina, 2014, p. 459. Destaca: "A promoção do desenvolvimento e a efetivação plena dos direitos fundamentais econômicos e sociais, requisitos essenciais para o atingimento dos objetivos da república descritos no art. 3º da Constituição, não serão alcançados somente pela postura ativista do Poder Judiciário. (...) Essa questão deve se tornar, dentro da tendência sob discussão, uma pauta prioritária do direito administrativo. A temática da concretização dos direitos econômicos e sociais não pode ser debatida apenas pelo direito constitucional, pois como visto até aqui, ela deve caminhar *pari passu* com a questão do desenvolvimento."
339. BREGA, José Fernando Ferreira. **Governo eletrônico e direito administrativo**, cit., p. 114-115. Diz: "A necessidade de equivalência de garantias tem origem em um contexto, generalizado até pouco tempo atrás, em que a informática procurava fundamentalmente satisfazer necessidades da organização administrativa, e não dos usuários. Em vista disso, a tendência era opor os direitos dos indivíduos aos ganhos decorrentes da adoção das tecnologias – que atendiam à Administração –, procurando-se encontrar um ponto de equilíbrio entre ambos."

computadores, servidores, *gadgets* e sistemas em geral são integrados às redes informacionais,[340] tornando-se partes indestacáveis dos processos decisionais. De fato, a incorporação de novos *softwares* e equipamentos com sensores, câmeras ou outras utilidades voltadas à coleta e ao tratamento de dados pode viabilizar a comunicação *machine-to-machine* (M2M)[341] e o processamento dessas informações, por algoritmos baseados em *Big Data*, tem o potencial de produzir escolhas 'otimizadas', com maior potencialidade de acerto, porquanto baseadas em dados numéricos, proporções e estatísticas.

Nessa perspectiva, enquanto se caminha para a terceira década do século XXI, a Internet das Coisas já pode ser considerada "uma realidade incontornável, seja em seu uso empresarial ou por indivíduos."[342] Seu implemento nas rotinas de Estado, ademais, também pode ser visto como uma consequência inevitável, inclusive para o aprimoramento de processos decisionais baseados em inteligência artificial e decorrentes da consolidação de uma estrutura administrativa baseada na governança digital. Se os deveres de proteção não podem ser negligenciados, tem-se o novo desafio descrito por Floriano Marques Neto:

> É chegado o momento de concluir. O que tentei aqui foi apresentar a relação que existe entre o surgimento (e a importância) da moderna regulação e as transformações que ocorrem na esfera pública e privada e na dicotomia entre elas. É certo que muito ainda está por vir e que as transformações vividas até aqui estão longe de permitir esmorecer. O velho paradigma resiste. E sua presença leva muitos a advogar que a regulação corresponde ao enfraquecimento do Estado e ao comprometimento do interesse público. Tenho comigo que a maior resistência à moderna regulação não está nos governos, mas na cultura jurídica e política que resiste a enxergar as mudanças na dicotomia público e privado.
>
> Porém, descontada a força da velha tradição, há desafios postos para o futuro. À esfera pública corresponde o desafio de ser eficiente sem ser autoritária. De conciliar arbitramento de interesses, racionalidade econômica e consagração de direitos fundamentais. À esfera privada corresponde a obrigação de se fortalecer e de exercer, plenamente, seus direitos e sua autonomia, não aceitando a intrusão estatal desnecessária ou desproporcional, mas também sabendo desempenhar suas funções, saindo da zona de conforto de esperar que o Estado a tudo proveja. O tempo dirá se estamos no caminho certo.[343]

---

340. WEBER, Rolf H.; WEBER, Romana. **Internet of Things**: legal perspectives. Berlin/Heidelberg: Springer Verlag, 2010, p. 1-2.
341. HÖLLER, Jan; TSIATSIS, Vlasios; MULLIGAN, Catherine; KARNOUSKOS, Stamatis; AVESAND, Stefan; BOYLE, David. **From machine-to-machine to the Internet of Things**: introduction to a new age of intelligence. Oxford: Academic Press/Elsevier, 2014, p. 40. Os autores explicam: "*A key aspect to note between M2M and IoT is that the technology used for these solutions may be very similar – they may even use the same base components – but the manner in which the data is managed will be different. In an M2M solution, data remains within strict boundaries – it is used solely for the purpose that it was originally developed for. With IoT, however, data may be used and reused for many different purposes, perhaps beyond the original intended design, thanks to web-based technologies. While public information marketplaces are generally the vision around IoT, (...), it is unlikely such marketplaces will become commonplace before trust, risk, security, and insurance for data exchanges are able to be fully managed appropriately.*"
342. GUIMARÃES, Marcelo César. Repercussões concorrenciais da Internet das Coisas. *In*: FRAZÃO, Ana; CARVALHO, Ângelo Gamba Prata de (Coord.). **Empresa, mercado e tecnologia**. Belo Horizonte: Fórum, 2019, p. 312.
343. MARQUES NETO, Floriano de Azevedo. Interesses públicos e privados na atividade estatal de regulação. O princípio da eficiência e o direito fundamental à boa administração. *In*: MARRARA, Thiago (Org.). **Princípios de direito administrativo**: legalidade, segurança jurídica, impessoalidade, publicidade, motivação, eficiência, moralidade, razoabilidade, interesse público. São Paulo: Atlas, 2012, p. 440.

Face ao exposto, registra-se a necessidade de que sejam pontuados, ainda que brevemente, as perspectivas e os percalços do uso da Inteligência Artificial (IA) nas rotinas públicas, que é tema instigante e ainda carente de regulamentação específica no Brasil, mas que já apresenta algumas induções passíveis de consideração do ponto de vista de seu impacto. Na sequência, breves comentários sobre a inovação pública e os limites da técnica consolidarão as breves linhas dedicadas ao estudo do princípio da eficiência.

4.5.1 Perspectivas e percalços do uso da Inteligência Artificial (IA)

Se os processos decisionais são o ponto de maior sensibilidade no trato jurídico da atuação estatal, não há dúvidas de que o uso da Inteligência Artificial (IA) traz novos elementos para a compreensão dessa dinâmica e que tornam a aferição de riscos e vantagens ainda mais delicada para o direito administrativo.

Se, por um lado, a inteligência artificial tem o potencial de produzir resultados e, em linhas gerais, propiciar uma atuação pública procedimental mais eficiente e otimizada pela predição algorítmica, que opera por representações simbólicas e estruturais do conhecimento,[344] por outro, se constitui de construções que demandam investigações específicas para a concreta aferição de suas potencialidades.

Os impactos da IA já são sentidos nas relações sociais e revelam uma tendência inevitável:

> A IA está impactando fortemente o comportamento social. Logo, importa que entendamos como essas alterações têm se dado, quais mudanças estão já estipuladas e quais os rumos que teremos com tamanhos potenciais de automações de tarefas tradicionalmente realizadas por pessoas. (...) Na medida em que a IA está progressivamente ocupando espaços de tarefas inerentemente humanas, urge que cada pessoa tenha clareza de sua própria singularidade, a fim de que ela possa reconhecer na IA uma tecnologia eficaz, e grande aliada para facilitação das atividades humanas.[345]

Nesse compasso, é de se notar que o Judiciário brasileiro já vem empreendendo iniciativas de fomento ao uso da análise estatística para a otimização de resultados; denomina-se 'jurimetria' o espectro utilizado para a aferição da efetividade dessas iniciativas.[346] A situação não é diferente na iniciativa privada, em que se observa grande propensão à utilização de processos automatizados para a coleta e o processamento de

---

344. ROVER, Aires José. **Informática no direito**: inteligência artificial. Introdução aos sistemas especialistas legais. Curitiba: Juruá, 2001, p. 155 *et seq.*
345. SILVA, Nilton Correia da. Inteligência artificial. *In*: FRAZÃO, Ana; MULHOLLAND, Caitlin (Coord.). **Inteligência artificial e direito**: ética, regulação e responsabilidade. São Paulo: Thomson Reuters Brasil, 2019, p. 49.
346. Elucidação interessante é apresentada por Erik Wolkart e Daniel Becker: "Outro interessante exemplo de jurimetria aplicada é o projeto Supremo em Números, da Escola de Direito da Fundação Getúlio Vargas (FGV Direito Rio). O estudo, com edições anuais quase desde o início da década e inspirado no Justiça em Números do CNJ, propõe-se a estudar a curva do tempo no recebimento, processamento e julgamento de processos pelo STF. A pesquisa, que responde questionamentos como "quanto tempo decorre entre o início do processo e a decisão liminar?" e "qual a média de tempo entre o julgamento e a publicação do acórdão?", funciona como fonte de informações par ao aprimoramento da Suprema Corte brasileira." WOLKART, Erik Navarro; BECKER, Daniel. Tecnologia e precedentes: do Portão de Kafka ao Panóptico Digital pelas mãos da jurimetria. *In*: ALVES, Isabella Fonseca (Org.). **Inteligência artificial e processo**. Belo Horizonte: D'Plácido, 2019, p. 13.

dados com intenções de otimização de resultados e lucros com desfechos negativos[347] e positivos.[348]

A experiência colhida da utilização da IA pela iniciativa privada demonstra aquilo que Lessig já sugestionava na virada do milênio e que já se anotou no curso desse trabalho: a predominância de um domínio pelo controle da arquitetura (no caso, dos algoritmos).[349]

Uma empresa que detenha o controle dos métodos de coleta e tratamento de dados e mantenha sob sigilo as minúcias técnicas de seu funcionamento pode, a depender da complexidade de sua operacionalização, se blindar até mesmo contra o poder de polícia estatal, uma vez que a Administração Pública dificilmente conseguirá acesso a elementos contundentes para a aferição de ilícitos.

No Brasil, uma proposta de alternativa regulatória para a questão é o *Sandbox Regulatório*,[350] nova modalidade de compartimentalização do contexto de regulação

---

347. Veja-se, apenas a título ilustrativo, o caso das práticas denominadas *geopricing* e *geoblocking*, utilizadas para a discriminação indevida de preços em detrimento de consumidores que estejam em localização aferida pela coleta de dados sensíveis de seus dispositivos eletrônicos: "Em ação civil pública movida pelo Ministério Público do Estado do Rio de Janeiro em face de empresa de comércio eletrônico, sem julgamento definitivo do Tribunal de Justiça, foi utilizada a tecnologia de informação e comunicação para ativamente discriminar consumidores com base em sua origem geográfica e/ou nacionalidade para manipular as ofertas de hospedagem em hotéis, alterando o preço conforme a origem do consumidor. O mesmo fato, em sede administrativa, levou a Secretaria Nacional do Consumidor (SENACON) a aplicar uma multa de R$ 7.500.000,00, após considerar que a prática de preços diferenciados com base na origem geográfica ofende direitos básicos do consumidor, (...). A discriminação geográfica é implementada por intermédio de uma manipulação na própria estrutura do código do algoritmo utilizado para selecionar e disponibilizar ofertas aos consumidores por meio da rede internacional de computadores (*World Wide Web*)." MARTINS, Guilherme Magalhães. O *geopricing* e *geoblocking* e seus efeitos nas relações de consumo. *In:* FRAZÃO, Ana; MULHOLLAND, Caitlin (Coord.). **Inteligência artificial e direito**: ética, regulação e responsabilidade. São Paulo: Thomson Reuters Brasil, 2019, p. 635-636.
348. "No âmbito da iniciativa privada, vale mencionar o *marketplace* argentino Mercado Livre, fundado no apagar das luzes do último milênio, que opera em 19 países e possui quase 200 milhões de usuários, sendo considerado o site de *e-commerce* mais popular da América Latina. Com o uso de ferramentas estatísticas, em estudo realizado em 2017, a empresa compreendeu que aproximadamente 40% dos usuários que ajuizavam ações contra a companhia não haviam informado sua pretensão, *id est* sequer tentavam resolver amigavelmente a disputa. Eram demandas simples e evitáveis. Por isso, optou-se por criar uma ferramenta chamada "Compra Garantida", na qual o usuário, caso atendidos determinados requisitos e respeitado o prazo da reclamação, recebe seu dinheiro de volta. Na hipótese de o método não resolver a questão, a plataforma disponibiliza um *chat* para comprador e vendedor tentarem uma composição, podendo contar ou não com a ajuda de um terceiro, o mediador, que pode vir a participar do processo. Até aqui o Mercado Livre alcançou 98,9% de desjudicialização, utilizando técnicas de promoção das melhores experiências para seus consumidores e usuários." WOLKART, Erik Navarro; BECKER, Daniel. Tecnologia e precedentes, cit., p. 13.
349. LESSIG, Lawrence. **Code 2.0**, cit., p. 59-60.
350. COUTINHO FILHO, Augusto. Regulação 'Sandbox' como instrumento regulatório no mercado de capitais. **Revista Digital de Direito Administrativo**, Ribeirão Preto, v. 5, n. 2, p. 264-282, jul./dez. 2018, p. 266. Explica: "A maior parte das normas expedidas no âmbito do mercado financeiro tratam os participantes desse mercado de modo transversal, instituindo deveres e obrigações de acordo com o serviço típico desenvolvido por eles (corretagem, gestão de recursos, análise de investimentos etc.), independentemente das especificidades de cada negócio. Essa lógica não se coaduna com aquela aplicável às empresas de inovação tecnológica que ingressam no mercado financeiro (as chamadas "*Fintechs*"), já que elas muitas vezes não se enquadram nas "caixas" pré-determinadas pelos reguladores. Diante da necessidade de endereçar essa falha regulatória, tem surgido no âmbito das jurisdições estrangeiras um novo instrumento de regulação, utilizado com a finalidade de promover a evolução de novas tecnologias no mercado financeiro. Trata-se da regulação "*sandbox*" (ou caixa-de-areia, numa tradução literal). O conceito se assemelha ao de crianças brincando dentro de um parque: elas estão autorizadas a fazer o que quiserem dentro daquele espaço, desde que respeitem as regras e os limites estabelecidos para sua atuação."

aplicável a empresas que operam no mercado de capitais, e, que, nos dizeres de Bruno Feigelson e Luiza Silva, pode ter pertinência ao direito público:

> Tratando-se da implementação de *Sandbox* Regulatório no Brasil, cabe analisar as potenciais respostas para a seguinte questão: É necessário o estabelecimento de novas leis, em sentido estrito, para a implementação da modelagem? Em outras palavras, é possível que autarquias brasileiras passem a adotar o *Sandbox* Regulatório sem a necessidade de mudanças legais?
>
> As escolhas administrativas conduzem-nos à produção de efeitos de natureza multilateral e multipolar, levando-nos ao contrassenso de que cada resolução de problemas pode gerar novos problemas. Nesse contexto, a releitura da concepção clássica de superioridade do interesse público sobre o privado se faz necessária, visto que ela foi adotada no passado e ainda subsiste entre nós, como fundamento para a legitimação dos atos e das medidas perpetradas no âmbito da Administração Pública.[351]

Não se sabe a que ponto esse grau de regulação específica poderá chegar, embora seja extremamente crível que o ordenamento se reformule em razão de novas produções decorrentes do uso de técnicas direcionadas a esse aprimoramento.

José Fernando Brega é enfático quanto à relevância de se compreender a vinculação entre a atuação automatizada (que se traduz em inegável eficiência administrativa) e o ordenamento jurídico:

> A existência de um sistema informático apresenta-se como uma realidade técnica, mas nem sempre como uma realidade administrativa ou jurídica. Um determinado sistema pode produzir atos administrativos válidos caso seja reconhecido pela Administração como apto a esse fim, de modo que a ela possa ser imputado o resultado das atividades desempenhadas pela máquina, produzindo os respectivos efeitos jurídicos. É necessária, em síntese, uma vinculação entre a atuação do sistema informático e o ordenamento.[352]

Tem relevância no contexto dos atos administrativos automatizados,[353] que podem decorrer de implementos de inteligência artificial, mas, com o reconhecimento de sua prática pelo órgão ou entidade, ganha contornos jurídicos[354] e passa a demandar do operador do direito específica aferição.

---

351. FEIGELSON, Bruno; SILVA, Luiza Caldeira Leite. Regulação 4.0: Sandbox Regulatório e o futuro da regulação. *In*: BECKER, Daniel; FERRARI, Isabela (Coord.). **Regulação 4.0**: novas tecnologias sob a perspectiva regulatória. São Paulo: Revista dos Tribunais, 2019, p. 84.
352. BREGA, José Fernando Ferreira. **Governo eletrônico e direito administrativo**, cit., p. 220. Acrescenta: "O reconhecimento da submissão da atividade automatizada ao ordenamento é essencial para dar cumprimento ao princípio da equivalência de garantias, de modo que a utilização das novas tecnologias não implique uma redução de direitos dos administrados."
353. MARRARA, Thiago. Direito administrativo brasileiro, cit., p. 44. Comenta: "(...) nesse momento de transição, mostra-se imprescindível examinar como a tendência tecnologizante da gestão pública se concilia ou entra em choque com o direito administrativo e como essa relação entre direito e técnica deverá ser absorvida juridicamente. Não fosse isso, é preciso que o direito lide não apenas com os efeitos benéficos das novas tecnologias aplicadas à gestão, mas principalmente com os riscos e eventuais efeitos negativos, como o aumento da fragilidade no manuseio, pelo Estado, de dados pessoais dos cidadãos, os riscos da automatização dos atos administrativos e de administração à luz do princípio da isonomia, bem como os problemas de substituição paulatina do exercício humano de tarefas públicas por mecanismos de execução indireta."
354. Sobre o tema, anota José Fernando Brega: "O sistema informático não pode aplicar critérios implícitos ou ocultos, sob pena de trazer menos garantias que aquelas presentes na atuação tradicional. As regras adotadas devem ser públicas e transparentes, de maneira a permitir o controle da atividade administrativa, inclusive o questionamento dos critérios ali adotados. Nenhuma passagem do processo decisório ser tida como impenetrável, pois a utilização dos computadores precisa reforçar a posição jurídica dos administrados, e não enfraquecê-la. Por isso,

Nesse aspecto, o desenvolvimento de soluções específicas para a tutela dessas situações eventualmente carentes de regulação, mas necessariamente merecedoras de tutela jurídica faz com que se retome a discussão acerca da importância da governança digital.

Confira-se as reflexões de Fabrício Polido:

> (...) se os Estados não forem capazes de prever as inevitáveis mudanças no ambiente de trabalho (e.g. condições e oferta de empregos e proteção social do trabalho) dentro do contexto das transformações tecnológicas e automação promovidas pela IA – e deixarem de cumprir sua responsabilidade de oferecer oportunidades para as populações, especialmente aos jovens –, eles terão de suportar intensa reação política contra as medidas e propostas a serem avançadas.[355]

Nesse contexto, para além do aspecto comunicacional e de seus entrelaçamentos com a Inteligência Artificial,[356] à medida em que a eficiência administrativa passar a dar a tônica de uma realidade em que atos e processos automatizados tomam corpo e passam a ser comuns nas rotinas administrativas e judiciais,[357] novos usos para a IA surgirão e demandarão respostas apropriadas.[358]

A mudança será paulatina e, por certo, refletirá o estado da arte da evolução da disciplina estatal em torno da governança digital para a convergência interdisciplinar e o fomento de práticas adequadas de evolução das soluções utilizadas no contexto específico da Inteligência Artificial e de suas decorrências.

---

a construção e a operação de sistemas informáticos públicos devem ser acompanhadas de atos administrativos destinados a sustentá-la. O principal desses atos é aquele pelo qual a Administração decide valer-se do sistema informático para a expedição de atos administrativos automatizados, reconhecendo como seus atos produzidos dessa maneira. Por meio desse ato, o resultado da atuação do sistema informático deixa de ser apenas uma realidade informática e passa a ter um sentido jurídico." BREGA, José Fernando Ferreira. **Governo eletrônico e direito administrativo**, cit., p. 220-221.

355. POLIDO, Fabrício Bertini Pasquot. Novas perspectivas para regulação da Inteligência Artificial: diálogos entre as políticas domésticas e os processos legais transnacionais. *In*: FRAZÃO, Ana; MULHOLLAND, Caitlin (Coord.). **Inteligência artificial e direito**: ética, regulação e responsabilidade. São Paulo: Thomson Reuters Brasil, 2019, p. 195. Complementa, lançando mão de questionamentos: "O que tem mobilizado Estados quanto à jurisdição – competências legislativa e executiva especificamente – no campo da inteligência artificial? Quais tendências têm sido observadas, entre preferências por leis e regulamentos induzindo políticas de inovação na área ou adoção de políticas governamentais ou "estratégias"? Quais são as principais ênfases, abordagens nessas políticas adotadas? Como se manifesta a corrida tecnológica por "lideranças nacionais" em torno do desenvolvimento e avanços em sistemas autônomos e inteligentes, na robótica, Internet das Coisas e *Big Data*, todos representativos do combustível da indústria 4.0?"
356. GUNKEL, David J. Comunicação e inteligência artificial: novos desafios e oportunidades para a pesquisa em comunicação. **Galáxia**, São Paulo, n. 34, p. 05-19, jan./abr. 2017, p. 13-17.
357. NUNES, Dierle; MARQUES, Ana Luiza Pinto Coelho. Inteligência artificial e direito processual: vieses algorítmicos e os riscos de atribuição de função decisória às máquinas. **Revista de Processo**, São Paulo: Revista dos Tribunais, v. 285, n. 11, p. 421-447, nov. 2018, *passim*.
358. AL-MUSHAYT, Omar. Automating e-government services with Artificial Intelligence. **IEEE Access**. 8 out. 2019. Disponível em: https://ieeexplore.ieee.org/document/8862835. Acesso em: 20 jun. 2023. Comenta: "*Artificial Intelligence (AI) has recently advanced the state-of-art results in an ever-growing number of domains. However, it still faces several challenges that hinder its deployment in the e-government applications–both for improving the e-government systems and the e-government-citizens interactions. In this paper, we address the challenges of e-government systems and propose a framework that utilizes AI technologies to automate and facilitate e-government services. Specifically, we first outline a framework for the management of e-government information resources. Second, we develop a set of deep learning models that aim to automate several e-government services. Third, we propose a smart e-government platform architecture that supports the development and implementation of AI applications of e-government. Our overarching goal is to utilize trustworthy AI techniques in advancing the current state of e-government services in order to minimize processing times, reduce costs, and improve citizens' satisfaction.*"

4.5.2 Inovação pública e os limites da técnica

Em linhas conclusivas, cumpre tecer breves comentários sobre os limites da técnica no que diz respeito à malfadada inovação pública, objeto de tantas indagações no contexto da recente reforma à LINDB. O tema, por si só, contempla desdobramentos do estudo acerca da eficiência administrativa e de seus percalços à luz de novas tecnologias, na medida em que a conjugação dos vieses em questão (inovação e regulação[359]) nem sempre se traduz com a clareza que uma investigação detida da base estruturante do direito público impõe ao operador do direito.[360]

Isso porque, em termos de atendimento da função promocional dos deveres de proteção aos direitos fundamentais, incumbe ao Estado se cercar de todas as ferramentas que possam operar em sentido positivo na acepção que se dá ao aprimoramento da técnica em sintonia com a ética:

> (...) os limites de proteção no ambiente da Internet sempre estiveram relacionados com um dilema estrutural, diagnosticado pelos primeiros autores que trabalharam com a temática: a proteção jurídica é aplicável *ex post*, ao passo em que as regras técnicas – fixadas pelos programas e pela arquitetura da rede – são aplicáveis *ex ante*.[361]

Decorrência natural desse fenômeno passa pela constatação dos limites de tangenciamento entre ética e técnica: "As técnicas não determinam, elas condicionam."[362] Por essa razão, certas propensões à revitalização da Filosofia do Direito:

> O debate de hoje sobre o redesenho de instituições e normas legais por meio da normatividade tecnológica (...) provavelmente se tornará o principal assunto da filosofia do direito em uma sociedade da informação e reterá a atenção de especialistas em informações jurídicas para algum tempo. O que está em jogo aqui diz respeito tanto aos requisitos quanto às funções da lei, afinal.[363]

---

[359]. Confira-se: MAGALHÃES, Matheus L. Puppe. Disruptive technologies and the rule of law: autopoiesis on an interconnected society. In: BARBOSA, Mafalda Miranda; BRAGA NETTO, Felipe; SILVA, Michael César; FALEIROS JÚNIOR, José Luiz de Moura (Coord.). **Direito digital e inteligência artificial**: diálogos entre Brasil e Europa. Indaiatuba: Foco, 2021, p. 533-546.

[360]. JONAS, Hans. **Le principe responsabilité**, cit., *passim*.

[361]. VERONESE, Alexandre; SILVEIRA, Alessandra; LEMOS, Amanda Nunes Lopes Espiñeira. Inteligência Artificial, mercado único digital e a postulação de um direito às inferências justas e razoáveis: uma questão jurídica entre a ética e a técnica. *In*: FRAZÃO, Ana; MULHOLLAND, Caitlin (Coord.). **Inteligência artificial e direito**: ética, regulação e responsabilidade. São Paulo: Thomson Reuters Brasil, 2019, p. 258. Registram: "(...) os conceitos de *Code* (Lawrence Lessig) e de *Lex Informatica* (Joel R. Reidenberg e outros) são suficientes para evidenciar o problema. A solução exposta pelos dois autores citados residiria na construção de mecanismos jurídicos – ou econômicos, ou sociais, ou éticos – que possam influenciar a produção de programas afinados com um paradigma progressista em relação aos direitos. O espaço de solução é, portanto, indiretamente, jurídico. Ele será, contudo, diretamente, técnico ou ético. É somente a partir dessa constatação que se percebe a importância dos fóruns (...). Muitos aos atrás, François Ost e Michel van de Kerchove já haviam diagnosticado o aparecimento de fontes jurídicas novas que mostravam a emergência de um novo tipo de direito."

[362]. LÉVY, Pierre. **O que é o virtual?** Tradução de Paulo Neves. 2. ed. São Paulo: Editora 34, 2011, p. 101.

[363]. PAGALLO, Ugo; DURANTE, Massimo. The philosophy of law in an information society. *In*: FLORIDI, Luciano (Ed.). **The Routledge handbook of philosophy of information**. Londres: Routledge, 2016, p. 405-406, tradução livre. No original: "*Today's debate on the redesign of legal institutions and norms through the means of technological normativity (...), is thus likely to become the main subject of the philosophy of law in an information society and to retain the attention of experts of legal information for quite some time. What is at stake here concerns both the requirements and functions of the law, after all.*"

O círculo se fecha, retomando o excerto acima, de Pagallo e Durante, na medida em que a informação gera efeitos sobre a filosofia, abrangendo razões para que seu papel seja ressignificado. Luciano Floridi enfatiza que, no passado, era incumbência dos filósofos a sistematização de todo o conhecimento humano.[364] Porém, com a mudança de cenário decorrente da ascensão da Internet, novas motivações são necessárias para a consolidação dessa interação, e o papel do direito administrativo, nesse contexto, passará a um campo instrumental de formulação e realização dos interesses coletivos e gerais.

É evidente que não se pode descurar dos resultados, mas

> (...) o que se almeja, dentro de uma ótica de garantia e efetividade plena dos direitos fundamentais a partir do texto constitucional (autoaplicabilidade), é dar juridicidade às finalidades instrumentalizadas pela Administração, visto que cabe a ela, em última análise, a efetivação prática dos valores politicamente estabelecidos como escopo estatal, sendo os cidadãos seus legítimos destinatários.[365]

Nesse contexto, a ideia de resultado não deve ser singelamente considerada o subproduto de influxos da Economia sobre o Direito, o que, em leitura rasa, propiciaria uma configuração institucional desassociada de todo o acervo principiológico descrito nessa investigação. Deve-se buscar, a bem da verdade, a alavancagem administrativa pela conjugação entre técnica e ética.

Para além da lógica incidente sobre os raciocínios abstratos,[366] que têm sim grande relevância para a Ciência Jurídica, a despeito do "fato de que a complexidade da regulação faz as prescrições serem mais abertas, menos precisas."[367] Isto não afasta do campo de cognição do direito, contudo, a importância do controle regulatório, como destaca James Beniger: "Cada nova inovação tecnológica estende os processos que sustentam a vida social humana, aumentando assim a necessidade de controle e a melhoria da tecnologia de controle."[368]

---

364. FLORIDI, Luciano. **The philosophy of information**, cit., p. 11-12. Explica: "*In the past, philosophers had to take care of the whole chain of knowledge production, from raw data to scientific theories, as it were. Throughout its history, philosophy has progressively identified classes of empirical and logico-mathematical problems and outsourced their investigations to new disciplines. It has then returned to these disciplines and their findings for controls, clarifications, constraints, methods, tools, and insights (...). Its critical and creative investigations identify, formulate, evaluate, clarify, interpret, and explain problems that are intrinsically capable of different and possibly irreconcilable solutions, problems that are genuinely open to informed debate and honest, reasonable disagreement, even in principle. These investigations are often entwined with empirical and logico-mathematical issues, and so scientifically constrained but, in themselves, they are neither. They constitute a space of inquiry broadly definable as normative. It is an open space: anyone can step into it, no matter what the starting point is, and disagreement is always possible. It is also a dynamic space, for when its cultural environment changes, philosophy follows suit and evolves.*"
365. CUNHA, Bruno Santos. O princípio da eficiência e o direito fundamental à boa administração, cit., p. 401.
366. Sobre o tema, confira-se: FLORIDI, Luciano. The method of abstraction. In: FLORIDI, Luciano (Ed.). **The Routledge handbook of philosophy of information**. Londres: Routledge, 2016, p. 50 et seq.
367. MARQUES NETO, Floriano de Azevedo; FREITAS, Rafael Véras de. **Comentários à Lei nº 13.655/2018 (Lei de Segurança para a Inovação Pública)**, cit., p. 10. Comentam: "A mudança da forma como o Estado intervém no domínio econômico (de uma intervenção direta para uma intervenção indireta) contribuiu para ampliação de seus lindes normativos. De fato, é um erro a afirmação de acordo com a qual a delegação das atividades para a iniciativa privada, seja por intermédio de contratos de longo prazo (concessões, parcerias público-privadas, arrendamentos, entre outros), seja pela desestatização de empresas estatais, fez com que o Estado se demitisse da sua função normativa."
368. BENIGER, James R. **The control revolution**: technological and economic origins of the information society. Cambridge: Harvard University Press, 1986, p. 434, tradução livre. No original: "*Each new technological innovation extends the processes that sustain human social life, thereby increasing the need for control and for improved control technology.*"

A centralidade da informação no sistema jurídico é a marca preponderante dessa nova configuração social, baseada no importante papel desempenhado pelas comunicações[369] para a evolução das atividades administrativas e no incremento de uma visão plural do direito administrativo, que o coloca para além do núcleo isolado de "ramo" ou disciplina isolada do estudo do direito, como diz Sundfeld:

> É por isso que nosso campo, o direito administrativo, não pode ser um ramo do Direito. Ele é uma área do conhecimento, uma disciplina definida em torno de um sujeito; uma disciplina que se debruça sobre os muitos braços e dedos do direito positivo, para descobrir o que há neles de aplicável à Administração.[370]

A sociedade da informação e seu conceito essencial decorre dessa macrovisão e dela não pode se distanciar o direito administrativo. Novamente, tem-se a explicação de James Beniger:

> A sociedade da informação não resultou de mudanças recentes, como vimos, mas de aumentos na velocidade do processamento de materiais e dos fluxos através da economia material iniciada há mais de um século. Da mesma forma, a tecnologia de microprocessamento e computação, ao contrário da opinião atual da moda, não representa uma nova força recentemente desencadeada em uma sociedade despreparada, mas apenas a parcela mais recente no desenvolvimento contínuo da Revolução do Controle. (...)
> O surgimento da própria sociedade da informação, mais do que o desenvolvimento paralelo da teoria formal da informação, expôs a centralidade do processamento, da comunicação e do controle da informação a todos os aspectos da sociedade humana e do comportamento social.[371]

Se a sociedade da informação revela uma dimensão inescapável da realidade de controle administrativo, não há dúvidas de que a inovação poderá contribuir eficazmente para o reforço à legitimidade administrativa pelo reforço da ética, em sintonia com o 'princípio responsabilidade' descrito por Hans Jonas[372] e sobre o qual Jorge Pereira da Silva assim se posiciona:

> (...) absolutamente ciente de que a própria *ideia de Homem* se encontra ameaçada, Jonas lança as bases de uma ética de responsabilidade para com o futuro e que corta cerce com os cânones éticos do passado. Com efeito, na ética tradicional, a natureza não era de todo objecto da responsabilidade humana – a natureza cuidava de si própria e do homem –, de modo que na relação deste com o mundo natural não se fazia uso de preceitos éticos, mas sim da inteligência e da capacidade inventiva e interventiva.[373]

Cuida-se, enfim, de uma completa reformulação do papel da Administração Pública, que passa a ter na ética novo fundamento de ordenação de sua atuação, com o primado da técnica sendo vencido por sua conjugação com a própria ética.

---

369. KULCZYCKI, Emanuel. On the development of scholarly communication. A philosophical approach to the communication history. **Studia Philosophica Wratislaviensia**, Breslávia, p. 51-63, 2014, p. 60.
370. SUNDFELD, Carlos Ari. **Direito administrativo para céticos**, cit., p. 157.
371. BENIGER, James R. **The control revolution**, cit., p. 435-436, tradução livre. No original: *"The information society has not resulted from recent changes, as we have seen, but rather from increases in the speed of material processing and of flows through the material economy that began more than a century ago. Similarly, microprocessing and computing technology, contrary to currently fashionable opinion, do not represent a new force only recently unleashed on an unprepared society but merely the most recent installment in the continuing development of the Control Revolution. (...) The rise of the information society itself, more than even the parallel development of formal information theory, has exposed the centrality of information processing, communication, and control to all aspects of human society and social behavior."*
372. JONAS, Hans. **Le principe responsabilité**, cit., *passim*.
373. SILVA, Jorge Pereira da. **Deveres do Estado de protecção de direitos fundamentais**, cit., p. 409.

4.5.3 Sistemas de inteligência artificial, o Judiciário e o GPT-4

Nunca se debateu tanto o assunto "inteligência artificial" quanto nos dias de hoje e grande empolgação tem surgido em razão da ampliação do acesso a ferramentas como o ChatGPT, da OpenAI, que já opera pelo algoritmo GPT-4 (*Generative Pre-training Transformer* 4.0),[374] a mais nova versão que operacionaliza tal ferramenta,[375] desde março de 2023.

Fato é que o uso de sistemas de inteligência artificial tem aumentado em diversos setores, para diversas finalidades, e isto não é diferente no Judiciário brasileiro. São sistemas utilizados para otimizar as atividades ordinatórias e, principalmente, auxiliar na tomada de decisões, o que tem permitido notável incremento na celeridade e economia na prestação jurisdicional.[376]

O estudo "Tecnologia Aplicada à Gestão de Conflitos no Poder Judiciário com Ênfase em Inteligência Artificial", coordenado pelo Centro de Inovação, Administração e Pesquisa do Judiciário da Fundação Getúlio Vargas (CIAPJ/FGV), revelou que, em 2020, mais da metade dos tribunais brasileiros já utilizavam sistemas de inteligência artificial.[377] Entretanto, é preciso ter cautela e seguir as diretrizes estabelecidas pelo Conselho Nacional de Justiça (CNJ) para garantir que o uso desses sistemas não viole direitos e garantias estabelecidos constitucionalmente.

O volume de demandas que ingressam no sistema de justiça brasileiro, aliado à restrição orçamentária para a criação de novos cargos de juízes e servidores, impõe ao Judiciário brasileiro o desafio constante de aprimoramento de sua gestão processual. Nesse sentido, a adoção de ferramentas algorítmicas para a automação de atos não decisórios e instrumentalização para a tomada de decisões tem se mostrado fundamental para alcançar maior produtividade e celeridade na prestação jurisdicional, a um custo menor.

O desenvolvimento dessas ferramentas tem sido uma solução para aprimorar a gestão processual do Judiciário brasileiro. O sistema "Victor", desenvolvido em parceria com a Universidade de Brasília (UnB), é um exemplo. Ele auxilia os analistas do Supremo Tribunal Federal (STF) na interpretação de recursos e separação por temas de

---

374. OPENAI. **Generative Pre-training Transformer 4.0 – GPT-4**. Disponível em: https://openai.com/research/gpt-4 Acesso em: 20 jun. 2023
375. Para um retrospecto conceitual e evolutivo do GPT, conferir o trabalho que elaborei em 2021, quando surgiam os primeiros rumores acerca do potencial do GPT-3, a versão anterior do algoritmo, em: FALEIROS JÚNIOR, José Luiz de Moura. Breves reflexões sobre os impactos jurídicos do algoritmo GPT-3. In: BARBOSA, Mafalda Miranda; BRAGA NETTO, Felipe, SILVA, Michael César; FALEIROS JÚNIOR, José Luiz de Moura (Coord.). **Direito digital e inteligência artificial**: diálogos entre Brasil e Europa. Indaiatuba, SP: Foco, 2021, p. 521-532.
376. PIRES, Fernanda Ivo. Poder Judiciário, inteligência artificial e efeitos vinculantes. In: BARBOSA, Mafalda Miranda; BRAGA NETTO, Felipe; SILVA, Michael César; FALEIROS JÚNIOR, José Luiz de Moura (Coord.). **Direito digital e inteligência artificial**: diálogos entre Brasil e Europa. Indaiatuba: Foco, 2021, p. 500. A autora comenta: "Inúmeros são os benefícios trazidos pela tecnologia aos tribunais e não apenas por utilização de Inteligência Artificial, dentre os quais merecem destaque, sem pretensão de esgotá-los: 1) Trocar horas de trabalho repetitivo por segundos; 2) Facilitar o trabalho do juiz ao agrupar casos semelhantes, mas jamais substituí-lo; 3) Identificar padrões e comparar o andamento de processos em cada unidade judiciária, levando em consideração as peculiaridades locais e o nível de complexidade, em razão da competência e da matéria do direito."
377. FUNDAÇÃO GETÚLIO VARGAS. Centro de Inovação, Administração e Pesquisa do Judiciário. **Tecnologia Aplicada à Gestão de Conflitos no Poder Judiciário com Ênfase em Inteligência Artificial**, 2020. Disponível em: https://portal.fgv.br/eventos/webinar-i-inteligencia-artificial-aplicada-gestao-conflitos-ambito-poder-judiciario-1o-forum. Acesso em: 20 jun. 2023.

repercussão geral, reduzindo o tempo de análise e economizando recursos humanos. O STF também implantou o "Robô Victor", que utiliza acervos de dados processados heuristicamente para responder perguntas dos usuários do sítio eletrônico do tribunal.

O Superior Tribunal de Justiça também tem se destacado pelo implemento de sistemas decisionais de apoio baseados em inteligência artificial, como descreve Mário Augusto Figueiredo de Lacerda Guerreiro: "o Superior Tribunal de Justiça (STJ) desenvolveu o sistema Sócrates 2.0, voltado à identificação e fornecimento de informações relevantes contidas no recurso especial, tais como os permissivos constitucionais pelos quais o recurso foi interposto, os dispositivos legais tidos por violados, os precedentes jurisprudenciais acerca da matéria e as controvérsias jurídicas apresentadas (...)".[378] Outros sistemas desenvolvidos pelo STJ são: "e-Juris, que identifica com algoritmos de redes neurais as normas que foram objeto de exame e os precedentes citados; Logos, dirigido a identificar temas repetitivos; e Accordes, voltado a selecionar acórdãos similares para o produto Jurisprudência em Teses; (...) Em parceria com a Escola Nacional de Formação e Aperfeiçoamento de Magistrados (ENFAM), o STJ desenvolveu o projeto Corpus 927, sistema de busca de jurisprudência que reúne as decisões vinculantes, os enunciados e as orientações de que trata o artigo 927 da Lei 13.105/2015".[379]

E estes são apenas alguns exemplos de sistemas adotados por Tribunais Superiores. Noutros âmbitos, há diversas iniciativas valiosas do Judiciário, que essas breves linhas não conseguiriam mencionar a contento. Assim, mesmo que esteja no horizonte a perspectiva de incorporação de sistemas super sofisticados à prestação jurisdicional, a exemplo do mencionado GPT-4, também há desafios a considerar, como a garantia de transparência, ética e governança no uso dos algoritmos e dos processos de *machine learning*.

Por óbvio, havendo erro, seja pela má coleta, seja pelo mau processamento, seja ainda pela inviabilidade de solução algorítmica para determinada formulação, corre-se o risco de que a decisão tomada seja contaminada por vieses. Em simples termos, o enviesamento algorítmico (*algorithmic bias*)[380] indica a falha 'no consequente', que pode gerar dano. Não obstante, é preciso que se considere o 'antecedente', ou seja, que se investigue o percurso causal do processo heurístico para que seja possível aferir se a decisão eivada de vício foi tomada em função de uma falha ocorrida em etapa prévia que tenha acabado por macular os estágios de processamento subsequentes. A nível regulatório, entretanto, ainda se nota escassez normativa em todo o globo.[381]

---

378. DANKS, David; LONDON, Alex John. Algorithmic bias in autonomous systems. **Proceedings of the Twenty-Sixth International Joint Conference on Artificial Intelligence (IJCAI-17)**, Viena, p. 4691-4697, 2017. Disponível em: https://www.ijcai.org/Proceedings/2017/ Acesso em: 20 jun. 2023.
379. GUERREIRO, Mário Augusto Figueiredo de Lacerda. Inovações na adoção da inteligência artificial pelo Poder Judiciário brasileiro. In: BARBOSA, Mafalda Miranda; BRAGA NETTO, Felipe, SILVA, Michael César; FALEIROS JÚNIOR, José Luiz de Moura (Coord.). **Direito digital e inteligência artificial:** diálogos entre Brasil e Europa. Indaiatuba, SP: Foco, 2021, p. 511-512.
380. GUERREIRO, Mário Augusto Figueiredo de Lacerda. Inovações na adoção da inteligência artificial pelo Poder Judiciário brasileiro, cit., p. 512.
381. Conferir, por todos: ARAÚJO, Valter Shuenquener de; ZULLO, Bruno Almeida; TORRES, Maurílio. Big Data, algoritmos e inteligência artificial na Administração Pública: reflexões para a sua utilização em um ambiente democrático. **A&C – Revista de Direito Administrativo & Constitucional**, Belo Horizonte, ano 20, n. 80, p. 241-261, abr./jun. 2020.

Nos Estados Unidos da América, foi apresentado, em 12 de dezembro de 2017, o *"Fundamentally Understanding the Usability and Realistic Evolution of Artificial Intelligence Act"*, ou apenas *"Future of AI Act"*,[382] que é bastante apegado à correlação entre o conceito de IA e o funcionamento do cérebro humano, denotando proximidade conceitual com a ideia de "singularidade tecnológica". Tal documento indica, ainda, diretrizes éticas para o fomento ao desenvolvimento algorítmico, mas não aborda a responsabilidade civil de forma direta.

Alguns documentos mais recentes, como o *Artificial Intelligence Act* europeu de 2021[383] (2021 EU AIA) e o recentíssimo *Algorithmic Accountability Act* norte-americano de 2022[384] (2022 US AAA), que atualizou a versão anterior, de 2019,[385] evitam a discussão terminológica sobre o alcance semântico do termo "inteligência", preferindo se reportar a "sistemas decisionais automatizados"[386] (*Automated Decision Systems*, ou ADS's) para explicitar a necessidade de que seja definido um regime de responsabilidade civil aplicável em decorrência de eventos danosos propiciados por tais sistemas, e, até mesmo, para reafirmar a importância da estruturação de parâmetros éticos para o desenvolvimento de algoritmos.

Segundo abalizada doutrina,[387] os documentos citados possuem qualidades que podem servir para mútua inspiração, denotando a importância da adequada assimilação semântica (além de outros temas) para a evolução das discussões até mesmo a nível global.

No Brasil, os Projetos de Lei nºs 5.051/2019, 21/2020 e 872/2021 visam regulamentar o tema em linhas gerais (e não apenas para o contexto do Judiciário), priorizando a delimitação de um sistema de responsabilização baseado na anacrônica teoria da culpa, que simplesmente não faz sentido para tutelar matéria tão complexa. A Resolução 332/2020 do Conselho Nacional de Justiça (CNJ), inspirada em princípios fundamentais estabelecidos pela Comissão Europeia para Eficiência da Justiça (CEPEJ) e pela Organização para a Cooperação e Desenvolvimento Econômico (OCDE), busca garantir que o uso da inteligência artificial no Judiciário brasileiro respeite direitos e garantias fundamentais, sem prejudicar a celeridade e a economia processuais.

---

382. ESTADOS UNIDOS DA AMÉRICA. House of Representatives. House Resolution No. 4625, Dec. 12, 2017. **FUTURE of Artificial Intelligence Act**. Disponível em: https://www.congress.gov/115/bills/hr4625/BILLS-115hr4625ih.pdf Acesso em: 20 jun. 2023.
383. EUROPA. European Commission. **Artificial Intelligence Act**. 2021/0106(COD), abr. 2021. Disponível em: https://eur-lex.europa.eu/legal-content/EN/TXT/?uri=CELEX%3A52021PC0206 Acesso em: 20 jun. 2023.
384. ESTADOS UNIDOS DA AMÉRICA. House of Representatives. House Resolution No. 6580, Feb. 3, 2022. **Algorithmic Accountability Act of 2022**. Disponível em: https://www.congress.gov/bill/117th-congress/house-bill/6580/text Acesso em: 20 jun. 2023.
385. ESTADOS UNIDOS DA AMÉRICA. House of Representatives. House Resolution No. 2231, Apr. 10, 2019. **Algorithmic Accountability Act of 2019**. Disponível em: https://www.congress.gov/116/bills/hr2231/BILLS-116hr2231ih.pdf Acesso em: 20 jun. 2023.
386. Cf. SELBST, Andrew. An institutional view of algorithmic impact assessments. **Harvard Journal of Law & Technology**, Cambridge, v. 35, 2021. Disponível em: https://ssrn.com/abstract=3867634 Acesso em: 20 jun. 2023.
387. MÖKANDER, Jakob; JUNEJA, Prathm; WATSON, David S.; FLORIDI, Luciano. The US Algorithmic Accountability Act of 2022 vs. The EU Artificial Intelligence Act: what can they learn from each other? **Minds and Machines**, Cham: Springer, v. 22, p. 1-9, jun. 2022. Disponível em: https://doi.org/10.1007/s11023-022-09612-y Acesso em: 20 jun. 2023.

Todavia, em fevereiro de 2022, foi instituída, pelo Senado Federal, a elogiável "Comissão de Juristas responsável por subsidiar elaboração de substitutivo sobre IA" (CJSUBIA), que realizou diversas reuniões e audiências públicas e os trabalhos de elaboração do substitutivo foram concluídos em dezembro de 2022.[388]

Sem dúvidas, a inteligência artificial tem grande potencial para revolucionar a prestação jurisdicional no Brasil, tornando-a mais rápida e eficiente. No entanto, é preciso garantir que ela não prejudique a qualidade da decisão judicial nem viole os direitos e garantias fundamentais dos cidadãos. O GPT-4 tem um grande potencial para ser utilizado no Judiciário brasileiro, no futuro, graças à sua capacidade de processar e analisar grandes volumes de dados de forma eficiente e precisa. Com essa tecnologia, será possível tornar os processos judiciais mais eficientes e rápidos, uma vez que o GPT-4 pode analisar e interpretar textos de forma "quase humana", identificando informações relevantes em documentos complexos, como contratos e petições, com a adição da funcionalidade que permite a análise de imagens, e não apenas de texto.

Além disso, o GPT-4 pode ajudar na tomada de decisões judiciais, permitindo que juízes e advogados acessem rapidamente informações relevantes e importantes para o caso em questão. Com o uso dessa tecnologia, será possível fazer pesquisas mais precisas e detalhadas, tornando o processo de tomada de decisão mais informado e justo. Por fim, o GPT-4 também tem o potencial de ser usado em serviços de atendimento ao cidadão pelo Judiciário brasileiro, através de *chatbots* mais inteligentes e eficazes, que podem responder a perguntas de forma rápida e precisa, tornando o acesso à justiça mais fácil e acessível para todos.

O que é inegável é que tais sistemas, por mais empolgantes e sofisticados que sejam, não têm condições de substituir o papel dos juízes. Tudo o que é intrínseco à natureza humana, a ponto de demandar análise cuidadosa de circunstâncias que extrapolam o processamento heurístico, certamente não está contemplado pelo modo de operação desses sistemas. Seu valor, de fato, está no ganho que podem propiciar em termos de eficiência, aprimorando a prestação jurisdicional como sistemas de apoio, não mais do que isso.

4.6 CONCLUSÕES PARCIAIS – UMA MIGRAÇÃO DO 'GOVERNO ELETRÔNICO' PARA A 'ADMINISTRAÇÃO PÚBLICA DIGITAL': A PROCEDIMENTALIZAÇÃO EFICIENTE A PARTIR DA OPERABILIDADE

Ao longo deste capítulo, anotou-se como a revisitação de alguns pontos fundamentais do estudo conglobante dos efeitos positivos da governança, do realce democrático a partir do diálogo e da consensualidade, e da sacramentação de direitos fundamentais relacionados à hodierna sociedade da informação podem convergir para a formatação de um modelo gerencial que vai além da clássica concepção de 'governo eletrônico'.

---

388. BRASIL. Senado Federal. Atividade Legislativa. **Comissão de Juristas responsável por subsidiar elaboração de substitutivo sobre IA (CJSUBIA)**. Disponível em: https://legis.senado.leg.br/comissoes/comissao?codcol=2504 Acesso em: 20 jun. 2023.

Sobre ela, aliás, muito se anotou em relação à sua inadequação terminológica e à necessidade de superação de suas limitações quando se cuida do enfrentamento dos percalços típicos de uma Administração Pública baseada em ampla publicidade e eficiência imediata, propulsionada pela tecnologia e, a despeito de eventuais críticas, bastante motivada por resultados e performance.

Para além das discussões sobre governo manual (*m-gov*), governo eletrônico (*e-gov*) e governo de performance (*p-gov*), apontou-se a necessidade de estruturação de um modelo baseado na governança digital. Prefere-se, ao invés de '*e-government*', a adoção da expressão '*e-governance*'. E os impactos desta mudança são refletidos em uma série de sentidos que se pode dar para o papel do Estado na sociedade da informação.

O principal ponto dessa transição, conforme se destacou, está na superação dos riscos da tecnocracia. Vale dizer: muito mais que um governo que se apoia na tecnologia e se prende à técnica (e, consequentemente, aos técnicos), é preciso que se utilize da governança para reinserir a ética nos procedimentos e afazeres de Estado, evitando-se que um império tecnocrata tome conta dessas funções, como já ocorrera em tempos sombrios da história humana.

A 'ética', que no breve estudo apresentado neste capítulo tomou emprestado um significado amplo e pouco explorado, uma vez que o segundo capítulo se dedicou com maior acuidade a isso, desempenha importante papel democrático. E, com base nisso, o que se procurou estabelecer nas linhas subsequentes foi a necessidade de propagação da educação digital para a superação da exclusão digital (ou '*digital divide*', na expressão original, em inglês), conduzindo ao necessário reforço regulatório e de segurança jurídica que deve conduzir tal desiderato.

Não se espera que todo e qualquer cidadão esteja conectado à Internet ou que possua contas vinculadas a aplicações específicas, ainda que todas elas sejam destinadas ao propósito de fomentar usos democráticos e de aproximar tais indivíduos das questões públicas; o que se deseja é que esse direito fundamental esteja disponível para todo e qualquer cidadão, que deterá a escolha de dele se valer ou não.

Obviamente, o objetivo de aceleração da ruptura com a exclusão digital demanda não apenas iniciativas legislativas, mas grandes investimentos e uma Administração Pública que se aproxime dos particulares que podem cooperar para o fornecimento dessas tecnologias com operabilidade. É nessa linha que se localizam as propensões à filosofia da informação como paradigma de clareza dos entrelaçamentos da técnica com a ética para a proliferação da governança digital.

Enfim, anotou-se o papel importantíssimo que os princípios da publicidade e da eficiência desempenham para o atingimento desses propósitos, com propensões que ultrapassam as clássicas definições que o direito administrativo do século XX lhes conferiu.

O foco desse aperfeiçoamento se reveste de Operabilidade – em nova importação de um dos princípios regentes da importante reforma do direito privado –, que se manifesta exatamente pela facilitação do acesso dos cidadãos às novas tecnologias (especialmente à Internet) e à ampliação do escopo da publicidade administrativa. Como consequência disso, ter-se-á maior eficiência (sem que se caia na armadilha tecnocrata), uma população mais educada digitalmente e preparada para enfrentar os perigos do porvir, e, o que é mais importante: o recrudescimento do paradigma democrático.

Vários são os pontos sensíveis de uma proposta desse jaez, a começar pelas dificuldades que se tem de compreensão dos desdobramentos da publicidade sobre a atuação estatal. E, nesse contexto, a classificação de Thiago Marrara indica a necessidade de adoção da 'publicidade-transparência' e da 'publicidade-participação' em seus sentidos mais pertinentes, compreendendo toda a dinâmica de interação popular colhida pela experiência de uma Administração Pública realmente *visível*.

Isso tem grande relevância no contexto distintivo dos princípios da publicidade e da transparência, na medida em que o segundo se insere no contexto do *compliance* e denota a ênfase que se espera de um padrão de atuação em conformidade aos postulados normativos e extranormativos que compõem a governança digital.

Novamente, a inovação pública entra em cena para se contrastar aos perigos da adoção de parâmetros absolutamente abertos dentro do escopo da governança. Ressaltou-se, nas linhas finais do estudo, como os limites de compreensão do princípio da eficiência são afetados pela intenção regulatória desmedida e amplíssima, resultando em uma suposta – mas ainda passível de estudos mais aprofundados – insuficiência do *civil law* para o enfrentamento das conjecturas desse novo modelo social, arraigado na dependência tecnológica.

Retornando no contexto da prevenção aos riscos da tecnocracia mal conduzida, que toma corpo a partir da falta de adequada calibragem estrutural dos limites da técnica em sua interação com as atividades de Estado, procurou-se analisar o campo da pesquisa técnica sobre o direito administrativo com novos formatos, mais adaptados a um viés que, ao invés de primar pela técnica, a conjugue com a ética.

Somente a partir da confluência de ética e técnica é que se conseguirá almejar o modelo de Administração Pública digital igualmente transparente e eficiente para o funcionamento de suas estruturas gerais de atendimento aos anseios da sociedade.

Não se cogita de um "novo" direito administrativo, que seja realmente propulsionado pela governança e que tenha por premissa essencial a legalidade estrita (somada aos parâmetros de governança digital) para propulsionar a função preventiva e promocional dos direitos fundamentais, a consensualização, o princípio democrático e seu corolário fundamento constitucional (a cidadania) para a aproximação dos administrados de uma Administração transparente, eficiente e que prima pela operacionalização de suas rotinas a partir da tecnologia bem aplicada.

A superação dos vetustos modelos de 'governo eletrônico', nesse sentido, deve ser o ponto de partida desse revigoramento das estruturas técnicas (com arrimo ético) que passarão a reger as bases principiológicas, agora aperfeiçoadas, da publicidade e da eficiência na Administração Pública.

Em reforço à impessoalidade e à moralidade nos processos decisionais e à procedimentalização a partir de uma publicidade potencializada pela transparência pública, que muito se beneficia das novas tecnologias, práticas como o uso da Inteligência Artificial deverão ser revisitadas – por certo, em estudos mais específicos – para que não sejam conduzidas ao furor de uma aplicação precipitada, que preceda a concreta consolidação desse novo formato de atuação estatal. E, uma vez que as tecnologias vêm empreendendo céleres transformações na sociedade e, em razão da forma pela qual os cidadãos se relacionam com o Estado, o crescimento do interesse popular pelos assuntos de Estado deverá ser, também, crescente, ainda que não se possa esperar que políticas públicas inclusivas, como o acesso universal à Internet, bastem pra despertar em cada um o interesse pelos assuntos de Estado.

CONSIDERAÇÕES FINAIS

A proposta inicial deste trabalho cuidou de revisitar o conceito essencial de 'sociedade da informação' a partir da construção histórico-evolutiva dos elementos condicionantes do fenômeno em questão, que é uma realidade inescapável no hodierno cenário social, econômico e político a nível global.

A Administração Pública, por não estar dissociada dessa nova realidade, vem sendo instada a enfrentar as consequências que esse novo modelo de estruturação social acarreta, com impactos incidentes sobre todos os âmbitos da vida em sociedade, particularmente a partir do advento da Internet.

E, para se chegar a essa compreensão, o presente trabalho se dedicou, em abordagem histórico-evolutiva, a compreender como se deu a construção do Estado Democrático de Direito, partindo de sua gênese, no período pós-Absolutista, em que a própria definição de uma dogmática jurídica apropriada demandou a importação de clássicos institutos do direito privado para o recém-criado direito público.

No curso da evolução descrita, observou-se a passagem, ao longo de várias eras ou estágios, de um direito público incipiente e não totalmente desconectado do direito privado para uma disciplina jurídica autônoma, composta de base principiológica própria e de arcabouço normativo-estruturante capaz de conduzir a figura do Estado no curso da evolução social.

Falou-se, então, do Estado Liberal e do viés contratualista que o marcou, com destaque para os diversos pensadores que marcaram esse período de transição, além dos paradoxos que o caracterizaram pela insofismável interferência que a ascensão burguesa ao poder denotou pela construção de um paradigma econômico desconectado de qualquer espécie de regulação ou interferência estatal.

No contraponto, aportou-se nos estudos sobre o Estado Social e a conjugação da clássica liberdade a um novo modelo de atuação estatal, dedicado à formulação de políticas públicas intervencionistas e reguladoras que influenciou toda uma geração de pensadores das Ciências Sociais e marcou fortemente a primeira metade do século XX.

Transitou-se, enfim, pelas Revoluções Industriais, que caracterizaram, cada qual, mudanças profundas nas sociedades humanas, sendo as duas primeiras os elementos mais marcantes da consolidação do Estado Social no curso da evolução do Direito. A Terceira e, particularmente, a Quarta, são analisadas do ponto de vista do aprimoramento tecnológico e de seus reflexos sobre a configuração do Estado.

Se, em meados do século XX, o desenvolvimento da informática marcou um período verdadeiramente revolucionário, de irrefreável avanço tecnológico, o Estado da época não se blindou contra as interferências que, inegavelmente, o uso dessas novidades teria sobre suas rotinas administrativas. Foi assim que, já adiantando o que estaria por vir no curso dessa pesquisa, anotou-se como a gênese da concepção de 'governo eletrônico' se entrelaçou aos impactos da Terceira Revolução Industrial, perpetuando uma série de novos preceitos e princípios que conduziriam a sociedade pós-moderna.

O Estado Pós-Social, enfim, marca o período atual, em que os efeitos da Quarta Revolução Industrial, caracterizada pela forte presença das Tecnologias da Informação e Comunicação, acarreta uma série de fenômenos políticos, econômicos e sociais para os quais a Ciência Jurídica parece simplesmente não estar preparada: fala-se em um homo deus, na 'galáxia' da Internet, nos 'impérios da comunicação', em black box societies, fake news, processos de coleta e tratamento de dados, inteligência artificial, blockchain... E a Administração Pública parece se retrair cada vez mais, carecendo de aptidão para responder rapidamente a essas novidades.

Se esses são 'dilemas de um descompasso anunciado' – para citar a expressão que se cunhou neste trabalho –, pouco importa. O que importa saber é de que maneira a clássica estruturação administrativa deve se aperfeiçoar para cumprir sua função prestacional; os deveres de proteção que lhe são impostos a nível constitucional não abrem margem ao descumprimento por completa incapacidade de tutela e regulação.

E, neste ponto específico, se desdobram as propostas do trabalho: os cinco princípios essenciais da Administração Pública – legalidade, impessoalidade, moralidade, publicidade e eficiência –, na forma como estão listados no artigo 37 da Constituição da República Federativa do Brasil, são extraídos de seu núcleo central, decompostos e revisados para que, sendo aperfeiçoados, passem a compor uma 'nova' Administração Pública.

Já se cogitou de uma série de adjetivos para conceituar a Administração Pública pós-social: espacial, funcional, política, decisória, regulatória, gerencial, dialógica, interorgânica, intergeracional, consensual... Mas, se os efeitos que a caracterizam são, agora, os da Quarta Revolução Industrial, cuja marca mais proeminente é o surgimento da Internet, como evitar a classificação de uma 'Administração Pública digital'?

Não há dúvidas de que o período da 'eletrônica' está superado desde meados do século XX; o objeto de estudo das ciências, nos campos político, econômico, social e jurídico passa a ser composto pelos desdobramentos desta nova figura essencial da sociedade, que traz novas potencialidades, mas também novos percalços à completa compreensão de seus efeitos.

A Lei do Governo Digital brasileira, também conhecida como Lei nº 14.129/2021, tem uma série de repercussões importantes para a transformação digital e a governança no país. Essa legislação visa aprimorar a prestação de serviços públicos por meio do uso de tecnologias digitais, proporcionando maior agilidade, eficiência e transparência.

Uma das repercussões da lei é a criação do Portal Gov.br, uma plataforma unificada que concentra os serviços digitais oferecidos pelo governo. Isso facilita o acesso dos cidadãos a diversos serviços, como emissão de documentos, consulta de informações e realização de transações, reduzindo a burocracia e os custos envolvidos.

A Lei do Governo Digital também estabelece princípios importantes para a segurança da informação e a proteção de dados pessoais. Ela prevê a adoção de medidas para garantir a privacidade dos cidadãos e a integridade das informações, contribuindo para o fortalecimento da confiança nas interações digitais com o governo.

Outra repercussão relevante é o estímulo à participação cidadã por meio de ferramentas como os portais e-Democracia e e-Cidadania. Essas plataformas permitem que os cidadãos participem ativamente do processo legislativo, contribuindo com ideias, sugestões e opiniões, promovendo a democratização das decisões governamentais.

Além disso, a Lei do Governo Digital busca promover a inclusão digital, assegurando que os serviços públicos digitais sejam acessíveis a todos, independentemente de suas habilidades ou condições. Isso envolve a garantia de acessibilidade para pessoas com deficiência, a disponibilização de interfaces intuitivas e a oferta de suporte adequado aos usuários.

A legislação também estabelece diretrizes para a interoperabilidade entre os sistemas e serviços digitais do governo, buscando integrar e otimizar a troca de informações entre diferentes órgãos e entidades públicas. Isso facilita o compartilhamento de dados e a cooperação entre as esferas governamentais, promovendo a eficiência na prestação dos serviços públicos.

Outro aspecto importante é o estímulo à inovação tecnológica no setor público. A Lei do Governo Digital prevê a criação de laboratórios de inovação e a promoção de parcerias com o setor privado para o desenvolvimento de soluções digitais inovadoras, visando a modernização e a melhoria contínua dos serviços públicos. Adicionalmente, a legislação estabelece a necessidade de capacitação dos servidores públicos para lidar com as tecnologias digitais, garantindo que estejam preparados para atender às demandas e desafios do mundo digital. Todavia, a lei não é suficiente para dar conta de todos os reflexos que tem para o tema que se propõe a tutelar.

O problema da pesquisa é revelado no referido percurso e se manifesta a partir do diagnóstico das periclitâncias que orbitam o mencionado descompasso entre 'inovação e regulação', para além da pretensão regulatória desvelada pela Lei nº 14.129/2021. A hipótese de pesquisa, por sua vez, impõe a consolidação de diretrizes sólidas para a implementação de reformas que viabilizem atuação estatal condizente com a nova sociedade da informação.

Para isso, foram apresentadas três linhas-mestras: (i) a implementação de políticas de governança (compliance) para a proliferação de uma cultura de conformidades que previna ilícitos; (ii) a consensualização lastreada em aparatos tecnológicos, visando à aproximação do povo (verdadeiro detentor do poder) aos processos decisionais para elevar sua legitimidade; (iii) a procedimentalização digital, permitindo uma revisitação da clássica disciplina dos atos e processos administrativos a partir dos primados da transparência e da celeridade, em substituição à tecnocracia.

O segundo capítulo cuidou da primeira linha-mestra, decompondo o princípio da legalidade para que se pudesse apurar as formas com que a almejada governança pudesse servir para a reinserção da ética nas rotinas e atividades estatais.

Destacou-se o papel do compliance para a ressignificação do papel do Estado no século XXI, agora 'digitalizado' e de fronteiras translúcidas, a demandar parâmetros extranormativos (como os da governança) para a alavancagem e ressignificação do usual modelo de legalidade estrita do civil law.

Nesse novo paradigma, não menos carecedor de efetivo controle, a legalidade passou a demandar solução mais adequada e lastreada na adoção de instrumentos diversos dos tradicionais para a aceleração da responsividade estatal às inúmeras contingências sociais desdobradas desse descompasso. Essa responsividade, aliás, compõe um dos elementos essenciais da chamada accountability pública, que, juntamente com a legalidade (legality), a integridade (integrity) e a responsividade (responsiveness), compõe o arcabouço de elementos da governança pública.

Retomando exemplos advindos da experiência escandinava, particularmente da Suécia, onde muitos doutrinadores se dedicaram com grande ênfase ao estudo da 'boa' governança, abordou-se a dificuldade que se enfrenta no tocante à complexidade do fenômeno globalizatório e à colossal quantidade de dados que compõe o chamado Big Data.

Se o entusiasmo desse novo fenômeno, que advém do núcleo essencial e nevrálgico de funcionamento da Internet, é inegavelmente entusiasmante, observou-se que a tecnologia também apresenta perigos que não podem ser ignorados pelo administrador público, sob pena de incorrer em excessos perigosos.

Nesse contexto, explorou-se a tendência recentemente observada no Brasil quanto à adoção de freios consequencialistas, citando-se o exemplo da reforma à Lei de Introdução às Normas do Direito Brasileiro, e à proliferação de leis e decretos voltados à criação de programas de integridade nos diversos âmbitos de atuação do Poder Público.

No segundo capítulo, apresentou-se, ainda, um breve relatório das principais normas que concernem à propagação do chamado compliance, com explorações que partiram de sua gênese no Reino Unido e nos Estados Unidos da América, até as influências de documentos oriundos desses ordenamentos, como o UK Bribery Act britânico e o Foreign Corrupt Practices Act e o Sarbanes-Oxley Act estadunidenses, sobre o ordenamento brasileiro e os marcos regulatórios das práticas de governança no país. Explorou-se desde a base principiológica contida na Lei de Improbidade Administrativa brasileira, passando por uma série de atos normativos de natureza infralegal, até se chegar na Lei Anticorrupção brasileira e nos documentos que se seguiram a ela, com destaque para o Decreto n. 9.203/2017, que, enfim, estipulou a política de governança da Administração Pública federal, fixou os conceitos de governança pública, valor público, alta administração e gestão de riscos (artigo 2º), estabeleceu os princípios e diretrizes da governança pública (artigos 3º e 4º), bem como os mecanismos para o seu exercício (artigo 5º), atribuiu à alta administração a incumbência de implementar e manter mecanismos de governança (artigo 6º) e dispôs sobre composição, funcionamento e atribuições do Comitê Interministerial de Governança – CIG (artigo 7º e seguintes).

Como se viu, a adoção de políticas de compliance na Administração Pública foi apresentada como possível resposta ao quadro sistêmico de cometimento de ilícitos e às dificuldades de suplantação de suas violações com a atuação repressiva, impondo a sacramentação de parâmetros éticos que fortaleçam a sistematização coordenada do direito público para além da estrita legalidade, atuando como 'espinha dorsal' de um modelo hodierno de Administração Pública que não se limita aos cânones econômico-administrativos do modelo meramente gerencial.

O novo paradigma de controle advindo dos citados documentos e da propagação de uma cultura de governança trouxeram ao centro do sistema jurídico um novo conceito de 'cidadania' e de 'cidadão'. O chamado cibercidadão passou a ocupar o contexto administrativo, imponto à Administração Pública grande realce à ética em seu desenvolvimento, reinserindo-a no cotidiano estatal a partir da delimitação de alguns parâmetros específicos para atribuir maior relevância à figura do indivíduo, que titulariza direitos inalienáveis projetados no mundo virtual, com direitos patrimoniais e situações jurídicas existenciais que, embora virtualizados, são dignos de proteção.

Traçando um paralelo com o direito privado, anotou-se que também o direito público passou a ser irradiado por valores, e a Eticidade é, sem sombra de dúvidas, o valor fundamental para a potencialização da legalidade na Administração Pública da sociedade da informação: tem-se na governança digital um modelo de robustecimento que cumpre função promocional essencial à mantença do Estado neste novo cenário.

A propósito do conceito jurídico de cidadania, que também foi realçado, explicou-se como uma transformação ainda mais profunda estaria por vir, e que foi melhor analisada no capítulo subsequente – o terceiro – no qual se sugestionou a reassimilação de outros dois princípios essenciais do Regime Jurídico Administrativo: a moralidade e a impessoalidade.

O terceiro capítulo, então apresentou algumas considerações sobre a consensualização administrativa – fenômeno que conduz a tendência à chamada consensualidade – e que advém de uma nova proposta para a integração do direito público à realidade social, sendo marcado pela reaproximação entre Administração e administrados a partir de instrumentos especialmente designados para permitir maior adesão popular aos afazeres e interesses estatais, seja pelo exercício direto do poder deliberativo, seja participando de debates e discussões pautados pela lógica do consenso, seja atuando de forma mais direta no controle, por instrumentos próprios.

Sendo inegável a constatação de que o direito público vivencia grande metamorfose, eis que tenta se readequar aos perigos e desafios da sociedade da informação, seus princípios de regência passam a lhe exigir novos substratos e revelam novas potencialidades. Quanto à impessoalidade, por primeiro, observa-se a necessidade de realce aos modelos de separação da figura dos representantes do Estado para dar concretude a uma ciberdemocracia propulsionada pela participação popular que seja o mais ampla possível; quanto à moralidade, outrora entrelaçada ao controle dos vícios internos do ato administrativo, tem-se um irrefreável globalismo que abre certo espaço a interferências de outros ordenamentos jurídicos e à inevitável necessidade de aferição de possível abertura às influências da moral sobre o direito.

Analisou-se os impactos das redes transgovernamentais e das superestruturas internacionais sobre a democracia interna. Abordou-se, ainda, as vantagens que se poderia ter sobre uma governança puramente nacional. Estabeleceu-se o modo como o poder formal de tomada de decisão é claramente retido pelos formuladores de políticas nacionais, tornando esses arranjos potencialmente mais aceitáveis, e, sendo a própria legalidade administrativa reanalisada à luz da governança, consequências indesejadas para a reformulação das bases estruturais da atuação pública foram revisadas.

Em essência, quanto à impessoalidade e à moralidade, o que se constatou foi a necessidade de retomada dos modais de democracia direta para a consolidação da participação popular com viés potencialmente adequado para a garantia do atendimento dos dois princípios em um movimento que pode ser comparado ao da Socialidade no direito civil.

Pelo que se observou, a concertação administrativa, nesse exato percurso, aparece como importante mecanismo de propagação de uma nova cultura administrativa, uma vez que permite privilegiar a Administração Pública consensual, adequada ao vasto rol de princípios e conceitos que lhe regem, em detrimento do modelo hierarquizado e impositivo de outrora.

A propensão a esse movimento, contudo, demanda qualidade: não se cogita de uma atuação consensual absolutamente ampla e sem restrições, com modais participativos aplicáveis a todo e qualquer tipo de ato ou processo administrativo, e com execução delegada, também, ao povo. Concluiu-se pela necessidade de conjugação do papel do administrador público com a tarefa de controlar o exercício dessa administração, que demanda a participação popular.

Para além da superação da clássica dicotomia entre os interesses público e privado, do aclaramento dos modais de participação direta e do entrelaçamento do sistema jurídico, com seus princípios e regras, à vontade popular, é imperiosa a aferição cautelosa dos métodos e técnicas que, por sua natureza tecnológica, empolgam e geram riscos em medidas igualmente elevadas.

Nesse aspecto, o aperfeiçoamento dos princípios da impessoalidade e da moralidade pela consensualização perpassa pelo implemento das redes.

De se destacar, ademais, que a Lei do Governo Digital brasileira tem diversas repercussões para o tema da consensualização. Com a necessidade de readequação do direito público à sociedade da informação, a lei busca promover uma ciberdemocracia impulsionada pela participação popular. Isso implica na separação da figura dos representantes do Estado, permitindo uma participação mais ampla da sociedade na tomada de decisões.

A impessoalidade e a moralidade são princípios fundamentais que se destacam nesse contexto. Com o globalismo e a influência de outros ordenamentos jurídicos, é necessário analisar a abertura para interferências e aferir a possível influência da moral sobre o direito. Nesse sentido, a retomada dos modais de democracia direta é essencial para consolidar a participação popular e garantir o atendimento desses princípios.

A análise dos impactos das redes transgovernamentais e das superestruturas internacionais sobre a democracia interna também é relevante. A governança puramente nacional pode ter vantagens, mas é importante compreender que o poder formal de tomada de decisão ainda é retido pelos formuladores de políticas nacionais. No entanto, a própria legalidade administrativa está sendo reanalisada à luz da governança, permitindo revisões nas bases estruturais da atuação pública. Em suma, a Lei do Governo Digital brasileira busca fortalecer a consensualização ao promover a participação popular, retomando os modais de democracia direta. Ela reconhece a necessidade de considerar a influência da moral e os impactos das redes transgovernamentais, visando garantir a impessoalidade, a moralidade e a adequação dos princípios de regência diante dos desafios da sociedade da informação.

E, no terceiro capítulo, foram indicados cinco aprimoramentos plausíveis para os instrumentais de participação direta já contemplados pelo ordenamento brasileiro: (i) quanto aos plebiscitos e referendos, indicou-se a viabilidade de sua virtualização, pela implementação de plataformas de votação eletrônica, com controle identitário e de dados, desde que observados os parâmetros de governança de dados e segurança da informação, além dos mecanismos de auditoria para controle de resultados e superação do enviesamento decisional; (ii) para as audiências públicas, indicou-se o cabimento das webconferências como instrumentos de facilitação de seu uso e de aproximação dos cidadãos das sessões de discussão, cujo potencial ampliativo se coaduna com o próprio objetivo da publicização dessas audiências; (iii) com relação à mediação e à arbitragem, na mesma linha, propugnou-se a utilização da Internet para a proliferação de meios de atendimento ao público por sistemas mais simplificados e objetivos de solução de conflitos; (iv) para os casos de cogestão e delegação atípica, indicou-se como as novas tecnologias podem propiciar novas maneiras para a participação colaborativa de particulares nos processos decisionais de Estado, particularmente pelo implemento de mecanismos de segurança alinhados à proteção de dados no que concerne ao tráfego informacional entre bancos de dados públicos e privados; (v) finalmente, quanto aos acordos substitutivos, anotou-se a possibilidade de sua implementação na forma de smart contracts, a partir da rede blockchain, o que lhes garantiria maior confiabilidade sem necessariamente violar o sigilo que, por vezes, lhe é característico.

São apenas cinco exemplos, mas muitos outros modais poderiam ser vislumbrados e concebidos para aprimorar os instrumentos citados e até mesmo para a definição e/ou melhoramento de novos. Porém, o que se colheu dessa brevíssima abordagem é a necessidade de que o próprio objeto do princípio democrático seja repensado no curso da sociedade da informação para efetivação da cibercidadania.

Sem que se aprimore o conceito de cidadania nesse novo momento da história humana, impõe-se um novo olhar sobre o papel das redes na difusão da informação, na ampliação da liberdade de expressão e na propagação de vozes que, em caráter amplíssimo, apesar de mais pessoas se contabilizarem em termos numéricos, contribui para que haja maior impessoalidade e respeito aos limites postos pelo ordenamento. Esses aprimoramentos propostos estão alinhados com os princípios e objetivos da lei, que busca promover a participação popular e a consensualização por meio das tecnologias digitais.

No texto, são apresentados cinco aprimoramentos plausíveis para os instrumentais de participação direta. Em relação aos plebiscitos e referendos, é indicada a viabilidade da virtualização por meio de plataformas de votação eletrônica, desde que sejam observados parâmetros de governança de dados, segurança da informação e mecanismos de auditoria. Isso está em consonância com a intenção da Lei do Governo Digital de utilizar as tecnologias digitais para aprimorar os processos de participação popular.

No caso das audiências públicas, é apontado o uso das webconferências como instrumento de facilitação e aproximação dos cidadãos das sessões de discussão. Esse aprimoramento amplia o acesso e a participação dos cidadãos nas audiências, o que está em linha com o objetivo de publicização dessas práticas. Além disso, a utilização da Internet é proposta para a mediação e arbitragem, como forma de oferecer meios simplificados e objetivos de solução de conflitos.

Para os casos de cogestão e delegação atípica, destaca-se a possibilidade de utilizar as novas tecnologias para promover a participação colaborativa de particulares nos processos decisionais do Estado. Isso pode ser alcançado por meio de mecanismos de segurança que protejam os dados e permitam o tráfego informacional entre bancos de dados públicos e privados.

Por fim, é mencionada a implementação de acordos substitutivos na forma de smart contracts, utilizando a tecnologia blockchain. Essa proposta visa oferecer maior confiabilidade aos acordos, preservando o sigilo quando necessário. Essa abordagem está alinhada com os princípios de transparência e segurança da informação que permeiam a Lei do Governo Digital.

Em resumo, os aprimoramentos propostos no texto estão em sintonia com os objetivos da Lei do Governo Digital brasileira, que busca utilizar as tecnologias digitais para fortalecer a participação popular, garantir a segurança da informação e promover a consensualização. Essas medidas visam adequar o ordenamento jurídico às demandas da sociedade da informação e potencializar os instrumentos de participação direta de forma mais eficiente e inclusiva.

Registrou-se que, uma vez que a impessoalidade se entrelaça aos 'novos matizes' de engajamento popular, é pela moralidade que o direito público é desafiado a se adequar a parâmetros de controle que não são, necessariamente, decorrências do poder regulamentar do Estado. E, sendo a primazia da lei uma máxima inescapável nas sociedades contratualistas, não se revela absolutamente despicienda a revisitação da moral para além de seu conceito comum e desassociado do direito. Para isso, a governança citada no capítulo segundo surge com o potencial de reforçar a atuação estatal sem que se incorra na precipitação de coibir por completo a inovação pública.

Novamente passa a ter pertinência o estudo das iniciativas de contenção à inovação pública. A reforma de 2018 à LINDB, ao invés de reforçar a legitimidade das decisões a partir de técnicas consensuais, tratou do tema em um único dispositivo, sem, contudo, conferir-lhe a amplitude necessária à concretização da consensualização administrativa.

Com efeito, ao repudiar abstrações em um contexto de desejável 'segurança para a inovação pública', caminha-se no sentido de um modelo contrastante ao contexto jurídico-normativo vigente e consagrado pela centralidade sistêmica dos direitos humanos e fundamentais, cerne dos deveres de proteção do Estado, ao qual não é conferida a opção de se furtar de garanti-los, ainda que diante de eventual lacuna ou omissão regulatória, e mesmo que deva se escorar em parâmetros normativos mais amplos, como os princípios.

Concluiu-se, no terceiro capítulo, que o reforço à legitimidade das decisões demanda a consagração de modelos de participação direta não apenas para a promoção da cidadania e para a proteção do princípio democrático, mas também para que o controle popular seja efetivamente propiciado e realizado. E é nesse aspecto que a tecnologia tem o potencial de reforçar o papel da atuação cidadã, inclusive a partir do aprimoramento dos cinco modais tecnológicos propostos.

A consensualização se manifesta para o direito público tal como a Socialidade conduz o aprimoramento do direito privado. Nesse sentido, destacou-se uma preocupação com a aproximação entre Administração e administrados na mesma linha da ampliação da tutela dos interesses do 'homem isolado', de que cuidava a legislação civil precedente, para o 'homem situado' de que fala o novo Código Civil, em uma transição que tem por lastro o preenchimento das regras do direito público por novos conteúdos, associados ao novo paradigma que se tem para o direito na sociedade da informação.

Finalmente, chegou-se ao quarto capítulo, no qual se explorou o aprimoramento dos princípios da publicidade e da eficiência a partir de compreensões que ultrapassam o velho conceito de 'governo eletrônico' e que passam a demandar novos significados, mais sintônicos ao momento atual.

No curso da investigação realizada, anotou-se que as redes marcam de forma decisiva a tendência à construção de comunidades virtuais, que representa para a vasta maioria dos países do mundo uma preocupação com a delimitação de marcos protetivos para a proteção de dados pessoais, que é resultado de emanações concernentes a esse paradigma democrático que sempre se almejou proteger.

A isso se somaram os aspectos contextualizados nos dois capítulos anteriores para, em abordagem mais pragmática, mas não menos densa, serem apontados alguns caminhos para a superação dos obstáculos indicados, rompendo-se os riscos da tecnocracia e avançando-se no sentido do atingimento de alguns direitos fundamentais, tais como o acesso de todo cidadão à Internet e a superação da exclusão digital.

Pelo que se observou, o governo por redes ou a concertação administrativa aquecem os motores de uma empolgante nova possibilidade de realização do princípio democrático, mas há uma série de desvantagens que merecem atenção no percurso rumo à governança digital. Destacou-se, nesse diapasão, que questões de proteção de dados e privacidade foram prontamente apontadas como fundamentais para esse efetivo aprimoramento, embora o modo de sua realização e operacionalização demande grandes influxos técnicos.

Os riscos de que a hipervalorização (e eventual dependência) da técnica conduza a humanidade a uma propensão tecnocrata, com burocratização e segregação socioeconômica, representam o grande ponto de perigo dessa tendência à inovação desmedida e incalculada, podendo culminar em uma sociedade que afaste do contexto decisional a desejada participação popular.

As razões pelas quais a tecnocracia representa um perigo na sociedade da informação decorrem exatamente do sobressalto técnico que se tem com as novas tecnologias, ao mesmo tempo transformadoras, mas controláveis por pouquíssimas mentes. Se o conhecimento científico passa a ser aglutinado em torno de poucos decisores, menos grau democrático se terá e maiores serão os riscos de ineficácia estatal quanto ao atendimento dos deveres de proteção a direitos fundamentais.

A governança digital tem o potencial de driblar as periclitâncias da tecnocracia, conduzindo a um Estado realmente capaz de dar concretude normativa aos deveres de proteção que lhe são impostos e, em última instância, à promoção da pacificação social, seu telos; mas, sendo a sociedade da informação uma estrutura complexa, também aos cidadãos que tomarão parte desse remodelado arquétipo administrativo-participativo devem ser conferidos os (novos) mecanismos de inserção social. Nesse contexto, a proposta de garantia do acesso à Internet como um direito fundamental tem seu nascedouro, sendo associada à imprescindível proposta de fomento à educação digital e à superação da exclusão digital.

A reestruturação de alguns pontos fundamentais dos efeitos da governança, do realce democrático a partir do diálogo e da consensualidade, e da sacramentação de direitos fundamentais relacionados à hodierna sociedade da informação podem convergir para a formatação de um modelo gerencial que vai além da clássica concepção de 'governo eletrônico', também, do ponto de vista da publicidade, da transparência e da eficiência.

O foco desse aperfeiçoamento se reveste de Operabilidade, o que remete, mais uma vez, a outro princípio estruturante da reforma do direito privado, aqui tomado por empréstimo para simbolizar o que se pretende defender a nível de aprimoramento do direito público, com manifestação exatamente decorrente da facilitação do acesso dos cidadãos às novas tecnologias (especialmente à Internet) e da ampliação do escopo da publicidade administrativa.

Como desdobramento, ter-se-á maior eficiência, mas sem que se caia na armadilha tecnocrata, caso se tenha uma população mais educada digitalmente e mais preparada para enfrentar os desafios impostos pelas novas tecnologias. Para se cogitar de um "e-future", também o Estado deve se ocupar da gestão dos riscos advindos da evolução tecnológica!

A 'publicidade-transparência' e a 'publicidade-participação' em seus sentidos mais pertinentes, compreendendo a interatividade popular e a visibilização da Administração Pública, tendo grande relevância no contexto distintivo dos princípios da publicidade e da transparência, na medida em que o segundo se insere no contexto da governança digital e denota a ênfase que se espera ter em um padrão de atuação que esteja alinhado aos postulados normativos e extranormativos que a compõem.

Pela terceira vez, a inovação pública demandou apreciação específica, se contrastando aos perigos da adoção de parâmetros abertos a nível de governança. Ressaltou-se, por fim, como os limites de compreensão do princípio da eficiência são afetados pela intenção regulatória desmedida e amplíssima, resultando em uma suposta – mas ainda passível de estudos mais aprofundados – insuficiência do civil law para o enfrentamento das conjecturas desse novo modelo social, arraigado na dependência tecnológica.

Em linhas conclusivas, o que se observou no curso da pesquisa empreendida foi que a formatação de um modelo de atuação voltado aos caracteres da Eticidade, Socialidade e Operabilidade, pressupõe a consolidação de um macrossistema de direito público que dê realce a esses novos institutos para, então, viabilizar o tão discutido "novo" direito administrativo, tendo a governança como premissa acoplada à legalidade estrita para voltar olhares à prevenção (e não à repressão) de ilícitos, a consensualização como centro de reformulação do princípio democrático para aproximação entre Administração e administrados, em reforço à impessoalidade e à moralidade nos processos decisionais e à procedimentalização a partir de uma publicidade potencializada pela transparência pública, que muito se beneficia das novas tecnologias para ser, ademais, eficiente, mas sem se prender aos vetustos preceitos de 'governo eletrônico'.

Com a célere evolução que as tecnologias vêm empreendendo na sociedade e em razão da forma pela qual os cidadãos se relacionam com o Estado, o crescimento do interesse popular pelos assuntos de Estado deve ser, também, crescente. Somente assim se terá efetivo controle público e ampliação da legitimidade decisional a partir da descentralização das decisões políticas.

Nesse aspecto, é possível concluir que a pesquisa realizada atingiu com propriedade os resultados almejados, consolidando-se a partir do atingimento do objetivo geral da pesquisa.

A utilização do método de abordagem histórico-sociológico, com análise bibliográfico-doutrinária revelou-se frutífera para a construção proposta, pela qual se colheu vasta gama de substratos da observação de conceitos e preceitos na evolução dos modelos de Estado no curso da História.

Igualmente, o referido método propiciou o desenvolvimento do raciocínio investigativo de modo construtivista, sendo reforçado pela assimilação progressiva de temas e conceitos que agora culminam nessas considerações finais.

Por essa razão, no delineamento do problema, da hipótese e, principalmente, no desmembramento das três linhas-mestras de investigação, apurou-se que o aperfeiçoamento do Regime Jurídico Administrativo é – mais do que uma tendência – uma necessidade para o enfrentamento dos riscos nesse hodierno modelo de sociedade.

O modelo tradicional de atuação estatal, especialmente nas tradições jurídicas de base romano-germânica, enfrentará dificuldades em garantir o atendimento e a proteção dos direitos fundamentais, devido à lacuna entre a inovação e a normatização. Isso não apenas resultará em problemas normativos, mas também na violação de fluxos procedimentais, resultando em uma administração hierarquizada e impositiva. Para que se combata isso, contudo, não se deve recorrer ao festejo da técnica, sob pena de se produzir indesejável dependência tecnocrática, superável apenas com a inserção de conteúdos que potencializem os já relevantíssimos princípios de regência do direito público. Dessa forma, será possível construir um modelo de atuação estatal mais adequado às demandas contemporâneas, conciliando a inovação tecnológica com a proteção dos direitos e garantias dos cidadãos.

REFERÊNCIAS

AARNIO, Aulis. **Essays on the doctrinal study of law**. Dordrecht: Springer, 2011.

ABERNATHY, David Ray. **Using geodata and geolocation in the social sciences**: mapping our connected world. Londres: Sage Publications, 2017.

ABRUCIO, Fernando Luiz. Os avanços e os dilemas do modelo pós-burocrático: a reforma da Administração Pública à luz da experiência internacional recente. *In:* BRESSER PEREIRA, Luiz Carlos; SPINK, Peter (Org.). **Reforma do Estado e Administração Pública gerencial**. 7. ed. Rio de Janeiro: FGV, 2006.

ACCIOLY, João C. de Andrade Uzêda. Hermenêutica *pro libertatem*. *In:* MARQUES NETO, Floriano de Azevedo; RODRIGUES JÚNIOR, Otavio Luiz; LEONARDO, Rodrigo Xavier (Coord.). **Comentários à Lei da Liberdade Econômica (Lei 13.874/2019)**. São Paulo: Thomson Reuters Brasil, 2019.

ACHE, Peter. Visions and creativity: challenge for city regions. **Futures**, Londres, v. 32, n. 5, p. 435-449, jun. 2000.

ACKERMAN, Bruce A. **Social justice in the Liberal State**. New Haven: Yale University Press, 1980.

ACKERMAN, Bruce A.; FISHKIN, James S. **Deliberation day**. New Haven: Yale University Press, 2004.

AGESTA, Luis Sanchez. O Estado de direito na Constituição Espanhola de 1978. **Boletim da Faculdade de Direito da Universidade de Coimbra**, Coimbra, v. LVI, fev. 1982.

AL-MUSHAYT, Omar. Automating e-government services with Artificial Intelligence. **IEEE Access**. 8 out. 2019. Disponível em: https://ieeexplore.ieee.org/document/8862835. Acesso em: 20 jun.. 2023.

AL-SAI, Zaher Ali; ABUALIGAH, Laith Mohammad. Big data and e-government: a review. **IEEE Xplore**, 23 out. 2017. Disponível em: https://doi.org/10.1109/ICITECH.2017.8080062. Acesso em: 20 jun. 2023.

ALESSI, Renato. **Principi di diritto amministrativo**: i soggetti attivi e l'esplicazione della funzione amministrativa. 4. ed. Milão: Giuffrè, 1978, t. 1.

ALEXY, Robert. **Teoria dos direitos fundamentais**. Tradução de Virgílio Afonso da Silva. São Paulo: Malheiros, 2008.

ALMEIDA, Fernando Dias Menezes de. Princípio da impessoalidade. *In:* MARRARA, Thiago (Org.). **Princípios de direito administrativo**: legalidade, segurança jurídica, impessoalidade, publicidade, motivação, eficiência, moralidade, razoabilidade, interesse público. São Paulo: Atlas, 2012.

ALMEIDA, Luiz Eduardo de. Compliance público e compliance privado: semelhanças e diferenças. *In:* NOHARA, Irene Patrícia; PEREIRA, Flávio de Leão Bastos (Coord.). **Governança, compliance e cidadania**. São Paulo: Revista dos Tribunais, 2018.

ALPAYDIN, Ethem. **Introduction to machine learning**. 2. ed. Cambridge: The MIT Press, 2010.

ALVES, Fernando de Brito; LONGHI, João Victor Rozatti; MARTINS, Guilherme Magalhães. Ataques em massa na internet como censura e o método da censura reversa. **Consultor Jurídico**, 3 out. 2019. Disponível em: https://www.conjur.com.br/2019-out-03/opiniao-ataques-massa-internet-metodo-censura-reversa. Acesso em: 20 jun. 2023.

ALVES, Nuno Peres. Direito administrativo das telecomunicações. *In:* OTERO, Paulo; GONÇALVES, Pedro (Coord.). **Tratado de direito administrativo especial**. Coimbra: Almedina, 2011.

AMARAL, Bruno do. Coronavírus: TIM e Prefeitura do Rio assinam acordo para coletar dados de deslocamento. **Teletime**, 23 mar. 2020. Disponível em: https://bit.ly/3382zXf. Acesso em: 20 jun. 2023.

AMARAL FILHO, Marcos Jordão Teixeira do. Ouvidor-geral – o *Ombudsman* brasileiro. *In:* ALMEIDA, Fernando Dias Menezes de; MARQUES NETO, Floriano de Azevedo; MIGUEL, Luiz Felipe Hadlich; SCHIRATO, Vitor Rhein (Coord.). **Direito público em evolução**: estudos em homenagem à Professora Odete Medauar. Belo Horizonte: Fórum, 2013.

AMBOS, Kai. **Lavagem de dinheiro e direito penal**. Tradução de Pablo Rodrigo Alflen da Silva. Porto Alegre: Sérgio Antonio Fabris Editor, 2007.

ANDERSEN, Kim Viborg. Reengineering public sector organisations using information technology. *In:* HEEKS, Richard (Ed.). **Reinventing government in the information age**: international practice in IT-enabled public sector reform. Londres: Routledge, 1999.

ANDRADE, Adriana de; ROSSETTI, José Paschoal. **Governança corporativa**: fundamentos, desenvolvimento e tendências. São Paulo: Atlas, 2009.

ANDRADE, José Carlos Vieira de. Os direitos, liberdades e garantias no âmbito das relações entre particulares. *In:* SARLET, Ingo Wolfgang (Org.). **Constituição, direitos fundamentais e direito privado**. 3. ed. Porto Alegre, Livraria do Advogado, 2010.

ANDRADE, Norberto Nuno Gomes de. Right to personal identity: the challenges of ambient intelligence and the need for a new legal conceptualization. *In:* GUTWIRTH, Serge; POULLET, Yves; DE HERT, Paul; LEENES, Ronald (Ed.). **Computers, privacy and data protection**: en element of choice. Dordrecht: Springer Netherlands, 2011.

ANDRADE, Renata Fonseca de. Compliance no relacionamento com o governo. *In:* NOHARA, Irene Patrícia; PEREIRA, Flávio de Leão Bastos (Coord.). **Governança, compliance e cidadania**. São Paulo: Revista dos Tribunais, 2018.

ARAGÃO, Alexandre Santos de. **Agências reguladoras e a evolução do direito administrativo econômico**. Rio de Janeiro: Forense, 2002.

ARAGÃO, Alexandre Santos de. Subjetividade judicial na ponderação de valores: alguns exageros na adoção indiscriminada da teoria dos princípios. *In:* ALMEIDA, Fernando Dias Menezes de; MARQUES NETO, Floriano de Azevedo; MIGUEL, Luiz Felipe Hadlich; SCHIRATO, Vitor Rhein (Coord.). **Direito público em evolução**: estudos em homenagem à Professora Odete Medauar. Belo Horizonte: Fórum, 2013.

ARAÚJO, Edmir Netto de. **Curso de direito administrativo**. 7. ed. São Paulo: Saraiva, 2015.

ARAÚJO, Valter Shuenquener de; ZULLO, Bruno Almeida; TORRES, Maurílio. Big Data, algoritmos e inteligência artificial na Administração Pública: reflexões para a sua utilização em um ambiente democrático. **A&C – Revista de Direito Administrativo & Constitucional**, Belo Horizonte, ano 20, n. 80, p. 241-261, abr./jun. 2020.

ARENDT, Hannah. **Entre o passado e o futuro**. Tradução de Mauro W. Barbosa. São Paulo: Perspectiva, 2007.

ARENDT, Hannah. **On Revolution**. Harmondsworth: Penguin, 1973.

ARENDT, Hannah. **Origens do totalitarismo**: antissemitismo, imperialismo, totalitarismo. Tradução de Roberto Raposo. São Paulo: Cia. das Letras, 2013.

ARISTÓTELES. **A política**. Tradução de Nestor Silveira. São Paulo: Folha de S. Paulo, 2010.

ARMSTRONG, Edwin H. Operating field of the audion. **Electrical World**, Nova York, v. 54, n. 1, p. 1149-1152, jul./dez. 1914.

ARNAUD, André-Jean. **La gouvernance**: un outil de participation. Paris: LGDJ, 2014.

ASCENSÃO, José de Oliveira. A dignidade da pessoa e o fundamento dos direitos humanos. **Revista da Faculdade de Direito da Universidade de São Paulo**, São Paulo, v. 103, p. 277-299, jan./dez., 2008.

ASCENSÃO, José de Oliveira. **O direito, introdução e teoria geral**: uma perspectiva luso-brasileira. Rio de Janeiro: Renovar, 1994.

ATIENZA, Manuel. **Las razones del derecho**: teorías de la argumentación jurídica. México: Universidad Nacional Autónoma de México, 2005.

AUGÉ, Marc. **Non-lieux** : Introduction à une anthropologie de la surmodernité. Paris: Éditions du Seuil, 1992.

AULICH, Chris; WETTENHALL, Roger; EVANS, Mark. Understanding integrity in public administration: guest editors' introduction. **Policy Studies**, Oxfordshire, v. 33, n. 1, p. 1-5, jan. 2012.

AUSTERBERRY, David. **Digital asset management**. Oxford: Focal Press, 2012.

ÁVILA, Humberto. **Fundamentos do Estado de Direito**: estudos em homenagem ao Professor Almiro do Couto e Silva. São Paulo: Malheiros, 2005.

ÁVILA, Humberto. **Teoria dos princípios**: da definição à aplicação dos princípios jurídicos. 5. ed. São Paulo: Malheiros, 2005.

ÁVILA, Humberto Bergmann. Repensando o 'princípio da supremacia do interesse público sobre o particular'. *In:* SARLET, Ingo Wolfgang (Org.). **O direito público em tempos de crise**: estudos em homenagem a Ruy Ruben Ruschel. Porto Alegre: Livraria do Advogado, 1999.

AXELSSON, Karin; LINDBLAD-GIDLUND, Katarina. eGovernment in Sweden: new directions. Editorial. **International Journal of Public Information Systems**, Estocolmo, v. 2009, n. 2, p. 31-35, 2009.

AYRES, Ian; BRAITHWAITE, John. **Responsive regulation**: transcending the deregulation debate. Oxford: Oxford University Press, 1992.

AZAMBUJA, Darcy. **Teoria geral do estado**. 44. ed. São Paulo: Globo, 2005.

AZEVEDO, Antonio Junqueira de. O direito como sistema complexo e de 2ª ordem; sua autonomia. Ato nulo e ato ilícito. Diferença de espírito entre responsabilidade civil e penal. Necessidade de prejuízo para haver direito de indenização na responsabilidade civil. **Civilistica.com**, Rio de Janeiro, ano 2, n. 3, jul./set. 2013.

BACELLAR FILHO, Romeu Felipe. A Administração Pública entre o direito público e o direito privado. **Revista da Procuradoria-Geral do Município de Belo Horizonte**, Belo Horizonte: Fórum, a. 4, n. 8, p. 203-226, jul./dez. 2011.

BACELLAR FILHO, Romeu Felipe. **Direito administrativo**. 4. ed. São Paulo: Saraiva, 2008.

BACELLAR FILHO, Romeu Felipe. O poder normativo dos entes reguladores e a participação dos cidadãos nesta atividade. Serviços públicos e direitos fundamentais: os desafios da regulação na experiência brasileira. **Revista Iberoamericana de Administración Pública**, Madri, v. 9, n. 2, p. 53-64, jul./dez. 2002.

BADIC, Biljana; DREWES, Christian; KARLS, Ingolf; MUECK, Markus. **Rolling out 5G**: Use cases, applications, and technology solutions. Nova York: Apress, 2016.

BAILEY, Keiron; BLANDFOR, Benjamin; GROSSARDT, Ted; RIPY, John. Planning, technology, and legitimacy: structured public involvement in integrated transportation and land-use planning in the United States. **Environment and Planning B: Planning and Design**, Tucson, v. 38, n. 3, p. 447-467, 2011.

BALIBAR, Étienne. **Cittadinanza**. Tradução do francês para o italiano de Fabrizio Grillenzoni. Turim: Bollati Boringhieri, 2012.

BANDEIRA DE MELLO, Celso Antônio. **Apontamentos sobre os agentes e órgãos públicos**. São Paulo: Revista dos Tribunais, 1987.

BANDEIRA DE MELLO, Celso Antônio. **Curso de direito administrativo**. 33. ed. São Paulo: Malheiros, 2016.

BAPTISTA, Patrícia. Retrospectiva 2008: a crise econômica mundial e o papel da regulação estatal, os vinte anos da constitucionalização do direito administrativo no Brasil, a emergência do direito administrativo global e outras questões. **Revista de Direito do Estado**, Salvador, v. 13, p. 31-45, 2009.

BAPTISTA, Patrícia. **Transformações do direito administrativo**. Rio de Janeiro: Renovar, 2003.

BAPTISTA, Patrícia; KELLER, Clara Iglesias. Por que, quando e como regular as novas tecnologias? Os desafios trazidos pelas inovações disruptivas. **Revista de Direito Administrativo**, Rio de Janeiro, v. 273, n. 3, p. 123-163, set./dez. 2016.

BAR CENDÓN, Antonio. **Accountability and public administration**: concepts, dimensions, developments. Maastricht: NISPAcee European Institute of Public Administration, 1999.

BARACHO, José Alfredo de Oliveira. O princípio de subsidiariedade: conceito e revolução. **Revista de Direito Administrativo**, Rio de Janeiro, v. 200, n. 1, p. 21-54, abr./jun. 1995.

BARALIUC, Irina; GUTWIRTH, Serge; DEPREEUW, Sari. Copyright enforcement in Europe after ACTA: what now? **Netherlands Journal of Legal Philosophy**, Utrecht, v. 41, n. 2, p. 99-104, 2012.

BARBOSA, Mafalda Miranda. Blockchain e responsabilidade civil: inquietações em torno de uma realidade nova. **Revista de Direito da Responsabilidade**, Coimbra, ano 1, v. 1, p. 206-244, jan. 2019.

BARBOSA, Mafalda Miranda. E quando o algoritmo erra? Reflexão a propósito da pandemia de Covid-19. **Revista Eletrônica de Direito do Centro Universitário Newton Paiva**, Belo Horizonte, n. 43, p. 196-215, jan./abr. 2021, p. 206.

BARBOZA, Heloísa Helena. Perspectivas do direito civil brasileiro para o próximo século. **Revista da Faculdade de Direito da Universidade do Estado do Rio de Janeiro**, Rio de Janeiro, n. 6-7, 1998-1999.

BARCELLOS, Ana Paula de. Neoconstitucionalismo, direitos fundamentais e controle das políticas públicas. **Revista de Direito Administrativo**, Rio de Janeiro, v. 240, n. 3, p. 83-103, abr./jun. 2005.

BARLOW, John Perry. **A Declaration of the Independence of Cyberspace**. Disponível em: https://eff.org/cyberspace-independence. Acesso em: 20 jun. 2023.

BARROS, Antonio Teixeira; MONTEIRO, Adriana Resende; SANTOS, Thais Teixeira. Audiências públicas interativas na Câmara dos Deputados: além da função informacional. **Revista Brasileira de Ciência Política**, Brasília, v. 26, n. 3, p. 131-185, maio/ago. 2018.

BARROSO, Luis Roberto. A constitucionalização do direito e suas repercussões no âmbito administrativo. In: ARAGÃO, Alexandre Santos de; MARQUES NETO, Floriano de Azevedo (Coord.). **Direito administrativo e seus novos paradigmas**. Belo Horizonte: Fórum, 2012.

BATISTA JÚNIOR, Onofre Alves. **Transações administrativas**. São Paulo: Quartier Latin, 2007.

BAUMAN, Zygmunt. **A sociedade individualizada**: vidas contadas e histórias vividas. Tradução de José Gradel. Rio de Janeiro: Zahar, 2008.

BAUMAN, Zygmunt. **Modernidade líquida**. Tradução de Plínio Dentzien. Rio de Janeiro: Zahar, 2001.

BAUMAN, Zygmunt. **O mal-estar da pós-modernidade**. Tradução de Mauro Gama e Cláudia Martinelli Gama. Rio de Janeiro: Zahar, 1998.

BAUMAN, Zygmunt; LYON, David. **Vigilância líquida**. Tradução de Carlos Alberto Medeiros. Rio de Janeiro: Zahar, 2013.

BAUMAN, Zygmunt; RAUD, Rein. **A individualidade numa época de incertezas**. Tradução de Carlos Alberto Medeiros. Rio de Janeiro: Zahar, 2018.

BEAUD, Olivier. La distinction entre droit public et droit privé: un dualisme qui résiste aux critiques. *In*: FREEDLAND, Mark; AUBY, Jean-Bernard (Ed.). **The public law/private law divide**. Oxford: Hart Publishing, 2006.

BEÇAK, Rubens. **A hipertrofia do Executivo brasileiro**: o impacto da Constituição de 1988. Campinas: Millennium, 2008.

BEÇAK, Rubens. **Democracia**: hegemonia e aperfeiçoamento. São Paulo: Saraiva, 2014.

BEÇAK, Rubens; LONGHI, João Victor Rozatti. Abertura e colaboração como fundamentos do Marco Civil da Internet: a atuação do Poder Público na construção do governo eletrônico brasileiro e a governança da Internet. *In*: DE LUCCA, Newton; SIMÃO FILHO, Adalberto; LIMA, Cíntia Rosa Pereira de (Coord.). **Direito & Internet III**: Marco Civil da Internet (Lei nº 12.965/2014). São Paulo: Quartier Latin, 2015, t. I.

BEÇAK, Rubens; LONGHI, João Victor Rozatti. O papel das tecnologias da comunicação em manifestações populares: a primavera árabe e as jornadas de junho no Brasil. **Revista Eletrônica do Curso de Direito da Universidade Federal de Santa Maria**, Santa Maria, v. 10, n. 1, p. 388-405, out. 2015.

BECCARIA, Cesare. **Dos delitos e das penas**. Tradução de José Cretella Júnior e Agnes Cretella. 3. ed. São Paulo: Revista dos Tribunais, 2006.

BECK, Ulrich. **Risk society**: towards a new modernity. Tradução do alemão para o inglês de Mark Ritter. Londres: Sage Publications, 1992.

BECK, Ulrich. **World at risk**. Tradução do alemão para o inglês de Ciaran Cronin. Cambridge: Polity Press, 2009.

BEHN, Robert D. The challenge of evaluating m-government, e-government, and p-government: what should be compared with what? *In*: MAYER-SCHÖNBERGER, Viktor; LAZER, David (Ed.). **Governance and information technology**: from electronic government to information government. Cambridge: The MIT Press, 2007.

BELL, Daniel. **The coming of the post-industrial society**: a venture in social forecasting. Nova York: Basic Books, 1976.

BELLAMY, Richard. **Citizenship**: a very short introduction. Oxford: Oxford University Press, 2008.

BENEVIDES, Maria Victoria de Mesquita. **A cidadania ativa**: referendo, plebiscito e iniciativa popular. São Paulo: Ática, 1991.

BENIGER, James R. **The control revolution**: technological and economic origins of the information society. Cambridge: Harvard University Press, 1986.

BENKLER, Yochai; FARIS, Robert; ROBERTS, Hal. **Network propaganda**: manipulation, disinformation and radicalization in American politics. Oxford: Oxford University Press, 2018.

BENTHAM, Jeremy. **An introduction to the principles of morals and legislation**. Reimpr. Buffalo: Prometheus Books, 1988.

BENTHAM, Jeremy. Panopticon letters. *In*: BOŽOVI , Miran (Ed.). **Jeremy Bentham**: the panopticon writings. Londres: Verso, 1995.

BENTIVEGNA, Carlos Frederico Barbosa. **Liberdade de expressão, honra, imagem e privacidade**: os limites entre o lícito e o ilícito. Barueri: Manole, 2020.

BENTO, Leonardo Valles. **Governança e governabilidade na reforma do estado**: entre a eficiência e a democratização. Barueri: Manole, 2003.

BERLIN, Isaiah. **Cuatro ensayos sobre la libertad**. Tradução do inglês para o espanhol de Ángel Rivero Rodríguez *et al*. Madri: Alianza, 1998.

BERLIN, Leslie. **The man behind the microchip**: Robert Noyce and the invention of Silicon Valley. Oxford: Oxford University Press, 2005.

BEVIR, Mark. **Democratic governance**. Princeton: Princeton University Press, 2010.

BEVIR, Mark; HALL, Ian. Global Governance. In: BEVIR, Mark (Ed.). **The Sage handbook of governance**. Londres: Sage Publications, 2011.

BEZERRA, Heloisa Dias. Atores políticos, informação e democracia. **Revista Opinião Pública**, Campinas, v. 14, nº 2, nov. 2008.

BIEGELMAN, Martin T.; BIEGELMAN, Daniel R. **Foreign Corrupt Practices Act compliance guidebook**: protecting your organization from bribery and corruption. Nova Jersey: John Wiley & Sons, 2010.

BIKUS, Zach. Internet access at new high worldwide before pandemic. **Gallup**, 8 abr. 2020. Disponível em: https://news.gallup.com/poll/307784/internet-access-new-high-worldwide-pandemic.aspx. Acesso em: 20 jun. 2023.

BINENBOJM, Gustavo. Art. 5º: Análise de Impacto Regulatório. *In:* MARQUES NETO, Floriano de Azevedo; RODRIGUES JÚNIOR, Otavio Luiz; LEONARDO, Rodrigo Xavier (Coord.). **Comentários à Lei da Liberdade Econômica (Lei 13.874/2019)**. São Paulo: Thomson Reuters Brasil, 2019.

BINENBOJM, Gustavo. Da supremacia do interesse público ao dever de proporcionalidade: um novo paradigma para o direito administrativo. **Revista de Direito Administrativo**, Rio de Janeiro, n. 239, pp. 1-31, jan./mar. 2005.

BINENBOJM, Gustavo. **Uma teoria do direito administrativo**: direitos fundamentais, democracia e constitucionalização. 3. ed., Rio de Janeiro: Renovar, 2014.

BIONI, Bruno Ricardo. **Proteção de dados pessoais**: a função e os limites do consentimento. Rio de Janeiro: Forense, 2019.

BIONI, Bruno; ZANATTA, Rafael; MONTEIRO, Renato Leite; RIELLI, Mariana. **Privacidade e pandemia**: recomendações para o uso legítimo de dados no combate à COVID-19. Conciliando o combate à COVID-19 com o uso legítimo de dados pessoais e o respeito aos direitos fundamentais. São Paulo: Data Privacy Brasil, 2020.

BITENCOURT NETO, Eurico. **Concertação administrativa interorgânica**: direito administrativo e organização no século XXI. São Paulo: Almedina, 2017.

BITENCOURT NETO, Eurico. Direito administrativo transnacional. **Revista Brasileira de Direito Público**, Belo Horizonte, ano 7, n. 24, p. 109-126, jan./mar. 2009.

BITENCOURT NETO, Eurico. Transformações do Estado e a Administração Pública no século XXI. **Revista de Investigações Constitucionais**, Curitiba, v. 4, n. 1, p. 207-225, jan./abr. 2017.

BITTAR, Eduardo C. B. **O direito na pós-modernidade**. 3. ed. São Paulo: Atlas, 2014.

BIX, Brian. **Jurisprudence**: theory and context. 5. ed. Londres: Sweet & Maxwell, 2009.

BLACK, Julia. **Rules and regulators**. Oxford: Clarendon Press, 1997.

BOBBIO, Norberto. **A era dos direitos**. Tradução de Carlos Nelson Coutinho. 7. tir. Rio de Janeiro: Elsevier, 2004.

BOBBIO, Norberto. **Estado, governo e sociedade**. Tradução de Marco Aurélio Nogueira. Rio de Janeiro: Paz e Terra, 1987.

BOBBIO, Norberto. **Liberalismo e democracia**. Tradução de Marco Aurélio Nogueira. São Paulo: Edipro, 2017.

BÖCKENFÖRDE, Ernst-Wolfgang. The rise of the State as a process of secularization. *In:* BÖCKENFÖRDE, Ernst-Wolfgang (Ed.). **State, society and liberty**: studies in political theory and constitutional law. Tradução do alemão para o inglês de J. A. Underwood. Nova York: Berg, 1991.

BODIN DE MORAES, Maria Celina. A caminho de um direito civil constitucional. **Revista de Direito Civil**, ano 17, v. 65, pp. 21-32, São Paulo, jul./set. 1993.

BODIN DE MORAES, Maria Celina. Do juiz boca-da-lei à lei segundo a boca-do-juiz: notas sobre a aplicação-interpretação do direito no início do Século XXI. **Revista de Direito Privado**, São Paulo, v. 56, p. 11-30, out./dez. 2013.

BONAVIDES, Paulo. **Do estado liberal ao estado social**. 10. ed. São Paulo: Malheiros, 2011.

BONAVIDES, Paulo. **Teoria constitucional da democracia participativa**: por um direito constitucional de luta e resistência, por uma nova hermenêutica, por uma repolitização da legitimidade. São Paulo: Malheiros, 2001.

BONNA, Alexandre Pereira. A crise ética da responsabilidade civil: desafios e perspectivas. **Quaestio Iuris**, Rio de Janeiro, v. 11, n. 1, p. 365-382, jan./jun. 2018.

BOURDIEU, Pierre. **Contrafogos 2**: por um movimento social europeu. Tradução de André Telles. Rio de Janeiro: Jorge Zahar, 2001.

BOURDIEU, Pierre. **O poder simbólico**. Tradução de Fernando Tomaz. Lisboa: Difel, 1989.

BOVENS, Mark. Public accountability. In: FERLIE, Ewan et al (ed.). **The Oxford Handbook of Public Management**. Oxford: Oxford University Press, 2007.

BOVENS, Mark; HART, Paul; PETERS, B. Guy. The state of public governance. In: BOVENS, Mark; HART, Paul; PETERS, B. Guy (Eds.). **Success and failure in public governance**: a comparative analysis. Cheltenham: Edward Elgar, 2001.

BRAATZ, Tatiani Heckert; BÚRIGO, Vandré Augusto. A origem do estado moderno – a concepção de Estado, de governo e de controle penal nas obras "O espírito das leis" e "dos delitos e das penas": breves percepções. **Revista Eletrônica Direito e Política**, Itajaí, v. 2, n. 3, p. 760-773, set./dez. 2007.

BRAGA NETTO, Felipe; FALEIROS JÚNIOR, José Luiz de Moura. A atividade estatal entre o ontem e o amanhã: reflexões sobre os impactos da inteligência artificial no direito público. In: BARBOSA, Mafalda Miranda; BRAGA NETTO, Felipe; SILVA, Michael César; FALEIROS JÚNIOR, José Luiz de Moura (Coord.). **Direito digital e inteligência artificial**: diálogos entre Brasil e Europa. Indaiatuba: Foco, 2021.

BRANDÃO, Antônio José. Moralidade administrativa. **Revista de Direito Administrativo**, Rio de Janeiro, v. 25, p. 454-467, 1951.

BRASIL, Bárbara Dayana. **Direitos Humanos e Investimento Estrangeiro**: perspectivas para interação. Rio de Janeiro: Lumen Juris, 2019.

BRASIL, Bárbara Dayana. Os direitos humanos como fundamento da proteção de dados pessoais na Lei Geral de Proteção de Dados brasileira. *In:* CRAVO, Daniela Copetti; JOBIM, Eduardo; FALEIROS JÚNIOR, José Luiz de Moura (Coord.). **Direito público e tecnologia**. Indaiatuba: Foco, 2022.

BRASIL, Bárbara Dayana. O uso das novas tecnologias nos serviços públicos: a experiência do Município de Pato Branco (PR) no ranking das cinco principais *smart cities* de médio porte do Brasil. In: MOTTA, Fabrício; GABARDO, Emerson (Org.). **Desenvolvimento Nacional por uma agenda propositiva e inclusiva**. Curitiba: Íthala, 2020,

BRASIL. Banco Central do Brasil. Circular nº 3.461, de 24 de julho de 2009. Consolida as regras sobre os procedimentos a serem adotados na prevenção e combate às atividades relacionadas com os crimes previstos na Lei nº 9.613, de 3 de março de 1998. *In:* **Diário Oficial da República Federativa do Brasil**, Brasília, DF, 25 set. 1998. Disponível em: https://www.bcb.gov.br/pre/normativos/busca/downloadNormativo.asp?arquivo=/Lists/Normativos/Attachments/47555/Circ_3461_v1_O.pdf Acesso em: 20 jun. 2023.

BRASIL. Banco Central do Brasil. Resolução nº 2.554, de 24 de setembro de 1998. Dispõe sobre a implantação e implementação de sistema de controles internos. *In:* **Diário Oficial da República Federativa do Brasil**, Brasília, DF, 25 set. 1998. Disponível em: https://www.bcb.gov.br/pre/normativos/res/1998/pdf/res_2554_v3_P.pdf Acesso em: 20 jun. 2023.

BRASIL. Banco Central do Brasil. Resolução nº 3.198, de 27 de maio de 2004. Altera e consolida a regulamentação relativa à prestação de serviços de auditoria independente para as instituições financeiras, demais instituições autorizadas a funcionar pelo Banco Central do Brasil e para as câmaras e prestadores de serviços de compensação e de liquidação. *In:* **Diário Oficial da República Federativa do Brasil**, Brasília, DF, 28 maio 2004. Disponível em: https://www.bcb.gov.br/pre/normativos/res/2004/pdf/res_3198_v9_p.pdf. Acesso em: 20 jun. 2023.

BRASIL. Câmara dos Deputados. **Proposta de Emenda à Constituição nº 185/2015**. Disponível em: < http://www.camara.gov.br/proposicoesWeb/fichadetramitacao?idProposicao=2075915 >. Acesso em: 20 jun. 2023.

BRASIL. **Constituição da República Federativa do Brasil**. Brasília: Senado Federal, 1988. Disponível em: http://www.planalto.gov.br/ccivil_03/constituicao/constituicao.htm. Acesso em: 20 jun. 2023.

BRASIL. Controladoria-Geral da União (CGU). **Governo Aberto no Brasil (2016)**. Disponível em: http://www.governoaberto.cgu.gov.br/no-brasil/governo-aberto-no-brasil Acesso em: 20 jun. 2023.

BRASIL. Decreto s/nº, de 18 de outubro de 2000. Cria, no âmbito do Conselho de Governo, o Comitê Executivo do Governo Eletrônico, e dá outras providências. *In:* **Diário Oficial da República Federativa do Brasil**, Brasília, DF, 24 abr. 2014. Disponível em: http://www.planalto.gov.br/ccivil_03/DNN/DNN9067.htm. Acesso em: 20 jun. 2023.

BRASIL. Decreto s/nº, de 23 de outubro de 2003. Institui Comitês Técnicos do Comitê Executivo do Governo Eletrônico e dá outras providências. *In:* **Diário Oficial da República Federativa do Brasil**, Brasília, DF, 24 abr. 2014. Disponível em: http://www.planalto.gov.br/ccivil_03/DNN/2003/Dnn10007.htm. Acesso em: 20 jun. 2023.

BRASIL. Decreto nº 3.678, de 30 de novembro de 2000. Promulga a Convenção sobre o Combate da Corrupção de Funcionários Públicos Estrangeiros em Transações Comerciais Internacionais, concluída em Paris, em 17 de dezembro de 1997. *In:* **Diário Oficial da República Federativa do Brasil**, Brasília, DF, 1º dez. 2000. Disponível em: http://www.planalto.gov.br/ccivil_03/decreto/d3678.htm Acesso em: 20 jun. 2023.

BRASIL. Decreto nº 8.420, de 18 de março de 2015. Regulamenta a Lei nº 12.846, de 1º de agosto de 2013, que dispõe sobre a responsabilização administrativa de pessoas jurídicas pela prática de atos contra a administração pública, nacional ou estrangeira e dá outras providências. *In:* **Diário Oficial da República Federativa do Brasil**, Brasília, DF, 19 mar. 2015. Disponível em: https://www.planalto.gov.br/ccivil_03/_ato2015-2018/2015/decreto/D8420.htm Acesso em: 20 jun. 2023.

BRASIL. Decreto nº 8.638, de 15 de janeiro de 2016. Institui a Política de Governança Digital no âmbito dos órgãos e das entidades da administração pública federal direta, autárquica e fundacional. In: **Diário Oficial da República Federativa do Brasil**, Brasília, DF, 16 jan. 2016. Disponível em: http://www.planalto.gov.br/ccivil_03/_Ato2015-2018/2016/Decreto/D8638.htm. Acesso em: 20 jun. 2023.

BRASIL. Decreto nº 9.203, de 22 de novembro de 2017. Dispõe sobre a política de governança da administração pública federal direta, autárquica e fundacional. In: **Diário Oficial da República Federativa do Brasil**, Brasília, DF, 23 nov. 2017. Disponível em: https://www.planalto.gov.br/ccivil_03/_ato2015-2018/2017/decreto/d9203.htm Acesso em: 20 jun. 2023.

BRASIL. Decreto nº 9.854, de 25 de junho de 2019. Institui o Plano Nacional de Internet das Coisas e dispõe sobre a Câmara de Gestão e Acompanhamento do Desenvolvimento de Sistemas de Comunicação Máquina a Máquina e Internet das Coisas. In: **Diário Oficial da República Federativa do Brasil**, Brasília, DF, 26 jun. 2019. Disponível em: https://www.in.gov.br/en/web/dou/-/decreto-n-9854-de-25-de-junho-de-2019-173021041 Acesso em: 20 jun. 2023.

BRASIL. Decreto nº 10.046, de 9 de outubro de 2019. Dispõe sobre a governança no compartilhamento de dados no âmbito da administração pública federal e institui o Cadastro Base do Cidadão e o Comitê Central de Governança de Dados. In: **Diário Oficial da República Federativa do Brasil**, Brasília, DF, 10 out. 2019. Disponível em: https://www.planalto.gov.br/ccivil_03/_ato2019-2022/2019/decreto/D10046.htm Acesso em: 20 jun. 2023.

BRASIL. Decreto nº 10.047, de 9 de outubro de 2019. Dispõe sobre a governança do Cadastro Nacional de Informações Sociais e institui o programa Observatório de Previdência e Informações, no âmbito do Cadastro Nacional de Informações Sociais. In: **Diário Oficial da República Federativa do Brasil**, Brasília, DF, 10 out. 2019. Disponível em: https://www.planalto.gov.br/ccivil_03/_ato2019-2022/2019/decreto/d10047.htm Acesso em: 20 jun. 2023.

BRASIL. Decreto nº 10.332, de 28 de abril de 2020. Institui a Estratégia de Governo Digital para o período de 2020 a 2022, no âmbito dos órgãos e das entidades da administração pública federal direta, autárquica e fundacional e dá outras providências. In: **Diário Oficial da República Federativa do Brasil**, Brasília, DF, 29 abr. 2020. Disponível em: https://www.planalto.gov.br/ccivil_03/_ato2019-2022/2020/Decreto/D10332.htm Acesso em: 20 jun. 2023.

BRASIL. Decreto nº 11.129, de 11 de junho de 2022. Regulamenta a Lei nº 12.846, de 1º de agosto de 2013, que dispõe sobre a responsabilização administrativa e civil de pessoas jurídicas pela prática de atos contra a administração pública, nacional ou estrangeira. In: **Diário Oficial da República Federativa do Brasil**, Brasília, DF, 12 jun. 2022. Disponível em: https://www.planalto.gov.br/ccivil_03/_Ato2019-2022/2022/Decreto/D11129.htm Acesso em: 20 jun. 2023.

BRASIL. Decreto nº 11.260, de 22 de novembro de 2022. Dispõe sobre a elaboração e o encaminhamento da Estratégia Nacional de Governo Digital e prorroga o período de vigência da Estratégia de Governo Digital, instituída pelo Decreto nº 10.332, de 28 de abril de 2020. In: **Diário Oficial da República Federativa do Brasil**, Brasília, DF, 23 nov. 2022. Disponível em: https://www.planalto.gov.br/ccivil_03/_ato2019-2022/2022/Decreto/D11260.htm Acesso em: 20 jun. 2023.

BRASIL. Lei nº 8.429, de 2 de junho de 1992. Dispõe sobre as sanções aplicáveis em virtude da prática de atos de improbidade administrativa, de que trata o § 4º do art. 37 da Constituição Federal; e dá outras providências. In: **Diário Oficial da República Federativa do Brasil**, Brasília, DF, 3 jun. 1992. Disponível em: planalto.gov.br/ccivil_03/leis/l8429.htm Acesso em: 20 jun. 2023.

BRASIL. Lei nº 9.613, de 3 de março de 1998. Dispõe sobre os crimes de "lavagem" ou ocultação de bens, direitos e valores; a prevenção da utilização do sistema financeiro para os ilícitos previstos nesta Lei; cria o Conselho de Controle de Atividades Financeiras - COAF, e dá outras providências. In: **Diário Oficial da República Federativa do Brasil**, Brasília, DF, 4 mar. 1998. Disponível em: https://www.planalto.gov.br/ccivil_03/leis/l9613.htm Acesso em: 20 jun. 2023.

BRASIL. Lei nº 12.527, de 18 de novembro de 2011. Regula o acesso a informações previsto no inciso XXXIII do art. 5º, no inciso II do § 3º do art. 37 e no § 2º do art. 216 da Constituição Federal; altera a Lei nº 8.112, de 11 de dezembro de 1990; revoga a Lei nº 11.111, de 5 de maio de 2005, e dispositivos da Lei nº 8.159, de 8 de janeiro de 1991; e dá outras providências. *In:* **Diário Oficial da República Federativa do Brasil**, Brasília, DF, 19 nov. 2011. Disponível em: https://www.planalto.gov.br/ccivil_03/_ato2011-2014/2011/lei/l12527.htm Acesso em: 20 jun. 2023.

BRASIL. Lei nº 12.529, de 30 de novembro de 2011. Estrutura o Sistema Brasileiro de Defesa da Concorrência; dispõe sobre a prevenção e repressão às infrações contra a ordem econômica; altera a Lei nº 8.137, de 27 de dezembro de 1990, o Decreto-Lei nº 3.689, de 3 de outubro de 1941 - Código de Processo Penal, e a Lei nº 7.347, de 24 de julho de 1985; revoga dispositivos da Lei nº 8.884, de 11 de junho de 1994, e a Lei nº 9.781, de 19 de janeiro de 1999; e dá outras providências. *In:* **Diário Oficial da República Federativa do Brasil**, Brasília, DF, 01 dez. 2011. Disponível em: https://www.planalto.gov.br/ccivil_03/_ato2011-2014/2011/lei/l12529.htm Acesso em: 20 jun. 2023.

BRASIL. Lei nº 12.846, de 1º de agosto de 2013. Dispõe sobre a responsabilização administrativa e civil de pessoas jurídicas pela prática de atos contra a administração pública, nacional ou estrangeira, e dá outras providências. *In:* **Diário Oficial da República Federativa do Brasil**, Brasília, DF, 2 ago. 2013. Disponível em: https://www.planalto.gov.br/ccivil_03/_ato2011-2014/2013/lei/l12846.htm Acesso em: 20 jun. 2023.

BRASIL. Lei nº 12.965, de 23 de abril de 2014. Estabelece princípios, garantias, direitos e deveres para o uso da Internet no Brasil. *In:* **Diário Oficial da República Federativa do Brasil**, Brasília, DF, 24 abr. 2014. Disponível em: http://www.planalto.gov.br/ccivil_03/_ato2011-2014/2014/lei/l12965.htm. Acesso em: 20 jun. 2023.

BRASIL. Lei nº 13.655, de 25 de abril de 2018. Inclui no Decreto-Lei nº 4.657, de 4 de setembro de 1942 (Lei de Introdução às Normas do Direito Brasileiro), disposições sobre segurança jurídica e eficiência na criação e na aplicação do direito público. *In:* **Diário Oficial da República Federativa do Brasil**, Brasília, DF, 26 abr. 2018. Disponível em: http://www.planalto.gov.br/ccivil_03/_Ato2015-2018/2018/Lei/L13655.htm. Acesso em: 20 jun. 2023.

BRASIL. Lei nº 13.709, de 14 de agosto de 2019. Lei Geral de Proteção de Dados Pessoais (LGPD). *In:* **Diário Oficial da República Federativa do Brasil**, Brasília, DF, 14 ago. 2019. Disponível em: http://www.planalto.gov.br/ccivil_03/_Ato2015-2018/2018/Lei/L13709.htm. Acesso em: 20 jun. 2023.

BRASIL. Lei nº 13.874, de 20 de setembro de 2019. Institui a Declaração de Direitos de Liberdade Econômica; (...) e dá outras providências. *In:* **Diário Oficial da República Federativa do Brasil**, Brasília, DF, 21 set. 2019. Disponível em: http://www.planalto.gov.br/ccivil_03/_ato2019-2022/2019/Lei/L13874.htm. Acesso em: 20 jun. 2023.

BRASIL. Lei nº 14.129, de 29 de março de 2021. Dispõe sobre princípios, regras e instrumentos para o Governo Digital e para o aumento da eficiência pública e altera a Lei nº 7.116, de 29 de agosto de 1983, a Lei nº 12.527, de 18 de novembro de 2011 (Lei de Acesso à Informação), a Lei nº 12.682, de 9 de julho de 2012, e a Lei nº 13.460, de 26 de junho de 2017. *In:* **Diário Oficial da República Federativa do Brasil**, Brasília, DF, 30 mar. 2021. Disponível em: http://www.planalto.gov.br/ccivil_03/_ato2019-2022/2021/lei/L14129.htm. Acesso em: 20 jun. 2023.

BRASIL. Ministério de Ciência e Tecnologia. **Ciência e Tecnologia para a Construção da Sociedade da Informação – Projeto de Política Pública**. Ministro Ronaldo Mota Sardenberg *et al.*, 1999. Disponível em: http://www.dominiopublico.gov.br/download/texto/ci000006.pdf. Acesso em: 20 jun. 2023.

BRASIL. Ministério da Educação. Conselho Nacional de Educação. **Portaria nº 1.351, de 17 de dezembro de 2018**. Disponível em: http://bit.ly/2nFP8gx. Acesso em: 20 jun. 2023.

BRASIL. Ministério da Justiça e Segurança Pública. Conselho Nacional de Arquivos. **Perguntas mais frequentes.** Disponível em: http://conarq.gov.br/index.php/documentos-eletronicos-ctde/perguntas-mais-frequentes. Acesso em: 20 jun. 2023.

BRASIL. Presidência da República. Casa Civil. **Decreto nº 1.094, de 23 de março de 1994.** Dispõe sobre o Sistema de Serviços Gerais (SISG) dos órgãos civis da Administração Federal direta, das autarquias federais e fundações públicas. Disponível em: http://www.planalto.gov.br/ccivil_03/decreto/Antigos/D1094.htm. Acesso em: 20 jun. 2023.

BRASIL. Senado Federal. Atividade Legislativa. **Comissão de Juristas responsável por subsidiar elaboração de substitutivo sobre IA (CJSUBIA).** Disponível em: https://legis.senado.leg.br/comissoes/comissao?codcol=2504 Acesso em: 20 jun. 2023.

BRASIL. Senado Federal. **Proposta de Emenda à Constituição nº 8/2020.** Disponível em: https://www25.senado.leg.br/web/atividade/materias/-/materia/141096. Acesso em: 20 jun. 2023.

BRASIL. Supremo Tribunal Federal. **Julgamento de ações sobre compartilhamento de dados continua nesta quinta-feira (15).** Disponível em: https://portal.stf.jus.br/noticias/verNoticiaDetalhe.asp?idConteudo=494130&ori=1 Acesso em: 20 jun. 2023.

BREGA, José Fernando Ferreira. **Governo eletrônico e direito administrativo.** Brasília: Gazeta Jurídica, 2015.

BREGA, José Fernando Ferreira. Perspectivas sobre a Lei do Governo Digital no Brasil. *In*: CRAVO, Daniela Copetti; JOBIM, Eduardo; FALEIROS JÚNIOR, José Luiz de Moura (Coord.). **Direito público e tecnologia.** Indaiatuba: Foco, 2022.

BRESSER PEREIRA, Luiz Carlos. Da Administração Pública burocrática à gerencial. *In*: BRESSER PEREIRA, Luiz Carlos; SPINK, Peter (Org.). **Reforma do Estado e Administração Pública gerencial.** 7. ed. Rio de Janeiro: FGV, 2006.

BRINTON, Crane. Review on "Rousseau and the Modern State", by Alfred Cobban. **The American Historical Review**, Nova York/Oxford, v. 41, n. 3, p. 538-539, abr. 1936.

BRO, Viviana. Has the Covid-19 Pandemic Ushered in the Drone Age? **New York State Science & Technology Law Center**, 26 out. 2020. Disponível em: https://nysstlc.syr.edu/has-the-covid-19-pandemic-ushered-in-the-drone-age/. Acesso em: 20 jun. 2023.

BROWDER, Rebekah K. Internet voting with initiatives and referendums: stumbling towards direct democracy. **Seattle University Law Review**, Seattle, v. 29, n. 2, p. 485-514, 2005.

BROWNSWORD, Roger. Biotechnology and rights: where are we coming from and where are we going? *In*: KLANG, Mathias; MURRAY, Andrew (Ed.). **Human rights in the digital age.** Abingdon: Routledge-Cavendish, 2005.

BROWNSWORD, Roger. So what does the world need now? Reflections on regulating technologies. *In*: BROWNSWORD, Roger; YEUNG, Karen (Ed.). **Regulating technologies**: legal futures, regulatory frames and technological fixes. Oxford: Hart Publishing, 2008.

BROWNSWORD, Roger; GOODWIN, Morag. **Law and the technologies of the Twenty-First Century.** Cambridge: Cambridge University Press, 2012.

BUCCHI, Massimiano. **Beyond technocracy**: science, politics and citizens. Tradução do italiano para o inglês de Adrian Belton. Nova York: Springer Science+Business Media, 2009.

BUCKLAND, Michael. **Information and society.** Cambridge: The MIT Press, 2017.

BURNS, Elmer Ellsworth. **The story of great inventions.** Nova Deli: Prabhat Prakashan, 2017.

BUTTON, Mark. **Security Officers and Policing**: Powers, culture and control in the governance of private space. Hampshire: Ashgate, 2007.

CADEMARTORI, Sérgio. **Estado de direito e legitimidade**: uma abordagem garantista. Porto Alegre: Livraria do Advogado, 1999.

CAHALI, Yussef Said. **Responsabilidade civil do Estado**. 5. ed. São Paulo: Revista dos Tribunais, 2014.

CAIDEN, Gerald E. The problema of ensuring the public accountability of public official. *In:* JABBRA, Joseph G.; DWIVEDI, Onkar Prasad (Ed.). **Public service accountability**: a comparative perspective. West Hartford: Kumarian, 1989.

CAILLOSSE, Jacques. Gouvernance et participation: quelle synthèse? *In:* DE MONTALIVET, Pierre (Ed.). **Gouvernance et participation**. Bruxelas: Bruylant, 2011.

CAILLOSSE, Jacques. Quel droit la gouvernance publique fabrique-t-elle? **Droit et Société**, Paris, v. 71, p. 461-470, 2009.

CALABRESI, Guido. Some thoughts on risk distribution and the law of torts. **The Yale Law Journal**, New Haven, v. 70, n. 4, p. 499-553, mar. 1961.

CALO, Ryan. Robotics and the lessons of cyberlaw. **California Law Review**, Berkeley, v. 103, p. 513-563, 2015.

CAMARGO, Gustavo Xavier de. **Dados pessoais, vigilância e controle**: como proteger direitos fundamentais em um mundo dominado por plataformas digitais? Rio de Janeiro: Lumen Juris, 2021.

CAMMAROSANO, Márcio. **O princípio constitucional da moralidade e o exercício da função administrativa**. Belo Horizonte: Fórum, 2006.

CANARIS, Claus-Wilhelm. **Pensamento sistemático e conceito de sistema na ciência do direito**. Tradução do alemão para o português de António Menezes Cordeiro. 5. ed. Lisboa: Fundação Calouste Gulbenkian, 2012.

CANDELORO, Ana Paula P.; RIZZO, Maria Balbina Martins de; PINHO, Vinícius. **Compliance 360º**: riscos, estratégias, conflitos e vaidades no mundo corporativo. São Paulo: Trevisan, 2012.

CANOTILHO, José Joaquim Gomes. **Direito constitucional**. 5. ed. Coimbra: Almedina, 1992.

CAPELLER, Wanda; SIMOULIN, Vincent. Présentation du dossier spécial 'La gouvernance: du programme de recherche à la transdisciplinarité'. **Droit et Société**, Paris: LGDJ, v. 54, n. 2, p. 301-305, 2003.

CARLOS, Ana Fani Alessandri. Henri Lefebvre: o espaço, a cidade e o "direito à cidade". **Revista Direito e Práxis**, Rio de Janeiro, v. 11, n. 1, p. 349-369, 2020.

CARR, Craig L.; SEIDLER, Michael J. Pufendorf, sociality and the Modern State. *In:* HAAKONSSEN, Knud (Ed.). **Grotius, Pufendorf and modern natural law**. Brookfield: Dartmouth/Ashgate, 1999.

CARVALHO, Vinicius Marques de; MATTIUZZO, Marcela; SOUZA, Bruno Silva e. Programas de compliance: desafios da multiplicidade institucional para o setor privado. *In:* CUEVA, Ricardo Villas Bôas; FRAZÃO, Ana (Coord.). **Compliance**: perspectivas e desafios dos programas de conformidade. Belo Horizonte: Fórum, 2018.

CARVALHO FILHO, José dos Santos. Transformação e efetividade do direito administrativo. *In:* MARRARA, Thiago (Org.). **Direito administrativo**: transformações e tendências. São Paulo: Almedina, 2014.

CASSESE, Sabino. **Il diritto amministrativo**: storia e prospettive. Milão: Giuffrè, 2010.

CASTANHEIRA NEVES, António. **Metodologia jurídica**: problemas fundamentais. Coimbra: Coimbra Editora, 2013.

CASTANHEIRA NEVES, António. Uma perspectiva de consideração da comunicação e o poder – ou a inelutável decadência eufórica... Notas de um esboço de reflexão. *In:* MONTEIRO, António Pinto (Coord.). **Estudos de direito da comunicação**. Coimbra: Universidade de Coimbra, 1992.

CASTELLS, Manuel. **Ruptura**: a crise da democracia liberal. Tradução de Joana Angélica d'Ávila Melo. Rio de Janeiro: Zahar, 2018.

CASTELLS, Manuel. **The Internet galaxy**: reflections on the Internet, business, and society. Oxford: Oxford University Press, 2001.

CASTELLS, Manuel. **End of millennium**. 2. ed. Oxford/West Sussex: Wiley-Blackwell, 2010. (The information age: economy, society, and culture, v. 3).

CASTELLS, Manuel. **The power of identity**. 2. ed. Oxford/West Sussex: Wiley-Blackwell, 2010. (The information age: economy, society, and culture, v. 2).

CASTELLS, Manuel. **The rise of the network society**. 2. ed. Oxford/West Sussex: Wiley-Blackwell, 2010. (The information age: economy, society, and culture, v. 1).

CASTILHO, Ricardo. **Educação e direitos humanos**. São Paulo: Saraiva, 2016.

CASTRO, Rodrigo Pironti Aguirre de. **Ensaio avançado de controle interno**: profissionalização e responsabilidade. Belo Horizonte: Fórum, 2016.

CASTRO, Rodrigo Pironti Aguirre de; GONÇALVES, Francine Silva Pacheco. **Compliance e gestão de riscos nas empresas estatais**. 2. ed. Belo Horizonte: Fórum, 2019.

CASTRO, Rodrigo Pironti Aguirre de; ZILIOTTO, Mirela Miró. **Compliance nas contratações públicas**: exigência e critérios normativos. Belo Horizonte: Fórum, 2019.

CASTRO JÚNIOR, Torquato. Metáforas de letras em culturas jurídicas da escrita: como se é fiel à vontade da lei? *In*: BRANDÃO, Cláudio; CAVALCANTI, Francisco; ADEODATO, João Maurício (Org.). **Princípio da legalidade**: da dogmática jurídica à teoria do direito. Rio de Janeiro: Forense, 2009.

CATALÀ, Pierre. Ebauche d'une théorie juridique de l'information. **Informatica e Diritto**, Nápoles, ano IX, jan./apr. 1983.

CATALAN, Marcos. A difusão de sistemas de videovigilância na urbe contemporânea: um estudo inspirado em Argos Panoptes, cérebros eletrônicos e suas conexões com a Liberdade e a igualdade. *In*: EHRHARDT JÚNIOR, Marcos; CATALAN, Marcos; MALHEIROS, Pablo (Coord.). **Direito civil e tecnologia**. Belo Horizonte: Fórum 2020.

CATALAN, Marcos Jorge. **Descumprimento contratual**: modalidades, consequências e hipóteses de exclusão do dever de indenizar. Curitiba: Juruá, 2012.

CATENA, Leonardo. La governance dei sistemi di welfare locali nella Regione Marche. **Rivista Sociologia del Diritto**, Milão, v. 3, p. 111-140, 2013.

CELLA, José Renato Gaziero; FERREIRA, Natasha Alves; SANTOS JÚNIOR, Paulo Guterres dos. A (des) necessidade de regulação dos contratos inteligentes e sua validade jurídica no Brasil. *In*: DONEDA, Danilo; MACHADO, Diogo (Coord.). **A criptografia no direito brasileiro**. São Paulo: Thomson Reuters Brasil, 2019.

CHEVALLIER, Jacques. **O Estado pós-moderno**. Tradução de Marçal Justen Filho. Belo Horizonte: Fórum, 2009.

CHUN, Soon Ae; SHULMAN, Stuart; SANDOVAL, Rodrigo; HOVY, Eduard. Government 2.0: making connections between citizens, data and government. **Information Polity**, Nova York, v. 15, n. 1/2, p. 1-9, 2010.

CLARKE, Roger. Information technology and dataveillance. **Communications of the ACM**, Nova York, v. 31, n. 5, p. 498-512, maio 1988.

CLARKE, Roger. Profiling: a hidden challenge to the regulation of data surveillance. **Journal of Law, Information and Science**, Hobart, v. 4, n. 2, p. 403-, dez. 1993.

COASE, Ronald H. The problem of social cost. **The Journal of Law & Economics**, Chicago, v. III, n. 1, p. 1-44, out. 1960.

COELHO, Vera Schattan; FAVARETO, Arilson. Participation, inclusion and development under conditions of social mobilizations. *In*: THOMPSON, Lisa; TAPSCOTT, Chris (Ed.). **Citizenship and social movements**: perspectives from the global south. Londres/Nova York: Zed Books, 2010.

COGLIANESE, Cary. Moving forward with regulatory lookback. **Revista de Direito Administrativo**, Rio de Janeiro, v. 276, n. 3, p. 13-23, set./dez. 2017.

COMITÊ GESTOR DA INTERNET NO BRASIL – CGI.br. Centro Regional de Estudos para o Desenvolvimento da Sociedade da Informação (Celtic.br). **Pesquisa sobre o Uso das Tecnologias de Informação e Comunicação nos domicílios brasileiros – TIC Domicílios**, 2017. Disponível em: https://cetic.br/tics/domicilios/2017/domicilios/A4/. Acesso em: 20 jun. 2023.

COMPAINE, Benjamin M. Information gaps: myth or reality? *In*: COMPAINE, Benjamin M. (Ed.). **The digital divide**: facing a crisis or creating a myth? Cambridge: The MIT Press, 2001.

COMPARATO, Fábio Konder. **A afirmação histórica dos direitos humanos**. 7. ed. São Paulo: Saraiva, 2010.

CONSTANT, Benjamin. **A liberdade dos antigos comparada à dos modernos**. Tradução de Emerson Garcia. São Paulo: Atlas, 2015.

CONSTANT, Benjamin. **Escritos de política**. Tradução de Eduardo Brandão. São Paulo: Martins Fontes, 2005.

CONSTANT, Benjamin. **Princípios de política aplicáveis a todos os governos**. Tradução de Joubert de Oliveira Brízida. Rio de Janeiro: Topbooks, 2007.

COOTER, Robert; ULEN, Thomas. **Law & Economics**. 6. ed. Boston: Addison-Wesley, 2011.

CORDEIRO, Cláudio Marcelo Rodrigues. **Auditoria e governança corporativa**. Curitiba: IESDE Brasil, 2011.

CORREIA, Victor. **Da privacidade**: significado e valor. Coimbra: Almedina, 2018.

CORTEZ, Nathan. Regulating disruptive innovation. **Berkeley Technology Law Journal**, Berkeley, n. 29, p. 175-228, 2014.

CORVALÁN, Juan Gustavo. Digital and intelligent Public Administration: transformations in the era of artificial intelligence. **A&C – Revista de Direito Administrativo & Constitucional**, Belo Horizonte, v. 18, n. 71, p. 55-87, jan./mar. 2018.

COSTA, Marta Nunes da. Dos limites da representatividade à democratização da Administração Pública. *In*: MARRARA, Thiago (Org.). **Direito administrativo**: transformações e tendências. São Paulo: Almedina, 2014.

COSTA, Marta Nunes da. **Modelos democráticos**. Belo Horizonte: Arraes, 2013.

COSTA, Pietro. **Cittadinanza**. Roma-Bari: Laterza, 2005.

COSTA RICA. Corte Suprema de Justicia de Costa Rica. Sala Constitucional de la Corte Suprema de Justicia. **Sentencia 12790, Expediente 09-013141-0007-CO**, 30 jul. 2010. Disponível em: https://nexuspj.poder-judicial.go.cr/document/sen-1-0007-483874. Acesso em: 20 jun. 2023.

COUTINHO, Luiza Leite Cabral Loureiro. Um sistema government-to-business de compartilhamento de dados: os riscos e limites de incidência do artigo 26 da Lei Geral de Proteção de Dados. *In*: CRAVO, Daniela Copetti; JOBIM, Eduardo; FALEIROS JÚNIOR, José Luiz de Moura (Coord.). **Direito público e tecnologia**. Indaiatuba: Foco, 2022.

COUTINHO FILHO, Augusto. Regulação 'Sandbox' como instrumento regulatório no mercado de capitais. **Revista Digital de Direito Administrativo**, Ribeirão Preto, v. 5, n. 2, p. 264-282, jul./dez. 2018.

COUTO E SILVA, Clóvis V. do. **A obrigação como processo**. Rio de Janeiro: FGV, 2006.

CRAVO, Daniela Copetti. Padrões de interoperabilidade para fins de portabilidade. *In:* CRAVO, Daniela Copetti; JOBIM, Eduardo; FALEIROS JÚNIOR, José Luiz de Moura (Coord.). **Direito público e tecnologia**. Indaiatuba: Foco, 2022.

CRAVO, Daniela Copetti. The right to data portability in EU's GDPR and Brazil's LGPD. **Brazilian Journal of Law, Technology and Innovation**, Belo Horizonte, v. 1, n. 1, p. 110-140, jan./jun. 2023.

CRETELLA JÚNIOR, José. **O Estado e a obrigação de indenizar**. São Paulo: Saraiva, 1980.

CRETELLA JÚNIOR, José. Teoria do ato de governo. **Revista de Informação Legislativa**, Brasília, ano 24, n. 95, p. 73-84, jul./set. 1987.

CRICK, Bernard. **Democracy**: a very short introduction. Oxford: Oxford University Press, 2002.

CRISTÓVAM, José Sérgio da Silva. O Estado Democrático de Direito como princípio constitucional estruturante do direito administrativo: uma análise a partir do paradigma emergente da Administração Pública democrática. **Revista Jurídica Luso-Brasileira**, Lisboa, a. 3, n. 3, p. 575-604, 2017.

CRISTÓVAM, José Sérgio da Silva; SOUSA, Thanderson Pereira de. Democracia, participação e consensualização no Marco do Governo Digital no Brasil. *In:* CRAVO, Daniela Copetti; JOBIM, Eduardo; FALEIROS JÚNIOR, José Luiz de Moura (Coord.). **Direito público e tecnologia**. Indaiatuba: Foco, 2022.

CRUZ-RUBIO, César Nicandro. **Hacia el Gobierno Abierto**: una caja de herramientas. Washington, DC: Organização dos Estados Americanos (OEA), 2014.

CUÉLLAR, Leila; MOREIRA, Egon Bockmann. Administração Pública e mediação: notas fundamentais. **Revista de Direito Público da Economia**, Belo Horizonte: Fórum, v. 16, n. 61, p. 119-145, jan./mar. 2018.

CUEVA, Ricardo Villas Bôas. Funções e finalidades dos programas de compliance. *In:* CUEVA, Ricardo Villas Bôas; FRAZÃO, Ana (Coord.). **Compliance**: perspectivas e desafios dos programas de conformidade. Belo Horizonte: Fórum, 2018.

CUNHA, Bruno Santos. O princípio da eficiência e o direito fundamental à boa administração. *In:* MARRARA, Thiago (Org.). **Princípios de direito administrativo**: legalidade, segurança jurídica, impessoalidade, publicidade, motivação, eficiência, moralidade, razoabilidade, interesse público. São Paulo: Atlas, 2012.

CYERT, Richard M.; MARCH, James G. **A behavioral theory of the firm**. Nova Jersey: Prentice Hall, 1963.

D'ANCONA, Matthew. **Pós-verdade**: a nova guerra contra os fatos em tempos de fake news. Tradução de Carlos Szlak. Barueri: Faro Editorial, 2019.

D'ÁVILA, Marcos Zähler; OLIVEIRA, Marcelo Aparecido Martins de. **Conceitos e técnicas de controles internos de organizações**. São Paulo: Nobel, 2002.

DAHLBERG, Stefan; HOLMBERG, Sören. Democracy and bureaucracy: how their quality matters for popular satisfaction. **West European Politics**, Oxfordshire, v. 37, n. 3, p. 515-537, 2014.

DAL POZZO, Augusto Neves. Governo digital: correlações e impactos da nova legislação em relação aos serviços públicos - prestadores e titulares. *In:* MOTTA, Fabrício; VALLE, Vanice Regina Lírio do (Coord.). **Governo digital e a busca por inovação na Administração Pública**. Belo Horizonte: Fórum, 2022.

DALE, Gareth. **Karl Polanyi**: the limits of the market. Cambridge: Polity Press, 2010.

DALLARI, Dalmo de Abreu. **Elementos de teoria geral do estado**. 24 ed. São Paulo: Saraiva, 2003.

DANKS, David; LONDON, Alex John. Algorithmic bias in autonomous systems. **Proceedings of the Twenty-Sixth International Joint Conference on Artificial Intelligence (IJCAI-17)**, Viena, p. 4691-4697, 2017. Disponível em: https://www.ijcai.org/Proceedings/2017/ Acesso em: 20 jun. 2023.

DANTAS, Aldemiro. A plenitude do ordenamento jurídico: o problema da lacuna, analogia, princípios gerais do direito. *In:* LOTUFO, Renan (Coord.). **Lacunas do ordenamento jurídico**. Barueri: Manole, 2005.

DARNTON, Robert. The Encyclopédie Wars of prerevolutionary France. **The American Historical Review**, Nova York/Oxford, v. 78, n. 5, p. 1331-1352, dez. 1973.

DAVISON, Robert M.; WAGNER, Christian; MA, Louis C. K. From government to e-government: a transition model. **Information Technology & People**, Londres, v. 18, n. 3, p. 280-299, set. 2005.

DAY, Patricia; KLEIN, Rudolf. **Accountabilities**: five public services. Londres: Tavistock, 1987.

DE DIJN, Annelien. Aristocratic liberalism in post-revolutionary France. **The Historical Journal**, Cambridge, v. 48, n. 3, p. 661–681, 2005.

DE DIJN, Annelien. **French political thought from Montesquieu to Tocqueville**: liberty in a levelled society? Cambridge: Cambridge University Press, 2008.

DE HERT, Paul. **A right to identity to face the Internet of Things**. Paris: Council of Europe Publishing, 2007.

DE HERT, Paul; KLOZA, Dariusz. Internet (access) as a new fundamental right. Inflating the current rights framework? **European Journal of Law and Technology**, Belfast, v. 3, n. 3, 2012. Disponível em: http://ejlt.org/article/view/123/268. Acesso em: 20 jun. 2023.

DENHARDT, Robert B.; CATLAW, Thomas J. **Teorias da Administração Pública**. Tradução de Francisco Gabriel Heidemann. 7. ed. São Paulo: Cengage Learning, 2017.

DERZI, Misabel de Abreu Machado; BUSTAMANTE, Thomas da Rosa. A análise econômica de Posner e a ideia de Estado de Direito em Luhmann: breves considerações críticas. **Revista da Faculdade de Direito da Universidade Federal de Minas Gerais**, Belo Horizonte, número especial em Memória do Prof. Washington Peluso Albino de Souza, p. 327-352, 2017.

DEVINS, Caryn; FELIN, Teppo; FAUFFMAN, Stuart; KOPPL, Roger. The law and big data. **Cornell Journal of Law and Public Policy**, Ithaca, v. 27, n. 2, p. 357-413, jan./abr. 2017.

DEWEY, John. **The public and its problems**. Nova York: Henry Holt and Company, 1954.

DI PIETRO, Maria Sylvia Zanella. **Direito administrativo**. 19. ed. São Paulo: Atlas, 2006.

DI PIETRO, Maria Sylvia Zanella. O princípio da segurança jurídica diante do princípio da legalidade. *In:* MARRARA, Thiago (Org.). **Princípios de direito administrativo**: legalidade, segurança jurídica, impessoalidade, publicidade, motivação, eficiência, moralidade, razoabilidade, interesse público. São Paulo: Atlas, 2012.

DI PIETRO, Maria Sylvia Zanella. Participação popular na Administração Pública. **Revista de Direito Administrativo**, Rio de Janeiro, v. 191, n. 1, p. 26-39, jan./mar. 1993.

DIAS, José de Aguiar. **Da responsabilidade civil**. 11. ed. Rio de Janeiro: Renovar, 2006.

DIAS, Reinaldo; MATOS, Fernanda. **Políticas públicas**. São Paulo: Atlas, 2015.

DIMOULIS, Dimitri; MARTINS, Leonardo. **Teoria geral dos direitos fundamentais**. 3.ed. São Paulo: Revista dos Tribunais, 2011.

DOMINGUES, José Mauricio. **A sociologia de Talcott Parsons**. 2. ed. São Paulo: Annablume, 2009.

DONEDA, Danilo. **Da privacidade à proteção de dados pessoais**. Rio de Janeiro: Renovar, 2006.

DONEDA, Danilo. O direito fundamental à proteção de dados pessoais. *In:* MARTINS, Guilherme Magalhães; LONGHI, João Victor Rozatti (Coord.). **Direito digital**: direito privado e Internet. 2. ed. Indaiatuba: Foco, 2019.

DRIGO, Leonardo Godoy. **A iniciativa popular como instrumento de efetivação do princípio democrático no Brasil**. 2014. 272f. Dissertação (Mestrado em Direito). Pontifícia Universidade Católica de São Paulo, São Paulo, 2014.

DUEZ, Paul. **La responsabilité de la puissance publique**: en dehors du contrat. Paris: Dalloz, 1927.

DUFF, Alistair S. **Information society studies**. Londres: Routledge, 2000.

DUGUIT, León. **Las transformaciones del derecho publico y privado**. Tradução do francês para o espanhol de Carlos Posada. Buenos Aires: Heliasa, 1975.

DUKAKIS, Ali. China rolls out software surveillance for the COVID-19 pandemic, alarming human rights advocates. **ABC News**, 14 abr. 2020. Disponível em: https://abcnews.go.com/International/china-rolls-software-surveillance-covid-19-pandemic-alarming/story?id=70131355. Acesso em: 20 jun. 2023.

DUMONT, Louis. **O individualismo**. Uma perspectiva antropológica da ideologia moderna. Tradução de A. Cabral. Rio de Janeiro: Rocco, 2000.

DUQUE, Marcelo Schenk. **Curso de direitos fundamentais**: teoria e prática. São Paulo: Revista dos Tribunais, 2014.

DUQUE, Marcelo Schenk. **Direito privado e constituição**: *drittwirkung* dos direitos fundamentais, construção de um modelo de convergência à luz dos contratos de consumo. São Paulo: Revista dos Tribunais, 2013.

DURKHEIM, Émile. **Educação e sociologia**. Tradução de Lourenço Filho. 11. ed. São Paulo: Melhoramentos, 1978.

DWORKIN, Ronald. **Levando os direitos a sério**. Tradução e notas de Nelson Boeira. São Paulo: Martins Fontes, 2002.

DWORKIN, Ronald. **Sovereign virtue**: the theory and practice of equality. Cambridge: Harvard University Press, 2000.

EIGEN, Melyssa. GASSER, Urs. Global Digital Pandemic Responses: Some Reflections on Four Country Case Studies. **Berkman Klein Center**. For internet and society at Harvard University, 27 ago. 2020. Disponível em: https://bit.ly/3blYzGA. Acesso em: 20 jun. 2023.

EIJKMAN, Quirine; BAKKER, Marlieke. Access to an effective remedy and reparations for civilian victims of armed drone strikes. *In:* CUSTERS, Bart (ed.). **The future of drone use**: opportunities and threats from ethical and legal perspectives. Haia: Asser Press/Springer, 2016.

EJAZ, Waleed; ANPALAGAN, Alagan. **Internet of Things for smart cities**: technologies, Big Data and security. Cham: Springer, 2019.

ELIAS, Norbert. **Envolvimento e alienação**. Tradução de Álvaro de Sá. Rio de Janeiro: Bertrand Brasil, 1998.

ELLSCHEID, Günter. O problema do direito natural. Uma orientação sistemática. *In:* KAUFMANN, Arthur; HASSEMER, Winfried (Org.). **Introdução à filosofia do direito e à teoria do direito contemporâneas**. Tradução de Marcos Keel e Manuel Seca de Oliveira. Lisboa: Fundação Calouste Gulbenkian, 2002.

ELY, John Hart. **Democracy and distrust**: a theory of judicial review. Cambridge: Harvard University Press, 1980.

EPPLER, Martin J. Information quality in electronic government: toward the systematic management of high-quality information in electronic government-to-citizen relationships. *In*: MAYER-SCHÖNBERGER, Viktor; LAZER, David (Ed.). **Governance and information technology**: from electronic government to information government. Cambridge: The MIT Press, 2007.

ESCOBAR, Arturo. Welcome to Cyberia. Notes on the anthropology of cyberculture. **Current Anthropology**, Chicago, v. 35, n. 3, p. 211–231, 1994.

ESTADOS UNIDOS DA AMÉRICA. House of Representatives. House Resolution No. 4625, Dec. 12, 2017. **FUTURE of Artificial Intelligence Act**. Disponível em: https://www.congress.gov/115/bills/hr4625/BILLS-115hr4625ih.pdf Acesso em: 20 jun. 2023.

ESTADOS UNIDOS DA AMÉRICA. House of Representatives. House Resolution No. 2231, Apr. 10, 2019. **Algorithmic Accountability Act of 2019**. Disponível em: https://www.congress.gov/116/bills/hr2231/BILLS-116hr2231ih.pdf Acesso em: 20 jun. 2023.

ESTADOS UNIDOS DA AMÉRICA. House of Representatives. House Resolution No. 6580, Feb. 3, 2022. **Algorithmic Accountability Act of 2022**. Disponível em: https://www.congress.gov/bill/117th-congress/house-bill/6580/text Acesso em: 20 jun. 2023.

ESTORNINHO, Maria João. **A fuga para o direito privado**: contributo para o estudo da actividade de direito privado da Administração Pública. 2ª reimpr. Coimbra: Almedina, 2009.

ETZIONI, Amitai. **The limits of privacy**. Nova York: Basic Books, 1999.

EUBANKS, Virginia. **Automating inequality**: how high-tech tools profile, police, and punish the poor. Nova York: St. Martin's Press, 2018.

EUBANKS, Virginia. **Digital dead end**: fighting for social justice in the information age. Cambridge: The MIT Press, 2011.

EUROPA. European Commission. **Artificial Intelligence Act**. 2021/0106(COD), abr. 2021. Disponível em: https://eur-lex.europa.eu/legal-content/EN/TXT/?uri=CELEX%3A52021PC0206 Acesso em: 20 jun. 2023.

EUROPEAN CENTER FOR DIGITAL RIGHTS. **SARS-CoV-2 tracking under GDPR**. v. 03, p. 1-13, 2020. Disponível em: https://bit.ly/3haUoOS. Acesso em: 20 jun. 2023.

EVEREST-PHILLIPS, Max. The e-legitimacy of the digital state. **Centre for Public Impact**, Arlington, 24 out. 2017. Disponível em: https://www.centreforpublicimpact.org/e-legitimacy-digital-state/. Acesso em: 20 jun. 2023.

FACCHINI NETO, Eugênio. Jurisdição ou resolução consensual de conflitos: a quem pertence o futuro? **Interesse Público**, Belo Horizonte, n. 103, p. 15-47, maio/jun. 2017.

FAGGIN, Federico. The making of the first microprocessor. **IEEE Solid-State Circuits Magazine**. 2009. Disponível em: https://ieeexplore.ieee.org/stamp/stamp.jsp?arnumber=4776530. Acesso em: 20 jun. 2023.

FALEIROS JÚNIOR, José Luiz de Moura. Administração Pública consensual: novo paradigma de participação dos cidadãos na formação das decisões estatais. **Revista Digital de Direito Administrativo**, Ribeirão Preto, v. 4, n. 2, p. 69-90, jul./dez. 2017.

FALEIROS JÚNIOR, José Luiz de Moura. Breves reflexões sobre os impactos jurídicos do algoritmo GPT-3. In: BARBOSA, Mafalda Miranda; BRAGA NETTO, Felipe, SILVA, Michael César; FALEIROS JÚNIOR, José Luiz de Moura (Coord.). **Direito digital e inteligência artificial**: diálogos entre Brasil e Europa. Indaiatuba, SP: Foco, 2021.

FALEIROS JÚNIOR, José Luiz de Moura. Dados anonimizados e o controle de aglomerações na pandemia da Covid-19. **Migalhas de Proteção de Dados**, 28 dez. 2020. Disponível em: https://www.migalhas.com.br/coluna/migalhas-de-protecao-de-dados/338324/dados-anonimizados-e-o-controle-de-aglomeracoes-na-pandemia-da-covid-19. Acesso em: 20 jun. 2023.

FALEIROS JÚNIOR, José Luiz de Moura. Governança pública na Administração Pública Digital e a superação da parametrização consequencial das decisões. **Revista Eletrônica da Procuradoria Geral do Estado do Rio de Janeiro**, Rio de Janeiro, v. 3, n. 3, p. 1-34, set./dez. 2020.

FALEIROS JÚNIOR, José Luiz de Moura. Governo digital e controle social dos orçamentos municipais. **Revista da Escola Superior de Direito Municipal**, Porto Alegre, v. 8, n. 15, p. 45-68, 2022.

FALEIROS JÚNIOR, José Luiz de Moura. Governo eletrônico, de performance e digital: qual é o melhor arquétipo conceitual para a Administração Pública do século XXI? **Revista da Procuradoria-Geral do Município de Porto Alegre**, Porto Alegre, v. 34, n. 35, p. 38-57, 2022.

FALEIROS JÚNIOR, José Luiz de Moura. Notas introdutórias ao *compliance* digital. *In:* CAMARGO, Coriolano Almeida; CRESPO, Marcelo; CUNHA, Liana; SANTOS; Cleórbete (Coord.). **Direito digital**: novas teses jurídicas. Rio de Janeiro: Lumen Juris, 2019.

FALEIROS JÚNIOR, José Luiz de Moura. O acesso à Internet como direito fundamental. *In:* GARCIA, Danler; FALEIROS JÚNIOR, José Luiz de Moura; RESENDE, José Renato Venâncio (Coord.). **Proposições hodiernas de políticas públicas e direitos fundamentais**. Uberlândia: LAECC, 2019.

FALEIROS JÚNIOR, José Luiz de Moura. O Estado entre dados e danos: uma releitura da teoria do risco administrativo na sociedade da informação. *In:* FALEIROS JÚNIOR, José Luiz de Moura; LONGHI, João Victor Rozatti; GUGLIARA, Rodrigo (Coord.). **Proteção de dados pessoais na sociedade da informação**: entre dados e danos. Indaiatuba: Foco, 2021.

FALEIROS JÚNIOR, José Luiz de Moura; COSTA, Guilherme Spillari. A proteção de dados como vetor dos sistemas de inteligência artificial: o controle de aglomeração por algoritmos durante a pandemia. **Revista dos Tribunais**, São Paulo, v. 1026, p. 149-178, abr. 2021.

FALEIROS JÚNIOR, José Luiz de Moura; FALEIROS, Magda Aparecida dos Santos Moura. Administração Pública consensual e e-democracia: pode a tecnologia ressignificar o papel das audiências públicas na discussão das Leis Orçamentárias Municipais? *In:* FIGUEIRA DE MELO, Luiz Carlos; FALEIROS JÚNIOR, José Luiz de Moura; SILVEIRA, José Júnior Alves da; MOREIRA ALVES, Beatriz Dixon (Coord.). **Temas atuais de direito municipal**. Monte Carmelo: FUCAMP, 2018, v. 1.

FALEIROS JÚNIOR, José Luiz de Moura; FALEIROS, Magda Aparecida dos Santos Moura. Breve panorama dos programas de *compliance* nos municípios brasileiros. *In:* FIGUEIRA DE MELO, Luiz Carlos; FALEIROS JÚNIOR, José Luiz de Moura; SILVEIRA, José Júnior Alves da; MOREIRA ALVES, Beatriz Dixon (Coord.). **Temas atuais de direito municipal**. Monte Carmelo: FUCAMP, 2020, v. 3.

FALEIROS JÚNIOR, José Luiz de Moura; PERROTTA, Maria Gabriela Venturoti. O Provimento 134/22 do CNJ e a aplicação da LGPD aos serviços notariais e de registro. **Migalhas de Proteção de Dados**, 16 set. 2022. Disponível em: https://s.migalhas.com.br/S/C1E8EB. Acesso em: 20 jun. 2023.

FALEIROS JÚNIOR, José Luiz de Moura; ROTH, Gabriela. Como a utilização do blockchain pode afetar institutos jurídicos tradicionais? **Atuação: Revista Jurídica do Ministério Público Catarinense**, Florianópolis, v. 14, n. 30, p. 29-59, jun./nov. 2019.

FALEIROS JÚNIOR, José Luiz de Moura; SIQUEIRA, Renato de Andrade. O direito à cidade e os espaços urbanos vigiados: a tutela dos controles de acesso em cidades inteligentes. *In:* CRAVO, Daniela Copetti; JOBIM, Eduardo; FALEIROS JÚNIOR, José Luiz de Moura (Coord.). **Direito público e tecnologia**. Indaiatuba: Foco, 2022.

FALK, Svenja; RÖMMELE, Andrea; SILVERMAN, Michael. The promise of digital government. *In:* FALK, Svenja; RÖMMELE, Andrea; SILVERMAN, Michael (Ed.). **Digital government**: leveraging innovation to improve public sector performance and outcomes for citizens. Basileia: Springer, 2017.

FANG, Zhiyuan. E-government in digital era: concept, practice, and development. International Journal of The Computer, **The Internet and Management**, [S.l], v. 10, n. 2, p. 1-22, 2002.

FAORO, Raymundo. Tecnocracia e política. **Revista de Ciência Política**, Rio de Janeiro, v. 7, n. 3, p. 149-163, jul./set. 1973.

FARIA JÚNIOR, João Leão de. Ordens e Conselhos profissionais: noções (excertos de um parecer). **Revista dos Tribunais**, São Paulo, ano 64, v. 475, p. 217-219, maio 1975.

FARINHO, Domingos Soares. Programas de integridade e governança das empresas estatais: uma visão portuguesa no contexto da União Europeia. *In:* CUEVA, Ricardo Villas Bôas; FRAZÃO, Ana (Coord.). **Compliance**: perspectivas e desafios dos programas de conformidade. Belo Horizonte: Fórum, 2018.

FEIGELSON, Bruno; SILVA, Luiza Caldeira Leite. Regulação 4.0: Sandbox Regulatório e o futuro da regulação. *In:* BECKER, Daniel; FERRARI, Isabela (Coord.). **Regulação 4.0**: novas tecnologias sob a perspectiva regulatória. São Paulo: Revista dos Tribunais, 2019.

FERGUSON, Niall. **The square and the tower**: networks and power, from the Freemasons to Facebook. Nova York: Penguin, 2018.

FERNANDES, José Manuel de Matos. Justiça e comunicação social. *In:* MONTEIRO, António Pinto (Coord.). **Estudos de direito da comunicação**. Coimbra: Universidade de Coimbra, 2002.

FERNÁNDEZ FARRERES, Germán. Los códigos de buen gobierno de las administraciones públicas. **Fórum Administrativo: Direito Público**, Belo Horizonte, v. 7, n. 81, p. 17-29, nov. 2007.

FERRARI, Isabela. Nova governança: insights para o aprimoramento da regulação estatal. *In:* BECKER, Daniel; FERRARI, Isabela (Coord.). **Regulação 4.0**: novas tecnologias sob a perspectiva regulatória. São Paulo: Revista dos Tribunais, 2019.

FERRARI, Isabela. **Transadministrativismo**: uma teoria dos transplantes jurídicos aplicada ao direito administrativo. Rio de Janeiro: Lumen Juris, 2018.

FERRAZ, Luciano. LINDB consagra controle consensual da administração pública, 7 jun. 2018. **Consultor Jurídico**. Disponível em: https://www.conjur.com.br/2018-jun-07/interesse-publico-lindb-consagra-controle-consensual-administracao-publica. Acesso em: 20 jun. 2023.

FERREIRA, Luís Pinto. **Teoria geral do estado**. 3 ed. São Paulo: Saraiva, 1975.

FERREIRA FILHO, Manoel Gonçalves. As origens do Estado de direito. **Revista de Direito Administrativo**, Rio de Janeiro, v. 168, n. 1, p. 11-17, abr./jun. 1987.

FERREIRA FILHO, Manoel Gonçalves. Corrupção e democracia. **Revista de Direito Administrativo**, Rio de Janeiro, v. 226, n. 4, p. 213-218, out./dez. 2001.

FERREIRA FILHO, Manoel Gonçalves. **Curso de direito constitucional**. 28. ed. São Paulo: Saraiva, 2002.

FIGUEIREDO, Angelina Cheilub; FIGUEIREDO, Marcus. **O plebiscito e as formas de governo**. São Paulo: Brasiliense, 1993.

FIGUEIREDO, Lúcia Valle. **Disciplina urbanística da propriedade**. 2. ed. São Paulo: Malheiros, 2005.

FIGUEIREDO, Lúcia Valle. Instrumentos da Administração consensual: a audiência pública e sua finalidade. **Revista de Direito Administrativo**, Rio de Janeiro, v. 230, n. 4, p. 237-250, out./dez. 2002.

FIGUEIREDO, Marcelo. **Probidade administrativa**: comentários à lei n° 8.429/92 e legislação complementar. São Paulo: Malheiros, 2004.

FILGUEIRAS, Fernando; ALMEIDA, Virgílio. **Governance for the Digital World**: neither more State, nor more Market. Cham: Palgrave Macmillan, 2021.

FINIDORI, Helene. Collective intelligence is a commons that needs protection and a dedicated language. **Spanda Journal**, Haia, p. 79-89, jul./dez. 2014.

FINKELSTEIN, Lawrence S. What is global governance? **Global Governance**, Boulder, v. 1, n. 3, p. 367-372, set./dez. 1995.

FIORILLO, Celso Antonio Pacheco; FERREIRA, Renata Marques. **Tutela jurídica do WhatsApp na sociedade da informação**. Rio de Janeiro: Lumen Juris, 2017.

FLORIDI, Luciano. **Information**: a very short introduction. Oxford: Oxford University Press, 2010.

FLORIDI, Luciano. **The 4th Revolution**: how the infosphere is reshaping human reality. Oxford: Oxford University Press, 2014.

FLORIDI, Luciano. The method of abstraction. *In:* FLORIDI, Luciano (Ed.). **The Routledge handbook of philosophy of information**. Londres: Routledge, 2016.

FLORIDI, Luciano. **The philosophy of information**. Oxford: Oxford University Press, 2011.

FORTINI, Cristiana; SHERMAN, Ariane. Governança pública e combate à corrupção: novas perspectivas para o controle da Administração Pública brasileira. **Interesse Público**, Belo Horizonte, a. 19, n. 102, p. 27-44, mar./abr. 2017.

FOUCAULT, Michel. **Em defesa da sociedade**: curso no Collège de France (1975-1976). Tradução de Maria Ermantina Galvão. São Paulo: Martins Fontes, 2005.

FOUCAULT, Michel. **Vigiar e punir**: nascimento da prisão. Tradução de Raquel Ramalhete. 20. ed. Petrópolis: Vozes, 1999.

FRADA, Manuel A. Carneiro da. **Forjar o direito**. 2. ed. Coimbra: Almedina, 2019.

FRADA, Manuel A. Carneiro da. **Teoria da confiança e responsabilidade civil**. Coimbra: Almedina, 2004.

FRANÇA. Conseil Constitutionnel. **Decision nº 2009-580, 10 jun. 2009**. Disponível em: https://www.conseil-constitutionnel.fr/sites/default/files/2018-10/2009_580dc.pdf. Acesso em: 20 jun. 2023.

FRANÇA, Phillip Gil. **Ato administrativo, consequencialismo e compliance**: gestão de riscos, proteção de dados e soluções para o controle judicial na era da IA. 4. ed. São Paulo: Revista dos Tribunais, 2019.

FRANÇA, Rubens Limongi. O direito civil como direito constitucional. **Revista de Direito Civil**, ano 14, v. 54, pp. 189-194, São Paulo, out./dez. 1990.

FRANÇA, Vladimir da Rocha. Eficiência administrativa na Constituição Federal. **Revista de Direito Administrativo**, Rio de Janeiro, v. 220, n. 2, p. 165-177, abr./jun. 2000.

FRAZÃO, Ana. Big Data, plataformas digitais e principais impactos sobre o direito da concorrência. *In:* FRAZÃO, Ana; CARVALHO, Ângelo Gamba Prata de (Coord.). **Empresa, mercado e tecnologia**. Belo Horizonte: Fórum, 2019.

FRAZÃO, Ana. Programas de compliance e critérios de responsabilização de pessoas jurídicas por ilícitos administrativos. *In:* ROSSETI, Maristela Abla; PITTA, Andre Grunspun (Coord.). **Governança corporativa**: avanços e retrocessos. São Paulo: Quartier Latin, 2017.

FRAZÃO, Ana; MEDEIROS, Ana Rafaela Martinez. Desafios para a efetividade dos programas de *compliance*. *In:* CUEVA, Ricardo Villas Bôas; FRAZÃO, Ana (Coord.). **Compliance**: perspectivas e desafios dos programas de conformidade. Belo Horizonte: Fórum, 2018.

FREDETTE, John *et al*. The promise and peril of hyperconnectivity for organizations and societies. *In*: DUTTA, Soumitra; BILBAO-OSORIO, Beñat (Ed.). **The global information technology report 2012**: living in a hyperconnected world. Genebra: Insead; World Economic Forum, 2012.

FREEDLAND, Mark. The evolving approach to the public/private distinction in English law. *In*: FREEDLAND, Mark; AUBY, Jean-Bernard (Ed.). **The public law/private law divide**. Oxford: Hart Publishing, 2006.

FREITAS, Juarez. As políticas públicas e o direito fundamental à boa administração. **Nomos: Revista do Programa de Pós-Graduação em Direito da UFC**, Fortaleza, v. 35, n. 1, p. 195-217, jan./jun. 2015.

FREITAS, Juarez. Direito administrativo não adversarial: a prioritária solução consensual de conflitos. **Revista de Direito Administrativo**, Rio de Janeiro, v. 276, n. 4, p. 25-46, set./dez. 2017.

FREITAS, Juarez. **Direito fundamental à boa Administração Pública**. 3. ed. São Paulo: Malheiros, 2007.

FREITAS, Juarez. **O controle dos atos administrativos e os princípios fundamentais**. 3. ed. São Paulo: Malheiros, 2004.

FREY, Klaus. Governança urbana e participação pública. **Revista de Administração Contemporânea**, Maringá, v. 1, n. 1, p. 136-150, jan./abr. 2007.

FRY, Brian R.; RAADSCHELDERS, Jos C. N. **Mastering public administration**: from Max Weber to Dwight Waldo. 3. ed. Washington, D.C.: Congressional Quarterly Press, 2014.

FUCHS, Christian. **Internet and society**: social theory in the information age. Londres: Routledge, 2008.

FUNDAÇÃO GETÚLIO VARGAS. Centro de Inovação, Administração e Pesquisa do Judiciário. **Tecnologia Aplicada à Gestão de Conflitos no Poder Judiciário com Ênfase em Inteligência Artificial**, 2020. Disponível em: https://portal.fgv.br/eventos/webinar-i-inteligencia-artificial-aplicada-gestao-conflitos-ambito-poder-judiciario-1o-forum. Acesso em: 20 jun. 2023.

GABARDO, Emerson. A eficiência no desenvolvimento do Estado brasileiro. *In*: MARRARA, Thiago (Org.). **Princípios de direito administrativo**: legalidade, segurança jurídica, impessoalidade, publicidade, motivação, eficiência, moralidade, razoabilidade, interesse público. São Paulo: Atlas, 2012.

GABARDO, Emerson. **Eficiência e legitimidade do Estado**: uma análise das estruturas simbólicas do direito político. Barueri: Manole, 2003.

GABARDO, Emerson. O princípio da supremacia do interesse público sobre o interesse privado como fundamento do Direito Administrativo Social. **Revista de Investigações Constitucionais**, Curitiba, v. 4, n. 2, p. 95-130, maio/ago. 2017.

GALLEGOS FEDRIANI, Pablo Oscar. Los paradigmas del derecho administrativo. *In*: ALMEIDA, Fernando Dias Menezes de; MARQUES NETO, Floriano de Azevedo; MIGUEL, Luiz Felipe Hadlich; SCHIRATO, Vitor Rhein (Coord.). **Direito público em evolução**: estudos em homenagem à Professora Odete Medauar. Belo Horizonte: Fórum, 2013.

GARCIA, Emerson. A moralidade administrativa e sua densificação. **Revista da EMERJ**, Rio de Janeiro, v. 6, n. 21, p. 211-234, 2003.

GAROT, Marie José. De la administración electrónica a una democracia digital. **Revista Direito GV**, São Paulo, v. 2, n. 1, p. 89-110, jan./jun. 2006.

GASPARINI, Diógenes. **Direito administrativo**. 17. ed. São Paulo: Saraiva, 2012.

GATES, Bill; MYHRVOLD, Nathan; RINEARSON, Peter. **A estrada do futuro**. Tradução de Beth Vieira, Pedro Maia Soares, José Rubens Siqueira e Ricardo Rangel. São Paulo: Cia. das Letras, 1995.

GERBAUDO, Paolo. Protest avatars as memetic signifiers: political profile pictures and the construction of collective identity on social media in the 2011 protest wave. **Information, Communication & Society**, Londres, v. 18, n. 8, p. 916-929, 2015.

GERBAUDO, Paolo. **The mask and the flag**: populism, citizenship and global protest. Oxford: Oxford University Press, 2017.

GERBAUDO, Paolo. **Tweets and the streets**: social media and contemporary activism. Londres: Pluto Press, 2012.

GIACOMUZZI, José Guilherme. A moralidade administrativa: história de um conceito. **Revista da Faculdade de Direito da Universidade Federal do Rio Grande do Sul**, Porto Alegre, v. 24, p. 219-233, 2004.

GIACOMUZZI, José Guilherme. **A moralidade administrativa e a boa-fé da Administração Pública**: o conteúdo dogmático da moralidade administrativa. São Paulo: Malheiros, 2002.

GIDDENS, Anthony. **Beyond left and right**: the fate of radical politics. Cambridge: Polity Press, 1994.

GIDDENS, Anthony. **Modernity and self-identity**: self and society in the late modern age. Cambridge: Polity Press, 1991.

GIDDENS, Anthony. **Social theory and modern sociology**. Cambridge: Polity Press, 1987.

GIDDENS, Anthony. **The nation state and violence**. A contemporary critique of historical materialism. Cambridge: Polity Press, 1985, v. 2.

GIL-GARCIA, J. Ramon; PARDO, Theresa A. E-government success factors: mapping practical tools to theoretical foundations. **Government Information Quarterly**, [S.l], v. 22, p. 187-216, 2005.

GIOVA, Giuliano. Educação e cidadania digital: nascer, morrer e renascer no mundo digital, onde deixaram o manual? *In*: ABRUSIO, Juliana (Coord.). **Educação digital**. São Paulo: Revista dos Tribunais, 2015.

GODOY, Cláudio Luiz Bueno de. **Função social do contrato**. São Paulo: Saraiva, 2004.

GOHIN, Olivier. La responsabilité de l'État en tant que législateur. **Revue Internationale de Droit Comparé**, Paris, v. 50, n. 2, pp. 595-610, abr./jun. 1998.

GOLDSMITH, Jack; WU, Tim. **Who controls the Internet?** Illusions of a borderless world. Oxford: Oxford University Press, 2006.

GOLDSMITH, Stephen; CRAWFORD, Susan. **The responsive city**: engaging communities through data-smart governance. São Francisco: Jossey-Bass, 2014.

GOLDWORTH, Amnon. Bentham's concept of pleasure: its relation to fictitious terms. **Ethics**, Chicago, v. 82, n. 4, p. 334-343, out./dez. 1972.

GOMES, Orlando. **Contratos**. 21. ed. Rio de Janeiro: Forense, 2000.

GORDILLO, Agustín. **Princípios gerais de direito público**. Tradução de Marco Aurélio Greco. São Paulo: Revista dos Tribunais, 1977.

GORDILLO, Agustín. **Tratado de derecho administrativo**. 7. ed. Buenos Aires: Fundación de Derecho Administrativo, 2003, t. 1.

GORE, Al. **Creating a government that works better and costs less**. Nova York: Penguin, 1993.

GOTTFRIED, Paul Edward. **After liberalism**: mass democracy in the managerial State. Princeton: Princeton University Press, 1999.

GRAU, Eros Roberto. **A ordem econômica na Constituição de 1988**. 14. ed. São Paulo: Malheiros, 2010.

GRAU, Eros Roberto. Arbitragem e contrato administrativo. **Revista da Faculdade de Direito da Universidade Federal do Rio Grande do Sul**, Porto Alegre, v. 21, p. 141-148, mar. 2002.

GRAU, Eros Roberto. **O direito posto e o direito pressuposto**. 8. ed. São Paulo: Malheiros, 2011.

GRÉCIA. Hellenic Parliament. **The Constitution of Greece, as revised by the parliamentary resolution of April 6th 2001 of the VIIth Revisionary Parliament**. Atenas: Eptalofos, 2004, p. 21-24. Disponível em: http://www.nis.gr/npimages/docs/Constitution_EN.pdf. Acesso em: 20 jun. 2023.

GREENGARD, Samuel. **The internet of things**. Cambridge: The MIT Press, 2015.

GRÖNLUND, Åke. Electronic government: efficiency, service quality and democracy. *In:* GRÖNLUND, Åke (Ed.). **Electronic government**: design, applications and management. Hershey: Idea Publishing, 2002.

GRÖNLUND, Åke. What's in a field – Exploring the e-government domain. **Social Science Computer Review**, Londres, v. 21, n. 1, p. 55-72, 2005.

GRÖNLUND, Åke; HORAN, Thomas A. Introducing e-Gov: history, definitions, and issues. **Communications of the Association for Information Systems**, Nova York, v. 15, n. 39, p. 713-729, jan. 2004.

GROPPALI, Alexandre. **Doutrina do Estado**. São Paulo: Saraiva, 1968.

GROSS, Clarissa Piterman. Fake news e democracia: discutindo o status normativo do falso e a liberdade de expressão. *In:* RAIS, Diogo (Coord.). **Fake news**: a conexão entre a desinformação e o direito. São Paulo: Thomson Reuters Brasil, 2018.

GUALAZZI, Eduardo Lobo Botelho. Controle administrativo e 'Ombudsman'. **Revista da Faculdade de Direito da Universidade de São Paulo**, São Paulo, v. 86, n. 2, p. 144-163, ago./dez. 1991.

GUARNIERI, Massimo. Seventy years of getting transistorized. **IEEE Industrial Electronics Magazine**, Delft, v. 11, n. 4, p. 33-37, dez. 2017.

GUERRA, Sérgio; PALMA, Juliana Bonacorsi de. Art. 26 da LINDB: novo regime jurídico de negociação com a Administração Pública. **Revista de Direito Administrativo**, Rio de Janeiro, Edição Especial: Direito Público na Lei de Intrução às Normas de Direito Brasileiro – LINDB (Lei nº 13.655/2018), p. 135-169, nov. 2018.

GUERRA FILHO, Willis Santiago. **Teoria da ciência jurídica**. 2. ed. São Paulo: Saraiva, 2009.

GUERREIRO, Mário Augusto Figueiredo de Lacerda. Inovações na adoção da inteligência artificial pelo Poder Judiciário brasileiro. In: BARBOSA, Mafalda Miranda; BRAGA NETTO, Felipe; SILVA, Michael César; FALEIROS JÚNIOR, José Luiz de Moura (Coord.). **Direito digital e inteligência artificial**: diálogos entre Brasil e Europa. Indaiatuba: Foco, 2021.

GUIMARÃES, Bernardo Strobel. Reflexões acerca do princípio da impessoalidade. *In:* MARRARA, Thiago (Org.). **Princípios de direito administrativo**: legalidade, segurança jurídica, impessoalidade, publicidade, motivação, eficiência, moralidade, razoabilidade, interesse público. São Paulo: Atlas, 2012.

GUIMARÃES, Marcelo César. Repercussões concorrenciais da Internet das Coisas. *In:* FRAZÃO, Ana; CARVALHO, Ângelo Gamba Prata de (Coord.). **Empresa, mercado e tecnologia**. Belo Horizonte: Fórum, 2019.

GUNKEL, David J. Comunicação e inteligência artificial: novos desafios e oportunidades para a pesquisa em comunicação. **Galáxia**, São Paulo, n. 34, p. 05-19, jan./abr. 2017.

GUTWIRTH, Serge. Beyond identity? **Identity in the Information Society**, Dordrecht: Springer Netherlands, v. 1, n. 1, p. 123-133, 2008.

GUTWIRTH, Serge; DE HERT, Paul; DE SUTTER, Laurent. The trouble with technology regulation: why Lessig's 'optimal mix' will not work. *In:* BROWNSWORD, Roger; YEUNG, Karen (Ed.). **Regulating technologies**: legal futures, regulatory frames and technological fixes. Oxford: Hart Publishing, 2008.

HAAKONSSEN, Knud. Hugo Grotius and the History of Political Thought. *In:* HAAKONSSEN, Knud (Ed.). **Grotius, Pufendorf and modern natural law**. Brookfield: Dartmouth/Ashgate, 1999.

HÄBERLE, Peter. A dignidade humana como fundamento da comunidade estatal. *In:* SARLET, Ingo Wolfgang (Org.). **Dimensões da dignidade**. Porto Alegre: Livraria do Advogado, 2005.

HABERMAS, Jürgen. **Na esteira da tecnocracia**. Tradução de Luiz Repa. São Paulo: UNESP, 2014.

HABERMAS, Jürgen. **Para a reconstrução do materialismo histórico**. Tradução de Rúrion Melo. São Paulo: UNESP, 2016.

HABERMAS, Jürgen. **Pensamento pós-metafísico**: estudos filosóficos. Tradução de Flávio B. Siebeneichler. Rio de Janeiro: Tempo Brasileiro, 1990.

HABERMAS, Jürgen. **The structural transformation of the public sphere**: an inquiry into a category of bourgeois society. Tradução do alemão para o inglês de Thomas Burger e Frederick Lawrence. Cambridge: The MIT Press, 1991.

HABERMAS, Jürgen. **The theory of communicative action**: reason and the rationalization of society. Tradução do alemão para o inglês de Thomas McCarthy. Boston: Beacon Press, 1984, v. 1.

HABERMAS, Jürgen; BEN-HABIB, Seyla. Modernity versus postmodernity. **New German Critique**, Ithaca, v. 22, n. 1, p. 3–14, 1981.

HACHEM, Daniel Wunder. A dupla noção jurídica de interesse público em direito administrativo. **A&C – Revista de Direito Administrativo & Constitucional**, Belo Horizonte, a. 11, n. 44, p. 59-110, abr./jun. 2011.

HACHEM, Daniel Wunder. Administração Pública inclusiva, igualdade e desenvolvimento: o direito administrativo brasileiro rumo à atuação estatal para além do mínimo existencial. *In:* MARRARA, Thiago (Org.). **Direito administrativo**: transformações e tendências. São Paulo: Almedina, 2014.

HAGGERTY, Kevin D. Tear down the walls: on demolishing the panopticon. *In:* LYON, David (Ed.). *Theorizing surveillance*: the panopticon and beyond. Portland: Willan Publishing, 2006, HAGGERTY, Kevin D. Tear down the walls: on demolishing the panopticon. *In:* LYON, David (Ed.). **Theorizing surveillance**: the panopticon and beyond. Portland: Willan Publishing, 2006,

HAHN, Tatiana Meinhart. Os conceitos de 'governo como plataforma' e 'laboratórios de inovação' na Lei do Governo Digital: desafios e potencialidades. *In:* CRAVO, Daniela Copetti; JOBIM, Eduardo; FALEIROS JÚNIOR, José Luiz de Moura (Coord.). **Direito público e tecnologia**. Indaiatuba: Foco, 2022.

HALLIDAY, Simon. **Judicial review and compliance with administrative law**. Oxford: Hard Publishing, 2004.

HALOGOUA, Germaine. **Smart cities**. Cambridge: The MIT Press, 2020.

HAN, Byung-Chul. **The burnout society**. Tradução do alemão para o inglês de Erik Butler. Stanford: Stanford University Press, 2015.

HARARI, Yuval Noah. **Homo deus**: uma breve história do amanhã. Tradução de Paulo Geiger. São Paulo: Cia. das Letras, 2016.

HARARI, Yuval Noah. **Sapiens**: uma breve história da humanidade. Tradução de Janaína Marcoantonio. 38. ed. Porto Alegre: L&PM, 2018.

HART, Herbert L. A. **The concept of law**. 2. ed. Oxford: Clarendon Press, 1961.

HARTMANN, Fabiano. Digitalização e armazenamento eletrônico: a Lei da Liberade Econômica no viés dos impactos da tecnologia e inovação na atividade econômica. *In*: MARQUES NETO, Floriano de Azevedo; RODRIGUES JÚNIOR, Otavio Luiz; LEONARDO, Rodrigo Xavier (Coord.). **Comentários à Lei da Liberdade Econômica (Lei 13.874/2019)**. São Paulo: Thomson Reuters Brasil, 2019.

HAURIOU, Maurice. **Précis de droit administratif et de droit public**. 11. ed. Paris: Librairie du Recueil Sirey, 1927.

HAURIOU, Maurice. **Principios de derecho público y constitucional**. Tradução do francês para o espanhol de Carlos Ruiz del Castillo. Granada: Comares, 2003.

HAYEK, Friedrich August von. **O caminho da servidão**. Tradução de Anna Maria Capovilla, José Ítalo Stelle e Liane de Morais Ribeiro. 6. ed. São Paulo: Instituto Ludwig von Mises Brasil, 2010.

HEEKS, Richard. Reinventing government in the information age. *In*: HEEKS, Richard (Ed.). **Reinventing government in the information age**: international practice in IT-enabled public sector reform. Londres: Routledge, 1999.

HEEKS, Richard. Understanding e-governance for development. **The i-Government Working Paper Series**, no. 11, University of Manchester: Institute for Development Policy and Management, Manchester, p. 1-25, jul., 2001.

HEEKS, Richard; BHATNAGAR, Subhash. Understanding success and failure in information age reform. *In*: HEEKS, Richard (Ed.). **Reinventing government in the information age**: international practice in IT-enabled public sector reform. Londres: Routledge, 1999.

HEGEL, Georg Wilhelm Friedrich. **Philosophy of right**. Tradução do alemão para o inglês de S.W. Dyde. Kitchener: Batoche Books, 2001.

HEIDEGGER, Martin. **On Hegel's Philosophy of Right**: The 1934-35 Seminar and Interpretive Essays. Tradução do alemão para o inglês de Andrew J. Mitchell. Nova York: Bloomsbury, 2014.

HEILBRONER, Peter. **A formação da sociedade econômica**. Tradução de Álvaro Cabral. Rio de Janeiro: Guanabara, 1987.

HENMAN, Paul. **Governing electronically**: e-government and the reconfiguration of Public Administration, policy and power. Londres/Nova York: Palgrave Macmillan, 2010.

HERRERA FLORES, Joaquín. **Teoria crítica dos direitos humanos**: os direitos humanos como produtos culturais. Tradução de Luciana Caplan. Rio de Janeiro: Lumen Juris, 2009.

HESPANHA, António Manuel. **Cultura jurídica europeia**: síntese de um milênio. Coimbra: Almedina, 2012.

HESSE, Konrad. **Elementos de direito constitucional da República Federal da Alemanha**. Tradução de Luís Afonso Heck. Porto Alegre: Sérgio Antonio Fabris Editor, 1998.

HILDEBRANDT, Mireille. The public(s) on*life*. *In*: FLORIDI, Luciano (Ed.). **The online manifesto**: being human in a hyperconnected era. Cham/Londres: Springer OpenAccess, 2015.

HILLIS, Ken. **Digital sensations**: space, identity, and embodiment. Minneapolis: University of Minnesota Press, 1999.

HIRATA, Alessandro. O público e o privado no direito de intimidade perante os novos desafios do direito. *In*: LIMA, Cíntia Rosa Pereira de; NUNES, Lydia Neves Bastos Telles (Coord.). **Estudos avançados de direito digital**. Rio de Janeiro: Elsevier, 2014.

HOBBES, Thomas. **De cive**: elementos filosóficos a respeito do cidadão. Tradução de Ingeborg Soler. Petrópolis: Vozes, 1993.

HOBBES, Thomas. **Do cidadão**. Tradução de Renato Janine Ribeiro. São Paulo: Martins Fontes, 1992.

HOBBES, Thomas. **Leviatã**: matéria, forma e poder de um Estado eclesiástico e civil. Tradução de João Paulo Monteiro e Maria Beatriz Nizza da Silva. São Paulo: Martins Fontes, 2003.

HOBSBAWN, Eric J. **A era das revoluções**: Europa 1789-1848. Tradução de Maria Tereza Lopes Teixeira e Marcos Penchel. 33. ed. São Paulo: Paz e Terra, 2015.

HOBSBAWN, Eric J. **A era do capital**: 1848-1857. Tradução de Luciano Costa Neto. 15. ed. São Paulo: Paz e Terra, 2012.

HOBSBAWN, Eric. **Era dos extremos**: o breve Século XX (1914-1991). Tradução de Marcos Santarrita. 2. ed. São Paulo: Cia. das Letras, 2000.

HODGKINSON, David; JOHNSTON, Rebecca. **Aviation law and drones**: unmanned aircraft and the future of aviation. Londres: Routledge, 2018.

HOFFMAN, Donna L.; NOVAK, Thomas P.; SCHLOSSER, Ann E. The evolution of the digital divide: examining the relationship of race to Internet access and usage over time. *In:* COMPAINE, Benjamin M. (Ed.). **The digital divide**: facing a crisis or creating a myth? Cambridge: The MIT Press, 2001.

HOFMANN, Étienne. **Les principes de politique de Benjamin Constant**: la genèse d'une œuvre et l'évolution de la pensée de leur auteur. Genebra: Droz, 1980.

HOGWOOD, Brian W. Autonomía burocrática y responsabilidad. **Gestión y Análisis de Políticas Públicas**, Madri, v. 15, p. 19- 37, maio/ago. 1999.

HOLDENER III, Anthony. **HTML5 Geolocation**. Sebastopol: O'Reilly, 2011.

HOLLAND, Ben. Natural law and the theory of international society: Otto von Gierke and the three traditions of international theory. **Journal of International Political Theory**, Londres, v. 8, n. 1-2, p. 48-73, abr. 2012.

HÖLLER, Jan; TSIATSIS, Vlasios; MULLIGAN, Catherine; KARNOUSKOS, Stamatis; AVESAND, Stefan; BOYLE, David. **From machine-to-machine to the Internet of Things**: introduction to a new age of intelligence. Oxford: Academic Press/Elsevier, 2014.

HOMMERDING, Adalberto Narciso; MOTTA, Francisco José Borges. Racionalidade jurídica e Estado Democrático de Direito: reflexões sobre a decisão jurídica a partir de Max Weber. **Revista Eletrônica Direito & Política**, Itajaí, v. 13, n. 1, p. 244-275, jan./jun. 2018.

HONNETH, Axel. Democracia como cooperação reflexiva. John Dewey e a teoria democrática hoje. Tradução de Lúcio Rennó. *In:* SOUZA, Jessé (Org.). **Democracia hoje**: novos desafios para a teoria democrática contemporânea. Brasília: UnB, 2001.

HOOD, Christopher. A public management for all seasons? **Public Administration**, Nova Jersey, v. 69, n. 1, p. 1-19, mar. 1991.

HOPPE, Hans-Hermann. **Uma teoria do socialismo e do capitalismo**. Tradução de Bruno Garschagen. 2. ed. São Paulo: Instituto Ludwig von Mises Brasil, 2013.

HOPPIT, Julian. The nation, the State, and the First Industrial Revolution. **Journal of British Studies**, Cambridge, v. 50, n. 2, p. 307-331, abr. 2011.

HOVENKAMP, Herbert. Antitrust and innovation: where we are and where we should be going. **Antitrust Law Journal**, Connecticut, n. 77, p. 749-751, 2011.

HOWELL, David. Public accountability: trends and parliamentary implications. *In:* SMITH, Bruce L. R.; HAGUE, Douglas C. (Ed.). **Dilemma of accountability in modern government**: independence versus control. Nova York: Palgrave Macmillan, 1971.

HUBERMAN, Leo. **A história da riqueza do homem**. Tradução de Waltensir Dutra. Rio de Janeiro: Zahar, 1977.

HUGHES, Mark. The challenges of informed citizen participation in chance. **Transforming Government: People, Process and Policy**, West Yorkshire, v. 5, n. 1, p. 68-80, mar. 2011.

HUNT, Lynn. **A invenção dos direitos humanos**: uma história. Tradução de Rosaura Eichenberg. São Paulo: Cia. das Letras, 2009.

HUPE, Peter L.; HILL, Michael J. The three action levels of governance: re-framing the policy process beyond the stages model. *In*: PETERS, B. Guy; PIERRE, Jon (Ed.). **Handbook of public policy**. Londres: Sage Publications, 2006.

IANNI, Octavio. **A era do globalismo**. Rio de Janeiro: Civilização Brasileira, 1996.

IANNI, Octavio. **Estado e capitalismo**: estrutura social e industrialização no Brasil. Rio de Janeiro: Civilização Brasileira, 1965.

IHDE, Don. **Bodies in technology**. Minneapolis: University of Minnesota Press, 2002.

INLOCO. **Política de Privacidade**, jun. 2020. Disponível em: https://www.inloco.com.br/politicas/covid-19. Acesso em: 20 jun. 2023.

INTERNET access is 'a fundamental right'. BBC, 8 mar. 2010. Disponível em: http://news.bbc.co.uk/2/hi/8548190.stm. Acesso em: 20 jun. 2023.

ISAAC-HENRY, Kester. Management of information technology in the public sector. *In*: ISAAC-HENRY, Kester; PAINTER, Chris; BARNES, Chris (Ed.). **Management in the public sector**: challenge and change. Londres: International Thomson Business Press, 1997.

IWAKURA, Cristiane Rodrigues. **Princípio da interoperabilidade**: acesso à justiça e processo eletrônico. São Paulo: Dialética, 2020.

IWAKURA, Cristiane Rodrigues; CABRAL, Flavio Garcia; SARAI, Leandro. Blockchain na Administração Pública e sua implementação tendo como pressuposto o quadrinômio segurança cibernética, integridade, interoperabilidade e transparência. *In*: CRAVO, Daniela Copetti; JOBIM, Eduardo; FALEIROS JÚNIOR, José Luiz de Moura (Coord.) **Direito público e tecnologia**. Indaiatuba: Foco, 2022.

JACKMAN, David. **The compliance revolution**: how compliance needs to change to survive. Nova Jersey: John Wiley & Sons, 2015.

JACOBSSON, Bengt; PIERRE, Jon; SUNDSTRÖM, Göran. **Governing the embedded state**: the organizational dimension of governance. Oxford: Oxford University Press, 2015.

JAYME, Erik. O direito internacional privado do novo milênio: a proteção da pessoa humana face à globalização. **Cadernos do Programa de Pós-Graduação em Direito – PPGDir./UFRGS**, Porto Alegre, v. 1, n. 1, p. 133-146, mar. 2003.

JELLINEK, Georg. **Teoría general del Estado**. Tradução do alemão para o espanhol de Fernando de los Ríos. México: Fondo de Cultura Económica, 2000.

JENKINS, Kate. A reforma do serviço público no Reino Unido. Tradução de Carolina Andrade. *In*: BRESSER PEREIRA, Luiz Carlos; SPINK, Peter (Org.). **Reforma do Estado e Administração Pública gerencial**. 7. ed. Rio de Janeiro: FGV, 2006.

JENKINS, Rob. Hybrid forms of accountability: citizen engagement in institutions of public-sector oversight in India. **Public Management Review**, Oxfordshire, v. 3, n. 3, p. 363-383, jul./set. 2001.

JENSEN, Michael; MECKLING, William H. Theory of the firm: managerial behavior, agency costs and ownership structure. **Journal of Financial Economics**, Nova York, v. 3, n. 4, p. 305-360, out. 1976.

JEYANTHI, Nagamalai. Internet of Things (IoT) as Interconnection of Threats (IoT). *In*: HU, Fei (Ed.). **Security and privacy in Internet of Things (IoTs)**: models, algorithms, and implementations. Boca Raton: CRC Press, 2016.

JIMÉNEZ, Carla Crazut. Interpretación constitucional e interpretación de la Constitución. **Apuntes Filosóficos**, Caracas, v. 19, n. 37, p. 27-64, 2010.

JOBIM, Rosana Kim. **Compliance e trabalho**: entre o poder diretivo do empregador e os direitos inespecíficos do empregado. Florianópolis: Tirant Lo Blanch, 2018.

JOHNSON, Pauline. **Habermas**: rescuing the public sphere. Londres: Routledge, 2006.

JONAS, Hans. **Le principe responsabilité**: une éthique pour la civilisation technologique. Tradução do alemão para o francês de Jean Greisch. 2. ed. Paris: Cerf, 1992.

JØRGENSEN, Torben Beck; SØRENSEN, Ditte-Lene. Codes of good governance. **Public Administration**, Nova Jersey, v. 12, n. 1, p. 71-96, dez. 2012.

JORI, Mario; PINTORE, Anna. **Manuale di teoria generale del diritto**. 2. ed. Turim: Giappichelli, 1995.

JUÁREZ, Mercedes. La interpretación de los derechos fundamentales por parte del Tribunal Constitucional: una argumentación en términos de razonabilidad. **Isegoría: Revista de Filosofía Moral y Política**, Madri, v. 35, n. 1, p. 33-55, 2006.

JULLIEN, François. **A propensão das coisas**: por uma história da eficácia na China. Tradução de Mariana Echalar. São Paulo: UNESP, 2017.

JULLIEN, François. **De l'universel, de l'uniforme, du commun et du dialogue entre les cultures**. Paris: Fayard, 2008.

JUSTEN FILHO, Marçal. Abrangência e incidência da lei. *In*: MARQUES NETO, Floriano de Azevedo; RODRIGUES JÚNIOR, Otavio Luiz; LEONARDO, Rodrigo Xavier (Coord.). **Comentários à Lei da Liberdade Econômica (Lei 13.874/2019)**. São Paulo: Thomson Reuters Brasil, 2019.

JUSTEN FILHO, Marçal. Art. 20 da LINDB: dever de transparência, concretude e proporcionalidade nas decisões públicas. **Revista de Direito Administrativo**, Rio de Janeiro, Edição Especial: Direito Público na Lei de Introdução às Normas do Direito Brasileiro – LINDB (Lei nº 13.655/2018), p. 13-41, nov. 2018.

JUSTEN FILHO, Marçal. Conceito de interesse público e a "personalização" do direito administrativo. **Revista Trimestral de Direito Público**, São Paulo, n. 26, p. 115-136, 1999.

JUSTEN FILHO, Marçal. **Curso de direito administrativo**. 4. ed. São Paulo: Revista dos Tribunais, 2009.

KANT, Immanuel. Answering the question: what is enlightenment? **Berlinische Monatsschrift** (Berlin Monthly), dez. 1784. Tradução do alemão para o inglês de Mary C. Smith. Disponível em: http://www.columbia.edu/acis/ets/CCREAD/etscc/kant.html. Acesso em: 20 jun. 2023.

KANAAN, João Carlos. **Informática global**. 2. ed. São Paulo: Pioneira, 1998.

KANT, Immanuel. **La metafísica de las costumbres**. Tradução do alemão para o espanhol de Adela Cortina Orts e Jesus Conill Sancho. 3. ed. Madrid: Tecnos, 1999.

KARVALICS, Laszló Z. **Information society dimensions**. Szeged: JATE Press, 2010.

KATSH, Ethan; RAINEY, Daniel. ODR and government in a mobile world. *In*: POBLET, Marta (Ed.). **Mobile technologies for conflict management**: online dispute resolution, governance, participation. Cham/Basileia: Springer, 2011.

KATZ, Jon. The digital citizen. **Wired**, 12 jan. 1997. Disponível em: https://bit.ly/2Qvx04R. Acesso em: 20 jun. 2023.

KAUFMANN, Arthur. A problemática da filosofia do direito ao longo da história. *In*: KAUFMANN, Arthur; HASSEMER, Winfried (Org.). **Introdução à filosofia do direito e à teoria do direito contemporâneas**. Tradução de Marcos Keel e Manuel Seca de Oliveira. Lisboa: Fundação Calouste Gulbenkian, 2002.

KAUFMANN, Arthur. Filosofia do direito, teoria do direito, dogmática jurídica. *In:* KAUFMANN, Arthur; HASSEMER, Winfried (Org.). **Introdução à filosofia do direito e à teoria do direito contemporâneas**. Tradução de Marcos Keel e Manuel Seca de Oliveira. Lisboa: Fundação Calouste Gulbenkian, 2002.

KAUFMANN-KOHLER, Gabrielle; SCHULTZ, Thomas. **Online dispute resolution**: challenges for contemporary justice. Haia: Kluwer Law International, 2004.

KEEN, Andrew. **How to fix the future**. Nova York: Atlantic, 2018.

KELLY, John M. **Uma breve história da teoria do direito ocidental**. Tradução de Marylene Pinto Michael. São Paulo: Martins Fontes, 2010.

KELSEN, Hans. **O Estado como integração**: um confronto de princípio. Tradução de Plínio Fernandes Toledo. São Paulo: Martins Fontes, 2003.

KERCKHOVE, Derrick de. Connected intelligence for the civil society: the Internet as a social limbic system. **Spanda Journal**, Haia, p. 71-78, jul./dez. 2014.

KEYNES, John Maynard. **The general theory of employment, interest, and money**. Londres: Palgrave Macmillan, 2018.

KISSLER, Leo; HEIDEMANN, Francisco G. Governança pública: novo modelo regulatório para as relações entre Estado, mercado e sociedade? **Revista de Administração Pública**, Rio de Janeiro, v. 40, n. 3, p. 479-499, maio/jun. 2006.

KITTLER, Friedrich. There is no software. **CTHEORY.net**. 18 out. 1995. Disponível em: http://www.ctheory.net/articles.aspx?id=74. Acesso em: 20 jun. 2023.

KJÆR, Anne Mette. **Governance**. Cambridge: Polity Press, 2004.

KLEIN, Benjamin. Contracting costs and residual profits: the separation of ownership and control. **Journal of Law & Economics**, Chicago, v. 26, n. 2, p. 367-374, jul./dez. 1983.

KLOUS, Sander; WIELAARD, Nart. **We are big data**: the future of the information society. Amsterdã: Atlantis Press, 2016.

KOLM, Serge Christophe. **Le liberalisme moderne**. Paris: PUF, 1984.

KREPS, Sarah. **Drones**: what everyone needs to know. Oxford: Oxford University Press, 2016.

KUTLER, Stanley I. **Watergate**: a brief history with documents. 2. ed. Oxford/West Sussex: Wiley-Blackwell, 2010.

LA RUE, Frank. Report of the Special Rapporteur on the promotion and protection of the right to freedom of opinion and expression. **Conselho de Direitos Humanos da Organização das Nações Unidas**, 6 mai. 2011. Disponível em: http://www2.ohchr.org/english/bodies/hrcouncil/docs/17session/A.HRC.17.27_en.pdf. Acesso em: 20 jun. 2023.

LANCASTER, Frederick Wilfrid. **Towards paperless information systems (library and information science)**. Nova York: Academic Press, 1978.

LAOURIS, Yiannis. Reengineering and reinventing both democracy and the concept of life in the digital era. *In:* FLORIDI, Luciano (Ed.). **The online manifesto**: being human in a hyperconnected era. Cham/Londres: Springer OpenAccess, 2015.

LARENZ, Karl. **Derecho justo**: fundamentos de etica juridica. Tradução de Luis Díez-Picazo. Madri: Civitas, 1985.

LARENZ, Karl. **Metodologia da ciência do direito**. 3. ed. Lisboa: Fundação Calouste Gulbenkian, 1997.

LARMORE, Charles. **The morals of modernity**. Cambridge: Cambridge University Press, 1996.

LAZER, David; BINZ-SCHARF, Maria Christina. It takes a network to build a network. *In:* MAYER-S-CHÖNBERGER, Viktor; LAZER, David (Ed.). **Governance and information technology**: from electronic government to information government. Cambridge: The MIT Press, 2007.

LE BART, Christian. **Citoyenneté et démocratie**. Paris: La Documentation Fraçaise, 2016.

LEE, Kai-Fu. **Inteligência artificial**: como os robôs estão mudando o mundo, a forma como amamos, nos relacionamos, trabalhamos e vivemos. Tradução de Marcelo Barbão. Rio de Janeiro: Globo, 2019

LEITE, Carlos. **Cidades sustentáveis, cidades inteligentes**: desenvolvimento sustentável num planeta urbano. Porto Alegre: Bookman, 2012.

LERNER, Jaime. **Acupuntura urbana**. Rio de Janeiro: Record, 2003.

LEFEBVRE, Henri. **Critique of everyday life**: introduction. Tradução do francês para o inglês de John Moore. Londres : Verso, 1991, v. 1.

LEFEBVRE, Henri. **Le droit à la ville** : suivi de espace et politique. Paris : Anthropos, 1968.

LEFEBVRE, Henri. **Writings on cities**. Tradução de Eleonore Kofman e Elizabeth Lebas. 4. Reimpr. Oxford: Blackwell, 2000.

LEAL, Rogério Gesta. Imbricações necessárias entre moralidade administrativa e probidade administrativa. **A&C – Revista de Direito Administrativo & Constitucional**, Belo Horizonte, a. 14, n. 55, p. 87-107, jan./mar. 2014.

LEIGH, Katharine. Arbitration in Public Administration. *In:* FARAZMAND, Ali (Ed.). **Global encyclopedia of public administration, public policy, and governance**. Cham/Basileia: Springer, 2016.

LEIGNEL, Jean-Louis; UNGARO, Thierry; STAAR, Adrien. **Digital transformation**: information system governance. Nova Jersey: John Wiley & Sons, 2016.

LEMOS, Thales de Melo. Gigantes da Internet: novas formas de poder empresarial e desafios para o direito antitruste. *In:* FRAZÃO, Ana; CARVALHO, Ângelo Gamba Prata de (Coord.). **Empresa, mercado e tecnologia**. Belo Horizonte: Fórum, 2019.

LERNER, Jaime. **Acupuntura urbana**. Rio de Janeiro: Record, 2003.

LESSIG, Lawrence. **Code 2.0**. 2. ed. Nova York: Basic Books, 2006.

LEVITSKY, Steven; ZIBLATT, Daniel. **How democracies die**. Nova York: Crown, 2018.

LEVMORE, Saul; NUSSBAUM, Martha. Introduction. In: LEVMORE, Saul; NUSSBAUM, Martha (Ed.). **The offensive Internet**. Cambridge: Harvard University Press, 2010.

LÉVY, Pierre. **As tecnologias da inteligência**: o futuro do pensamento na era da informática. Tradução de Carlos Irineu da Costa. 2. ed. São Paulo: Editora 34, 2010.

LÉVY, Pierre. **Cibercultura**. Tradução de Carlos Irineu da Costa. 3. ed. São Paulo: Editora 34, 2010.

LÉVY, Pierre. **Cyberdémocratie**: essai de philosophie politique. Paris: Odile Jacob, 2002.

LÉVY, Pierre. **L'intelligence collective**: pour une anthropologie du cyberspace. Paris: La Découverte, 1994.

LÉVY, Pierre. **O que é o virtual?** Tradução de Paulo Neves. 2. ed. São Paulo: Editora 34, 2011.

LIMA, Cíntia Rosa Pereira de; PEROLI, Kelvin. **Direito digital**: compliance, regulação e governança. São Paulo: Quartier Latin, 2019.

LIMA, Renato Sérgio de; BUENO, Samira; MINGARDI, Guaracy. Estado, polícias e segurança pública no Brasil. **Revista Direito GV**, São Paulo, v. 12, n. 1, p. 49-85, jan./abr. 2016.

LIMA, Ruy Cirne. **Princípios de direito administrativo**. Revista por Paulo Alberto Pasqualini. 7. ed. São Paulo: Malheiros, 2007.

LIMA, Vinicius de Melo; GULARTE, Caroline de Melo Lima. Compliance e prevenção ao crime de lavagem de dinheiro. **Revista do Ministério Público do Rio Grande do Sul**, Porto Alegre, v. 82, n. 1, jan./abr. 2017.

LIMBERGER, Têmis. Direito e informática: o desafio de proteger os direitos do cidadão. *In:* SARLET, Ingo Wolfgang (Org.). **Direitos fundamentais, informática e comunicação**: algumas aproximações. Porto Alegre: Livraria do Advogado, 2007.

LIMBERGER. Têmis. Do tratamento de dados pessoais pelo Poder Público – Art. 23. *In:* MARTINS, Guilherme Magalhães; LONGHI, João Victor Rozatti; FALEIROS JÚNIOR, José Luiz de Moura (Coord.). **Comentários à Lei Geral de Proteção de Dados Pessoais (Lei nº 13.709/2018)**. Indaiatuba: Foco, 2022.

LIMBERGER, Têmis. Transparência administrativa e novas tecnologias: o dever de publicidade, o direito a ser informado e o princípio democrático. **Revista do Ministério Público do Estado do Rio Grande do Sul**, n. 60, p. 47-65, abr. 2008.

LIPS, Miriam. **Digital government**: managing public sector reform in the Digital Era. Londres: Routledge, 2020.

LISDORF, Anders. **Demystifying smart cities**. Nova York: Apress, 2020.

LLOYD, Ian J. **Information technology law**. 6. ed. Oxford: Oxford University Press, 2011.

LÔBO, Paulo Luiz Netto. Princípios sociais dos contratos no Código de Defesa do Consumidor e no novo Código Civil. **Doutrinas Essenciais – Obrigações e Contratos**, v. 3, p. 829-840, jun. 2011.

LOCKE, John. **Carta acerca da tolerância**. Tradução de Anoar Aiex e E. Jacy Monteiro. 2. ed. São Paulo: Abril Cultural, 1978.

LOCKE, John. **Dois tratados sobre o governo**. Tradução de Júlio Fischer. São Paulo: Martins Fontes, 1998.

LOCKE, John. **Ensaio acerca do entendimento humano**. Tradução de Anoar Aiex e E. Jacy Monteiro. São Paulo: Nova Cultural, 1983.

LOCKE, John. **Segundo tratado sobre o governo**. Tradução de Alex Martins. São Paulo: Martin Claret, 2005.

LÖFFLER, Elke. **Managing accountability in intergovernmental partnerships**. Relatório apresentado à OECD-PUMA, Paris: OECD, 1999.

LOHR, Steve. The origins of 'big data': an etymological detective story. **The New York Times**. 01 fev. 2013. Disponível em: https://nyti.ms/2RG06NM. Acesso em: 20 jun. 2023.

LONG, Marceau; WEIL, Prosper; BRAIBANT, Guy *et al*. **Les grands arrêts de la jurisprudence administrative**. 20. ed. Paris, Dalloz, 2015.

LONGHI, João Victor Rozatti. Dignidade.com: direitos fundamentais na era do populismo 3.0. *In:* LONGHI, João Victor Rozatti; FALEIROS JÚNIOR, José Luiz de Moura (Coord.). **Estudos essenciais de direito digital**. Uberlândia: LAECC, 2019.

LONGHI, João Victor Rozatti. **Processo legislativo interativo**: interatividade e participação por meio das Tecnologias da Informação e Comunicação. Curitiba: Juruá, 2017.

LOPES, José Reinaldo de Lima. **As palavras e a lei**: direito, ordem e justiça na história do pensamento jurídico moderno. São Paulo: Editora 34, 2004.

LOPES, Cleber da Silva. Segurança privada e direitos civis na cidade de São Paulo. Revista Sociedade e Estado, Brasília, v. 30, n. 3, p. 651-671, set./dez. 2023.

LORENZETTI, Ricardo Luis. **A arte de fazer justiça**: a intimidade dos casos mais difíceis da Corte Suprema da Argentina. Tradução de María Laura Delaloye. São Paulo: Revista dos Tribunais, 2015.

LORENZETTI, Ricardo Luis. **Teoria da decisão judicial**: fundamentos de direito. Tradução de Bruno Miragem; notas de Claudia Lima Marques. 2. ed. São Paulo: Revista dos Tribunais, 2010.

LOSANO, Mario G. **Giuscibernetica**: macchine e modelli cibernetici nel diritto. Turim: Einaudi, 1969.

LÓSSIO, Claudio Joel Brito. Juscibernética e o direito das máquinas. *In:* CAMARGO, Coriolano Almeida; SANTOS, Cleórbete (Org.). **Direito digital**: novas teses jurídicas. Rio de Janeiro: Lumen Juris, 2018.

LOTUFO, Renan. Da oportunidade da codificação civil e a Constituição. *In:* SARLET, Ingo Wolfgang (Org.). **O novo Código Civil e a Constituição**. 2. ed. Porto Alegre: Livraria do Advogado, 2006.

LOUGHLIN, Martin. **Foundations of public law**. Oxford: Oxford University Press, 2010.

LOUREIRO, Caio de Souza. Princípios na Lei de Liberdade Econômica. *In:* MARQUES NETO, Floriano de Azevedo; RODRIGUES JÚNIOR, Otavio Luiz; LEONARDO, Rodrigo Xavier (Coord.). **Comentários à Lei da Liberdade Econômica (Lei 13.874/2019)**. São Paulo: Thomson Reuters Brasil, 2019.

LUDGERO, Lucas. A participação popular por meio de mecanismos virtuais, audiências públicas e da Comissão de Legislação Participativa. **Rádio Câmara**, Brasília, 21 set. 2015. Disponível em: https://bit.ly/2zWCltC. Acesso em: 20 jun. 2023.

LUHMANN, Niklas. **Law as a social system**. Tradução do alemão para o inglês de Klaus A. Ziegert. Oxford: Oxford University Press, 2004.

LUHMANN, Niklas. **Legitimação pelo procedimento**. Tradução de Maria da Conceição Corte Real. Brasília: UnB, 1980.

LUHMANN, Niklas. **Sistema jurídico y dogmática jurídica**. Tradução do alemão para o espanhol de Ignacio de Otto Pardo. Madri: Centro de Estudios Constitucionales, 1983.

LUK TAI, Luciana Yeung. Para que uma MP de Liberdade Econômica? O que é inaceitável é o grau de adversidade, dificuldades e intolerância que a atividade econômica privada enfrenta no Brasil. **Jota**, 3 jun. 2019. Disponível em: https://www.jota.info/opiniao-e-analise/colunas/coluna-da-abde/para-que-uma-mp-de-liberdade-economica-03062019. Acesso em: 20 jun. 2023.

LYON, David. **Surveillance society**: monitoring everyday life. Buckingham: Open University Press, 2001.

LYON, David. **The electronic eye**: the rise of surveillance society. Minneapolis: University of Minnesota Press, 1994.

LYON, David. Surveillance as social sorting: computer codes and mobile bodies. *In:* LYON, David (Ed.). **Surveillance as social** *sorting*: Privacy, risk, and digital discrimination. Londres: Routledge, 2003.

LYONS, David. **Moral aspects of legal theory**: essays on law, justice, and political responsibility. Cambridge: Cambridge University Press, 1993.

LYOTARD, Jean-François. **O pós-moderno**. Tradução de Ricardo Corrêa. 3. ed. Rio de Janeiro: José Olympio, 1988.

MACHADO, Marcelo Couto. Princípio da publicidade e transparência na Administração Pública. **Amicus Curiae**, Criciúma, v. 8, n. 8, p. 1-13, 2011.

MACHADO, Diogo; DONEDA, Danilo. Proteção de dados pessoais e criptografia: tecnologias criptográficas entre anonimização e pseudonimização de dados. *In:* DONEDA, Danilo; MACHADO, Diogo (Coord.). **A criptografia no direito brasileiro**. São Paulo: Thomson Reuters Brasil, 2019.

MACHLUP, Fritz. **The production and distribution of knowledge in the United States**. Princeton: Princeton University Press, 1962.

MACHLUP, Fritz. Theories of the firm: marginalist, behavioral, managerial. **American Economic Review**, Pittsburgh, v. 57, n. 1, p. 1-33, mar. 1967.

MADDEN, M. Stuart. Tort law through time and culture: themes of economic efficiency. *In*: MADDEN, M. Stuart (Ed.). **Exploring tort law**. Cambridge: Cambridge University Press, 2005.

MAFFINI, Rafael da Cás. **Princípio da proteção substancial da confiança no direito administrativo brasileiro**. 2005. 253f. Tese (Doutorado em Direito) – Faculdade de Direito, Universidade Federal do Rio Grande do Sul, Porto Alegre, 2005.

MAGALHÃES, Matheus L. Puppe. Disruptive technologies and the rule of law: autopoiesis on an interconnected society. In: BARBOSA, Mafalda Miranda; BRAGA NETTO, Felipe; SILVA, Michael César; FALEIROS JÚNIOR, José Luiz de Moura (Coord.). **Direito digital e inteligência artificial**: diálogos entre Brasil e Europa. Indaiatuba: Foco, 2021.

MAGRANI, Eduardo. **A internet das coisas**. Rio de Janeiro: FGV, 2018.

MAHMOOD, Mohamed. **Does digital transformation of government lead to enhanced citizens' trust and confidence in government?** Cham/Basileia: Springer, 2019.

MANENT, Pierre. **História intelectual do liberalismo**: dez lições. Tradução de Vera Ribeiro. Rio de Janeiro: Imago, 1990.

MÄNTYSAARI, Petri. **Organising the firm**: theories of commercial law, corporate governance and corporate law. Berlin/Heidelberg: Springer-Verlag, 2012.

MARCANTONIO, Jonathan Hernandes. **Direito e controle social na modernidade**. São Paulo: Saraiva, 2013.

MARCUSE, Herbert. **A ideologia da sociedade industrial**. Tradução de Giasone Rebuá. 5. ed. Rio de Janeiro: Jorge Zahar, 1979.

MARGETTS, Helen. Maximizing the relevance of political science for public policy in the era of Big Data. *In*: STOKER, Gerry; PETERS, B. Guy; PIERRE, Jon (Ed.). **The relevance of political science**. Nova York/Londres: Palgrave Macmillan, 2015.

MARKOFF, John. Globalization and the future of democracy. **Journal of World-Systems Research**, Pittsburgh, v. 5, n. 2, p. 277-309, jul./dez. 1999.

MAROLLA, Eugenia Cristina Cleto. A revogação do artigo 25 da Lei de Arbitragem e suas consequências nas arbitragens envolvendo a Administração Pública. **Revista de Direito da Associação dos Procuradores do Estado do Rio de Janeiro**, Rio de Janeiro, v. 26, p. 211-228, 2016.

MAROTO, Andrés; RUBALCABA, Luis. Structure, size and reform of the public sector in Europe. *In*: WINDRUM, Paul; KOCH, Per (Ed.). **Innovation in public sector**: entrepreneurship, creativity and management. Cheltenham: Edward Elgar, 2008.

MARQUES, Claudia Lima. **Contratos no Código de Defesa do Consumidor**: o novo regime das relações contratuais. 7. ed. São Paulo: Revista dos Tribunais, 2014.

MARQUES, Sílvio Antônio. **Improbidade administrativa**. São Paulo: Saraiva, 2010.

MARQUES NETO, Floriano de Azevedo. Art. 23 da LINDB: o equilíbrio entre mudança e previsibilidade na hermenêutica jurídica. **Revista de Direito Administrativo**, Rio de Janeiro, Edição Especial: Direito Público na Lei de Introdução às Normas de Direito Brasileiro – LINDB (Lei nº 13.655/2018), p. 93-112, nov. 2018.

MARQUES NETO, Floriano de Azevedo. Interesses públicos e privados na atividade estatal de regulação. O princípio da eficiência e o direito fundamental à boa administração. *In*: MARRARA, Thiago (Org.). **Princípios de direito administrativo**: legalidade, segurança jurídica, impessoalidade, publicidade, motivação, eficiência, moralidade, razoabilidade, interesse público. São Paulo: Atlas, 2012.

MARQUES NETO, Floriano de Azevedo. Pensando o controle da atividade de regulação estatal. *In*: GUERRA, Sérgio (Coord.). **Temas de direito regulatório**. Rio de Janeiro: Freitas Bastos, 2005.

MARQUES NETO, Floriano de Azevedo. **Regulação estatal e interesses públicos**. São Paulo: Malheiros, 2002.

MARQUES NETO, Floriano de Azevedo; FREITAS, Rafael Véras de. A nova LINDB e o consequencialismo jurídico como mínimo essencial. **Consultor Jurídico**, 18 de maio de 2018. Disponível em: https://www.conjur.com.br/2018-mai-18/opiniao-lindb-quadrantes-consequencialismo-juridico. Acesso em: 20 jun. 2023.

MARQUES NETO, Floriano de Azevedo; FREITAS, Rafael Véras de. **Comentários à Lei nº 13.655/2018 (Lei de Segurança para a Inovação Pública)**. Belo Horizonte: Fórum, 2019.

MARRARA, Thiago. Direito administrativo brasileiro: transformações e tendências. In: MARRARA, Thiago (Org.). **Direito administrativo**: transformações e tendências. São Paulo: Almedina, 2014.

MARRARA, Thiago. Método comparativo e direito administrativo. **Revista Jurídica Unigran**, Dourados, v. 16, n. 32, p. 25-37, jul./dez. 2014.

MARRARA, Thiago. O conteúdo do princípio da moralidade. In: MARRARA, Thiago (Org.). **Princípios de direito administrativo**: legalidade, segurança jurídica, impessoalidade, publicidade, motivação, eficiência, moralidade, razoabilidade, interesse público. São Paulo: Atlas, 2012.

MARRARA, Thiago. O princípio da publicidade administrativa: uma proposta de renovação. In: MARRARA, Thiago (Org.). **Princípios de direito administrativo**: legalidade, segurança jurídica, impessoalidade, publicidade, motivação, eficiência, moralidade, razoabilidade, interesse público. São Paulo: Atlas, 2012.

MARRARA, Thiago. Quem precisa de programas de integridade (compliance)? In: CUEVA, Ricardo Villas Bôas; FRAZÃO, Ana (Coord.). **Compliance**: perspectivas e desafios dos programas de conformidade. Belo Horizonte: Fórum, 2018.

MARSHALL, Thomas Humphrey. **Cidadania, classe social e status**. Tradução de Meton Porto Gadelha. Rio de Janeiro: Zahar, 1967.

MARTINS, André Chateaubriand. Arbitragem e Administração Pública. In: CAHALI, Francisco José; RODOVALHO, Thiago; FREIRE, Alexandre (Org.). **Arbitragem**: estudos sobre a Lei n. 13.129, de 26/5/2015. São Paulo: Saraiva, 2016.

MARTINS, Eliezer Pereira. Segurança jurídica e certeza do direito em matéria disciplinar — aspectos atuais. **Revista de Direito Administrativo**, Rio de Janeiro, v. 230, n. 4, p. 141-152, out./dez. 2002.

MARTINS, Fernando Rodrigues. As alterações da LINDB e os desvios normativos na Teoria do Direito. **Consultor Jurídico**. 04 out. 2018. Disponível em: https://www.conjur.com.br/2018-out-04/fernando-martins-lindb-desvios-normativos-teoria-direito. Acesso em: 20 jun. 2023.

MARTINS, Fernando Rodrigues. Consequencialismo e valores jurídicos abstratos na LINDB. **Consultor Jurídico**, 04 de outubro de 2018. Disponível em: < https://www.conjur.com.br/2019-fev-11/direito-civil-atual-consequencialismo-valores-juridicos-abstratos-lindb. Acesso em: 20 jun. 2023.

MARTINS, Fernando Rodrigues. **Controle do patrimônio público**. 5. ed. São Paulo: Revista dos Tribunais, 2013.

MARTINS, Fernando Rodrigues. Direito civil, ideologia e pobreza. In: LOTUFO, Renan; NANNI, Giovanni Ettore; MARTINS, Fernando Rodrigues (Coord.). **Temas relevantes de direito civil contemporâneo**: reflexões sobre os 10 anos do Código Civil. São Paulo: Atlas, 2012.

MARTINS, Fernando Rodrigues. Os deveres fundamentais como causa subjacente-valorativa da tutela da pessoa consumidora: contributo transverso e suplementar à hermenêutica consumerista da afirmação. **MPMG Jurídico**, Belo Horizonte, p. 57-76, 2014.

MARTINS, Fernando Rodrigues. **Princípio da justiça contratual**. 2. ed. São Paulo: Saraiva, 2011.

MARTINS, Fernando Rodrigues; PACHECO, Keila Ferreira. Contratos existenciais e intangibilidade da pessoa humana na órbita privada – homenagem ao pensamento vivo e imortal de Antonio Junqueira de Azevedo. **Revista de Direito do Consumidor**, São Paulo, v. 79, p. 265-308, jul.-set. 2011.

MARTINS, Fernando Rodrigues; VIAL, Sophia Martini. MP da "liberdade econômica" altera parcialmente artigo 39 do CDC. **Consultor Jurídico**, 9 jul. 2019. Disponível em: https://www.conjur.com.br/2019-jul-09/opiniao-mp-liberdade-economica-altera-artigo39-cdc. Acesso em: 20 jun. 2023.

MARTINS, Guilherme Magalhães. **Contratos eletrônicos de consumo**. 3. ed. São Paulo: Atlas, 2016.

MARTINS, Guilherme Magalhães. O *geopricing* e *geoblocking* e seus efeitos nas relações de consumo. *In:* FRAZÃO, Ana; MULHOLLAND, Caitlin (Coord.). **Inteligência artificial e direito**: ética, regulação e responsabilidade. São Paulo: Thomson Reuters Brasil, 2019.

MARTINS, Guilherme Magalhães; FALEIROS JÚNIOR, José Luiz de Moura. A anonimização de dados pessoais: consequências jurídicas do processo de reversão, a importância da entropia e sua tutela à luz da Lei Geral de Proteção de Dados. *In:* DE LUCCA, Newton; SIMÃO FILHO, Adalberto; LIMA, Cíntia Rosa Pereira de; MACIEL, Renata Mota (Coord.). **Direito & Internet IV**: sistema de proteção de dados pessoais. São Paulo: Quartier Latin, 2019.

MARTINS, Guilherme Magalhães; LONGHI, João Victor Rozatti; FALEIROS JÚNIOR, José Luiz de Moura. Primeiras impressões sobre as alterações da Medida Provisória 869/2018 na LGPD. **Jota**. 14 jan. 2019. Disponível em: http://www.jota.info/opiniao-e-analise/artigos/lgpd-mp-autoridade--dados-pessoais-14012019. Acesso em: 20 jun. 2023.

MARTINS JÚNIOR, Wallace Paiva. **Transparência administrativa**. São Paulo: Saraiva, 2004.

MARTINS-COSTA, Judith. Crise e modificação da idéia de contrato no direito brasileiro. **Revista de Direito do Consumidor**, São Paulo: Revista dos Tribunais, v. 3, p. 127-154, set./dez., 1992.

MARX, Gary T. **Fragmentation and cohesion in American society**. Washington, D.C.: Trend Analysis Program, 1984.

MARX, Karl. **Crítica da filosofia do direito de Hegel**. Tradução de Rubens Enderle. São Paulo: Boitempo, 2005.

MARX, Karl. **Manuscritos econômico-filosóficos**. Tradução de Jesus Ranieri. São Paulo: Boitempo, 2007.

MARX, Karl; ENGELS, Friedrich. **Manifesto do Partido Comunista**. Coleção a obra-prima de cada autor. Tradução de Pietro Nasseti. São Paulo: Martin Claret, 2000.

MASLOW, Abraham H. **Motivation and personality**. 2. ed. Nova York: Harper & Row, 1970.

MASSARO, Vanessa. A aplicação da tecnologia blockchain na administração pública. **Consultor Jurídico**, 30 jan. 2019. Disponível em: https://www.conjur.com.br/2019-jan-30/vanessa-massaro-aplicacao--blockchainna-administracao-publica. Acesso em: 20 jun. 2023.

MASUDA, Yoneji. **The information society as post-industrial society**. Tóquio: Institute for the Information Society, 1980.

MATHIS, Klaus. Consequentialism in law. *In:* MATHIS, Klaus (Ed.). **Efficiency, Sustainability, and Justice for Future Generations**. Nova York: Springer, 2011.

MATIAS-PEREIRA, José. **Administração Pública**: foco nas instituições e ações governamentais. 5. ed. São Paulo: Atlas, 2018.

MATSUKASA, John G. The eclipse of legislatures: direct democracy in the 21st Century. **Public Choice**, Nova York, v. 124, n. 1, p. 157-177, 2005.

MATTEUCCI, Nicola. Liberalismo. *In:* BOBBIO, Norberto; MATTEUCCI, Nicola; PASQUINO, Gianfranco (Org.). **Dicionário de política**. 11. ed. Tradução de Carmen Varriale *et al*. Brasília: UnB, 1998, v. 1.

MAURER, Hartmut. **Contributos para o direito do estado**. Tradução de Luís Afonso Heck. Porto Alegre: Livraria do Advogado, 2007.

MAURER, Hartmut. **Direito administrativo geral**. Tradução de Luís Afonso Heck. 14. ed. Barueri: Manole, 2006.

MAURIQUE, Jorge Antonio. Conselhos: controle profissional, processo administrativo e judicial. *In:* FREITAS, Vladimir Passos de (Coord.). **Conselhos de fiscalização profissional**: doutrina e jurisprudência. 3. ed. São Paulo: Revista dos Tribunais, 2013.

MAXIMIANO, Antonio Cesar Amaru; NOHARA, Irene Patrícia. **Gestão pública**: abordagem integrada da administração e do direito administrativo. São Paulo: Atlas, 2017.

MAYER-SCHÖNBERGER, Viktor. Beyond privacy, beyond rights—toward a "system" theory of information governance. **California Law Review**, Berkeley, v. 98, p. 1853-1886, 2010.

MAYER-SCHÖNBERGER, Viktor. The shape of governance: analyzing the world of internet regulation. **Virginia Journal of International Law**, Charlottesville, v. 605, p. 1-80, 2003

MAYER-SCHÖNBERGER, Viktor; CUKIER, Kenneth. **Big data**: a revolution that will transform how we live, work, and think. Nova York: Houghton Mifflin Harcourt, 2014.

MAYER-SCHÖNBERGER, Viktor; CUKIER, Kenneth. **Learning with big data**: the future of education. Nova York: Houghton Mifflin Harcourt, 2014.

MAYER-SCHÖNBERGER, Viktor; LAZER, David. From electronic government to information government. *In:* MAYER-SCHÖNBERGER, Viktor; LAZER, David (Ed.). **Governance and information technology**: from electronic government to information government. Cambridge: The MIT Press, 2007.

MAYER-SCHÖNBERGER, Viktor; LAZER, David. The governing of government information. *In:* MAYER-SCHÖNBERGER, Viktor; LAZER, David (Ed.). **Governance and information technology**: from electronic government to information government. Cambridge: The MIT Press, 2007.

MAYER-SCHÖNBERGER, Viktor; RAMGE, Thomas. **Reinventing capitalism in the age of big data**. Nova York: Basic Books, 2018.

MAYER SCHÖNBERGER, Viktor; SOMEK, Alexander. Governing regulatory interaction: the normative question. **European Law Journal**, Oxford, v. 12, n. 4, p. 431-439, jul. 2006.

McGAUGHEY, Ewan. The social role of private law (Otto von Gierke, 1889). **German Law Journal**, Lexington, v. 19, n. 4, p. 1-46, out./dez. 2018.

McLUHAN, H. Marshall. **Os meios de comunicação como extensões do homem**. Tradução de Décio Pignatari. São Paulo: Cultrix, 2007.

McLUHAN, H. Marshall; FIORE, Quentin. **Guerra e paz na aldeia global**. Tradução de Ivan Pedro de Martins. Rio de Janeiro: Record, 1971.

McLUHAN, H. Marshall; POWERS, Bruce R. **The global village**: transformations in world life and media in the 21st Century (communication and society). Oxford: Oxford University Press, 1989.

MEDAUAR, Odete. **O direito administrativo em evolução**. 3. ed. Brasília: Gazeta Jurídica, 2017.

MEIRELLES, Hely Lopes. **Direito administrativo brasileiro**. 28. ed. São Paulo: Malheiros, 2003.

MELLO, Celso Renato Duvivier de Albuquerque. **Direito constitucional internacional**. Rio de Janeiro: Renovar, 1994.

MELLO, Alexandre Schmitt da Silva; DRESCH, Rafael de Freitas Valle. Breves reflexões sobre livre-arbítrio, autonomia e responsabilidade humana e de inteligência artificial. *In:* BARBOSA, Mafalda Miranda;

BRAGA NETTO, Felipe; SILVA, Michael César; FALEIROS JÚNIOR, José Luiz de Moura (Coord.). **Direito digital e inteligência artificial**: diálogos entre Brasil e Europa. Indaiatuba: Foco, 2021.

MELLO, Shirlei Silmara de Freitas. Motivação, publicidade e controle: algumas reflexões. *In*: MARRARA, Thiago (Org.). **Princípios de direito administrativo**: legalidade, segurança jurídica, impessoalidade, publicidade, motivação, eficiência, moralidade, razoabilidade, interesse público. São Paulo: Atlas, 2012.

MENDES, Guilherme Adolfo dos Santos. Princípio da eficiência. *In*: MARRARA, Thiago (Org.). **Princípios de direito administrativo**: legalidade, segurança jurídica, impessoalidade, publicidade, motivação, eficiência, moralidade, razoabilidade, interesse público. São Paulo: Atlas, 2012.

MENDES, Laura Schertel. **Privacidade, proteção de dados e defesa do consumidor**: linhas gerais de um novo direito fundamental. São Paulo: Saraiva, 2014.

MENDONÇA, Crystianne da Silva; FIGUEIRA DE MELO, Luiz Carlos. Dever fundamental de publicidade administrativa: uma análise sob a transparência pública na gestão estatal e a efetividade da participação popular nas ações da Administração Pública brasileira. **A&C – Revista de Direito Administrativo & Constitucional**, Belo Horizonte, v. 18, n. 71, p. 249-266, jan./mar. 2018.

MENDONÇA, Lissandra. Prefeitura usa dados de operadoras de celular para monitorar isolamento social. **Prefeitura de Porto Alegre**, 07 maio 2020. Disponível em: https://bit.ly/3if6l7S. Acesso em: 20 jun. 2023.

MENESES, Marcelo Figueiredo de; JIMENE, Camilla do Vale. A tecnologia que permeia a escola: uma breve visão histórica. *In*: ABRUSIO, Juliana (Coord.). **Educação digital**. São Paulo: Revista dos Tribunais, 2015.

MENKE, Fabiano. A criptografia e a Infraestrutura de Chaves Públicas Brasileira (ICP-Brasil). *In*: DONEDA, Danilo; MACHADO, Diogo (Coord.). **A criptografia no direito brasileiro**. São Paulo: Thomson Reuters Brasil, 2019.

MENKE, Fabiano. **Assinatura eletrônica no direito brasileiro**. São Paulo: Revista dos Tribunais, 2005.

MENKE, Fabiano. Assinaturas digitais, certificados digitais, infraestrutura de chaves públicas brasileiras e a ICP alemã. **Revista de Direito do Consumidor**, São Paulo, v. 48, p. 132-148, out./dez. 2003.

MENKEL-MEADOW, Carrie. From legal disputes to conflict resolution and human problem solving: legal dispute resolution in a multidisciplinary context. **Journal of Legal Education**, Washington, D.C., v. 54, n. 1, p. 4-23, mar. 2004.

MERGEL, Ines; BRETSCHNEIDER, Stuart. A three-stage adoption process for social media use in government. **Public Administration Review**, Nova Jersey, v. 73, n. 3, p. 390–400, maio/jun. 2013.

MESSA, Ana Flávia. **Transparência, compliance e práticas anticorrupção na Administração Pública**. São Paulo: Almedina, 2019.

MICHEL, Hélène. e-Administration, e-Government, e-Governance and the learning city: a typology of citizenship management using ICTs. **The Electronic Journal of e-Government**, Reading, v. 3, n. 4, p. 213-218, 2005.

MICKLETHWAIT, John; WOOLDRIDGE, Adrian. **A quarta revolução**: a corrida global para reinventar o Estado. Tradução de Afonso Celso da Cunha Serra. São Paulo: Portfólio Penguin, 2015.

MIGLINO, Arnaldo. **As cores da democracia**. Tradução de Fauzi Hassan Choukr. 2. ed. Florianópolis: Empório do Direito, 2016.

MILAGRES, Marcelo de Oliveira. A responsabilidade civil decorrente do uso de drones. *In*: MARTINS, Guilherme Magalhães; ROSENVALD, Nelson (Coord.). **Responsabilidade civil e novas tecnologias**. Indaiatuba: Foco, 2020.

MILAGRES, Marcelo de Oliveira. Drones e suas implicações jurídicas: algumas reflexões. In: BARBOSA, Mafalda Miranda; BRAGA NETTO, Felipe; SILVA, Michael César; FALEIROS JÚNIOR, José Luiz de Moura (Coord.). **Direito digital e inteligência artificial**: diálogos entre Brasil e Europa. Indaiatuba: Foco, 2021.

MILL, John Stuart. **Sobre a liberdade**. Tradução de Denise Bottmann. São Paulo: L&PM, 2016.

MIN, Seong Jae. From the digital divide to the democratic divide: internet skills, political interest, and the second-level digital divide in political internet use. **Journal of Information Technology & Politics**, Londres: Taylor & Francis, v. 7, n. 1, p. 22-35, mar. 2010.

MIRAGEM, Bruno. **Direito administrativo aplicado**: a nova Administração Pública e o direito administrativo. 3. ed. São Paulo: Revista dos Tribunais, 2019.

MIRANDA, Jorge. **Teoria do Estado e da Constituição**. Rio de Janeiro: Forense, 2005.

MODESTO, Paulo. Notas para um debate sobre o princípio da eficiência. **Revista do Serviço Público**, Brasília, a. 51, n. 2, p. 105-120, abr./jun. 2000.

MOELLER, Robert. **Sarbanes-Oxley and the new internal auditing rules**. Nova Jersey: John Wiley & Sons, 2004.

MÖKANDER, Jakob; JUNEJA, Prathm; WATSON, David S.; FLORIDI, Luciano. The US Algorithmic Accountability Act of 2022 vs. The EU Artificial Intelligence Act: what can they learn from each other? **Minds and Machines**, Cham: Springer, v. 22, p. 1-9, jun. 2022. Disponível em: https://doi.org/10.1007/s11023-022-09612-y Acesso em: 20 jun. 2023.

MONSEES, Linda. **Crypto-politics**: encryption and democratic practices in the digital era. Londres: Routledge, 2019.

MONTEIRO, Renato Leite; CARVINO, Fabrício Inocêncio. Adaptive learning: o uso de inteligência artificial para adaptar ferramentas de ensino ao aluno. In: ABRUSIO, Juliana (Coord.). **Educação digital**. São Paulo: Revista dos Tribunais, 2015.

MONTESQUIEU, Charles de Secondat, baron de. **O espírito das leis**. Tradução de Cristina Muracho. São Paulo: Martins Fontes, 1996.

MOORE, Gordon E. Cramming more components onto integrated circuits. **Electronics**, Nova York, v. 38, n. 8, p. 1-4, abr. 1965.

MORAES, Ricardo Quartim de. A evolução histórica do Estado Liberal ao Estado Democrático de Direito e sua relação com o constitucionalismo dirigente. **Revista de Informação Legislativa**, Brasília, ano 51, n. 204, p. 269-285, out./dez. 2014.

MOREIRA, Egon Bockmann. O princípio da legalidade, a lei e o direito. In: MARRARA, Thiago (Org.). **Princípios de direito administrativo**: legalidade, segurança jurídica, impessoalidade, publicidade, motivação, eficiência, moralidade, razoabilidade, interesse público. São Paulo: Atlas, 2012.

MOREIRA NETO, Diogo de Figueiredo. **Curso de direito administrativo**. 12. ed. Rio de Janeiro: Forense, 2001.

MOREIRA NETO, Diogo de Figueiredo. Moralidade administrativa: do conceito à efetivação. **Revista de Direito Administrativo**, Rio de Janeiro, v. 190, n. 4, p. 1-44, out./dez. 1992.

MOREIRA NETO, Diogo de Figueiredo. Novos institutos consensuais da ação administrativa. **Revista de Direito Administrativo**, Rio de Janeiro, v. 231, n. 1, p. 123-156, jan./mar. 2003.

MOREIRA NETO, Diogo de Figueiredo. O direito administrativo do século XXI: um instrumento de realização da democracia substantiva. **A&C – Revista de Direito Administrativo & Constitucional**, Belo Horizonte, ano 11, n. 45, p. 13-37, jul./set. 2011.

MOREIRA NETO, Diogo de Figueiredo. Para a compreensão do direito pós-moderno. *In*: ALMEIDA, Fernando Dias Menezes de; MARQUES NETO, Floriano de Azevedo; MIGUEL, Luiz Felipe Hadlich; SCHIRATO, Vitor Rhein (Coord.). **Direito público em evolução**: estudos em homenagem à Professora Odete Medauar. Belo Horizonte: Fórum, 2013.

MOREIRA NETO, Diogo de Figueiredo. **Poder, direito e Estado**: o direito administrativo em tempos de globalização. Belo Horizonte: Fórum, 2011.

MOREIRA NETO, Diogo de Figueiredo; SOUTO, Marcos Juruena Villela. Arbitragem em contratos firmados por empresas estatais. **Revista de Direito Administrativo**, Rio de Janeiro, v. 236, n. 2, p. 215-261, abr./jun. 2004.

MORIN, Edgar. **Introduction à la pensée complexe**. Paris: Seuil, 2005.

MORO, Luís Carlos. Compliance trabalhista. *In*: CUEVA, Ricardo Villas Bôas; FRAZÃO, Ana (Coord.). **Compliance**: perspectivas e desafios dos programas de conformidade. Belo Horizonte: Fórum, 2018.

MOROZOV, Evgeny. **Big tech**: a ascensão dos dados e a morte da política. Tradução de Cláudio Marcondes. São Paulo: Ubu, 2018.

MOROZOV, Evgeny. **The net delusion**: the dark side of Internet freedom. Nova York: Public Affairs, 2011.

MOTTA, Fabrício. O princípio constitucional da publicidade administrativa. *In*: MARRARA, Thiago (Org.). **Princípios de direito administrativo**: legalidade, segurança jurídica, impessoalidade, publicidade, motivação, eficiência, moralidade, razoabilidade, interesse público. São Paulo: Atlas, 2012.

MUNICÍPIO DE GRAMADO. Comunicação e Imprensa. **Gramado Cidade InteliGENTE recebe prêmio na área de desenvolvimento econômico e social**. Disponível em: https://www.gramado.rs.gov.br/noticias/gramado-cidade-inteligente-recebe-premio-na-area-de-desenvolvimento-economico-e--social. Acesso em: 20 jun. 2023.

MUNTADAS, Borja. Algoritmos en la vida cotidiana: apps, gadgets y dependencia tecnológica. *In*: BARBOSA, Mafalda Miranda; BRAGA NETTO, Felipe, SILVA, Michael César; FALEIROS JÚNIOR, José Luiz de Moura (Coord.). **Direito digital e Inteligência Artificial**: diálogos entre Brasil e Europa. Indaiatuba: Foco, 2021.

MURRAY, Andrew. A Bill of Rights for the Internet. **The IT Lawyer**, 2010. Disponível em: http://theitlawyer.blogspot.com/2010/10/bill-of-rights-for-internet.html. Acesso em: 20 jun. 2023.

MURRAY, Andrew. Conceptualising the post-regulatory (cyber)state. *In*: BROWNSWORD, Roger; YEUNG, Karen (Ed.). **Regulating technologies**: legal futures, regulatory frames and technological fixes. Oxford: Hart Publishing, 2008.

NALIN, Paulo Roberto Ribeiro. **Do contrato**: conceito pós-moderno (em busca de sua formulação na perspectiva civil-constitucional). 2. ed. Curitiba: Juruá, 2008.

NALINI, José Renato. **Ética geral e profissional**. 2. ed. São Paulo: Revista dos Tribunais, 1999.

NEVES, Marcelo. **Transconstitucionalismo**. São Paulo: Martins Fontes, 2009.

NEVES, Rodrigo Santos. Acordo de não persecução civil em casos de improbidade administrativa. **Revista dos Tribunais**, São Paulo, v. 1051, p. 19-32, maio 2023.

NEWBOLD, Stephanie P. Is transparency essential for public confidence in government? **Public Administration Review**, Nova Jersey, v. 71, n. S1, p. 547-552, dez. 2011.

NISSENBAUM, Helen. **Privacy in context**: Technology, policy, and the integrity of social life. Stanford: Stanford University Press, 2010.

NOHARA, Irene Patrícia. Desafios da ciberdemocracia diante do fenômeno das fake news: regulação estatal em face dos perigos da desinformação. *In:* RAIS, Diogo (Coord.). **Fake news:** a conexão entre a desinformação e o direito. São Paulo: Thomson Reuters Brasil, 2018.

NOHARA, Irene Patrícia. Burocracia reflexiva. In: MARRARA, Thiago (org.). **Direito administrativo:** transformações e tendências. São Paulo: Almedina, 2014.

NOHARA, Irene Patrícia. **Fundamentos de direito público**. São Paulo: Atlas, 2016.

NORMANTON, E. Leslie. Public accountability and audit: a reconnaissance. *In:* SMITH, Bruce L. R.; HAGUE, Douglas C. (Ed.). **Dilemma of accountability in modern government:** independence versus control. Nova York: Palgrave Macmillan, 1971.

NORONHA, Fernando. **O direito dos contratos e seus princípios fundamentais:** autonomia privada, boa-fé, justiça contratual. São Paulo: Saraiva, 1994.

NOVAIS, Jorge Reis. **Contributo para uma teoria do Estado de Direito**. Coimbra: Almedina, 2006.

NOVAIS, Jorge Reis. **Os princípios constitucionais estruturantes da República Portuguesa**. Coimbra: Coimbra Editora, 2011.

NORMAN, Thomas. **Electronic access control**. Oxford: Butterworth-Heinemann, 2012.

NORRIS, Clive. From personal to digital: CCTV, the panopticon, and the technological mediation of suspicion and social control. *In:* LYON, David (Ed.). **Surveillance as social sorting:** Privacy, risk, and digital discrimination. Londres: Routledge, 2003

NOZICK, Robert. **Anarquia, Estado e utopia**. Tradução de Ruy Jungmann. Rio de Janeiro: Jorge Zahar Editor, 1991.

NUNES, Dierle; MARQUES, Ana Luiza Pinto Coelho. Inteligência artificial e direito processual: vieses algorítmicos e os riscos de atribuição de função decisória às máquinas. **Revista de Processo**, São Paulo: Revista dos Tribunais, v. 285, n. 11, p. 421-447, nov. 2018.

O'DONELL, Guillermo. Democracia delegativa? **Novos Estudos**, São Paulo, n. 31, p. 25-40, 1991.

O'REILLY, Tim. Web 2.0: compact definition? **Radar: Insight, Analysis, and Research About Emerging Technologies**, 01 out. 2005. Disponível em: http://radar.oreilly.com/2005/10/web-20-compact-definition.html. Acesso em: 20 jun. 2023.

OFFE, Claus. **Capitalismo desorganizado:** transformações contemporâneas do trabalho e da política. Tradução de Wanda Caldeira Brant. São Paulo: Brasiliense, 1989.

OHM, Paul. Broken promises of privacy: responding to the surprising failure of anonymization. **UCLA Law Review**, Los Angeles, v. 57, p. 1701-1777, 2010.

OHNO, Taiichi. **Gestão dos postos de trabalho**. Tradução de Heloisa Corrêa da Fontoura. Porto Alegre: Bookman, 2015.

OKOT-UMA, Rogers W. O. **Electronic governance:** re-inventing good governance. 2002. Disponível em: https://bit.ly/35shcnA. Acesso em: 20 jun. 2023.

OLAVE, Ruperto Pinochet. La recepción de la realidad de las nuevas tecnologías de la información por el derecho civil: panorama actual y perspectivas futuras. **Ius et Praxis**, Talca, v. 7, n. 2, p. 469-489, 2001.

OLIVEIRA, Gustavo Henrique Justino de. As audiências públicas e o processo administrativo brasileiro. **Revista de Informação Legislativa**, Brasília, v. 34, n. 135, p. 271-281, jul./set. 1997.

OLIVEIRA, Gustavo Henrique Justino de; SCHWANKA, Cristiane. A administração consensual como a nova face da Administração Pública no século XXI: fundamentos dogmáticos, formas de expressão e instrumentos de ação. **A&C – Revista de Direito Administrativo & Constitucional**, Belo Horizonte, a. 8, n. 32, p. 31-50, abr./jun. 2008.

OLIVO, Luiz Carlos C. de. Controle social em rede de administração pública virtual. *In:* ROVER, Aires José. (Org.). **Direito e informática**. Barueri: Manole, 2004.

OLSON, Richard G. **Scientism and technocracy in the Twentieth Century**: the legacy of scientific management. Lanham: Lexington Books, 2016.

OPENAI. **Generative Pre-training Transformer 4.0 – GPT-4**. Disponível em: https://openai.com/research/gpt-4 Acesso em: 20 jun. 2023.

OPICE BLUM, Renato. O Marco Civil da Internet e a educação digital no Brasil. *In:* ABRUSIO, Juliana (Coord.). **Educação digital**. São Paulo: Revista dos Tribunais, 2015.

ORGANIZAÇÃO DAS NAÇÕES UNIDAS. Agenda 2030. **Cidades e Comunidades Sustentáveis**. Disponível em: http://www.agenda2030.org.br/ods/11/. Acesso em: 20 jun. 2023.

ORGANIZAÇÃO DAS NAÇÕES UNIDAS. **Millennium Development Goals**. Disponível em: https://www.un.org/millenniumgoals/. Acesso em: 20 jun. 2023.

ORGANIZAÇÃO DAS NAÇÕES UNIDAS. World Summit on the Information Society. **Plan of Action**, 12 dez. 2003. Disponível em: https://www.itu.int/dms_pub/itu-s/md/03/wsis/doc/S03-WSIS-DOC-0005!!PDF-E.pdf. Acesso em: 20 jun. 2023.

ORGANIZAÇÃO MUNDIAL DO COMÉRCIO. Conferência das Nações Unidas sobre Comércio e Desenvolvimento. **Solução de Controvérsias**, Nova York e Genebra, 2003. Disponível em: https://unctad.org/pt/docs/edmmisc232add11_pt.pdf. Acesso em: 20 jun. 2023.

ORGANIZAÇÃO PARA COOPERAÇÃO E DESENVOLVIMENTO ECONÔMICO. **Towards a sound integrity framework**: instruments, processes, structures and conditions for implementation OECD – Public Governance Committee, 2009. Disponível em: http://www.oecd.org. Acesso em: 20 jun. 2023.

ORTEGA Y GASSET, José. **A rebelião das massas**. Tradução de Felipe Denardi. Campinas: Vide Editorial, 2016.

ORWELL, George. **1984**. Nova York: Penguin Classics, 1961.

OSBORNE, David; GAEBLER, Ted. **Reinventing government**: how the entrepreneurial spirit is transforming the public sector. Reading: Addison-Wesley, 1992.

OSÓRIO, Fábio Medina. **Teoria da improbidade administrativa**. São Paulo: Revista dos Tribunais, 2007.

OST, François. Jupiter, Hercule, Hermès: trois modèles de juge. *In:* BOURETZ, Pierre (Ed.). **La force du droit**. Panorama des débats contemporains. Paris: Esprit, 1992.

OST, François. **Le droit comme traduction**. Québec: Les Presses de l'Université Laval, 2009.

OSTRENSKI, Eunice. Soberania e representação: Hobbes, parlamentaristas e levellers. **Lua Nova**, São Paulo, n. 80, p. 151-179, 2010.

OSTROM, Elinor. Crossing the great divide: coproduction, synergy, and development. **World Development**, Ann Arbor, v. 24, p. 1073-1087, 1996.

OSTROM, Elinor. **Understanding institutional diversity**. Princeton: Princeton University Press, 2005.

OTERO, Paulo. **Conceito e fundamento da hierarquia administrativa**. Coimbra: Coimbra Editora, 1992.

OTERO, Paulo. **Legalidade e Administração Pública**: o sentido da vinculação administrativa à juridicidade. Coimbra: Almedina, 2011.

PADOA-SCHIOPPA, Antonio. **A history of law in Europe**: from the early Middle Ages to the Twentieth Century. Tradução do italiano para o inglês de Caterina Fitzgerald. Cambridge: Cambridge University Press, 2017.

PAGALLO, Ugo; DURANTE, Massimo. The philosophy of law in an information society. *In*: FLORIDI, Luciano (Ed.). **The Routledge handbook of philosophy of information**. Londres: Routledge, 2016.

PAGE, Joseph A. American tort law and the right to privacy. *In*: BRÜGGEMEIER, Gert; CIACCHI, Aurelia Colombi; O'CALLAGHAN, Patrick (Ed.). **Personality rights in European tort law**. Cambridge: Cambridge University Press, 2010.

PAHLAVAN, Kaveh. **Indoor geolocation science and technology**: at the emergence of smart world and IoT. Gistrup: River Publishers, 2019.

PALMA, Juliana Bonacorsi de. **Atuação administrativa consensual**: estudo dos acordos substitutivos no processo administrativo sancionador. 2010. 332f. Dissertação (Mestrado em Direito) – Faculdade de Direito, Universidade de São Paulo, São Paulo, 2010.

PALMA, Juliana Bonacorsi de. Devido processo legal na consensualidade administrativa. In: SCHIRATO, Vitor Rhein (Org.). **Estudos atuais sobre ato e processo administrativo**. Rio de Janeiro: Lumen Juris, 2017.

PALMA, Juliana Bonacorsi de. Direito administrativo e políticas públicas: o debate atual. *In*: ALMEIDA, Fernando Dias Menezes de; MARQUES NETO, Floriano de Azevedo; MIGUEL, Luiz Felipe Hadlich; SCHIRATO, Vitor Rhein (Coord.). **Direito público em evolução**: estudos em homenagem à Professora Odete Medauar. Belo Horizonte: Fórum, 2013.

PALMA, Juliana Bonacorsi de. **Sanção e acordo na administração pública**. São Paulo: Malheiros, 2015.

PALUMA, Thiago; FALEIROS JÚNIOR, José Luiz de Moura. Aspectos regulatorios de la protección jurídica de la privacidad y de los datos personales en Brasil. **Justicia y Derecho**, Santiago, v. 2, n. 1, p. 69-84, jan./jun. 2019.

PAPADOPOULOS, Yannis. Cooperative forms of governance: Problems of democratic accountability in complex environments. **European Journal of Political Research**, Oxford, v. 42, n. 4, p. 473-501, jun. 2003.

PARGENDLER, Mariana; SALAMA, Bruno Meyerhof. Direito e consequência no Brasil: em busca de um discurso sobre o método. **Revista de Direito Administrativo**, Rio de Janeiro, v. 262, n. 1, p. 95-144, jan./abr. 2013.

PARSONS, Talcott. Evolutionary universals in society. **American Sociological Review**, Chicago, v. 29, n. 3, p. 339-357, jun. 1964.

PASCARELLI FILHO, Mario. **A nova Administração Pública**: profissionalização, eficiência e governança. São Paulo: DVS, 2011.

PASQUALE, Frank. **The black box society**: the secret algorithms that control money and information. Cambridge: Harvard University Press, 2015.

PASQUALE, Frank. Toward a fourth law of robotics: Preserving attribution, responsibility, and explainability in an algorithmic society. **University of Maryland Legal Studies Research Papers**, Baltimore, n. 21, p. 1-13, jul. 2017.

PASQUALINI, Alexandre. **Hermenêutica e sistema jurídico**: uma introdução à interpretação sistemática do direito. Porto Alegre: Livraria do Advogado, 2000.

PASQUINO, Pasquale. The constitutional republicanism of Emmanuel Sieyès. *In*: FONTANA, Biancamaria (Ed.). **The invention of modern republic**. Cambridge: Cambridge University Press, 1994.

PATEL, Karan. Incremental journey for world wide web: introduced with web 1.0 to recent web 5.0: a survey paper. **International Journal of Advanced Research in Computer Science and Software Engineering**, Jaunpur, v. 3, n. 10, p. 410-417, out. 2013.

PAZZAGLINI FILHO, Marino. **Lei de Improbidade Administrativa comentada**. 4. ed. São Paulo: Atlas, 2009.

PEDREIRA, Pinho. A concepção relativista das imunidades de jurisdição e execução do Estado estrangeiro. **Revista de Informação Legislativa**, Brasília, ano 35, n. 140, p. 227-236, out./dez. 1998.

PÉLISSE, Jérôme. Les usages syndicaux du droit et de la justice. *In:* COMMAILLE, Jacques; KALUSZYNSKI, Martine (Ed.). **La fonction politique de la justice**. Paris: La Découverte, 2007.

PELTON, Joseph; SINGH, Indu. **Smart cities of today and tomorrow**: better technology, infrastructure and security. Cham: Springer, 2019.

PÉREZ LUÑO, Antonio Enrique. **¿Ciberciudadaní@ o cidadaní@.com?** Barcelona: Gedisa, 2004.

PÉREZ LUÑO, Antonio Enrique. **Dimensiones de la igualdad**. 2. ed. Madri: Dykinson, 2007.

PÉREZ LUÑO, Antonio Enrique. **Los derechos fundamentales**. Temas clave de la Constitución Española. 10. ed. Madrid: Tecnos, 2011.

PÉREZ LUÑO, Antonio Enrique. **Manual de informática y derecho**. Barcelona: Ariel, 1996.

PERLINGIERI, Pietro. **O direito civil na legalidade constitucional**. Tradução de Maria Cristina De Cicco. Rio de Janeiro: Renovar, 2008.

PERROTTA, Maria Gabriela Venturoti. Impactos jurídicos do sistema e-notariado para as atividades notariais no Brasil. *In:* CRAVO, Daniela Copetti; JOBIM, Eduardo; FALEIROS JÚNIOR, José Luiz de Moura (Coord.). **Direito público e tecnologia**. Indaiatuba: Foco, 2022.

PETERS, B. Guy. Policy instruments and policy capacity. *In:* PAINTER, Martin; PIERRE, Jon (Ed.). **Challenges to State policy capacity**: global trends and comparative perspectives. Nova York/Londres: Palgrave Macmillan, 2005.

PETERS, B. Guy; PIERRE, Jon. Governance without government? Rethinking public administration. **Journal of Public Administration Research Theory**, Oxford, v. 8, n. 2, p. 223-243, abr. 1998.

PETERS, B. Guy; PIERRE, Jon. Swings and roundabouts? Multilevel governance as a source of and constraint on policy capacity. *In:* PAINTER, Martin; PIERRE, Jon (Ed.). **Challenges to State policy capacity**: global trends and comparative perspectives. Nova York: Londres: Palgrave Macmillan, 2005.

PETERS, Tom J.; WATERMAN JR., Robert H. **In search of excellence**: lessons from America's best-run companies. Nova York: Harper & Row, 1982.

PETRIN, Martin. Reconceptualizing the Theory of the Firm – from nature to function. **Penn State Law Review**, Pensilvânia, v. 118, n. 1, p. 1-53, 2013.

PFEIFFER, Roberto Augusto Castellanos. Proteção dos usuários de serviços públicos: reflexões sobre a Lei 13.460/2017. **Revista de Direito do Consumidor**, São Paulo, v. 120, p. 19-40, 2018.

PICOLI, Rogério Antonio. Utilitarismos, Bentham e a história da tradição. **Existência e Arte: Revista Eletrônica do Grupo de Ciências Humanas, Estética e Artes da Universidade Federal de São João del-Rei**, São João Del-Rei, ano 5, n. 5, p. 1-20, jan./dez. 2010.

PIERRE, Jon. Can political science address the puzzles of global governance? *In:* STOKER, Gerry; PETERS, B. Guy; PIERRE, Jon (Ed.). **The relevance of political science**. Nova York/Londres: Palgrave Macmillan, 2015.

PIERRE, Jon; PETERS, B. Guy. **Governing complex societies**: trajectories and scenarios. Nova York: Palgrave Macmillan, 2005.

PINHEIRO, Victor. Recife vai monitorar celulares para apoiar ações de isolamento social. **Olhar Digital**, 24 mar. 2020. Disponível em:https://bit.ly/3jVZQqR. Acesso em: 20 jun. 2023.

PINHO, José Antonio Gomes de. Investigando portais de governo eletrônico de estados no Brasil: muita tecnologia, pouca democracia. **Revista de Administração Pública**, Rio de Janeiro, v. 42, n. 3, p. 471-493, 2008.

PINHO, José Antonio Gomes de. Internet, governo eletrônico, sociedade e democracia no Brasil: algumas questões básicas em debate. **Revista Vera Cidade**, [S.l], ano 3, v. 3, mai. 2008.

PINHO, José Antonio Gomes de; IGLESIAS, Diego Moura; SOUZA, Ana Carolina Pereira de. Portais de governo eletrônico de estados no Brasil: muita tecnologia, pouca democracia. In: **Encontro da Anpad (EnAnpad)**, 30., 2006, Salvador. Anais... Salvador: Anpad, 2006.

PINHO, José Antonio Gomes de; SACRAMENTO, Ana Rita Silva. *Accountability*: já podemos traduzi-la para o português? **Revista de Administração Pública**, Rio de Janeiro, v. 43, n. 6, p. 1343-1368, 2009.

PIOVESAN, Flávia. **Direitos humanos e o direito constitucional internacional**. 13. ed. São Paulo: Saraiva, 2012.

PIRES, Fernanda Ivo. Poder Judiciário, inteligência artificial e efeitos vinculantes. In: BARBOSA, Mafalda Miranda; BRAGA NETTO, Felipe; SILVA, Michael César; FALEIROS JÚNIOR, José Luiz de Moura (Coord.). **Direito digital e inteligência artificial**: diálogos entre Brasil e Europa. Indaiatuba: Foco, 2021.

PISCHETOLA, Magda. **Inclusão digital e educação**: a nova cultura da sala de aula. Petrópolis: Vozes, 2016.

PIZARRO, Ramon Daniel. **Responsabilidad de los medios masivos de comunicación**. Buenos Aires: Hammurabi, 1991.

PLATT NETO, Orion Augusto; CRUZ, Flávio da; ENSSLIN, Sandra R.; ENSSLIN, Leonardo. Publicidade e transparência das contas públicas: obrigatoriedade e abrangência desses princípios na Administração Pública brasileira. **Contabilidade Vista & Revista**, Belo Horizonte, v. 18, n. 1, p. 75-94, jan./mar. 2007.

POLANYI, Karl. **A grande transformação**: as origens de nossa época. Tradução de Fanny Wrobel. 2. ed. São Paulo: Campus, 2000.

POLIDO, Fabrício Bertini Pasquot. Novas perspectivas para regulação da Inteligência Artificial: diálogos entre as políticas domésticas e os processos legais transnacionais. *In*: FRAZÃO, Ana; MULHOLLAND, Caitlin (Coord.). **Inteligência artificial e direito**: ética, regulação e responsabilidade. São Paulo: Thomson Reuters Brasil, 2019.

POLIZELLI, Demerval L.; OZAKI, Adalton M. **Sociedade da informação**: os desafios na era da colaboração e da gestão do conhecimento. São Paulo: Saraiva, 2008.

POMERANZ, Kenneth. **The great divergence**: China, Europe, and the making of the modern world economy. Princeton: Princeton University Press, 2000.

PORAT, Marc Uri. The information economy: definition and measurement. **Office of Telecommunications Special Publication**, Washington, D.C.: US Department of Commerce, Office of Telecommunications, v. 77, n. 12, maio 1977. Disponível em: https://eric.ed.gov/?id=ED142205. Acesso em: 20 jun. 2023.

POSNER, Richard. **Economic analysis of law**. 7. ed. Nova York: Wolters Kluwer, 2007.

POWER, Michael. **The audit society**: rituals of verification. Oxford: Oxford University Press, 1997.

PRADO, Francisco Octávio de Almeida. **Improbidade administrativa**. São Paulo: Malheiros, 2001.

PRADO, Mariana Mota; CHASIN, Ana Carolina da Matta. How innovative was the Poupatempo experience in Brazil? Institutional bypass as a new form of institutional change. **Brazilian Political Science Review (Online)**, Rio de Janeiro, v. 5, n. 1, p. 11-34, 2011.

PRATS I CATALÁ, Joan. Derecho y management en las Administraciones Públicas. **Ekonomiaz: Revista Vasca de Economía**, Vitoria-Gasteiz, n. 26, p. 130-143, 1993.

PRITCHETT, Lant; WOOLCOCK, Michael. Solutions When the Solution is the Problem: Arraying the Disarray in Development. **World Development**, Ann Arbor, v. 32, n. 2, p. 191-212, 2004.

PROGRI, Ilir. **Geolocation of RF Signals**: Principles and Simulations. Cham: Springer, 2011.

PUFENDORF, Samuel. **Two books of the elements of universal jurisprudence**. Tradução do alemão para o inglês de William Abbott Oldfather. Indianapolis: Liberty Fund, 2009.

QUAN-HAASE, Anabel; WELLMAN, Barry. Hyperconnected network: computer-mediated community in a high-tech organization. *In*: ADLER, Paul S.; HECKSCHER, Charles (Ed.). **The firm as a collaborative community**. Nova York/Oxford: Oxford University Press, 2006.

QUIRINO, Carina de Castro; CUNHA, Marcella Brandão Flores da. Laboratórios de inovação e a promoção de um governo digital. In: MOTTA, Fabrício; VALLE, Vanice Regina Lírio do (Coord.). **Governo digital e a busca por inovação na Administração Pública**. Belo Horizonte: Fórum, 2022.

QUIRK, Barry. Accountable to everyone: postmodern pressures on public managers. **Public Administration**, Nova Jersey, v. 75, n. 3, p. 569-586, out./dez. 1997.

RADBRUCH, Gustav. **Filosofia do direito**. Tradução de Marlene Holzhausen. 2. ed. São Paulo: Martins Fontes, 2010.

RADBRUCH, Gustav. **Introdução à ciência do direito**. Tradução de Vera Barkow. 2. ed. São Paulo: Martins Fontes, 2010.

RAIS, Diogo. Fake news e eleições. *In*: RAIS, Diogo (Coord.). **Fake news**: a conexão entre a desinformação e o direito. São Paulo: Thomson Reuters Brasil, 2018.

RAMIREZ-ALUJAS, Álvaro V. Laboratorios de gobierno como plataformas para la innovación pública. In: CEJUDO, Guillermo; LAGUNA, Mauricio; MICHEL, Cynthia (Org.). **La innovación en el sector público**: tendencias internacionales y experiencias mexicanas. Ciudad de México: Instituto Nacional de Administración Pública (INAP) e Centro de Investigación y Docencia Económicas (CIDE), 2016.

RAMÓN REAL, Alberto. Los principios generales de derecho en el derecho administrativo. **Revista de Derecho Público**, Santiago, n. 19/20, v. 1, p. 231-262, 2014.

RAMOS, Dora Maria de Oliveira. Notas sobre o princípio da impessoalidade e sua aplicação no direito brasileiro. *In:* MARRARA, Thiago (Org.). **Princípios de direito administrativo**: legalidade, segurança jurídica, impessoalidade, publicidade, motivação, eficiência, moralidade, razoabilidade, interesse público. São Paulo: Atlas, 2012.

RASKIN, Max. The law and legality of smart contracts. **Georgetown Law Technology Review**, Washington, D.C., v. 304, n. 1, p. 305-341, 2017.

RAUSCHENBACH, Rolf. Processos de democracia direta: sim ou não? Os argumentos clássicos à luz da teoria e da prática. **Revista de Sociologia e Política**, Curitiba, v. 22, n. 49, p. 205-230, jan./mar. 2014.

RAUTRAY, Samanwaya. Access to internet fundamental right: Kerala High Court. **India Times**, 19 set. 2019. Disponível em: http://www.ecoti.in/gHfBZZ71. Acesso em: 20 jun. 2023.

RAZ, Joseph. **Ethics in the public domain**: essays in the morality of law and politics. Oxford: Clarendon Press, 1996.

REALE, Miguel. **Filosofia do direito**. 19. ed. São Paulo: Saraiva, 1999.

RECASÉNS SICHES, Luis. El logos de "lo razonable" como base para la interpretación jurídica, **Dianoia: The Undergraduate Philosophy Journal of Boston College**, Boston, v. 2, n. 1, p. 24-54, 1956.

RECASÉNS SICHES, Luis. **Filosofia del derecho**. México: Porrúa, 2008.

REESE, Anthony. Will merging access controls and rights controls undermine the structure of anticircumvention law? **Berkeley Technology Law Journal**, Berkeley, v. 18, p. 619-665, 2003.

REIDENBERG, Joel R. Lex informatica: the formulation of information policy rules through technology. **Texas Law Review**, Austin, v. 76, n. 3, p. 553-584, 1998.

REINO UNIDO. University of Oxford. Oxford Internet Institute. **Information Geographies**. Disponível em: https://geography.oii.ox.ac.uk/. Acesso em: 20 jun. 2023.

REISINGER, Don. Finland makes 1Mb broadband access a legal right. **CNet**, 14 out. 2009. Disponível em: http://news.cnet.com/8301-17939_109-10374831-2.html. Acesso em: 20 jun. 2023.

REZAEE, Zabihollah. **Corporate governance post–Sarbanes-Oxley**: regulations, requirements, and integrated processes. Nova Jersey: John Wiley & Sons, 2007.

RHODES, Roderick A. W. The new governance: governing without government. **Political Studies**, University of Newcastle, Newcastle, n. XLIV, p. 652-667, 1996.

RICCI, Jean-Claude. **Droit administratif**. 4. ed. Paris: Hachette, 2004.

RICHARDS, David; SMITH, Martin J. **Governance and public policy in the UK**. Oxford: Oxford University Press, 2002.

RICHARDSON, Ruth. As reformas no setor público da Nova Zelândia. Tradução de Carolina Andrade. *In*: BRESSER PEREIRA, Luiz Carlos; SPINK, Peter (Org.). **Reforma do Estado e Administração Pública gerencial**. 7. ed. Rio de Janeiro: FGV, 2006.

RIORDAN, Michael. The lost history of the transistor: how, 50 years ago, Texas Instruments and Bell Labs pushed electronics into the silicon age. **IEEE Spectrum**. 30 abr. 2004. Disponível em: https://spectrum.ieee.org/tech-history/silicon-revolution/the-lost-history-of-the-transistor. Acesso em: 20 jun. 2023.

ROBILLARD, Jean. Philosophy of communication: what does it have to do with philosophy of social sciences. **Cosmos and History: The Journal of Natural and Social Philosophy**, Melbourne, v. 1, n. 2, p. 245-260, 2005.

ROCKMAN, Howard B. **Intellectual property law for engineers and scientists**. Nova Jersey: John Wiley & Sons, 2004.

RODOTÀ, Stefano. **A vida na sociedade da vigilância**: a privacidade hoje. Tradução de Danilo Doneda e Luciana Cabral Doneda. Rio de Janeiro: Renovar, 2008.

RODOTÀ, Stefano. **Il diritto di avere diritti**. Bari: Laterza, 2012.

RODOTÀ, Stefano. **Intervista su privacy e libertà**. Roma/Bari: Laterza, 2005.

RODRIGUES, João Gaspar. Publicidade, transparência e abertura na Administração Pública. **Revista de Direito Administrativo**, Rio de Janeiro, v. 266, n. 2, p. 89-123, maio/ago. 2014.

RODRÍGUEZ-ARANA MUÑOZ, Jaime. El derecho fundamental a la buena administración en la constitución española y en la Unión Europea. **Revista Eurolatinoamericana de Derecho Administrativo**, Santa Fe, v. I, n. 2, jul./dez. 2014.

RODRÍGUEZ-ARANA MUÑOZ, Jaime. La buena administración como principio y como derecho fundamental en Europa. **Misión Jurídica: Revista de Derecho y Ciencias Sociales**, Bogotá, n. 6, p. 23-56, jan./dez. 2013.

ROE, Glenn; GLADSTONE, Clovis; MORRISSEY, Robert. Discourses and disciplines in the Enlightenment: topic modeling the French Encyclopédie. **Frontiers in Digital Humanities**, Lausanne, v. 2, n. 1, p. 1-13, jan. 2016.

ROMZEK, Barbara S.; DUBNICK, Melvin J. Accountability in the public sector: lessons from the Challenger tragedy. **Public Administration Review**, Nova Jersey, v. 47, n. 3, p. 227-238, maio/jun. 1987.

RONAGHAN, Stephen A. **Benchmarking e-government**: a global perspective. Nova York: United Nations Division for Public Economics and Public Administration, 2001.

ROSEN, Frederick. Jeremy Bentham: recent interpretations. **Political Studies**, Londres, v. 30, n. 4, p. 575-581, dez. 1982.

ROSENBLOOM, David; O'LEARY, Rosemary; CHANIN, Joshua. **Public administration and law**. 3. ed. Boca Raton: CRC Press, 2010.

ROSSETTO, Graça P. N.; CARREIRO, Rodrigo. Democracia digital e sociedade civil: uma perspectiva do estado atual no Brasil. **C&S**, [S.l], v. 34, n. 1, p. 273-296, jul.-dez. 2012.

ROTHBARD, Murray N. **Governo e mercado**: a economia da intervenção estatal. Tradução de Márcia Xavier de Brito e Alessandra Lass. São Paulo: Instituto Ludwig von Mises Brasil, 2012.

ROTHBERG, Danilo. Contribuições a uma teoria da democracia digital como suporte à formulação de políticas públicas. **Revista Iberoamericana de Ciencia, Tecnología y Sociedad**, Buenos Aires, v. 5, n. 14, p. 87–105, 2010.

ROTHSTEIN, Bo. Guilty as charged? Human well-being and the unsung relevance of political science. In: STOKER, Gerry; PETERS, B. Guy; PIERRE, Jon (Ed.). **The relevance of political science**. Nova York/Londres : Palgrave Macmillan, 2015.

ROUSSEAU, Jean-Jacques. **O contrato social**. Tradução de Antônio P. Machado. Rio de Janeiro : Nova Fronteira, 2011.

ROUTIER, Richard. Traçabilité ou anonymat des conexions ? In : PEDROT, Philippe (Org.). **Traçabilité et responsabilité**. Paris: Economica, 2003.

ROVER, Aires José. **Informática no direito**: inteligência artificial. Introdução aos sistemas especialistas legais. Curitiba: Juruá, 2001.

ROWE, Mike. Joined up accountability: bringing the citizen back in. **Public Policy and Administration**, Nova York, v. 14, n. 2, p. 91-102, 1999.

RUEDIGER, Kuehr; VELASQUEZ, German T.; WILLIAMS, Eric. Computers and the environment: an introduction to understanding and managing their impacts. In: RUEDIGER, Kuehr; WILLIAMS, Eric (Ed.). **Computers and the environment**: understanding and managing their impacts. Dordrecht: Kluwer Academic, 2003.

RUEDIGER, Marco Aurélio. Governança democrática na era da informação. **Revista de Administração Pública**, Rio de Janeiro, v. 43, n. 3, p. 471/493, maio/jun. 2008.

RUSCHEL, Aírton José; ROVER, Aires José; HOESCHL, Hugo César. E-gov: do controle social totalitário à ágora digital e democrática. **Revista Eletrônica Democracia Digital e Governo Eletrônico**, Florianópolis, v. 1, n. 1, 2009.

RUSSELL, Bertrand. **História do pensamento ocidental**: a aventura dos pré-socráticos a Wittgenstein. 21. ed. Tradução de Laura Alves e Aurélio Rebello. Rio de Janeiro: Nova Fronteira, 2017.

SAAD-DINIZ, Eduardo. **Ética negocial e compliance**: entre a educação executiva e a interpretação judicial. São Paulo: Revista dos Tribunais, 2019.

SALLES, Carlos Alberto de. **Arbitragem em contratos administrativos**. Rio de Janeiro: Forense, 2011.

SAMPAIO, Rafael C. Democracia digital no Brasil: uma prospecção das iniciativas relevantes. **Revista Eletrônica de Ciência Política**, [S.l], v. 4, n. 1-2, 2013.

SANFORD, Clive; ROSE, Jeremy. Characterizing eParticipation. **International Journal of Information Management**, [S.l], v. 27, p. 406-421, 2007.

SANTANNA, Gustavo da Silva. **Administração Pública eletrônica**: o caminho para a implementação de serviços públicos 4.0. Londrina: Thoth, 2022.

SANTOS, Boaventura de Sousa. Os tribunais e as novas Tecnologias de Comunicação e de Informação. *In:* MONTEIRO, António Pinto (Coord.). **Estudos de direito da comunicação**. Coimbra: Universidade de Coimbra, 2002.

SANTOS, Paulo. Em portal do Senado, uso de ferramenta criada para sugerir leis dispara. **O Globo**, Rio de Janeiro, 20 maio 2018. Disponível em: https://glo.bo/2y6QAuC. Acesso em: 20 jun. 2023.

SANTOS, Romualdo Baptista dos. Responsabilidade civil do Estado na sociedade de vigilância: análise à luz da Lei Geral de Proteção de Dados - LGPD. *In:* CRAVO, Daniela Copetti; JOBIM, Eduardo; FALEIROS JÚNIOR, José Luiz de Moura (Coord.). **Direito público e tecnologia**. Indaiatuba: Foco, 2022.

SARACEVIC, Tefko. Relevance: a review of the literature and a framework for thinking on the notion in information science. **Journal of the American Society for Information, Science and Technology**, Newark, v. 58, n. 13, p. 1915-1933, out. 2007.

SARLET, Ingo Wolfgang. A eficácia do direito fundamental à segurança jurídica: dignidade da pessoa humana, direitos fundamentais e proibição de retrocesso social no direito constitucional brasileiro. *In:* ROCHA, Cármen Lúcia Antunes (Org.). **Constituição e segurança jurídica**. Belo Horizonte: Fórum, 2004.

SARLET, Ingo Wolfgang. **A eficácia dos direitos fundamentais**: uma teoria geral dos direitos fundamentais na perspectiva constitucional. 10. ed. Porto Alegre: Livraria do Advogado, 2010.

SARLET, Ingo Wolfgang; MARINONI, Luiz Guilherme; MITIDIERO, Daniel. **Curso de direito constitucional**. São Paulo: Revista dos Tribunais, 2012.

SARMENTO, Daniel. **Direitos fundamentais nas relações privadas**. 2. ed. Rio de Janeiro: Lumen Juris, 2010.

SARMENTO, Daniel. Supremacia do interesse público? As colisões entre direitos fundamentais e interesses da coletividade. *In:* ARAGÃO, Alexandre Santos de; MARQUES NETO, Floriano de Azevedo (Coord.). **Direito administrativo e seus novos paradigmas**. Belo Horizonte: Fórum, 2012.

SAULE JÚNIOR, Nelson. **Novas perspectivas do direito urbanístico brasileiro**. Ordenamento constitucional da política urbana. Aplicação e eficácia do plano diretor. Porto Alegre: Sergio Antonio Fabris Editor, 1997.

SAX, David. **A vingança dos analógicos**: por que os objetos de verdade ainda são importantes. Tradução de Alexandre Matias. Rio de Janeiro: Anfiteatro, 2017.

SCHIEFLER, Eduardo André Carvalho. **Processo administrativo eletrônico**. Rio de Janeiro: Lumen Juris, 2019.

SCHILLER, Herbert I. The communications revolution: who benefits? **Media Development**, Nova York, v. 30, n. 4, p. 18-20, 1983.

SCHIRATO, Vitor Rhein; PALMA, Juliana Bonacorsi de. Consenso e legalidade: vinculação da atividade administrativa consensual ao Direito. **Revista Eletrônica sobre a Reforma do Estado**, Salvador, v. 24, p. 1-26, jan./fev. 2011.

SCHUARTZ, Luis Fernando. Consequencialismo jurídico, racionalidade decisória e malandragem. **Revista de Direito Administrativo**, Rio de Janeiro, v. 248, p. 130-158, 2008.

SCHWAB, Klaus. **A quarta revolução industrial**. Tradução de Daniel Moreira Miranda. São Paulo: Edipro, 2016.

SCHWARTZ, Paul; SOLOVE, Daniel J. The PII problem: privacy and a new concept of personally identifiable information. **New York University Law Review**, Nova York, v. 86, p. 1814-1819, dez. 2011.

SCOTT, Benjamyn. Key provisions in current aviation law. *In*: CUSTERS, Bart (Ed.). **The future of drone use**: opportunities and threats from ethical and legal perspectives. Haia: Asser Press/Springer, 2016.

SEGURA-SERRANO, Antonio. Internet regulation and the role of international law. **Max Planck Yearbook of United Nations Law**, Heidelberg, v. 10, p. 191-272, 2006.

SELBST, Andrew. An institutional view of algorithmic impact assessments. **Harvard Journal of Law & Technology**, Cambridge, v. 35, 2021. Disponível em: https://ssrn.com/abstract=3867634 Acesso em: 20 jun. 2023.

SEN, Amartya; DRÈZE, Jean. **Glória incerta**: a Índia e suas contradições. Tradução de Ricardo Doninelli Mendes e Leila Coutinho. São Paulo: Cia. das Letras, 2015.

SERRES, Michel; LATOUR, Bruno. **Conversations on Science, culture, and time**. Tradução do francês para o inglês de Roxanne Lapidus. Ann Arbor: University of Michigan Press, 1995.

SEVERO, Sérgio. **Tratado da responsabilidade pública**. São Paulo: Saraiva, 2009.

SHAH, Anwar. Gobernando para obtener resultados en un mundo globalizado y localizado. **Gestión y Análisis de Políticas Públicas**, Madri, v. 16, p. 63-87, set./dez. 1999.

SHAPIRO, Martin. Administrative law unbounded: reflections on government and governance. **Indiana Journal of Global Legal Studies**, Bloomington, v. 8, n. 2, p. 369-377, 2001.

SHEARER, Jenny; GUTMANN, Peter. Government, cryptography, and the right to privacy. **Journal of Universal Computer Science**, Graz, v. 2, n. 3, p. 113-135, mar. 1996.

SILVA, Almiro do Couto e. O princípio da segurança jurídica (proteção à confiança) no direito público brasileiro e o direito da Administração Pública e anular seus próprios atos administrativos: o prazo decadencial do art. 54 da Lei do Processo Administrativo da União (Lei nº 9.784/99). **Revista de Direito Administrativo**, Rio de Janeiro, v. 237, n. 3, p. 271-315, jul./set. 2004.

SILVA, Almiro do Couto e. Os indivíduos e o Estado na realização das tarefas públicas. **Revista da Procuradoria Geral do Estado do Rio Grande do Sul**, Porto Alegre, Cadernos de Direito Público, n. 57, p. 179-206, dez. 2003.

SILVA, Jorge Pereira da. **Deveres do Estado de protecção de direitos fundamentais**: fundamentação e estrutura das relações jusfundamentais triangulares. 3. ed. Lisboa: Universidade Católica Editora, 2015.

SILVA, José Afonso da. **Curso de direito constitucional positivo**. 33. ed. São Paulo: Malheiros, 2010.

SILVA, José Afonso da. **Direito urbanístico brasileiro**. 6. ed. São Paulo: Malheiros, 2010.

SILVA, Miguel Moura e. **Inovação, transferência de tecnologia e concorrência**: estudo comparado do direito da concorrência dos Estados Unidos e da União Europeia. Coimbra: Almedina, 2003.

SILVA, Nilton Correia da. Inteligência artificial. *In*: FRAZÃO, Ana; MULHOLLAND, Caitlin (Coord.). **Inteligência artificial e direito**: ética, regulação e responsabilidade. São Paulo: Thomson Reuters Brasil, 2019.

SILVEIRA, Renato de Mello Jorge; SAAD-DINIZ, Eduardo. **Compliance, direito penal e lei anticorrupção**. São Paulo: Saraiva, 2015.

SILVERMAN, Michael G. **Compliance management for public, private, or nonprofit organizations**. Nova York: McGraw-Hill, 2008.

SIMONSEN, Ricardo. Os requisitos de um bom programa de compliance. *In:* CUEVA, Ricardo Villas Bôas; FRAZÃO, Ana (Coord.). **Compliance**: perspectivas e desafios dos programas de conformidade. Belo Horizonte: Fórum, 2018.

SINGER, Marcus G. Actual consequences of utilitarianism. **Mind**, Oxford, v. 86, n. 341, p. 67-77, jan. 1977.

SJOBERG, Fredrik M.; MELLON, Jonathan; PEIXOTO, Tiago. The effect of bureaucratic responsiveness on citizen participation. **Public Administration Review**, Nova Jersey, v. 77, n. 3, p. 340-351, maio/jun. 2017.

SLAUGHTER, Anne-Marie. The real new world order. **Foreign Affairs**, Nova York, v. 76, n. 5, set./out. 1997.

SMITH, Bruce L. R. Accountability and independence in the Contract State. *In:* SMITH, Bruce L. R.; HAGUE, Douglas C. (Ed.). **Dilemma of accountability in modern government**: independence versus control. Nova York: Palgrave Macmillan, 1971.

SOARES, Fabiana de Menezes. **Direito administrativo de participação de participação (cidadania, direito, Estado e Município)**. Belo Horizonte: Del Rey, 1997.

SOARES, Mário Lúcio Quintão. **Teoria do estado**: novos paradigmas em face da globalização. 3. ed. São Paulo: Atlas, 2008.

SOKOL, Daniel D. Cartels, corporate compliance, and what practitioners really think about enforcement. **Antitrust Law Journal**, Gainesville, v. 78, n. 201, p. 201-240, 2012.

SOMBRA, Thiago Luís. Mitos, crenças e a mudança de paradigma da arbitragem com a Administração Pública. **Revista Brasileira de Arbitragem**, São Paulo, v. 14, n. 54, p. 54-72, abr./jun. 2017.

SOUKI, Lea Gimarães. A Atualidade de T. H. Marshall no estudo da cidadania no Brasil. **Civitas: Revista de Ciências Sociais**, Porto Alegre, v. 6, n. 1, p. 39-58, jan./jun. 2006.

SOUTO, Marcos Juruena Villela. Audiência pública e regulação. **Revista de Direito da Procuradoria Geral**, Rio de Janeiro, Edição Especial, p. 298-322, 2012.

SOUZA, Luciane Moessa de. Resolução de conflitos envolvendo o Poder Público: caminhos para uma consensualidade responsável e eficaz. *In:* MARRARA, Thiago (Org.). **Direito administrativo**: transformações e tendências. São Paulo: Almedina, 2014.

STEINBERGER, Peter J. Hobbes, Rousseau and the modern conception of the State. **The Journal of Politics**, Chicago, v. 70, n. 3, p. 595-611, jul. 2008.

STENGEL, Rick. Person of the Year introduction. **Time**, 14 dez. 2011. Disponível em: https://bit.ly/2sAHoza. Acesso em: 20 jun. 2023.

STIVERS, Camilla. The listening bureaucrat: responsiveness in public administration. **Public Administration Review**, Nova Jersey, v. 54, n. 4, p. 364-369, jul./ago. 1994.

STOBER, Rolf. **Direito administrativo econômico geral**. Tradução de António Francisco de Sousa. São Paulo: Saraiva, 2012.

STONE, Bruce. Administrative accountability in the 'Westminster' democracies: towards a new conceptual framework. **Governance: International Journal of Policy, Administration, and Institutions**, Nova Jersey, v. 8, n. 4, p. 505-526, out./dez. 1995.

STRINGARI, Amana Kauling. **A influência econômica sobre o direito administrativo**: uma proposta neoadministrativista. 2015. 223f. Tese (Doutorado em Direito) – Faculdade de Direito, Universidade Federal de Santa Catarina, Florianópolis, 2015.

SUNDFELD, Carlos Ari. **Direito administrativo ordenador**. São Paulo: Malheiros, 2003.

SUNDFELD, Carlos Ari. **Direito administrativo para céticos**. 2. ed. São Paulo: Malheiros, 2014.

SUNDFELD, Carlos Ari. **Fundamentos de direito público**. 5. ed. São Paulo: Malheiros, 2015.

SUNDFELD, Carlos Ari. Interesse público em sentido mínimo e em sentido forte: o problema da vigilância epidemiológica frente aos direitos constitucionais. **Interesse Público**, Porto Alegre, a. 6, n. 28, p. 29-42, nov./dez. 2004.

SUNDFELD, Carlos Ari. Princípio da publicidade administrativa (direito de certidão, vista e intimação). **Revista de Direito Administrativo**, Rio de Janeiro, v. 199, n. 1, p. 97-110, jan./mar. 1995.

SUNDFELD, Carlos Ari. Um direito mais que administrativo. *In:* MARRARA, Thiago (Org.). **Direito administrativo**: transformações e tendências. São Paulo: Almedina, 2014.

SUNDFELD, Carlos Ari; CÂMARA, Jacintho Arruda. O cabimento da arbitragem nos contratos administrativos. **Revista de Direito Administrativo**, Rio de Janeiro, v. 248, n. 3, p. 117-126, maio/ago. 2008.

SUNDFELD, Carlos Ari; MARQUES NETO, Floriano de Azevedo. Uma nova lei para aumentar a qualidade jurídica as decisões públicas e de seu controle. *In:* SUNDFELD, Carlos Ari (Org.) **Contratações públicas e seu controle**. São Paulo: Malheiros, 2013.

SUNDFELD, Carlos Ari; VIEIRA, Oscar Vilhena. **Direito global**. São Paulo: Max Limonad, 1999.

SUNDFELD, Carlos Ari; VORONOFF, Alice. Art. 27 da LINDB: quem paga pelos riscos dos processos? **Revista de Direito Administrativo**, Rio de Janeiro, Edição Especial: Direito Público na Lei de Intrução às Normas de Direito Brasileiro – LINDB (Lei nº 13.655/2018), p. 171-201, nov. 2018.

SUNSTEIN, Cass R. **#Republic**: divided democracy in the age of social media. Princeton: Princeton University Press, 2017.

SUNSTEIN, Cass R. Participation, public law, and venue reform. **University of Chicago Law Review**, Chicago, v. 49, n. 4, p. 976-1001, 1982.

SUPIOT, Alain. **Homo juridicus**: ensaio sobre a função antropológica do direito. Tradução de Maria Ermantina de Almeida Prado Galvão. São Paulo: Martins Fontes, 2007.

SUSSKIND, Richard. **Transforming the law**: essays on technology, justice and the legal marketplace. Oxford: Oxford University Press, 2000.

SUSSKIND, Richard; SUSSKIND, Daniel. **The future of professions**: how technology will transform the work of human experts. Oxford: Oxford University Press, 2015.

SWAN, Melanie. **Blockchain**: blueprint for a new economy. Sebastopol: O'Reilly Media, 2015.

TÁCITO, Caio. Direito administrativo participativo. **Revista de Direito Administrativo**, Rio de Janeiro, v. 209, n. 3, p. 1-6, jul./set. 1997.

TÁCITO, Caio. Poder de polícia e polícia do poder. **Revista de Direito Administrativo**, Rio de Janeiro, v. 162, n. 4, p. 1-9, out./dez. 1985.

TAMÒ-LARRIEUX, Aurelia. **Designing for privacy and its legal framework**: data protection by design and default for the Internet of Things. Basileia: Springer, 2018.

TAPSCOTT, Don; TAPSCOTT, Alex. **Blockchain revolution**: how the technology behind Bitcoin and other cryptocurrencies is changing the world. Nova York: Portfolio/Penguin, 2016.

TATAGIBA, Luciana. A questão dos atores, seus repertórios de ação e implicações para o processo participativo. In: PIRES, Roberto Rocha Coelho (Org.). **Efetividade das instituições participativas no Brasil**: estratégias de avaliação. Brasília: Ipea, 2011, v. 7.

TEIXEIRA, Tarcísio. **Direito eletrônico**. São Paulo: Juarez de Oliveira, 2007.

TEIXEIRA, Tarcísio; SABO, Paulo Henrique; SABO, Isabela Cristina. WhatsApp e a criptografia ponto-a-ponto: tendência jurídica e o conflito privacidade vs. interesse público. **Revista da Faculdade** de Direito da Universidade Federal de Minas Gerais, Belo Horizonte, v. 71, n. 2, p. 607-638, jul./dez. 2017.

TEUBNER, Gunther. **Constitutional fragments**: societal constitutionalism and globalization. Tradução do alemão para o inglês de Gareth Norbury. Oxford: Oxford University Press, 2012.

TEUBNER, Gunther. Substantive and reflexive elements in modern law. **Law & Society Review**, Nova Jersey, v. 17, n. 2, p. 239-286, 1983.

THOMPSON, Dennis F. Responsibility for failures of government: the problem of many hands. **American Review of Public Administration**, Nova York, v. 44, n. 3, p. 259-273, 2014.

TILSTON, Natasha L.; EAMES, Ken T.D.; PAOLOTTI, Daniela *et al*. Internet-based surveillance of Influenza-like-illness in the UK during the 2009 H1N1 influenza pandemic. **BMC Public Health**, Londres, v. 10, p. 650-659, 2010.

TIMM, Luciano Benetti. **O novo direito contratual brasileiro**. Rio de Janeiro: Forense, 2008.

TIROLE, Jean. **Competition in telecommunications**. Cambridge: The MIT Press, 1999.

TOCQUEVILLE, Alexis de. **Democracy in America**: book one. Tradução do francês para o inglês de Henry Reeve. Campinas: Livre, 2016.

TOFFLER, Alvin. **The third wave**. New York: Banthan Books, 1980.

TOMASEVICIUS FILHO, Eduardo. **A proteção do patrimônio cultural brasileiro pelo direito civil**. São Paulo: Almedina, 2020.

TONETTO, Leandro Miletto; KALIL, Lisiane Lindenmeyer; MELO, Wilson Vieira; SCHNEIDER, Daniela Di Giorgio; STEIN, Lilian Milnitsky. O papel das heurísticas no julgamento e na tomada de decisão sob incerteza. **Estudos de Psicologia**, Campinas, v. 23, n. 2, p. 181-189, abr./jun. 2006.

TORFING, Jacob; SØRENSEN, Eva; RØISELAND, Asbjørn. Transforming the public sector into an arena for co-creation barriers, drivers, benefits, and ways forward. **Administration & Society**, Londres, v. 51, n.5, p. 795-825, 2016.

TORREGGIANI, Valerio. Corporatism and the British constitutional heritage: evidences from the history of ideas. **Estudos Históricos**, Rio de Janeiro, v. 31, n. 64, p. 151-172, maio/ago. 2018.

TORRES, Ricardo Lobo. A cidadania multidimensional na era dos direitos. *In:* TORRES, Ricardo Lobo (Org.). **Teoria dos direitos fundamentais**. Rio de Janeiro: Renovar, 1999.

TREVISAN, Diego Kosbiau. O "sistema" da moral? Uma investigação sobre a sistematicidade interna da metafísica dos costumes de Kant. **Kriterion: Revista de Filosofia**, Belo Horizonte, v. 57, n. 134, p. 401-419, maio/ago. 2016.

TRUBEK, David. M.; TRUBEK, Louise. G. New governance and legal regulation: complementarity, rivalry or transformation. **University of Wisconsin Legal Studies Research Paper**, Madison, n. 1022, 2006.

TURING, Alan M. On computable numbers, with an application to the Entscheidungsproblem. **Proceedings of the London Mathematical Society**, Londres, v. 42, n. 1, p. 230-265, nov. 1936.

TURING, Alan M. On computable numbers, with an application to the Entscheidungsproblem; a correction. **Proceedings of the London Mathematical Society**, Londres, v. 43, n. 6, p. 544-546, nov. 1938.

VAIDHYANATHAN, Siva. **Anti-social media**: how Facebook disconnect us and undermines democracy. Oxford: Oxford University Press, 2018.

VALIM, Rafael. **O princípio da segurança jurídica no direito administrativo brasileiro**. São Paulo: Malheiros, 2010.

VALLE, Vivian Cristina Lima López. Tutela jurídica autônoma do cidadão na prestação de serviços públicos a partir da Lei nº 14.129/21. *In:* MOTTA, Fabrício; VALLE, Vanice Regina Lírio do (Coord.). **Governo digital e a busca por inovação na Administração Pública**. Belo Horizonte: Fórum, 2022.

VAN AELST, Peter; WALGRAVE, Stefaan. New media, new movements? The role of the Internet in shaping the 'anti-globalization' movement. *In:* VAN DE DONK, Wim; LOADER, Brian D.; NIXON, Paul G.; RUCHT, Dieter (Ed.). **Cyberprotest**: new media, citizens and social movements. Londres: Routledge, 2004.

VAN DER PLOEG, Irma. Biometrics and the body as information: Normative issues of the socio-technical coding of the body. *In:* LYON, David (Ed.). **Surveillance as social sorting**: Privacy, risk, and digital discrimination. Londres: Routledge, 2003.

VAN DIJK, Jan. **The network society**. 2. ed. Londres: Sage Publications, 2006.

VAN DIJK, Jan; VAN DEURSEN, Alexander. **Digital skills**: unlocking the information society. Nova York: Palgrave Macmillan, 2014.

VARGAS, Isadora Formenton. **Drones e direitos de personalidade**: delimitações contemporâneas da ilicitude. Indaiatuba: Foco, 2021.

VARGAS, Isadora Formenton. Três fundamentos à cidade inteligente: a tônica da proteção de dados no Poder Público. *In:* CRAVO, Daniela Copetti; CUNHA, Daniela Zago Gonçalves da; RAMOS, Rafael (Coord.). **Lei Geral de Proteção de Dados e o Poder Público**. Porto Alegre: Centro de Estudos da PGM/Escola do Tribunal de Contas do Estado do Rio Grande do Sul, 2021.

VEDEL, Georges; DEVOLVÉ, Pierre. **Droit administratif**. Paris: PUF, 1992.

VENERIS, Yannis. Modelling the transition from the industrial to the informational revolution. **Environment and Planning A: Economy and Space**, Londres, v. 22, n. 3, p. 399-416, mar. 1990.

VERONESE, Alexandre; SILVEIRA, Alessandra; LEMOS, Amanda Nunes Lopes Espiñeira. Inteligência Artificial, mercado único digital e a postulação de um direito às inferências justas e razoáveis: uma questão jurídica entre a ética e a técnica. *In:* FRAZÃO, Ana; MULHOLLAND, Caitlin (Coord.). **Inteligência artificial e direito**: ética, regulação e responsabilidade. São Paulo: Thomson Reuters Brasil, 2019.

VIANA, Ana Cristina Aguilar. Transformação digital na administração pública: do governo eletrônico ao governo digital. **Revista Eurolatinoamericana de Derecho Administrativo**, Santa Fé, v. 8, n. 1, p. 115-136, jan./jun. 2021.

VIEIRA, Alessandra Borelli; BUTTROS, Viviane Lorena. Iniciativas da Administração Pública na educação e cidadania digital. *In:* ABRUSIO, Juliana (Coord.). **Educação digital**. São Paulo: Revista dos Tribunais, 2015.

VIGODA, Eran. Are you being served? The responsiveness of Public Administration to citizens' demands: an empirical examination in Israel. **Public Administration: An International Quarterly**, Nova Jersey, v. 78, n. 1, p. 165-191, 2000.

VIGODA, Eran. From responsiveness to collaboration: Governance, citizens, and the next generation of public administration. **Public Administration Review**, Nova Jersey, v. 62, n. 5, p. 527-540, 2002.

VILLAS-BÔAS FILHO, Orlando. O direito de qual sociedade? Os limites da descrição sociológica de Niklas Luhmann acerca do direito a partir da crítica antropológica. *In:* FEBBRAJO, Alberto; LIMA, Fernando Rister de Sousa; PUGLIESI, Márcio (Coord.). **Sociologia do direito**: teoria e práxis. Curitiba: Juruá, 2015.

VILLEY, Michel. **A formação do pensamento jurídico moderno**. Tradução de Stéphanes Rial. São Paulo: Martins Fontes, 2003.

VIVES, Antoni. **Smart city Barcelona**: the Catalan quest to improve future urban living. Brighton: Sussex Academic Press, 2018.

VOIGT, Paul; VON DEM BUSSCHE, Axel. **The EU General Data Protection Regulation (GDPR)**: a practical guide. Basileia: Springer, 2017.

VON SYDOW, Åsa. **Exploring local governance in urban planning and development**: the case of Lindholmen, Göteborg. Estocolmo: KTH, 2004.

WAIZBORT, Leopoldo. Classe social, Estado e ideologia. **Tempo Social: Revista de Sociologia da Universidade de São Paulo**, São Paulo, v. 10, n. 1, p. 65-81, maio 1998.

WALDEGRAVE, William. **The reality of reform and accountability in today's public service**. Londres: CIPFA, 1993.

WEBER, Max. **Economía y sociedade**. Tradução do alemão para o espanhol de José Medina Echavarría *et al*. 11. ed. México: Fondo de Cultura Económica, 1997.

WEBER, Rolf H. Transparency and the governance of the Internet. **Computer Law & Security Review**, Londres, v. 24, n. 4, p. 342-348, out./dez. 2008.

WEBER, Rolf H.; WEBER, Romana. **Internet of Things**: legal perspectives. Berlin/Heidelberg: Springer Verlag, 2010.

WEBSTER, Frank. **Theories of the information society**. 3. ed. Londres: Routledge, 2006.

WEIDENBAUM, Murray L. The government-oriented corporation. *In*: SMITH, Bruce L. R.; HAGUE, Douglas C. (Ed.). **Dilemma of accountability in modern government**: independence versus control. Nova York: Palgrave Macmillan, 1971.

WERTHEIN, Jorge. A sociedade da informação e seus desafios. **Ciência da Informação**, Brasília, v. 29, n. 2, p. 71-77, maio/ago. 2000.

WEST, Darrell M. **Digital government**: technology and public sector performance. Princeton: Princeton University Press, 2005.

WEST, Darrell M. E Government and the transformation of service delivery and citizen attitudes. **Public Administration Review**, Nova Jersey, v. 64, n. 1, p. 15-27, jan./fev. 2004.

WEST, Darrell M. Global perspectives on e-government. *In*: MAYER-SCHÖNBERGER, Viktor; LAZER, David (Ed.). **Governance and information technology**: from electronic government to information government. Cambridge: The MIT Press, 2007.

WESTIN, Alan F. **Information technology in a democracy**. Cambridge: Harvard University Press, 1971.

WESTIN, Alan F. **Privacy and freedom**. Nova York: Atheneum, 1970.

WESTIN, Alan F. Prologue: of technological visions and democratic politics. *In*: WESTIN, Alan F. (Ed.). **Information technology in a democracy**. Cambridge: Harvard University Press, 1971.

WIENER, Jonathan B. The regulation of technology, and the technology of regulation. **Technology in Society**, Durham, n. 26, p. 483-500, 2004.

WIENER, Norbert. **Cibernética e sociedade**: o uso humano de seres humanos. Tradução de José Paulo Paes. 5. ed. São Paulo: Cultrix, 1978.

WILENSKY, Harold L. The road from information to knowledge. *In*: WESTIN, Alan F. (Ed.). **Information technology in a democracy**. Cambridge: Harvard University Press, 1971.

WIMMER, Miriam. Limites e possibilidades para o uso secundário de dados pessoais no poder público: lições da pandemia. **Revista Brasileira de Políticas Públicas**, Brasília, v. 11, n. 1, p. 122-142, 2021.

WINKEL, Olaf. Electronic cryptography—chance or threat for modern democracy? **Bulletin of Science, Technology & Society**, Londres: Sage Publications, v. 23, n. 3, p. 185-191, jun. 2003.

WINKEL, Olaf. The perspectives of democratic decision-making in the information society. **International Journal of Computer Science & Information Technology**, Chennai, v. 8, n. 2, p. 1-16, abr. 2016.

WOKLER, Robert. Rousseau's Pufendorf: Natural Law and the Foundations of Commercial Society. *In:* HAAKONSSEN, Knud (Ed.). **Grotius, Pufendorf and modern natural law**. Brookfield: Dartmouth/Ashgate, 1999.

WOLKART, Erik Navarro; BECKER, Daniel. Tecnologia e precedentes: do Portão de Kafka ao Panóptico Digital pelas mãos da jurimetria. *In:* ALVES, Isabella Fonseca (Org.). **Inteligência artificial e processo**. Belo Horizonte: D'Plácido, 2019.

WOLKMER, Antonio Carlos. **Ideologia, estado e direito**. 3. ed. São Paulo: Revista dos Tribunais, 2003.

WORTHAM, Jenna. A political coming of age for the tech industry. **The New York Times**, 17 jan. 2012. Disponível em: https://nyti.ms/39BI0oK. Acesso em: 20 jun. 2023.

WU, Tim. Taking innovation seriously: antitrust enforcement if innovation mattered most. **Antitrust Law Journal**, Connecticut, v. 78, p. 313-328, 2012.

WU, Tim. **The attention merchants**: the epic scramble to get inside our heads. Nova York: Vintage, 2016.

WU, Tim. **The curse of bigness**: antitrust in the new Gilded Age. Nova York: Columbia Global Reports, 2018.

WU, Tim. **The master switch**: the rise and fall of information empires. Nova York: Vintage, 2010.

ZACHER, Lech W. E-government in the information society. *In:* ANTTIROIKO, Ari-Veikko (Ed.). **Electronic government**: concepts, methodologies, tools, and applications. Hershey/Nova York: Information Science Reference, 2008.

ZAGREBELSKY, Gustavo. **A crucificação e a democracia**. Tradução de Mônica de Santis. São Paulo: Saraiva, 2011.

ZAGREBELSKY, Gustavo. **El derecho dúctil**. Ley, derechos y justicia. Tradução do italiano para o espanhol de Marina Gascón. Madri: Trotta, 1995.

ZANCANER, Weida. Razoabilidade e Moralidade na Constituição de 1988. **Revista Trimestral de Direito Público**, São Paulo: Malheiros, v. 2, p. 205-210, 1993.

ZANOBINI, Guido. **Corso di diritto amministrativo**. 6. ed. Milão: Giuffrè, 1950, v. I.

ZENO-ZENCOVICH, Vincenzo. Informazione (profili civilistici). **Digesto – Sezione Civile**, Turim: UTET, v. IX, 1993.

ZIPPELIUS, Reinhold. **Introdução ao estudo do direito**. Tradução de Gercélia Batista de Oliveira Mendes. Belo Horizonte: Del Rey, 2006.

ZIPPELIUS, Reinhold. **Teoria geral do estado**. Tradução de Karin Praefke-Aires Coutinho. 3. ed. Lisboa: Fundação Calouste Gulbenkian, 1997.

ZOLO, Danilo. **Cosmopolis**: prospects for world government. Tradução do italiano para o inglês de David McKie. Cambridge: Polity Press, 1997.